Manual de Direito Fiscal
PERSPETIVA MULTINÍVEL

Manual de Direito Fiscal

PERSPETIVA MULTINÍVEL

2018 • 2ª Edição

Jónatas E. M. Machado
Professor Associado com Agregação da Faculdade de Direito de Coimbra

Paulo Nogueira da Costa
Professor Auxiliar da Universidade Autónoma de Lisboa e Professor Adjunto do Instituto Superior de Contabilidade e Administração de Lisboa

ALMEDINA

MANUAL DE DIREITO FISCAL
PERSPETIVA MULTINÍVEL

AUTORES
Jónatas E. M. Machado
Paulo Nogueira da Costa
1ª Edição: Março, 2016

EDITOR
EDIÇÕES ALMEDINA, S.A.
Rua Fernandes Tomás, nºs 76-80
3000-167 Coimbra
Tel.: 239 851 904 · Fax: 239 851 901
www.almedina.net · editora@almedina.net

DESIGN DE CAPA
FBA.

PRÉ-IMPRESSÃO
EDIÇÕES ALMEDINA, SA

IMPRESSÃO E ACABAMENTO
ACD Print, S.A.
agosto, 2018

DEPÓSITO LEGAL
444552/18

ALMEDINA | GRUPOALMEDINA

BIBLIOTECA NACIONAL DE PORTUGAL – CATALOGAÇÃO NA PUBLICAÇÃO

MACHADO, Jónatas, 1963- , e outro

Manual de Direito Fiscal : perspetiva multinível. – 2ª ed. - (Direito para economistas, gestores e marketeers)
ISBN 978-972-40-7582-2

I - COSTA, Paulo Nogueira da

CDU 34

"há de ser, porém, que das colheitas dareis o quinto a Faraó, e as quatro partes serão vossas, para semente do campo, e para o vosso mantimento, e dos que estão nas vossas casas, e para que comam vossos filhos."

Génesis 47:24

NOTA PRÉVIA

O presente trabalho resulta da fusão de duas estimulantes experiências letivas na área do direito tributário. O mesmo pretende transmitir aos utilizadores, tanto alunos como práticos, uma apreciação genuína por esta importante temática jurídica interdisciplinar, juntamente com a perceção da sua centralidade na edificação de uma ordem constitucional livre, democrática, justa e solidária.

Ele foi possível a partir da tomada de consciência de um amplo consenso, entre os autores, relativamente a alguns postulados fundamentais. Entre eles, destaca-se o reconhecimento da relevância, para o estudo do direito tributário, de perspetivas que privilegiem a teoria da justiça e as dimensões concretizadores do republicanismo cívico, enfatizando a relação que, desde os alvores do constitucionalismo moderno, se estabelece entre o princípio da justiça tributária e a igual dignidade e liberdade de todos os cidadãos. Isto, sem deixar de reconhecer que a redistribuição do rendimento deve ser efetuada através de outras formas de atuação estadual, de maneira a evitar uma complexidade excessiva da estrutura do sistema tributário.

Igualmente importante é a afirmação do papel essencial que este sistema desempenha na promoção do crescimento económico, objetivo que se consegue com a respetiva simplificação, a preservação da base tributária e a prevenção de uma contraproducente sobretributação.

Também se parte do princípio de que a promoção da eficácia e da justiça tributárias é hoje, cada vez mais, um problema com implicações comunitárias e internacionais, colocando novos problemas políticos e jurídicos aos Estados e aos diferentes operadores jurídicos e económicos, que se veem confrontados com importantes desafios, nomeadamente nas áreas da concorrência fiscal internacional e da fraude e evasão fiscais.

A estrutura deste manual pretende movimentar-se de forma dedutiva, partindo de um nível de generalidade mais elevado para chegar a níveis mais precisos de concretização. Começa-se com uma abordagem teorética e principial, exprimindo a convicção da permanência dos princípios e da transitoriedade das soluções concretas, passando-se em seguida para a descrição da relação jurídica tributária e do sistema tributário português. Um cuidado especial merece a problemática das garantias que um Estado de direito sempre deve assegurar aos cidadãos.

Temos, naturalmente, consciência das limitações deste trabalho, que procuraremos atenuar em futuras edições. O nosso propósito é conseguir que, a despeito das mesmas, ele se possa revelar útil para quem pretende estudar esta importante, complexa e dinâmica matéria.

Jónatas E. M. Machado

Paulo Nogueira da Costa

Capítulo I
Direito tributário

1. A atividade financeira pública

Para que o Estado possa desempenhar as tarefas que lhe estão constitucionalmente cometidas necessita de recursos financeiros suficientes. Assim, a existência do Estado implica, necessariamente, a mobilização de recursos financeiros, que podem ser obtidos por diversas vias. Atualmente, a via mais importante é, sem dúvida, a fiscal, através da cobrança de impostos. Por esse motivo se diz que hoje não existe um *mundo antes de impostos*.

O Estado contemporâneo configura-se, hoje, como um *Estado fiscal* (onde predominam os impostos como fonte de receita pública), isto apesar de as taxas (outra categoria de tributos) terem vindo a ganhar relevo nas últimas décadas, levando alguma doutrina a falar num *Estado tributário*. Em qualquer caso, sublinha-se a superação do modelo de *Estado patrimonial*, em que as receitas públicas eram provenientes da exploração do património do Estado (de que são expressão, nomeadamente, os lucros das empresas públicas)[1],[2].

[1] O *Estado patrimonial* era típico das economias socialistas, assentes na propriedade pública e na iniciativa económica pública (isto apesar de, na prática, os Estados socialistas terem assumido diversas formas).

[2] Sobre esta temática, cfr. Casalta Nabais, *O Dever Fundamental de Pagar Impostos*, Coimbra, 1998, pp. 191 e seguintes.

É com as receitas que arrecada (no presente ou no futuro), que o Estado consegue suportar um determinado nível de despesa pública.

Podemos dizer, pois, que a atividade financeira pública se traduz num ciclo de arrecadação de receitas e realização de despesas (envolvendo, necessariamente, uma atividade de gestão financeira pública).

2. A regulação jurídica da atividade financeira pública

Num Estado de Direito, a arrecadação de receitas e a realização de despesas pelo Estado não pode ser feita de forma discricionária ou arbitrária; ela pauta-se por princípios e regras jurídicas.

O conjunto de princípios e regras jurídicas que disciplinam a atividade financeira pública constitui o *direito financeiro público*, que é um dos ramos do direito administrativo especial.

O *direito tributário* é, por seu lado, um ramo do direito financeiro, composto pelo conjunto de normas jurídicas que disciplinam a arrecadação de receitas coativas (tributos) pelo Estado e demais entes públicos. Estes tributos podem assumir diversas formas, sendo as mais importantes o imposto e a taxa.

Ao universo de normas jurídicas relativas aos impostos (receitas coativas unilaterais) damos o nome de *direito fiscal*.

Na verdade, o sistema tributário é, entre nós, mais amplo do que o sistema fiscal. Nos termos da lei, existem três tipos básicos de tributos: os impostos, as taxas e as contribuições financeiras (artigo 3º, nº 2, da LGT). Quando se fala em sistema fiscal tem-se em vista apenas o sistema de impostos, sem incluir as taxas ou quaisquer outros tributos[3]. Esta distinção tem interesse prático, na medida em que a ela correspondem diferenças de regime jurídico.

A Constituição da República Portuguesa estabelece como finalidades do sistema fiscal *(i)* a satisfação das necessidades financeiras do Estado e demais entidades públicas e *(ii)* uma repartição justa dos rendimentos e da riqueza (artigo 103º, nº 1, da CRP). Assim, nos termos da CRP, as despesas públicas devem, em princípio, ser financiadas pela via fiscal.

[3] Alguma doutrina observa que as contribuições para a segurança social podem ser vistas como um imposto sobre o rendimento do trabalho, através do qual os trabalhadores do presente suportam os reformados do presente. Para este entendimento, trata-se de um imposto altamente regressivo, na medida em que não tributa os rendimentos que não sejam provenientes do trabalho.

Para além disso, o legislador constituinte confia no potencial redistributivo dos impostos, donde resulta que o legislador ordinário deve assegurar que o sistema fiscal é apto a reduzir as desigualdades sociais. O valor da dignidade da pessoa humana, que assume centralidade na mensagem jurídico-constitucional, tem expressão também aqui, nos preceitos constitucionais referentes ao sistema fiscal (artigos 103º e 104º da CRP)[4].

3. Os tributos: distinção conceitual e classificação

3.1. Os impostos

3.1.1. *Conceito*

Nos termos do artigo 3º, nº 2, da LGT, os impostos são uma das espécies de tributos, a par com as taxas e as demais contribuições financeiras a favor das entidades públicas.

O artigo 4º da LGT determina que "[o]s impostos assentam essencialmente na capacidade contributiva, revelada, nos termos da lei, através do rendimento ou da sua utilização e do património".

De acordo com a definição de Teixeira Ribeiro, o imposto consiste numa "prestação pecuniária, coativa e unilateral, sem o caráter de sanção, exigida pelo Estado com vista à realização de fins públicos".[5]

Por seu lado, Sousa Franco considera como "traços fundamentais da figura do imposto como receita tributária": (1) haver uma *obrigação legal* que tem por objeto uma prestação patrimonial; (2) ser uma *receita definitiva*; (3) ser uma *receita com função não-sancionatória e não-compensatória*; (4) ser uma *receita unilateral*.[6]

De acordo com uma compreensão ético-jurídica dos impostos, Stephen Weston considera que, do ponto de vista do indivíduo, a *ideia central* numa definição de imposto é a de *contribuição* por si feita, com sacrifício de uma parcela da propriedade privada, em nome do financiamento necessário ao desempenho das funções e à realização dos fins do Estado.

[4] J.J. Gomes Canotilho, Vital Moreira, *Constituição da República Portuguesa Anotada*, I, Coimbra, 2007, 1087 seguintes.

[5] Cfr. *Lições de Finanças Públicas*, 5ª ed., Coimbra, 1995, p. 258.

[6] Cfr. *Finanças Públicas e Direito Financeiro*, vol. II, pp. 72-73.

Do ponto de vista do Estado, o imposto é um método de obtenção de receita para financiar as suas despesas, através de *coletas* sobre a propriedade privada ou o rendimento dos indivíduos.[7] O mesmo autor afirma, contudo, que para que possamos compreender com maior nitidez a natureza do imposto não basta esta ideia central do imposto como *contribuição* ou do imposto como *coleta*. Revestem particular importância, neste âmbito, as respostas a duas questões: (1) saber se o imposto incide sobre as pessoas ou sobre a propriedade; (2) saber se o pagamento é voluntário ou compulsório.

Quanto à primeira questão, não há dúvida de que numa perspetiva económica, e atendendo ao seu caráter formal, o imposto incide sobre a propriedade, uma vez que o financiamento das despesas do Estado requer bens económicos que se traduzam em receita monetária. No entanto, a natureza do imposto (tal como das coisas em geral) não pode ser determinada com base no seu caráter formal, mas sim no seu caráter subjetivo, isto é, na relação do Estado com as pessoas em nome das quais e para as quais ele existe. Neste sentido, "o imposto é e só pode ser um imposto sobre pessoas". Este aspeto fornece a chave para a "verdadeira filosofia da tributação" e para os princípios orientadores em matéria de tributação.[8]

No que diz respeito à segunda questão, é também necessário distinguir entre o caráter objetivo e subjetivo do imposto. Na verdade, o caráter compulsório do imposto é uma "prerrogativa necessária de soberania objetiva, e uma consequência necessária do direito do Estado a existir", contudo, historicamente, o "imposto" assumiu a forma de ajudas ou donativos, voluntariamente concedidos; só gradualmente, com a transformação da sociedade e com a insuficiência de outras fontes de receita é que estas contribuições se tornaram regulares e compulsórias. O caráter compulsório destas contribuições tornou-se mais universal e mais rígido com a emergência do Estado democrático. Ora, o que aconteceu foi que, concomitantemente com o alargamento do âmbito e com a rigidez do caráter compulsório das contribuições, desenvolveu-se uma consciência mais definida de cidadania e das relações entre o Estado e os indivíduos, originando nestes a convicção da obrigatoriedade de con-

[7] *Principles of Justice in Taxation*, New Jersey, 2003, pp. 45-46.

[8] Stephen Weston, *op. cit.*, pp. 46-48.

tribuírem para suportar a governação e, ao mesmo tempo, do direito do Estado em exigir essa mesma contribuição.

A base fundamental do Estado de Direito democrático é a vontade, tendo que ser essa mesma vontade a fornecer os meios necessários à sua subsistência – um povo que voluntariamente cria um Estado aceita voluntariamente a tributação necessária para o suportar e manter (*auto-tributação*). Assim, o caráter compulsório e o caráter voluntário do imposto implicam-se mutuamente[9]. Para Stephen Weston "só uma ideia subjetiva de Estado e uma ideia subjetiva de tributação são aptas a fornecer as bases aos princípios éticos da tributação"[10][11].

3.1.2. *Classificação dos impostos*

3.1.2.1. *Impostos sobre o rendimento, sobre o consumo e sobre o património*

A Constituição da República Portuguesa procede à classificação dos impostos no seu artigo 104º, distinguindo entre impostos sobre o rendimento, sobre o património e sobre o consumo.

A tributação do *rendimento* incide sobre os acréscimos patrimoniais líquidos obtidos pelo contribuinte num determinado período de tempo, os quais podem ou não resultar do exercício de determinada atividade económica produtiva (conceito amplo de rendimento ou *rendimento-acréscimo*). Em Portugal, os principais impostos sobre o rendimento são o *Imposto sobre o Rendimento das Pessoas Singulares* (IRS) e o *Imposto sobre o Rendimento das Pessoas Coletivas* (IRC).

Os impostos sobre o *património* tributam o rendimento acumulado pelo contribuinte traduzido em valores patrimoniais líquidos, bem como as transmissões de determinados bens. Os impostos sobre o património podem incidir apenas sobre certas transmissões de bens ou sobre o valor fundiário de determinadas parcelas do património (impostos analíticos ou especiais) ou incidir sobre a generalidade do património (impostos sintéticos ou gerais). Os impostos sobre o património existentes, hoje, em Portugal, são impostos analíticos. É este o caso do *Imposto Municipal*

[9] Stephen Weston, *op. cit.*, pp. 48-50.

[10] Stephen Weston, *op. cit.*, p. 50.

[11] Sobre a temática da ética e da cidadania fiscal cfr., na doutrina nacional, Paulo Marques, *Elogio do Imposto: a relação do Estado com os contribuintes,* Coimbra, Wolters Kluwer Portugal / Coimbra Editora, 2011, pp. 21 e seguintes.

sobre Imóveis (IMI), do *Imposto Municipal sobre as Transmissões Onerosas de Imóveis* (IMT) e do *Imposto do Selo* (nas transmissões gratuitas). Noutros países, contudo, existem outras modalidades de impostos sobre o património, designadamente impostos sintéticos, como os impostos gerais e periódicos sobre fortunas ou os impostos sobre sucessões e doações (que foi abolido, em Portugal, com a reforma da tributação do património de 2003). Através da Lei do Orçamento para 2017 foi criado em Portugal o *Adicional ao Imposto Municipal sobre Imóveis*, o qual, apesar da designação, se apresenta como um imposto distinto do IMI, que tributa as fortunas imobiliárias.

Os impostos sobre o *consumo* incidem sobre o rendimento despendido pelos contribuintes. Estes impostos podem ser gerais (ou sintéticos), como é o caso do *Imposto sobre o Valor Acrescentado* (IVA), ou analíticos (especiais), chamados de *impostos especiais sobre o consumo*, de que são exemplo, em Portugal, o *Imposto sobre o Álcool e as Bebidas Alcoólicas* (IABA), o *Imposto sobre os Produtos Petrolíferos e Energéticos* (ISP), o *Imposto sobre o Tabaco* (IT), o *Imposto sobre Veículos* (ISV) e o *Imposto Único de Circulação* (IUC)[12].

3.1.2.2. *Impostos diretos e impostos indiretos*

Não existe unanimidade quanto ao critério mais adequado à distinção entre impostos diretos e impostos indiretos[13].

Ainda assim, e de acordo com o critério do objeto, podemos dizer que os impostos *diretos* são aqueles que incidem sobre as manifestações imediatas (diretas) de capacidade contributiva (rendimento e património) enquanto os impostos *indiretos* atingem as manifestações mediatas (indiretas) de capacidade contributiva (como acontece nos impostos sobre o consumo)[14].

[12] Relativamente ao IUC, poderá discutir-se se não estamos, antes, na presença de um imposto sobre a propriedade, atendendo a que ele incide, do ponto de vista objetivo, sobre veículos matriculados ou registados em Portugal e, do ponto de vista subjetivo, sobre as pessoas singulares ou coletivas, de direito público ou privado, em nome das quais se encontre registada a propriedade dos veículos.

[13] Sobre a controvérsia acerca desta classificação, cfr. Michel Bouvier, *Introduction au droit fiscal général et à la théorie de l'impôt*, 9ª ed., Paris, 2008, pp. 29-32.

[14] Fernando Pérez Royo, *Derecho Financiero y Tributário. Parte General*, 18ª ed., Cizur Menor (Navarra), 2008, pp. 48-49; António Braz Teixeira, *Princípios de Direito Fiscal*, vol. I, 3ª ed., Coimbra, 1995, p. 56.

3.1.2.3. *Impostos reais e impostos pessoais*

Impostos *reais* são aqueles que não atendem à situação pessoal do contribuinte (é o caso dos impostos sobre o consumo). Impostos pessoais são os que tomam em consideração a situação pessoal do contribuinte (nível de rendimento, composição do agregado familiar, despesas suportadas com habitação, saúde, educação, entre outras), como sucede com o IRS[15].

3.1.2.4. *Impostos periódicos e impostos de obrigação única*

São *periódicos* os impostos que incidem sobre manifestações de capacidade contributiva com caráter estável e duradouro (impostos sobre o rendimento ou impostos sobre o valor fundiário de bens imóveis). São de *obrigação única* os impostos que incidem sobre manifestações isoladas e instantâneas de capacidade contributiva (como sucede com os impostos sobre o consumo ou com o IMT).

3.1.2.5. *Impostos de quota fixa e impostos de quota variável*

São de quota fixa os impostos em que a lei estabelece uma importância fixa (taxa *ad valorem*) a pagar pelo contribuinte (por exemplo as verbas da Tabela Geral do Imposto do Selo em que o montante de imposto a pagar está expresso em euros, não variando com o valor da matéria coletável). São de quota variável os impostos em que o montante a pagar varia em função da matéria coletável (normalmente, através da aplicação de um valor percentual – uma taxa específica – à matéria coletável).

3.1.2.6. *Impostos estaduais e impostos não estaduais*

Dizem-se *estaduais* os impostos em que o sujeito ativo é o Estado. São denominados impostos *não estaduais* aqueles em que o sujeito ativo é outro ente público distinto do Estado.

Na verdade, pode conceber-se a existência de impostos supraestaduais (v. g. impostos de uma federação de Estados, no caso dos Estados federados), bem como de impostos infraestaduais (impostos regionais ou municipais), no quadro de uma fiscalidade multinível.

[15] Refira-se, contudo, que o IRS não é um imposto inteiramente pessoal, na medida em que certos rendimentos não são englobados, estando antes sujeitos à aplicação de taxas liberatórias ou de taxas especiais (artigos 22º, nº 3, al. b), 71º e 72º, do CIRS).

3.1.2.7. *Impostos proporcionais, progressivos e regressivos*

Tendo em atenção a natureza das taxas aplicáveis à matéria coletável, os impostos podem dividir-se em *proporcionais, progressivos* ou *regressivos.*

Os *impostos proporcionais* são impostos de taxa fixa, isto é, são impostos em que a taxa aplicável não se altera em função do valor da matéria coletável. Um exemplo típico de imposto proporcional é o IVA, em que a taxa aplicável não varia em função do valor dos bens e serviços sobre os quais incide o imposto. Mas também no âmbito do IRS, que estruturalmente é classificado como um imposto progressivo, encontramos traços de imposto proporcional. É o que sucede quando os rendimentos são sujeitos a taxa liberatória (artigo 71º do CIRS) ou a taxa especial (artigo 72º do CIRS).

Os impostos *progressivos* são aqueles em que a taxa aplicável vai aumentando à medida que se eleva o valor da matéria coletável. Como se disse, esta é a regra no caso do IRS, em que os rendimentos englobados são sujeitos a taxas gerais progressivas (que variam em função do nível de rendimento coletável).

A progressividade do imposto está intimamente ligada às doutrinas da redistribuição do rendimento de acordo com as necessidades dos indivíduos e não apenas com a sua capacidade. Ela liga-se, igualmente, à noção de igualdade vertical, de acordo com a qual quem mais ganha mais deve pagar, e à doutrina da utilidade marginal decrescente do rendimento, segundo a qual os ricos retiram benefícios decrescentes por cada incremento adicional do seu rendimento. Pela sua aparência de cientificidade, estes argumentos têm sido geralmente aceites, apesar das dificuldades que rodeiam a sua demonstração empírica e aplicação à política fiscal. A teoria do benefício também tem servido para justificar a progressividade do imposto, assumindo-se que os ricos retiram mais benefício do Estado do que os pobres, embora este também seja um aspeto controvertido.

A progressividade é contestada por ser um incentivo negativo ao trabalho – na medida em que quem trabalha mais e melhor terá que pagar mais imposto – e por restringir o direito fundamental a colher os frutos do próprio trabalho – inerente aos direitos ao trabalho, à propriedade e à iniciativa económica – cuja restrição carece de um fundamento especialmente ponderoso. Além disso, considera-se que tem um caráter ilusório, na medida em os escalões com taxas elevadas são atingidos por rendimentos relativamente modestos e o capital é frequentemente sujeito a taxas proporcionais. Do mesmo modo, aponta-se-lhe o facto de estimular a fraude e a evasão fiscais e de acabar por sobrecarregar os trabalhadores dependentes.

Há aqui, pois, um claro desfasamento entre "law in the books" e "law in action", verificando-se que a progressividade nominal não é acompanhada pela progressividade real. Essa disparidade reflete uma dissonância entre uma cultura política que enfatiza os valores da justiça social e da redistribuição do rendimento e uma cultura fiscal propícia à evasão e à fraude. Esse resultado contribui para a descredibilização e deslegitimação do sistema fiscal no seu todo. Nas últimas décadas, a diminuição da influência do marxismo, a globalização – com generalização da concorrência fiscal e da fuga para os chamados "tax havens" – e a incapacidade revelada pelo imposto progressivo para criar mais bem-estar e mais justiça social têm contribuído para a erosão da crença nos méritos da progressividade do imposto. Ainda assim, considera-se aceitável a preservação de uma progressividade razoável, desde que não atinja taxas punitivas ou confiscatórias, em última análise contraproducentes.

Importa salientar a necessidade, decorrente da Constituição, de o legislador assegurar a congruência entre a definição dos diferentes escalões de rendimento coletável e as exigências constitucionais ínsitas no princípio do Estado social.

Com efeito, para respeitar a exigência jurídico-constitucional de progressividade da tributação do rendimento das pessoas singulares, o legislador deve atender a considerações de ordem económico-social.

A definição dos escalões de rendimento coletável não pode ser arbitrária nem se limitar a considerar aspetos de natureza estritamente financeira ou contabilística.

A definição dos escalões de rendimentos para efeitos de aplicação das taxas gerais de IRS não pode consistir numa mera operação aritmética tendente à arrecadação do nível desejado de receita. Deve ser tida em conta, igualmente, a finalidade redistributiva do sistema fiscal e, para esse efeito, a progressividade concretizada nos escalões de rendimento deve ter uma base socioeconómica que os justifique. Dito de outro modo, não é qualquer progressividade que serve os objetivos constitucionais. Por exemplo, não seria aceitável uma definição de apenas dois ou três escalões de rendimento. É claro que do ponto de vista meramente formal estaríamos perante uma estrutura progressiva. Contudo, uma definição arbitrária ou insuficientemente desagregada dos escalões em que assenta a progressividade inviabiliza a redistribuição do rendimento e da riqueza e compromete a igualdade vertical.

Os impostos *regressivos* são aqueles em que a taxa aplicável diminui à medida que aumenta o valor da matéria coletável.

3.1.2.8. *Impostos comutativos, distributivos, restitutivos e punitivos*

Os impostos podem ser qualificados à luz de uma teoria multifuncional da tributação e das diferentes manifestações do princípio da justiça.

São *comutativos* os impostos que visam corrigir determinadas falhas de mercado (v.g. fornecimento de bens públicos, *free rider problem*, externalidades, assimetria informativa) associados à conduta legítima dos agentes económicos. Estes obrigam ao pagamento pelos benefícios obtidos e à internalização de externalidades.

São *restitutivos* os impostos que visam anular e confiscar os ganhos ilícitos obtidos pelos particulares (v.g. impostos retroativos extraordinários sobre bónus excessivos de legitimidade duvidosa). Em ambos os casos o objetivo é restaurar a distribuição que resultaria naturalmente de um mercado funcionando de acordo com a justiça transacional ou comutativa.

São *distributivos* os impostos que visam corrigir a distribuição do rendimento operada pelo mercado, de acordo com uma ideia de justiça social distributiva.

São *punitivos* os impostos que visam desencorajar comportamentos indesejáveis e antissociais, de acordo com uma lógica de justiça retributiva[16].

Os impostos restitutivos e punitivos ocupam um lugar periférico no sistema jurídico. Frequentemente os impostos combinam em maior ou menor medida as dimensões comutativa e distributiva. Esta classificação permite uma avaliação funcional dos impostos.

[16] David Elkins, "Taxation And The Terms Of Justice", 41, *The University of Toledo Law Review*, 2009, 78 e seguintes.

3.2. As taxas

As taxas são uma espécie do género dos tributos, distinguindo-se dos impostos na medida em que pressupõem uma contraprestação específica. Isto é, os impostos são estruturalmente unilaterais, ao passo que as taxas se caracterizam pela bilateralidade. As mesmas são administradas aos beneficiários de determinados serviços, assumindo uma natureza sinalagmática.

A distinção entre taxa e imposto apresenta uma natureza substantiva, valendo independentemente da designação formal que a lei dê a uma ou a outro[17].

As taxas assentam na prestação concreta de um serviço público, na utilização de um bem do domínio público ou na remoção de um limite jurídico à atividade dos particulares (artigo 4º, nº 2, da LGT). Neste último caso, alguns entendem que só assim deverá ser nos casos em que essa remoção venha a possibilitar a utilização de um bem semipúblico[18].

As taxas são tributos e não preços. A taxa pressupõe o exercício de *jus imperii*, distinguindo-se do preço na medida em que este consiste numa remuneração não fiscal de um serviço, embora nem sempre seja fácil operar a distinção. Em todo o caso, sempre se pode dizer que o preço está em geral mais dependente da lei da oferta e da procura ou mais ligado ao custo efetivo do serviço, embora isso valha apenas em termos tendenciais.

Também o Tribunal Constitucional tem utilizado como critério geral de distinção entre o imposto e a taxa o do caráter unilateral (que caracteriza o imposto) ou sinalagmático (que caracteriza a taxa) da prestação exigida.[19] De acordo com o Tribunal Constitucional, estamos perante um imposto "sempre que a obrigação do seu pagamento não esteja ligada a qualquer contraprestação específica por parte do Estado".[20]

O mesmo tribunal tem entendido que o caráter sinalagmático da taxa não pressupõe a existência de equivalência económica entre o montante pago e o valor do serviço prestado pela administração, basta que se veri-

[17] Assim, por exemplo, uma "taxa de publicidade" pode, na verdade, revestir a natureza de imposto – cfr. Acórdão do TC nº 553/98.

[18] Sousa Franco, *Finanças Públicas e Direito Financeiro*, 4ª ed., vol. 1, p. 33.

[19] Acórdãos do Tribunal Constitucional nºs 348/86, 76/88, 410/2000, 339/04.

[20] Acórdão do Tribunal Constitucional nº 339/04.

fique uma equivalência jurídica[21],[22]. Assim, para que esteja preenchido o conceito de taxa "tem de existir uma contraprestação, que nem sempre pode significar para o particular o gozo de uma vantagem ou benefício nem tem que constituir o exato correspetivo económico de um serviço ou de uma atividade da Administração"[23].[24]

A taxa é por alguma doutrina considerada como um mecanismo excecional e complementar do imposto. De outro modo haveria o risco de se subverter a consideração da capacidade contributiva na satisfação das necessidades financeiras do Estado e de se neutralizar a dimensão redistributiva do sistema fiscal. A verdade é que se tem assistido, nos últimos anos, ao reforço do papel taxador do Estado, referindo-se alguma doutrina a um resvalamento do Estado fiscal para um Estado tributário ou Estado taxador[25].

Nalguns ordenamentos jurídicos, distingue-se a taxa face à remuneração de serviços públicos prestados considerados relevantes. A primeira não teria que equivaler ao custo dos serviços e estaria sujeita ao regime típico dos impostos. A segunda teria que equivaler ao serviço prestado, não estando sujeita ao regime típico dos impostos. Como exemplos de taxas podem referir-se, entre nós, a taxa de justiça, os emolumentos de registo e notariado ou do Tribunal de Contas, as propinas, entre outras.

Uma das questões mais controvertidas na doutrina prende-se com saber se, e em que medida, as taxas estão, ou não, sujeitas ao princípio da legalidade. O problema prende-se imediatamente com a garantia da autotributação em matéria de taxas, tendo igualmente refrações na conformidade das mesmas com o princípio da capacidade contributiva. Em sentido negativo, alguns sustentam que a subordinação ao princípio da legalidade não é necessária, na medida em que as taxas se caracte-

[21] Acórdão do Tribunal Constitucional nº 410/00.

[22] Sobre o princípio da equivalência cfr., na doutrina nacional, Sérgio Vasques, *O Princípio da Equivalência como Critério de Igualdade Tributária*, Coimbra, Almedina, 2008.

[23] Acórdão do Tribunal Constitucional nº 339/04.

[24] Sobre a evolução da jurisprudência do Tribunal Constitucional nesta matéria cfr. José Manuel Cardoso da Costa, "Ainda a distinção entre «taxa» e «imposto» na jurisprudência constitucional", *Homenagem a José Guilherme Xavier de Basto*, Coimbra, 2006, pp. 547-572.

[25] Sérgio Vasques, *O Princípio da Equivalência como Critério de Igualdade Tributária*, Coimbra, Almedina, 2008, pp. 15 e seguintes.

rizam pela existência de uma contraprestação específica, sendo que o consentimento ao pagamento da taxa, em sintonia com o princípio da autotributação, é dado no momento da aceitação da contraprestação.

Este argumento é precário, já que o mesmo poderia ser dito relativamente aos impostos sobre o consumo, sendo que isso não basta para os isentar da subordinação ao princípio da legalidade. A favor da sujeição das taxas ao princípio da legalidade, alguma doutrina alerta para a multiplicação das taxas, sublinhando ainda o facto de que muitos serviços são de consumo obrigatório ou praticamente inevitável, porque necessário para a realização de finalidades de relevo. Acresce que nem sempre é assegurada a equivalência económica razoável entre os custos do serviço prestado e a taxa paga como contrapartida.

A questão de saber se um serviço deve ser pago por todos os contribuintes através do imposto, ou apenas pelos seus utilizadores diretos, mediante taxas, é uma questão político-administrativa que transcende o Direito fiscal.

Entre nós, a Constituição estabelece um regime de reserva relativa de lei no que diz respeito ao *regime geral* das taxas. Todavia, ainda está, entre nós, por criar esse regime geral, pelo que as taxas criadas não obedecem a tal regime geral. Estamos, pois, perante uma inconstitucionalidade por omissão.

Ainda assim, foi aprovado em 2006 o regime geral das taxas das autarquias locais, que regula as relações jurídico-tributárias geradoras da obrigação de pagamento de taxas às autarquias locais.[26]

3.3. As contribuições financeiras

As contribuições financeiras, a que se refere o nº 2 do artigo 3º da LGT, são outra espécie do género dos tributos, e podem consistir em *contribuições especiais* ou em *outras contribuições financeiras* a favor de entidades públicas.

No entender de Casalta Nabais, as contribuições reportam-se a grupos de pessoas ligados ora "por uma particular manifestação de capacidade contributiva decorrente do exercício de uma atividade administrativa (nas contribuições especiais)", ora "pela partilha de uma

[26] Lei nº 53-E/2006, de 29 de dezembro, com as alterações introduzidas pela Lei nº 64-A//2008, de 31 de dezembro, e pela Lei nº 117/2009, de 29 de dezembro.

específica contraprestação de natureza grupal (nas demais contribuições financeiras)".[27]

São *contribuições especiais*, designadamente, as chamadas "contribuições de melhoria", que se justificam pelo facto de certos contribuintes obterem, por vezes, um determinado benefício anormal resultante da realização de certas melhorias financiadas por recursos financeiros públicos.[28] Outra modalidade de contribuição especial é a das "contribuições por maiores despesas", que são legitimadas pelo facto de certas atividades desenvolvidas ou certas coisas possuídas pelos particulares implicarem um aumento da despesa a suportar pela administração.[29]

De acordo com o nº 3 do artigo 4º da LGT, "[a]s contribuições especiais que assentam na obtenção pelo sujeito passivo de benefícios ou aumentos de valor dos seus bens em resultado de obras públicas ou da criação ou ampliação de serviços públicos ou no especial desgaste de bens públicos ocasionados pelo exercício de uma atividade são considerados impostos". Ou seja, estas contribuições especiais obedecem ao regime jurídico dos impostos, designadamente no que diz respeito à observância do princípio da reserva relativa de lei da Assembleia da República para a sua criação e definição dos respetivos elementos essenciais.

Relativamente às outras contribuições financeiras, merecem destaque as *tarifas* e os *tributos parafiscais*.

A *tarifa* configura, de acordo com Casalta Nabais, *um tipo especial de taxa*, sendo caracterizada pela existência de uma equivalência não só jurídica, mas também económica, entre a prestação paga e o benefício obtido e a sua sujeição a um regime de direito público, o que a distingue do *preço*.[30]

[27] *Direito Fiscal*, 6ª ed., Coimbra, 2010, p. 27.

[28] Foi o caso da contribuição especial criada pelo Decreto-Lei nº 51/95, de 22 de março, devida pela valorização de imóveis resultante da construção da nova ponte sobre o rio Tejo. Um outro exemplo é o da contribuição especial devida pela valorização de imóveis beneficiados com a realização da Expo 98 – Decreto-Lei nº 54/95, de 22 de março. Refira-se, ainda, a contribuição especial devida pela valorização de imóveis beneficiados com a construção da CRIL, CREL, CRIP, CREP, travessia ferroviária do Tejo, troços ferroviários complementares, extensões do metropolitano de Lisboa e concretização de sistemas ferroviários ligeiros – Decreto-Lei nº 43/98, de 3 de março.

[29] Casalta Nabais, *Direito Fiscal*, 6ª ed. Coimbra, 2010, pp. 27 e seguintes.

[30] *Idem*, pp. 30 e seguintes.

Já os *tributos parafiscais* são prestações obrigatórias feitas em benefício de determinadas pessoas coletivas de direito público não territoriais.[31] É o caso das contribuições obrigatórias para a segurança social[32], bem como das quotas pagas às associações públicas (ordens profissionais, designadamente) pelos respetivos associados.

Conforme parece resultar do nº 3 do artigo 3º, a generalidade das contribuições, exceção feita às contribuições especiais referidas no nº 3 do artigo 4º da LGT, são equiparadas às taxas, pelo que lhes é aplicável o mesmo regime jurídico.

O critério da unilateralidade *vs.* bilateralidade, para caracterizar um tributo, respetivamente, como imposto ou como taxa, há muito que está enraizado na jurisprudência do Tribunal Constitucional. Mais problemática afigura-se a aplicação do mesmo critério para distinguir as contribuições financeiras das outras categorias de tributos – impostos e taxas.

Como vimos, a distinção conceitual entre impostos e taxas é fulcral para a correta determinação do regime jurídico-constitucional aplicável a cada tributo em concreto[33]. Contudo, essa diferenciação fundamental não permite ignorar a referência constitucional às contribuições financeiras[34].

Com efeito, a CRP faz alusão às contribuições financeiras no artigo 165º, nº 1, al. i), assinalando a importância da clarificação do regime jurídico-constitucional aplicável a certos tributos de características híbridas, situadas no domínio da chamada parafiscalidade[35].

Conforme refere José Manuel Cardoso da Costa, apesar de não ser possível, face ao atual texto constitucional, "manter uma classificação dos «tributos» reduzida à alternativa excludente «imposto» ou «taxa»"[36],

[31] *Idem*, p. 32-33.

[32] Cfr. *Código dos Regimes Contributivos do Sistema Previdencial de Segurança Social*, aprovado pela Lei nº 110/2009, de 16 de setembro.

[33] José Manuel Cardoso da Costa, "Ainda a Distinção entre «Taxa» e «Imposto» na Jurisprudência Constitucional", *Homenagem a José Guilherme Xavier de Basto*, Coimbra, 2006, pp. 547 e seguintes.

[34] Cfr. Acórdão do Tribunal Constitucional nº 365/2008, de 2 de julho.

[35] Também a LGT alude às "demais contribuições financeiras a favor de entidades públicas" – artigo 3º, nº 2.

[36] Cfr. "Sobre o princípio da legalidade das «taxas» (e das «demais contribuições financeiras»)", *Estudos em Homenagem ao Professor Doutor Marcello Caetano*, Vol. I, Coimbra, 2006, p. 805.

há que reconhecer, ainda assim, que a referência constitucional às «demais contribuições financeiras a favor das entidades públicas» "parece claramente assumir e exprimir uma preocupação e um caráter «residual», sem pôr em causa o caráter «bipartido» da distinção fundamental, entre «impostos» e «taxas»", chamando ainda a atenção para o facto de não se contemplar na Constituição, "para tais outras «contribuições», um regime diferenciado do das «taxas»"[37].

Estas contribuições podem ser consideradas taxas em sentido amplo, ou "taxas coletivas", uma vez que "visam retribuir os serviços prestados por uma entidade pública a um certo conjunto ou categoria de pessoas"[38]. Ainda assim, convém esclarecer que, nos termos da Lei Geral Tributária (LGT), a par com as referidas *contribuições financeiras*, a que se aplica o regime das taxas, existe a possibilidade de criação de *contribuições especiais*, as quais são consideradas impostos (artigo 4º, nº 3, da LGT).[39]

Constitui uma particularidade das *contribuições financeiras* o facto de estas pressuporem contraprestações que beneficiam, de um modo indireto ou reflexo, os sujeitos pertencentes a determinado grupo[40]. De todo o modo, quando não exista qualquer benefício para os sujeitos que suportam o tributo, ainda que meramente indireto ou reflexo, inexiste qualquer sinalagma, mesmo difuso, pelo que estaremos na presença de um imposto.

O que sucede por vezes é que são criados tributos com a designação de "taxa" ou "contribuição financeira" que na verdade configuram um imposto. Frequentemente, a criação desses tributos tem associada a consignação de receitas, visando o financiamento de determinada política pública. Importa sublinhar que um dos princípios orçamentais em vigor no ordenamento jurídico português é o da não consignação de

[37] "Ainda a Distinção entre «Taxa» e «Imposto» na Jurisprudência Constitucional", *Homenagem a José Guilherme Xavier de Basto*, Coimbra, 2006, p. 570, nota 32.

[38] J. J. Gomes Canotilho e Vital Moreira, *Constituição da República Portuguesa Anotada*, vol. I, 4ª ed., Coimbra, 2007, p. 1095.

[39] Em Espanha, a distinção conceitual entre tributos assenta na tripartição *impostos, taxas* e *contribuições especiais*, sendo estas consideradas próximas das taxas, em virtude de terem por base o princípio do benefício ou da equivalência – Fernando Pérez Royo, *Derecho Financeiro Y Tributario. Parte General*, 18º ed., Cizur Menor, 2008, p. 45.

[40] Cfr. Sérgio Vasques, *O Princípio da Equivalência como Critério de Igualdade Tributária*, Coimbra, 2008, p. 172.

receitas (artigo 16º da Lei nº 151/2015, de 11 de setembro – Lei do Enquadramento Orçamental), a qual tem caráter excecional e deverá ser devidamente fundamentada.

Ora, afigura-se-nos metodologicamente pouco rigoroso e pouco fiável, no esforço de qualificação de um tributo, e, consequentemente, de determinação do regime jurídico-constitucional aplicável, erigir a critério decisivo o que se prende com o caráter geral ou específico do financiamento das políticas públicas.

No entanto, foi precisamente essa a metodologia seguida pelo Tribunal Constitucional no acórdão nº 539/2015, de 20 de outubro. Em causa estava a determinação da natureza jurídica da "taxa de segurança alimentar mais", a qual, segundo o Tribunal Constitucional, não pode ser qualificada como uma verdadeira taxa «porque não incide sobre uma qualquer prestação administrativa de que o sujeito passivo seja efetivo causador ou beneficiário», mas também não pode ser qualificada como um imposto «porque a sua finalidade não é satisfazer os gastos gerais da comunidade, em cumprimento de um dever geral de cidadania, mas unicamente contribuir para o financiamento de uma atividade continuada de controlo e fiscalização da cadeia alimentar mediante a consignação das receitas a um Fundo que tem a missão específica de apoiar financeiramente projetos, iniciativas e ações a desenvolver nessa área». Isto, apesar de o Tribunal Constitucional reconhecer que os principais beneficiários das atividades de que *Fundo Sanitário de Segurança Alimentar Mais* está incumbido serem os consumidores em geral, e não os titulares de estabelecimentos de comércio alimentar de produtos de origem animal e vegetal, obrigados ao pagamento do referido tributo, que só remotamente (e muito genericamente) poderão obter algum benefício[41].

Trata-se aqui de um benefício hipotético, remoto e genérico que não pode ser aceite como fundamento para a afirmação de que existe um sinalagma difuso e, assim, afastar a possibilidade de qualificação do tributo em causa como *imposto*.

[41] Segundo o Tribunal Constitucional, a atividade do Fundo «não deixa também de aproveitar aos titulares de estabelecimentos de comércio alimentar de produtos de origem animal e vegetal, uma vez que tais atividades contribuem para o cumprimento do dever que sobre eles incide de garantir que os géneros alimentícios que comercializam preencham os requisitos legais, acabando por se projetar positivamente na fiabilidade dos produtos colocados no mercado e na atividade económica dos distribuidores finais que veem dessa forma complementado o próprio sistema interno de controlo».

No acórdão citado, o Tribunal Constitucional atribui relevo decisivo ao facto de as receitas arrecadadas serem consignadas ao financiamento de uma determinada entidade, com autonomia administrativa e financeira, para a prossecução de uma política pública específica[42]. Opta, assim, por um critério formal, que se reconduz ao seguinte: se há consignação de receitas a uma entidade pública, logo não podemos estar perante um imposto. Sucede que, caso se conclua que não existe sequer um sinalagma difuso que permita qualificar um tributo como "contribuição financeira", afigura-se problemática, à luz dos princípios orçamentais gerais, a admissibilidade da consignação de receitas. Dito de outro modo, podemos estar perante um imposto encapotado e uma consignação ilegal de receitas fiscais.

Ora, o que resulta do critério aplicado pelo Tribunal Constitucional no acórdão citado é que um imposto inconstitucional deixará de o ser se houver consignação de receitas. Deste modo, o Tribunal Constitucional abre a porta a uma prática que tem a obrigação de evitar – a utilização abusiva de formas jurídico-tributárias por parte do Estado.

Situação distinta é a que diz respeito às taxas de regulação e supervisão. O Tribunal Constitucional, no Acórdão nº 365/2008, de 2 de julho, qualificou como contribuição financeira a "taxa" de regulação e supervisão que visa o financiamento da Entidade Reguladora da Comunicação[43]. De acordo com o Tribunal Constitucional, esta contribuição "é exigida pela natureza da atividade desenvolvida pelos sujeitos passivos da taxa. São os custos do serviço de monitorização e acompanhamento contínuo e permanente de cada entidade que prossiga atividades de comunicação social, operando nesse mercado, em ordem a assegurar o cumprimento das competências que estão atribuídas à ERC, que esta taxa visa satisfazer"[44].

[42] Nas palavras do Tribunal Constitucional «a "taxa de segurança alimentar mais" não pode também ser qualificada como um imposto porque a sua finalidade não é satisfazer os gastos gerais da comunidade, em cumprimento de um dever geral de cidadania, mas unicamente contribuir para o financiamento de uma atividade continuada de controlo e fiscalização da cadeia alimentar mediante a consignação das receitas a um Fundo que tem a missão específica de apoiar financeiramente projetos, iniciativas e ações a desenvolver nessa área».

[43] Artigo 4º, nº 1, do Decreto-Lei nº 103/2006, de 7 de junho.

[44] Destaque nosso.

Acrescenta o Tribunal Constitucional, no mesmo acórdão, que "[s]endo a atividade desenvolvida por essas entidades a causa da necessidade da ERC ter que empreender ações de regulação e de supervisão contínuas, e beneficiando aquelas da vigilância no cumprimento das regras estabelecidas para o setor e da efetiva concorrência ao nível dos produtos oferecidos, entendeu-se que devem os seus agentes contribuir proporcionalmente para o financiamento dos custos dessas ações essenciais à existência de um mercado plural. Foi esta a filosofia que presidiu à criação desta «taxa»"[45]. Ou seja, é possível identificar neste caso, e noutros similares, um sinalagma difuso, que permite a qualificação como contribuição financeira do tributo em causa.

Assim, afigura-se-nos problemática a inversão metodológica refletida na jurisprudência do Tribunal Constitucional que vem conferir relevo decisivo ao critério da consignação de receitas, em detrimento do critério da unilateralidade vs. bilateralidade.

Segundo Teixeira Ribeiro, "as receitas devem ser indiscriminadamente destinadas à cobertura das despesas, e não quaisquer receitas afetadas à cobertura de despesas em especial"[46].

Decorre do princípio da não consignação que "as diversas receitas orçamentais devem fundir-se numa massa única de recursos que, sem qualquer distinção, serve para financiar o conjunto das despesas inscritas no orçamento"[47].

Este princípio assume, inclusivamente, relevo constitucional, na medida em que "a cedência à consignação de receitas, com ligação de vários impostos a despesas específicas, acabaria por levar a que, tendencialmente, grupos particulares de contribuintes financiassem determinadas categorias de despesas"[48], o que se afiguraria problemático à luz dos valores e princípios constitucionais que informam o Estado de direito democrático, como sejam a solidariedade, a democracia económica, social e cultural, a universalidade, a igualdade, a capacidade contributiva, a coerência e a racionalidade.

Em face destes princípios, a não consignação de receitas é uma expressão do princípio da igualdade perante os encargos públicos, apli-

[45] Destaques nossos.

[46] Teixeira Ribeiro, *Lições de Finanças Públicas*, 5ª ed., Coimbra, Coimbra Editora, 1995, p. 61.

[47] J. Albano Santos, *Finanças Públicas*, Oeiras, 2010, p. 161.

[48] *Idem*, p. 162.

cado à receita (todos pagam) e à despesa (todos pagam tudo). A sua importância apoia-se em várias ordens de razões. Em primeiro lugar, o princípio da não consignação serve o interesse público da *transparência* na alocação e gestão dos recursos públicos, constituindo um travão à corrupção e pressão dos diferentes grupos de interesses especiais que se sempre se movem à volta do orçamento de Estado. Em segundo lugar, ele favorece a unidade, integração, transversalidade e coerência estrutural da política legislativa, orçamental e fiscal[49]. Em terceiro lugar, ele pretende evitar a camuflagem orçamental de aumentos da despesa pública, do défice e da dívida, em termos que dificultem a prestação de contas e o controlo público das receitas e despesas[50].

Pensamos, portanto, que o esforço de desocultação da natureza jurídica de um tributo não pode assentar em critérios meramente formais, designadamente no critério da consignação ou não consignação de receitas, e dificilmente poderá dispensar aprioristicamente o critério da unilateralidade vs. bilateralidade, sob pena de se abrir a porta aos impostos de classe (ou de setor).

Na verdade, é em função da qualificação de um tributo, à luz de critérios materiais, que será possível saber da legalidade ou ilegalidade da consignação de receitas fiscais, a qual é, em princípio, proibida pela LEO. A doutrina anglo-saxónica refere-se à proibição da consignação de receitas fiscais como "proibição de impostos hipotecados" (*hypothecated taxes*).

Sendo admissível a consignação das receitas provenientes de taxas e contribuições financeiras, a mesma afigura-se problemática quanto às receitas dos impostos. O caráter unilateral destes, associado ao critério da capacidade contributiva, torna-os dificilmente compatibilizáveis com a consignação de receitas.

Para Richard Musgrave e Peggy Musgrave, a consignação de receita fiscal pode ser útil se estiver ligada à tributação de benefícios ou se permitir que os cidadãos, através das suas escolhas (ao "votarem em certos

[49] Um olhar crítico relativamente à consignação de receitas pode ver-se em Leo P. Martinez, "Structural Impediments to Tax Reform: The Environment as Case Study", 14 Florida Tax Review, 2013, 45 seguintes, alertando para o facto de que.

[50] Robert T. Golembiewski, Jack Rabin, Public Budgeting and Finance, Fourth Edition, New York, 1997, 255 seguintes.

impostos") revelem a sua preferência por determinado tipo de despesa. De outro modo, advertem os mesmos autores, a consignação pode ser "um procedimento arbitrário que conduz à rigidez orçamental".[51]

Richard E. Wagner, em sentido convergente, sublinha a importância do critério do benefício, quer na legitimação de imposição de taxas aos utilizadores de determinados serviços públicos, quer na consignação de receitas, embora chame a atenção para o facto de, na prática, esses instrumentos serem por vezes usados como "meios através dos quais grupos politicamente dominantes impõem custos sobre outros"[52].

Assim sendo, é fundamental, no caso das receitas provenientes de impostos, a possibilidade de se identificar claramente o critério material legitimador da respetiva consignação a determinadas despesas.

Admitindo-se desvios ao princípio da não consignação de receitas, em nome de uma "razão especial atendível" que os possa fundamentar, deve ainda ser respeitado o princípio da proporcionalidade, no sentido em que deve ficar demonstrado que a consignação de receitas é uma medida legítima, adequada, necessária e proporcional ao específico objetivo de interesse público invocado.

4. Relações do direito tributário com outros ramos do direito

4.1. Introdução

O direito fiscal caracteriza-se por ser um *território de fronteira*, onde se cruzam várias disciplinas[53]. Por este motivo, ele é especialmente difícil, mas também intelectualmente estimulante e desafiador. Com este trabalho pretendemos fornecer uma visão panorâmica e sistemática do direito fiscal. Daí que comecemos por evidenciar as relações que o mesmo estabelece com outras disciplinas.

[51] *Public Finance in Theory and Practice*, 5th edition, New York, 1989, p. 222.

[52] "Tax norms, fiscal reality, and the democratic state", in *Charging for Government: user charges and earmarked taxes in principle and practice*, Richard E. Wagner (editor), New York, Routledge, 2011, pp. 2-3.

[53] Dieter Birk, *Steuerrecht I, Allgemeines Steuerrecht*, München, 1988, 2.

4.2. Direito constitucional

O direito fiscal está intimamente relacionado com o direito constitucional. Historicamente os dois apresentam-se indissociáveis, confluindo no princípio "no taxation without representation".

Na Inglaterra, nos Estados Unidos da América e na França o advento do constitucionalismo liberal moderno muito ficou a dever à luta pela igualdade e justiça tributária. A superação da soberania monárquica pela soberania nacional conduziu ao princípio da autotributação, ao mesmo tempo que transformou os tributos num ónus que impende sobre os cidadãos, de forma a contribuir para o regular funcionamento das instituições através das quais os mesmos exercem, conjunta e representativamente, a sua soberania.

Como veremos adiante, a Constituição estabelece o fundamento, o objetivo e os limites da tributação, assim se justificando uma análise cuidada do direito constitucional tributário.

4.3. Direito internacional

A globalização económica e a inerente mobilidade de pessoas, bens, serviços e capitais justificam, em grande medida, a importância que hoje é reconhecida ao direito internacional fiscal[54]. Este distingue-se do direito fiscal internacional, em que normas internas regulam aspetos transfronteiriços, embora partilhe com ele alguns objetivos e conceitos[55]. Neste âmbito assume particular relevo o direito decorrente de diversas convenções internacionais celebradas entre os Estados, sobretudo as que visam solucionar potenciais conflitos de jurisdição que originem casos de dupla tributação internacional[56].

[54] Sobre a problemática da globalização e dos seus efeitos na tributação do rendimento e do consumo cfr., entre outros, Vito Tanzi, *Taxation in an Integrated World*, Washington, D.C., 1995; James Alm, Jorge Martinez-Vazquez, Mark Rider (eds.), *The Challenges of Tax Reform in a Global Economy*, New York, Springer, 2010; Paula Rosado Pereira, *Princípios do Direito Fiscal Internacional – Do Paradigma Clássico ao Direito Fiscal Europeu*, Coimbra, Almedina, 2010; Rita Calçada Pires, *Tributação Internacional do Rendimento Empresarial gerado através do comércio Eletrónico – Desvendar mitos e construir realidades*, Coimbra, Almedina, 2011.

[55] Carlo Garbarino, "An Evolutionary Approach to Comparative Taxation: Methods and Agenda for Research", 57, The American Journal of Comparative Law, 2009, 677 seguintes

[56] Milena Sterio, "The Evolution Of International Law", 31, *Boston College International and Comparative Law Review*, 2008, 213 seguintes, 252.

Um outro problema decorrente da globalização é o da *concorrência fiscal prejudicial* entre Estados, perigosa para as bases tributárias nacionais, e para o respetivo modelo de Estado social[57], o qual aponta para a necessidade de adoção de mecanismos jurídico-internacionais adequados[58].

Outros problemas, como o combate à evasão fiscal, aos paraísos fiscais e à lavagem de dinheiro, exigem uma cada vez maior troca de informações e cooperação global entre autoridades públicas e entre estas e empresas e instituições financeiras.

O direito internacional fiscal segue as transformações da comunidade internacional, assistindo-se ao peso crescente de organizações internacionais (v.g. NU, FMI, OCDE, UE), grupos empresariais (v.g. City), empresas (v.g. UBS) e outros atores não estaduais (v.g. Câmara de Comércio Internacional, Associações Mundiais de Contribuintes, Associação Fiscal Internacional, Associação Internacional de Planeamento Fiscal) na formulação da política fiscal[59].

4.4. Direito da União Europeia

No Direito da União Europeia (UE), o mercado interno, com as inerentes liberdades de circulação de pessoas, mercadorias, serviços e capitais, a par do direito da concorrência, com as resultantes limitações aos auxílios de Estado, fornece as traves mestras da estrutura normativa relevante em matéria fiscal[60].

O Direito fiscal não pode introduzir limitações ou discriminações, diretas ou indiretas, atuais ou potenciais, no mercado interno, valendo os princípios da igualdade e da neutralidade fiscal. Daqui decorrem

[57] OECD, *Harmful Tax Competition Report*, Paris, OECD (1998); OECD, *Towards Global Tax Co-Operation: Report to the 2000 Ministerial Council Meeting and Recommendations by the Committee on Fiscal Affairs: Progress in Identifying and Eliminating Harmful Tax Practices*. Paris, OECD 2000; Reuven S. Avi-Yonah, "Globalization, Tax Competition, And The Fiscal Crisis Of The Welfare State", 113, *Harvard Law Review*, 2000, 1573 seguintes.

[58] Diane Ring, "Who Is Making International Tax Policy?: International Organizations As Power Players In A High Stakes World", 33, *Fordham International Law Journal*, 2010, 702 seguintes.

[59] Ring, Who Is Making International Tax Policy?..., cit., 649 seguintes; Claire R. Kelly Financial Crises and Civil Society 11, *Chicago Journal of International Law*, 2011, 505 seguintes.

[60] Artigo 45º seguintes, 101º seguintes e 110º seguintes TFUE. Alina Kaczorowska, European Union Law, Oxon, 2011, 511 seguintes; Jónatas E.M. Machado, *Direito da União Europeia*, Coimbra 2010, 270 seguintes e 359 seguintes.

importantes implicações normativas em domínios como as operações intracomunitárias, isenções, taxas, benefícios fiscais, concorrência fiscal, harmonização fiscal, eliminação da dupla tributação, etc. A dificuldade em compatibilizar a livre circulação de capitais com o combate à evasão fiscal (*tax avoidance*) é um tema central no direito da UE[61].

O gradual aprofundamento da integração económica europeia conduziu à necessidade de harmonização de diversos impostos entre os Estados membros da União Europeia, como sucede com o imposto sobre o valor acrescentado (IVA) e com diversos impostos especiais sobre o consumo[62].

A harmonização do imposto sobre o rendimento das pessoas coletivas tem sido resistida por Estados de baixa tributação (v.g. Irlanda, Reino Unido) e de alta tributação (v.g. Dinamarca, Finlândia, Suécia), quer para preservar o ambiente de negócios, quer para proteger o Estado Social[63]. Mesmo nas áreas em que não exista harmonização fiscal, como sucede nos impostos diretos, e em que os Estados conservam a sua soberania fiscal[64], esta deve ser exercida em conformidade com o Direito da UE[65].

4.5. Direito administrativo

A generalidade das normas que disciplinam o cumprimento das obrigações tributárias integra o direito administrativo, abrangendo todas as normas que, regulando o exercício de prerrogativas de direito público

[61] Lilian V. Faulhaber Sovereignty, Integration and Tax Avoidance in the European Union: Striking the Proper Balance, 48, *Columbia Journal of Transnational Law*, 2010, 177 seguintes; Joann Martens Weiner, "Practical Aspects Of Implementing Formulary Apportionment In The European Union", 8, *Florida Tax Review*, 2007, 629 seguintes.

[62] Cfr., entre outros, Frans Vaninstandael, "How does tax relate do competition in the EU?", *Planeamento e Concorrência Fiscal Internacional*, Lisboa, 2003, pp. 15-26; Stephen Bill, "Harmonization of indirect taxes in Europe", *Planeamento e Concorrência Fiscal Internacional*, Lisboa, 2003, pp. 27-35; António Carlos dos Santos, "A posição Portuguesa face à regulação comunitária da concorrência fiscal", *Planeamento e Concorrência Fiscal Internacional*, Lisboa, 2003, pp. 153-190.

[63] Diane Ring, "Democracy, Sovereignty and Tax Competition: The Role of Tax Sovereignty in Shaping Tax Cooperation", 9, *Florida Tax Review*, 2009, 569.

[64] Artigo 114º, nº 2, doTFUE.

[65] Veja-se, por exemplo os Acórdãos do Tribunal de Justiça da União Europeia (TJUE) nos processos C-270/83, *Avoir Fiscal*, e C-347/04, *Rewe Zentralfinanz e G vs. Finanzamt*.

nas relações entre o Estado (*lato sensu*) e os particulares, não se incluem nos domínios do Direito constitucional ou do Direito penal.

Dada a sua natureza especialmente invasiva dos direitos dos particulares, o direito tributário subordina-se a exigências acrescidas de legalidade administrativa e controlo jurisdicional. Não há lugar para qualquer *excecionalismo tributário*, diante do princípio do Estado de direito e dos seus subprincípios. O procedimento tributário é uma espécie do procedimento administrativo, pelo que os princípios do procedimento administrativo se aplicam, nos seus elementos essenciais, às relações entre a administração fiscal e os contribuintes[66].

4.6. Direito civil

O Direito fiscal é um ramo do direito das obrigações de natureza pública, tendo como objeto as relações obrigacionais que se estabelecem entre os cidadãos e o Estado. Daí que o mesmo dependa, conceitualmente, da teoria geral da relação jurídica e do Direito das obrigações.

Em matéria de interpretação das normas fiscais são aplicáveis as regras gerais de interpretação e aplicação das leis previstas no Código Civil.[67]

Nalguns casos, a aplicação da lei fiscal está dependente da prévia aplicação do direito civil. É o que sucede no caso da simulação de negócios jurídicos. Para que seja possível aplicar as regras da LGT em caso de simulação (artigo 39º da LGT), importa, em primeiro lugar, que fique demonstrada a existência da simulação (absoluta ou relativa), nos termos do disposto no direito civil (artigos 240º e seguintes do Código Civil).

4.7. Direito penal

A lei tipifica como crimes determinadas infrações tributárias, consideradas particularmente graves, puníveis com pena de prisão ou multa.[68] A lei tipifica também como ilícitos de mera ordenação social diversas outras infrações, puníveis com coima.[69]

[66] Rimma Tsvasman, "No More Excuses: A Case for the IRS's Full Compliance with the Administrative Procedure Act", 76, *Brooklyn Law Review*, 2011, 837 seguintes

[67] Artigo 11º da LGT e artigo 9º do Código Civil.

[68] Artigo 12º e 87º seguintes do *Regime Geral das Infrações Tributárias* (RGIT), aprovado pela Lei nº 15/2001, de 5 de junho.

[69] Artigos 23º seguintes e 108º seguintes do RGIT.

Em qualquer caso, o regime sancionatório em matéria fiscal não pode deixar de obedecer aos princípios fundamentais que enquadram o direito penal e contraordenacional.[70]

4.8. Direito das sociedades comerciais

Um dos núcleos fundamentais do direito comercial é o direito das sociedades comerciais. No domínio da tributação das empresas ele assume particular relevo, designadamente no que concerne à estrutura das empresas e sua transformação, às alterações do capital e às suas relações com os sócios (obrigações de entrada, distribuição de lucros, etc.).

As soluções adotadas pelo direito tributário dependem, em última análise, da própria filosofia e teoria da sociedade comercial, isto é, da conceção que se tenha acerca da sua natureza (v.g. *universitas*, *societas*, compropriedade, contrato, mandato, associação, constituição política, sociedade imperfeita), função (v.g. servir acionistas, clientes, economia ou bem comum), forma de governo (v.g. centralizada, descentralizada, participada), parâmetros de atuação (v.g. valores, interesses) e a sua inserção na comunidade política globalmente considerada (v.g. responsabilidade social)[71].

4.9. Direito laboral

A tributação, no âmbito do IRS, do rendimento do trabalho dependente, não pode deixar de ter em conta as normas jurídicas disciplinadoras das relações jurídico-laborais que originam esse rendimento. Só assim é possível elaborar normas de incidência suficientemente determinadas, em obediência ao princípio da segurança jurídica e da proteção da confiança dos cidadãos, mas que, no seu conjunto, limitem também as possibilidades de evasão fiscal, assegurando a tendencial igualdade na tributação do rendimento do trabalho dependente.

O direito do trabalho obedece a uma intenção de proteção afirmativa do trabalhador enquanto elo mais fraco[72]. A consagração constitucional

[70] Artigos 29º e ss da CRP.

[71] Brian M. McCall, "The Lyman Johnson, "Re-Enchanting The Corporation", *William & Mary Business Law Review*, 1, 2010, 83 Corporation As Imperfect Society" 36, Delaware Journal of Corporate Law, 2011, 509 seguintes.

[72] G. Davidov, B. Langille (eds), *Boundaries and Frontiers of Labour Law: Goals and Means in the Regulation of Work*, Oxford, 2006, 1 seguintes e 37 seguintes.

dos direitos económicos, sociais e culturais transforma os trabalhadores e as suas famílias nos principais destinatários da despesa pública. Também o Direito fiscal do trabalho não pode deixar de proteger o trabalho em relação ao capital nos casos de evidente assimetria. Estes aspetos são relevantes em domínios como o conceito de trabalhador (subordinado e independente), a intensidade da tributação do trabalho, etc. Sendo impossível resolver alguns problemas por via unilateral, eles remetem para o direito internacional fiscal.

5. Relações do direito tributário com outras disciplinas

5.1. Filosofia moral e teoria política

As relações entre o direito tributário e a filosofia moral são óbvias. Basta pensar que Adam Smith, o precursor da moderna economia de mercado, assentou toda a sua reflexão em torno do funcionamento da economia, incluindo a tributação, em preocupações mais amplas e profundas, de natureza moral. Para ele, a natureza e a causa da riqueza das nações era indissociável dos sentimentos morais[73]. Estes estão na base de muito do debate que se tem travado na teoria política. Importa, pois, chamar a atenção para as relações que se estabelecem entre o direito tributário e a filosofia moral[74].[75]

Em matéria fiscal, o utilitarismo, com o seu postulado de maximização do bem-estar para o maior número de pessoas, exerce uma signifi-

[73] Adam Smith, *The Theory of Moral Sentiments*, Empire Books, 2011, 1 seguintes.

[74] Robin Cooper Feldman, "Consumption Taxes and the Theory of General and Individual Taxation", 21, *Virginia Tax Review*, 21, 2002, pp. 303 e seguintes.

[75] Para uma abordagem filosófica do direito tributário, a partir do estudo da teoria da linguagem e do método jurídico, *v.* as seguintes obras de Paulo de Barros Carvalho: *Curso de Direito Tributário*, 21ª ed., São Paulo, 2009; *Direito Tributário: Fundamentos Jurídicos da Incidência*, 7ª ed., São Paulo, 2009; *Direito Tributário, Linguagem e Método*, 2ª ed., São Paulo, 2008. Sobre esta matéria *v.*, também: Stephen Weston, *op. cit.*; Robert W. McGee, "Taxation and Public Finance: A Philosophical and Ethical Approach", *Commentaries on the Law of Accounting & Finance*, Vol. 1, 1997, pp. 157-240, disponível em <http://ssrn.com/abstract=461340>; Eric Mack, "Self-Ownership, Taxation, and Democracy: A Philosophical-Constitutional Perspetive", Politics, Taxation, and The Rule of Law: The Power to Tax in Constitutional Perspetive, Donald P. Racheter / Richard E. Wagner (eds.), Boston / Dordrecht /London, 2002, pp. 9-31.

cativa influência sobre o direito tributário[76]. Todavia, tendo em conta que o bem-estar de cada um é definido como satisfação das preferências individuais, torna-se necessário corrigir os efeitos negativos que advêm da consideração de todas as preferências individuais como igualmente dignas (*v.g.* alimentos básicos; bens de luxo). Em todo o caso, esta perspetiva concede que a redistribuição pode aumentar o bem-estar total, na medida em que parte do princípio de que as preferências dos mais pobres são mais intensas do que as dos mais ricos, embora alerte para a necessidade de limitar a redistribuição, sob pena de os mais ricos perderem incentivos ao trabalho e ao investimento, diminuindo desse modo o bem-estar de toda a sociedade.

Uma maneira de evitar esses efeitos negativos consiste em rejeitar as perspetivas utilitaristas em favor de perspetivas baseadas nos direitos dos indivíduos (*rights-based*) ou numa teoria da justiça. Estas perspetivas pretendem construir o direito tributário de acordo com imperativos de justiça distributiva, de forma a mitigar as desigualdades de oportunidades entre ricos e pobres. Para estas teorias, a redistribuição é imposta por princípios de justiça, relacionados com a afirmação da igual dignidade e liberdade dos indivíduos, devendo entrar em linha de conta com as escolhas pessoais e os respetivos efeitos na criação de riqueza.

5.2. Economia

5.2.1. *Aspetos gerais*

O direito tributário encontra-se intimamente relacionado com a economia, quer porque o nível de arrecadação dos tributos está dependente da atividade económica desenvolvida, quer porque as opções políticas em matéria tributária afetam diretamente o crescimento económico e o comportamento das pessoas (singulares e coletivas).

Embora não caiba ao jurista avaliar a política tributária, o direito constitucional tributário pretende que a satisfação das necessidades financeiras do Estado e a justa redistribuição dos rendimentos sejam levadas a cabo de um modo economicamente racional e eficiente.

[76] Michael J. Sandel, Justiça, Fazemos o que Devemos?, (trad. Ana Cristina Pais), Lisboa, 2011, 40 seguintes.

5.2.2. *Microeconomia*

A tributação produz efeitos no comportamento dos cidadãos, influenciando (incentivando ou desincentivando) as suas decisões em áreas como a educação, o trabalho, o consumo, a poupança, etc.[77]

As normas fiscais têm também um grande impacto nas decisões das empresas em domínios como o investimento nacional e estrangeiro, a distribuição de lucros ou o diferimento da mesma para reinvestimento, o financiamento junto da banca ou do mercado de capitais, a contratação de trabalhadores, etc. Do mesmo modo, as mesmas podem colocar problemas às empresas em sede de liquidez.

No que diz respeito aos efeitos microeconómicos dos impostos, a doutrina refere habitualmente os seguintes: *repercussão*, *amortização*, *remoção* e *difusão*.[78] Vejamos em que consiste cada um destes efeitos:

a) A *repercussão* fiscal designa a transferência do sacrifício fiscal do *contribuinte de direito* (pessoa sobre a qual se dá a incidência legal) para o *contribuinte de facto* (pessoa sobre a qual se dá a incidência real). A repercussão pode ser *progressiva* ou *regressiva*. Será progressiva quando o encargo tributário é transferido pelo vendedor para o comprador, através da subida dos preços. Será regressiva quando o imposto é transferido pelo comprador para o vendedor, através da diminuição dos preços. A repercussão regressiva pode ocorrer, por exemplo, quando é agravado um imposto sobre o consumo, o que, nos casos de bens com *procura elástica*[79], pode levar a uma significativa redução da quantidade procurada e ao subsequente impacto negativo sobre as receitas e os lucros dos vendedores. Numa situação como esta, os vendedores podem ter interesse em suportar eles próprios, através da diminuição do preço dos bens, o custo adicional gerado pelo agravamento do

[77] Joseph Stiglitz, *Economics of the Public Setor*, 3ª ed., New York / London, 2000, pp. 458-459.

[78] António de Sousa Franco, *Finanças Públicas e Direito Financeiro*, vol. II, 4ª ed., Coimbra, 1995, pp. 210 e seguintes.

[79] A *elasticidade preço da procura* de um bem é a sensibilidade da quantidade procurada desse bem face à variação do respetivo preço, mantendo-se tudo o resto constante. Um bem terá uma procura tanto mais elástica quanto maior for essa sensibilidade. A elasticidade preço da procura é medida pela variação percentual da quantidade procurada a dividir pela variação percentual do preço – cfr. Samuelson e Nordhaus, *Economia*, 14ª ed. (trad. Elsa Nobre Fontainha e Jorge Pires Gomes), Lisboa, 1993, cit., p. 78.

imposto, minimizando, assim, o impacto negativo sobre os seus lucros.[80],[81]

b) A *amortização* fiscal consiste na redução do valor de um bem duradouro (por exemplo, um bem imóvel) decorrente da incidência futura de um imposto sobre o valor patrimonial ou sobre o rendimento desse bem.[82]

c) Existe *remoção* fiscal quando o contribuinte, para compensar (total ou parcialmente) a diminuição do seu rendimento resultante da incidência de um imposto, faz aumentar a sua matéria coletável, normalmente através da intensificação do seu trabalho em detrimento do descanso. Assim, podemos concluir que o agravamento de um imposto tanto pode funcionar como um desincentivo ao trabalho e à produção – quando o *efeito-substituição* (ou seja, o efeito da substituição de trabalho por descanso), for superior ao *efeito-rendimento* (isto é, ao efeito da diminuição do rendimento real do contribuinte decorrente da incidência de um imposto) –, como pode funcionar em sentido inverso, como um incentivo ao trabalho e à produção (caso o *efeito-rendimento* seja superior ao efeito substituição). O peso relativo do *efeito-substituição* e do *efeito-rendimento* depende da *ponderação subjetiva* que o contribuinte faça entre os *benefícios esperados* e os *custos esperados* (por si mentalmente representados) para cada uma das alternativas em causa:

[80] António de Sousa Franco, *Finanças Públicas...*, pp. 213 e seguintes. e Teixeira Ribeiro, *Lições de Finanças Públicas*, 5ª ed., Coimbra, pp. 374-375 e 384 e seguintes.

[81] De acordo com a *regra dos impostos de Ramsey*, o Governo, caso pretenda aumentar a receita tributária, deve optar por agravar os impostos que incidam sobre bens ou fatores produtivos com procura ou oferta mais rígidas. Deste modo, o impacto negativo sobre o consumo e a produção são reduzidos e a receita tributária arrecadada aumenta. Apesar de os defensores da teoria dos *impostos de Ramsey* sustentarem que esta é a forma mais eficiente de aumentar a receita tributária, ela suscita sérias reservas na ótica da justiça fiscal. Na verdade, a aplicação da regra de Ramsey sem que sejam tomados em consideração outros critérios para além do da eficiência económica pode conduzir a graves efeitos sociais, traduzindo-se numa situação de injustiça fiscal. Pense-se, por exemplo, nas consequências sociais do agravamento da tributação sobre o consumo dos bens alimentares. Cfr. Samuelson e Nordhaus, *Economia*, cit., pp. 312-313.

[82] António de Sousa Franco, *Finanças Públicas...*, pp. 210-211 e Teixeira Ribeiro, *Lições ...*, pp. 375 e seguintes.

trabalhar mais para obter um ganho adicional ou trabalhar menos para descansar mais.[83]

d) A *difusão* fiscal traduz-se nos efeitos negativos gerados na atividade económica de determinados sujeitos (normalmente produtores) pela contração do rendimento disponível dos contribuintes em virtude da incidência de um novo imposto ou do agravamento de um imposto já existente. Por exemplo, o agravamento de um imposto faz diminuir o rendimento disponível dos contribuintes (no caso de não haver remoção fiscal) levando a uma redução no consumo de determinados bens (cuja procura seja mais elástica), com consequências negativas para os produtores de tais bens, verificando-se, portanto, uma sequência de efeitos indiretos negativos sobre a atividade económica.[84]

5.2.3. *Macroeconomia e política fiscal*

Através da modelação do sistema fiscal podem ser prosseguidos objetivos de eficiência, de estabilização económica e de igualdade.

A *política fiscal* consiste na manipulação dos instrumentos fiscais tendo em vista a prossecução de finalidades económicas consideradas vantajosas, em que a componente orçamental da despesa desempenha também um importante papel[85]. Por outras palavras, a mesma traduz-se na visão do sistema fiscal como instrumento de política económica, orientado para a maximização do rendimento e do bem-estar social, através da promoção da poupança, da formação de capital, do investimento, do emprego e do crescimento económico.

Do ponto de vista jurídico-constitucional a política fiscal assume grande relevo, na medida em que estes fins têm um inegável fundamento constitucional. Assim, a avaliação da eficácia do sistema fiscal não escapa ao princípio da proporcionalidade em sentido amplo a que se subordina toda a atividade do Estado.

Na política fiscal, é em função da realização dos fins económicos e sociais constitucionalmente consagrados que se deve aferir da adequação,

[83] António de Sousa Franco, *Finanças Públicas...*, pp. 211-212 e Teixeira Ribeiro, *Lições ...*, pp. 380-382.

[84] António de Sousa Franco, *Finanças Públicas...*, pp. 212-213.

[85] Vito Tanzi, "Rationalizing the Government Budget", *Economic Policy Reform, Second Stage*, (ed. Anne O. Krueger), Chicago, 2000, pp. 435 seguintes.

necessidade e proporcionalidade em sentido estrito dos diversos meios fiscais empregues.

Neste contexto, os critérios de avaliação e quantificação da relação entre os meios fiscais e os fins económicos, tendo em vista a tributação ótima, resultam da análise económica e econométrica. Todavia, os autores chamam ainda a atenção para o relevo de variáveis como as condições institucionais do Estado, a racionalidade orçamental do setor público, a descentralização do sistema tributário, a existência de instituições extraorçamentais, etc.

Do mesmo modo, sublinha-se a importância de uma avaliação global do funcionamento das estruturas políticas e económicas da sociedade e das oportunidades e desigualdades geradas pelo funcionamento dos setores público e privado. Em todo o caso, a íntima relação entre o sistema fiscal e a macroeconomia recomenda que as decisões relativas ao primeiro tenham em conta os desenvolvimentos e as tendências que se desenham na segunda[86].

Em Portugal, tal como nos demais países da União Económica e Monetária (UEM), a política fiscal assume particular importância na medida em que as políticas monetária e cambial deixaram de estar na sua disponibilidade, ficando, por outro lado, a política orçamental fortemente condicionada. Da mesma forma, num contexto de globalização e de concorrência inter-Estados para a atração e fixação de investimento, as opções políticas e as soluções jurídicas adotadas em matéria fiscal são determinantes.

5.3. Contabilidade

Em nome do princípio da tributação do rendimento real das pessoas singulares e coletivas, que desenvolveremos mais adiante, o apuramento do lucro tributável deve, em princípio, fazer-se com base na contabilidade dos sujeitos passivos, eventualmente corrigidos com base em normas jurídico-tributárias.[87]

Manifestação evidente da ligação que existe entre contabilidade e tributação das empresas foi o conjunto de alterações introduzidas em

[86] Vito Tanzi, *Rationalizing the Government Budget...*, cit., 442.

[87] Artigo 17º, nº 1, do CIRC.

2009 ao CIRC[88], visando adaptá-lo às normas internacionais de contabilidade da União Europeia e ao *Sistema de Normalização Contabilística* (SNC), aprovado pelo Decreto-Lei nº 158/2009, de 13 de julho.

Do mesmo modo, em sede de IRS, a determinação dos rendimentos empresariais e profissionais (rendimentos da categoria B) que ultrapassem determinados valores é feita com base na contabilidade.[89]

Estes são apenas dois exemplos da importância que assume a contabilidade enquanto disciplina auxiliar do direito tributário[90].

[88] Através do Decreto-Lei nº 159/2009, de 13 de julho.

[89] Artigo 28º, nº 1, al. b), do CIRS.

[90] Acerca das relações entre direito fiscal e contabilidade cfr. Tomás Cantista Tavares, *IRC e Contabilidade – Da Realização ao Justo Valor*, Coimbra, Almedina, 2011; Clotilde Celorico Palma, "Algumas considerações sobre as relações entre a Contabilidade e a Fiscalidade", *Estudos em Memória do Prof. Doutor J. L. Saldanha Sanches*, vol. IV, Coimbra, Coimbra Editora, 2011, pp. 625 e seguintes; Manuel Henrique de Freitas Pereira, "Relações entre contabilidade e fiscalidade", *Estudos em Memória do Prof. Doutor J. L. Saldanha Sanches*, vol. IV, Coimbra, Coimbra Editora, 2011, pp. 949 e seguintes; Nina Aguiar, "O Direito Fiscal perante as normas contabilísticas: uma abordagem metodológica", *Estudos em Memória do Prof. Doutor J. L. Saldanha Sanches*, vol. IV, Coimbra, Coimbra Editora, 2011, pp. 1021 e seguintes.

Capítulo II
Direito constitucional tributário

1. Fundamentos constitucionais da tributação

1.1. Introdução

O poder de tributar tem o seu fundamento na vida social em si mesma. Ele é um dos mais importantes poderes públicos[91], na medida em que permite financiar as instituições do Estado e o exercício das respetivas atribuições[92].

O poder de tributar tem a capacidade de moldar significativamente as atividades humanas, condicionando fortemente as possibilidades de desenvolvimento económico e social[93]. Ele é um *espelho da sociedade* e dos seus valores.

O Direito tributário reflete necessariamente determinadas visões do mundo e do ser humano. As suas raízes profundas devem ser procuradas no modo de ser e de sentir de uma dada comunidade política. O direito tributário está, pois, longe de ser um direito neutro, técnico e apolítico[94].

O Direito tributário, tal como o conhecemos, surge intimamente ligado às revoluções liberais americana e francesa. O constitucionalismo

[91] William B. Barker, "The Three Faces Of Equality: Constitutional Requirements In Taxation", 57, Case Western Reserve University, 2006, 1 ss.

[92] Barker, The Three Faces Of Equality..., cit, 1.

[93] Barker, The Three Faces Of Equality..., cit, 1 seguintes.

[94] Anthony C. Infanti, "Tax Reform Discourse", 32, Virginia Tax Review, 2012, 254 seguintes.

moderno é inconcebível à margem do *slogan* "no taxation without representation", que nos chegou dos alvores da revolução americana.

Os valores da soberania popular, do autogoverno democrático, do Estado de direito e dos direitos fundamentais tiveram desde cedo importantes implicações substantivas e estruturais no plano fiscal. A cidadania democrático-liberal é entendida, em boa parte, como estatuto fiscal. Assim, compreende-se que, numa ordem constitucional livre e democrática, a Constituição estabeleça os valores, princípios e regras que devem subordinar a conformação de todo o sistema tributário. É isso que veremos nas páginas subsequentes.

1.2. Os custos do contrato social

Sempre houve a consciência de que a comunidade social politicamente organizada não poderia subsistir sem impostos. Na antiguidade clássica, Tácito dizia que "a paz das nações não pode ser obtida sem armas, nem as armas sem dinheiro, nem o dinheiro sem impostos" (Histories, IV, lxxiv). Já mais próximo do nosso tempo, o eminente jurista norte-americano Oliver Wendel Holmes dizia: "os impostos são o preço que pagamos por uma sociedade civilizada". Os impostos são, nada mais nada menos, do que o fundamento do poder estadual.

Desde o advento do constitucionalismo moderno que o Estado se compreende como derivado de um contrato social entre cidadãos livres e iguais. Por essa via o poder político assumia-se alicerçado na soberania popular. O contrato social foi teorizado por autores tão diversos como Hobbes, Locke, Rousseau ou Kant.

Na compreensão moderna inicial, as funções do Estado limitavam-se à garantia da segurança, da propriedade, do autogoverno democrático dos cidadãos e da liberdade[95]. Para isso bastavam os direitos civis e políticos. De acordo com este entendimento, o aparelho do Estado seria relativamente limitado.

Todavia, com o advento do Estado social, resultante dos processos de industrialização, urbanização e proletarização, o contrato social foi sendo enriquecido com novas cláusulas, estipulando um leque mais vasto de

[95] Winfried Brugger, "Gewärleistung von Freiheit und Sicherheit im Lichte unterschiedlicher Staats- und Verfassungsverständnisse", *Veröffentlichungen der Vereinigung der Deutschen Staatsrechtslehrer*, 63, 2004, 103 seguintes.

atribuições estaduais, tendo em vista a promoção dos direitos económicos, sociais e culturais. Entendeu-se gradualmente que o Estado deveria desempenhar um papel mais ativo na repartição do rendimento e na diminuição das desigualdades sociais. A este alargamento das funções do Estado corresponderam novas necessidades institucionais, pessoais e materiais, com custos financeiros acrescidos. Ou seja, não é possível que o Estado desempenhe as suas funções sem recorrer à tributação.

Se são verdadeiras as palavras do Supremo Tribunal norte-americano, quando afirma que "[t]he power of taxing the people and their property, is essential to the very existence of government"[96], também é verdade que quanto mais alargadas forem as funções governamentais tanto maiores serão as necessidades tributárias.

A delicadeza jurídico-política do direito tributário prende-se com o facto de o mesmo estar intimamente relacionado com a questão de saber como se repartem os custos e os benefícios do contrato social. A este propósito, é particularmente relevante o pensamento de Rousseau, que entendia que o imposto era mais do que um instrumento de financiamento do Estado; o imposto era um meio de promoção da igualdade, pelo que deveria pesar mais sobre os cidadãos mais abastados (os detentores de "bens supérfluos"). Os cidadãos que mais não tivessem do que os bens estritamente necessários nada deveriam pagar. Rousseau era, pois, um defensor da tributação sumptuária.[97]

1.3. Objetivos da tributação

A tributação tem como objetivo primordial a prossecução do bem comum (*res publica*)[98]. De acordo com uma teoria cívico-republicana de governo democrático, as receitas fiscais só podem ser aplicadas em finalidades de

[96] *MuCulloch v. Maryland* (1819).

[97] Cfr. Henri Denis, *História do Pensamento Económico*, Lisboa (trad. António Borges Coelho), 1993, p. 253.

[98] A Constituição do estado da Pennsylvania, de 1776, foi ao ponto de estabelecer diretrizes claras ao poder de tributar. Na sec. 41, estabelece-se que "[n]o public tax, custom or contribution shall be imposed upon, or paid by the people of this state, except by a law for that purpose: And before any law be made for raising it, the purpose for which any tax is to be raised ought to appear clearly to the legislature to be of more service to the community than the money would be, if not collected; which being well observed, taxes can never be burdens."

interesse público[99]. Um outro objetivo consiste na redistribuição do rendimento, na medida em que o direito não é indiferente ao modo como os benefícios do crescimento económico se repercutem nas possibilidades reais de desenvolvimento humano de toda a população.

Do ponto de vista do Estado de direito democrático, a redistribuição do rendimento é importante não apenas para combater as desigualdades sociais e as injustiças estruturais, mas também para prevenir as desigualdades políticas, evitando que os mais ricos consolidem a sua capacidade de poder e influência sobre as instituições e o processo democrático[100].

A tributação também desempenha um importante papel na promoção do *crescimento económico*. Este pode propiciar o emprego e a satisfação das necessidades materiais das populações. No entanto, ele não se traduz necessariamente em desenvolvimento humano, político e social. Há ampla evidência de que nem sempre é assim, havendo um conjunto restrito de pessoas que colhe os benefícios do crescimento económico. Espera-se, por isso, que o direito constitucional fiscal impeça que o crescimento tenha como consequência o aumento da pobreza e o agravamento das injustiças e desigualdades sociais, servindo mais os interesses privados de uns poucos do que o interesse da comunidade política globalmente considerada[101].

1.4. Princípio republicano liberal

Na essência do princípio republicano, tal como o mesmo é entendido no constitucionalismo moderno, encontra-se uma ideia de **republicanismo cívico liberal**, que tem na igual dignidade e liberdade de todos os cidadãos e na promoção da *res publica* e do bem comum os seus dois pilares fundamentais. A esta luz, a tributação surge tematizada en-

[99] Isto mesmo foi afirmado pelo Supremo Tribunal de Filadéfia, no caso *Sharpless and Others v. The Mayor, &c., of Philadelphia*, 21 Pa. 147 (1853), quando disse que "[i]t is the theory of a republican government that taxes shall be laid equally, in proportion to the nature of the property; and when collected, shall be applied only to purposes in which taxpayers shall have equal interest."

[100] Richard M. Bird, Eric M. Zolt, "Dual Income Taxation And Developing Countries", 1, Columbia Journal of Tax Law, 2010, 214 seguintes.

[101] Anthony C. Infanti, "Tax Reform Discourse", 32, Virginia Tax Review, 2012, 205 seguintes.

quanto responsabilidade ética e dever cívico republicano, bem como um imperativo democrático-liberal.

Do ponto de vista constitucional, o pagamento de impostos é considerado como dever jurídico universal e igual, no quadro de um sistema de direitos e deveres de todos os cidadãos, em que se inclui a responsabilidade tributária[102].

À luz do princípio republicano, a **justiça do sistema fiscal** constitui um imperativo de moralidade político-jurídica, sem esquecer o seu relevo do ponto de vista da eficácia tributário-financeira, da racionalidade económica e da coesão social. A mesma é condição necessária do "contrato social" constitucionalmente consagrado e das instituições públicas criadas para garantir o respeito pelos seus termos.

O princípio republicano aponta para a combinação de conceções fiscais, surgindo o imposto concebido a um tempo como **imposto-preço**, ou seja, como contraprestação genérica pelos serviços recebidos do Estado[103], e como **imposto-dever**: obrigações recíprocas entre cidadãos[104].

Refira-se, ainda, que o republicanismo supõe a preferência por instrumentos não coercivos nas relações entre os Estados e os cidadãos, surgindo assim o imposto compreendido como **técnica liberal**, na medida em que pode ser utilizado para alterar a estrutura de incentivos dos indivíduos, das famílias e das empresas, abdicando o Estado de medidas coercitivas (*v.g.* requisição de bens ou serviços, confisco, coação física).

Uma conceção republicana liberal do imposto não tem que assentar na procura de uma neutralidade pura do mesmo, embora postule um princípio de neutralidade tendencial, devendo ser minimizado o impacto negativo e distorcionário do sistema fiscal sobre a atividade económica. Assim sendo, admite-se a utilização do sistema (para)fiscal como instrumento de política económica e social, ainda que com especial cautela.

1.5. Princípio do Estado social

Parafraseando Ernst Forsthoff, pode afirmar-se que o Estado de Direito é, em boa medida, um Estado social financiado por um Estado tribu-

[102] Cfr., sobre esta temática, Casalta Nabais, *O Dever Fundamental de Pagar Impostos*, Coimbra, 1998.

[103] "Une portion que chaque citoyen donne de son bien, pour avoir la sûreté de l'autre, ou pour en jouir agréablement » Montesquieu, *L'Esprit des Lois*, XVII, cap 1.

[104] Artigo 13º da DDHC, de 1789 "Une contribuition commune est indispensable; elle doit être également répartie entre citoyens en raison de leurs facultés».

tário[105]. A doutrina germânica concebe o Estado social como ponto culminante de uma evolução que compreende as fases do Estado patrimonial, do Estado de polícia, do Estado de Direito. De acordo com esta taxonomia, o Estado social é largamente uma criação do século XIX, tendo obtido consagração expressa na Constituição do México, de 1917, e na Constituição de Weimar, de 1919, tendo visto consolidado o seu estatuto constitucional depois da II Guerra Mundial.

O Estado social pretende constituir uma resposta à "questão social" emergente do processo de industrialização e urbanização e da resultante criação de uma nova classe social de trabalhadores dependentes, colocando novos desafios aos poderes públicos.

O mesmo é um corolário do valor da dignidade da pessoa humana, afirmando o dever de garantir a todos os indivíduos um mínimo de existência condigno. Ele limita o poder de tributar o rendimento indisponível, entendido este como o rendimento necessário a providenciar as necessidades existenciais básicas do indivíduo e da sua família[106]. Além disso ele justifica a utilização de cláusulas anti-abuso como formas de combater a evasão fiscal, a desigualdade económica, a erosão da base tributária, a pobreza e a exclusão social.

Entre nós, embora a Constituição não faça qualquer referência expressa ao princípio do Estado social, pode dizer-se que o mesmo se encontra subjacente ao catálogo de *direitos económicos, sociais e culturais*, contido nos artigos 58º e seguintes da CRP. Estes, diferentemente do que sucede com os *direitos, liberdades e garantias* de natureza pessoal, cívica e política, são direitos positivos a prestações estaduais, em grande medida dependentes da estruturação de políticas públicas pelo legislador e pela administração.

Presentemente, aos problemas tradicionais do Estado social juntam-se os problemas do chamado Estado ambiental e do Estado informacional. O estatuto político-constitucional do Estado social é problemático. Enquanto uns, a partir dos crónicos problemas do défice orçamental e da balança de pagamentos de muitos Estados, sustentam uma retração

[105] Karl-Heinz Schmidt "Allocative or Distributive Aims of Income Taxation?", *European Journal of Law and Economics*, 10 (2), September 2000, p. 180.

[106] Henry Ordower, "Horizontal and Vertical Equity in Taxation as Constitutional Principles: Germany and the United States Contrasted", 7, Florida Tax Review, 2006, 302 seguintes.

da atividade social do Estado, outros veem nela uma resposta indispensável aos problemas sociais criados pela globalização.

2. Limites à tributação

As revoluções liberais que marcaram o constitucionalismo moderno procuraram subtrair aos monarcas o poder de tributar e transferi-los para legisladores democraticamente eleitos, de acordo com o famoso princípio "*no taxation without representation*". Ao mesmo tempo procurou-se limitar constitucionalmente o poder de tributar[107]. O poder de tributar deveria andar de mãos dadas a direitos iguais de participação democrática, devendo os encargos públicos ser repartidos igualmente por todos os cidadãos[108]. Porém, enquanto o princípio democrático aponta para a igualdade política dos cidadãos, a igualdade perante os encargos públicos exige uma atenção especial à igualdade social e económica.

Num Estado Constitucional, o exercício de todos os poderes públicos é limitado pelos valores, princípios e regras que estruturam e disciplinam a relação entre o Estado e os cidadãos. O mesmo se aplica, evidentemente, ao poder de tributar[109]. O objetivo de prevenir tanto o privilégio como a opressão, levou à sua sujeição a princípios de justiça, igualdade, proporcionalidade, segurança jurídica e respeito pelos direitos, liberdades e garantias e pelos direitos económicos, sociais e culturais constitucionalmente garantidos.

A necessidade de estabelecer limites constitucionais à tributação apoia-se na noção antropológica realista, desde cedo assumida pela jurisprudência constitucional, de que os grupos de interesses mais poderosos inevitavelmente procurarão controlar o poder de tributar para transferir para os mais fracos o ónus de suportarem os encargos públicos[110]. O sistema fiscal, longe de ser política, ideológica ou economi-

[107] Barker, The Three Faces of Equality..., cit, 1 ss.

[108] Barker, The Three Faces of Equality..., cit, 2.

[109] Barker, The Three Faces of Equality..., cit, 1 ss.

[110] Isto mesmo foi reconhecido pelo Supremo Tribunal norte-americano, no caso Pollock V. Farmers' Loan And Trust Company, 157 U.S. 429, 516 (1895), onde se concedeu que "In every community those who feel the burdens of taxation are naturally prone to relieve themselves from them if they can; and the extent of the effort which they make to relieve themselves is, in general, proportionate to the extent of the burden which they suppose has been laid upon them. One class struggles to throw the burden off its own shoulders. If they

camente neutro, é função das coligações de grupos de interesses que dominam um determinado Estado[111]. Daí a necessidade de um rigoroso controlo da observância dos limites constitucionais ao seu exercício.

O poder de tributar também encontra limites não jurídicos, de natureza económica e política. Nas suas escolhas de política fiscal, os Estados não podem nem conseguem abstrair da realidade económica internacional (v.g. concorrência fiscal, harmonização fiscal, articulação fiscal) e nacional (v.g. interesses dos grupos económicos mais poderosos) nem dos seus objetivos de promover a criação de emprego e riqueza[112].

3. Direito constitucional e finanças públicas

A dívida pública coloca problemas de justiça intergeracional e de subordinação dos interesses dos cidadãos aos interesses dos credores. A mesma desvia o dinheiro dos contribuintes da satisfação das suas necessidades básicas, podendo gerar uma sobrecarga fiscal. Não está excluída a possibilidade de o direito constitucional, em nome da preservação da soberania popular, da capacidade contributiva e dos interesses dos cidadãos, vir a desempenhar um papel mais relevante e ativo na limitação da tributação e da despesa do Estado, reduzindo a margem de manobra de maiorias políticas e governos conjunturais.

A história do sobreendividamento dos Estados, regiões e municípios, e a consciência do perigo que este implica para a democracia e para o Estado de direito, levou à densificação, a partir do século XIX, da *constituição orçamental* e do *direito constitucional financeiro*. Pretende-se complementar a pressão exercida pelos mercados de dívida pública para uma maior disciplina orçamental, ainda que limitando a capacidade dos Estados de responder aos ciclos económicos de crescimento e retração.

succeed, of course it must fall upon others. They also, in their turn, labor to get rid of it, and finally the load falls upon those who will not, or cannot, make a successful effort for relief. This is, in general, a one-sided struggle, in which the rich only engage, and it is a struggle in which the poor always go to the wall".

[111] Andrew P. Morriss, Lotta Moberg, "Cartelizing Taxes: Understanding the OECD's Campaign against "Harmful Tax Competition", 4 Columbia Journal of Tax Law, 2012-2013, 1 seguintes.

[112] Diane Ring, "Democracy, Sovereignty and Tax Competition: The Role of Tax Sovereignty in Shaping Tax Cooperation", 9, Florida Tax Review, 2009, 559 seguintes.

A constituição orçamental tem uma *função de sinalização* do compromisso do Estado com umas finanças públicas saudáveis[113].

Os textos constitucionais podem adotar diferentes cursos de ação nesse sentido, como sejam: a) o estabelecimento de limites ao aumento anual da despesa pública (v.g. indexando-a à evolução demográfica, à inflação ou ao crescimento económico); b) o estabelecimento de limites ao défice e à dívida; c) a limitação da capacidade de endividamento dos poderes legislativo, executivo e municipal; d) a imposição de limites mínimos e máximos à tributação em relação ao Produto Interno Bruto (PIB); e) a imposição de uma percentagem de reservas para poupança e investimento; f) a exigência de um orçamento equilibrado, g) a imposição de percentagens da receita para despesas em prestações sociais; h) a imposição de limites máximos às receitas de determinados impostos (v.g. rendimento, consumo, propriedade imobiliária); i) a determinação de que a tributação seja aprovada por lei geral e abstrata prospetiva; j) a proibição de subsídios a empresas privadas disfarçados de isenções fiscais; k) a exigência de que a mesma tenha como objetivo único financiar despesas de comprovado interesse público, ou l) a aprovação de novas despesas ou novos impostos sujeita a referendo ou a maiorias qualificadas[114].

Estas e outras estratégias do mesmo género, propostas por um número crescente de autores, podem aumentar a proteção da generalidade dos contribuintes em face da crescente pressão fiscal, especialmente quando esta não surge necessariamente acompanhada por uma racional utilização dos recursos na satisfação das exigências do Estado social e dos direitos económicos, sociais e culturais necessários ao desenvolvimento humano.

Porém, tanto a constituição orçamental como os mercados da dívida condicionam a capacidade dos Estados para reagir de forma contracíclica tanto à expansão da economia (v.g. amortizando antecipadamente dívida), como à sua retração (v.g. aumentando o investimento público e a despesa social). Uns e outros podem limitar o crescimento do Estado, ao

[113] Richard C. Schragger, "Democracy and Debt", 121 The Yale Law Journal, 2012, 860 seguintes.

[114] John R. Ellis IV, "Of Pecans and Pessimism: An Analysis of the Texas Taxation And Expenditure Limitation In Comparison With Colorado's Taxpayer's Bill Of Rights, 39 Cumberland Law Review, 2008/2009, 285 seguintes.

mesmo tempo que interferem nas suas funções políticas e sociais fundamentais. Ambos criam incentivos à desorçamentação, à manipulação contabilística, ao recurso a veículos financeiros de ocultação de dívida, ao diferimento de custos, à ocultação de derrapagens financeiras, à proliferação de contribuições de toda a ordem ou ao recurso a parcerias público-privadas em setores essenciais[115]. A cura pode ser pior do que a doença.

Acresce que as restrições da constituição orçamental só seriam realmente eficazes se as normas constitucionais e as sanções cominadas pela sua violação fossem suficientemente precisas e determinadas, diretamente aplicáveis e acompanhadas de mecanismos de controlo preventivo e sucessivo suficientemente eficazes.

4. Princípios constitucionais, análise económica e teoria da tributação ótima

A primazia dos princípios constitucionais no âmbito do direito fiscal reveste-se do maior relevo, na medida em que muitas das prescrições avançadas pela *análise económica* e pela *teoria da tributação ótima* violam princípios constitucionais.

A *análise económica* tende a olhar para a tributação do ponto de vista da redução dos custos de transação e da promoção do crescimento económico, relegando para segundo plano o papel dos impostos como instrumentos de arrecadação de receitas para a prestação de bens públicos e de redistribuição do rendimento e de promoção da justiça social. É neste contexto que surgem frequentemente propostas de redução da carga fiscal sobre as empresas e o capital, e em menor medida sobre o trabalho, acompanhada do aumento da tributação do consumo e da propriedade residencial[116]. Algumas destas propostas merecem consideração séria e realista, pelo menos em certa medida. No entanto, as implicações constitucionais, éticas e sociais destas propostas não podem deixar de ser objeto de ponderada consideração.

A *teoria da tributação ótima* reconhece o interesse dos poderes públicos na maximização de receitas e preocupa-se com o *design* do sistema fiscal em ordem a realizar esse objetivo minimizando distorções e ine-

[115] Schragger, Democracy and Debt..., cit., 869 seguintes.

[116] Anthony C. Infanti, "Tax Reform Discourse", 32, Virginia Tax Review, 2012, 205 seguintes.

ficiências. Esta orientação tem pretendido justificar, por exemplo, uma menor tributação das mulheres casadas relativamente aos homens ou às mulheres solteiras, ou a tributação em separado dos elementos do casal, a pretexto de que as mulheres casadas têm um maior incentivo a deixar de trabalhar quando confrontadas com taxas marginais elevadas ou a não procurar trabalho quando estão desempregadas. Mas isso violaria os princípios constitucionais da igualdade e da não discriminação, bem como o princípio constitucional da proteção da família. Do mesmo modo, com base nas teorias da tributação ótima alguns têm sustentado a tributação em função da altura de cada um.

À semelhança do que sucede com a análise económica, esta orientação tende a ignorar o impacto das suas propostas nos bens constitucionais da dignidade da pessoa humana e da igualdade[117].

A eficiência dos sistemas económico e fiscal é inquestionavelmente importante. Porém, ela não pode sobrepor-se à primazia da Constituição e ao princípio basilar da igual dignidade da pessoa humana, nem aos valores fundamentais da vida em sociedade.

Nesta linha, depois de reconhecer os efeitos corrosivos e corruptores do discurso do mercado e da eficiência, o conhecido filósofo político Michael Sandel afirma que a "nossa única esperança de manter o mercado no devido lugar é discutir aberta e publicamente o significado dos bens e das práticas sociais que valorizamos"[118].

O direito fiscal da tributação assenta na premissa de que as pessoas são o meio e o fim do desenvolvimento económico.

Neste sentido, o economista Joseph Stiglitz, na tentativa que faz de identificação dos elementos de um *bom* sistema tributário, procura uma concordância prática entre eficiência, princípios de boa administração – simplicidade, flexibilidade e responsabilidade – e justiça.[119]

Do *princípio da eficiência* decorre que o sistema tributário não deve ter *efeitos distorcionários*[120] e não deve interferir com o funcionamento dos

[117] Daniel Hemel, "Should Tax Rates Decline with Age?", 120, The Yale Law Journal, 2011, 1893 seguintes.

[118] Michael Sandal, O Que o Dinheiro não Pode Comprar, (trad. Clóvis Marques), Rio de Janeiro, 2012, 201.

[119] Joseph Stiglitz, *Economics...*, cit., pp. 457-458.

[120] Um imposto será *não-distorcionário* apenas no caso de o contribuinte nada poder fazer para alterar a sua responsabilidade tributária – cfr. Joseph Stiglitz, Economics..., cit., p. 462.

mercados, salvo quando, devido à existência de *falhas de mercado*, os mesmos não funcionem eficientemente. É o que acontece, designadamente, quando se verificam *externalidades*[121], podendo o sistema tributário ser usado para as corrigir através dos chamados *impostos corretivos* ou *impostos de Pigou*[122]. Esta forma de tributação – *tributação corretiva* ou *tributação de Pigou* – permite, simultaneamente, aumentar a receita tributária (evitando-se a utilização de outros métodos, distorcionários, para gerar um nível de receita equivalente) e incrementar a eficiência na afetação de recursos (através da correção de uma falha de mercado)[123]. Uma das áreas típicas de aplicação da tributação corretiva é a da poluição, obrigando-se as empresas poluentes a pagar um imposto num montante igual ao valor da externalidade por si provocada, levando-a, desta forma, a suportar os custos sociais da sua atividade.[124] O princípio da eficiência diz respeito também aos impostos em especial, sendo estes tanto mais eficientes quanto mais inelástica for a respetiva base tributária.

Do *princípio da simplicidade administrativa* resulta que o sistema tributário deve ter baixos custos de administração (custos diretos) e de cumprimento das obrigações tributárias (custos indiretos). Com efeito, o funcionamento do sistema tributário implica custos diretamente rela-

Os impostos *não-distorcionários* são designados por *impostos fixos* (ou *de taxa fixa*) – *lump-sum taxes* –, em que o valor do sacrifício fiscal é fixo.

[121] Existem externalidades quando um indivíduo não suporta todos os custos (externalidades negativas) ou não obtém todos os benefícios (externalidades positivas) resultantes das suas ações.

[122] A existência de uma externalidade faz com que exista uma diferença entre o custo social e o custo privado e entre o benefício social e o benefício privado. Através da imposição de um custo ao agente económico que gera uma externalidade negativa – custo esse que deverá ser calculado de forma a anular a diferença entre o custo social e o custo privado –, faz-se com que esse agente passe a suportar os custos reais das suas ações e, assim, a adotar um comportamento socialmente eficiente. É este o fundamento dos *impostos corretivos* ou *impostos de Pigou*. Cfr. Joseph Stiglitz, *Economics*..., cit., pp. 224 e seguintes.

[123] Joseph Stiglitz, *Economics*..., cit., p. 463.

[124] Em alternativa aos *impostos de Pigou*, existem abordagens privadas à problemática das externalidades. Uma tem por base o *Teorema de Coase* e sugere que, estando os direitos de propriedade bem definidos e sendo os custos de negociação reduzidos, a negociação voluntária entre as partes envolvidas pode conduzir a um resultado eficiente. Outra consiste na adoção de normas de responsabilidade civil adequadas que, ao responsabilizar os causadores das externalidades, os façam suportar os danos causados à sociedade ou a terceiros mediante o pagamento de indemnizações – cfr. Samuelson e Nordhaus, *Economia*, cit., pp. 365-366.

cionados com o funcionamento da Administração tributária e, para além destes, custos suportados pelos contribuintes, tais como os custos para obtenção de informação, custos relacionados com o tempo despendido com formalidades inerentes ao cumprimento das obrigações tributárias, custos com serviços prestados por contabilistas e advogados, etc..

O sistema tributário deve ser desenhado de forma a minimizar estes custos. De entre os diversos fatores que afetam o nível de custos, é de destacar o *grau de complexidade* do sistema tributário – para minimizar os custos, o sistema tributário deve, tanto quanto possível, ser simples, o que também tem efeitos positivos ao nível da justiça do sistema.[125]

O *princípio da flexibilidade* significa que o sistema tributário deve permitir uma fácil adaptação às circunstâncias económicas. Assim, em ciclos económicos recessivos, por exemplo, o sistema tributário deve contribuir para o estímulo da atividade económica, enquanto em ciclos económicos expansionistas deve ter um efeito contracionista e limitar efeitos inflacionistas. Esta flexibilidade pode ser conseguida através dos chamados *estabilizadores automáticos*[126] ou através da adoção de políticas governamentais, as quais, para serem eficazes, requerem uma implementação célere.[127]

A responsabilidade a que alude Joseph Stiglitz pode ser mais bem compreendida sob a designação de "accountability", que não se confunde com a responsabilidade em sentido jurídico nem com uma mera responsabilidade política.

[125] Joseph Stiglitz, *Economics...*, pp. 464-465.

[126] Nas palavras de Teixeira Ribeiro, "[s]ão estabilizadores automáticos os elementos económicos que contrariam os movimentos de expansão e de contração" da atividade económica – cfr. *Lições de Finanças Públicas*, 5ª ed., 1995, cit., p. 432. Os impostos sobre o rendimento estão entre esses elementos, uma vez que "atenuam as oscilações do produto nacional geradas por variações autónomas no setor privado ou na procura externa", sendo o efeito estabilizador maior num sistema fiscal progressivo – cfr. Aníbal Cavaco Silva e João César das Neves, *Finanças Públicas e Política Macroeconómica*, 2ª ed., 1992, cit., pp. 218-220. Num sistema fiscal progressivo, como o que existe em Portugal, quando há um abrandamento da atividade económica e os rendimentos pessoais diminuem, as taxas a que os mesmos são tributados são inferiores, havendo uma redução da receita tributária e, assim, um estímulo (automático) da atividade económica; se, pelo contrário, o ciclo económico for expansionista, gerando um nível mais elevado de rendimentos tributáveis, as taxas a estes aplicáveis são mais elevadas, aumentando a receita tributária e limitando (automaticamente) pressões inflacionistas.

[127] Joseph Stiglitz, *Economics...*, p. 466.

O *princípio da accountability* traduz-se na ideia de que o sistema tributário deve ser transparente e de que quem gere dinheiros públicos deve prestar contas por essa gestão.

Daqui resulta que o poder executivo não deve procurar tirar vantagem dos cidadãos menos informados, devendo ficar claro quem paga as políticas públicas e quem delas beneficia.[128]

Em ordem a garantir a *accountabilitty* de quem gere dinheiros públicos é fundamental a existência de um sistema de controlo financeiro eficaz, com destaque para o controlo financeiro externo assegurado pelas Instituições Superiores de Controlo – tribunais de contas e instituições congéneres[129].

Com efeito, embora tradicionalmente as ISC centrem a sua atividade no controlo da despesa, elas têm também a missão de fiscalizar os sistemas de arrecadação de receitas, designadamente mediante a realização de auditorias e de avaliações[130]. O relevo das ISC neste domínio advém, também, da influência que a sua ação exerce sobre a *moral fiscal* (*tax morality*) e, consequentemente, sobre o grau de cumprimento das obrigações fiscais (*tax compliance*)[131]. A perceção, por parte dos contribuintes, de que os recursos financeiros públicos (financiados, maioritariamente, através dos impostos) são bem geridos funciona como um incentivo ao cumprimento das obrigações fiscais.

O *princípio da justiça* aponta para que o sistema tributário trate de forma igual as pessoas que estejam em circunstâncias semelhantes, fazendo corresponder a uma situação semelhante antes do imposto uma situação semelhante depois do imposto (*igualdade horizontal*), e imponha taxas mais elevadas às pessoas com maior capacidade contributiva, de forma a reduzir as desigualdades sociais verificadas antes do imposto (*igualdade vertical*). A conciliação teórica e prática destas duas dimensões da igualdade suscita diversas questões.

[128] Joseph Stiglitz, *Economics...*, pp. 466-467.

[129] Veja-se o relatório, Money, Politics, Power: Corruption Risks in Europe, da organização Transparency International, http://www.transparency.org/enis/report, p. 16, 6-6-2012.

[130] Veja-se a título de exemplo o Relatório do Tribunal de Contas português referente à *Auditoria ao Controlo da Receita do IRC*, publicado em 2015 – disponível em <http://www.tcontas.pt/pt/atos/rel_auditoria/2015/2s/audit-dgtc-rel015-2015-2s.pdf>.

[131] Volkswirt Enrico Schöbel, "The German Federal Court of Audit's observations of and comments on tax administration and tax compliance", in Jürgen Backhaus (ed.), *Fiscal Sociology. Public Auditing*, Frankfurt am Main, 2007, pp. 15-36.

Na ótica da igualdade horizontal, e uma vez que todas as pessoas têm características que as distinguem das demais, que critérios distintivos hão de ser considerados para fundamentar normas (ou regimes) tributários diferentes? Devem duas pessoas em igualdade de circunstâncias pagar o mesmo quando as externalidades produzidas pela sua conduta sejam diferentes? O consumo e o investimento de duas pessoas com o mesmo rendimento devem ser tributados de igual modo? A igualdade de circunstâncias pré-fiscais é moralmente aceitável independentemente da sua causa política, económica, social e cultural?

Na perspetiva da igualdade vertical, qual deve ser a base da tributação? Quem é que, na sociedade, deve ser tributado com taxas mais elevadas? E quanto mais é que os mesmos devem pagar? Deverão todos fazer idêntico sacrifício? Deverá ser menos tributado quem consiga criar mais utilidades?[132]

A resposta a qualquer uma destas questões faz apelo ao contributo das ciências política, jurídica e económica, entre outras, pressupondo opções de ordem político-económica, filosófica, ideológica, etc..[133] O peso a atribuir, em concreto, às dimensões horizontal e vertical do princípio da igualdade remete inevitavelmente para uma teoria da justiça social[134].

5. O sistema tributário na Constituição da República Portuguesa de 1976

À CRP cabe uma palavra decisiva em sede de direito tributário, podendo afirmar-se que se trata de uma matéria cujos contornos essenciais configuram uma verdadeira e própria *reserva de Constituição.*

A CRP procura recortar os traços fundamentais do sistema fiscal, tomando primeiramente posição no que respeita à questão dos respetivos fins e, em seguida, pronunciando-se de forma específica relativamente aos meios.

[132] Sobre esta questões cfr. J. L. Saldanha Sanches, *Justiça Fiscal*, Lisboa, Fundação Francisco Manuel dos Santos, 2010.

[133] Cfr. Joseph Stiglitz, *Economics...*, p. 468 e seguintes.; Brian Galle, "Tax Fairness", 65, Washington & Lee Law Review, 2008, 1323 seguintes.

[134] David Elkins, "Horizontal Equity as a Principle of Tax Theory" , 24, Yale Law & Policy Review, 2006, 43 seguintes.

No que tange aos **fins do sistema fiscal**, o artigo 103º, nº 1, da CRP estabelece que lhe cumpre a realização de duas finalidades essenciais: *i)* a satisfação das necessidades financeiras do Estado e outras entidades públicas e *ii)* uma repartição justa dos rendimentos e da riqueza.

Resulta do nº 1 do artigo 103º da CRP que os impostos são perspetivados pelo legislador constituinte não somente como uma fonte de financiamento do Estado, mas também como um instrumento de transformação social, o que se compreende se tivermos em linha de conta os valores fundamentais que informam a Constituição, designadamente o valor central da dignidade da pessoa humana, bem como os valores da justiça e da solidariedade (artigo 1º da CRP), tendo em vista a "realização da democracia económica, social e cultural" (artigo 2º da CRP).

O artigo 5º da LGT reafirma, no essencial, as finalidades expressas na CRP, embora o artigo 7º daquele diploma legal venha complementá-las com uma referência de natureza político-económica à promoção do emprego, do aforro e do investimento socialmente relevante, ou seja, ao crescimento económico, apontando para um sistema de tributação inteligente ("smart taxation").

Relativamente aos **meios do sistema fiscal**, começa por estabelecer-se o princípio da reserva de lei em matéria tributária (artigo 103º, nº 2, da CRP), passando-se em seguida para a definição da estrutura básica do sistema fiscal. Este assenta, nos termos do artigo 104º da CRP, na tributação *i)* do **rendimento** das pessoas físicas e das empresas, *ii)* do **património** e *iii)* do **consumo**.

Relativamente à **tributação do rendimento das pessoas físicas**, a CRP avança com algumas especificações, determinando que *i)* a mesma visa a diminuição das desigualdades; *ii)* é efetivada por um imposto único; *iii)* requer a aplicação de taxas progressivas; *iv)* leva em consideração as circunstâncias concretas do agregado familiar.

Em matéria de **tributação do rendimento das empresas**, dispõe-se que a mesma incide fundamentalmente sobre o seu rendimento real.

Relativamente à **tributação do património**, diz-se que a mesma deve contribuir para a igualdade entre os cidadãos.

Finalmente, a propósito da **tributação do consumo**, estabelece-se que a mesma *i)* visa adaptar a estrutura do consumo à evolução das necessidades *i-a)* do desenvolvimento económico e *i-b)* da justiça social, *ii)* devendo onerar os consumos de luxo.

Para além das normas constitucionais que tratam especificamente do sistema fiscal, este deve ser entendido e estruturado mediante uma referência à totalidade dos valores, princípios e regras da ordem constitucional livre e democrática.

6. Princípios constitucionais de direito tributário

6.1. Introdução

Da ordem constitucional deduzem-se importantes princípios de direito tributário. Os mesmos estão diretamente relacionados com os valores e princípios fundamentais da ordem constitucional. Eles decorrem, essencialmente, dos valores da igual dignidade humana, da primazia dos direitos fundamentais e dos princípios constitucionalmente estruturantes, do Estado de direito democrático, social, cultural e ambiental. Nas linhas que se seguem procuraremos explicitar as implicações de alguns dos seus subprincípios concretizadores.

6.2. Princípio da universalidade

O artigo 12º da CRP estabelece o **princípio da universalidade** em matéria de direitos e deveres fundamentais. Porque o dever de pagar impostos é um dever fundamental[135], o princípio da universalidade tem todo o cabimento em matéria tributária, por razões financeiras e de justiça tributária.

Resulta assim deste princípio que os tributos devem ser pagos, *prima facie*, por todos os cidadãos e pessoas coletivas nacionais. No entanto, o mesmo conhece algumas especificidades no domínio tributário. Com efeito, apesar de o nº 1 do referido preceito consagrar a universalidade dos deveres fundamentais relativamente aos cidadãos portugueses, a verdade é que a articulação dos critérios da **residência** e da **fonte** permite excluir do dever de pagar impostos os cidadãos nacionais não residentes que não aufiram qualquer rendimento em território nacional. Além disso, apesar de o nº 2 do artigo 12º da CRP alargar o princípio da universalidade às pessoas coletivas, em termos compatíveis com a sua natureza e de acordo com os critérios da residência ou da fonte, a

[135] Cfr. Casalta Nabais, *O Dever Fundamental de Pagar Impostos*, Coimbra, 1998.

verdade é que em matéria fiscal podemos encontrar sujeitos passivos de relações tributárias desprovidos de personalidade jurídica, como sucede com os estabelecimentos estáveis.

Por sua vez, o artigo 15º, nº 1, da CRP estabelece o princípio da equiparação entre nacionais e estrangeiros no gozo dos direitos e no exercício dos deveres fundamentais. Em causa está a afirmação da **igual dignidade da pessoa humana**, com as consequências que daí resultam no plano da igual liberdade e responsabilidade. Assim, as normas em causa apontam igualmente para a tributação de estrangeiros residentes em Portugal e de estrangeiros não residentes que aufiram rendimentos em Portugal, surgindo a tributação não apenas como um **dever de cidadania**, mas estando também justificada a partir da **teoria do benefício**, nos termos da qual, quem beneficia da atuação estadual deve suportar os respetivos custos.

A garantia do princípio constitucional da universalidade evidencia a importância da luta contra a fraude e a evasão fiscais e da preservação da base tributária nacional.

A tributação dos estrangeiros residentes em Portugal pode suscitar pertinentes inquietações do ponto de vista do princípio "no taxation without representation" que desde o advento do constitucionalismo liberal moderno vem estruturando a noção de **autotributação,** basilar na ordem constitucional tributária.

Tal princípio poderia apontar no sentido do alargamento da capacidade eleitoral ativa e passiva dos estrangeiros residentes em Portugal nas eleições para a Assembleia da República. Embora existam boas razões para alargar a capacidade eleitoral passiva dos estrangeiros residentes, as mesmas assumem uma relativa autonomia perante as considerações tributárias. Porém, se existir algum mérito na representação parlamentar de estrangeiros residentes ele coloca-se essencialmente num plano não fiscal. É que existe uma diferença substancial entre os critérios da residência fiscal, por um lado, e da residência e da nacionalidade, por outro, sendo que o primeiro postula uma relação muito mais fugaz e precária com o Estado que exerce a jurisdição tributária, pelo que não se afigura correta a associação imediata da tributação com a representação.

6.3. Princípio da igualdade tributária

O artigo 13º da CRP estabelece o princípio da igualdade de todos os cidadãos perante a lei. O mesmo é uma dimensão estruturante de um Estado de Direito livre e democrático. No entanto, no plano constitucional essa é só uma das dimensões do princípio da igualdade. Do princípio da igualdade, assim entendido, deduzem-se vários subprincípios. Um deles é o princípio da **igualdade perante os encargos públicos**. De acordo com este princípio, os custos do contrato social devem ser repartidos por todos os cidadãos de acordo com um princípio de **igualdade dos sacrifícios**, à luz do qual a imposição de sacrifícios especiais a um número determinado ou determinável de pessoas deve ser excecional e dar lugar a compensações especiais.

No acórdão nº 396/2011, de 21 de setembro, o Tribunal Constitucional procedeu a uma redução teleológica (a nosso ver infundada) do princípio da igualdade perante os encargos públicos, tendo-se escusado a aplicá-lo no domínio da repartição dos encargos fiscais. O Tribunal Constitucional abriu assim a porta à legitimação da repartição arbitrária e discriminatória dos encargos públicos.

Em sentido diverso decidiu o Tribunal Constitucional no acórdão nº 353/2012, de 5 de julho, ainda no quadro da chamada "jurisprudência da crise".

Em causa estavam as normas da Lei do Orçamento do Estado para 2012 (Lei nº 64-B/2011, de 30 de dezembro) que previam a suspensão do pagamento dos subsídios de férias a pessoas que auferissem remunerações salariais de entidades públicas e a pessoas que auferissem pensões de reforma ou aposentação através do sistema público de segurança social.

Entendeu o Tribunal Constitucional, neste aresto, que existia uma repartição desigual de sacrifícios entre os cidadãos, em que era desconsiderada a "proporção das suas capacidades financeiras", havendo um esforço adicional, que visava a redução do défice orçamental, exigido exclusivamente a algumas categorias de cidadãos. Assim, decidiu o Tribunal Constitucional pela inconstitucionalidade das normas em causa, por violação do princípio da igualdade, na dimensão de "igualdade na repartição dos encargos públicos".

Intimamente relacionado com o princípio da igualdade perante os encargos públicos está o **princípio da igualdade tributária**. Todavia, este tem um alcance normativo mais amplo, devendo ser entendido como corolário do princípio da igualdade perante a lei, na lei e através da lei, devendo incorporar as *suas* ramificações.

O princípio da igualdade tributária traduz-se numa exigência de **tratamento igual**, obrigando à igualdade de tratamento de contribuintes no mesmo escalão de rendimento (*igualdade horizontal*), e de **tratamento diferenciado**, postulando a diferenciação de contribuintes colocados em diferentes escalões de rendimento no espectro socioeconómico (*igualdade vertical*)[136], ou seja, ele deve ser entendido em sentido material, e não em sentido meramente formal.

Este princípio aponta para a consideração do critério da **capacidade contributiva** no exercício do poder tributário.

A capacidade contributiva pode ser evidenciada através do rendimento, do património e do consumo, e constitui um critério legítimo de diferenciação de tratamento dos contribuintes. Assim, quem revelar maior capacidade económica para pagar impostos deve pagar mais e quem manifestar menor capacidade económica deverá pagar menos[137]. Pode deste modo afirmar-se que a capacidade contributiva funciona como um princípio concretizador do princípio da igualdade, entendido este em sentido material.

Em matéria de tributação do rendimento é particularmente relevante a consideração do **rendimento real**, conforme resulta do disposto no artigo 104º, nº 2, da CRP, e que se aplica não só à tributação dos rendimentos das pessoas coletivas, mas também à tributação dos rendimentos das pessoas singulares. Este critério postula a tributação do rendimento efetivamente obtido, determinado com base na contabilidade, sempre que tal seja possível (rendimento real efetivo), admitindo-se, a título excecional a consideração do rendimento real presumido (com base em presunções ilidíveis) ou a do rendimento normal, determinado com base em coeficientes objetivos definidos por lei.

Tanto o conceito de capacidade contributiva como o conceito de rendimento real apontam para a necessidade de consideração do **rendimento líquido**, em que são deduzidas ao rendimento bruto as despesas

[136] Henry Ordower, *Horizontal and Vertical Equity in Taxation as Constitutional Principles...*, cit., 259 ss.

[137] Sobre o conceito de capacidade contributiva cfr., na doutrina nacional, Clotilde Celorico Palma, "Da Evolução do Conceito de Capacidade Contributiva", *Ciência e Técnica Fiscal*, Abril-Junho, nº 402, 2001, pp. 109-145.

incorridas na sua formação, desde que ao abrigo de um padrão de vida médio socialmente razoável.

A diferenciada utilidade marginal em função do nível de rendimento, a garantia de igualdade dos sacrifícios de pessoas com rendimentos diferentes e a sua diferenciada capacidade e vontade de pagar pelos bens públicos (*ability and willingness to pay*) apontam, no seu conjunto, para a progressividade das taxas de imposto e para a personalização do imposto[138].

No mesmo sentido aponta o **princípio do benefício**, que postula que quanto maior é a riqueza maiores são os custos incorridos pelo Estado para a proteger[139].

O **caráter regressivo da evasão fiscal** milita no mesmo sentido[140].

O princípio da igualdade tem, pois, como corolários a igualdade perante a lei e a igualdade perante os encargos públicos[141]. Ele deve ser entendido materialmente, atendendo à diferente capacidade contributiva e à exigência de igualdade dos sacrifícios. Deste ponto de vista, a igualdade tributária formal pode conduzir aos impostos mais injustos e desigualitários.

O princípio da igualdade é indissociável da justiça distributiva que deve conformar o sistema fiscal. Com efeito, o princípio da igualdade deve ser entendido à luz do princípio do Estado social, com as suas dimensões concretizadoras da justiça social, segurança social e solidariedade social, traduzindo-se nas exigências de equidade horizontal e vertical e de distribuição justa da riqueza.

No entanto, o princípio da igualdade só por si não consegue limitar devidamente o poder de tributar. Ele deve ser entendido à luz do princípio da proporcionalidade em sentido amplo, de forma a impedir a sobretributação da generalidade dos cidadãos, mesmo que em condições de igualdade[142].

[138] Elkins, *Taxation And The Terms Of Justice...*, cit., 93.

[139] Elkins, *Taxation And The Terms Of Justice...*, cit., 73 seguintes.

[140] Menahem Pasternak & Christophe Rico, "Tax Interpretation, Planning, and Avoidance: Some Linguistic Analysis", 23, Akron Tax Journal, 2008, 57.

[141] Em 1776, a Constituição da Pennsylvania dispunha que "[t]hat every member of society hath a right to be protected in the enjoyment of life, liberty and property, and therefore is bound to contribute his proportion towards the expense of that protection." No mesmo ano, a Constituição do estado de Rhode Island dispõe que "[T]he burdens of the State ought to be fairly distributed among its citizens."

[142] Barker, The Three Faces of Equality..., cit, 1 seguintes.

O princípio da igualdade tem ainda como corolário o **princípio da proibição do arbítrio**, também relacionado com a segurança jurídica e a proporcionalidade. Ele pode ser mobilizado quando a tributação se baseia em normas conceitualmente indeterminadas ou extremamente complexas, de administração onerosa, difícil e imprevisível, geradoras de desigualdades significativas na sua aplicação pela administração ou pela jurisdição tributária[143].

Uma das áreas em que o princípio da igualdade tem grande relevância prende-se com a matéria das isenções e dos benefícios fiscais. Estes, na medida em que constituem uma exceção à incidência do imposto respetivo, devem ser aferidos por referência ao princípio em presença. Assim é porque os grupos de interesse procuram influenciar o legislador tributário no sentido de os exonerar de contribuírem para a despesa pública. Do ponto de vista constitucional, a existência de um tratamento diferenciado não é, em si mesma, inadmissível. Ponto é que exista um objetivo constitucional que legitime a desigualdade de tratamento e que a mesma seja adequada, necessária e proporcional em sentido estrito à prossecução desse objetivo. Ou seja, o tratamento diferenciado deve ser justificado e fundamentado a partir da Constituição e no quadro dos seus valores e princípios. Assim, uma isenção violará o princípio da igualdade quando as razões que fundamentam a sua atribuição a um contribuinte não tenham cobertura constitucional ou quando as mesmas justifiquem a sua atribuição a outros contribuintes em condições fáctica ou normativamente idênticas.

Tem-se entendido, entre nós, não ser admissível a interpretação do princípio da igualdade no sentido de não tributar alguém com o fundamento de outra pessoa, em situação de igual incidência, não ser tributada por dificuldades técnicas de aplicação da lei.[144] É que, neste caso, a desigualdade sempre pode reclamar um fundamento razoável. Em todo o caso, é necessário relativizar este entendimento para evitar situações de injustiça intolerável. Se dificuldades técnicas de aplicação da lei não permitem tributar todos os contribuintes em situação de igual incidên-

[143] Michael Aikins, "Common Control and the Delineation of the Taxable Entity" 121, The Yale Law Journal, 2011, 642 seguintes.

[144] Acórdão do Tribunal Constitucional nº 497/97.

cia é preferível recorrer, sempre que possível, a outras vias de tributação que permitam uma melhor realização do princípio da igualdade.

6.4. Princípio da necessidade tributária

O sistema tributário tem como finalidade assegurar a satisfação dos encargos públicos globalmente considerados, de onde resulta a necessidade e a obrigatoriedade dos tributos. Isso reflete-se, especialmente, na **incondicionalidade do imposto**, que se distingue das taxas pelo facto de não supor a existência de uma contraprestação específica.

Assim, a tributação é uma medida autoritária consubstanciando o exercício de prerrogativas de direito público. Não se trata de uma prática voluntária, assente unicamente na declaração de rendimentos por parte dos contribuintes. As contribuições necessárias para financiar as tarefas do Estado têm que ser por este *impostas*; de outra forma não haveria qualquer incentivo à contribuição e não seria possível responder ao clássico "*free rider problem*"[145], nos termos do qual as partes no contrato social procuram maximizar os seus benefícios e minimizar os seus custos, procurando evitar ou evadir o cumprimento das suas obrigações tributárias.

O princípio da necessidade tributária é indissociável dos princípios da justiça, universalidade, igualdade, legalidade e promoção do interesse público, devendo manifestar-se em medidas de proteção da base tributária.

A necessidade do imposto manifesta-se na existência de privilégios creditórios a favor da fazenda pública previstos na lei, bem como num sistema eficaz de garantias, como seja, por exemplo, a constituição de penhor ou hipoteca legal no caso de impostos sobre bens, o direito de retenção de mercadorias sujeitas à ação fiscal ou a possibilidade de providências cautelares para garantia do crédito tributário.

O princípio da necessidade tributária manifesta-se ainda na consagração do princípio do inquisitório no âmbito do procedimento tributário, na competência vinculada de cobrança de imposto por parte da Administração tributária, bem como no poder de execução administrativa prévia, ainda que sujeita à intervenção *ex post* dos tribunais administrativos e fiscais.

[145] Cfr. Joseph Stiglitz, *Economics...*, p. 451.

O princípio da necessidade tributária opera ainda como fundamento de restrição dos direitos, liberdades e garantias dos contribuintes, como sejam, por exemplo, os seus direitos de propriedade e privacidade, evidentemente no quadro de uma ponderação razoável, adequada e proporcional dos bens constitucionais em presença.

6.5. Princípio do respeito pelos direitos fundamentais

Um importante princípio conformador e estruturante da ordem constitucional tributária consiste na exigência de respeito pelos direitos, liberdades e garantias e direitos económicos, sociais e culturais dos contribuintes, sejam indivíduos sejam pessoas coletivas. O mesmo resulta do princípio da primazia dos direitos fundamentais sobre todas as normas e atos do sistema jurídico.

Os direitos fundamentais consubstanciam um limite ao legislador e à administração tributária, sendo os direitos, liberdades e garantias e demais direitos fundamentais de natureza análoga diretamente aplicáveis pelos tribunais administrativos e fiscais e pelo Tribunal Constitucional.

A relação do sistema tributário com os direitos fundamentais exige que o mesmo 1) não viole os direitos, liberdades e garantias; 2) não viole os direitos económicos, sociais e culturais; 4) contribua para a realização satisfatória dos direitos fundamentais em geral; 5) reconheça que as liberdades do mercado têm uma função de realização dos direitos sociais; 6) reconheça que o mercado pode gerar pobreza e opressão; 7) proteja os direitos fundamentais das agressões do mercado[146].

Por exemplo, se a concentração de poder económico conduzir a uma concentração de poder político, que ameace o estatuto de igual dignidade e liberdade cívica e política dos cidadãos, o sistema fiscal pode ser utilizado, em conjunto com outros meios, para desmantelar a estrutura de concentração de poder económico, na medida em que isso seja adequado e necessário para a salvaguarda desse estatuto.

A vinculação do legislador e da Administração tributária aos direitos fundamentais não preclude, evidentemente, a admissibilidade constitucional de restrição, pela via fiscal, dos mesmos, aplicando-se aos direitos,

[146] Ronald Dworkin, *Justice for Hedgehogs*, Harvard University Press, 2011, 2 seguintes; Eric Blumenson, "Economic Rights As Group Rights", 15, University of Pennsylvania Journal of Law and Social Change, 2011, 87 seguintes.

liberdades e garantias o respetivo regime constitucional de restrição, assente na reserva de lei formal qualificada consagrada nos artigos 18º, nºs 2 e 3 e 165º, nº 1, al. b), da CRP, devendo igualmente mobilizar-se os princípios gerais do Estado de direito democrático, sempre que estiver em causa a restrição de direitos económicos, sociais e culturais.

Numa ordem constitucional livre e democrática, o sistema fiscal deve ser pensado por referência às finalidades substantivas de proteção e promoção dos direitos fundamentais na sua globalidade[147]. Esse desiderato supõe um Estado forte e apetrechado de meios. Assim se compreende que a pressão fiscal seja em larga medida uma função do desenvolvimento económico, sendo maior nos países desenvolvidos, com especial relevo para aqueles em que a proteção dos direitos humanos, de natureza civil e política e económica, social e cultural, é mais intensa.

O sistema de direitos fundamentais é, portanto, indissociável da tributação. Embora se possa dizer que estes direitos no seu conjunto estão sujeitos a uma **reserva do possível**, os mesmos constituem opções de valor com implicações na orçamentação e na afetação e gestão de recursos escassos.

Em vez de se ver o Direito fiscal apenas como instrumento de agressão e restrição de direitos, deve sublinhar-se que, num Estado de direito democrático, o mesmo pode desempenhar um importante serviço a favor dos direitos de todos os cidadãos.

Tendo em vista o facto de que as possibilidades de tributação aumentam com o crescimento económico, aumentando também assim as possibilidades de promoção e proteção dos direitos fundamentais, tal crescimento passa a ser também uma finalidade da tributação, devendo ser considerado, também ele, como fator de proteção dos direitos fundamentais.

Por outro lado, a limitação ou erosão da base tributária, longe de ser uma boa notícia para os cidadãos, pode constituir ameaça à proteção dos seus direitos fundamentais. Assim, os problemas da racionalidade económica, justiça social e eficácia administrativa do sistema fiscal devem ser vistos como questões fundamentais da ordem constitucional livre e democrática.

[147] Stephen Holmes / Cass Sunstein, *The Cost of Rights*, New York, 1999.

Do ponto de vista constitucional, deve-se procurar o justo e ótimo equilíbrio entre a eficácia fiscal, o crescimento económico e a proteção e promoção dos direitos dos cidadãos, quer como contribuintes, quer como destinatários da atividade estadual. Embora a ordem de valores constitucional seja imediatamente evidente, por exemplo, quando, em nome da dignidade da pessoa humana, se salvaguarda o mínimo de existência (artigo 70º do CIRS), a verdade é que a subordinação do sistema fiscal aos valores, princípios e regras da Constituição é uma condição essencial da sua legitimidade. É nesse contexto que se compreende a garantia de um **direito de resistência fiscal** (artigo 103º, nº 3, da CRP).

6.6. Princípio da legalidade tributária

6.6.1. *Sentido geral*

O princípio da legalidade tributária assenta no princípio do **consentimento democrático-representativo** em matéria tributária. Pode dizer-se que se está aqui perante um subprincípio do princípio democrático, através do qual se pretende aproximar o direito fiscal do povo. Assim como cabe ao conjunto dos cidadãos livres e iguais definir os termos do contrato social, no plano político-constitucional, cabe aos seus representantes deliberar publicamente sobre os respetivos custos e o modo como se fará a sua repartição[148].

Este aspeto é especialmente relevante, tendo em conta o facto de que o princípio da justiça tributária, por si só, não permite resolver de forma pronta e inequívoca todos os problemas fiscais, como sejam o do tratamento fiscal a dispensar aos rendimentos empresariais e do trabalho dependente, a tributação de mais-valias ou a determinação das taxas sobre rendimentos de procedência nacional ou estrangeira.

A justiça tributária significa coisas diferentes para pessoas diferentes. Nestas como noutras questões a única resposta autorizada é a que procede de uma maioria política democraticamente legitimada, dentro dos limites genéricos impostos pelo texto constitucional.

É esse o cerne da noção de **autotributação**, que repousa sobre as noções de **soberania popular tributária** e **contrato social tributário**.

[148] Maureen B. Cavanaugh, "Democracy, Equality, and Taxes", 54, *Alabama Law Review*, 2003, 415 seguintes.

Estas assumem, além do mais, uma importante função nos domínios da limitação e do controlo do poder de tributar, quer porque os governantes e deputados que votam os impostos também estão a eles sujeitos, quer porque uns e outros dependem, para a sua continuação em funções, do voto da generalidade dos sujeitos passivos.

Na verdade, como afirmou o Supremo Tribunal norte-americano, no caso *McCulloch v. Maryland*[149], quando impõe um tributo, o poder legislativo atua sobre os seus próprios eleitores, o que é a melhor garantia contra a tributação errónea e excessiva.

Assim, o princípio democrático contém, em si mesmo, um mecanismo de segurança contra os abusos do *jus tributandi*. De acordo com estes valores e princípios, o sistema tributário deve consistir, essencialmente, na tributação dos cidadãos, pelos cidadãos e para os cidadãos. Este princípio supõe uma tendencial identificação de condições, interesses e preocupações, e boa comunicação, entre os deputados e o povo, o que nem sempre se verifica.

Uma vez transferido o poder de tributar para um parlamento representativo, a justiça, a igualdade e a medida da tributação muito ficam a depender da adequação institucional do seu funcionamento e da conduta dos representantes eleitos[150]. A sujeição do poder de tributar ao princípio democrático cedo se mostrou insuficiente, revelando-se necessário prevenir o abuso e a *espoliação por uma fação dominante* ("*spoliation by a dominant faction*")[151].

A teoria da *escolha pública* (*public choice*) tem mostrado nas últimas décadas a permeabilidade do processo político democrático à pressão de grupos de interesses especiais que procuram apropriar-se dos recursos públicos e transferir os encargos fiscais para outros[152]. Isso acontece quando o processo legislativo funciona como um mercado, sendo a oferta e a procura das políticas públicas determinada pela capacidade de pagar a legislação por parte dos grupos de interesses. Diante deste

[149] 17 U.S. 316 (1819).

[150] Como disse o Juiz Presidente Marshall, no caso *Providence Bank v. Billings*, 29 U.S. 514 (1830), "[t]he interest, wisdom, and justice of the representative body, and its relations with its constituents, furnish the only security against unjust and excessive taxation, as well as against unwise taxation."

[151] *Doe ex dem. Gaines et al. vs. Buford*, 31 Ky. 481 (1833).

[152] Barker, The Three Faces of Equality..., cit, 24 ss.

entendimento[153], as diferenciações em sede tributária são admissíveis quando pretendam corrigir situações de desigualdade e de injustiça económica e social. É à luz destas considerações que deve ser entendido o princípio da legalidade da Administração Tributária, que é, a um tempo, um subprincípio do princípio democrático e do princípio do Estado de direito.

6.6.2. *Reserva de lei*

Do princípio da legalidade tributária decorrem a reserva de lei na criação de impostos e na definição dos seus elementos essenciais, abrangendo a respetiva incidência objetiva e subjetiva, a taxa, os benefícios fiscais e as garantias dos contribuintes [artigos 103º, nº 2, e 165º, nº 1, al. i), da CRP]. Deste princípio constitucional decorre ainda a reserva de lei na definição do regime geral das taxas e demais contribuições financeiras a favor das entidades públicas (165º, nº 1, al. i), da CRP).

O princípio da reserva de lei remete para a existência de matérias sobre as quais a Assembleia da República tem competência legislativa exclusiva. Isto, evidentemente, não impede a remissão para a administração da definição de aspetos técnicos do regime jurídico em causa, para os quais esta é institucionalmente mais adequada.

Importa salientar algumas das principais implicações deste subprincípio do princípio da legalidade nos domínios financeiro e fiscal.

Assinala-se a vigência de uma reserva de lei formal da AR nas matérias nucleares da vida financeira do Estado de direito democrático. Subjacente a esta opção político-constitucional encontra-se a conhecida teoria da essencialidade, nos termos da qual as matérias essenciais para o autogoverno da comunidade política globalmente considerada devem ser decididas por ato solene do órgão democrático-representativo por excelência, a instituição parlamentar.

Em primeiro lugar, deve referir-se a reserva de lei em matéria de Orçamento do Estado, consagrada no artigo 161º da CRP. Nos termos constitucionais, os poderes e deveres do Governo neste domínio consistem na apresentação de uma proposta de Lei do Orçamento (artigo 106º,

[153] Gary S. Becker, "A Theory of Competition Among Pressure Groups for Political Influence, 98 Quarterly Journal of Economics, 1983, 371 seguintes; Jonathan R. Macey, "Competing Economic Views of the Constitution", 56, George Washington Law Review, 1987, 50, 62 ss.

nº 3, da CRP) e no dever de inclusão de relatórios. Deve salientar-se que se operou, nesta matéria, um reforço dos poderes da AR, traduzido, desde logo, nas obrigações de inclusão da segurança social no OE (ainda que com autonomia) e de discriminação, no OE, das receitas e despesas dos fundos autónomos, e na competência para a elaboração da Lei de Enquadramento dos orçamentos das regiões e das autarquias locais. Importa analisar mais detidamente a reserva de lei da AR em matéria tributária.

Em matéria tributária, a Constituição estabelece uma reserva relativa de competência legislativa [artigo 165º, nº 1, alíneas. c), d), i), da CRP], significando isso que à AR é legítimo legislar sobre esta matéria ou aprovar uma lei de autorização que habilite o Governo a legislar sobre a mesma, mediante decreto-lei autorizado.

A lei de autorização, devendo estabelecer o objeto, o sentido, a extensão e a duração da autorização, tem por obrigação circunscrever e parametrizar a área de intervenção governamental, definindo o sentido geral da mesma. Os requisitos da lei de autorização funcionam como filtro da delegação, sendo inconstitucionais autorizações genéricas ou globais. Não se trata, porém, de pré-definir minuciosamente o decreto-lei autorizado. Tanto mais, quanto é certo que à AR fica sempre aberta a possibilidade de proceder à apreciação dos decretos-leis autorizados tributários, para efeitos de cessação da vigência ou proposta de alteração, podendo os mesmos ser suspensos durante esse procedimento (artigo 169º, CRP).

No entanto, as decisões fundamentais sobre os elementos da tributação devem ser tomadas pela AR e expressas com grau razoável de determinabilidade, de forma a garantir o equilíbrio institucional subjacente à reserva de lei, de acordo com o princípio da especialidade das autorizações legislativas, à luz do que se exige uma definição parlamentar da orientação política da medida legislativa a adotar.

A lei de autorização consubstancia uma delegação inautêntica ou conservadora. Numa matéria como o direito tributário, as exigências do princípio da especialidade das leis de autorização são particularmente rigorosas. Na alínea i), direta e completamente dedicada à matéria fiscal, estabelece-se uma reserva de lei na matéria da 1) criação de impostos; 2) sistema fiscal; 3) regime geral das taxas; 4) regime geral das contribuições financeiras a favor das entidades públicas.

Relativamente à criação de impostos, a Constituição determina que, ao legislador assim caracterizado, cabe estabelecer os respetivos elementos essenciais, os quais, nos termos do artigo 103º, nº 2, da CRP, consistem na incidência, na taxa, nos benefícios fiscais e nas garantias dos contribuintes. Estabelece-se aí uma obrigação positiva de decisão legislativa nestas matérias, com a decorrente proibição de delegação e exigência de precisão, clareza e determinabilidade das leis, válida tanto nas leis de autorização como, em maior medida, no decreto-lei autorizado. Nisso se consubstancia o princípio da tipicidade tributária. A LGT clarifica alguns dos aspetos concretizadores daqueles elementos essenciais dos impostos que também devem ser vistos como integrando a reserva relativa da AR.

Assim, a matéria das garantias dos contribuintes passa pela disciplina jurídica da liquidação e cobrança dos tributos, incluindo os respetivos prazos de prescrição e caducidade, pelo que também aqui vigora o princípio da reserva de lei. Por exemplo, mesmo a matéria da suspensão do prazo de caducidade da liquidação de impostos é uma matéria subsumível às garantias dos contribuintes. Igualmente incluídos nos elementos reconduzíveis às garantias dos contribuintes são as matérias das obrigações acessórias e as regras de procedimento e processo tributário (artigo 8º da LGT), pelo que também se aplica aí o princípio da reserva de lei.

Todavia, o Tribunal Constitucional considerou que as normas sobre o valor probatório das informações prestadas pela inspeção tributária, por serem normas sobre as provas admissíveis e o respetivo valor, respeitam à instrução do procedimento e do processo tributário, pelo que seria excessivo incluí-las na reserva relativa de competência legislativa da AR. Este entendimento afigura-se duvidoso, na medida em que se trata de uma importante matéria do âmbito das garantias dos contribuintes e esta é considerada como um elemento essencial da criação de impostos.

Considera-se ainda a coberto da incidência dos impostos (lato sensu) a questão da regulamentação das figuras da substituição e responsabilidade tributárias, a qual é também relativamente reservada ao legislador parlamentar (artigo 8º da LGT). Ou seja, nestas matérias, tudo indica que a LGT veio explicitar de forma alargada o sentido dos elementos essenciais dos impostos, desse modo favorecendo o entendimento de que mesmo em matérias como a liquidação e a cobrança dos impostos, partes importantes do sistema fiscal, não basta a figura do decreto-

-lei sem base parlamentar, como chegou a ser entendido pelo Tribunal Constitucional.

A alínea c) do referido artigo 165º, nº 1, da CRP, estabelece uma reserva de lei relativa em matéria de crimes fiscais e das respetivas sanções. Neste domínio, em que convergem matérias de direito tributário e direito criminal, a exigência de especialidade e determinabilidade das leis de autorização é particularmente intensa.

Por seu lado, a alínea d) determina uma reserva de lei quanto ao regime geral das contraordenações e respetivo processo, atendível em matéria de contraordenações tributárias. Já que a matéria criminal e contraordenacional integra a reserva relativa da AR, esta compreende, logicamente, a definição dos crimes fiscais (artigo 8º da LGT) e do regime geral das contraordenações fiscais, juntamente com as sanções fiscais sem natureza criminal (artigo 8º da LGT).

Como vimos anteriormente, o princípio da legalidade tributária pretende ser uma expressão do princípio democrático da autotributação, tendo como corolários os princípios da proibição de impostos administrativos e da proibição da discricionariedade administrativa em matéria tributária.

A Administração deve limitar-se a verificar a ocorrência dos pressupostos de facto das normas tributárias e a aplicar as consequências jurídicas que legalmente lhes correspondem. O princípio da legalidade supõe, naturalmente, a prevalência de lei, enquanto exigência de subordinação da administração fiscal à lei fiscal, nas suas dimensões concretizadoras de legalidade negativa, ou proibição de contradição, e legalidade positiva, enquanto obrigação de regulamentação e execução.

Assim, "o princípio da legalidade tributária, na sua aceção material ou substancial, postula a sujeição ao sub-princípio da tipicidade legal dos elementos de cujo concurso resulte a modelação dos tipos tributários ou dos impostos ou, dito de outro modo, dos elementos essenciais dos impostos" (Ac. do TC n.º 127/2004).

Ninguém pode ser obrigado a pagar impostos que não tenham sido criados, liquidados e cobrados nos termos da Constituição e da lei (artigo 103º, nºs 2 e 3 da CRP), havendo um direito à devolução dos impostos indevidamente pagos .

Apenas estão sujeitas às exigências do princípio da legalidade tributária as normas que "assumam um caráter «material ou substantivo» ou cujo conteúdo tenha que ver, ainda, com a modelação normativa dos elementos constitutivos do tipo tributário de cuja concretização factual deriva a obrigação de imposto e o seu montante, extravasando da esfera procedimental ou processual", como é o caso, designadamente, das normas que identificam "a realidade económica sujeita ao imposto, através da caracterização ou consideração de fatores, índices ou expoentes de que o facto tributário se pode revestir" (Ac. do TC n.º 127/2004).

Refira-se ainda, a propósito do princípio da legalidade tributária, a previsão constitucional de uma competência tributária regional das Assembleias Parlamentares dos Açores e da Madeira, [artigo 227º, nº 1, al. i) e 232º da CRP; artigos 55º seguintes da Lei de Finanças das Regiões Autónomas – Lei Orgânica nº 2/2013, de 2 de setembro], dando corpo à descentralização da estrutura tributária que frequentemente caracteriza os Estados federais e regionais e abrindo as portas aos riscos de fragmentação orçamental e tributária e às dificuldades de racionalização orçamental e tributária que lhes são inerentes.

Em matéria de taxas, a reserva de lei vale apenas quanto ao respetivo regime geral, entendendo-se que as mesmas não integram a Constituição fiscal, nem gozam das respetivas garantias, na medida em que supõe uma contraprestação por parte da administração, ou seja, assentam numa relação sinalagmática de equilíbrio económico, ao menos em termos tendenciais. Assim, não integra a reserva de lei em matéria de taxas o regime jurídico de cada uma das taxas, apenas se exigindo aí a respetiva conformidade com o regime geral das mesmas[154].

O mesmo é válido para as contribuições financeiras [artigo 165º, nº 1, al. i), da CRP]. Segundo a jurisprudência do Tribunal Constitucional, daqui resulta a possibilidade de as contribuições financeiras, na ausência de lei que defina o respetivo regime jurídico geral, serem criadas pelo Governo, sem necessidade de prévia autorização parlamentar[155].

Todavia, tal entendimento traduz-se no esvaziamento de sentido da sujeição a reserva de lei do regime geral das contribuições financeiras. Entendemos, em sentido divergente, que o facto de o regime geral das contribuições financeiras estar sujeito a reserva de lei não pode deixar

[154] O regime geral das taxas das autarquias locais foi aprovado pela Lei nº 73/2013, de 3 de setembro.

[155] Acórdão do Tribunal Constitucional nº 539/2015, de 20 de outubro.

de ter consequências jurídicas, considerando a especial sensibilidade política e social da matéria, o que levou à sua inclusão no elenco do artigo 165º através da Lei Constitucional nº 1/97, bem como o caráter normativo-material das leis de autorização e a exigência de *determinabilidade autorizativa* a ele associada[156].

No mesmo sentido pronunciou-se Carlos Fernandes Cadilha, na sua declaração de voto ao acórdão citado, ao afirmar que «[n]a ausência desse regime geral, deixa de ser possível considerar o legislador governamental habilitado a criar uma contribuição financeira sem prévia autorização legislativa»[157]. Também Joaquim de Sousa Ribeiro, na sua declaração de voto, sustenta que «pretender que a persistência da omissão legislativa em editar o regime geral faculta a criação livre e incondicionada de contribuições financeiras, por meio de diploma governamental, subverte inteiramente o alcance garantístico que a reserva iniludivelmente possui»[158].

6.6.3. *Prevalência de lei*

O princípio da **prevalência de lei** significa que a lei prevalece sobre todos os regulamentos, atos administrativos e quaisquer outros atos ou omissões da administração tributária. O mesmo tem como primeiro corolário a **tipicidade das leis**, que significa que os atos legislativos são tipificados exaustivamente na constituição, não podendo ser criadas novas categorias de atos legislativos ou equiparados por qualquer órgão estadual.

Assim, nos termos do artigo 112º, nº 1, da CRP, são atos legislativos as leis, os decretos-leis e os decretos legislativos regionais. No nº 5 do mesmo artigo dispõe-se que "[n]enhuma lei pode criar outras categorias de atos legislativos ou conferir a atos de outra natureza (v.g. regulamentos; sentenças judiciais) o poder de, com eficácia externa, interpretar, integrar, modificar, suspender ou revogar qualquer dos seus preceitos." A mesma proibição vale, naturalmente, para a derrogação, na medida em que ela implica uma espécie de suspensão tácita *ad hoc*. Este ponto é extremamente importante, alertando, desde logo, para a relatividade do

[156] J.J Gomes Canotilho e Vital Moreira, *Constituição da República Portuguesa Anotada*, Vol. II, 4ª ed., Coimbra, Coimbra Editora, p. 330.; J.J. Gomes Canotilho, *Direito Constitucional e Teoria da Constituição*, 7ª ed., Coimbra, Almedina, 2003, p. 768.

[157] Declaração de Voto no Acórdão do Tribunal Constitucional nº 539/2015, de 20 de outubro.

[158] Declaração de Voto no Acórdão do Tribunal Constitucional nº 539/2015, de 20 de outubro.

estatuto jurídico das circulares interpretativas, tão comuns na administração tributária. Embora as mesmas sejam importantes como garantia de uniformidade de aplicação das normas tributárias, de forma alguma podem ser consideradas interpretações dotadas de eficácia externa ou interpretações autênticas.

Um segundo corolário do princípio da prevalência da lei diz respeito ao princípio da **legalidade negativa**, também designado como proibição de contradição ou desvio, nos termos do qual nenhum ato da administração, de natureza normativa ou não, pode ser contrário à lei ou contraditório com a lei. É com base neste princípio, desde logo, que se admite a impugnação de normas e atos administrativos contrários à lei, por via do mecanismo processual da ação administrativa especial.

Um terceiro corolário do princípio da prevalência da lei diz respeito à exigência de **legalidade positiva**, ou dever de aplicação da lei, nos termos do qual a administração deve emanar as normas necessárias à boa execução das leis, bem como praticar os atos administrativos legalmente devidos.

6.6.4. *Precedência de lei*

O princípio da **precedência de lei** afirma que toda a atividade administrativa deve ter uma base legal. Ou seja, a lei deve ser anterior a toda a atuação administrativa, sendo que a falta de um fundamento legal significa que a administração atua para além das suas competências (*ultra vires*). Este princípio estrutura as relações entre o legislador e a administração, na medida em que estabelece uma espécie de **reserva total de lei,** no sentido de que toda a atividade normativa da administração tem que ter um fundamento legal, não existindo qualquer legitimação para a função administrativa ir para além de uma decisão do legislador.

Assim, em princípio toda a atividade normativa da administração tem de basear-se numa lei anterior que determine os fins a atingir e os meios adequados à prossecução desses fins ou, pelo menos, os fins a atingir, deixando à administração alguma discricionariedade normativa quanto aos meios para a sua consecução, necessitando de regulamentação ou complementação.

No plano tributário, quando esteja em causa a definição dos elementos essenciais dos impostos só se admitem regulamentos de mera execução, não havendo lugar para regulamentos complementares ou independentes. A constituição estabelece uma **obrigação de citação** da lei habilitante, nos termos do artigo 112º, nº 7, da CRP, cuja violação determina a inconstitucionalidade do regulamento. Sobre esta questão, o Tribunal Constitucional sustentou que se encontram abrangidos por esta norma todos os regulamentos, quer provenham do Governo, quer dos órgãos próprios das autarquias locais, uns e outros "umbilicalmente ligados a uma lei, à lei que necessariamente precede cada um deles"[159]. O papel dessa citação tanto pode consistir na referência à lei que o regulamento visa regulamentar, no caso de regulamentos de execução *stricto sensu* ou complementares, como na indicação da lei que define a competência subjetiva e objetiva para a sua emissão, no caso de regulamentos autónomos.

6.6.5. *Proibição de referendo fiscal*

A reserva de lei da AR em matéria financeira e tributária tem como importante corolário a **proibição do referendo fiscal**, consagrada no artigo 115º, nº 4, al. b), da CRP.

A favor desta proibição têm vindo a ser aduzidos vários argumentos, geralmente articulados em torno do medo da demagogia – que conduziria ao desagravamento fiscal – e do populismo – com uma ênfase natural no combate aos privilégios fiscais[160]. Em todo o caso, deve dizer-se que a ideia de que o referendo fiscal conduz inevitavelmente ao desagravamento fiscal é relativizada pela vontade da generalidade da população de se opor ao desmantelamento do Estado social e dos direitos sociais.

Contra a proibição do referendo fiscal tem sido argumentado que a mesma constitui um importante obstáculo à reforma fiscal e à eliminação dos privilégios, sendo que algumas experiências nesta sede sublinham as virtualidades do referendo fiscal.

6.6.6. *Princípio da liberdade de escolha lícita da via menos tributada*

Um dos corolários do princípio da legalidade tributária consiste no princípio da *liberdade de escolha lícita da via menos tributada*[161]. Se é verdade que os cidadãos têm o *dever fundamental de pagar impostos*, constitucional

[159] Acórdão do Tribunal Constitucional nº 76/88.

[160] Stanley H. Friedelbaum, "Initiative and Referendum: The Trials Of Direct Democracy", 70, *Albany Law Review*, 2007, 1003 seguintes.

[161] Daniel Garabedien, "Le principe du choix licite de la voi moins imposée", L'Evolution Des Principes Géneraux du Droit Fiscal, Bruxelles, 2009, 57 seguintes.

e legalmente estabelecido, também o é que o imposto significa sempre uma restrição ao direito de propriedade, devendo por isso ter base legal e ser interpretado de forma restritiva.

Daí que seja lícito aos cidadãos escolher, dentro dos cursos alternativos de ação legítimos, aquele que se afigura menos tributado. Eles podem, sem defraudar a lei, estruturar as suas transações – usando as normas sobre direito de propriedade e liberdade contratual e aceitando todas as suas consequências – de maneira a tirar partido de um regime fiscal mais favorável. Nalguns casos, esse objetivo pode coexistir com a prossecução de outros objetivos económicos. Noutros, *evitar a tributação*, ou *destruir o imposto*, pode constituir o único objetivo da transação, à margem de qualquer racionalidade económica[162].

O princípio em causa decorre dos valores e princípios fundamentais de um Estado de direito democrático. Ele deduz-se, desde logo, da dignidade da pessoa humana, que supõe a proteção do trabalho, da criatividade, da iniciativa e da propriedade individual e dos respetivos frutos. Além disso, ele entronca no princípio da reserva parlamentar da orçamentação de despesas e receitas, determina a proibição de *desparlamentarização* e *desorçamentação* das decisões orçamentais e fiscais fundamentais para o erário da comunidade política e a vida patrimonial da generalidade dos cidadãos. Do mesmo modo, ele pressupõe o dever de boa administração e a tutela da segurança jurídica e da proteção da confiança dos cidadãos.

Este princípio não tem sido entendido de forma irrestrita. Desde logo, a sua invocação supõe que sujeitos envolvidos não tenham recorrido à simulação ou à fraude à lei fiscal. Também tem sido sustentada a inoponibilidade à Administração fiscal de transações não simuladas que violem uma norma legal de ordem pública, mesmo que não tenham tido como objetivo fiscal reduzir a tributação. Apesar de este entendimento ser criticável com base no facto de o direito fiscal não distinguir entre transações lícitas e ilícitas, certo é que se tende para retirar consequências fiscais desfavoráveis de transações que tenham violado disposições legais não fiscais[163]. Acresce que a lei pode prever algumas restrições a

[162] Veja-se, neste sentido, na jurisprudência belga, Cassation, 22 mars 1990, Aux Vieux Saint-Martin, Pas., 1990, I, 853.

[163] Decisão do Tribunal de Cassação belga, Pas. 1 nº 134, de 3-3-1999, JT, 2000, 200.

este princípio, nomeadamente através de cláusulas gerais anti-abuso – visando prevenir a manipulação de formas – ou normas sobre preços de transferência e deslocalização de lucros para sociedades estrangeiras com regimes fiscais preferenciais – visando prevenir a manipulação de preços.

6.6.7. *A proibição do abuso de formas jurídicas pelos poderes públicos*

Na doutrina jurídico-tributária é frequente a referência à importância do combate à evasão fiscal. Neste contexto, esgrimem-se argumentos e apresentam-se justificações para a inclusão no direito positivo de normas anti-abuso, de caráter geral e especial. O tema do combate à evasão fiscal é de inegável relevo. Neste contexto, tem vindo a ser enfatizado o impacto negativo nas finanças públicas da utilização abusiva de formas jurídicas pelos particulares, com fins exclusivamente ou principalmente de ordem fiscal. Muito se tem escrito e falado acerca desse abuso, optando alguma doutrina por colocar o enfoque na fraude à lei fiscal, enquanto outros autores preferem enquadrar essa práticas abusivas no estudo daquilo que designam por planeamento fiscal abusivo. Mais adiante abordaremos a temática da minimização dos encargos fiscais, e iremos tecer aí algumas considerações sobre o tema.

Aquilo que pretendemos assinalar desde já prende-se com uma perspetiva diferenciada da temática do abuso de formas jurídicas – a que se refere ao abuso de formas jurídicas pelos poderes públicos.

A realidade mostra-nos que não são apenas os particulares que procuram, por vezes, utilizar abusivamente formas jurídicas para obterem vantagens fiscais. Também os poderes públicos cedem, ocasionalmente, à tentação de manipularem instrumentos e conceitos jurídicos para arrecadarem receitas à margem da Constituição. Tal sucede, principalmente, em cenários de crise financeira, em que a voracidade pela obtenção de receitas, associado ao desejo de evitar penalizações eleitorais, levam a que sob a designação de "taxas", "contribuições financeiras", cortes nos vencimentos dos funcionários públicos, suspensão dos pagamentos de subsídios de férias e de natal aos mesmos, etc., sejam criados verdadeiros impostos à margem das exigências constitucionais. Nalguns casos, as "taxas" ou "contribuições" surgem associadas à consignação de receitas, o que contribui para mascarar a verdadeira natureza fiscal desses tributos.

A criação de impostos camuflados de taxas ou de contribuições financeiras traduz-se na violação do princípio da legalidade e também, frequentemente, do princípio da igualdade. Nalguns casos, tais tributos são verdadeiros impostos de classe, à margem do critério da capacidade contributiva, do critério do benefício ou de outro que pudesse justificar materialmente o tratamento diferenciado.

Esta é uma realidade para a qual o Tribunal Constitucional deve estar particularmente desperto, competindo-lhe defender os cidadãos perante práticas abusivas por parte dos poderes públicos, violadoras do princípio da legalidade e do princípio da igualdade.

Também o Tribunal de Contas, a quem compete fiscalizar o sistema de arrecadação de receitas, deve estar particularmente atento à profusão de impostos camuflados. O papel do Tribunal de Contas é especialmente relevante quando tais tributos têm associada a consignação de receitas. Com efeito, importa, em primeiro lugar, saber se é respeitado o princípio orçamental da não consignação de receitas e, em segundo lugar, determinar quem financia, e em que medida, determinadas políticas públicas, e quem delas beneficia.

Tribunal Constitucional e Tribunal de Contas, considerando a respetiva natureza e mandatos, têm o poder-dever de combater o abuso de formas jurídicas por parte dos poderes públicos, em nome da supremacia da Constituição, da defesa dos direitos fundamentais dos cidadãos e da justiça financeira.

6.7. Princípio da segurança jurídica e da proteção da confiança

6.7.1. *Sentido geral*

O princípio da segurança jurídica e da proteção da confiança é um subprincípio do princípio do Estado de direito, conformador de todos os ramos do direito. Ele é uma garantia de **estabilidade**, **previsibilidade** e **calculabilidade**, essenciais ao desenvolvimento consistente da generalidade das atividades humanas. Ele aponta para a **regularidade de toda a atuação estadual** e para a **tutela das expectativas** legítimas, fundadas e de boa-fé desenvolvidas pelos cidadãos.

A sistemática frustração das mesmas por parte do Estado, para além dos custos imediatos que pode ter (*v.g.* custos económicos), induz ainda os chamados *custos de desmoralização* (genericamente difundidos pelos cidadãos e agentes económicos), traduzindo-se numa perda de confiança na atuação estadual e numa forte desmobilização para atividades produtivas de longo prazo, o que é um custo de difícil reparação. Um dos domínios em que é especialmente premente a garantia de segurança jurídica e proteção da confiança diz respeito, precisamente, ao funcionamento do sistema tributário[164].

Os cidadãos devem poder identificar e compreender com clareza quais as obrigações tributárias que para eles decorrem da lei fiscal. É importante que os operadores económicos possam levar a cabo um planeamento fiscal informado a partir de um quadro legal previsível, inteligível e estável. Do ponto de vista do Estado de direito democrático, tributação sem compreensão é tão inadmissível como tributação sem representação[165].

6.7.2. *Publicidade*

Uma das dimensões fundamentais do princípio da segurança jurídica e da proteção da confiança dos cidadãos diz respeito à exigência de **publicidade das normas fiscais**. Nesta, como nas demais matérias, o direito secreto é incompatível com o princípio do Estado de direito.

A publicidade das normas fiscais é condição essencial do cálculo económico, para além de servir a garantia dos contribuintes. No que diz respeito às normas legais e regulamentares, a mesma encontra-se expressamente consagrada no artigo 119º da CRP, sob pena de ineficácia.

Todavia, em matéria fiscal não basta a simples publicação das normas, sendo especialmente importante a sua publicação ordenada, sistematizada e atualizada. Daí que o artigo 59º, nº 6, da LGT imponha à administração tributária a disponibilização, em versão eletrónica, dos códigos e demais legislação tributária devidamente atualizados.

Um relevo especial deve ser dado às circulares internas de natureza interpretativa. Nos termos do artigo 59º, nº 3, da LGT, a administração tributária deve publicar, no prazo de 30 dias, as orientações genéricas

[164] Humberto Ávila, *Segurança Jurídica, Entre permanência, mudança e realização no Direito Tributário*, São Paulo, 2011, 201 seguintes.

[165] Lawrence Zelenak, "Complex Tax Legislation In the Turbotax Era", 1, *Columbia Journal of Tax Law*, 2009, 91.

seguidas sobre a interpretação e aplicação das normas tributárias. Sempre que as mesmas não forem devidamente publicitadas, devem ser consideradas inoponíveis aos contribuintes.

6.7.3. *Precisão, clareza e determinabilidade*

O princípio da segurança jurídica e da proteção da confiança dos cidadãos cruza-se com a exigência de legalidade tributária no princípio da **precisão, clareza e determinabilidade das normas e atos tributários**, com especial relevo para aqueles que se referem aos elementos essenciais dos impostos, mas não só.

Nos termos do artigo 103º, nº 2, da CRP "os impostos são criados por lei, que determina a incidência, a taxa, os benefícios fiscais e as garantias dos contribuintes". De acordo com este preceito, a lei deve fixar os elementos constitutivos essenciais da obrigação de imposto, de forma a proteger os direitos e garantias fundamentais dos contribuintes. E deve fazê-lo de forma suficientemente clara, precisa e determinada, sem abrir quaisquer portas à discricionariedade administrativa nesta matéria. Isto, sem deixar de se reconhecer as dificuldades inerentes a esta tarefa. A elevada precisão técnica das normas tributárias é muitas vezes uma razão da sua falta de clareza, na medida em que a sua interpretação supõe a posse de elevadas quantidades de informação que mesmo um especialista pode ter dificuldade em abarcar.[166]

Em todo o caso, é essa a essência do **princípio da tipicidade tributária**, sem que isso implique, evidentemente, que caiba à lei fixar o valor exato devido por cada contribuinte, mas apenas a pré-fixação dos critérios subjetivos, objetivos e quantitativos necessários à determinação desse valor.

O princípio da precisão, clareza e determinabilidade das leis deve nortear as relações entre a administração tributária e os contribuintes, num contexto marcado pela complexidade fiscal, resultante da multipli-

[166] Para Ana Paula Dourado, a previsibilidade pode ser garantida por lei não totalmente determinada, complementadas por uma atividade densificadora quer por parte da administração tributária quer por parte dos Tribunais – *O Princípio da Legalidade Fiscal. Tipicidade, conceitos jurídicos indeterminados e margem de livre apreciação*, Coimbra, 2007, pp. 425-516. Entende, ainda, esta Autora que no âmbito da *margem de livre apreciação* de que disponha, resultante de indeterminação legal, a decisão da administração deve, em princípio, ser aceite pelo tribunal, desde que a mesma seja plausível – *op. cit.*, p. 30.

cação de normas e circulares, em muitos casos ininteligíveis pela administração tributária, pelos especialistas em direito tributário e contabilidade e, por maioria de razão, pelos contribuintes. Igualmente visada é a multiplicação das normas excecionais, a qual deve ser evitada.

Este princípio assenta no reconhecimento de que um sistema fiscal composto por normas demasiado imprecisas, vagas ou complexas é dificilmente administrável e facilmente manipulável, abrindo as portas para a desigualdade, o arbítrio, a irracionalidade e a ineficiência, dando azo à instabilidade e imprevisibilidade[167]. A dignidade humana e a liberdade individual estão em causa, na medida em que as fronteiras da atuação autónoma devem ser bem delimitadas[168].

No entanto, um sistema fiscal constituído por normas demasiado precisas, nítidas e determinadas (*bright line rules*), também pode gerar uma previsibilidade excessiva, facilitando a alteração da natureza dos rendimentos, através da sua requalificação e recategorização. Além disso, ele pode tornar-se demasiado complexo e impenetrável, aumentando as possibilidades de manipulação. De ambos os modos, abrem-se as portas para a evasão fiscal (*tax avoidance*) e para a fraude fiscal (*tax evasion*)[169], com o agravamento da posição relativa dos restantes contribuintes[170]. O segredo está na moderação e no meio termo[171].

Entre nós, os riscos de discricionariedade administrativa inerentes à utilização de cláusulas gerais, por um lado, e de fraude e evasão por parte dos contribuintes, por outro, são evitados através de preceitos de elevada intensidade normativa, em que se multiplicam as normas tipificadoras (*v.g.* artigo 2º do CIRS), e do recurso a normas anti-abuso que atentam para a substância económica da realidade e não para a sua qua-

[167] Gary Wolfram, "Taxpayers Rights and the Fiscal Constitution", *Politics, Taxation and the Rule of Law*, (eds. Donald P. Rachter, Richard Wagner), Boston.

[168] Rebecca Prebble, John Prebble, "Does The Use Of General Anti-Avoidance Rules To Combat Tax Avoidance Breach Principles Of The Rule Of Law? A Comparative Study", 55, *Saint Louis University Law Journal*, 2010, 31 seguintes.

[169] Michael J. Graetz, *Foundations of International Income Taxation*, New York, 2003, 40 seguintes.

[170] Henry Ordower, "The Culture Of Tax Avoidance", 55, *Saint Louis University Law Journal*, 2010, 47 seguintes.

[171] Pasternak & Rico, *Tax Interpretation, Planning, and Avoidance...*, cit., 55.

lificação jurídica[172]. Na medida em que introduzem indeterminação e imprevisibilidade no sistema, inibindo o planeamento fiscal e a utilização de estruturas jurídicas de forma economicamente razoável por parte dos agentes económicos, estas normas devem ser interpretadas e aplicadas de maneira restritiva e devidamente fundamentada. Além disso, as mesmas devem subordinar-se ao direito da UE.

Este princípio não se limita às normas; antes, estende o seu programa normativo a todos os atos da administração tributária. Assim, por exemplo, o ato de liquidação deve evidenciar claramente o montante principal da prestação e os juros compensatórios, devendo além disso explicar com clareza o respetivo cálculo e distingui-los de outras prestações devidas. O mesmo não preclude, em termos absolutos, o recurso a cláusulas gerais anti-abuso, sempre que isso se afigure necessário, adequado e proporcional à preservação da base tributária e à preservação dos princípios da justiça, da universalidade, da igualdade e da legalidade tributárias.

De acordo com a jurisprudência do Tribunal Constitucional, o legislador, apesar de gozar, em regra, de discricionariedade na definição do tipo tributário (*Tatbestand*), está vinculado ao princípio da determinabilidade, pelo que os conceitos utilizados na definição dos elementos essenciais do imposto devem, tanto quanto possível, ser de sentido unívoco.

O recurso pelo legislador a conceitos jurídicos indeterminados para combater a evasão fiscal tem como consequência o alargamento da margem de valoração da Administração, o que, para além de poder pôr em causa o princípio da proteção da confiança dos cidadãos, constitui, igualmente, uma ameaça para o princípio da reserva de lei em matéria fiscal. Todavia, deve ter-se em atenção que a excessiva precisão normativa seria um obstáculo à operatividade do sistema fiscal e colocaria em risco outros princípios constitucionais – como a igualdade horizontal, a redistribuição do rendimento e os direitos sociais – e frustraria os objetivos de neutralidade económica e a própria legitimidade moral e credibilidade social do sistema fiscal[173].

[172] Joseph Bankman, "The Economic Substance Doctrine", 74, *University of Southern California,* 2000, 5 seguintes, Prebble, Prebble, *Does The Use Of General Anti-Avoidance Rules To Combat Tax Avoidance Breach Principles Of The Rule Of Law?...*, cit., 21 seguintes.

[173] Prebble, Prebble, *Does The Use Of General Anti-Avoidance Rules To Combat Tax Avoidance Breach Principles Of The Rule Of Law?...*, cit., 38 seguintes.

Assim, o Tribunal Constitucional entende que o recurso, pelo legislador, a conceitos indeterminados, na definição dos elementos essenciais do imposto, só é admissível na medida indispensável para garantir a praticabilidade e a operacionalidade do sistema e para promover a efetivação do princípio da igualdade tributária.[174]

6.7.4. *Proibição da retroatividade*

Uma outra dimensão concretizadora do princípio da segurança jurídica e da proteção da confiança dos cidadãos diz respeito à **proibição de impostos que tenham natureza retroativa** (artigo 103º, nº 3, da CRP).

Esta formulação pode ser entendida num sentido estrito, abrangendo as normas que criam impostos ou que alteram um elemento essencial (v.g. agravamento da taxa), ou num sentido mais amplo, abrangendo as normas que alarguem a base tributária, que alterem escalões, eliminem isenções, deduções ou benefícios fiscais, que alterem modalidades de pagamentos e reembolso, restrinjam as garantias dos contribuintes ou agravem sanções.

Em geral, a problemática da proibição da retroatividade encontra-se intimamente relacionada com a aplicação das leis no tempo. Em princípio, as consequências jurídicas aplicáveis a uma dada situação de facto devem estar previstas em normas em vigor ao tempo da referida constituição. Isso decorre naturalmente dos princípios democrático e de Estado de direito e dos seus corolários da legalidade, da publicidade e da segurança jurídica e proteção da confiança. Deles deduzem-se as doutrinas jurídicas desenvolvidas em domínios como o contrato, as cláusulas proscrição de crimes *ex post facto*, a proibição da expropriação, a proteção de direitos adquiridos, coisa decidida, caso julgado, etc.[175]

Embora a proibição da retroatividade tenha no direito penal a sua máxima intensidade, tende-se a considerar que num Estado de direito

[174] Acórdão do Tribunal Constitucional nº 127/04; Saldanha Sanches, "A segurança jurídica no Estado social de direito", *Ciência e Técnica Fiscal*, nºs 310/312, pp. 299 e seguintes; Casalta Nabais, *O dever fundamental de pagar impostos*, Coimbra, 1998, pp. 373 e seguintes.

[175] Ávila, *Segurança Jurídica...*, cit., 413 seguintes; Robert R. Gunning, "Back from the Dead: The Resurgence of Due Process Challenges to Retroactive Tax Legislation", 47, *Duquesne Law Review*, 2009, 291 seguintes.

a retroatividade das leis onerosas para o particular deve ser excecional, necessária e modesta (*modesty doctrine*)[176].

No entanto, admite-se a aplicação retroativa das normas jurídicas, salvo em situações de proibição expressa, a menos que daí possa resultar a violação de princípios fundamentais da ordem constitucional.

Refira-se que a proibição das normas fiscais criadoras de impostos foi incluída apenas pela Lei Constitucional nº 1/97.[177] Até então, o Tribunal Constitucional entendia que a retroatividade das leis fiscais não era necessariamente inconstitucional, embora o pudesse ser quando violasse de forma grave, intolerável, arbitrária e desproporcional o princípio da segurança jurídica e da proteção da confiança dos cidadãos. Não seria esse o caso nas *retroatividades modestas*, quer pelos montantes de imposto envolvidos quer pelo limitado alcance temporal. De um modo geral os ordenamentos jurídicos revelam alguma tolerância à retroatividade fiscal, nomeadamente quando se trate de corrigir retroativamente uma lacuna ou uma falha numa norma fiscal[178].

Em todo o caso, a proibição de normas fiscais retroativas está longe de ser uma verdade evidente por si mesma. Alguns entendem que os agentes económicos enfrentam vários tipos de risco de mercado (*v.g.* concorrência; subida dos preços das matérias primas; quebra da procura), sendo as vicissitudes do sistema tributário apenas mais um risco[179]. De acordo com este entendimento, não existe um direito adquirido a um determinado regime fiscal. Além disso, o legislador dispõe de poder socialmente conformador, usando os impostos como instrumento de política social, servindo funções de natureza fiscal, distributiva e económica ao serviço de interesses públicos ponderosos. Por outro lado, sempre pode haver necessidade de acudir a situações excecionais de crise política, económica e financeira.

[176] *U.S. v. Carlton*, 512 U.S. 26 (1994).

[177] Sobre esta alteração ao texto constitucional e suas implicações cfr. Jorge Bacelar Gouveia, "A Proibição da Retroatividade da Norma Fiscal na Constituição Portuguesa", *Problemas Fundamentais do Direito Tributário*, Lisboa, 1999.

[178] *Welch v. Henry*, 305 U.S. 134 (1938).

[179] Louis Kaplow, "*Transition Policy: A conceptual Framework*", 13 J. Contemporary Legal Issuess, 2003, 161, 163 seguintes; Louis Kaplow, *An Economic Analysis of Legal Transitions*, 99 Harvard Law Review, 1986, 509 ss; Matthew A. Schwartz, "A Critical Analysis of Retroactive Economic Legislation: A Proposal for Due Process Revitalization in the Economic Arena", 9, *Setom Hall Constitutional Journal*, 1999, 935 seguintes.

A estes argumentos devem ser contrapostos argumentos de sentido inverso. Em primeiro lugar, o Estado Constitucional baseia-se num contrato social entre todos os cidadãos e entre governantes e governados, não dispondo de um poder ilimitado sobre as expectativas estabilizadas dos cidadãos. Em segundo lugar, o Estado tem todo o interesse em dar garantias tão sólidas quanto possível de estabilidade e previsibilidade às famílias e às empresas. Em terceiro lugar, uma função central do sistema jurídico consiste em fornecer um quadro estável e previsível capaz de reduzir a incerteza da vida em sociedade[180].

No quadro normativo-constitucional atual, a proibição da retroatividade em matéria fiscal deve ser vista, não apenas à luz do princípio em presença, mas também nas relações que estabelece com os princípios da **legalidade e da igualdade tributária**. A mesma é especialmente relevante no direito fiscal, visto que se trata de um domínio em que mesmo as normas prospetivas podem frustrar as expectativas e os cálculos das empresas e das famílias. Na verdade, os impostos prospetivos podem ser *de facto retroativos*, na medida em que alteram o valor de investimentos realizados no passado, as resultantes expectativas e o rendimento disponível dos particulares. Pela sua imprevisibilidade e intensidade eles podem ser até mais ofensivos das expectativas dos contribuintes do que impostos modestamente retroativos. Nestes casos o princípio da proteção da confiança dos cidadãos adquire relevância autónoma[181].

Uma questão que se coloca, a este propósito, prende-se com saber se o artigo 103º, nº 3, da CRP proíbe apenas a **retroatividade autêntica**, ou retroatividade primária ou de consequência jurídica, ou também a **retroatividade inautêntica**, também designada por retrospetividade e retroatividade secundária ou de pressupostos de facto[182]. No primeiro caso, a factos tributários e a consequências jurídicas ocorridas e consumadas no passado faz-se corresponder uma nova consequência jurídica, podendo esta ser inteiramente conformada no seu conteúdo pelo facto ocorrido e pelo tempo decorrido. A norma autenticamente retroativa opera sobre uma conduta ocorrida no passado e as suas consequências. Alteram-se assim as consequências jurídicas verificadas e consumadas

[180] James L. Huffman, "Retroactivity, the Rule of Law, and the Constitution", 51 *Alabama Law Review*, 2000, 1115 seguintes.

[181] Walter Berka, *Verfassungsrecht*, Wien, 2010, 147 seguintes.

[182] Ávila, Segurança Jurídica..., cit, 426 seguintes.

no passado. Este tipo de retroatividade é especialmente forte e problemático se a lei retroativa vem, na prática, atingir sentenças judiciais transitadas em julgado.

No segundo caso, está-se perante normas fiscais que aplicam as suas consequências jurídicas futuras também a factos tributários iniciados antes da entrada em vigor da norma mas ainda a decorrer. As normas retrospetivas não incidem diretamente sobre a conduta passada, mas apenas sobre aquela parte das suas consequências que ocorrerá no futuro. Ou seja, afeta-se as consequências jurídicas futuras de transações ocorridas no passado. Neste caso, a **retrospetividade** *stricto sensu* consistirá em aplicar a consequência jurídica apenas à parte prospetiva do facto tributário já iniciado. Na prática, a linha que separa a prospetividade, a retrospetividade e a retroatividade autêntica nas suas várias modalidades nem sempre é fácil de discernir. As condutas são levadas a cabo tendo em vista as suas consequências e a maior parte das normas jurídicas afeta diretamente as consequências de condutas ocorridas no passado[183].

Entre nós, o legislador tributário parece afastar tanto uma como outra, pelo menos quando esteja em causa a criação ou alteração de um elemento essencial de um imposto. Seria aqui relevante a incapacidade do contribuinte de prever mudanças e alterar o seu comportamento diante de um novo imposto de natureza retroativa. Com efeito, o artigo 12º da LGT, relativo à aplicação da lei tributária no tempo, determina, no seu nº 1, que as normas tributárias se aplicam aos factos posteriores à sua entrada em vigor, não podendo ser criados quaisquer impostos retroativos. Isso significa que o facto tributário tem que ser sempre posterior à lei que cria o imposto ou altera os seus elementos fundamentais, como sejam a incidência e a taxa, num sentido menos favorável aos contribuintes.

Concretizando esta orientação, estabelece-se, no nº 2 do artigo 12º da LGT, que se o facto for de formação sucessiva, a lei nova só se aplica ao período decorrido a partir da sua entrada em vigor (aplicação *pro rata temporis*). Quer dizer, preclude-se não apenas a retroatividade autêntica mas também a retroatividade inautêntica, na medida em que as conse-

[183] Neste sentido, Jill E. Fisch "Retroactivity and Legal Change: An Equilibrium Approach", 110, *Harvard Law Review*, 1997, 1068 seguintes.

quências jurídicas da nova lei são aplicáveis unicamente à parte do facto tributário que ocorreu depois da sua entrada em vigor.

A LGT, no artigo 12º, nº 3, dispõe que as normas sobre procedimento e processo são de aplicação imediata, sem prejuízo das garantias, direitos e interesses legítimos anteriormente constituídos dos contribuintes. Vale aqui o princípio de que a restrição aos direitos, liberdades e garantias não pode ter efeitos retroativos (artigo 18º, nº 3, da CRP). Em todo o caso, a eliminação de deduções ou benefícios fiscais, a redução de garantias dos contribuintes ou o agravamento de sanções podem agravar indiretamente o imposto com efeitos retroativos, devendo ser sujeitas a uma especial ponderação proporcional à luz do princípio da segurança jurídica e da proteção da confiança, aferindo variáveis como a necessidade da medida retroativa, a sua intensidade e a reciprocidade e universalidade dos custos e benefícios[184].

Ou seja, mesmo neste domínio prevalece o princípio da segurança jurídica e da proteção da confiança dos cidadãos. O mesmo manifesta-se ainda na garantia de irretroatividade de orientações genéricas interpretativas perante interpretações plausíveis e de boa fé sustentadas pelos contribuintes (artigo 68º-A, nº 2, da LGT). Embora a formulação e atribuição de efeitos retroativos a novas interpretações da lei seja frequente, permitindo a resiliência e a capacidade de adaptação do ordenamento jurídico a situações imprevistas (v.g. alteração das circunstâncias políticas, económicas, financeiras ou ambientais) e cumprindo uma importante função antifraude (v.g. correção de erros e ambiguidades na lei)[185], trata-se aqui de proteger o contribuinte de boa fé da complexidade inerente ao quadro normativo tributário.

Idêntica intenção é relevante quando esteja em causa a aplicação retroativa de leis interpretativas. Também no caso das **leis interpretativas** de leis tributárias é inteiramente pertinente a proibição da retroatividade. Entende-se que as mesmas não têm apenas uma natureza declarativa, produzindo efeitos constitutivos. Na medida em que vinculam os tribunais a uma determinada interpretação, entre várias em abstrato

[184] Huffman, *Retroactivity, the Rule of Law, and the Constitution...*, cit., 1116 seguintes.
[185] Donald T. Hornstein, "Resiliency, Adaptation, and the Upsides of Ex Post Lawmaking", 89, *North Carolina Law Review*, 2011, 1549 seguintes.

possíveis e já acolhidas por outros tribunais, elas implicam, inevitavelmente, uma aplicação retroativa da lei interpretanda[186].

Através das normas interpretativas, como reconheceu o TC, o Estado vem impedir, *a posteriori*, que o Direito que criou funcione através da sua lógica intrínseca comunicável aos destinatários das normas, alterando o quadro dos elementos relevantes da interpretação jurídica, em termos que colidem com o princípio da segurança jurídica e da proteção da confiança dos cidadãos e com a proibição da retroatividade das leis fiscais consagrada no artigo 103º, nº 3, da CRP[187].

Importa ainda considerar os problemas suscitados pela **repristinação de normas tributárias** menos favoráveis ao contribuinte. A questão pode colocar-se, desde logo, quando o TC declara a inconstitucionalidade com força obrigatória geral de uma norma tributária, nos termos dos artigos 281º e 282º da CRP. De acordo com o artigo 282º, nº 1, esta declaração produz efeitos desde a entrada em vigor da norma declarada inconstitucional, determinando a repristinação das normas que ela eventualmente haja revogado.

Esta solução suscita algumas dificuldades do ponto de vista da segurança jurídica e da proteção da confiança. No entanto, estas dificuldades agudizam-se quando se esteja perante a repristinação de normas tributárias de conteúdo menos favorável ao contribuinte. Nessas situações, embora não exista uma total identidade material entre esta situação e a entrada em vigor de uma norma fiscal retroativa, o certo é que o impacto substancial na previsibilidade e calculabilidade das relações jurídicas e económicas pode ser substancialmente aproximado, pelo que o princípio da segurança jurídica e da proteção da confiança dos cidadãos aponta para a repristinação da norma com efeitos prospetivos.

Interessante é observar a jurisprudência recente do Tribunal Constitucional em matéria de aplicação no tempo da lei fiscal.

No acórdão nº 399/2010, de 27 de outubro, o Tribunal Constitucional entendeu que a alteração das taxas do IRS no decurso do ano fiscal não se traduzia numa aplicação retroativa da lei fiscal, mas sim numa aplicação retrospetiva dessa lei.

[186] Andrew Pruitt, "Judicial Deference to Retroactive Interpretative Treasury Regulations", 79, *The George Washington Law Review*, 2011, 1558 seguintes.

[187] Acórdão do Tribunal Constitucional nº 172/00.

O mesmo tribunal entendeu, para além disso, que a Constituição apenas proíbe a retroatividade autêntica da lei fiscal. A aplicação retrospetiva da lei fiscal é, em princípio, admissível desde que não seja desproporcionada face ao fim visado. Sucede que o Tribunal Constitucional se tem bastado com a mera invocação do respeito pelo princípio da proporcionalidade em sentido amplo, sem exigir a demostração da verificação dos respetivos pressupostos (observância dos subprincípios da adequação, da necessidade e da proporcionalidade em sentido estrito). Assim, a invocação do princípio da proporcionalidade tem-se revelado como a "palavra-passe" para que uma violação da Constituição seja considerada legítima pelo Tribunal Constitucional.

No acórdão nº 399/2010, de 27 de outubro, o Tribunal Constitucional desvalorizou as expectativas dos cidadãos fundadas na lei, desde logo na Lei do Orçamento para 2010, e desconsiderou a ligação existente entre a problemática da aplicação da lei fiscal no tempo e o princípio da boa-fé do Estado e, sobretudo, o princípio da segurança jurídica e da proteção da confiança dos cidadãos.

6.7.5. *Confiança e transição jurídica*

O princípio da segurança jurídica e da proteção da confiança reveste-se do maior relevo para a vida pessoal, para os mercados e para toda a comunidade política. Os indivíduos devem poder contar com a estabilidade do quadro legal existente, ou com o seu aperfeiçoamento, quando tomam decisões de ordem pessoal (v.g. ter filhos) ou patrimonial (v.g. adquirir um imóvel; abrir uma empresa) com importantes consequências para o futuro. Esse quadro é digno de confiança porque se baseia na autoridade política constitucional e democraticamente legitimada[188].

Porém, a realidade muda e as normas jurídicas acompanham a realidade, sob pena de se tornarem irrelevantes e indesejáveis. Mesmo que não se postule a absoluta imutabilidade do quadro legal independentemente das circunstâncias, o respeito pelo *contrato social*, devidamente escrito e formalizado, impõe a proteção, em termos razoáveis, das expectativas legítimas estabilizadas no horizonte dos indivíduos e agentes económicos.

[188] David M. Hasen, "Legal Transitions and the Problem of Reliance" 1, Columbia Journal of Tax Law, 2010, 120 seguintes.

O princípio da segurança jurídica e da proteção da confiança adquire uma especial relevância no caso de alterações legislativas ou da mudança da interpretação que os tribunais fazem de uma determinada lei, quando daí resulte uma alteração do valor económico de direitos adquiridos ou títulos jurídicos. Importa indagar em que medida é que o princípio da segurança jurídica deve regular o tempo que intercede entre anúncio, a publicação, a entrada em vigor de normas prospetivas ou a alteração da sua interpretação judicial e a produção de efeitos na esfera jurídica do particular.

Como já foi sublinhado, a alteração prospetiva de uma norma jurídica ou da sua interpretação pode ter um maior impacto nas expectativas e nos planos de investimento do que uma alteração com efeitos retroativos. Normas aplicáveis para o futuro produzem efeitos jurídicos e económicos sobre as consequências de condutas adotadas no passado.

No âmbito do direito fiscal é possível assistir à reforma da legislação fiscal, à criação de um novo imposto ou ao alargamento da base tributária ou aumento da taxa de um imposto pré-existente. Estas alterações legislativas vão afetar diretamente as expectativas de um conjunto de pessoas e agentes económicos, com especial relevo para empresas, acionistas e demais investidores.

Quando alguém contrai um crédito por 30 anos para adquirir um imóvel, ou concorre a uma concessão para a prestação de serviços públicos durante 30 anos, ele confia na estabilidade das normas fiscais relevantes. A promoção do investimento requer um esforço de redução da incerteza. Neste quadro, importa saber se a alteração do quadro legal se ficou a dever a alteração das circunstâncias fácticas ou apenas a uma mudança de opinião do legislador sobre qual seja o melhor regime jurídico. Daqui podem resultar diferentes consequências no plano do regime de transição.

Exigências de justiça, de segurança jurídica e de eficiência económica obrigam a que as alterações do quadro legal se limitem ao estritamente necessário para a salvaguarda de bens constitucionalmente protegidos diante da alteração superveniente das circunstâncias.

As transições legais prospetivas devem ser avaliadas pelo impacto que produzem nos incentivos pessoais e económicos existentes e nas condições que permitem aos indivíduos e investidores reagir aos mesmos. Elas devem ser avaliadas pelo impacto que produzem no exercício de direitos sociais básicos, como o emprego, a saúde, a educação ou a habitação e no modo como atingem os setores mais vulneráveis da população, como as crianças, os idosos ou os imigrantes.

Ao legislador prospetivo cabe ter em conta a intensidade do seu impacto do novo quadro legal na situação social e económica dos indivíduos a agentes económicos, à luz dos princípios constitucionalmente consagrados de respeito pela legalidade democrática, igualdade, proporcionalidade e justiça.

A ponderação destes bens e princípios jurídicos pode impor, alternativamente, a adoção de várias soluções jurídicas de transição, como seja o diferimento da entrada em vigor da nova norma, a manutenção do regime jurídico anterior durante algum tempo para alguns casos, a implementação faseada do novo regime, a adoção de um regime transitório ou a indemnização pelos danos causados.

6.8. Princípio da proporcionalidade

6.8.1. *Sentido geral e dimensões concretizadoras*

No plano fiscal, um dos mais antigos afloramentos do princípio da proporcionalidade remonta à Magna Carta, quando se exige a razoabilidade dos impostos cobrados pelo Rei, nos casos especificados em que o mesmo podia tributar sem o consentimento da assembleia de cavaleiros e prelados[189]. Igualmente relevante é a doutrina do **imposto excessivo** (*exactio inaudita*), que a Igreja medieval qualificava como pecado. Um outro ponto de referência, neste contexto, é o que se prende com as advertências de John Adams, contra os perigos de uma "tributação ruinosa".

O princípio da **proporcionalidade em sentido amplo** é um subprincípio concretizador do princípio do Estado de direito, compreendendo a avaliação de uma qualquer conduta estadual, normativa ou não, com base em cinco critérios ou testes fundamentais.

O primeiro diz respeito à **legitimidade dos fins**. Este critério encontra-se geralmente satisfeito, na medida em que os impostos sirvam para realizar interesses públicos de relevo constitucional e legal.

[189] Artigo 12º da Magna Carta.

O segundo prende-se com a avaliação da **legitimidade *prima facie* dos meios**, ordenada à investigação da existência de qualquer proibição expressa da utilização de um determinado meio. Por exemplo, a CRP proscreve claramente os impostos regressivos sobre o rendimento, bem como a conceção ou aplicação discriminatória das normas fiscais.

O terceiro teste prende-se com a adequação dos meios à realização dos fins pretendidos, do ponto de vista das relações empírico-racionais de causa-efeito. Esta análise pode complicar-se dada a multiplicidade dos fins servidos pelo sistema fiscal (*v.g.* satisfação das necessidades financeiras do Estado; incentivo ao crescimento económico), por vezes estabelecendo entre si relações de tensão.

O quarto teste prende-se com **necessidade ou exigibilidade dos meios**, do ponto de vista espacial, temporal, subjetivo e objetivo. O mesmo significa que a carga fiscal deve limitar-se ao estritamente necessário para a promoção da satisfação das necessidades financeiras do Estado e a promoção da justiça tributária, com as inerentes exigências de universalidade e igualdade, abstendo-se, na medida do possível, de comprometer a eficiência económica.

Finalmente avalia-se a proporcionalidade em sentido estrito do meio a empregar com base numa **análise de custos e benefícios**. Nesta análise leva-se em linha de conta a questão de saber se os custos administrativos e económicos de aplicação e cumprimento das normas fiscais são devidamente compensados pelos benefícios da tributação. Do mesmo modo, está em causa a aferição do papel do sistema tributário na criação de condições de progresso e justiça, nos planos económico e social.

A própria utilização de normas anti-abuso é passível de ponderação proporcional com o princípio da segurança jurídica e da proteção da confiança dos cidadãos[190].

Atualmente, a análise da razoabilidade e proporcionalidade do sistema fiscal para a prossecução das finalidades constitucionais distingue entre o critério da *eficiência de Pareto* e o da *eficiência de Kaldor-Hicks*. Mais preocupado com questões de justiça, o princípio da diferença, de John Rawls, aponta para a melhoria da posição dos menos favorecidos.

[190] Prebble, Prebble, *Does The Use Of General Anti-Avoidance Rules To Combat Tax Avoidance Breach Principles Of The Rule Of Law?...*, cit., 40; Clotilde Celorico Palma, "A Comunicação da Comissão Europeia sobre a aplicação de medidas anti-abuso", *TOC*, Ano X, nº 114, setembro de 2009, pp. 40 e seguintes.

Outros vão mais longe, defendendo a salvaguarda de um mínimo de existência[191].

Retomando o que anteriormente se disse sobre a subordinação de toda a política fiscal ao princípio da proporcionalidade em sentido amplo, salienta-se neste momento as refrações deste princípio no âmbito das relações entre o sistema fiscal, administração tributária e os contribuintes.

Um exemplo de aplicação do princípio da proporcionalidade no domínio jurídico-fiscal é o do acórdão nº 494/2009, do Tribunal Constitucional, em que este tribunal considerou inconstitucional a norma do CIRC que impunha a realização de pagamentos especiais por conta a pessoas coletivas que, no exercício em causa, apenas tivessem auferido rendimentos isentos de IRC, com fundamento na violação do princípio da proporcionalidade.

6.8.2. *A proibição da tributação excessiva*

Do princípio da proporcionalidade resulta a **proibição da aplicação de taxas excessivas**, juntamente com a procura da taxa ótima, compatível com a manutenção do rendimento tributável. Era com este sentido que os fisiocratas falavam da procura de uma **taxa racional de imposto** e que John Stuart Mill denunciava os impostos progressivos como uma forma de roubo legalizado. Embora o princípio da proporcionalidade não proíba taxas progressivas, ele recomenda o equilíbrio entre o aumento marginal da taxa do imposto e o rendimento marginal, bem como entre as receitas fiscais e a prosperidade nacional.

A tributação excessiva é uma realidade económica constitucionalmente relevante. A análise económica e a política fiscal têm chamado a atenção para o facto de que a tributação excessiva representa um peso morto onerando a atividade económica[192]. Do ponto de vista jurídico-constitucional, a doutrina tem salientado o risco de uma tributação galopante e excessiva que, longe de servir as finalidades constitucionais do Estado social, contribui para enriquecer as elites políticas, económicas e financeiras à custa do esforço do trabalho, podendo acentuar as desigualdades sociais, para além de representar um atentado ao princí-

[191] Elkins, *Horizontal Equity as a Principle of Tax Theory...*, cit., 54 seguintes.

[192] David F. Bradford, Untangling The Income Tax, 1986, 174-207.

pio da dignidade da pessoa humana e aos direitos gerais e especiais de autonomia individual que dela se deduzem.

Além do mais, a tributação excessiva dos rendimentos mais elevados incentiva a sua deslocalização, aumentando a pressão sobre os rendimentos mais baixos[193]. Isso por sua vez aumenta o risco de uma tributação confiscatória que tira partido do monopólio da coação legítima do Estado para privar os cidadãos do direito de propriedade, sem justa indemnização. De um modo geral, entende-se confiscatória uma tributação acima dos 50%[194].

Uma carga fiscal acima desse limite será frequentemente um indício de má administração, desperdício e delapidação dos recursos públicos, patologias sintomáticas de incompetência governativa e corrupção. Entre as soluções que têm sido preconizadas para combater a tributação excessiva, contam-se o estabelecimento de limites constitucionais claros à tributação, ao défice e à dívida, com a previsão de sanções penais severas para quem os ultrapassar. É igualmente neste contexto que se torna legítimo falar em *direito de resistência fiscal.*

Não deve ser confundida com tributação excessiva – económica e constitucionalmente relevante – a realidade da sobretributação. Esta constitui um fenómeno comum, que se traduz no pagamento de um montante de imposto superior ao que está constitucional e legalmente estipulado. A sobretributação pode resultar de fatores como, nomeadamente, erro do contribuinte, conduta deliberada da administração fiscal, interpretação errónea da legislação tributária, qualificação errada da atividade tributada, erros de cálculo ou a aprovação de leis inconstitucionais[195].

[193] Michael A. Livingston, "From Milan to Mumbai, Changing in Tel Aviv: Reflections on Progressive Taxation and "Progressive" Politics in a Globalized but Still Local World 54, The American Journal of Comparative Law, 2006, 555 seguintes.

[194] Michael A. Livingston, "From Milan to Mumbai, Changing in Tel Aviv: Reflections on Progressive Taxation and "Progressive" Politics in a Globalized but Still Local World 54, The American Journal of Comparative Law, 2006, 555 seguintes.

[195] Jacob Nussim, "The Recovery Of Unlawful Taxes", 28, Virginia Tax Review, 2009, 893 seguintes.

6.9. Princípio da tutela jurisdicional efetiva

Um outro princípio importante diz respeito ao direito dos contribuintes à tutela jurisdicional efetiva perante atos da administração tributária. O mesmo decorre do princípio geral do acesso ao direito e à tutela jurisdicional efetiva que concretiza o princípio do Estado de direito (artigo 20º da CRP)[196].

Este princípio supõe o direito de acesso à justiça tributária para obter a tutela plena e efetiva de todos os direitos ou interesses legalmente protegidos.

De igual modo, o mesmo supõe o princípio da impugnabilidade e recorribilidade de todos os atos em matéria tributária que lesem direitos ou interesses legalmente protegidos, sem prejuízo da aplicação das regras sobre as alçadas dos tribunais.

O princípio da tutela jurisdicional efetiva obriga à estruturação da justiça tributária como justiça de plena jurisdição, manifestando-se ainda na não preclusão do direito de reclamação em virtude de pagamento.

Inerente a este princípio está também o direito a um processo equitativo (artigo 20º, nº 4, da CRP). Este, além de conformar as garantias de procedimento e processo tributário, requer uma conexão efetiva, substancial e proporcional entre a pretensão tributária e a pessoa, propriedade ou transação por ela visada, limitando a extraterritorialidade da tributação[197].

Decorre também do artigo 20º, nº 4, da CRP o reconhecimento do direito à decisão da causa em prazo razoável.

A realidade, porém, evidencia um quadro de morosidade e de grande acumulação de processos na jurisdição tributária. Esta situação espelha uma tutela jurisdicional que, em matéria tributária, está longe da efetividade proclamada pela Constituição.

De acordo com dados do *Observatório Permanente da Justiça*, 37% das sentenças proferidas em processos de impugnação em matéria tributária, em 2016, foram-no em processos com duração superior a 5 anos, e 18,2% em processos com uma duração entre 3 e 5 anos, verificando-se que em cerca de 70% dos processos de impugnação a decisão em

[196] J.J. Gomes Canotilho, Vital Moreira, *Constituição da República Portuguesa Anotada*, I, Coimbra, 2007, 406 seguintes.

[197] *Moorman Manufacturing Co. v. Bair, Diretor Of Revenue Of Iowa*, 437 U.S. 267 (1978); Aikins, *Common Control and the Delineation of the Taxable Entity...*, cit., 635 seguintes.

primeira instância demora mais de 2 anos a ser proferida[198]. Para além disso, "[e]m matéria fiscal, cerca de 26,3% dos processos ativos sem sentença, a 31 de dezembro de 2016, tinham dado entrada no tribunal há mais de cinco anos e, cerca de 5,8%, há mais de 8 anos"[199].

É neste quadro que se compreende a opção do legislador de, através do Decreto-Lei nº 10/2011, de 20 de janeiro (que aprovou o *Regime Jurídico da Arbitragem Tributária* – RJAT), instituir em Portugal a arbitragem tributária, como forma alternativa de resolução de litígios entre os sujeitos passivos e a administração tributária, em concretização do artigo 209º, nº 2, da CRP[200], tendo em vista uma tutela mais eficaz dos direitos e interesses legalmente protegidos dos sujeitos passivos, uma maior celeridade na resolução dos litígios em matéria tributária e a redução do número de processos pendentes nos tribunais administrativos e fiscais.

A instituição da arbitragem em matéria tributária representa um passo na direção certa, embora, só por si, se revele, para já, incapaz de reduzir substancialmente as pendências de processos nos tribunais fiscais. Quanto à celeridade, importa destacar o facto de os processos arbitrais deverem, em princípio, ser decididos e notificados às partes no prazo máximo de 6 meses[201], embora, na prática, o tempo médio de decisão seja inferior[202].

6.10. O princípio anticorrupção

Importa salientar a importância do **princípio anticorrupção como princípio do direito constitucional fiscal multinível**. Entre nós, ele encontra consagração implícita no texto constitucional, sendo deduzido de outras disposições, como as que consagram o respeito pela legalidade democrática (artigo 3º, nº 2, da CRP), a legalidade das despesas públicas

[198] Conceição Gomes (coordenação) / Paula Fernando (coordenação da recolha e tratamento de dados), *Justiça e Eficiência: o caso dos tribunais administrativos e fiscais*, Coimbra, Centro de Estudos Sociais da Universidade de Coimbra, fevereiro de 2017, pp. 309-310, documento disponível em http://opj.ces.uc.pt/site/novo/ficheiros/justica_adm/relatorio_justica_e_eficiencia_taf_23_05_2017.pdf.

[199] Idem, p. 260.

[200] Este preceito da Constituição da República Portuguesa prevê expressamente a possibilidade de criação de tribunais arbitrais.

[201] Artigo 21º, nº 1, do Regime Jurídico da Arbitragem Tributária (RJAT).

[202] A publicação *CAAD Newsletter*, nº 1, de 2016, refere um prazo médio de decisão de 4,5 meses (p. 47).

(artigo 202º da CRP), o respeito pelos princípios da igualdade, da proporcionalidade, da justiça, da imparcialidade e da boa-fé por parte da administração (artigo 266º da CRP), o direito à informação administrativa ou o direito de acesso a arquivos e registos administrativos (artigo 268º, nºs 1 e 2, da CRP). No entanto, como ficará mais claro nas linhas que se seguem, deve pensar-se seriamente na previsão expressa do *princípio anticorrupção* através da introdução no texto constitucional de normas que prevejam expressamente o repúdio pela corrupção e o empenho na luta contra ela[203] ou a perda de mandato eletivo por corrupção[204].

Encontrando-se fortemente radicado na história das ideias políticas, na história do constitucionalismo e na doutrina constitucional, ele encontra-se hoje amplamente radicado no direito da União Europeia e no direito internacional. Algumas das constituições mais recentes consagram expressamente o *princípio anticorrupção*. O reconhecimento deste princípio assenta na observação de que a corrupção anula o contrato social, corrói a estrutura institucional estadual, contamina a cidadania, destrói a democracia e o Estado de direito e remete a população de volta ao estado de natureza em que *o homem é o lobo do homem (homo hominis lupus est)*.

6.10.1. *Princípio constitucional fiscal multinível*

No âmbito internacional, a corrupção é responsável pela violação de direitos humanos, é um sério obstáculo à democracia e ao Estado de direito, promove o falseamento e distorção da concorrência, ameaça o desenvolvimento sustentável e favorece a evasão e a fraude fiscais, o branqueamento de capitais, o crime organizado e o financiamento do terrorismo. Por este motivo, a comunidade internacional tem vindo a mobilizar-se contra a corrupção, podendo afirmar-se que o princípio anticorrupção é hoje um princípio geral de direito internacional e do constitucionalismo global multinível.

No âmbito das Nações Unidas, merece destaque a *Convenção Contra o Crime Organizado Transnacional*, de 15-11-2000 (CNUCOT), e a *Convenção contra a Corrupção* (CNUCC), de 21-10-2003. Na OCDE assume

[203] É essa a formulação do artigo 12º/1/h) da Constituição da República de Angola (CRA).

[204] Veja-se, por exemplo, o artigo 129º/1/b) CRA, prevendo destituição do Presidente da República no caso de corrupção ou o artigo 14 §10 da Constituição Brasileira de 1988 que consagra a impugnação do mandato eletivo por corrupção.

grande importância a *Convenção Contra a Corrupção de Agentes Públicos Estrangeiros nas Transações Comerciais Internacionais* (1997). No Conselho da Europa, deve destacar-se a *Convenção de Direito Criminal contra a Corrupção e a Convenção de Direito Civil Contra a Corrupção* de 27.1.1999. Salienta-se igualmente o meritório trabalho desenvolvido pelo Grupo de Estados contra a Corrupção (GRECO), com as suas avaliações periódicas dos Estados e os seus relatórios por Estado.

Na União Europeia os artigos 83., nº 1, e 325º do TFUE revestem-se de grande significado. O primeiro, admite a qualificação da **corrupção como euro-crime**, ao passo que o segundo dedica grande atenção à fraude contra os interesses financeiros da UE. Não cabendo aqui desenvolver este aspeto do direito da UE, importa chamar a atenção para o *Programa de Estocolmo: UE aberta e segura* [205], que dá prioridade ao combate ao crime económico e à corrupção. Para esse efeito, prevê-se a quantificação da corrupção, uma política global anticorrupção, uma atenção especial à contratação pública e ao controlo financeiro, a colaboração com o GRECO, o combate à evasão fiscal e à corrupção no setor público e a troca de melhores práticas no âmbito dos *Asset Recovery Office Network* e o *Anti-Corruption Network.*

Sob a égide da Organização dos Estados Americanos foi adotada a *Convenção Interamericana contra a Corrupção*, 29-3-1996, ao passo que a União Africana abriu à subscrição a *Convenção Africana de Prevenção e Combate à Corrupção* (2003). Não pode ser esquecida a *IAACA – International Association of Anti-corruption Authorities.*

Este ligeiro e incompleto olhar sobre o quadro normativo e institucional relevante demonstra que a luta contra a corrupção deve estar no centro do direito internacional, europeu e constitucional. A crise financeira mundial mostrou o elevado nível de corrupção nos círculos políticos e económicos, impondo custos extremamente elevados a pessoas em todo o mundo, com especial acuidade para os setores mais vulneráveis (v.g. idosos, doentes, mães solteiras, crianças, desempregados e migrantes).

A luta contra a corrupção deve estar na base do constitucionalismo internacionalista global. A CRP, o direito da UE e as convenções internacionais, incluindo as de direitos humanos, devem ser interpretados

[205] (2010/C 115/01).

e aplicados de forma articulada e coerente como instrumentos de luta global e multinível contra a corrupção. As instituições políticas, administrativas e judiciais, a nível nacional e internacional, incluindo as autoridades tributárias, devem estar estruturadas de forma a combater eficazmente a corrupção.

6.10.2. *Conceito de corrupção*

A corrupção é entendida para este efeito na sua aceção de direito público, não estritamente penal, com o significado de um estado de coisas apto para destruir, degenerar, degradar, apodrecer e violar as normas fundamentais que regulam a interação dos indivíduos no seio da comunidade política. Ela é a expressão política e jurídica de decaimento institucional e moral.

A mesma está presente quando as instituições e os recursos públicos são usados para a promoção de interesses privados e a política é vista como um meio para atingir fins pessoais e patrimoniais. Não se trata apenas da corrupção penal ativa e passiva de tipo "*quid pro quo*", ou de tráfico de influências, mas de todas as formas de "*criação de dívidas políticas*". A mesma não exige uma troca direta e causal de favores.

Em causa pode estar a utilização de grandes somas de dinheiro privado para promover finalidades política e eleitorais, tendo em vista, servir os interesses dos poucos mais ricos e poderosos e esquecer os interesses da maioria da população. Neste sentido amplo, a evasão fiscal e a fraude fiscal além de poderem andar associadas a práticas de corrupção são em si mesmas formas de corrupção *lato sensu*, na medida em que visam um ganho privado ilegítimo à custa do tesouro público[206].

6.10.3. *Autonomia dogmática*

Deve ser destacada a importância do trabalho de Zephyr Teachout na recuperação do princípio anticorrupção a partir do estudo da história do constitucionalismo e da Constituição americana[207]. A mesma destacou a importância da explicitação do princípio e da necessidade de lhe assegurar autonomia dogmática, à semelhança do que sucede com o

[206] Lawrence J. Trautman, "Following the Money: Lessons from the Panama Papers Part 1: Tip of the Iceberg", 121 The Penn State Law Review, 2017, 807 ss.

[207] Zephyr Teachout, "The Anti-corruption Principle", 94 Cornell Law Review, 2008-2009, 341 ss.

princípio do respeito pelos direitos humanos, princípio republicano (*res publica*), princípio democrático, o princípio federal, princípio do Estado de direito, a separação de poderes, o Estado social, o Estado ambiental e a tutela jurisdicional efetiva.

O constitucionalismo moderno surgiu da preocupação com a corrupção. Aqueles que defenderam os direitos humanos, a democracia e a separação de poderes também defenderam o combate à corrupção. O princípio anda intimamente associado aos direitos humanos, à república, à democracia, ao Estado de direito e à separação de poderes, embora tenha sentido próprio e autónomo. Ele visa garantir a igualdade de todos perante a legalidade democrática e reconhece que a corrupção é uma das principais ameaças aos direitos fundamentais, à democracia e ao Estado de direito.

Por esse motivo, o sucesso de uma Constituição depende, em larga medida, da sua capacidade para combater a corrupção. Daí que a Constituição deva ser interpretada num sentido que permita o combate à corrupção. Essas observações aplicam-se, com as devidas adaptações, ao constitucionalismo global multinível. Só o combate à corrupção à escala global pode proteger e promover a ordem constitucional democrática e a normatividade internacional.

O princípio anticorrupção deve ser autónomo e independente, não podendo ser diluído nos demais princípios constitucionais. Ele tem um peso próprio e equivalente, embora se reforce na interação com outros princípios. Ele resulta de uma interpretação histórica, literal, sistemática e teleológica da Constituição, devendo ser invocado pelos advogados nas suas alegações e pelos tribunais nacionais, tribunais constitucionais e superiores e pelos tribunais internacionais (incluindo tribunais arbitrais) na fundamentação das suas decisões.

6.10.4. *Funções do princípio anticorrupção*

À semelhança do que sucede com outros princípios do direito constitucional fiscal, o *princípio anticorrupção* serve determinadas funções teoréticas, dogmáticas, hermenêuticas e metódicas. Porque se trata de um princípio relativamente novo nos manuais da especialidade, importa salientar as suas funções:

a) *função teleológica*, definindo objetivos a atingir por toda a ordem jurídica e por todos os operadores jurídicos;

b) *função agregadora*, facilitando a identificação e articulação de todas as normas que, em todos os ramos do direito, têm como razão de ser a luta contra a corrupção;
c) *função normativa*, afirmando a primazia normativa do princípio anticorrupção sobre todas as normas de sinal contrário;
d) *função de irradiação*, irradiando a luta contra a corrupção para todos os domínios do ordenamento jurídico internacional, europeu e nacional;
e) *função hermenêutica*, favorecendo uma interpretação holística e não formalista das normas jurídicas em conformidade com o princípio anticorrupção, assente no princípio da primazia da substância sobre a forma, de maneira a não tornar impossível ou extremamente difícil o combate à corrupção;
f) *função de ponderação*, ponderando os objetivos do combate à corrupção com outros direitos e interesses no quadro da legislação e da adjudicação fiscal (v.g. sigilo bancário; sigilo fiscal; beneficiário efetivo, entidades com regime fiscal favorável),
g) *função crítica*, identificando soluções legislativas, administrativas e tecnológicas, no quadro do funcionamento do sistema fiscal e da autoridade tributária favoráveis à corrupção;
h) *função reconstrutiva*, propondo soluções inovadoras adequadas ao combate à corrupção;
j) *função simbólica*, revelando e proclamando a importância e a centralidade da luta contra a corrupção em todo o direito internacional, europeu e nacional.

6.10.5. *Subprincípios e relevância no direito fiscal*

As funções do *princípio anticorrupção* mostram a sua utilidade e vitalidade quando se trata de identificar os vários princípios concretizadores deste princípio e de salientar a sua relevância no direito fiscal. O princípio em análise densifica-se e concretiza-se através de vários subprincípios, como a promoção do interesse público, a moralidade pública, a legalidade, a imparcialidade, a probidade administrativa, a boa governança, a transparência, a prestação de contas, a *compliance* e a *due diligence*. Muitos deles têm relevância jurídico-fiscal imediata.

No domínio da prevenção, o artigo 31º, nº 1, alínea b), da CNUCOT estabelece que "os Estados Partes procurarão elaborar e avaliar projetos nacionais, bem como estabelecer e promover melhores práticas e políticas para prevenir a criminalidade organizada transnacional", especificando que "na promoção da elaboração de normas e procedimentos para salvaguardar a integridade das entidades públicas e privadas pertinentes, bem como de códigos de conduta para as profissões pertinentes, em particular para os advogados, notários públicos, consultores fiscais e contabilistas".

O artigo 12º, nºs 1 e 3, da CNUCC, relativo à corrupção do setor privado, debruça-se sobre a prevenção, incluindo normas de contabilidade e auditoria e sanções civis, administrativas ou penais eficazes no caso de incumprimento. Do mesmo modo, a mesma impõe aos Estados partes a adoção de medidas visando a conservação dos livros contabilísticos e dos registos, apresentação das demonstrações financeiras e de normas de contabilidade e auditoria.

Pretende-se com isso impedir a elaboração de contabilidade paralela, realização de operações paralelas ou insuficientemente identificadas, o registo de despesas inexistentes ou de elementos do passivo cujo objeto não está corretamente identificado, a utilização de documentos falsos e a destruição intencional de documentos de suporte de registos contabilísticos antes do prazo previsto por lei.

O nº 4 do mesmo artigo 12º obriga os Estados a recusarem a dedução fiscal das despesas ocasionadas com o pagamento de subornos, cujo pagamento é um dos elementos constitutivos das infrações estabelecidas em conformidade com os artigos 15º e 16º da CNUCC e, quando apropriado, de outras despesas efetuadas com o fim de promover atos de corrupção. Este tema será retomado mais adiante, a propósito do IRC.

O artigo 44º, nº 16, da CNUCC, que trata da facilitação da extradição no caso de corrupção, proíbe os Estados Partes de recusarem um pedido de extradição tendo por único motivo o facto de a infração envolver também questões fiscais, ao passo que o artigo 46º, nº 22, sobre auxílio judiciário mútuo, lhes veda a recusa de um pedido de auxílio judiciário tendo por único motivo o facto de a infração envolver também questões fiscais.

A luta contra a corrupção pública e privada pode ser chamada à colação quando estejam em causa problemas jurídicos de interpretação e aplicação de normas fiscais em torno de questões como manifestações de fortuna, rendimentos de atividades ilícitas, acréscimos patrimoniais não justificados, contratos de investimento, despesas não documentadas, benefícios fiscais, contratualização de benefícios fiscais, auxílios de Estado, preços de transferência, pagamentos para entidades com regime fiscal favorável, determinação do beneficiário efetivo, liquidação e cobrança, avaliação do património, respeito por normas de contabilidade, *compliance* fiscal, obrigações de informação ou atividade inspetiva[208].

Advogados, contabilistas, ROC's e TOC's devem ser vistos cada vez mais como *compliance officers*, ajudando as empresas a prevenir casos de corrupção, nomeadamente evitando condutas, por ação ou omissão, como: a) apresentar falsas declarações ou a falha em arquivar a documentação necessária; b) manter dois conjuntos de livros; c) fazer entradas ou alterações falsas; d) emitir faturas ou documentos falsos; e) destruir livros ou registros; f) ocultar ativos ou encobrir fontes de rendimento; g) lidar com os assuntos para de forma evitar o registo de certas transações; h) colocar ativos em nome de terceiros; i) retirar moeda do país; j) fazer com que os recibos ou dívidas sejam pagos através e em nome de outros; ou k) praticar atos que possam induzir em erro ou ocultar[209].

O papel da Administração Tributária pode ser de grande relevo na luta contra a corrupção, em articulação com o Ministério Público e com autoridades congéneres de outros países, designadamente no quadro da *Convenção sobre Assistência Administrativa Mútua em Matéria Fiscal* (1988)[210] da OCDE.

Embora a função principal das autoridades tributárias seja a de arrecadar as receitas fiscais legalmente devidas, as mesmas dispõem de informação muito relevante acerca das transações dos contribuintes que pode ser usada pelas autoridades no combate à corrupção no caso de indícios de transações suspeitas[211]. Um fator decisivo será a quantidade

[208] Joshua D. Blank, The Timing of Tax Transparency, 90 Southern *California Law Review*, 2017, 449 ss.; Robert T. Kudrle, "Tax Havens and the Transparency Wave of International Tax Legalization", 37 University of Pennsylvania Journal of International Law, 2016, 1153 ss.

[209] Cfr. Brian Wohlberg, Galen Kast, Karl Bock, "Tax Violations", 52 American Criminal Law Review, 2015, 1659 ss.

[210] A mesma entrou em vigor em 1995, tendo sido alterada em 2010 pelo Protoloco de Revisão que entrou em vigor em 1-6-2011. Cfr. José de Campos Amorim, "A troca internacional de informações em matéria fiscal", Cadernos de Dereito Actual, 5. 2017, 303 ss.

[211] A função das autoridades tributárias dos Estados no combate à corrupção é analisada em "The Detection of Foreign Brivery, The Role of Tax Authorities, OECD, 2017. 3 ss.

e a qualidade dos meios humanos, materiais e tecnológicos ao serviço da Autoridade Tributária e dos mecanismos de fiscalização interna e externa da sua atividade.

6.11. Princípio da justiça distributiva

6.11.1. *A justiça distributiva no sistema tributário português*

Um bom imposto é um imposto justo, e um bom sistema fiscal é um sistema fiscal justo[212].

Um dos princípios fundamentais do sistema tributário é o princípio da justiça. O mesmo é um indeclinável requisito para a credibilização do sistema tributário e das próprias instituições públicas. Em bom rigor, os princípios anteriormente referidos deduzem-se do próprio princípio da justiça tributária. Neste momento iremos deter a nossa atenção sobre a dimensão de justiça material distributiva.

O legislador afirma a justiça material como princípio fundamental da tributação (artigo 5º, nº 2, da LGT). Neste ponto, ele limita-se a seguir a CRP, que estabelece, no artigo 103º, nº 1, a justa repartição do rendimento e da riqueza como uma das finalidades do sistema fiscal, e que propõe, no artigo 104º, alguns critérios precisos para a conformação desse sistema, como seja, por exemplo, a opção pela combinação da tributação do rendimento, do património e do consumo, a exigência de taxas progressivas, a vinculação dos impostos à redistribuição do rendimento e à promoção da igualdade entre os cidadãos.

6.11.2. *Teorias da justiça e fiscalidade*

A orientação do sistema fiscal português parece corroborar a doutrina que entende que a justiça do sistema tributário e dos seus vários instrumentos (v.g. tributação do rendimento; taxas progressivas; isenções; deduções) pode ser avaliada autonomamente com base numa teoria da propriedade privada, da redistribuição do rendimento, da promoção de objetivos sociais e dos limites da tributação.

Em sentido divergente, outros setores da doutrina consideram que só uma avaliação global de toda a atividade estadual, combinando

[212] Anghard Miller, Lyne Oats, Principles of International Taxation, 3ª ed., West Sussex, 2012, 6 seguintes.

impostos, taxas, subvenções, bens públicos, oportunidades sociais, económicas e culturais, regulação do mercado, etc., é que permite uma avaliação adequada da justiça de uma sociedade[213].

Esta perspetiva adverte para a justificação de uma determinada medida de política fiscal com base na ideia de justiça, embora permita examinar se uma determinada medida constitui, ou não, um obstáculo à realização da justiça (v.g. tributação mais pesada dos trabalhadores dependentes em relação aos trabalhadores independentes e empresários), é, por si só, insuficiente para poder aferir da justiça de todo o sistema social. Do mesmo modo, ela sustenta a noção de que, desde que as receitas dos impostos sejam empregadas, do lado da despesa, de forma socialmente justa e redistributiva, em escolas, jardins de infância, hospitais, prestações sociais, etc., a questão da justiça das soluções concretas que tenham sido adotadas pelo legislador tributário (*v.g.* taxas progressivas ou proporcionais; tributação do consumo e não do rendimento) passa para segundo plano.

Um importante critério de avaliação de toda a atividade estadual pode encontrar-se, por exemplo, na **teoria da justiça** do filósofo político John Rawls. Esta, assentando num contrato social hipotético numa posição original de ignorância, conduz o autor a dois princípios básicos de justiça[214]. O primeiro requer que cada pessoa tenha uma igual pretensão a um plenamente adequado esquema de iguais direitos e liberdades básicos em termos compatíveis com o mesmo esquema para todos, devendo ser garantido às liberdades políticas o seu justo valor. De acordo com o segundo, as desigualdades sociais e económicas devem satisfazer duas condições: por um lado, devem vir associadas a cargos e a posições abertas a todos dentro de condições de justa igualdade de oportunidades; por outro lado, e este é o chamado *princípio da diferença*, elas devem traduzir-se num maior benefício dos membros mais desfavorecidos da população[215].

[213] Liam Murphy, Thomas Nagel, *The Myth of Ownership: Taxes and Justice*, Oxford, 2002, pp. 8 seguintes.

[214] Sandel, Justiça..., cit., 149 seguintes.

[215] Rawls, *A Theory of Justice...*, cit., pp. 60 e seguintes; *Political Liberalism...*, cit., pp. 5 e seguintes; John C. Harsany, "Can the Maximin Principle Serve as a Basis for Morality? A Critique of John Rawls Theory", *The American Political Science Review*, 69, 1975, pp. 594 e seguintes; James M. Buchanan, "A Hobbesian Interpretation of the Rawlsian Difference

Este princípio é importante, na medida em que preclude a avaliação do sistema fiscal com base apenas em critérios utilitaristas, como os de Pareto e Kaldor-Hicks. Todavia, tudo indica que a teoria da justiça de John Rawls é compatível com diferentes sistemas fiscais[216]. A sua principal preocupação concerne à **garantia de receitas suficientes** para a prestação, por parte do Estado, das prestações fácticas e normativas necessárias à promoção da igualdade de oportunidades. Com base nesta teoria, não parece ser possível avaliar isoladamente a justiça de uma determinada taxa, dedução ou base tributária[217].

Do mesmo modo, pode entender-se que a Constituição acomoda diferentes soluções tributárias, desde que a atividade estadual no seu todo possa ser razoavelmente considerada como justa.[218] Do ponto de vista constitucional interessa uma combinação ótima de tributação regressiva (v.g. consumo) e progressiva (v.g. rendimento) que favoreça o crescimento económico e financie a prestação de serviços públicos de qualidade que contribuam para a redistribuição do rendimento e a diminuição das desigualdades sociais[219].

Amartya Sen propõe-nos uma teoria da justiça atenta à realidade concreta da generalidade das populações, apostada na ligação entre igual liberdade e maximização das capacidades e oportunidades substantivas[220]. Estas não se medem, necessariamente, com base no rendimento disponível, sendo necessário introduzir fatores contextuais de natureza individual e social (v.g. saúde, educação, infraestruturas). Pelo

Principle", *KYKLOS*, 29, I, 1976, pp. 45 e seguintes; Amartya Sen, "Justice: Means versus Freedoms", *Philosophy and Public Affairs*, 19, 1990, pp. 223 e seguintes.

[216] Linda Sugin, "Theories of Distributive Justice and Limitations on Taxation: What Rawls Demands from Tax Systems", *Fordham Law Review*, vol. 72, 5, 2004, p. 1993.

[217] Não falta quem conclua que o Estado social tem sido sustentado graças a uma maior tributação regressiva sobre o consumo. Veja-se, Junko Kato, *Regressive Taxation and the Welfare State: Path Dependence and Policy Diffusion*, Cambridge, 2003, 1 seguintes e 94 seguintes; Neil Brooks / Thaddeus Hwong, "Tax Levels, Structures, and Reforms: Convergence or Persistence", 11, *Theoretical Inquiries in Law*, 2010, 791 seguintes, 815 seguintes.

[218] Acerca da problemática da redistribuição tributária cfr., na doutrina nacional, João Ricardo Catarino, *Redistribuição Tributária. Estado Social e Escolha Individual*, Coimbra, 2008.

[219] Ilustrando essa possibilidade com o exemplo nórdico, Peter H. Lindert, Growing Public: Social Spending And Economic Growth Since The Eighteenth Century, I, Cambridge, Maseguintes, 2004, 29 seguintes.

[220] Amartya Sen, *The Idea of Justice*, Cambridge, Maseguintes, 2009, 225 seguintes e 291 seguintes.

que a justiça distributiva não pode ter como único critério a distribuição do rendimento[221].

6.11.3. *Justiça distributiva, princípio do Estado social e fiscalidade*

O princípio do Estado social assenta na dignidade da pessoa humana, na liberdade, na igualdade e na justiça. Ele tem como corolários os valores da justiça social, da segurança social e da solidariedade social, e é concretizado mediante a garantia de direitos económicos, sociais e culturais.

Resulta do disposto na alínea c) do artigo 81º, que o legislador constituinte reconhece na política fiscal a virtualidade de contribuir para a promoção da justiça social, para assegurar a igualdade de oportunidades e para corrigir a assimetria na distribuição da riqueza e do rendimento.

Compreende-se, assim, que o artigo 103º, nº 1, da CRP refira expressamente a "repartição justa dos rendimentos e da riqueza" como uma das finalidades do sistema fiscal, com reflexo nos objetivos especificamente prosseguidos com cada um dos tipos de impostos enunciados no artigo 104º.

Na verdade, a chamada "Constituição fiscal" deve ser compreendida à luz de uma leitura unitária da Constituição, atendendo aos seus valores e princípios estruturantes. Assim, os preceitos contidos nos artigos 81º, al. c), 103º e 104º, são expressão da centralidade reconhecida ao valor da dignidade da pessoa humana e aos desideratos de construção de uma sociedade livre, justa e solidária (artigo 1º da CRP) e de realização da democracia económica, social e cultural (artigo 2º da CRP).

Uma tributação justa é necessariamente uma tributação que atende à capacidade contributiva (*ability to pay*) dos cidadãos enquanto contribuintes[222].

Quanto maior for a capacidade contributiva, tanto maior deverá ser o imposto a pagar, garantindo-se assim a igualdade do sacrifício. Presume-se a igualdade e a comensurabilidade das utilidades e do sacrifício. Do mesmo modo, postula-se um princípio de *sacrifício mínimo*, atendendo ao caráter ablativo da tributação.

[221] Sen, *The Idea of Justice...*, cit., 258 seguintes.

[222] Stephen Utz, "Ability to Pay", 23, Whittier Law Review, 2002, 867 seguintes Este entendimento encontra-se na jurisprudência do Tribunal Constitucional Federal Alemão (Bundesverfassungsgericht), na decisão BVerfGE 108, 351, 7-10-2003.

Ainda assim, o conceito de capacidade contributiva permanece bastante controvertido, sendo utilizados critérios tão diversos, como património individual, rendimento disponível, capacidade para o consumo, propensão para o consumo, custo líquido das utilidades, igualdade do sacrifício, poder económico, poder de compra, padrão de vida, nível de bem-estar, capacidades sociais, etc.

Esta indeterminação tem levado alguns a preconizar a tributação do consumo como base do sistema fiscal, por considerarem que o consumo reflete objetivamente a capacidade contributiva.

Não obstante, de um modo geral, quem defende a tributação direta do rendimento tende a reconhecer que este, por si só, não permite aferir da capacidade contributiva, na medida em que esta é função de variáveis como as necessidades sociais, os impulsos filantrópicos ou os encargos pessoais e familiares[223]. A tributação deve atender às circunstâncias pessoais e sociais do contribuinte.

Em última análise, uma decisão sobre o conceito de capacidade contributiva remete sempre para uma valoração jurídico-política. Assim sendo, a capacidade contributiva deve ser interpretada, entre nós, de forma constitucionalmente adequada, de acordo com um entendimento material do princípio da igualdade.

No quadro do *princípio do Estado social*, positivamente estruturante e conformador da ordem constitucional, a *capacidade contributiva* deve ter como linha de base a *capacidade real* de o contribuinte dispor dos meios necessários a uma vida digna que compreenda a satisfação dos direitos, liberdades e garantias e dos direitos económicos, sociais e culturais constitucionalmente consagrados, e os do respetivo agregado familiar, e de separar os necessários meios para a poupança e o investimento. Daí que a determinação do rendimento tributável tenha de atender, não apenas aos gastos com a produção dos rendimentos, mas também às despesas respeitantes à satisfação de necessidades reais e à realização dos direitos sociais (v.g. saúde, educação, crianças ou idosos a cargo).

Se o Parlamento ignorar essas despesas necessárias estará a violar o princípio da *capacidade contributiva em sentido material*. É a partir do rendimento disponível depois de deduzidas essas despesas que se mede a capacidade contributiva, tendo como ponto de referência a disponi-

[223] Edwin R.A. Seligman, The Income Tax, Macmillan Co. 1911, 16 seguintes.

bilidade real de meios residuais que lhes permitam contribuir para a satisfação dos iguais direitos fundamentais dos demais membros da comunidade política, dentro de limites de razoabilidade, necessidade, proporcionalidade e igualdade de sacrifícios.

A tributação deve ter como base uma verdadeira e própria capacidade económica – só é tributável o rendimento efetivamente disponível[224]. Este entendimento deve valer para todas as fontes de rendimento (v.g. capital, trabalho, propriedade), devendo quaisquer diferenciações entre elas ter fundamento constitucional suficiente e conformar-se com os princípios da igualdade, segurança jurídica e da proporcionalidade.

A Constituição impõe, como vimos, o desenvolvimento do princípio do Estado social e dos direitos sociais em que se concretiza. A medida da efetividade jurídica dos princípios constitucionais que regem a tributação depende da possibilidade de controlo da constitucionalidade[225].

À luz do princípio do Estado social, a jurisdição constitucional desempenha uma missão afirmativa de proteção e promoção dos direitos sociais. O Tribunal Constitucional foi criado justamente para assegurar o cumprimento das finalidades sociais constitucionalmente consagradas por parte do legislador[226].

Não basta afirmar-se que uma lei é inconstitucional. Dizer que uma lei viola a Constituição é a mesma coisa que dizer que uma arma cometeu um crime. A Constituição pode ser violada pela Assembleia da República, pelo Governo, pelas Assembleias Legislativas Regionais, pela Administração ou pelos tribunais, com uma concreta composição ou formação. Esta realidade deve se encarada expressamente, na medida em que dela resultam consequências políticas importantes[227]. A efetivação da prestação de contas e da responsabilidade política dependem, em larga medida, da identificação dos responsáveis pela conduta inconstitucional. Este aspeto é importante, na medida em que num Estado Constitucional o povo é soberano e os poderes dos órgãos de soberania são

[224] BVerfGE 87, 153 (1992).

[225] Barker, The Three Faces of Equality..., cit, 1 ss.

[226] William B. Barker, "The Three Faces Of Equality: Constitutional Requirements In Taxation", 57, Case Western Reserve University, 2006, 41 seguintes.

[227] Nicholas Quinn Rosenkranz, "The Subjects of the Constitution" 62, Stanford Law Review, 2010, 1209 seguintes.

limitados. E o povo tem o direito soberano de não ser sobrecarregado com impostos inconstitucionais.

Mas nem todos pensam assim. Nos Estados Unidos, em que a Constituição tem um quadro normativo pouco denso no âmbito da tributação, o Supremo Tribunal norte-americano tem-se mostrado relativamente permissivo relativamente aos diferentes impostos. Entre outras coisas, ele tem evitado qualificar a aplicação de taxas de imposto progressivas e elevadas como uma forma de expropriação[228], tem consentido disparidades de tratamento na tributação do património em pessoas colocadas na mesma situação[229].

Embora reconheça que é possível uma tributação excessiva, ele entende estarem os tribunais pouco habilitados para essa avaliação, remetendo o problema para o processo legislativo. O facto de os deputados aprovarem impostos sobre os seus constituintes é considerado suficiente para os dissuadir de excessos e abusos. De acordo com este entendimento, a justiça constitucional deve bastar-se com a observância de parâmetros básicos de racionalidade e razoabilidade, ficando a sua intervenção reservada para situações flagrantes e extremas de desigualdade, arbítrio e abuso[230].

6.11.4. *Os critérios da capacidade contributiva e do benefício*

Uma tributação justa é necessariamente uma tributação adequada à capacidade contributiva (*ability to pay*) dos cidadãos enquanto contribuintes. Quanto maior for a capacidade contributiva, entendida enquanto capacidade económica para pagar, tanto mais elevada será a tributação justa, garantindo-se assim a igualdade do sacrifício. Presume-se a igualdade e a comensurabilidade das utilidades e do sacrifício.

Do mesmo modo, postula-se um princípio de sacrifício mínimo, atendendo ao caráter ablativo da tributação. Ainda assim, nem sempre é óbvia a determinação dos recursos económicos que devem ser tidos em conta para aferir da capacidade contributiva. Daí que este conceito permaneça bastante controvertido, sendo utilizados critérios tão diversos, como património individual, rendimento disponível, capacidade para

[228] Brushaber v. Union Pacific Railroad Co., 240 U.S. 1 (1916).

[229] Nordlinger v. Hahn. 505 U.S. 1 (1992).

[230] Eduardo Moises Penalver, "Regulatory Taxings", 104, Columbia Law Review, 2004, 2182.

o consumo, propensão para o consumo, custo líquido das utilidades, igualdade do sacrifício, poder económico, poder de compra, padrão de vida, nível de bem-estar, capacidades sociais, etc.

Esta indeterminação tem levado alguns a preconizar a tributação do consumo como base do sistema fiscal, por considerarem que o consumo reflete objetivamente a capacidade contributiva. Mas mesmo quem defende a tributação direta do rendimento tende a reconhecer que este, por si só, não permite aferir da capacidade contributiva, na medida em que esta é função de variáveis como as necessidades sociais, os impulsos filantrópicos ou os encargos pessoais e familiares. A tributação deve atender às circunstâncias pessoais e sociais do contribuinte.

Em última análise, uma decisão sobre o conceito de capacidade contributiva remete sempre para uma valoração jurídico-política. A mesma deve ser interpretada de forma constitucionalmente adequada, de acordo com um entendimento material do dever constitucional de o Estado contribuir para o desenvolvimento das capacidades que permitem uma existência humanamente digna, livre e realizada e do princípio da igualdade. Estas capacidades, internacionalmente referenciadas no Índice de Desenvolvimento Humano das Nações Unidas, correspondem hoje ao conceito de liberdade em sentido material.

É claro hoje que o desenvolvimento humano constitui a verdadeira riqueza das nações. Mas nem só de rendimento vivem as pessoas. Elas valorizam igualmente uma alimentação de qualidade, acesso à saúde, educação, cultura e conhecimento, segurança pública e proteção da vida e da propriedade, melhores condições de trabalho, espaços e tempos de lazer, um ambiente saudável e a participação na vida política, económica e social. O rendimento é apenas uma dimensão da vida, por importante que seja. No quadro do princípio do Estado social, positivamente estruturante e conformador da ordem constitucional, a capacidade contributiva deve ter como linha de base a capacidade real de o contribuinte dispor dos meios necessários a uma vida digna que compreenda a satisfação dos direitos, liberdades e garantias e dos direitos económicos, sociais e culturais constitucionalmente consagrados, e os do respetivo agregado familiar, e de separar os necessários meios para a poupança e o investimento.

O rendimento tributável tem de atender, não apenas aos gastos com a produção dos rendimentos – através de deduções específicas – mas também às despesas respeitantes à satisfação de necessidades reais das pessoas e à realização dos direitos sociais (v.g. saúde, educação, crianças ou idosos a cargo) e das capacidades inerentes ao desenvolvimento humano – através de deduções à coleta. Não se trata aqui de despesa fiscal, mas de elementos estruturais de um sistema fiscal socialmente justo. Se o poder público ignorar essas despesas necessárias está a violar o princípio da capacidade contributiva em sentido material.

É a partir do rendimento disponível, depois de deduzidas essas despesas, que se mede a capacidade contributiva, tendo como ponto de referência a disponibilidade real de meios residuais que lhes permitam contribuir para a satisfação dos iguais direitos fundamentais dos demais membros da comunidade política, dentro de limites de razoabilidade, necessidade, proporcionalidade e igualdade de sacrifícios. A tributação deve ter como base uma verdadeira e própria capacidade económica. Só é tributável o rendimento efetivamente disponível. Este entendimento deve valer para todas as fontes de rendimento (v.g. capital, trabalho, propriedade), devendo quaisquer diferenciações entre elas ter fundamento constitucional suficiente e conformar-se com os princípios da igualdade, segurança jurídica e da proporcionalidade.

Um outro critério possível tendente a garantir a jusiça tributária é o critério do benefício, proposto pela teoria do benefício. Esta teoria pode ser encontrada nos cânones fiscais propostos por Adam Smith, e assenta na ideia de que cada contribuinte deve pagar pelos benefícios patrimoniais e não patrimoniais (v.g. bens públicos, estatuto de cidadania) que objetivamente recebe da existência e da atividade do Estado.

Parte-se do princípio de que cada um beneficia da proteção estadual na proporção da riqueza que consegue acumular. Atualmente considera-se que o princípio do benefício não pode ser desvinculado dos princípios da capacidade contributiva e da justiça distributiva e dos demais princípios constitucionais que regulam o exercício do poder tributário. Isso significa que mesmo quem mais beneficia do Estado (v.g. um doente crónico) pode pagar menos imposto, ao passo que quem menos beneficia pode pagar mais imposto.

7. Tributação e direito de propriedade

Um dos problemas mais debatidos na doutrina prende-se com a relação entre a tributação e o direito de propriedade. A questão tem interesse entre nós, na medida em que o direito de propriedade, consagrado no artigo 62º da CRP, é um direito económico análogo aos direitos, liberdades e garantias, e, por isso mesmo, passível do respetivo regime jurídico, com especial incidência no plano das leis restritivas (artigo 18º, nºs 2 e 3, da CRP). Em boa medida, trata-se de determinar a linha de base a partir da qual o sistema tributário deve ser aferido.

Para uma tese, a tributação é uma restrição ao direito de propriedade, na medida em que impõe coercivamente uma transferência de valor. Para este entendimento, a tributação visa exclusivamente o financiamento de bens públicos e deve ser vista como uma restrição ao direito de propriedade, fundado num direito original de apropriação de bens, designadamente por incorporação de trabalho (John Locke). Para esta orientação, primeiro vem a propriedade e depois vem a tributação. Por outras palavras, antes de ser do Estado, o dinheiro é do contribuinte. Para quem adote este entendimento, e considerando que na CRP este direito é considerado análogo aos direitos, liberdades e garantias, as restrições ao mesmo devem sujeitar-se à reserva de lei formal qualificada, prevista no artigo 18º da CRP para as leis restritivas destes direitos.

Para uma outra orientação, as normas fiscais são inerentes ao próprio contrato social, tendo por objetivo suportar os respetivos custos. Além disso, as mesmas têm uma intenção distributiva, condição de validade do próprio contrato social. Com efeito, os indivíduos em Estado de natureza só abdicam, no contrato social, do seu direito de livre apropriação dos bens necessários à sua própria subsistência se tiverem garantias de que o contrato social suprirá as suas necessidades básicas. De acordo com este entendimento, é o contrato social, em que se incluem as normas tributárias, que cria o sistema de direitos de propriedade, sistema esse que só pode funcionar se existirem instituições estaduais sólidas e organizadas de forma a poderem garantir a respetiva proteção.

Estas instituições supõem necessariamente, para a sua existência e funcionamento, um fluxo contínuo de meios financeiros que só a tributação pode assegurar. Para este entendimento, a tributação sustenta as instituições que possibilitam o funcionamento dos mercados e a definição e proteção da propriedade privada. No fundo, entende-se que a medida correta da tributação supõe uma concordância prática entre as necessidades financeiras do Estado e as necessidades económicas e sociais dos particulares.

Capítulo III
Direito fiscal da União Europeia

1. Considerações gerais

A União Europeia condensa hoje todo o processo de integração europeia iniciado com os tratados de Paris e de Roma, de 1951 e 1957. Os seus objetivos iniciais eram a pacificação e reconstrução económica da Europa. Sucessivos tratados e alargamentos conduziram à União Europeia, criada pelo Tratado de Maastricht em 1992. A sua configuração atual foi desenhada pelo Tratado de Lisboa. A UE estrutura política e juridicamente um espaço de cidadania europeia e uma comunidade de valores e de direito. Ela pretende estabelecer um mercado interno, ao mesmo tempo que desenvolve políticas públicas europeias[231]. Para isso, conta com um ordenamento jurídico autónomo, distinto do direito internacional e do direito interno. A criação e aprofundamento de uma união económica e monetária, com o Euro como moeda única de 17 Estados membros, tem conduzido a uma maior integração política, tocando com intensidade crescente aspetos orçamentais e fiscais.

O direito primário da UE é constituído, predominantemente, pelo Tratado da UE (TUE), o Tratado sobre o Funcionamento da UE (TFUE) e a Carta de Direitos Fundamentais da UE (CDFUE). Os mesmos

[231] Alina Kaczorowska, *European Union Law*, London, 2011, 1 seguintes; Jónatas E.M. Machado, *Direito da União Europeia*, Coimbra, 2010, 9 seguintes; Miguel Gorjão-Henriques, *Direito da União*, 6ª ed., Coimbra, 2010, 31 seguintes.

têm igual valor jurídico, integrando o núcleo do chamado direito constitucional da UE. Eles consagram as regras de repartição de competências entre os Estados membros e a UE, de acordo com um princípio de atribuição limitada. Existem matérias da competência exclusiva da UE, competências partilhadas entre a UE e os Estados membros e competências exclusivas dos Estados membros, sendo que a estes pertence a competência residual. Ao menos formalmente, a competência das competências reside ainda nos Estados membros[232].

Os Tratados estabelecem as instituições e órgãos da UE, juntamente com as fontes de direito da UE e os respetivos procedimentos normativos. As instituições da União Europeia são o Parlamento Europeu, o Conselho Europeu, o Conselho, a Comissão, o Tribunal de Justiça, o Banco Central Europeu e o Tribunal de Contas[233]. A produção normativa está a cargo da Comissão, do Parlamento Europeu e do Conselho. Estes podem produzir atos legislativos através dos processos legislativos ordinário e especial. Quando produzidos por estes processos, os regulamentos, diretivas e decisões da UE assumem a natureza de ato legislativo. Quando isso não suceda eles são atos não legislativos[234].

Os regulamentos são obrigatórios em todos os seus elementos e diretamente aplicáveis, vinculando *os* e *nos* Estados. As diretivas vinculam os Estados destinatários quanto ao resultado a alcançar, deixando alguma margem de manobra às instâncias nacionais quanto à forma e aos meios para o alcançar. Os Estados devem transpor as diretivas dentro do prazo por elas estipulado. As decisões são obrigatórias em todos os seus elementos, podendo nomear os destinatários por elas vinculados. Para além deles existem as recomendações e os pareceres, destituídos de natureza jurídica vinculativa[235].

O Direito da UE tem primazia de aplicação sobre o direito interno. Isso significa que deve ser aplicado pelos tribunais nacionais, cabendo-lhes desaplicar todo o direito nacional contrário[236]. Os Estados são obrigados a executar o direito da UE, sob pena de poderem incorrerem

[232] Artigo 5º, nº 2, do TUE.

[233] Artigos 13º seguintes do TUE e 223º seguintes do TFUE.

[234] Artigos 288º seguintes do TFUE.

[235] Artigos 288º do TFUE.

[236] C-6/64, *Flaminio Costa vs. ENEL*, 15-7-1964.

em responsabilidade civil extracontratual e ser alvo de um processo de infração suscetível de conduzir à aplicação de sanções pecuniárias[237].

Por exemplo, eles não podem afastar a aplicação das normas de direito da UE com base em acordos internacionais bilaterais sobre dupla tributação. A Comissão desempenha um importante papel neste domínio, vigiando o cumprimento do direito primário e secundário da UE pelos Estados membros, nomeadamente sobre mercado interno e concorrência, incluindo a transposição e execução de diretivas, nomeadamente sobre o imposto sobre valor acrescentado. O direito da União Europeia, primário e secundário, reveste-se de inegável relevo para o direito tributário. Nas linhas seguintes iremos salientar alguns dos aspetos mais importantes, de acordo com o caráter introdutório deste curso.

2. Repartição de competências em matéria fiscal

As competências entre os Estados membros e a UE são repartidas de acordo com o *princípio da atribuição* (artigo 5º do TUE). Ele determina que a UE atua unicamente dentro dos limites das competências que lhe tenham sido atribuídas pelos Estados membros para alcançar os objetivos definidos pelos Tratados[238]. O exercício das competências partilhadas subordina-se aos princípios da subsidiariedade e da proporcionalidade[239].

Os Estados membros mantêm a suas competências em matéria de impostos diretos, uma vez que o princípio da atribuição postula um fundamento normativo expresso para a atuação da UE, o qual inexiste em matéria de tributação direta.

Importa, ainda assim, é relevante nesta matéria a teoria dos poderes implícitos, associada ao primado do direito da UE sobre o direito interno dos Estados membros, segundo a qual é permitida a atuação da UE em domínios que não estão expressamente previstos em normas de competência, desde que tal se revele necessário para atingir os objetivos definidos nos Tratados, mediante deliberação por unanimidade do Conselho, nos termos do disposto no artigo 352º do TFUE[240].

[237] Artigos 258º seguintes do TFUE.

[238] Artigo 5º, nºs 1 e 2, do TUE.

[239] Artigo 5º, nº 3, do TUE.

[240] Jónatas E. M. Machado, *Direito da União Europeia*, 2ª ed., Coimbra, Coimbra Editora, 2014, p. 92.

No mesmo sentido, o artigo 115º do TFUE permite que o Conselho, deliberando por unanimidade, de acordo com um processo legislativo especial, adote diretivas para a aproximação das disposições legislativas, regulamentares e administrativas dos Estados membros que tenham incidência direta no estabelecimento ou no funcionamento do mercado interno.

Apesar da exigência de unanimidade, tem sido com base nos artigos do TFUE citados que tem havido alguns, desenvolvimentos, ainda que lentos, na harmonização das legislações nacionais em matéria de tributação direta.

Particularmente relevante tem sido a jurisprudência do TJUE, ao afirmar que o exercício das competências legislativas em matéria de impostos diretos tem que respeitar o mercado interno e as suas liberdades fundamentais, o que implica, desde logo, a proibição de legislação fiscal discriminatória.

O acórdão *Avoir Fiscal*[241] constitui um marco no âmbito da fiscalidade direta da UE, (tal como viria a suceder, alguns anos mais tarde, com o acórdão *Schumacker*[242]) mais precisamente no quadro da exigibilidade de adequação das legislações nacionais sobre tributação direta às regras e princípios da UE, em particular às liberdades económicas fundamentais[243].

Em causa no acórdão *Avoir Fiscal* estava a atribuição, pela França, de um crédito fiscal a quem recebesse dividendos, de modo a evitar a dupla tributação económica. Todavia, esse benefício só poderia ser atribuído às pessoas com domicílio efetivo ou sede social em França.

A *Loi de finances* (lei do orçamento) para 1978 determinou que as sociedades de seguros, de resseguros e de capitalização pudessem deduzir do imposto sobre as sociedades de que fossem devedoras a totalidade do crédito de imposto que, de acordo com o artigo 158º A do *Code général des impôts*, era aplicado aos dividendos por elas recebidos, ficando excluídos, no entanto, do acesso a esse benefício as sucursais e agências em França das sociedades de seguros sediadas em outro Estado-membro.

[241] Ac. do TJUE, proc. 270/83, Avoir Fiscal.

[242] Acórdão do TJUE de 14 de fevereiro de 1995, *Schumacker*, C-279/93.

[243] F. Alfredo García Prats, "Revisiting 'Schumacker': Source, Residence and Citizenship in the ECJ Case Law on Direct Taxation", *Allocating Taxing Powers Within the European Union*, Berlim, Springer, 2013, p. 2.

De acordo com o TJUE, estamos aqui perante um tratamento discriminatório que constitui uma restrição à liberdade de estabelecimento, a qual não é passível de ser justificada pelo risco de evasão fiscal, invocado pelo Governo francês.

No acórdão *Avoir Fiscal* não chegou a ser invocado o princípio da proporcionalidade. Todavia, este veio a adquirir relevo em acórdãos subsequentes, no quadro da avaliação das justificações invocadas pelos Estados-membros para restringir liberdades fundamentais.

Segundo a jurisprudência do TJUE, as medidas adotadas pelos Estados-membros que sejam suscetíveis de afetar as liberdades fundamentais só são admissíveis, à luz do Direito da UE, se: *i)* forem aplicadas de modo não discriminatório; *ii)* estiverem justificadas por razões imperativas de interesse geral; *iii)* forem adequadas à garantia da realização do objetivo que prosseguem; *iv)* não ultrapassarem o que é necessário para atingir esse objetivo[244].

Note-se que, para além das razões justificativas das restrições às liberdades fundamentais expressamente admitidas nos Tratados – designadamente, razões de ordem pública, de segurança pública e de saúde pública[245] –, o TJUE tem ainda vindo a admitir restrições justificadas por *razões imperativas de interesse geral*, reconhecidas pela primeira vez no acórdão *Cassis de Dijon*[246].

No domínio da fiscalidade direta, a doutrina tem identificado as justificações que tradicionalmente são recusadas e aquelas que habitualmente são admitidas pelo TJUE[247]. João Félix Nogueira identifica como justificações tradicionalmente recusadas: *i)* a perda ou redução de receitas fiscais; *ii)* a compensação por outras medidas (vantajosas); *iii)* a ausência de harmonização da fiscalidade direta; *iv)* a reciprocidade, decorrente da existência de convenção bilateral para evitar a dupla tributação; *v)* dificuldades de ordem prática[248]. Por outro lado, o mesmo autor destaca como justificações tradicionalmente aceites pelo TJUE: *i)* garantir a coerência do sistema fiscal; *ii)* o combate à evasão e à fraude fiscais;

[244] Acórdão de 30 de novembro de 1995, C-55/94, *Gebhard*, nº 37.

[245] Cfr. artigos 45º, nº 3, 52º, nº 1, e 65º, nº 1, al. b), do TFUE.

[246] Acórdão do TJUE de 20 de fevereiro de 1979, C-120/78.

[247] João Félix Pinto Nogueira, *Direito Fiscal Europeu – o paradigma da proporcionalidade*, Coimbra, Wolters Kluwer Portugal /Coimbra Editora, 2010, pp. 239 e seguintes.

[248] *Idem*, pp. 239-243.

iii) garantir a eficácia dos controlos fiscais; *iv)* assegurar a repartição equilibrada do poder tributário; *v)* simplificação e transparência do sistema fiscal[249].

Em qualquer caso, para que uma medida restritiva seja considerada compatível com o direito da UE não pode ser discriminatória e tem que ser adequada e necessária ao objetivo de interesse público que se pretende tutelar.

A harmonização da tributação direta é muito importante para a livre circulação de trabalhadores e principalmente para o direito de estabelecimento e a livre circulação de capitais. No domínio da tributação direta do rendimento das pessoas singulares tem-se procurado ao menos combater a dupla tributação dos trabalhadores transfronteiriços e migrantes[250]. Mas é no domínio da tributação das pessoas coletivas (v.g. sociedades e grupos de sociedades) que a harmonização tem sido mais problemática.

Com a sua economia cada vez mais integrada, a UE desde há muito se confronta com o risco de os Estados membros procurarem atrair investimento direto e indireto através de regimes fiscais mais favoráveis, alargando a sua base tributária à custa dos outros, podendo desencadear um concorrência fiscal prejudicial. Daí que um dos problemas fundamentais da política fiscal europeia diga respeito à harmonização no domínio dos impostos diretos sobre os lucros das empresas e dos rendimentos de capital. Esta está longe de estar conseguida. No entanto, ela tem sido promovida pelo menos de três maneiras:

a) *harmonização tributária silenciosa*, assente numa coordenação estratégica das normas fiscais entre os Estados, ainda que sem neutralizar totalmente a concorrência fiscal. Não obstante, muitos Estados continuam a rejeitar a harmonização por razões financeiras, económicas e sociais. A tributação direta continua largamente dependente da sua soberania fiscal.

[249] *Idem*, 243-251.

[250] Em 1978, o Relatório Fredersdorf concluiu que a harmonização do imposto sobre o rendimento individual não era prioritário para a construção do mercado comum. Veja-se ainda a Recomendação 94/79/CE, da Comissão, de 21 de dezembro de 1993, relativa à tributação de certos rendimentos auferidos por não residentes num Estado-membro diferente do da sua residência.

b) *harmonização tributária positiva*, promovida sob a égide das instituições da UE com o objetivo de evitar uma concorrência falseada. A Comissão tem sustentado a necessidade de harmonizar os impostos diretos como forma de consolidar o mercado único e aumentar as receitas da UE[251]. Desse modo ela pretende assegurar a articulação das competências tributárias dos Estados membros, de acordo com princípios de boa-fé e cooperação leal. Tem várias décadas o seu "Programa de Harmonização dos impostos Diretos". Estes e outros esforços têm deparado com a oposição do Conselho.

c) *harmonização tributária negativa*, levada a cabo mediante decisões do TJUE que, no domínio das restrições às liberdades fundamentais do mercado interno e do direito da concorrência, desaplicam normas fiscais internas por violação do direito da UE. Elas têm sido desencadeadas por ações judiciais interpostas pelos particulares ou por via do exercício de competências de fiscalização por parte da Comissão. Sobre esta terceira forma de harmonização falaremos nos pontos seguintes.

No seu conjunto estas formas de harmonização tributária reduzem significativamente as opções de política fiscal dos Estados membros, tornando cada vez mais difícil a subsistência de sistemas fiscais puramente nacionais.

Quanto à tributação indireta, o TFUE prevê expressamente a respetiva harmonização legislativa, o que explica os avanços significativos neste domínio, se comparados com o que sucede no âmbito da tributação direta.

Assim, os artigos 28º e 30º do TFUE referem-se à União Aduaneira, o artigo 110º do TFUE proíbe a discriminação na tributação de produtos e o artigo 113º prevê expressamente a harmonização das legislações relativas aos impostos sobre o volume de negócios, aos impostos especiais de consumo e a outros impostos indiretos.

Para funcionar num terreno nivelado, o mercado interno requer uma tendencial harmonização da tributação indireta de mercadorias e serviços.

[251] Michael J. Graetz, Alvin C. Warren, Jr." Income Tax Discrimination and the Political and Economic Integration of Europe", 115, *The Yale Law Journal*, 2006, 1186 seguintes.

A criação de um imposto sobre o consumo incidindo sobre o valor acrescentado por cada empresa no circuito económico de produção, distribuição e venda surgiu como uma solução viável. Para este efeito foram definidos os princípios, a estrutura e o método de aplicação do sistema europeu de imposto sobre o valor acrescentado (IVA), em 1967, por duas diretivas do Conselho[252]. A adoção do IVA pelos Estados é um requisito de admissão à UE. A Sexta Diretiva[253] veio aperfeiçoar o regime do IVA, uniformizando a matéria coletável e determinando que este iria ser responsável por parte das receitas próprias da UE[254]. Algum tempo depois progrediu-se no sentido de uma maior harmonização das taxas de IVA[255]. O objetivo era assegurar a neutralidade económica do imposto e a sua aplicação às várias fases da produção, distribuição e prestação de serviços. As sucessivas alterações ao regime do IVA obrigaram a uma estabilização do sistema com a nova Diretiva 2006/112/CE[256].

Presentemente encontra-se em cima da mesa a discussão sobre a simplificação futura do IVA, conferindo-lhe mais eficácia e robustez[257]. Pretende-se substituir os sistemas nacionais de IVA por um único sistema europeu, regulado por um Código do IVA da UE e operado com base no *princípio do balcão único*, reduzindo a complexidade, a incerteza e os respetivos custos. Um outro objetivo prosseguido diz respeito ao combate à evasão e à fraude. O IVA seria pragmaticamente baseado no *princípio do destino*, já que o princípio da tributação na origem permanece uma utopia sem viabilidade política. O TJUE não tem deixado de acom-

[252] Diretivas do Conselho 67/227, 1967 O.J. (L 71) e 67/22, 1967 O.J. (L 71).

[253] Diretiva do Conselho 77/388, 1977 O.J. (L 145).

[254] Tracy A. Kaye, "European Tax Harmonization and the Implications for U.S. Tax Policy, 19, *Boston College International and Comparative Law Review*, 1996, 109 seguintes.

[255] Diretiva do Conselho 92/77 1992 O.J. (L 316).

[256] Diretiva 2006/112/CE do Conselho de 28 de novembro de 2006 relativa ao sistema comum do imposto sobre o valor acrescentado e Regulamento de Execução (UE) nº 282/2011 do Conselho, de 15 de março de 2011, que estabelece medidas de aplicação.

[257] Livro Verde sobre o Futuro do IVA, COM (2010) 695, documento de trabalho dos serviços da Comissão, SEC (2010) 1455, 1.12.2010. Comunicação da Comissão ao Parlamento Europeu, ao Conselho e ao Comité Económico e Social Europeu sobre o futuro do IVA, COM/2011/0851 final; Para um sistema de IVA mais simples, robusto e eficaz à medida do mercado único; Parecer do Comité Económico e Social Europeu sobre o Livro Verde sobre o futuro do IVA – Rumo a um sistema de IVA mais simples, mais sólido e eficaz, COM(2010) 695 final.

panhar a aplicação do sistema do IVA, sublinhando o relevo do princípio da primazia da substância sobre a forma, desempenhando a noção de abuso do direito um papel importante no domínio da tributação indireta sobre o consumo[258].

3. Mercado interno e Direito fiscal europeu

3.1. Considerações gerais

A criação do mercado interno não constitui um fim em si mesmo, antes visa criar uma economia social de mercado em que o crescimento económico é conseguido de acordo com os valores e princípios da cidadania europeia e dos direitos fundamentais. O mesmo assenta na abolição de fronteiras internas e na criação de uma União Aduaneira com uma Pauta Aduaneira comum. No seu interior circulam livremente pessoas, empresas, mercadorias, serviços e capitais de acordo com regras claras de concorrência livre e não falseada.

O mercado interno proíbe medidas protecionistas. Embora a soberania fiscal seja um dos últimos redutos da soberania dos Estados membros, sabe-se como a diferente carga fiscal dos vários Estados membros pode impedir e distorcer a livre circulação no mercado. Por esse motivo, um dos objetivos fundamentais da política fiscal europeia consiste em promover a neutralidade económica do direito tributário e ao mesmo tempo combater a concorrência fiscal prejudicial[259]. Pretende-se que as normas fiscais não influenciem a decisão sobre onde comprar e vender bens e serviços, ao mesmo tempo que se permite que os Estados possam proteger razoavelmente a sua base tributária, vedando-lhes a *utilização protecionista do sistema fiscal.*

3.2. Liberdades fundamentais e direito fiscal

O direito da UE pretende estabelecer um mercado interno de livre circulação de pessoas, mercadorias, serviços e capitais entre Estados membros, que permita aumentar a concorrência entre empresas, a especia-

[258] C-255/02, *Halifax vs. Comm'r of Customs & Excise*, 21-12-2006.

[259] Oleksandr Pastukhov, "Counteracting Harmful Tax Competition In The European Union", 16, *Southwestern Journal of International Law*, 2010, 159 seguintes.

lização do processo produtivo e as economias de escala, em benefício do crescimento económico, do emprego e do consumidor.

As bases do mercado interno encontram-se articuladas na Parte III do TFUE. O mesmo protege também a liberdade de estabelecimento de empresas. Ele contém proibições de restrições às liberdades de mercado e de discriminações no seu exercício. As mesmas têm *primazia* sobre o direito nacional e gozam de *efeito direto,* fundamentando posições jurídicas para os particulares imediatamente acionáveis junto dos tribunais nacionais dos Estados membros que, no quadro da cooperação com o TJUE, operam como *tribunais europeus em sentido amplo.*

Ao falar da liberdade de circulação dos trabalhadores, o artigo 45º/2 TFUE explicita a ligação interna entre as liberdades fundamentais e a abolição de toda e qualquer discriminação em razão da nacionalidade. No mercado interno não pode, em princípio, existir uma diferenciação entre mercadorias, pessoas, serviços e capitais nacionais e estrangeiros. Embora aquele preceito não se refira expressamente à tributação, ele tem sido interpretado pelo TJUE como proibindo a discriminação fiscal em razão da nacionalidade.

O direito da UE aplica-se quando se verifique um elemento transfronteiriço e não quando se trate de situações puramente internas. Por exemplo, se a Cláudia residir em Portugal e obtiver o rendimento do seu trabalho em Espanha, o direito da UE é aplicável, na medida em que existe um elemento transfronteiriço. Mas se a Cláudia mudar de residência para Espanha e aí exercer a sua atividade laboral, aplica-se, em princípio, o direito espanhol. O direito da UE poderá readquirir a sua relevância se o direito espanhol discriminar a Cláudia em função da nacionalidade, o que será pouco provável tendo em conta o facto de que o direito fiscal tende a operar com o conceito de residência.

A relevância das liberdades fundamentais do mercado interno para o direito tributário está justamente em impedir que este se torne um mecanismo de restrição e discriminação no seio do mercado interno, nomeadamente com intuitos protecionistas. Consagra-se assim uma *proibição de discriminação fiscal,* a aplicar nos Estados da residência e da fonte. Mais do que uma neutralidade na exportação ou na importação de capitais, essa proibição pretende assegurar a *neutralidade concorrencial* do direito fiscal no seio da UE, nivelando o campo de jogo entre de Estados que competem entre si por investimentos, empregos e consumidores, favorecendo a integração económica mercado interno e a união política dos cidadãos europeus[260].

Não tendo sido conseguida uma harmonização positiva da tributação direta a nível da UE, assume grande importância a via da *integração negativa* através da jurisprudência do TJUE que procura eliminar normas e práticas dos Estados membros que restrinjam as liberdades do mercado e discriminem no seu exercício, obstando desse modo a uma maior integração económica[261]. Esta via não confere necessariamente proteção a transações motivadas apenas por considerações fiscais, na medida em que o mercado interno tutela apenas atividades económicas transfronteiriças genuínas.

3.2.1. *Liberdade de circulação de mercadorias*

Uma primeira refração do mercado interno, no domínio da liberdade de circulação de mercadorias, diz respeito à proibição de direitos aduaneiros de importação e exportação ou encargos de efeito equivalente (artigos 28º, 34º e 35º do TFUE). A união aduaneira assenta na eliminação das fronteiras internas e tem como corolário a eliminação dos direitos aduaneiros, por definição ligados à passagem das fronteiras. Uma segunda refração prende-se com a proibição de tributação interna discriminatória. Os Estados não podem conseguir dentro do seu território aquilo que lhes é vedado à entrada e à saída. Embora conservem uma medida razoável de soberania tributária, eles não podem distinguir, para efeitos fiscais, entre produtos domésticos e produtos importados. Todas as discriminações, diretas ou indiretas, que configurem protecionismo nacional são proibidas.

Os Estados membros estão proibidos 1) de fazer incidir imposições internas, qualquer que seja a sua natureza, superiores às que incidem, direta ou indiretamente, sobre produtos nacionais similares e 2) de fazer incidir sobre produtos de outros Estados membros imposições internas de modo a proteger indiretamente outras produções (artigo 110º TFUE).

[260] Neste sentido, Ruth Mason, Michael S. Knoll, "What Is Tax Discrimination?" 121, Yale Law Journal, 2012, 1014 seguintes.

[261] Karen Banks, "The application of the fundamental freedoms to Member State tax measures: guarding against protectionism or second-guessing national policy choices?", 33, *European Law Review*, 4, 2008, 482 seguintes.

Trata-se de duas proibições *orientadas para resultados*, que devem ser consideradas separadamente. A despeito de alguns conceitos indeterminados, as mesmas foram consideradas diretamente aplicáveis[262]. Esta dupla proibição implica, na verdade, uma obrigação de igualizar os impostos sobre produtos nacionais e importados similares ou em concorrência, de forma a evitar a proteção dos primeiros diante das pressões competitivas. Num mercado interno, toda a tributação discriminatória deve ser eliminada.

No que à primeira proibição diz respeito, a *incidência direta ou indireta* pretende abranger todas as fases da cadeia produtiva, como sejam a produção, a importação e a comercialização da mercadoria[263]. A *similaridade* entre os produtos é aferida, para este efeito, com base nos critérios cumulativos das *características objetivas dos produtos* domésticos e importados (v.g. modo de produção, características) e da *substituibilidade* para a satisfação das mesmas necessidades do ponto de vista do consumidor (v.g. bebida de mesa, fruta de mesa) [264].

Já no caso da segunda proibição supramencionada, pretende-se evitar um tratamento desfavorável de produtos de outros Estados que, não sendo similares aos nacionais, ainda assim concorrem com estes, ainda que de forma parcial, indireta ou potencial. Isso pode acontecer quando uma utilização económica de um bem acaba por concorrer com a utilização de outro bem não similar[265]. No caso das bebidas espirituosas em que a similaridade se afigure duvidosa, existe pelo menos concorrência parcial ou potencial. Assim sucedeu, por exemplo, num caso em que o vinho e a cerveja, claramente não similares, eram tratados de forma diferenciada no Reino Unido, acabando por proteger a produção de cerveja nacional[266]. Diante de produtos não similares, procura avaliar-se em que medida é que o sistema fiscal no seu todo acaba por ter um impacto protecionista.

A proibição de discriminação aplica-se não apenas ao imposto em si mas a todos os elementos respeitantes à incidência, taxa, isenções, benefícios fiscais, lançamento, liquidação e cobrança do imposto, atendendo

[262] C-28/67, *Hauptzollamt Paderborn*, 3-4-1968.
[263] C-28/67, *Hauptzollamt Paderborn*, 3-4-1968.
[264] C-168/1978, *Comissão vs. França*, 27-2-1980.
[265] C-27/77, *Fink Frucht*, 4-4-1978.
[266] C-170/78, *Comissão vs. Reino Unido*, de 27-2-1980.

aos aspetos materiais e processualmente relevantes da relação jurídica tributária e das garantias de procedimento e processo tributário. De acordo com este entendimento, um imposto com a mesma incidência e taxa é discriminatório se os produtores nacionais puderem proceder ao respetivo pagamento depois de introduzirem os seus produtos no mercado e os importadores forem obrigados a pagar por altura da importação[267]. A discriminação também pode verificar-se se os requisitos de prova do preenchimento dos pressupostos para beneficiar de uma dada isenção forem mais apertados para os produtos importados[268]. A existência de discriminação é o critério decisivo. Em princípio o nível de tributação interna não será relevante, ainda que possa restringir o acesso ao mercado[269]. No entanto, uma tributação não discriminatória que seja considerada exorbitante pode ser considerada restritiva[270].

3.2.2. *Liberdade de circulação de trabalhadores*

A tributação direta do rendimento das pessoas singulares continua a ser uma competência reservada dos Estados membros da UE. Como anteriormente mencionado, qualquer decisão europeia sobre a matéria exige um processo legislativo especial e uma decisão por unanimidade. Sendo a livre e igual circulação de trabalhadores assegurada na UE (artigo 45º do TFUE), o direito tributário dos Estados membros não pode ser utilizado para a neutralizar, por via de restrições ou discriminações.

Este objetivo vincula quer o Estado da fonte do rendimento, quer o Estado da residência do contribuinte. Um Estado membro não pode discriminar os nacionais de outros Estados que obtém o seu rendimento no seu território ou os seus nacionais que obtém o seu rendimento no território de outros Estados membros[271]. O TJUE muitas vezes utiliza o conceito de residência como equivalente ao de nacionalidade, proibindo discriminações em função da residência[272].

[267] C-55/79, *Comissão vs. Irlanda*, 27-2-1980.

[268] C-196/85, *Comissão vs. França*, 7-4-1987.

[269] C-132/88, *Comissão vs. Grécia*, 5-4-1990. Wenneras, Moen, Selling Arrangements: Keeping Keck..., cit., 391 seguintes.

[270] C-47/88, *Comissão vs. Dinamarca*, 11-12-1990.

[271] Mason, Knoll, What Is Tax Discrimination?..., cit., 1025 seguintes.

[272] C-279/93, Finanzamt Köln-Altstadt v Roland Schumacker, 14-2-1995.

O TJUE sustentou que o exercício das competências estaduais neste domínio, regulando elementos como sejam a incidência, deduções, liquidação, benefícios fiscais, retenção na fonte, ou cobrança, não pode violar o princípio da não discriminação entre nacionais de vários Estados membros, sem fundamento material suficiente. Isto signica que o direito tributário nacional deve ser interpretado em conformidade com o direito da UE.

Contudo, a proibição de discriminação não exclui diferenciações com fundamento objetivo suficiente. Nem todas as barreiras fiscais à integração económica constituem violações do direito da UE. Mesmo que exista diferenciação de tratamento, esta pode ser justificada com base em finalidades de interesse público (v.g. combate à fraude e à evasão fiscal), podendo ser considerada legítima.

Normalmente o Estado da fonte tributa os não residentes mediante a aplicação de uma taxa proporcional ao seu rendimento bruto, ao passo que aos residentes é aplicável uma taxa progressiva ao rendimento líquido de algumas deduções. Os Estados membros podem utilizar o sistema fiscal para atribuir benefícios sociais exclusivamente aos residentes, aplicando-lhes uma taxa de imposto sistematicamente mais baixa do que a aplicada aos não residentes.

O TJUE considerou que nalguns casos os Estados membros podem recusar a não residentes alguns benefícios fiscais que concedem aos residentes, pelo que o princípio da não discriminação fiscal não é incompatível com alguma diferenciação das taxas de imposto para residentes e não residentes[273]. O TJUE sustentou, também, que a liberdade de circulação de trabalhadores não exige que os mesmos sejam tributados com a mesma taxa nos vários Estados da fonte onde obtenham o seu rendimento[274].

A garantia de *neutralidade concorrencial* no mercado interno remete o TJUE para a comparação do tratamento fiscal dispensado a diferentes contribuintes idealizados, residentes e não residentes, situados numa situação semelhante. Cabe-lhe verificar se os Estados membros, da re-

[273] C-234/01, *Gerritse v. Finanzamt Neukolln-Nord*, 12-6-2003, sustentando que o Estado da fonte pode negar aos não residentes o benefício de isenções fiscais pessoais concedidas aos resisentes desde que aqueles não obtenham a totalidade ou quase todalidade dos seus rendimentos nesse Estado.

[274] C-336/96 – Gilly v Directeur des services fiscaux du Bas-Rhin, 12-5-1998.

sidência ou da fonte, aplicam a sua legislação tributária de maneira uniforme. Neste âmbito, a discriminação fiscal significará uma violação do princípio da igualdade e do seu corolário da neutralidade concorrencial. A metódica de análise efetuada pelo TJUE compreende-se melhor atendendo a alguns exemplos.

Wolfgang é um cidadão na Alemanha e obtém uma parte do seu rendimento na empresa FRC Sarl, em França, onde é considerado não residente. Por seu lado, Pierre é um residente em França, obtendo aí a totalidade do seu rendimento, também na empresa FRC Sarl. Para saber se a França faz discriminação entre Wolfgang e Pierre, o TJUE averigua se ambos estão numa situação semelhante e compara o seu tratamento fiscal. Se a França tratar Wolfgang de forma fiscalmente menos favorável do que Pierre, é provável que exista discriminação, em violação do TFUE. No entanto, tal não é inteiramente certo, muito dependendo de saber quando é que Wolfgang e Pierre se encontram numa *situação semelhante*.

De um modo geral entende-se que residentes (v.g. Pierre) e não residentes (v.g. Wolfgang) não se encontram numa situação semelhante, na medida em que os segundos tendem a obter apenas uma parte do seu rendimento no Estado da fonte. Porém, as coisas mudam substancialmente de figura num novo exemplo, o de Schumacker, um residente na Bélgica que obtém *todo ou quase todo* o seu rendimento na Alemanha e se vê impossibilitado de deduzir despesas pessoais na residência e na fonte[275]. Neste caso, o TJUE aplicou o princípio de que os trabalhadores devem poder deduzir despesas pessoais ao menos uma vez em qualquer dos sítios[276].

Pense-se também no caso de Jacques, um residente em França que obtém uma parte do seu rendimento na empresa FRC Sarl e outra parte na empresa DTH GmbH, sediada na Alemanha. Também aqui a situação de Jacques seria comparada com a de Pierre do exemplo anterior. A França não poderia reduzir as possibilidades de Jacques proceder à dedução das suas despesas pessoais na proporção dos rendimentos que ele obtém na Alemanha (a pretexto de o direito francês isentar de imposto estes rendimentos) porque isso constituiria um entrave ilegítimo

[275] C-279/93, Finanzamt Köln-Altstadt v Roland Schumacker, 14-2-1995.

[276] Mason, Knoll, What Is Tax Discrimination?..., cit., 1031.

à liberdade de Jacques procurar trabalho remunerado noutros Estados membros da UE[277].

O impacto das medidas fiscais no funcionamento do mercado interno constitui o princípio retor que preside às decisões do TJUE. Interessa-lhe aferir se e em que medida é que as normais fiscais desencorajam ou impedem a atividade económica transfronteiriça. Sem descurar os valores não económicos da união política, da igualdade e da cidadania europeia, pretende-se garantir a *neutralidade concorrencial* das normas fiscais dos diferentes Estados membros, de maneira que as decisões sobre *onde*, *em que* e *quanto tempo* trabalhar sejam tomadas menos com base na residência do que em critérios económicos de *vantagem comparativa* e *eficiência*[278].

Embora o regime da tributação direta do rendimento das pessoas singulares não integre as competências da UE, permanecendo na competência exclusiva dos Estados, a Comissão aprovou uma recomendação sobre esta matéria[279]. Reconhecendo que o direito tributário pode restringir a livre circulação de pessoas, a Diretiva 2009/55/CE do Conselho, de 25-5-2009[280], dispõe sobre as isenções fiscais aplicáveis às entradas definitivas de bens pessoais de particulares provenientes de um Estado membro, excluindo IVA, impostos especiais de consumo e outras imposições específicas. Evidenciando a relação que pode existir entre circulação de pessoas e de bens, pretende-se eliminar os entraves fiscais à circulação de pessoas mediante a criação de isenções fiscais sobre bens pessoais, desprovidos de natureza comercial ou especulativa.

Uma questão importante, neste contexto, diz respeito à eliminação da dupla tributação. Valem aqui os tratados internacionais nesta matéria celebrados entre os Estados ou as respetivas normas internas[281]. De um modo geral dá-se prevalência à pretensão tributária do Estado da fonte, assumindo a do Estado da residência uma posição subalterna, sendo

[277] C-385/00 De Groot v Staatssecretaris van Financien, 12-12-2002.

[278] Neste sentido, Mason, Knoll, What Is Tax Discrimination?..., cit., 1033 seguintes.

[279] Recomendação da Comissão, de 21 de dezembro de 1993, relativa à tributação de certos rendimentos auferidos por não residentes num Estado membro diferente do da sua residência (94/79/CE).

[280] JO L 145 de 10.6.2009, pp. 36 seguintes Ela substitui a Diretiva 83/183/CEE do Conselho, de 28 de março de 1983.

[281] Georg W. Kofler, Ruth Mason, "Double Taxation: A European "Switch In Time?" 14, *Columbia Journal of European Law*, 2008, 63 seguintes.

aplicáveis os métodos da isenção ou da imputação. Não havendo ainda uma total harmonização no domínio da tributação do rendimento subsiste uma margem razoável de soberania fiscal dos Estados membros. Daqui podem resultar algumas diferenciações em função da nacionalidade no caso de trabalhadores transfronteiriços de diferentes nacionalidades. Por exemplo, a utilização de um mecanismo de crédito de imposto não tem que conduzir necessariamente a uma igualdade de tributação entre trabalhadores fronteiriços de diferentes nacionalidades, na medida em que a aplicação de diferentes taxas de imposto permanece uma expressão da soberania tributária dos Estados membros[282].

O TJUE tem procurado eliminar a discriminação fiscal entre nacionais e cidadãos de outros Estados membros. Ele entendeu que a situação familiar de um cidadão não residente só não deve ser tomada em conta, em sede de tributação do rendimento, se for materialmente diversa da de um residente que exerça a mesma atividade assalariada[283]. Também defendeu que uma dedução fiscal em benefício da propriedade imobiliária concedida a todos os sujeitos passivos do imposto sobre o rendimento das pessoas singulares deve abranger os trabalhadores que tenham residência noutro Estado membro[284].

3.2.3. *Liberdade de estabelecimento*

Também no domínio da liberdade de estabelecimento (artigo 49º do TFUE), em que se pretende facilitar o acesso e o exercício da atividade económica nos vários Estados membros, é fundamental assegurar que o direito tributário não seja usado de forma protecionista, pondo em causa o mercado interno.

Um Estado membro não pode usar o direito fiscal para impedir ou dificultar o estabelecimento no seu território de residentes noutro Estado membro ou para impedir ou dificultar o estabelecimento dos seus residentes no território de outro Estado membro. A liberdade de estabelecimento visa facilitar a atividade das empresas nos Estados membros no mercado interno devendo as normas fiscais assegurar um quadro de neutralidade concorrencial.

[282] C-336/96, Gilly, 12-5-1998. Paul Farmer, "Article 48 EC and the Taxation of Frontier Workers", 20, *European Law Review*, 3, 1995, 310 seguintes.

[283] C-279/93, *Schumacke*r, 14-2-1995; C-151/94, *Comissão vs. Luxemburgo*, 26-10-1995.

[284] C-152/05, *Comissão vs. Alemanha*, 17-1-2008.

Este ponto reveste-se de grande relevância em vários domínios, como é o caso das operações de transformação de empresas e sociedades (v.g. concentrações transfronteiriças), através das quais se pretende ajudar as empresas a aumentar a sua eficiência económica, adotar uma estrutura mais competitiva e colher mais benefícios do mercado interno, sendo por isso consideradas um exercício legítimo da liberdade de estabelecimento[285].

Um qualquer imposto, taxa ou contribuição que decorra diretamente da legislação fiscal de um único Estado membro pode constituir uma restrição à liberdade de estabelecimento, na medida em que torne menos atrativo o exercício da mesma.

Semelhante restrição só poderia ser admitida se devidamente justificada e fundamentada e dentro dos parâmetros da proporcionalidade[286]. Por outro lado, embora o problema da eliminação da dupla tributação se revista do maior relevo neste domínio, o TJUE tem entendido que o princípio da não discriminação fiscal é demasiado importante para ficar na dependência de acordos sobre dupla tributação ou de cláusulas de reciprocidade[287].

Também aqui a discriminação fiscal relevante pode ocorrer em qualquer fase da relação jurídica tributária e recair sobre a obrigação principal ou as obrigações acessórias ou no procedimento e processo tributário. Um exemplo prende-se com a própria avaliação do facto tributário. O TJUE entendeu discriminatória a legislação fiscal de um Estado membro que, no âmbito da avaliação de participações numa sociedade de capitais não cotada, atribuiu um valor mais elevado à participação desta última no capital de uma sociedade de pessoas com sede noutro Estado membro do que à sua participação numa sociedade de pessoas estabelecida no Estado membro em questão[288].

Um outro exemplo diz respeito à concessão de "suplementos de reembolso" (juros indemnizatórios) por impostos indevidamente pagos. Se estes forem atribuídos apenas a sociedades com domicílio fiscal no Estado membro em causa é violada a proibição de discriminação, na

[285] C-411/03, *SEVIC Systems AG v Amtsgericht Neuwied*, 13-12-2005; Diretiva 2005/56, [2005] OJ L310/1-9.

[286] C-96/08, *CIBA*, 17-12-2009.

[287] C-270/83, *Comissão vs. França*, 28-1-1986.

[288] C-360/06, *Bauer*, 10-1-2008.

medida em que prejudica sociedades sediadas noutros Estados membros e que, por isso, aí têm domicílio fiscal. Isso constitui um entrave ao exercício do direito de estabelecimento[289].

A proibição de discriminação significa, ainda, que quando um Estado membro trata de forma igual as sociedades e as sucursais nele sediadas, não pode introduzir discriminações tributárias entre elas sem fundamento material bastante. Apesar de a tributação interna ser uma matéria de competência reservada dos Estados membros, o exercício das respetivas competências em matéria fiscal não pode violar o princípio da igualdade, discriminando sucursais e agências de sociedades sediadas noutro Estado membro.

De acordo com a jurisprudência do TJUE, a liberdade de estabelecimento opõe-se a que um Estado-Membro institua, com a finalidade de prevenir o risco de evasão fiscal, um mecanismo de tributação das mais-valias ainda não realizadas para o caso de transferência do domicílio fiscal de um contribuinte para fora desse Estado[290]. No mesmo sentido, o TJUE entende que constitui uma restrição à liberdade de estabelecimento a instituição, por um Estado membro, de um regime de tributação das mais-valias em caso de transferência do domicílio fiscal de um contribuinte para fora desse Estado-Membro, que sujeita a concessão de um diferimento do prazo de pagamento desse imposto à constituição de garantias e que não permite a dedução, por inteiro, das menos-valias suscetíveis de ocorrer posteriormente à transferência de domicílio do contribuinte em causa que não foram objeto de dedução no Estado-Membro de acolhimento[291].

Merece ainda referência a Diretiva 2011/96/UE, adiante retomada, que se destina a evitar, através da instituição de um regime fiscal comum, que a cooperação entre sociedades de Estados membros diferentes seja penalizada relativamente à cooperação entre sociedades de um mesmo Estado membro, facilitando desse modo o agrupamento de sociedades no seio da UE, tendo como pano de fundo o princípio da neutralidade fiscal[292].

[289] C-330/91, *Commerzbank*, 13-7-1993.

[290] C-09/02, *De Lasteyrie du Saillant*, 11-03-2004.

[291] C-470/04, *N*, 07-09-2006.

[292] C-283/94, C-291/94 e C-292/94, *Denkavit*, 17-10-1996.

3.2.4. *Liberdade de prestação de serviços*

A livre prestação de serviços na UE é assegurada sem discriminações (artigos 56º seguintes do TFUE). A proibição de discriminação proscreve toda a discriminação em função da nacionalidade, residência ou sede do prestador de serviços e do prestatário ou destinatário do serviço, quando este está estabelecido num Estado membro diferente daquele em que a prestação é efetuada. Neste domínio tem-se enfatizado a necessidade de não discriminar, em função da residência, entre rendimentos de trabalhadores por conta de outrem, ou trabalhadores assalariados, e os rendimentos dos prestadores de serviços por conta própria, aplicando-se-lhes indistintamente as regras da igualdade de tratamento e de não discriminação face aos residentes[293].

3.2.5. *Liberdade de circulação de capitais*

O artigo 63º do TFUE proíbe todas as restrições aos movimentos de capitais e aos pagamentos entre Estados membros e entre estes e países terceiros. Pretende-se impedir a tomada de medidas que dificultem a aquisição de participações de controlo nas sociedades de outros Estados membros. As implicações que daqui decorrem para o direito tributário são evidentes, na medida em que este pode ser um importante mecanismo de restrição e distorção dos movimentos de capitais. Vejamos alguns exemplos em domínios como a tributação de rendimentos das pessoas singulares, dividendos, mais-valias, juros e lucros das sociedades.

A tributação direta dos rendimentos de capitais das pessoas singulares está sujeita aos princípios fundamentais do direito da UE, apesar de ser da competência exclusiva dos Estados[294]. O artigo 65º, nº 1, al. a), do TFUE admite distinções entre contribuintes residentes e não residentes, desde que esta distinção não constitua um meio de discriminação arbitrária, nem uma restrição dissimulada à livre circulação de capitais. O TJUE tem entendido que podem existir razões objetivas para justificar diferenças de tratamento (v.g. diferente capacidade contributiva;

[293] Recomendação da Comissão, de 21 de dezembro de 1993, relativa à tributação de certos rendimentos auferidos por não residentes num Estado-membro diferente do da sua residência (94/79/CE).

[294] C-397/98 e C-410/98, *Metallgesellschaft*, 8-3-2001.

finalidades sociais)[295]. Ainda assim os fundamentos de restrição devem ser interpretados restritivamente.

No domínio da tributação dos fundos de pensões, regulado pela Diretiva 2003/41/CE, e em que está em causa um património exclusivamente afeto à realização de um ou mais planos de pensões, o TJUE considerou ilegal, por violação da liberdade de circulação de capitais, a diferenciação então feita no Código do IRC e no Estatuto dos Benefícios Fiscais, para efeitos de tributação de dividendos, entre fundos de pensões residentes e não residentes em Portugal. Os argumentos da preservação da coerência e da eficácia dos controlos fiscais foram neste caso considerados insuficientes para justificar tal discriminação[296].

De acordo com a jurisprudência do TJUE, um contribuinte residente num Estado membro tem direito a aí deduzir a importância correspondente a donativos feitos a instituições com sede e de reconhecida utilidade pública noutro Estado membro, nos mesmos termos previstos para donativos concedidos a instituições com sede no Estado membro do doador. Entende o TJUE que os donativos estão abrangidos pela liberdade de circulação de capitais, mesmo que sejam feitos em espécie sob a forma de bens de consumo corrente[297].

No caso da tributação de mais-valias, o TJUE entendeu que a diferença de tratamento entre residentes e não residentes num Estado membro relativamente à taxa de tributação das mais-valias obtidas nesse Estado, resultantes da cessão de bens detidos há mais de um ano, constitui uma violação do artigo 63º do TFUE em virtude de constituir uma diferenciação arbitrária[298].

Por seu lado, a Diretiva 2003/48/CE do Conselho, de 3 de junho de 2003, relativa à tributação dos rendimentos da poupança sob a forma de juros, vem proibir as restrições dissimuladas e discriminações arbitrárias entre residentes nos vários Estados membros. Esta diretiva visa não só evitar restrições à liberdade de circulação de capitais, mas também permitir que os rendimentos da poupança sob a forma de juros pagos num Estado-Membro (Estado da fonte) a beneficiários efetivos que sejam pessoas singulares residentes noutro Estado-Membro (Estado de resi-

[295] C-279/93, *Schumacker*, 15-2-1995. C-234/01, *Gerritse*, 12-6-2003.

[296] C-493/09, *Comissão vs. Portugal*, 6-10-2011.

[297] C-318/07, *Hein Persche*, 27-01-2009.

[298] C-562/07, *Comissão vs. Espanha*, 6-10-2009.

dência), sejam sujeitos a uma tributação efetiva em conformidade com a legislação deste último Estado Membro. O meio utilizado para garantir essa tributação é o da troca automática de informações entre Estados Membros relativas aos pagamentos de juros abrangidos pela Diretiva.

Igualmente relevante é a Diretiva 2003/49/CE do Conselho de 3 de junho de 2003, relativa a um regime fiscal comum aplicável aos pagamentos de juros e royalties efetuados entre sociedades associadas de Estados-Membros diferentes. Através desta diretiva visa-se assegurar que os pagamentos de juros e royalties são sujeitos a uma única tributação num Estado-Membro, evitando-se deste modo a dupla tributação e garantindo-se a neutralidade fiscal na tributação dos rendimentos em causa. Para efeito de aplicação da diretiva considera-se que se está perante sociedades associadas quando uma sociedade situada num Estado membro detém uma participação direta de pelo menos 25% no capital de outra sociedade, localizada noutro Estado membro. Ainda assim, os Estados membros dispõem da possibilidade de substituir o referido critério da participação no capital pelo da detenção de um número mínimo de direitos de voto. A diretiva prevê a exclusão da tributação pelo Estado da fonte dos rendimentos por ela abrangidos. Contudo, permite aos Estados membros a adoção de medidas adequadas para combater fraudes e abusos. É neste sentido que prevê, designadamente, que a isenção de tributação só é aplicável ao "eventual montante de juros ou royalties que teria sido acordado entre o pagador e o beneficiário efetivo na ausência de uma relação especial". Para além disso, os Estados membros não estão impedidos de aplicar as disposições internas, ou baseadas em acordos, necessárias para evitar fraudes e abusos, podendo inclusivamente retirar o benefício da aplicação da diretiva, ou recusar-se a aplicá-la, no caso de operações que tenham por principal motivo, ou que se contem entre os seus motivos principais a evasão ou a fraude fiscais.

No domínio da tributação direta das sociedades, importa ter presente a Diretiva 2009/133/CE, de 19-10-2009, relativa ao regime fiscal comum aplicável às fusões, cisões, cisões parciais, entradas de ativos e permutas de ações entre sociedades de Estados membros diferentes e à transferência da sede de uma SE (sociedade europeia) ou de uma SCE (sociedade cooperativa europeia) de um Estado membro para outro. Parte-se do princípio de que se trata de operações de *redução de custos de transação* importantes no contexto do mercado interno e do aumento de competitividade das empresas, relativamente às quais o direito fiscal deve permanecer neutro.

Digna do maior relevo é também a Diretiva 2011/96/UE do Conselho, de 30-11-2011[299], relativa ao regime fiscal comum aplicável às sociedades mães e sociedades afiliadas de Estados membros diferentes[300]. Ela tem como objetivo suprimir o tratamento fiscal menos favorável sofrido por sociedades de Estados membros diferentes comparativamente às sociedades do mesmo Estado membro, na medida em que procurem cooperar através da formação de grupos de sociedades-mãe e filiais, funcionando como um *sistema orgânico*. Esta Diretiva prevê a isenção de retenção na fonte dos dividendos e outro tipo de distribuição de lucros pagos pelas sociedades afiliadas às respetivas sociedades-mãe, como forma de evitar a dupla tributação. Assim, é proibida quer a retenção à saída do Estado onde se encontra localizada a sociedade afiliada (proibição de *outbound withholding taxes*), quer a retenção na fonte à entrada do Estado onde a sociedade mãe tem a sua sede (proibição de *inbound withholding taxes*).

O Estado-Membro da sociedade-mãe (ou do estabelecimento estável da sociedade-mãe) deve abster-se de tributar os lucros distribuídos por uma sociedade afiliada (salvo quanto tal resulta da liquidação desta), ou, em alternativa, tributar esses lucros autorizando a sociedade-mãe (ou o seu estabelecimento estável) a deduzir do montante do imposto devido a fração do imposto sobre as sociedades paga sobre tais lucros pela sociedade afiliada e por qualquer sociedade afiliada e subafiliada, até ao montante do imposto devido. Estas regras estão previstas no artigo 4º, nº 1, da Diretiva, o qual, na medida em que é incondicional e suficientemente preciso, pode, em caso de não transposição ou de transposição incorreta, ser invocado diretamente pelos cidadãos perante os tribunais nacionais[301].

Assim, a Diretiva "sociedades-mães e sociedades afiliadas" opõe-se, por exemplo, a uma legislação nacional que, na determinação do imposto sobre os lucros de uma sociedade-mãe estabelecida num Estado

[299] *Jornal Oficial nº L 345 de 29/12/2011 p. 0008 – 0016*; a mesma veio substituir a Diretiva 90/435/CEE, de 23-7-1990.

[300] Thomas Papadopoulos, "EU regulatory approaches to cross-border mergers: exercising the right of establishment", 36, *European Law Review*, 1 2011, 71 seguintes.

[301] C-138/07, *Cobelfret*, 12-02-2009.

membro, sujeite a dedutibilidade dos encargos relacionados com a participação desta no capital de uma filial estabelecida noutro Estado-Membro à condição de esses encargos servirem indiretamente para a realização de lucros tributáveis no Estado-Membro de estabelecimento da sociedade-mãe[302].

Para efeitos de aplicação da diretiva "sociedades-mães e sociedades afiliadas" considera-se que existe uma relação mãe-filial quando uma sociedade de um Estado membro detém pelo menos 10% do capital de uma sociedade de outro Estado membro. Ainda assim, reconhece-se aos Estados membros a possibilidade de, por via de acordo bilateral, substituírem o critério de participação no capital pelo de detenção de direitos de voto. Podem ainda abster-se de aplicar a diretiva às suas sociedades que não conservem durante um período ininterrupto de pelo menos dois anos uma participação que dê direito à qualidade de sociedade-mãe, ou às suas sociedades nas quais uma sociedade de outro Estado-Membro não conserve essa participação durante um período ininterrupto de pelo menos dois anos.

A diretiva "sociedades-mães e sociedades afiliadas" tem grande relevo no exercício das liberdades de estabelecimento e de circulação de capitais, em face da tendência de recorrer a contabilidades geograficamente separadas, preços de transferência, subcapitalizações ou outros mecanismos e transações para maximizar os lucros e deslocá-los para Estados de baixa tributação. Diante de medidas anti-abuso dos Estados e de combate à evasão fiscal dos grupos de sociedades, incluindo sistemas de *foreign controlled corporations*, o TJUE analisa a *substância económica* das transações envolvidas, admitindo a restrição estadual, por via fiscal, das que recorram a *expedientes puramente artificiais*, sem justificação económica genuína[303].

Neste contexto, deve recordar-se a Diretiva 2008/7/CE, de 12-2-2008, relativa aos impostos indiretos que incidem sobre as reuniões de capitais. Um dos seus objetivos consiste em *evitar a dupla ou múltipla*

[302] C-168/01, Bosal, 18-09-2003.

[303] Veja-se, por exemplo, C-286/94, 340/95, 401/95, 47/96, *Garage Molenheide v. Belgian State*, C-264/96, *Imperial Chemical Industries*, 16-7-1998; C-446/03, *Marks & Spencer*, 13-12-2005; C-196/04, *Cadbury Schweppes plc v. Comm'rs of Inland Revenue*, 12-9-2006; C-347/04, *Rewe*, 27-3-2007; C-231/05, *Oy AA*, 18-7-2007; C-105/07, *Lammers*, 17-1-2008. Faulhaber, *Sovereignty, Integration and Tax Avoidance in the European Union...*, cit., 200 seguintes.

tributação das reuniões de capitais no âmbito na sociedade, no seio do mercado interno. Para além do imposto sobre entradas de capitais, que é admitido pela Diretiva, (artigo 4º), existe um elenco de operações em que a tributação é vedada, que vão desde a criação, emissão, admissão em bolsa, colocação em circulação ou negociação de ações, de partes sociais ou de outros títulos da mesma natureza, até aos empréstimos, incluindo os estatais, contraídos sob a forma de emissão de obrigações, passando por outras operações.

Uma outra área em que se proscrevem diferenciações na tributação de empresas sediadas e não sediadas num Estado membro diz respeito ao regime das isenções fiscais. Também aqui se aplica o princípio de que as pessoas coletivas sediadas noutros Estados da UE não devem ser sujeitas a uma tributação mais gravosa do que aquela a que estão sujeitas as sociedades com sede no Estado membro onde se exerce pode tributário[304].

Fundamentos de natureza técnica, social, de combate à fraude e à evasão fiscal, a preservação da eficácia dos controlos fiscais, ou outros, que possam ser invocados para justificar diferenças de tratamento, apesar de serem inteiramente procedentes, devem ser interpretados restritivamente e objeto de ponderação proporcional com o objetivo de assegurar a livre circulação de capitais e a liberdade de estabelecimento. O TJUE tem entendido que uma presunção geral de evasão ou fraude fiscal não basta para justificar uma medida fiscal que afete os objetivos dos Tratados[305].

3.3. A relevância do princípio da proporcionalidade na fiscalidade da União Europeia

3.3.1. *Considerações gerais*

Entre as normas da "Constituição Europeia" mais relevantes contam-se, como vimos, as que se referem às liberdades fundamentais, e que têm funcionado como motor do aprofundamento da integração económica, por via da abundante e densa jurisprudência do Tribunal de Justiça da União Europeia (TJUE).

[304] C-72/09, *Établissements Rimbaud*, 28-10-2010.

[305] C-478/98, *Comissão vs. Bélgica*, 26-9-2000.

Quer em matéria de fiscalidade indireta quer de fiscalidade direta, o princípio da proporcionalidade tem revelado ser um incontornável parâmetro de controlo das medidas adotadas pelos Estados-membros em matéria jurídico-fiscal. A sua aplicação pelo TJUE tem implicado, muitas das vezes, uma limitação do poder político-legislativo dos Estados-membros, mesmo no domínio da fiscalidade direta, em que estes mantêm a sua soberania.

3.3.2. *O princípio da proporcionalidade no domínio da fiscalidade indireta*

Um dos princípios basilares do sistema comum do Imposto sobre o Valor Acrescentado (IVA) é o princípio da neutralidade, do qual decorre o reconhecimento do direito à dedução.

Ainda assim, a Diretiva IVA confere aos Estados-membros liberdade para fixarem as modalidades de reembolso do excedente de IVA (artigo 183º).

Para além disso, a Diretiva IVA admite que os Estados-membros possam tomar medidas adequadas pata proteger os seus interesses financeiros e combater a fraude e a evasão fiscais.

Contudo, no uso da margem de liberdade que lhes é reconhecida pelo artigo 183º e na prossecução dos objetivos de proteção dos seus interesses financeiros e na luta contra a fraude e a evasão fiscais, os Estados-membros devem, à luz do princípio da proporcionalidade, utilizar os meios eficazes que "ofendam o menos possível os objetivos e os princípios impostos pela regulamentação da União, como o princípio fundamental do direito à dedução do IVA"[306].

Daqui resulta a sujeição ao controlo jurisdicional, alicerçado no princípio da proporcionalidade, das condições legalmente previstas num Estado-Membro para que um sujeito passivo do IVA possa beneficiar do direito à dedução.

Ou seja, as medidas adotadas pelos Estados-Membros com uma finalidade antiabusiva, uma vez que se revelem aptas a restringir direitos e liberdades fundamentais dos sujeitos passivos, estão sujeitas ao teste da proporcionalidade, em ordem a que se possa averiguar não só se as mesmas são aceitáveis à luz do ordenamento jurídico-constitucional de

[306] Acórdão de 18 de outubro de 2012, C-525/11, *Mednis SIA*, nº 32.

cada Estado, mas também se são compatíveis com o Direito da União Europeia. Em matéria de tributação indireta, fortemente harmonizada, este é particularmente relevante[307].

A apreciação pelo TJUE da compatibilidade de medidas antiabusivas adotadas pelos Estados-membros em matéria de IVA com o princípio da neutralidade tem, pois, motivado a frequente invocação do princípio da proporcionalidade, o qual tem vindo a revelar-se decisivo nas decisões daquele órgão.

No caso *Ampafrance e Sanofi* o TJUE recordou que "para que um ato comunitário relativo ao sistema do IVA esteja em conformidade com o princípio da proporcionalidade, as disposições que ele contém devem ser necessárias para a realização do objetivo específico que ele prossegue e afetar o menos possível os objetivos e os princípios da Sexta Diretiva"[308]. Neste acórdão, o TJUE considerou que "uma legislação nacional que exclui do direito à dedução do IVA as despesas de alojamento, de receção, de restaurante e de espetáculos sem que seja possível ao sujeito passivo demonstrar a inexistência de fraude ou de evasão fiscais a fim de beneficiar do direito à dedução não constitui um meio proporcionado ao objetivo de luta contra a fraude e a evasão fiscais e afeta excessivamente os objetivos e princípios da Sexta Diretiva"[309].

No caso *Sosnowska*, o Tribunal de Justiça afirma que é incompatível com o Direito da União [mais precisamente a norma contida no artigo 18º, nº 4, da *Sexta Diretiva*[310] (atual artigo 183º da *Diretiva IVA*[311])], por violar o princípio da proporcionalidade, a legislação de um Estado-Membro (no caso, a Polónia) que, com fundamento na necessidade de proceder aos controlos necessários para evitar a fraude e a evasão fiscais, prorroga, de 60 para 180 dias, a contar da data da apresentação da declaração de IVA, o prazo de que a Administração Fiscal dispõe para reembolsar o imposto pago em excesso a uma certa categoria de sujeitos pas-

[307] Neste sentido, cfr. J. L. Saldanha Sanches, *Os Limites do Planeamento Fiscal. Substância e forma no direito fiscal português, comunitário e internacional*, Coimbra, Coimbra Editora, 2006, pp. 276-277.

[308] Acórdão de 19 de setembro de 2000, C- 177/99, *Ampafrance e Sanofi*, nº 60.

[309] *Idem*, nº 62.

[310] Diretiva 77/388/CEE, de 17 de maio de 1977.

[311] Diretiva 2006/112/CE, de 28 de novembro de 2006.

sivos[312], a menos que os mesmos prestem uma caução de 250.000 PLN (zlótis)[313].

Recordou o TJUE que o reembolso do IVA pago em excesso deve ser feito num prazo razoável, sob pena de violação do direito à dedução e, consequentemente, do princípio da neutralidade do sistema comum do IVA[314].

De acordo com o TJUE, a Polónia não apresentou elementos que permitissem sustentar a diferença de tratamento, ou seja, a previsão de um prazo (180 dias), que é seis vezes mais longo do que o período de um mês da declaração do IVA e três vezes mais longo do que o aplicado aos outros sujeitos passivos[315]. Deveria ter sido o Estado-membro a demonstrar factualmente que a medida era necessária para alcançar o objetivo proposto, e não o fez.

Para além disso, o TJUE não teve dúvidas em aderir à posição da Comissão no sentido de considerar que a caução exigida era desproporcional face à dimensão económica do sujeito passivo. Sublinha o TJUE que a mesma é apta a "fazer correr um risco financeiro não negligenciável às empresas que iniciaram recentemente as suas atividades e que podem por isso, não dispor de recursos significativos".

Um outro caso decidido pelo TJUE com base na violação do princípio da proporcionalidade foi o do acórdão *Mednis*. Aqui o TJUE entendeu que, à luz do referido princípio, que o artigo 183º da *Diretiva IVA* "deve ser interpretado no sentido de que não autoriza a Administração Fiscal de um Estado-Membro a efetuar, sem apreciação específica e baseando-se unicamente em cálculos aritméticos, o reporte do reembolso de uma fração de um excedente de imposto sobre o valor acrescentado relativo a um período de tributação de um mês, até ao exame, por essa Administração, da declaração final anual do sujeito passivo"[316].

Estes casos merecem particular destaque pelo facto de ser o próprio TJUE a fazer o juízo de proporcionalidade, e pelo relevo decisivo que o princípio da proporcionalidade assume nas suas decisões.

[312] Neste caso, os chamados "novos sujeitos passivos" intracomunitários de IVA.

[313] Acórdão de 10 de julho de 2008, C- 25/07, *Sosnowska*.

[314] *Idem*, nº 17.

[315] *Idem*, nº 27.

[316] Acórdão de 18 de outubro de 2012, C-525/11, *Mednis SAI*.

Outros casos há, todavia, em que o TJUE, invocando o princípio da proporcionalidade, remete para os tribunais nacionais a formulação do juízo de proporcionalidade. Foi o que sucedeu, por exemplo, no acórdão *EMS-Bulgaria Transport*, em que o TJUE afirma que a Diretiva IVA não se opõe à existência de um prazo de caducidade para o exercício do direito à dedução, "desde que este não torne excessivamente difícil ou impossível na prática o exercício desse direito", cabendo esta apreciação ao órgão jurisdicional nacional[317].

Para além da consagração de normas jurídicas com uma finalidade antiabusiva, os Estado-membros adotam ainda, como incentivos exógenos ao cumprimento das obrigações tributárias pelos sujeitos passivos, normas com caráter sancionatório. Ao não cumprimento de uma obrigação jurídico-fiscal, os Estados fazem corresponder uma sanção.

Também no Direito fiscal sancionatório o princípio da proporcionalidade assume inegável relevo. Neste contexto, ele apresenta-se como medida limite das sanções.

Apesar de os Estados-membros disporem de liberdade na modelação do direito sancionatório nacional, este deverá ser conforme com o Direito constitucional, com o Direito da União Europeia e com o Direito internacional.

Também neste domínio encontramos jurisprudência do TJUE em que é evidenciada a centralidade do princípio da proporcionalidade na análise da compatibilidade entre o Direito fiscal nacional (agora, o Direito sancionatório) e o Direito da União Europeia.

Segundo o TJUE as sanções que os Estados-membros prevejam para punir os sujeitos passivos que incumpram as suas obrigações legais em sede de IVA não podem ir além do necessário para atingir os objetivos legítimos visados, designadamente os de garantir a cobrança exata do imposto e de evitar a fraude. Segundo o mesmo tribunal, "[p]ara avaliar se uma sanção é conforme com o princípio da proporcionalidade, deve ter-se em conta, nomeadamente, a natureza e a gravidade da infração que esta sanção visa punir, bem como as modalidades de determinação do montante da mesma", competindo aos órgãos jurisdicionais nacionais fazer essa avaliação e decidir com base nela[318].

[317] Acórdão de 12 de julho de 2012, C-284/11, *EMS-Bulgaria Transport*.

[318] Acórdão de 20 de junho de 2013, C-259/2012, *Rodopi-M 91*, nºs 32, 38 e 39. No mesmo sentido, cfr. Acórdão de 19 de julho de 2012, C-263/11, *Rēdlihs*.

É, pois, manifesta a centralidade que o princípio da proporcionalidade assume em muita da jurisprudência do TJUE produzida em matéria de tributação indireta.

Sucede que por vezes o juízo de proporcionalidade não é realizado pelo TJUE. Nalguns casos, como vimos, o TJUE decide que deve ser feito um juízo de proporcionalidade, mas remete para os tribunais nacionais essa tarefa, enunciando, mesmo, alguns índices que estes devem ter em linha de conta.

Ou seja, os tribunais nacionais têm o dever de fazer um juízo de proporcionalidade das normas nacionais em causa, em ordem a avaliar se as mesmas são compatíveis com o Direito da UE. É neste sentido, dos tribunais nacionais enquanto aplicadores do Direito da UE, que alguma doutrina assinala que "os tribunais nacionais integram hoje a categoria de tribunais da UE em sentido amplo"[319].

3.3.3. *O princípio da proporcionalidade no domínio da tributação direta*

Os primeiros acórdãos em matéria de fiscalidade direta em que o princípio da proporcionalidade revelou ser decisivo foram os acórdãos *Bachmann*[320] e *Comissão vs. Bélgica*[321]. Em causa estava uma norma do ordenamento jurídico-fiscal belga, nos termos da qual, em matéria de tributação do rendimento, as quantias suportadas por um sujeito passivo com seguro de doença e de invalidez ou com um seguro de velhice e por morte apenas seriam dedutíveis se fossem pagas a entes sediados na Bélgica.

Nestes casos, o TJUE, apesar de reconhecer que era restringida a liberdade de circulação de trabalhadores e a liberdade de prestação de serviços, entendeu que a medida era justificada pela necessidade de garantir a coerência do regime fiscal aplicável[322], e que "no estado atual do direito comunitário, a coerência de tal regime fiscal não pode ser assegurada por disposições menos restritivas que as que estão em causa no litígio do processo principal e que qualquer outra medida que permita

[319] Jónatas E. M. Machado, *Direito da União Europeia*, Coimbra, Coimbra Editora, 2010, p. 574. Sobre este tema, cfr. ainda Francisco Pereira Coutinho, *Os Tribunais Nacionais na Ordem Jurídica da União Europeia – o caso português*, Coimbra, Coimbra Editora, 2013.

[320] Acórdão do TJUE de 28 de janeiro de 1992, C-204/90.

[321] Acórdão do TJUE de 28 de janeiro de 1992, C-300/90.

[322] Para mais desenvolvimentos sobre a posição do TJUE relativamente a esta possível justificação, cfr., entre outros, o Acórdão do TJUE de 7 de setembro de 2004, *Manninen*, C-319/02.

garantir a cobrança, pelo Estado em causa, do imposto previsto pela sua legislação sobre as somas devidas pelos seguradores em execução dos seus contratos teria consequências semelhantes às que resultam da impossibilidade de dedução das cotizações"[323].

Nestes acórdãos, o TJUE aplicou o teste da necessidade mas, como afirma João Félix Nogueira, "apenas no sentido da fundamentação de uma decisão tomada prévia e autonomamente e não como uma verdadeira aplicação do controlo"[324].

O "acolhimento expresso"[325] do princípio da proporcionalidade em matéria de fiscalidade direta só viria a ocorrer em 1997, no acórdão *Futura*[326].

Segundo o TJUE, a medida em causa – uma norma luxemburguesa que impunha condições para que os estabelecimentos estáveis de sociedades financeiras não residentes pudessem reportar prejuízos – era, em princípio, incompatível com o Direito da UE, por violar a liberdade de estabelecimento. Só não o seria se estivesse em causa "um objetivo legítimo compatível com o Tratado e se justificasse por razões imperativas de interesse geral", exigindo-se ainda, nesse caso, que a medida "fosse adequada para garantir a realização do objetivo que prossegue e não ultrapassasse o que é necessário para atingir esse objetivo"[327]. Ou seja, o TJUE transpôs para o domínio da fiscalidade direta os requisitos que haviam sido afirmados, entre outros, no Acórdão *Gebhard*[328], os quais devem estar preenchidos para que uma medida restritiva possa ser considerada justificada.

Outros acórdãos se seguiram em que o princípio da proporcionalidade voltou a ser expressamente invocado em matéria de fiscalidade direta, de que são exemplo os acórdãos *Leur-Bloem*[329], *Lankhorst-Hohorst*[330], *Comissão vs. República Francesa* (C-334/02)[331] e *Lasteyrie du Saillant*[332].

[323] § 27 do Acórdão *Bachmann*.

[324] *Op. cit.*, p. 266.

[325] João Félix Nogueira, cit., p. 267.

[326] Acórdão do TJUE de 15 de maio de 1997, *Futura Participations*, C-250/95.

[327] § 26 do Acórdão *Futura*.

[328] Acórdão de 30 de novembro de 1995, *Gebhard*, C-55/94, nº 37. Cfr., ainda, o Acórdão de 31 de março de 1993, *Kraus*, C-19/92, e o Acórdão de 15 de dezembro de 1995, *Bosman*, C-415/93.

[329] Acórdão de 17 de julho de 1997, C-28/95.

[330] Acórdão de 12 de dezembro de 2002, C-324/00.

[331] Acórdão de 4 de março de 2004.

Mas é o acórdão *Marks & Spencer* que vem assinalar uma nova fase no que diz respeito à aplicação do princípio da proporcionalidade[333].

Em causa estava o regime especial de dedução de prejuízos no âmbito dos grupos de sociedades (deduções de grupo), vigente no Reino Unido, nos termos do qual se permitia às sociedades residentes de um grupo proceder entre si a uma compensação dos seus lucros e prejuízos.

As sociedades-mãe com domicílio fiscal no Reino Unido estavam, contudo, impedidas de deduzir ao seu lucro tributável neste Estado os prejuízos sofridos noutros Estados-membros por filiais com domicílio fiscal nesses Estados.

Ora, a *Marks & Spencer* era uma sociedade constituída e registada na Inglaterra e no País de Gales, e era a sociedade-mãe de sociedades estabelecidas no Reino Unido e noutros Estados.

O litígio adveio da decisão da Administração Fiscal do Reino Unido de indeferimento do pedido da *Marks & Spencer* de beneficiar de uma dedução fiscal de grupo pelos prejuízos sofridos pelas suas filiais sediadas fora do Reino-Unido.

De acordo com o TJUE, o mecanismo em causa "constitui uma restrição à liberdade de estabelecimento na aceção dos artigos 43º CE e 48º CE, na medida em que cria uma diferença de tratamento fiscal entre prejuízos sofridos por uma filial residente e prejuízos sofridos por uma filial não residente"[334].

Ainda segundo o TJUE, "[s]emelhante restrição só pode ser admitida se prosseguir um objetivo legítimo e compatível com o Tratado e se se justificar por razões imperiosas de interesse geral. Mas é ainda necessário, em tal caso, que a sua aplicação seja adequada a garantir a realização do objetivo assim prosseguido e que não ultrapasse o que é necessário para o atingir"[335].

O Reino Unido e os outros Estados-membros invocaram três razões justificativas para a medida em causa: garantir uma equilibrada repar-

[332] Acórdão de 11 de março de 2004, C-9/02.

[333] Sobre este acórdão, cfr., entre outros, Michael Lang, "The Marks & Spencer Case – The Open Issues Following the ECJ's Final Word", *European Taxation*, 46 (2), 2006, pp. 54-67; Mark Persoff, "Marks & Spencer: more questions than answers", *British Tax Review*, 3, 2005, pp. 260-266.

[334] § 34 do Acórdão *Marks & Spencer*.

[335] § 35.

tição do poder tributário entre os Estados-membros; risco de dupla utilização dos prejuízos; risco de evasão fiscal[336].

A novidade do acórdão *Marks & Spencer* é a de que o TJUE optou por considerar as três justificações em conjunto e sujeitá-las ao princípio da proporcionalidade, que é, deste modo, erigido a critério angular de decisão[337].

A este respeito, o TJUE considerou que "a medida restritiva em causa no processo principal ultrapassa o que é necessário para atingir, no essencial, os objetivos prosseguidos quando:

- a filial não residente tiver esgotado as possibilidades de dedução dos prejuízos existentes no seu Estado de residência para o exercício fiscal relativo ao pedido de dedução bem como para os exercícios fiscais anteriores, eventualmente através da transferência desses prejuízos para um terceiro ou da imputação dos referidos prejuízos nos lucros obtidos pela filial no decurso de exercícios anteriores, e
- não haja possibilidade de dedução dos prejuízos da filial estrangeira no seu Estado de residência a título dos exercícios futuros, nem por si própria nem por um terceiro, nomeadamente no caso de a filial ser cedida a esse terceiro"[338].

Esta decisão do TJUE levou alguma doutrina a antever o aumento da importância do princípio da proporcionalidade na futura jurisprudência do TJUE[339]. Como salienta João Félix Nogueira, "o relevo reconhecido à proporcionalidade aumenta, à medida que diminui a importância reconhecida aos restantes momentos típicos"[340].

Esta nova metódica, que coloca o princípio da proporcionalidade no centro da decisão, vem a ser adotada em ulteriores acórdãos, de que são exemplo o Acórdão *N*[341], o Acórdão *Turpeinen*[342] e o Acórdão *Cadbury Schweppes*[343].

[336] § 42-50.
[337] § 51.
[338] § 55.
[339] Michael Lang, cit., p. 61.
[340] *Op. cit.*, p. 281.
[341] Acórdão de 7 de setembro de 2006, C-470/04.
[342] Acórdão de 9 de novembro de 2006, C- 520/04.

Depois da porta que foi aberta com o acórdão *Marks & Spencer*, será interessante observar como evoluirá a jurisprudência do TJUE em matéria de tributação direta. Com efeito, afigura-se-nos pertinente interrogar se algumas das justificações invocadas pelos Estados-membros que têm vindo a ser liminarmente rejeitadas pelo TJUE, não poderão ser consideradas como justificações admissíveis desde que passem no(s) teste(s) da proporcionalidade. Estamos a pensar, designadamente, na perda ou redução de receitas fiscais, bem como nas dificuldades de ordem prática.

Já nas Conclusões da Advogada-Geral Juliane Kokott, no caso *Truck Center*, é salientado que "um procedimento proporcional de cobrança do imposto exige uma apreciação complexa que incumbe ao legislador nacional quando exerce a sua competência legislativa em matéria de impostos diretos"[344]. Tendo em conta essa complexidade, ao proceder a uma ponderação entre os custos da medida em causa no processo – retenção na fonte – e os que resultariam da cobrança do imposto por recurso à assistência administrativa das autoridades do Estado da sede do beneficiário do rendimento, a Advogada Geral conclui que "o legislador nacional não ultrapassou manifestamente os limites do seu poder de apreciação ao prever uma retenção na fonte"[345].

Pensamos que o mesmo raciocínio é válido quando em causa esteja a perda ou redução de receitas fiscais[346].

Importa sublinhar que uma restrição mínima a uma liberdade fundamental pode ter implicações muito importantes nas receitas fiscais

[343] Acórdão de 12 de setembro de 2006, C-194/04.

[344] Conclusões da Advogada-Geral Juliane Kokott, apresentadas em 18 de setembro de 2008, § 47.

[345] *Idem.*

[346] O entendimento tradicional do TJUE nesta matéria é expresso no acórdão *De Groot* (Acórdão de 12 de dezembro de 2002, C-385/00, § 103) nos seguintes termos: "*No que respeita ao argumento invocado pelo Governo belga, nos termos do qual é desproporcionado fazer incidir sobre o Estado de residência o encargo de conceder a totalidade das deduções que podem ser requeridas pelos sujeitos passivos residentes que auferiram remunerações noutros Estados Membros, mesmo se as referidas remunerações ali foram tributadas sem que a situação pessoal familiar do sujeito passivo tenha sido tomada em consideração, há que recordar a jurisprudência constante segundo a qual a perda de receitas fiscais nunca pode constituir uma justificação de uma restrição ao exercício de uma liberdade fundamental (acórdãos de 16 de julho de 1998, ICI, C-264/96, Colect., p. I-4695, n.° 28, e Saint-Gobain ZN, já referido, nº 51)*".

de um Estado-membro, pelo que pensamos que o TJUE deveria estar aberto a esta ponderação[347], à luz da ideia de proporcionalidade em sentido estrito.

É que, de outro modo, existe o risco real de a jurisprudência pós-*Marks & Spencer* incorrer no casuísmo, consoante se façam prevalecer critérios materiais ou meramente formais de decisão. Na verdade, são nebulosas as fronteiras entre o que se considera ser a invocação da perda de receitas (tradicionalmente recusada como justificação de uma medida restritiva) e a repartição equilibrada do poder tributário ou o risco de evasão fiscal (tradicionalmente admitidas como justificação de uma medida restritiva)[348].

O Acórdão *Oy AA*[349] ilustra com nitidez o que acaba de se dizer. Este acórdão, apesar das muitas semelhanças que apresenta relativamente ao Acórdão *Marks & Spencer*, vem culminar numa decisão do TJUE de sentido oposto à que foi tomada no mesmo.

Tal como é afirmado no § 17 do Acórdão *Oy AA*, "[c]om a sua questão, o órgão jurisdicional de reenvio pretende essencialmente saber se os artigos 43º CE e 56º CE, tendo em conta o disposto no artigo 58º CE e na Diretiva 90/435, se opõem ao regime instituído pela legislação de um Estado-Membro, como o em causa no processo principal, nos termos do qual uma filial, com sede nesse Estado-Membro, só pode deduzir do seu rendimento coletável uma transferência financeira entre sociedades do grupo por ela efetuada a favor da sua sociedade-mãe se esta última tiver a sua sede no mesmo Estado-Membro".

[347] No mesmo sentido parece apontar Ana Paula Dourado, in *Lições de Direito Fiscal Europeu – Tributação Direta*, Wolters Kluwer Portugal / Coimbra Editora, Coimbra, 2010, pp. 188-189.

[348] A tentativa de distinção que nos é apresentada pela Advogada-Geral, Juliane Kokott, no Caso *Oy AA*, é elucidativa da nebulosidade das fronteiras neste domínio: "*[o] reconhecimento da repartição do poder tributário de acordo com o princípio da territorialidade como justificação também não contradiz o princípio de que as restrições das liberdades fundamentais não podem ser justificadas com o objetivo de evitar a redução das receitas fiscais. Este princípio exclui apenas a restrição de liberdades fundamentais com base em considerações de ordem puramente fiscal. Porém, no presente processo, trata-se do interesse fundamental de atribuir aos Estados-Membros uma possibilidade de tributação de acordo com o princípio da territorialidade*" – § 64, das Conclusões apresentadas em 12 de setembro de 2006.

[349] Acórdão de 18 de julho de 2007, Oy AA, C-231/05.

Também neste acórdão foram invocadas a necessidade de garantir a coerência do regime fiscal, salvaguardar a repartição equilibrada do poder tributário e fazer face ao risco de evasão fiscal[350].

Sobre estas justificações, afirma o TJUE que "[v]istos estes dois elementos, relativos à necessidade de salvaguardar a repartição equilibrada do poder tributário entre os Estados-Membros e à de evitar a evasão fiscal, considerados conjuntamente, importa, pois, concluir que um regime, como o que está em causa no processo principal, que confere o direito de deduzir dos rendimentos coletáveis de uma filial uma transferência financeira entre sociedades de um grupo efetuada a favor da sociedade-mãe unicamente no caso de esta última e a referida filial terem a sua sede no mesmo Estado-Membro prossegue objetivos legítimos compatíveis com o Tratado e decorrentes de razões imperiosas de interesse geral e esse regime é adequado a garantir a realização destes objetivos"[351].

É de sublinhar que, de acordo com o TJUE, "[e]mbora a legislação em causa no processo principal não tenha como objetivo específico excluir da vantagem fiscal que prevê as montagens puramente artificiais, desprovidas de realidade económica e criadas com o objetivo de iludir o imposto normalmente devido pelos lucros gerados por atividades realizadas no território nacional, tal legislação pode, porém, ser considerada proporcional aos objetivos prosseguidos, considerados no seu todo"[352].

Ou seja, o TJUE admite que as normas em causa não têm um objetivo antiabusivo, mas que ainda assim são de aceitar por considerar que as mesmas são proporcionais face aos objetivos prosseguidos "considerados no seu todo"[353].

Como observa Christiana HjiPanayi, "[o]bviamente, o Tribunal de Justiça estava preocupado com a possibilidade de a Finlândia perder o

[350] § 45.

[351] Acórdão *Oy AA*, § 60.

[352] *Idem*, § 63.

[353] O TJUE, no § 64 do mesmo acórdão, afirma o seguinte: "*Com efeito, numa situação em que a vantagem em causa consiste na possibilidade de efetuar uma transferência de rendimentos, excluindo estes últimos dos rendimentos coletáveis do seu autor e integrando-os nos do beneficiário, qualquer extensão desta vantagem às situações transfronteiriças teria por efeito, como foi referido no n.° 56 do presente acórdão, permitir aos grupos de sociedades escolher livremente o Estado-Membro no qual os seus lucros são tributados, em detrimento do direito de o Estado-Membro da filial tributar os lucros gerados pelas atividades realizadas no seu território*".

poder de tributar a receita transferida se o beneficiário fosse uma empresa não residente"[354], o que leva à seguinte questão pertinente, colocada pela autora: porque razão a perda do poder de tributar (ou a perda de receita tributária...) foi considerada relevante no acórdão *Oy AA* e não no Acórdão *Marks & Spencer*?[355]

A verdade é que a decisão do TJUE neste caso foi a de que "o artigo 43º CE não se opõe ao regime instituído pela legislação de um Estado-Membro, como o que está em causa no processo principal, por força do qual uma filial, residente nesse Estado-Membro, só pode deduzir dos seus rendimentos coletáveis uma transferência financeira entre sociedades do grupo por ela efetuada a favor da sua sociedade-mãe se esta última tiver a sua sede nesse mesmo Estado-Membro"[356].

O que acaba de se dizer relativamente ao Acórdão *OY AA* afigura-se-nos suficiente para evidenciar a fragilidade da distinção tradicional entre razões justificativas – perda de receita fiscal; territorialidade fiscal; combate à evasão fiscal; equilibrada repartição de poderes tributários – apontando para a necessidade de se adotar o princípio da proporcionalidade como critério material de decisão.

3.4. Direito da concorrência e auxílios de Estado

O teor literal do artigo 107º, nº 1, do TFUE, hostil a auxílios que falseiem ou ameacem falsear a concorrência, obriga a que se tenha em conta, não apenas a concorrência atual, mas também a concorrência potencial. O aspeto do direito da concorrência em que a ligação com o direito fiscal é imediata diz respeito ao regime da proibição de auxílios de Estado. Este é indissociável da prevenção da *concorrência fiscal prejudicial* entre Estados membros[357].

O conceito de auxílio de Estado é dinâmico, adaptando-se ao desenvolvimento do mercado interno. Sendo mais amplo do que o de subvenção, ele compreende todas as formas de desoneração dos custos normais

[354] Op cit., p. 187.

[355] *Idem.*

[356] Decisão do TJUE no Acórdão *Oy AA*.

[357] Martha O'Brien, "Company taxation, state aid and fundamental freedoms: is the next step enhanced cooperation?", 30, *European Law Review*, 2, 2005, 209 seguintes; Rosa Greaves, "Autonomous regions, taxation and EC state-aid rules", 34, *European Law Review*, 5, 2009, 779 seguintes.

que uma empresa tem que suportar. Em causa estão ajudas específicas e seletivas, comparativamente vantajosas, concedidas a uma ou várias empresas. Tem-se em conta o custo ou a perda de receitas que recai sobre a entidade estadual e o benefício que impende sobre a empresa recetora, bem como o caráter seletivo e específico da medida. O que interessa não é a forma ou o *nomen iuris*, mas a natureza e o efeito competitivo da medida.

Para além dos auxílios diretos ao investimento, apoios à exportação, participação no capital das empresas, auxílios à aquisição de títulos de capital, juros bonificados, garantias de crédito, etc., o conceito de auxílio de Estado abrange ainda regimes fiscais especiais, isenções fiscais e benefícios fiscais. Um regime fiscal preferencial é um auxílio de Estado. Uma parte significativa dos auxílios é concedida por via fiscal. O artigo 107º, nº 1, do TFUE é ativado pela simples adequação da medida para afetar o comércio entre Estados[358]. Se o auxílio distorcer a concorrência ele deve ser considerado incompatível com o mercado interno. A dimensão transfronteiriça está presente, por exemplo, quando são dados incentivos fiscais diretos para a participação de empresas nacionais em feiras noutros Estados membros[359].

A cláusula *de interestadualidade* é interpretada extensivamente. Mesmo uma medida que visa incentivar as exportações em Estados terceiros pode afetar o comércio entre Estados membros[360]. Os auxílios de Estado, a par do impacto que têm na concorrência, podem constituir uma fonte de limitações às liberdades fundamentais de circulação de mercadorias, trabalhadores e capitais, de estabelecimento e prestação de serviços.

As instituições têm procurado introduzir alguma previsibilidade neste domínio, no quadro da relação entre auxílios de Estado e concorrência fiscal prejudicial. Por um lado, o Ecofin aprovou um Código de Conduta sobre este assunto[361]. Embora não tenha valor jurídico vinculativo, ele não deixa de se revestir do maior relevo. Por seu lado, e como resposta, a Comissão aprovou uma Comunicação sobre a aplicação das regras relativas aos auxílios estatais às medidas relativas à fiscalidade direta das empresas[362].

[358] C-222/04, *Cassa di Risparmio di Firenze and Others*, 10-1-2006.

[359] C-305/09, *Comissão vs. Itália*, 5-5-2011.

[360] C-494/06 P, *Comissão vs. Itália e VAM, SpA*, 30-4-2009.

[361] 98/C 2/01, 1-12-1997.

[362] 98/C 384/03.

A título de exemplo refira-se que, em 2015, a Comissão decidiu que o Luxemburgo e a Holanda concederam vantagens fiscais seletivas à Fiat e à Starbucks, respetivamente, as quais são ilegais à luz do direito da UE. Desde 2013, a Comissão tem conduzido diversas investigações neste domínio, incluindo, para além das já mencionadas, as respeitantes à Apple, na Irlanda, e à Amazon, no Luxemburgo.

Nas suas investigações, a Comissão tem-se feito valer dos poderes que lhe foram conferidos pelo Regulamento 734/2013, aprovado no âmbito do pacote de modernização da política da UE no domínio dos auxílios do Estado.

4. Luta contra a fraude e a evasão fiscais

A UE e os Estados membros têm todo o interesse em zelar pelos respetivos interesses financeiros e combater a fraude e a evasão fiscal. Este objetivo consegue-se mediante a simplificação de procedimentos, a utilização das tecnologias de informação (v.g. faturação eletrónica), a troca de informações e a cooperação administrativa e jurisdicional[363].

Em matéria de troca de informações em matéria fiscal, é particularmente relevante a Diretiva 2011/16/UE do Conselho, de 15 de fevereiro, que se refere à cooperação administrativa no domínio da fiscalidade, bem como o Regulamento de Execução (UE) nº 1156/2012 da Comissão, de 6 de dezembro de 2012.

O objetivo central prosseguido com a Diretiva 2011/16/UE é o de conferir aos Estados membros a competência necessária para uma cooperação eficaz em matéria de fiscalidade no espaço da União Europeia. Com este propósito, a referida Diretiva estabelece as regras e os procedimentos ao abrigo dos quais os Estados membros devem cooperar entre si tendo em vista a troca de *informações previsivelmente relevantes* para a administração e a execução das legislações fiscais nacionais, com exceção da que se relacione com o IVA, direitos aduaneiros e impostos especiais de consumo abrangidos por outra legislação da União em

[363] Parecer do Comité Económico e Social Europeu sobre a Comunicação da Comissão ao Parlamento Europeu, ao Conselho, ao Comité Económico e Social Europeu e ao Comité das Regiões – Aproveitar os benefícios da faturação eletrónica para a Europa [COM(2010) 712 final] *JO C 318 de 29.10.2011, 105 seguintes* Parecer do Comité Económico e Social Europeu sobre o Livro Verde sobre o futuro do IVA – Rumo a um sistema de IVA mais simples, mais sólido e eficaz [COM(2010) 695 final] *JO C 318 de 29.10.2011, 87 seguintes.*

matéria de cooperação administrativa entre Estados membros. A Diretiva 2011/16/UE também não é aplicável às contribuições obrigatórias para a segurança social, nem a taxas ou direitos de natureza contratual (artigo 2º).

A referência a "informações previsivelmente relevantes" visa possibilitar a troca de informações em matéria fiscal e, ao mesmo tempo, evitar que os Estados membros encetem investigações aleatórias, persecutórias ou inúteis.

A Diretiva sobre cooperação administrativa no domínio da fiscalidade prevê três modalidades de troca de informações: *a pedido*; *automática*; *espontânea*.

A troca de informações *a pedido* é efetuada com base numa solicitação feita por um Estado membro (requerente) a outro Estado membro (requerido) num caso específico. A troca *automática* de informações, com caráter obrigatório, consiste na comunicação sistemática de informações pré-definidas por um Estado membro a outro, sem pedido prévio, em intervalos de tempo regulares pré-definidos. A troca *espontânea* de informações é a comunicação não sistemática, a qualquer momento e sem pedido prévio, de informações por um Estado membro a outro.

A troca automática de informações apenas é obrigatória para determinados rendimentos, a saber: rendimentos do trabalho; honorários de administradores; produtos de seguro de vida não abrangidos por outros instrumentos jurídicos da União em matéria de troca de informações e outras medidas análogas; pensões; propriedade e rendimento de bens imóveis. Em 2008, a Comissão, consciente da necessidade de incrementar a eficácia do mecanismo de troca automática de informações, apresentou uma proposta de Diretiva[364] visando o alargamento do leque de rendimentos abrangidos pela troca automática obrigatória de informações, de modo a incluir: dividendos; mais-valias; quaisquer outros rendimentos provenientes dos ativos detidos numa conta financeira; qualquer montante relativamente ao qual a instituição financeira seja o obrigado ou o devedor, incluindo quaisquer pagamentos de resgate; saldos de contas.

A Diretiva 2011/16/UE, para além das trocas de informações, prevê outras formas de colaboração entre administrações tributárias dos

[364] Proposta de Diretiva COM(2013) 348 final.

Estados membros, incluindo, a possibilidade de presença nos serviços administrativos e de participação em inquéritos administrativos realizados pela autoridade administrativa requerida de funcionários da autoridade administrativa requerente. A mesma diretiva prevê ainda a possibilidade de realização de controlos simultâneos, de colaboração para se proceder a notificações administrativas e de retorno de informação à autoridade requerida por parte da autoridade requerente.

Igualmente relevante em matéria de cooperação entre Estados membros em matéria tributária é a Diretiva 2010/24/UE do Conselho, de 16 de março de 2010 (Diretiva de assistência à cobrança), e o Regulamento de execução (UE) nº 1189/2011 da Comissão, de 18 de novembro de 2011. Esta diretiva prevê as regras segundo as quais os Estados membros devem prestar assistência à cobrança de créditos respeitantes a impostos diretos e outros créditos referidos no seu artigo 2º, constituídos noutro Estado membro.

O objetivo de luta contra a evasão e a fraude fiscais requer o funcionamento eficaz e transparente de uma verdadeira rede de prestação de contas (*accountability network*). Especialmente importante, neste contexto, é o trabalho desenvolvido pelo Organismo Europeu de Luta Antifraude (OLAF), também ele sujeito a fiscalização, em articulação com a Comissão Europeia, o Parlamento Europeu, o Conselho e o Tribunal de Contas Europeu[365].

A Comissão Europeia, na sua Comunicação de 17-06-2015, intitulada "Um sistema de tributação das sociedades justo e eficaz na União Europeia: cinco domínios de ação prioritários"[366], reconhece a necessidade de adoção de "uma nova abordagem da tributação das empresas na UE", em ordem a garantir uma tributação mais justa e eficaz, o que passa por um combate eficaz à evasão fiscal das empresas. Tendo em vista esses fins gerais, a Comissão define os seguintes objetivos: *i)* restabelecer a ligação entre a tributação e o local onde se realiza a atividade económica; *ii)* assegurar que os Estados-Membros possam avaliar corretamente as atividades das empresas sob a sua jurisdição; *iii)* criar na UE um ambiente fiscal empresarial competitivo e favorável ao crescimento, de que

[365] Relatório de Atividades do Comité de Fiscalização do OLAF (janeiro de 2011-novembro de 2011), JO C 100 de 3.4.2012, 1 seguintes.
[366] COM(2015) 302 final.

resulte um setor empresarial mais resistente, em consonância com as recomendações formuladas no âmbito do *Semestre Europeu*[367]; *iv)* proteger o Mercado Único e garantir uma forte abordagem da UE para questões externas associadas à tributação das empresas, incluindo medidas para a aplicação do projeto BEPS da OCDE, para lidar com jurisdições fiscais não cooperantes e para aumentar a transparência fiscal.

Os cinco domínios de atuação prioritária definidos pela Comissão, tendo em vista a prossecução dos objetivos mencionados são os seguintes:

1. Adoção da "matéria coletável comum consolidada do imposto sobre as sociedades" (MCCCIS), proposta pela comissão em 2011,[368] com caráter obrigatório;
2. Assegurar a tributação efetiva no local onde são gerados os lucros, o que inclui a melhoria do quadro regulamentar da UE em matéria de preços de transferência e a ligação dos regimes preferenciais aos locais onde o valor é gerado;
3. Adoção de medidas adicionais para melhorar o ambiente fiscal das empresas, o que inclui a previsão da possibilidade de dedução de prejuízos transforteiriços e a melhoria dos mecanismos de resolução de litígios em matéria de dupla tributação;
4. Novos progressos em matéria de transparência fiscal, incluindo uma abordagem mais comum às jurisdições fiscais não cooperantes de países terceiros;
5. Instrumentos da UE para a coordenação em matéria fiscal, o que aponta para a necessidade de se proceder à reforma do *Código de Conduta para a Fiscalidade das Empresas*[369] e a *Plataforma para a Boa Governança Fiscal*[370].

[367] O *Semestre Europeu* consiste num ciclo anual de coordenação de políticas económicas tendo em vista a realização dos objetivos da estratégia Europa 2020, no âmbito do qual a Comissão analisa os programas de reformas orçamentais, macroeconómicas e estruturais dos países da UE e formula recomendações para os 12 a 18 meses seguintes, as quais são posteriormente debatidas no Conselho e formalmente aprovadas pelo Conselho Europeu – http://ec.europa.eu/europe2020/making-it-happen/index_pt.htm.

[368] COM/2011/121 final.

[369] 98/C 2/01, 1-12-1997.

[370] A *Plataforma para a Boa Governança Fiscal* é um fórum onde estão representados especialistas das empresas, dos profissionais da fiscalidade e de organizações da sociedade civil, e que visa assegurar uma diálogo especializado e um apoio à Comissão no desenvolvimento

O relançamento do tema da MCCCIS assume destaque no plano de ação para a implementação de um sistema de tributação das sociedades na UE mais justo e eficaz. A MCCCIS consiste num sistema de regras comuns para calcular a matéria coletável das sociedades, com residência fiscal na UE e das sucursais situadas na UE de sociedades sediadas em países terceiros. A proposta apresentada pela Comissão, em 2011, prevê i) regras para o cálculo dos resultados fiscais de cada sociedade (ou sucursal), ii) a consolidação desses resultados e iii) a repartição (*apportionment*) da matéria coletável consolidada por cada um dos membros do grupo de acordo com uma fórmula previamente definida na diretiva que vier a ser adotada. Note-se que este sistema resulta na harmonização do cálculo da matéria coletável, mas não das taxas aplicáveis.

Através da MCCCIS pretende-se evitar a sobretributação e a dupla tributação, bem como diminuir os custos administrativos e custos de cumprimento das obrigações fiscais para as empresas.

Em 2011, a Comissão propunha um sistema facultativo. Em 2015, a Comissão vem reconhecer a necessidade de trabalhar numa proposta que preveja a obrigatoriedade da MCCCIS, pelo menos para as empresas multinacionais.

A referida Comunicação da Comissão, de 2015, no sentido da criação de um sistema de tributação das sociedades justo e eficaz na União Europeia, a Comissão, é de inegável relevo no contexto do combate à fraude e à evasão fiscais na União Europeia.

Igualmente relevante neste domínio é o chamado "Pacote da Transparência Fiscal", apresentado pela Comissão em março de 2015[371], e que prevê um conjunto de medidas que poderão ser tomadas a curto prazo com a finalidade de combater a evasão fiscal (elisão fiscal) e a fraude fiscal por parte das empresas na UE. As medidas previstas são as seguintes: *i)* estabelecer disposições rigorosas em matéria de transparência para os acordos fiscais prévios; *ii)* racionalizar a legislação relativa à troca automática de informações; iii) avaliar a necessidade de novas iniciativas em

de iniciativas de promoção da boa governança fiscal em países terceiros, combate ao planeamento fiscal agressivo e identificação e resolução de problemas de dupla tributação – http://ec.europa.eu/taxation_customs/taxation/gen_info/good_governance_matters/platform/index_en.htm.

[371] COM(2015) 136 final.

matéria de transparência; *iv)* rever o Código de Conduta no domínio da Fiscalidade das Empresas; *v)* melhorar a quantificação do diferencial de tributação[372]; *vi)* promover uma maior transparência fiscal a nível internacional (em consonância com o plano de ação BEPS da OCDE).

[372] Este diferencial consiste na diferença entre os impostos devidos e os montantes efetivamente cobrados pelas autoridades nacionais.

Capítulo IV
Direito internacional tributário

1. Introdução

A realidade jurídica e económica internacional apresenta-se hoje especialmente favorável às trocas comerciais e à livre circulação de capitais, com consequências imediatas nos planos tributário, económico e mesmo social.

Desde logo, colocam-se complexos problemas relacionados com a **coordenação dos sistemas tributários** dos diferentes Estados soberanos. Este constitui o núcleo duro do direito internacional tributário.

A internacionalização da economia e das transações comerciais veio tornar cada vez mais premente a necessidade de se prosseguir no sentido de uma maior harmonização das obrigações fiscais diante dos diferentes Estados. O maior desafio consiste em equilibrar o interesse dos Estados na proteção da respetiva base tributária com o interesse global na promoção do crescimento e do desenvolvimento económico. Por outras palavras, trata-se de uma concordância prática entre a promoção dos interesses próprios dos Estados e a cooperação na realização de interesses da comunidade internacional[373].

A amplitude da atividade económica e a natureza transnacional de muitas empresas confere ao direito internacional tributário uma grande

[373] Han, Sung-Soo, "The Harmonization Of Tax Treaties And Domestic Law", 7, Brigham Young University International Law & Management Review, 2011, 29 seguintes.

importância. Este assume uma íntima relação com a economia internacional e com o direito internacional económico.

A tributação é indissociável da promoção das trocas comerciais, do investimento e do crescimento económico.

A complexidade das transações comerciais e da atividade económica à escala global aumenta o risco de dupla e múltipla tributação. Mas também aumentam as possibilidades de planeamento fiscal e de evasão fiscal, comprometendo a base tributária dos Estados, desenvolvidos e em desenvolvimento, e pondo em causa a realização das respetivas finalidades políticas, económicas e sociais. Daí a importância do direito internacional tributário.

Os problemas em causa tornam especialmente necessária a celebração de tratados multilaterais e bilaterais[374]. Na verdade, pode dizer-se que se trata aqui de um domínio onde proliferam os tratados bilaterais de investimento e dupla tributação[375]. A maior parte dos tratados bilaterais sobre dupla tributação tem como partes os Estados desenvolvidos[376].

A doutrina do Direito tributário também não pode deixar de considerar se e em que medida é que o Direito tributário de um Estado deve preocupar-se apenas com a defesa dos interesses dos seus cidadãos, independentemente das consequências que daí advenham para cidadãos de outros Estados, ou, diferentemente, considerar o também o interesse dos cidadãos de outros Estados em garantir para si mesmos um nível humanamente aceitável de bem-estar económico e social[377].

No direito internacional contemporâneo a pessoa humana, a sua dignidade e os seus direitos, vêm assumindo um relevo central e normativamente conformador, ao mesmo tempo que se acentua o caráter meramente instrumental do Estado e da sua soberania.

Um certo idealismo mais otimista parece querer sobrepor-se, no direito internacional, ao realismo mais pessimista. Por outras palavras, o

[374] Han, Sung-Soo, "The Harmonization Of Tax Treaties And Domestic Law", 7, Brigham Young University International Law & Management Review, 2011, 30 seguintes.

[375] Gregory Shaffer, Tom Ginsburg, "The Empirical Turn in International Legal Scholarship", 106, American Journal of International Law, 2012, 1 seguintes.

[376] Han, Sung-Soo, "The Harmonization Of Tax Treaties And Domestic Law", 7, Brigham Young University International Law & Management Review, 2011, 33.

[377] Ed Morgan, "International Tax Law As A Ponzi Scheme", 34, *Suffolk Transnational Law Review*, 2011, 69 seguintes; Graetz, *Foundations of International Income Taxation...*, cit., p. 5.

indivíduo surge como centro de gravidade do sistema jurídico internacional, o que consubstancia um verdadeiro giro coperniciano nesta constelação normativa.

Ora, o direito internacional tributário é um ramo do direito internacional, pelo que também aí se deve refletir a mudança de paradigma a que se assiste no direito internacional geral. Assim, também o direito internacional tributário, mais do que preocupado apenas com a coordenação das normas tributárias dos diferentes Estados, deve colocar-se ao serviço da promoção da transparência democrática, do desenvolvimento económico e social e da justa distribuição dos rendimentos à escala global. Este objetivo pode ser servido com maior eficácia pela existência de múltiplos atores com capacidade de decisão autónoma e descentralizada, concorrendo entre si no plano fiscal, ainda que com discricionariedade limitada[378].

O direito internacional tributário tem que evitar uma (des)ordem internacional caracterizada por uma competição fiscal desenfreada, uma espécie de "guerra fiscal de todos contra todos", que comprometa o crescimento económico e a justiça tributária nos vários Estados[379].

O facto de o direito internacional tributário constituir um ramo do direito internacional não significa que não existam diferenças significativas entre o direito internacional em geral e o direito internacional tributário em especial. Existem certamente essas diferenças. Por exemplo, enquanto a jurisdição dos Estados é definida, tendencialmente, a partir dos princípios da **nacionalidade** e da **territorialidade**, já a jurisdição tributária é definida em termos mais flexíveis com base nos princípios da **residência** e da **fonte**, que, embora possam coincidir em boa medida com os primeiros, não devem ser confundidos com eles. Em todo o caso, existem linhas de continuidade normativas e principiais entre o direito internacional e o direito internacional tributário que devem ser devidamente equacionadas pelo cultor do direito tributário.

[378] Neste sentido, Eric T. Laity, "The Competence Of Nations And International Tax Law", 19, *Duke Journal of Comparative & International Law*, 2009, 187 seguintes.
[379] Graetz, *Foundations of International Income Taxation*..., cit., p. 5.

2. Objeto do Direito internacional tributário

O poder de tributar é um atributo da soberania dos Estados. No exercício desta soberania os Estados utilizam frequentemente o sistema fiscal para obter uma posição de vantagem comparativa no mercado dos capitais, do investimento direto e dos bens e serviços. Para essa missão são mobilizados impostos, taxas, regras de incidência, benefícios fiscais, créditos de imposto, deduções, isenções, acordos sobre dupla tributação, etc.[380]

O direito internacional tributário preocupa-se, essencialmente, com a resolução dos problemas que se suscitam, no plano fiscal, pela circulação de pessoas, bens, serviços e capitais à escala mundial. Embora o direito internacional tributário reconheça a soberania fiscal dos Estados, e admita um nível significativo de concorrência fiscal, ele não pode ser entendido como "*self-contained regime*", à margem das restantes normas de direito internacional, mas sim na sua relação e com os sistemas das Nações Unidas e do GATT/OMC[381].

Ao mesmo tempo que deve servir os direitos humanos, com especial relevo para os direitos económicos, sociais e culturais, o direito internacional tributário deve assumir a intenção liberalizadora do comércio internacional, favorável ao tratamento igual dos Estados (v.g. tratamento nacional, nação mais favorecida) e dos seus nacionais (v.g. igualdade horizontal, proibição de regimes fiscais preferenciais). Isso implica a promoção da transparência e neutralidade económica da legislação fiscal, impedindo-a de distorcer e segmentar os mercados, restringir a circulação de mercadorias, serviços e capitais ou subsidiar indiretamente empresas ou exportações.

A neutralidade económica fiscal pode ser entendida de forma tríplice, como 1) *neutralidade de exportação de capitais*, não afetando a decisão económica de investir em território nacional ou estrangeiro, 2) *neutralidade de importação de capitais*, consistindo na sujeição à mesma tributação de todas as empresas que operam num mesmo mercado, ou 3) *neutralidade nacional*, traduzida no tratamento dos impostos pagos no estrangeiro como uma qualquer despesa dedutível, doméstica ou internacional.

[380] Ring, *Democracy, Sovereignty and Tax Competition...*, cit., 555 seguintes.

[381] Jónatas E.M. Machado, *Direito Internacional Público*, do Paradigma Clássico ao Pós-11 de setembro, 3ª ed., Coimbra, 2006, 469 seguintes.

Dificilmente qualquer destas três dimensões será realizada de forma pura por qualquer sistema fiscal[382].

Além disso, impõe-se a coordenação justa das pretensões de jurisdição tributária dos vários Estados soberanos, atendendo à situação económica e social dos menos desenvolvidos, de forma a evitar a erosão da base tributária em favor dos *paraísos fiscais* (*tax havens*) e compatibilizar a atração e retenção do investimento direto com a obtenção de receitas fiscais razoáveis. Isso só é possível mediante a eliminação da *concorrência fiscal prejudicial* (*harmful tax competition*)[383].

Quando um indivíduo ou uma empresa residente num Estado auferem rendimentos que têm a sua fonte num outro Estado, pode surgir um conflito positivo entre duas pretensões de jurisdição tributária: a do **Estado da residência** e a do **Estado da fonte**. É hoje incontroverso, na doutrina, que ambos os Estados dispõem de uma pretensão de jurisdição tributária válida à face do direito internacional.

Do mesmo modo, considera-se geralmente que os demais Estados, que não sejam o da residência e o da fonte, não têm uma pretensão válida de jurisdição tributária, a menos que se trate do Estado da nacionalidade, embora este aspeto, com relevo apenas no caso específico dos Estados Unidos, seja controverso.

Quando nenhum dos Estados em presença prescinde do seu poder de tributar surge o problema da **dupla tributação internacional**. Dizemos problema, porque se trata de um fenómeno geralmente responsabilizado pelos economistas pela criação de barreiras à circulação de capitais, ao investimento e ao crescimento económico.

A dupla tributação internacional pode resultar de um conflito *residência/fonte*, mas também pode surgir nos casos de conflitos do tipo *residência/residência* e *fonte/fonte*, quando os Estados adotam diferentes critérios para definir a residência e a fonte dos rendimentos.

3. História do Direito internacional tributário

A tendência crescente no sentido de uma maior integração económica desde há muito que tem levado os Estados a preocuparem-se com as

382 Richard Doernberg, International Taxation, 9ª ed., St. Paul, MN, 2012, 3 seguintes.

383 OECD, The OECD's Project on Harmful Tax Practices: The 2004 Progress Report 7-13 (2004).

questões de direito internacional tributário. Uma das questões centrais é, sem dúvida, a relativa à dupla tributação.

Em 1919 foi criada em Paris a Câmara de Comércio Internacional (CCI) com o objetivo de promover o comércio e o investimento e facilitar a circulação de mercadorias e capitais. Um dos seus objetivos era a eliminação da dupla tributação pela via da celebração de tratados internacionais. O mesmo objetivo foi assumido pela Sociedade das Nações, uma organização criada pelo Tratado de Versalhes de 1919. Em 1923, a CCI propôs um esquema de repartição de impostos (*profit-split*) entre a origem e o domicílio, na proporção do lucro aí realizado, devendo este ser calculado com base em fatores pertinentes (v.g. volume de vendas, receitas brutas). No entanto, o esquema foi rejeitado pelo Comité Fiscal da Sociedade das Nações.

Em 1928 foi adotada, sob a égide da Sociedade das Nações, a primeira convenção modelo sobre dupla tributação. A mesma assumia um conflito de interesses económicos entre Estados da residência (i.e. exportadores de capitais/credores) e da fonte (i.e. importadores de capitais/ /devedores). De um modo geral, a prevalência era dada aos interesses do Estado da residência do contribuinte. Aí seria tributado o rendimento residual, ficando a fonte com o direito de fazer retenções (i.e. impostos impessoais) sobre categorias específicas de rendimentos (v.g. dividendos, rendas, juros, royalties) e tributar a propriedade imobiliária, a agricultura e o estabelecimento estável comercial ou industrial.

A Convenção de 1928, foi revista em 1935, favorecendo ainda mais o Estado da residência. Ela viria a dar lugar à Convenção do México de 1943, tendo inspirado os primeiros tratados sobre dupla tributação celebrados na Europa e pelos Estados Unidos.

Depois da II Guerra Mundial a Sociedade das Nações daria lugar às Nações Unidas. A problemática da dupla tributação foi então retomada pela Organização Europeia de Cooperação Económica (OECE), dando lugar a uma convenção modelo sobre dupla tributação em 1955. A OECE viria a dar lugar, juntamente com os Estados Unidos e o Canadá, à Organização para a Cooperação e Desenvolvimento Económico (OCDE).

Sob a sua égide foi adotada, em 1963, um primeiro modelo de convenção sobre dupla tributação do rendimento e do capital, que seria reformatado em 1977 pelo Comité de Assuntos Fiscais (CAF). Desde então designa-se por Convenção Modelo da OCDE. Embora não se trate de um tratado internacional, esta tem assumido um papel do maior relevo na negociação, interpretação e aplicação de tratados bilaterais sobre dupla tributação. As Nações Unidas também desenvolveram a sua própria Convenção Modelo sobre dupla tributação. Mas a Convenção Modelo da OCDE tem logrado uma mais ampla aceitação.

Ambos os modelos estão construídos em torno de algumas ideias básicas, cuja modulação concreta pode conhecer alguma variação, a saber: a) o Estado da fonte pode tributar operações locais, incluindo a propriedade, a agricultura e o estabelecimento estável comercial e industrial; b) o rendimento residual deve ser tributado no Estado da residência, que supostamente fornece conhecimento, capital e acesso a mercados globais; c) a presença de uma holding deve ser tratada como Estado da residência; d) um agente independente e uma subsidiária não devem ser considerados como estabelecimento estável de uma empresa estrangeira, pelo que o Estado da fonte apenas pode tributar a comissão do agente e o lucro da subsidiária; f) os preços de transferência são avaliados unilateralmente à luz dos interesses do Estado da residência. Alguns Estados têm adotado a sua própria convenção modelo. Assim sucede com os Estados Unidos da América, que não deixaram de se inspirar fortemente na Convenção Modelo da OCDE.

Entretanto, o quadro económico global mudou significativamente nas últimas décadas com o surgimento de economias emergentes, algumas delas nos antigos territórios coloniais. Os papéis de residência e fonte inverteram-se em boa medida. Os Estados desenvolvidos disputam entre si a atração de investimento e alguns Estados emergentes (v.g. BRICS's) são hoje exportadores de capital. Ao mesmo tempo, a deslocalização de lucros e o recurso a centros financeiros offshore favorece a evasão fiscal e o surgimento de rendimento sem casa (*homeless income*), pondo em causa a base tributária dos Estados. O principal desafio consiste em adaptar os princípios do direito internacional tributário à nova realidade da economia globalizada e promover uma economia global mais justa e equilibrada. Eventualmente poderão ser retomadas as propostas de partilha dos lucros das ETN com base em indicadores económicos (v.g. vendas).

4. O trabalho da OCDE no domínio da fiscalidade internacional

4.1. Considerações gerais

A OCDE foi criada em 1961, com o objetivo de promover o bem-estar económico e social em todo o mundo. A mesma desempenha um importante papel na "global governance", permitindo a comunicação e a coordenação entre diferentes Estados e grupos de interesse.

Esta organização tem permitido aos Estados Unidos e à Europa dirigir a construção do edifício de tributação internacional, através da produção de estudos, recomendações, cometários, padrões de boas práticas, que constituem verdadeiro "*soft law*" capaz de influenciar o curso da discussão e da ação no seio dos Estados. Uma das suas áreas prioritárias de intervenção tem sido a eliminação da dupla tributação, destacando-se a aprovação da sua Convenção Modelo.

O Comité de Assuntos Fiscais, que se reúne bienalmente e integra representantes das autoridades tributárias dos Estados membros, tem vindo a debruçar-se sobre os problemas de fiscalidade. Os funcionários da OCDE que se ocupam deste domínio integram o Centro de Política e Administração Fiscal (*Centre for Tax Policy and Administration*).

Nos últimos anos, a OCDE tem dado uma especial atenção à concorrência fiscal prejudicial. Ela tem procurado, junto de Estados membros e não membros, evitar uma excessiva diminuição das taxas de imposto e encorajar a elevação das taxas em Estados em que as mesmas estão demasiado baixas[384].

Este esforço, se for bem-sucedido, não deixa de representar uma limitação substancial da soberania fiscal dos Estados, em favor de um grupo nações mais industrializadas. Cria-se assim um sistema de *cartelização fiscal*, que protege as vantagens comparativas dos Estados mais desenvolvidos e prejudica os interesses dos menos desenvolvidos. Em causa pode estar o objetivo da OCDE de promover o bem-estar económico e social à escala global.

[384] Andrew P. Morriss, Lotta Moberg, "Cartelizing Taxes: Understanding the OECD's Campaign against "Harmful Tax Competition", 4 Columbia Journal of Tax Law, 2012-2013, 1 seguintes .

4.2. O projeto BEPS

Em setembro de 2013, os líderes do G20[385] solicitaram à OCDE a elaboração de um plano de ação para combater a erosão da base tributável e o desvio de lucros – *Base Erosion and Profit Shifting* (BEPS).

Em 5 de outubro de 2015, a OCDE apresentou um pacote de 13 relatórios, os quais incluem um reforço dos princípios de fiscalidade internacional e medidas aptas a combater a BEPS.

Os relatórios do projeto BEPS compreendem as seguintes ações:

Ação 1: enfrentar os desafios colocados pela economia digital em matéria fiscal;

Ação 2: neutralizar os efeitos dos arranjos relacionados com a utilização de instrumentos financeiros híbridos, que se traduzem em situações de dupla dedução ou de dedução concedida num Estado mas sem que os rendimentos que lhe estão subjacentes tenham sido efetivamente tributados no outro Estado, o que pode resultar, designadamente, de diferentes qualificações dos rendimentos em causa pelos Estados envolvidos (p. ex. um pagamento que é efetuado por uma sociedade sediada no Estado A a uma sociedade do mesmo grupo localizada no Estado B, em que esse pagamento é qualificado em A como juro, e por isso beneficia de uma dedução, e em B é qualificado como dividendo, estando por isso isento de tributação);

Ação 3: aumentar a eficácia das regras CFC (*Controlled Foreign Company*), as quais consistem em normas anti-abuso, em que os lucros obtidos num Estado por sociedades não residentes que sejam controladas por residentes são a estes imputados (ex. artigo 66º do CIRC);

Ação 4: limitar a erosão da base tributável por via da dedução de juros e de outros pagamentos financeiros;

Ação 5: combater de um modo mais eficaz as práticas fiscais prejudiciais, tomando em linha de conta a transparência e a substância (que se prende com saber se existe atividade substancial que justifique a aplicação de um regime preferencial);

[385] Grupo constituído pelos líderes das 20 maiores economias mundiais.

Ação 6: Prevenir o abuso de tratados internacionais, incluindo o que se concretiza através do "treaty shopping" (que passa pela adoção de estratégias através das quais um não residente num Estado procura tirar partido das vantagens de um tratado fiscal celebrado por esse Estado);

Ação 7: Prevenir a fuga ao estatuto de *estabelecimento estável*, designadamente através da alteração do conceito de estabelecimento estável previsto no artigo 5º da convenção Modelo da OCDE, o que se revela de inegável relevo atendendo a que é com base na imputação dos lucros a um estabelecimento estável que são tributados num Estado os rendimentos obtidos por uma sociedade sediada noutro Estado;

Ações 8 a 10: assegurar que os resultados da aplicação das regras de *preços de transferência* estão em consonância com o *valor gerado*, o que significa que se pretende que as regras de preços de transferência garantam, em maior medida, a correspondência entre os resultados operacionais e as atividades económicas que lhes dão origem;

Ação 11: medir e monitorar a BEPS, o que implica melhorias ao nível da recolha, compilação e análise de dados por parte dos Estados;

Ação 12: a obtenção pelos Estados de informação atempada, abrangente e relevante sobre práticas de planeamento fiscal agressivo, o que pode passar pela adoção de regras que obriguem os contribuintes a comunicar esquemas de planeamento fiscal agressivo;

Ação 13: melhorar as regras relativas à documentação de preços de transferência, em ordem a incrementar a qualidade da informação ao dispor das administrações tributárias e a diminuir os custos de cumprimento por parte das empresas;

Ação 14: incrementar a eficácia e a eficiência dos mecanismos de resolução de conflitos (*mutual agreement procedure – MAP*[386]);

Ação 15: desenvolver um instrumento multilateral para auxiliar os Estados na implementação das medidas do projeto BEPS que impliquem a revisão das suas Convenções.

[386] Cfr. Artigo 25º da Convenção Modelo da OCDE.

Em 6 de novembro de 2015, no âmbito do 3º Encontro do Fórum Global da OCDE sobre o IVA, foi aprovado um documento com novas orientações em matéria de IVA, as quais foram aditadas às "OECD International VAT/GST Guidelines"[387], e incluídas no pacote BEPS. Através das novas orientações pretende-se assegurar que os impostos sobre o consumo nas transações transfronteiriças são efetivamente pagos no destino, e, simultaneamente, minimizar o risco de que a falta de coordenação nas regras de tributação do consumo distorça o funcionamento do mercado internacional.

No encontro realizado em Antalya, Turquia, em novembro de 2015, os líderes do G20 comprometeram-se a implementar o projeto BEPS, tendo solicitado à OECD o respetivo acompanhamento e o desenvolvimento, no início de 2016, de um quadro inclusivo, que conte com a participação, em plano de igualdade, dos países em desenvolvimento.

5. Critérios de jurisdição tributária

5.1. Critério da residência

O critério da residência é geralmente considerado como justificativo das pretensões de jurisdição tributária por parte dos Estados. É com esse sentido que se fala, neste contexto, do **Estado da residência.** De acordo com este critério, os Estados tributam os seus residentes, independentemente do local da fonte dos respetivos rendimentos. Essa realidade supõe a adoção de um **sistema de tributação mundial**. Assim, o critério da residência anda de mãos dadas com o critério da tributação do rendimento mundial, com implicações imediatas na fixação da incidência subjetiva e objetiva dos impostos.

Embora o critério da residência se afigure *prima facie* óbvio, a verdade é que o mesmo não se apresenta desprovido de dificuldades. A doutrina observa que, não sendo uniformes os critérios utilizados para determinar a residência, é possível que um indivíduo ou uma sociedade sejam considerados residentes em mais do que um Estado. Do mesmo modo,

[387] Ete documento define os princípios relacionados com a neutralidade do IVA e com a tributação no destino de serviços trsnfronteiriços prestados a empresas (B2B) e a consumidores finais (B2C).

verifica-se que hoje em dia é possível a uma sociedade deslocar muito facilmente a sua residência de um Estado para outro[388]. A justificação da pretensão de tributar com base no critério da residência prende-se, essencialmente, com o valor que esta tem para o indivíduo ou a pessoa coletiva, na medida em que confere um estatuto de proteção jurídica e um ambiente regulatório que pode trazer benefícios importantes para um indivíduo ou pessoa coletiva, mesmo nos casos em que estes levam a cabo a sua atividade produtiva no estrangeiro.

Os residentes devem a sua lealdade tributária ao Estado da residência por dele receberem a necessária proteção jurídica dos seus direitos e interesses. De acordo com este entendimento, que vê na residência e na nacionalidade importantes valores imateriais, o critério da residência pode reclamar a seu favor uma justificação baseada na **teoria do benefício**. Os E.U.A. vão mesmo ao ponto de tributar com base no critério da nacionalidade, independentemente do local da residência ou da fonte dos rendimentos, na medida em que consideram que se trata aqui de um bem com um valor imaterial que deve ser assumido por todos os nacionais.

Refira-se que a tributação do rendimento global com base no critério da residência decorre, em muitos casos, do imperativo constitucional de tributar todos os contribuintes de forma igual, independentemente da fonte onde é obtido o seu rendimento. Por um lado, a garantia de um **crédito de imposto** minimiza o risco de sujeição do contribuinte com rendimentos estrangeiros provenientes do Estado da fonte a uma taxa de imposto efetiva mais elevada do que a taxa que impende sobre os rendimentos auferidos por um contribuinte no Estado da residência. Por outro lado, a sujeição dos rendimentos do Estado da fonte a tributação no Estado da residência impede a sujeição dos rendimentos estrangeiros a uma taxa menos elevada do que aquela a que idênticos rendimentos estão sujeitos no Estado da residência[389].

A tributação desigual de contribuintes com o mesmo rendimento, diferenciando em função da fonte desse mesmo rendimento, criaria um sentimento de discriminação e injustiça, podendo afetar decisivamente os fluxos de capitais. Igualmente relevante, nesta sede, é o objetivo do

[388] Graetz, *Foundations of International Income Taxation*..., cit., 5 seguintes.

[389] Graetz, *Foundations of International Income Taxation*..., cit., 14 seguintes.

Estado da residência de sujeitar todos os contribuintes residentes a uma tributação com base em taxas progressivas, tendo em vista a redistribuição do rendimento, objetivo que só é plenamente conseguido na medida em que os rendimentos auferidos no estrangeiro forem incluídos na base tributária.

Estes aspetos são, além do mais, indissociáveis do objetivo estadual de preservar a sua base tributária, evitando que os seus residentes, com especial relevo para os mais abastados, desloquem os seus capitais para investimento no estrangeiro, em busca de novas fontes de rendimentos. Também se compreende, neste contexto, que mesmo quando o Estado da residência adota um sistema de **crédito de imposto** para atenuar ou evitar a **dupla tributação internacional** tenha frequentemente o cuidado de preservar o seu direito de tributar os rendimentos gerados no seu próprio território.

Se forem aceites sem restrições, os princípios da residência e da tributação mundial podem constituir um obstáculo significativo ao desenvolvimento económico global, na medida em que conferem a um Estado o poder tributar operações económicas de investimento direto realizadas noutros Estados, limitando a acumulação de capital no respetivo território e perturbando a concorrência fiscal internacional. Por isso se defende que seja mitigado pelo sistema de crédito de imposto, ou até neutralizado por sistemas de isenção, no quadro de uma melhor articulação com o princípio da fonte[390].

Por vezes os sujeitos passivos "jogam" com o critério da residência, procurando sediar pessoas coletivas de cujo capital são titulares em Estados que proporcionem vantagens fiscais. Uma dessas práticas é a que consiste no chamado *shopping de tratados*. Ela consiste na criação e registo, por parte de indivíduos residentes num Estado, de uma pessoa coletiva noutro Estado, em que a mesma ficará sediada, para obter aí obterem vantagens fiscais consagradas em tratados de dupla tributação que não são oferecidas pelo Estado da residência.

A deteção de comportamentos abusivos por parte dos contribuintes depende da identificação das expectativas e dos objetivos de política fiscal que consubstanciam o objeto e o fim do tratado de dupla tributação.

[390] Sobre este ponto, Laity, *The Competence Of Nations And International Tax...*, cit., 212.

Além disso, ela exige a consideração da boa-fé e da intenção dos contribuintes e dos Estados, no contexto das circunstâncias e das práticas locais.

5.2. Critério da fonte

De acordo com o **critério da fonte**, o Estado do local onde são produzidos os rendimentos tem uma pretensão de jurisdição tributária válida à face do direito internacional. A doutrina utiliza, neste contexto, o conceito de **Estado da fonte**. Este princípio, relegando para segundo plano o critério da residência, afigura-se razoável do ponto de vista dos custos suportados por este Estado na administração e no controlo da tributação, na medida em que se trata de rendimentos resultantes de atividades desenvolvidas no próprio território.

O mesmo tem ainda o mérito de permitir ao Estado onde são produzidos os rendimentos dispensar uma igualdade de tratamento a todos os investimentos, independentemente da residência dos investidores[391]. Este critério aborda o problema da base tributária a partir da noção de **produto interno bruto**, na medida em que considera todo o rendimento produzido dentro das suas fronteiras, por residentes e não residentes. O mesmo encontra-se intimamente relacionado com o **sistema de tributação territorial**, embora nenhum Estado adote este sistema na sua absoluta pureza.

A doutrina observa que, ao menos na prática, existe uma tendência no sentido de conferir ao presente critério um papel principal na determinação das pretensões de tributação dos Estados, especialmente quando se trata de atividades industriais e comerciais, transferindo para o Estado da residência o encargo de combater a dupla tributação internacional[392]. Nas últimas décadas têm sido mobilizados diferentes fundamentos para justificar a jurisdição tributária com base no critério da fonte[393]. A primeira, tem por base a **teoria da renda**, com base na qual o Estado da fonte tem o direito de cobrar uma renda a todos os não residentes que nele realizam uma atividade produtiva, na medida em que

[391] Graetz, *Foundations of International Income Taxation...*, cit., 15 seguintes.

[392] Graetz, *Foundations of International Income Taxation...*, cit., 13 seguintes.

[393] Peggy B. Musgrave, "Interjurisdictional Equity in Company Taxation: Principles and Applications to the European Union", *Taxing Capital Income in the European Union*, 2002, 52 seguintes.

a mesma utiliza os seus recursos naturais, equipamento infraestrutural e ambiente regulatório. Refira-se, porém, que dificilmente esta teoria corresponde à realidade da tributação dos indivíduos e das empresas no Estado da fonte.

A segunda, algo próxima da primeira, assenta na **teoria do benefício**. De acordo com este entendimento, a pretensão de tributar do Estado da fonte baseia-se no facto de o mesmo ter prestado um conjunto de serviços que beneficiam a atividade produtiva do contribuinte, propiciando-lhe a obtenção de rendimentos. Na verdade, é como se o Estado contribuísse com capital para a atividade produtiva (v.g. estradas; portos; aeroportos; proteção contra a concorrência desleal) adquirindo, por esse motivo, um direito a participar dos lucros obtidos.

Igualmente relevante, neste contexto, é a **teoria da soberania nacional**. Esta compreende uma visão filosófica e moral mais ampla dos fins e da legitimidade do Estado que pode incluir princípios de justiça social, segurança social e solidariedade social com implicações diretas na tributação[394]. Aqui prevalece um critério essencialmente jurídico-político, em vez de uma justificação de tipo jurídico-económico, como sucede com os critérios anteriormente referidos. Neste contexto, o *jus tributandi* surge descrito como uma prerrogativa da soberania estadual, decorrente do princípio da territorialidade, nos termos do qual um Estado pode, *em exclusividade*, tributar todas as atividades que sejam realizadas dentro das suas fronteiras, ao mesmo tempo que renuncia à *exportação fiscal*[395].

Com base nas duas primeiras teorias, a doutrina tem procurado não apenas fundamentar as pretensões de jurisdição tributária do Estado da fonte, mas também limitá-las. A última não fornece, só por si, qualquer indicação sobre o limite do poder tributário do Estado da fonte. Neste domínio, seriam duas as alternativas. Ou se recorre ao princípio da reciprocidade nas relações entre Estados, reconhecendo a mesma medida de poder tributário aos Estados em presença, ou ao princípio da igualdade e da não discriminação entre particulares, tributando em igual medida todos os rendimentos produzidos dentro das fronteiras

[394] Ring, *Democracy, Sovereignty and Tax Competition...*, cit., 571 seguintes.

[395] Daniel Shaviro, "An Economic And Political Look At Federalism In Taxation", 90 *Michigan Law Review*, 1992, 895 seguintes.

do Estado da fonte, independentemente da nacionalidade ou da residência dos seus titulares.

6. Sentido e limites da pretensão tributária

6.1. Enquadramento

O facto de os critérios da residência e da fonte serem considerados relevantes para fundamentar pretensões válidas de jurisdição tributária à face do direito internacional nada diz sobre a questão de saber com que intensidade é que essa pretensão pode ser exercida pelos Estados em presença. Por outras palavras, fica por determinar o sentido e os limites das referidas pretensões tributárias, na medida em que os critérios da residência e da fonte não permitem, por si só, determinar a taxa dos impostos a cobrar.

O Estado da residência pode pretender tributar o **rendimento global** do contribuinte residente já tributado no Estado da fonte. Se for esse o caso, das duas uma: ou o Estado da residência não leva em consideração a existência de uma tributação prévia do contribuinte no Estado da fonte, e tributa-o novamente causando-lhe com isso um prejuízo económico, ou leva em consideração o imposto cobrado pelo Estado da fonte, comprometendo a sua própria base tributária. Nalguns casos, uma solução de compromisso conduz apenas à **tributação residual do residente**, nos casos em que a taxa do imposto no Estado da fonte seja inferior à aplicada pelo Estado da residência aos mesmos rendimentos. Note-se que o problema em apreço pode adquirir contornos especialmente delicados se a tributação operada no Estado da fonte tiver sido particularmente elevada. Nesse caso, a atenuação da dupla tributação internacional pode representar uma perda significativa de receitas para o Estado da residência.

A resolução desta e de outras questões supõe uma tomada de posição quanto ao problema de saber se o direito internacional tributário é um mero direito interestadual de **coordenação** das diferentes pretensões tributárias, numa base de igualdade soberana e reciprocidade, ou se, diferentemente, o mesmo deve obedecer a imperativos morais e jurídicos de **redistribuição** do rendimento à escala planetária. Em causa está saber se as preocupações de justiça tributária se limitam ao direito constitucional tributário dos Estados, ou se, diferentemente, as mesmas extravasam desse âmbito e conformam positivamente o direito internacional tributário. A essa questão dedicaremos as linhas subsequentes. Em alternativa estão duas maneiras diametralmente diferentes de perspetivar o direito internacional tributário.

6.2. O direito internacional tributário como direito de coordenação

Uma primeira posição, tradicionalmente associada com a defesa da **soberania estadual tributária**, parte do princípio de que o direito internacional tributário tem em vista, acima de tudo, à coordenação do direito tributário dos diferentes Estados. De acordo, com este entendimento, os Estados gozam de prerrogativas de soberania indeclináveis em matéria tributária, decorrentes da prossecução de interesses públicos concernentes à comunidade política globalmente considerada a que estruturam política e juridicamente. O mesmo decorre do paradigma clássico do direito internacional, designado por Modelo de Vestefália, à luz do qual o Estado é considerado o centro de gravidade do direito internacional. Neste enquadramento, as questões relativas às receitas e despesas públicas são consideradas, acima de tudo, como questões de soberania política nacional, a resolver pelo direito constitucional tributário[396].

As decisões de equidade tributária são, para esta tese, acima de tudo decisões de justiça constitucional entre particulares e não questões de justiça internacional entre Estados. Daí que as mesmas não digam respeito ao direito internacional tributário, nem a este se exijam opções substantivas fortes nesta matéria. Quando muito, o direito internacional tributário ocupa-se da coordenação e harmonização de pretensões de jurisdição tributária de acordo com uma lógica de afirmação e proteção dos interesses públicos estaduais. As propostas concretas sobre o modo como essa coordenação deve ser levada a cabo variam significativamente na doutrina.

Por exemplo, alguns partem do princípio de que o Estado da residência goza de uma **competência tributária residual** que lhe dá a possibilidade de tributar o rendimento obtido e já tributado numa fonte

[396] Nancy H. Kaufman, "Fairness and the Taxation of International Income", 29, *Law & Policy International Business*, 1998, pp 188 e seguintes.

estrangeira[397]. Torna-se, por isso, essencial proceder a coordenação de ambas as pretensões de jurisdição tributária. Ora, à face desta primeira perspetiva, o direito internacional tributário pretende operar a coordenação das normas de incidência tributária subjetiva e objetiva dos Estados da residência e da fonte, de acordo com princípios substantivos que podemos considerar mais fracos, de igual dignidade soberana e reciprocidade.

Esta visão das coisas decorre, de modo natural, do estabelecimento de uma conexão interna entre o direito tributário e a **teoria da soberania estadual**. A mesma implica, por exemplo, que a tributação de um não residente pelo Estado da fonte deve subordinar-se ao princípio da reciprocidade. Um grupo mais restrito de autores sustenta, pura e simplesmente, a inexistência de qualquer pretensão válida de poder tributário por parte do Estado da fonte, fazendo a apologia do poder exclusivo de tributação por parte do Estado da residência, cabendo ao mesmo encarar o problema da justiça tributária em termos puramente interindividuais. Esta conceção está longe de lograr o assentimento da doutrina e dos Estados.

6.3. O direito internacional tributário como direito de redistribuição

Uma outra perspetiva olha para o direito internacional tributário a partir do **direito internacional económico**, com a sua intencionalidade de promoção do **desenvolvimento económico e social** à escala planetária e de conformação das relações económicas internacionais de acordo com **princípios de justiça**. Aos Estados mais desenvolvidos o direito internacional exige um esforço de erradicação das situações de pobreza absoluta em que vivem setores muito significativos da população mundial nos Estados menos desenvolvidos, nos termos em que a isso obriga a dignidade humana. Isto, sem prejuízo do reconhecimento de que um Estado democrático não deixará de dar prioridade aos interesses dos respetivos cidadãos, os sujeitos do contrato social, na medida em que pretendem representar os respetivos interesses.

Esta conceção tem visto reforçados os seus fundamentos substantivos com a acentuação do papel central que a pessoa humana e os seus

[397] Peggy B. Musgrave, "Sovereignty, Entitlement, and Cooperation in International Taxation", 26, *Brooklin Journal of International Law*, 2001, 1335 seguintes.

direitos ocupam no direito internacional, com a consequente consideração do Estado, da soberania e do próprio direito internacional como grandezas meramente instrumentais. Para esta visão das coisas, o direito internacional tributário tem forçosamente que ser compreendido como um direito de **promoção da equidade à escala global**, com uma atenção especial ao problema do crescimento económico e do desenvolvimento social dos Estados mais pobres, com especial atenção para as condições concretas de subsistência dos indivíduos[398].

Os tratados internacionais, o direito consuetudinário e os princípios gerais de direito internacional tributário devem ser aferidos pelo modo como realizam as finalidades jurídico-internacionais substantivas de desenvolvimento social e equidade económica à escala global. No entanto, existem ainda importantes implicações no plano dos valores transnacionais, assim designados os valores que o direito internacional, além de adotar como seus, quer ver promovidos pelo direito interno de todos os Estados. Por exemplo, na delimitação da sua base tributária, os Estados mais desenvolvidos devem ter em conta os efeitos dos seus atos normativos na realidade económica dos Estados menos desenvolvidos.

Esta perspetiva tem implicações imediatas quando se trata de mediar os interesses tributários dos Estados da residência e da fonte. Das duas uma, ou se considera que a tributação dos rendimentos no Estado da fonte deve ser qualificada como uma perda para as finanças públicas do Estado da residência, ou se parte do princípio de que o Estado da fonte tem uma pretensão válida de participação nos ganhos do capital investido no seu território, fundada em princípios de justiça económica internacional. Ainda assim, subsiste o problema da fixação de critérios para a tributação.

Alguma ciência económica tem sustentado que a medida da pretensão de jurisdição tributária dos Estados da fonte deveria ser inversamente proporcional ao seu rendimento *per capita*, de forma a possibilitar uma medida aceitável de redistribuição dos rendimentos à escala global. No entanto, este tipo de propostas ainda não logrou aplicação prática. Com efeito, alguns autores sustentam que a adoção de uma política fiscal de baixa tributação por parte do Estado da fonte, a despeito das

[398] Michael J. Graetz, "Taxing International Income: Inadequate Principles, Outdated Concepts, and Unsatisfactory Policies", 54, *Tax Law Review*, 2001, 300 seguintes.

limitações que impõe às suas receitas financeiras, pode favorecer a exportação de capitais para os Estados menos desenvolvidos, traduzindo-se no aumento do investimento, do crescimento económico, do emprego e, mais tarde, no aumento das receitas ficais. Nas linhas subsequentes procuraremos dar conta do modo como as preocupações redistributivas têm tido acolhimento no direito internacional, no quadro das convenções internacionais sobre dupla tributação.

7. Fontes de direito internacional tributário

7.1. Enquadramento

Nas considerações anteriores já se antecipou o relevo que as convenções internacionais assumem no direito internacional tributário. As mesmas são, de longe, a fonte mais importante. Em todo o caso, uma abordagem das fontes do direito internacional tributário remete, invariavelmente, para o artigo 38º do Estatuto do Tribunal Internacional de Justiça, que constitui o ponto de referência clássico para uma abordagem das fontes de direito internacional.

7.2. Os tratados internacionais

Os tratados internacionais de direitos humanos, com especial relevo para os Pactos Internacionais de Direitos Civis e Políticos e de Direitos Económicos e Sociais, na medida em que impõem aos Estados signatários a proteção e a promoção dos direitos humanos, com especial relevo para os direitos económicos, sociais e culturais, revestem-se de grande importância para o direito tributário. Eles permitem que se fale com inteira propriedade de um direito humano a uma tributação justa.

Uma importante fonte de direito internacional tributário diz respeito às convenções internacionais para a prevenção da dupla tributação internacional. Os mesmos subordinam-se ao princípio *pacta sunt servanda* e ao regime da Convenção de Viena de Direito dos Tratados, de 1969. Para além do seu relevo jurídico-tributário as convenções internacionais têm um relevo simbólico no plano económico, na medida em que assinalam a vontade dos Estados partes em incrementarem os fluxos de mercadorias, serviços e capitais entre eles e estimularem as suas trocas internacionais.

Uma ampla rede de tratados bilaterais reduz as barreiras fiscais e promove o comércio e o investimento.

Estes tratados pretendem evitar que ambos os Estados envolvidos se reclamem da residência de um mesmo contribuinte, sujeitando-o a dupla tributação. Do mesmo modo, quando um sujeito residente num Estado (v.g. sociedade sediada) obtém rendimentos com a sua fonte noutro Estado (v.g. lucros obtidos por um estabelecimento estável), os tratados atribuem o exclusivo do poder de tributar a um ou a outro, ou estabelecem algum mecanismo de repartição da jurisdição tributária. Desse modo consegue-se um quadro jurídico estável e previsível[399].

Nos termos dos artigos 27º da Convenção de Viena sobre Direito dos Tratados, de 1969, e do artigo 8º, nº 2, da CRP, os tratados sobre matéria fiscal (v.g. dupla tributação) regularmente aprovados, ratificados e publicados não podem ser unilateralmente revogados, suspensos, modificados ou derrogados por via constitucional, legislativa ou regulamentar.

Não sendo os Estados obrigados a celebrar um tratado e dispondo da capacidade de alterar o próprio texto constitucional, compreende-se que, uma vez celebrada, a força normativa de um tratado internacional não possa ser posta em causa com fundamento no direito interno, nomeadamente de natureza legislativa e regulamentar.

Se um tratado internacional vier a ser julgado contrário à Constituição o Estado incorrerá em responsabilidade internacional, para além de incorrer nas lesões estigmáticas que acompanham a violação do direito internacional num sistema baseado nos princípios de igualdade soberana e reciprocidade. Semelhante conduta violaria os princípios da boa-fé e *pacta sunt servanda* que estruturam o direito internacional e as relações entre Estados.

A interpretação unilateral de uma disposição convencional, atribuindo-lhe um sentido manifestamente não querido pelo outro Estado parte, pode constituir uma forma de modificação dos respetivos termos, contrária ao direito internacional.

Não obstante a aceitação e utilização generalizada de tratados sobre dupla tributação, alguma doutrina manifesta-se criticamente diante dos mesmos, alegando que a dupla tributação pode ser resolvida de forma satisfatória através de mecanismos unilaterais e bilaterais, visto os Estados

[399] Doernberg, International Taxation... cit., 121 seguintes

terem a tendência para conformar a sua política fiscal de forma estratégica, tomando em consideração as políticas definidas pelos demais Estados[400]. Para este entendimento, os tratados sobre dupla tributação limitam-se, em muitos casos, a decalcar os mecanismos unilaterais para atenuar a dupla tributação, servindo, na prática, para redistribuir regressivamente os rendimentos dos países mais pobres para os países mais ricos[401].

Diferentemente do que sucede com outros domínios do direito internacional, em que se assiste a uma clara prevalência do multilateralismo, a aprovação de um tratado multilateral sobre dupla tributação permanece um ideal inatingido pelo direito internacional tributário. Pretende-se que, a médio ou longo prazo, o trabalho levado a cabo pela OCDE em matéria fiscal possa traduzir-se na aprovação de um tratado multilateral.

Os tratados são incorporados no direito interno mediante uma cláusula de receção automática plena. Nos termos do artigo 8º, nº 3, da CRP, "[a]s normas constantes de convenções internacionais regularmente ratificadas ou aprovadas vigoram na ordem interna após a sua publicação oficial e enquanto vincularem internacionalmente o Estado Português".

A partir deste inciso, a doutrina, a jurisprudência e o legislador têm deduzido a primazia do direito convencional sobre os atos legislativos previstos no artigo 112º, nº 1, da CRP. No entanto, os tratados sobre dupla tributação não deixam de estar subordinados à CRP. Na medida em que interferem na relação entre capital e trabalho e entre interesses privados e interesse público, podendo beneficiar um número reduzido de contribuintes em detrimento da maioria, eles convocam necessariamente os princípios democrático e do Estado de direito. Daí a importância do seu controlo democrático-parlamentar e jurídico-constitucional[402].

Os mesmos são diretamente aplicáveis sempre que isso decorra do seu fim e teor literal. Normalmente é isso que sucede com os tratados sobre dupla tributação. A sua interpretação não pode afastar a aplicação de qualquer isenção, dedução ou crédito de imposto decorrente do

[400] Morgan, *International Tax Law As A Ponzi Scheme...*, cit., 78 seguintes.

[401] Tsilly Dagan, "The Tax Treaties Myth", 32, *New York University Journal of International Law & Politics*, 4, 2000, 939 seguintes.

[402] Rebecca M. Kysar, "On the Constitutionality of Tax Treaties", 38, The Yale Journal of International Law, 2013, 1 seguintes.

direito interno dos Estados partes. Os tratados sobre dupla tributação pretendem reduzir a exposição fiscal dos contribuintes e não aumentá-la[403].

7.3. O costume internacional

Para além dos tratados internacionais, também o costume é uma fonte de direito internacional tributário. O costume contém uma estrutura dual, assente, de um lado, num elemento fáctico e, do outro lado, num elemento psicológico. Trata-se essencialmente de uma prática constante e uniforme acompanhada da convicção de vinculatividade internacional, como comando, proibição ou permissão.

Entre vários exemplos de costume internacional tributário que poderiam ser dados pode referir-se, a proibição de tributar à margem dos critérios da residência e da fonte. Para alguns, também integra o costume internacional a regra da prioridade da tributação da fonte (territorialidade) sobre a tributação da residência (nacionalidade) e o dever do Estado da residência de prevenir a dupla tributação internacional. Todavia, não é certo que se possa afirmar que constitui uma regra de direito consuetudinário internacional a exigência de que o combate à dupla tributação internacional deva necessariamente obedecer a imperativos de justiça distributiva internacional. Na verdade, parece ser muito mais frequente a situação em que os Estados menos desenvolvidos adotam uma política fiscal de baixa tributação de forma a atrair capital estrangeiro[404].

Igualmente digno de nota é o costume, porventura hoje em retrogressão, da não tributação de empresas estrangeiras por rendimentos obtidos numa fonte estrangeira. O que adiante se diz acerca das empresas estrangeiras controladas por nacionais (*controlled foreign corporations*) mostra que este costume tende a perder relevo normativo no direito internacional tributário. Também a tributação das sociedades residentes, independentemente da sua inserção num grupo de sociedades multinacional, segundo critérios de separação contabilística, tem sido considerada costume internacional[405].

[403] Neste sentido, Doernberg, International Taxation... cit., 124.

[404] Graetz, *Foundations of International Income Taxation...*, cit., 11.

[405] Chantal Thomas, "Customary International Law and State Taxation of Corporate Income: The Case for the Separate Accounting Method", 14, *Berkeley Journal of International Law*, 1996, 99 seguintes.

O facto de uma norma constar de um tratado internacional não significa que a mesma não possa integrar o costume internacional. Por exemplo, a proliferação de convenções internacionais sobre dupla tributação pode ser claramente interpretada como um indício da presença dos elementos fáctico e psicológico do costume de prevenção da dupla tributação, provavelmente através dos sistemas de isenção e crédito de imposto. A prevenção da dupla tributação prende-se não apenas com a proteção devida aos contribuintes individualmente considerados, mas também com a necessidade de assegurar o investimento para os Estados menos desenvolvidos. Isto é significativo, na medida em que a existência de um costume internacional é válida mesmo quando um Estado não haja subscrito uma convenção internacional com a norma equivalente.

7.4. Princípios gerais de direito internacional tributário

O direito internacional tributário apoia-se nos princípios gerais do direito internacional geral, como sejam, nomeadamente, os princípios da igualdade soberana dos Estados, com os seus corolários da igual soberania fiscal, reciprocidade e não ingerência[406].

Para além disso parece-nos sustentável a inclusão nos princípios gerais de direito internacional tributário o princípio da justiça global[407], com os seus corolários da redistribuição internacional do rendimento, da tributação razoável e de boa fé, da neutralidade económica, da transparência, da coordenação, etc. Os mesmos articulam-se com a tendência no sentido de colocar a dignidade da pessoa humana no centro de gravidade do direito internacional, com tudo o que isso implica no plano da promoção e proteção dos direitos sociais, com a promoção do desenvolvimento económico e social sustentado e com uma atenção específica à situação dos Estados menos desenvolvidos.

Igualmente relevantes podem ser os princípios de direito das sociedades, como a separação entre personalidade jurídica da sociedade e a dos acionistas[408].

[406] Neste sentido decidiu o Tribunal Internacional de Justiça no caso *Rights of Nationals of the U.S. in Morocco* (U.S. v. Fr.), 1952 I.C.J. 176, 222 (Aug. 27).

[407] Thomas Nagel, "The Problem of Global Justice", 33 *Philosophy & Pubic Affairs*, 2005, 113, 140.

[408] Assim, *Barcelona Traction*, 1970 I.C.J. 3.

7.5. Jurisprudência e doutrina

Os princípios podem ser formulados com auxílio da doutrina e da jurisprudência, incluindo a arbitral, nos domínios nacional e internacional. Assim sucedeu, por exemplo, com o princípio de que o poder de tributar implica o direito de adotar medidas coercivas no caso de incumprimento[409]. A doutrina serve importantes funções explicativas, heurísticas, interpretativas e prescritivas. Dado o peso da soberania fiscal nacional, a doutrina tributária comparatista continua a desempenhar um papel muito importante[410].

No seu conjunto, doutrina, decisões judiciais, laudos arbitrais, convenções modelo, pareceres e orientações provenientes de organizações internacionais (v.g. NU, FMI, OCDE, UE) vão contribuindo para o desenvolvimento de *soft law* em matéria fiscal[411].

8. A dupla tributação internacional

8.1. Enquadramento

Os sistemas fiscais dos diferentes países raramente coincidem entre si, nas respetivas normas de incidência pessoal e real, pelo que é possível que um mesmo rendimento internacional venha a ser tributado nos Estados da origem e da residência (**dupla tributação**), ou a não ser tributado em nenhum deles (**tributação zero**). Esta última é indissociável da questão da fraude e da evasão fiscal, com os inerentes riscos de erosão da base tributária dos Estados.

Por seu lado, a dupla tributação é vista como uma ameaça à eficiente afetação internacional de recursos e ao crescimento económico internacional. A mesma é considerada uma barreira à livre circulação de pessoas, mercadorias, serviços e capitais à escala global. Para a sua resolução os

[409] *Rights of Nationals of the U.S. in Morocco* (U.S. v. Fr.), 1952 I.C.J. 176, 222 (Aug. 27).

[410] Carlo Garbarino, "Comparative Taxation and Legal Theory: The Tax Design Case of the Transplant of General Anti-Avoidance Rules", 11, *Theoretical Inquiries in Law*, 2010, 765 seguintes.

[411] Allison Christians, "Networks, Norms, And National Tax Policy", 9, *Washington University Global Studies Law Review*, 2010, 1 seguintes; Charles E. McLure Jr., "Legislative, Judicial, Soft Law, And Cooperative Approaches To Harmonizing Corporate Income", 14, *Columbia Journal of European Law*, 2008, 377 seguintes.

Estados recorrem, alternativamente, a mecanismos unilaterais e a mecanismos multilaterais, através dos quais se pretende eliminar ou ao menos atenuar a dupla tributação e combater a fraude e a evasão fiscal, alargando a este domínio o princípio *ne bis in idem*. Além disso, as mesmas têm em vista assegurar uma distribuição equitativa (*fair share*) das receitas fiscais pelos diferentes Estados envolvidos, da origem do capital e da origem do rendimento. Nas linhas que se seguem faremos uma breve referência ao problema em causa e às vias de solução mais usuais.

8.2. Conceito

A **dupla tributação jurídica** pode ser definida como "a incidência de impostos equiparáveis em dois (ou mais) Estados relativamente a um mesmo contribuinte, ao mesmo facto gerador e a períodos de tempo idênticos".[412]

Existe **dupla tributação económica** quando o mesmo rendimento é tributado mais do que uma vez, nas esferas jurídicas de diferentes sujeitos passivos. Tal acontece, designadamente, quando os lucros de uma empresa são tributados enquanto tal em sede de imposto sobre os rendimentos das empresas, voltando esses lucros a ser tributados aquando da respetiva distribuição aos sócios ou do pagamento dos dividendos aos acionistas. Neste caso, o rendimento é duplamente tributado – na esfera jurídica da sociedade que gera os lucros e na esfera jurídica do sócio ou acionista a quem os mesmos são distribuídos.

Para obviar a dupla tributação existem vários mecanismos fundamentais, que podem ser usados unilateralmente ou mediante tratado bilateral, designadamente: método de isenção, método de imputação ou crédito de imposto, método de redução de taxa, método de dedução e método de crédito por investimento.

8.3. Principais métodos para evitar a dupla tributação internacional

8.3.1. *Método de isenção*

No **método de isenção** (*exemption method*) os rendimentos obtidos em fonte estrangeira são isentos de impostos no Estado da residência,

[412] OCDE, *Modelo de Convenção Fiscal sobre o Rendimento e o Património*, Teresa Curvelo (trad.), Lisboa, 2003, p. 9.

normalmente sob condição de prova de pagamento efetivo de imposto no Estado da fonte. A isenção pode ser *integral* ou *com progressividade*. Na *isenção integral* o rendimento tributável no Estado da fonte nunca é tomado em consideração pelo Estado da residência para efeitos fiscais; na *isenção com progressividade*, a isenção de imposto do rendimento estrangeiro não impede a sua consideração para a determinação da taxa a aplicar ao rendimento tributado no Estado da residência.[413]

É frequente a concessão de uma isenção de imposto no Estado da residência condicionada ao pagamento de um imposto comparável no Estado da fonte, modalidade que atenua significativamente a distinção entre o método de isenção e o de crédito de imposto, na medida em que quando as taxas são comparáveis, um sistema de crédito tende a impedir o Estado da residência a cobrar um imposto adicional sobre os rendimentos estrangeiros. Daí que, na prática, a distinção entre os métodos da isenção e do crédito de imposto seja bastante relativizada. A principal diferença entre o *método de isenção* e os *métodos de dedução* e *de crédito de imposto* consiste no facto de o primeiro tomar em consideração o *rendimento obtido*, enquanto os segundos têm em atenção o *imposto pago*.[414]

São, habitualmente, apontadas ao método de isenção as seguintes **vantagens**:

- É neutro relativamente à importação de capital, uma vez que trata todos os contribuintes no Estado da fonte de acordo com a mesma base fiscal;
- Reconhece os benefícios fiscais concedidos pelo Estado da fonte;
- É aquele cuja aplicação exige menor complexidade administrativa;
- Evita a necessidade de relacionamento do contribuinte com duas autoridades tributárias;
- Elimina a dupla tributação atual e potencial[415].

[413] Michael Graetz, Michael M. O'Hear, "The 'Original Intent' of U.S. International Taxation", 46, *Duke Law Journal*, 1197, 1064 seguintes; OCDE, *Modelo de Convenção Fiscal sobre o Rendimento e o Património*, Teresa Curvelo – Centro de Estudos Fiscais (trad.), Lisboa, 2003, p. 345.

[414] OCDE, *Modelo de Convenção ...*, p. 346.

[415] Roy Rohatgi, *Basic International Taxation*, London / The Hague / New York, 2002, p. 47.

Por outro lado, são apontadas ao método de isenção as seguintes **desvantagens**:

- Reduz as receitas fiscais devidas no Estado da residência;
- O Estado da fonte pode recusar a concessão de determinados benefícios ou deduções;
- As perdas de um estabelecimento estável podem ser rejeitadas pelo Estado da residência;
- No caso da isenção com progressividade, requer relatos financeiros detalhados;
- Promove a utilização como Estados da fonte de países com taxas reduzidas[416].

8.3.2. *Método de imputação*

Segundo o **método de imputação ou crédito de imposto** (*tax credit*) o Estado da residência concede um crédito ao contribuinte pelos impostos pagos no Estado da fonte, até um determinado montante (geralmente o imposto que o contribuinte pagaria no Estado da residência ou o imposto que o mesmo pagou na fonte) para desincentivar a sua tributação excessiva no estrangeiro. Nos sistemas de **imputação integral** o contribuinte é reembolsado pela totalidade do imposto pago no Estado da fonte. Nos sistemas de **imputação ordinária**, o contribuinte não é reembolsado pelo que haja pago a mais no Estado da fonte relativamente ao que pagaria pelos mesmos rendimentos no território da residência. Ainda assim, alguns sistemas permitem ao contribuinte reportar essas perdas fiscais em exercícios anteriores ou subsequentes.

São, habitualmente, apontadas ao método de crédito ou imputação as seguintes **vantagens**:

- É neutro relativamente à exportação de capital, uma vez que trata todos os contribuintes no Estado de residência de acordo com a mesma base fiscal;
- Permite a dedução no Estado da nacionalidade das perdas no estrangeiro de estabelecimento estável;
- Desencoraja a transferência de ativos ou rendimento para países com taxas reduzidas ou paraísos fiscais;

[416] *Idem*, p. 48.

- É simples de aplicar desde que a autoridade fiscal que concede o crédito calcule o montante respetivo de acordo com as leis nacionais e não tenha que tomar em consideração o sistema fiscal de outro país[417].

Por outro lado, são, habitualmente, apontadas ao método de crédito ou imputação as seguintes **desvantagens**:

- O montante a pagar pelo contribuinte resulta sempre da aplicação da maior das taxas doméstica e estrangeira;
- Pode conduzir a situações de excesso-crédito;
- Elimina reduções de imposto e incentivos concedidos pelo Estado da fonte, a menos que o Estado da residência abdique dessa parcela de imposto;
- Torna a exportação de capital menos atrativa;
- É complicado e pode implicar grande dispêndio de tempo[418].

Dentro do método da imputação ou crédito de imposto têm surgido novas modalidades, nomeadamente as que consistem no **método de crédito de imposto presumido** (*matching credit* ou *lump-sum tax credit*) e no **método de crédito de imposto fictício** (*tax sparing credit*). No primeiro, é concedido um crédito mais elevado do que o que decorreria da aplicação da taxa correspondente no país da fonte. No segundo, é concedido um crédito equivalente ao imposto que teria, presumidamente, sido pago no país da fonte se não fossem os incentivos (sob a forma de benefício fiscal ou de isenção) previstos no país da fonte para os rendimentos aí obtidos.[419]

8.3.3. *Outros métodos*

De acordo com o **método de redução de taxa** os rendimentos obtidos em fonte estrangeira são tributados a uma taxa reduzida no território da

[417] *Idem.*

[418] *Idem.*

[419] Alberto Xavier, *Direito Tributário Internacional*, 2ª ed., Coimbra, 2007, pp. 752 e seguintes; Subhajit Basu, *Global Perspetives on E-Commerce Taxation Law*, Hampshire / Burlington, 2007, pp. 43 e seguintes.; Michael Knoll, "International Competitiveness, Tax Incentives, and a New Argument for Tax Sparing: Preventing Double Taxation by Crediting Implicit Taxes", *Institute for Law and Economics Research (University of Pennsylvania Law School) Paper nº 08-21*, 2008, disponível em <http://ssrn.com/abstract=1259927>.

residência. Dessa forma não se evita a dupla tributação, embora sejam moderados os respetivos efeitos. Por via de tratado pode tentar obter-se reduções da tributação, no Estado da fonte, dos investimentos feitos com capitais provenientes do Estado da residência ou exigir reciprocidade[420].

No **método de dedução** é reconhecido o direito de dedução, por parte de empresas nacionais, dos impostos pagos no estrangeiro, como custos da atividade, até um certo limite (geralmente o imposto a pagar no Estado da nacionalidade), para não pôr em causa as receitas do Estado da nacionalidade[421].

O **método do crédito por investimento** consiste, nas palavras de Alberto Xavier, "numa dedução imediata, ao imposto devido, de uma parcela do investimento efetivamente realizado no estrangeiro"[422].

8.4. A Convenção Modelo da OCDE

Como anteriormente se disse, os Estados procuram combater a dupla tributação recorrendo, ou a soluções unilaterais de natureza legislativa, ou a soluções bilaterais, de natureza convencional. Para evitar os efeitos nefastos da dupla tributação, designadamente em matéria de circulação de bens, serviços, capitais, tecnologia e pessoas, os países membros da OCDE sentiram a necessidade de aplicar soluções comuns para casos idênticos de dupla tributação.[423] Pelos seus importantes contributos no domínio da política fiscal a OCDE já foi chamada de "Organização Fiscal Mundial".

Neste sentido, foi elaborada a *Convenção Modelo da OCDE* em matéria de *rendimento e património*, que serve de referência aos países membros para a celebração de novas convenções bilaterais ou revisão de convenções já existentes para evitar a dupla tributação.[424]

A *Convenção Modelo da OCDE* surgiu em 1963 com a adoção do relatório apresentado pelo Comité Fiscal do intitulado «Projeto de Convenção de Dupla Tributação em Matéria de Rendimento e de

[420] Roy Rohatgi, *Basic International Taxation*, London / The Hague / New York, 2002, p. 208.

[421] *Idem*.

[422] *Op. cit.*, p. 756.

[423] OCDE, *Modelo de Convenção ...*, cit., p. 9.

[424] *Recomendação do Conselho da OCDE Relativa ao Modelo de Convenção Fiscal em Matéria de Rendimento e Património*, adotada em 23 de outubro de 1997.

Património».[425] Em 1977 foi publicada uma nova *Convenção Modelo* e respetivos *Comentários*.[426]

Em 1991, o *Comité dos Assuntos Fiscais da OCDE* (que sucedeu, em 1971, ao Comité Fiscal) adotou a ideia de uma *Convenção Modelo* atualizada periodicamente, que permitisse a respetiva atualização sem necessidade de esperar por uma revisão completa.[427]

A ideia de atualização periódica levou à publicação, em 1992, da *Convenção Modelo* sob a forma de folhas soltas, passando a sua revisão a ser um processo contínuo.[428]

A *Convenção Modelo da OCDE* privilegia, como critério de residência das pessoas coletivas, o critério da direção efetiva (artigo 4º/3). Nos artigos 6º a 21º (relativos às diversas categorias de rendimentos) e 22º (referente à tributação do património), as competências fiscais do *Estado da residência* e do *Estado da fonte*. Do disposto nestes artigos podem resultar três situações: (1) rendimento e património podem ser tributados sem qualquer limitação no Estado da fonte; (2) o rendimento pode ficar sujeito a tributação limitada no Estado da fonte; (3) rendimento e património não podem ser tributados no Estado da fonte.[429] Nos casos em que as referidas disposições atribuam ao Estado da fonte o direito de tributar (com ou sem limitação), o Estado da residência deve conceder um desagravamento para evitar a dupla tributação.[430]

A *Convenção Modelo da OCDE* permite aos Estados contratantes, aquando da celebração ou revisão de convenções bilaterais para evitar a dupla tributação, escolher entre dois métodos de desagravamento: o *método de isenção* e o *método de imputação* (crédito de imposto)[431].

O artigo 25º consagra um mecanismo de arbitragem obrigatória, por solicitação do contribuinte lesado, para resolver as disputas entre Estados sobre dupla tributação. Pretende-se garantir uma resolução rápida,

[425] OCDE, *Modelo de Convenção ...*, cit., p. 11.

[426] OCDE, *Modelo de Convenção ...*, cit., p. 11.

[427] *Idem*, cit., p. 12.

[428] *Ibidem*.

[429] OCDE, *Modelo de Convenção ...*, cit., pp. 15-16.

[430] *Idem*, p. 16.

[431] Artigos 23º-A e 23º-B, *Modelo de Convenção em Matéria de Impostos sobre o Rendimento e o Património*.

efetiva e justa do problema, reforçando os direitos contribuinte no processo[432].

Para além do articulado, a *Convenção Modelo* inclui *comentários, observações* e *reservas*. Os *comentários* aos diversos artigos da *Convenção* visam auxiliar os Estados Contratantes na sua aplicação, ilustrando ou interpretando as disposições neles contidas; as *observações* expressam a posição dos países Membros relativamente aos *comentários*, indicando o modo como irão aplicar as disposições contidas nos artigos em causa; as *reservas* são declarações unilaterais dos países Membros, que visam excluir ou modificar os efeitos jurídicos de algumas das disposições da Convenção e que são reproduzidas nos comentários aos artigos em causa.[433]

8.5. A Convenção Modelo das Nações Unidas

A *Convenção Modelo das Nações Unidas* (*Modelo NU*) em matéria de dupla tributação entre países desenvolvidos e países em vias de desenvolvimento (*United Nations Model Double Taxation Convention between Developed and Developing Countries*) data de 1980, tendo, em janeiro de 2001, entrado em vigor a versão revista. Foi objeto de atualização em 2011[434].

Este Modelo resultou da necessidade sentida pelos países em vias de desenvolvimento de encontrarem uma alternativa ao *Modelo OCDE* que, em seu entender, não era adequado à sua condição de *importadores líquidos de capital*.[435]

Apesar de baseado no *Modelo OCDE*, o *Modelo NU* difere daquele em alguns aspetos.[436] É de destacar que enquanto o *Modelo OCDE* privilegia o Estado de residência, reservando-lhe mais direitos de tributar do que ao Estado da fonte, no *Modelo NU* é dado maior enfoque aos poderes de tributação do Estado da fonte, sendo-lhe atribuídos direitos de tributar adicionais sobre os rendimentos empresariais e de investimento.[437]

[432] Alteração introduzida pelo Conselho da OCDE em 17 de julho de 2008. Ring, Who Is Making International Tax Policy?..., cit., 689 seguintes.

[433] Roy Rohatgi, *op. cit.*, p. 56.

[434] United Nations Model Double Taxation Convention between Developed and Developing Countries, United Nations, Department of Economic & Social AffairsNew York, 2011.

[435] Roy Rohatgi, *op. cit.*, p. 44.

[436] Cfr., designadamente, os artigos 5º, 7º, 8º, 12º, 13º, 14º, 16º, 18º, 20º, 21º, 25º e 26º do *Modelo NU*.

[437] Roy Rohatgi, *op. cit.*, pp. 44 e 60.

Quanto aos métodos para evitar a dupla tributação, o *Modelo NU*, tal como sucede no *Modelo OCDE*, admite os *métodos da isenção* e *da imputação ou crédito de imposto*. O *Modelo NU* é mantido e atualizado por um comité de peritos instituído pelo ECOSOC, integrando 25 especialistas em assuntos fiscais de Estados desenvolvidos e em desenvolvimento, nomeados por 4 anos, com o objetivo de estruturar o diálogo entre os Estados sobre a tributação[438].

8.6. A Convenção Modelo dos Estados Unidos da América

A versão atual da *Convenção Modelo dos Estados Unidos* data de 1996 (*United States Model Income Taxation Convention of September 20, 1996*), tendo vindo substituir o Modelo de 1981 que deixara de vigorar em 1992.[439]

O objetivo do *Modelo EUA* é servir de base às negociações de tratados fiscais com os Estados Unidos da América e adequá-los às respetivas políticas e leis internas[440]. Igualmente importante é a salvaguarda do direito dos Estados contratantes, incluindo os próprios Estados Unidos, de tributarem os seus cidadãos mesmo quando residam no estrangeiro.

Contrariamente ao que acontece nos modelos OCDE e NU, o *Modelo EUA* não prevê o método de isenção, apenas admitindo como mecanismo para evitar a dupla tributação o método da imputação, ou crédito de imposto.[441]

Fora do âmbito da aplicação deste modelo ficam as leis fiscais estaduais e locais.

O *Modelo EUA* dedica uma atenção especial ao risco de utilização dos tratados (*treaty shopping*)[442] como mecanismo de planeamento fiscal agressivo (*tax avoidance*)[443].

[438] Committee of Experts on International Cooperation in Tax Matters, ECOSOC Res. 2004/69, U.N. Doc. E/RES/2004/69 (Nov. 11, 2004). Ring, Who is Making Internacional Policy?..., cit., 672.

[439] Roy Rohatgi, *op. cit.*, pp. 61-62.

[440] Roy Rohatgi, *op. cit.*, p. 62.

[441] Cfr. artigo 23º, Modelo EUA.

[442] O treaty shopping consiste na criação e registo, por parte de indivíduos residentes num Estado, de uma pessoa coletiva com sede noutro Estado para obter aí vantagens fiscais consagradas em tratados de dupla tributação que não são oferecidas pelo Estado da residência – Han, Sung-Soo, "The Harmonization Of Tax Treaties And Domestic Law", 7, *Brigham Young University International Law & Management Review*, 2011, 36 seguintes.

[443] Artigo 22º Modelo EUA, 2006. Doernberg, International Taxation... cit., 128 seguintes.

9. Interpretação dos tratados internacionais

Estando em causa o exercício do poder de tributar e a defesa da base tributária dos Estados, a interpretação dos tratados internacionais sobre dupla tributação pode conduzir a uma acesa *luta pelo sentido* dos preceitos, em que a hermenêutica jurídica é usada como arma de combate. Daí que seja muito importante a subordinação da mesma aos cânones hermenêuticos geralmente aceites, acolhidos pela *Convenção de Viena sobre Direito dos Tratados entre Estados*, de 1969.

A interpretação deve acolher o sentido comum a atribuir aos termos do tratado, no seu contexto, e subordinar-se aos respetivos objeto e fim, bem como ao princípio da boa-fé.

Na determinação do sentido das normas poderá justificar-se uma remissão para a Convenção Modelo da OCDE, incluindo os seus Comentários, e mesmo para o Direito interno.

Este aspeto é relevante, na medida em que o artigo 3º, nº 2, desta Convenção Modelo dispõe que, na ausência da definição de um termo no tratado interpretando, o Estado que pretende aplicar o tratado deve dar-lhe o significado que lhe for atribuído, nesse momento, pela sua legislação reguladora dos impostos a que o tratado se aplica, prevalecendo a interpretação resultante da legislação fiscal desse Estado sobre a que decorre de outra legislação. Isto, naturalmente, se outro significado específico não resultar claramente do texto, do contexto e de todos os materiais pertinentes envolvendo o tratado. Ao Estado parte cabe aceitar a interpretação resultante do direito interno do outro Estado parte, sempre que este tenha agido de acordo com o tratado.

A doutrina salienta que a remissão para o direito fiscal de um Estado parte deve ser entendida em sentido dinâmico, incluindo as alterações que nele vão sendo produzidas, sem que isso autorize o Estado a introduzir unilateralmente alterações no direito interno apenas para alterar a aplicação das disposições do tratado[444].

O artigo 25º, nº 3, da Convenção Modelo da OCDE estabelece que as dificuldades interpretativas que possam subsistir devem ser resolvidas de forma amigável, mediante consultas mútuas, naturalmente subordinadas ao princípio da boa-fé. Pense-se, por exemplo, na interpretação do conceito de residência. Pode dar-se o caso de a mesma poder ser

[444] Doernberg, International Taxation... cit., 128 seguintes.

interpretada por dois Estados de uma forma que conduza a que um particular seja considerado residente em ambos para efeitos de sujeição a imposto sobre o rendimento. Nesse caso, poderá recorrer-se a critérios como a nacionalidade, a permanência ou a localização do centro de interesses vitais. Se, ainda assim, o resultado for um *empate*, deve recorrer-se a procedimentos amigáveis para atribuir a residência a um ou a outro Estado.

Na falta de acordo, mesmo de boa-fé, o problema pode ser suscitado por um contribuinte lesado nos tribunais nacionais, com os riscos que isso representa de interpretação unilateral do tratado sobre dupla tributação.

Eventualmente poderá o Tribunal Internacional de Justiça ser chamado a decidir a questão, verificados os pressupostos subjetivos e objetivos que condicionam a sua competência. Nesta como noutras questões, pretende-se que os Estados não avancem unilateralmente com interpretações oportunistas, engenhosas e arrevesadas de termos relativamente claros e inequívocos[445].

10. Concorrência fiscal internacional

Os Estados soberanos, estruturados com base na soberania popular, têm importantes poderes e responsabilidades relativamente aos respetivos cidadãos. A soberania fiscal concede aos Estados o poder exclusivo de tributarem os sujeitos residentes e o rendimento gerado no seu território, sem subordinação aos demais Estados. Fala-se, neste contexto, de soberania fiscal e independência fiscal. A mesma é fundamental para a realização das funções do Estado. Num mundo globalizado, o exercício cumulativo das diferentes soberanias fiscais estaduais conduz à concorrência fiscal internacional. Os Estados procuram atrair investimento estrangeiro reduzindo as taxas de tributação.

Até certo ponto, a concorrência fiscal internacional pode ser considerada benéfica. Desde logo, ela cria um mecanismo internacional de "*checks and balances*" que trava uma excessiva subida dos impostos por parte dos Estados. Além disso, ela permite que os Estados mais pobres aumentem as suas receitas fiscais atraindo empresas provenientes Estados

[445] Han, Sung-Soo, "The Harmonization Of Tax Treaties And Domestic Law", 7, Brigham Young University International Law & Management Review, 2011, 38 seguintes.

mais ricos. Alguns acham que ela propicia a criação de *um mercado dos serviços estaduais*, desvalorizando a contradição de termos. Nessa medida ela tem sido descrita como amiga dos contribuintes.

Além disso, os Estados menos desenvolvidos consideram a concorrência fiscal como um dos principais mecanismos de atração de investimento direto estrangeiro (v.g. fábricas), permitindo-lhes compensar as desvantagens competitivas em domínios como a dimensão do mercado, a produtividade do trabalho, a capacidade de criação e inovação, a qualidade das infraestruturas, etc.[446] Nalguns casos, resta-lhes tentar promover a criação de emprego, ainda que abdicando de uma parte substancial das receitas fiscais potencialmente tributáveis como rendimento das pessoas coletivas. Daí que para os Estados em desenvolvimento, a luta pela *soberania fiscal* seja tão importante, do ponto de vista do seu *direito ao desenvolvimento*[447], como a luta pela soberania sobre os recursos naturais. A mesma é vista como corolário do princípio da igualdade soberana dos Estados no direito internacional.

No entanto, a partir do correspondente Relatório da OCDE, de 1998[448], fala-se em *concorrência fiscal prejudicial*[449]. Esta, nalguns casos consistindo em evasão fiscal pura e simples, é considerada especialmente ameaçadora para a base tributária dos Estados mais desenvolvidos, dotados de um Estado social robusto e carecido de meios substanciais de financiamento, cujas empresas são aliciadas por *regimes fiscais mais favoráveis* ou *preferenciais*. Estes podem consistir, não apenas em taxas de imposto mais baixas, mas também em regimes mais favoráveis em matéria de sigilo financeiro e fiscal, administração e serviço ao contribuinte, investimento, sede, localização e atividades fictícias, etc. Como os Estados mais desenvolvidos têm que reduzir as taxas de imposto para concorrerem entre si e com os Estados em desenvolvimento, o resultado é uma diminuição global das receitas fiscais, maior do que o aumento

[446] Andrew P. Morriss, Lotta Moberg, "Cartelizing Taxes: Understanding the OECD's Campaign against "Harmful Tax Competition", 4 Columbia Journal of Tax Law, 2012-2013, 1 seguintes.

[447] Artigo 22º/2 da Carta Africana de Direitos do Homem e dos Povos.

[448] OECD 1998 Report, Harmful Tax Competition: An Emerging Global Issue, a que se seguiram os Progress Reports de 2000, 2004.

[449] Diane Ring, "Democracy, Sovereignty and Tax Competition: The Role of Tax Sovereignty in Shaping Tax Cooperation", 9, Florida Tax Review, 2009, 555.

que resulta para os Estados menos desenvolvidos[450]. Se isso é bom ou mau depende, em última instância, dos padrões de despesa pública dos Estados.

A concorrência fiscal prejudicial pode versar sobre *atividades geograficamente móveis* (v.g. serviços; serviços financeiros) ou *geograficamente menos móveis* (v.g. manufatura; fábricas; equipamentos). Ela pode envolver regimes jurídicos abrangentes ou regimes específicos limitados. Algumas visões mais extremas consideram que a concorrência fiscal deve cessar através da imposição de *taxas uniformes*[451]. No entanto, esta solução desagrada tanto a Estados com taxas baixas (v.g. Irlanda; Reino Unido), que pretendem manter um clima favorável aos negócios, como àqueles com taxas elevadas (v.g. Dinamarca, Finlândia, Noruega ou Suécia), que pretendem proteger a elevada qualidade das prestações do Estado social. Embora se compreenda os riscos da concorrência fiscal prejudicial, há o risco de os Estados mais desenvolvidos cartelizarem a política fiscal em seu benefício.

A celebração de acordos de trocas de informação fiscal entre os Estados consiste num importante mecanismo de neutralização da concorrência fiscal prejudicial. No entanto, o mesmo pode ser falível, se a administração recipiente não tiver meios para ler, traduzir e processar a informação recebida ou para a articular com a informação nacional. O mesmo sucede se a mesma não tiver capacidade de lidar com a informação recebida sobre rendimentos em moeda estrangeira sujeitos a flutuações cambiais[452].

[450] Andrew P. Morriss, Lotta Moberg, "Cartelizing Taxes: Understanding the OECD's Campaign against "Harmful Tax Competition", 4 Columbia Journal of Tax Law, 2012-2013, 1 seguintes.

[451] Diane Ring, "Democracy, Sovereignty and Tax Competition: The Role of Tax Sovereignty in Shaping Tax Cooperation", 9, Florida Tax Review, 2009, 563 seguintes.

[452] Andrew P. Morriss, Lotta Moberg, "Cartelizing Taxes: Understanding the OECD's Campaign against "Harmful Tax Competition", 4 Columbia Journal of Tax Law, 2012-2013, 1 seguintes.

11. Preços de transferência

11.1. Considerações gerais

Os designados *preços de transferência* perfilam-se, desde há algumas décadas para cá, como um mecanismo habitual de evasão fiscal, por via da movimentação de meios financeiros entre as várias sociedades de um grupo empresarial transnacional.

Nos anos 30 do século XX, começou a falar-se do problema causado pelo facto de empresas transnacionais, constituídas como grupos de sociedades mães e filhas, recorrerem à manipulação dos preços das transações dentro do grupo, com especial relevo para os intangíveis, para reduzir a exposição fiscal dos seus ganhos em praças de elevada tributação (*earnings stripping*), procurando desse modo reter, localizar ou estacionar os seus rendimentos em Estados de baixa tributação.

Ao mesmo tempo, muitos Estados, por vezes com praças financeiras *offshore* e regimes fiscais favoráveis (*tax havens*) tentam atrair investimento através da redução ou eliminação das taxas de imposto sobre transações de grupos de sociedades realizadas no âmbito da sua jurisdição fiscal[453]. O resultado é *concorrência fiscal prejudicial*, nas áreas do investimento e da deslocalização de lucros, e a criação de *rendimento apátrida* (*stateless income*), consistindo em rendimento tributado por outro Estado que não o do domicílio da sociedade mãe ou da localização dos fatores de produção ou dos clientes[454].

Do ponto de vista económico, tudo isto parece fazer sentido. Trata-se simplesmente de estratégias de redução de *custos de transação* dentro do grupo, tal como preconizado pelo famoso economista Ronald Coase[455], optando por uma maior integração das suas operações e alocando os seus recursos de forma mais eficiente, tirando partido das resultantes vantagens económicas e fiscais, entre as quais se conta a redução da exposição fiscal do grupo pela deslocalização dos lucros de

[453] Richard Gordon, Andrew P. Morriss, "Moving Money: International Financial Flows, Taxes, and Money Laundering", 37, Hastings International and Comparative Law Review, 2014, 1 seguintes.

[454] Edward D. Kleinbard, The Lessons of Stateless Income, 65, Tax Law Review, 2011, 99 seguintes; "Stateless Income", 11, Florida Tax Review, 2011, 699 seguintes, dando como exemplo a estruturação fiscal clássica "Double Irish Dutch Sandwich", desenvolvida pela Google.

[455] R. H. Coase, "The Nature of the Firm", 4, Economica, New Series, 16, 1937, 386 seguintes.

uma jurisdição para outra mais vantajosa (*profit shifting*), minimizando a *taxa de imposto global efetiva*[456].

Os Estados lesados é que não ficam nada satisfeitos com a perspetiva de assistirem impassíveis e impotentes à erosão da sua base tributária, à margem de qualquer prestação de contas democrática e em benefício de uns poucos[457]. Do seu ponto de vista, a deslocação de lucros e a evasão fiscal constituem uma externalidade negativa produzida pelas empresas transnacionais. Nas linhas que se seguem, procuraremos caracterizar este problema e a sua relevância e dar conta do modo como o direito nacional e internacional tributário tem procurado contê-lo dentro de dimensões aceitáveis.

11.2. Transferências no seio de grupos de empresas

Estima-se que 60 a 70 por cento das transações comerciais ocorram dentro de empresas transnacionais constituídas como grupos de sociedades. Esta estrutura fragmentada permite-lhes produzir rendimentos tirando partido do sistema organicamente integrado das suas operações. Os grupos de sociedades podem beneficiar das sinergias, externalidades e economias de escala da integração (v.g. menores custos de financiamento por causa dos ativos de todo o grupo; investigação e desenvolvimento, centralização da gestão e do marketing)[458].

Quando assim sucede, os lucros de todo o grupo não podem em rigor ser atribuídos a esta ou àquela sociedade isoladamente considerada. No entanto, os Estados tendem a não abdicar da imputação dos lucros às diversas unidades funcionais e geográficas do grupo. Ou seja, cada Estado procura tributar as sociedades com sede ou com direção efetiva no seu território.

Para além das sinergias e economias de escala assim obtidas, a estrutura fragmentada de um grupo transnacional, através de sociedades mãe

[456] James H. Barrett, Steven Hadjilogiou, Sean Tevel, "The Benefits of Tax Planning as Part of the Acquisition of an International Business", 87, The Florida Bar Journal, 2013, 40 seguintes.

[457] John Stopford, Susan Strange, John S. Henley, Rival States, Rival Firms: Competition for World Market Shares, Cambridge, 1991, 55, seguintes e 97 seguintes.

[458] Reuven S. Avi-Yonah & Ilan Benshalom, "Formulary Apportionment – Myths and Prospects: Promoting Better International Tax Policies by Utilizing the Misunderstood and Under-Theorized Formulary Alternative", World Tax Journal, 2011, 371 seguintes.

e filhas repartidas por múltiplos Estados, permite-lhe tirar partido de taxas, deduções e créditos de imposto e proceder à deslocalização dos lucros, impedindo desse modo a tributação que teria lugar se aquela não acontecesse. Isto, para não falar no recurso a transações puramente fictícias.

Este facto pode contribuir para a erosão da base tributária de Estados desenvolvidos e em desenvolvimento. Daí que seja sempre importante indagar em que medida é que as transações operadas no seio do grupo resultaram numa maior eficácia da produção, distribuição e comercialização ou se as mesmas tiveram como único objetivo deslocalizar os lucros para um paraíso fiscal (*tax haven*).

Uma contabilidade por unidade funcional e geográfica não consegue determinar e explicar a proveniência dos lucros de todo o grupo. Além disso, a mesma incentiva a deslocalização dos lucros através da prática de preços de transferência (*transfer pricing*). Este conceito designa os preços das transações de bens, serviços e capitais efetuadas dentro do mesmo grupo de sociedades cuja declaração é exigível para efeitos fiscais.

A delicadeza da questão reside no facto de as entidades do grupo operarem entre si como determinantes do preço (*price-makers*) e não como tomadoras do preço (*price-takers*) resultante do livre funcionamento do mercado concorrencial. Ou seja, elas podem manipular e controlar os preços das transações e, com isso, a respetiva exposição fiscal.

Entre as transações de bens e serviços, tangíveis e intangíveis, que podem ser utilizadas para deslocalizar os lucros produzidos dentro do grupo, destacam-se a compra e venda de mercadorias, a aquisição de ações de sociedades filiais, a partilha de conhecimento especializado, contactos, listas de clientes e sistemas de oferta, o fornecimento de serviços de gestão, o arrendamento de imóveis, o pagamento de "*royalties*" pela utilização de propriedade intelectual (v.g. direitos de autor, marcas, denominações, patentes, *Know-how*), a consultoria a sociedades filiais sediadas no estrangeiro e os pagamentos entre empresas do grupo aproveitando deduções existentes num dos Estados em que o grupo opera.

O mesmo sucede com a subcapitalização, ou seja, com a concessão de financiamento a sociedades do grupo com taxas de juro e comissões definidas de forma controlada pelo grupo, acima ou abaixo dos preços de mercado (*thin capitalization*)[459], com especial relevo para o financiamento feito a partir de Estados que não tributam os juros recebidos, dirigido às sociedades do grupo situadas em Estados de elevada tributação que permitam a dedução dos juros pagos[460].

O ato de fixar o preço das transações (*transfer pricing*) consiste na definição controlada do preço da transação (transferência) de um bem ou serviço. Em si mesmo não é proibido ou ilegal quando resulta de uma negociação de mercado.

No entanto, ele pode ser ilegal quando abusivo, ou seja, quando se está realmente perante uma manipulação de preço (*transfer mispricing*) com o objetivo de deslocação dos lucros (*profit shifting*) para Estados de baixa ou nula tributação. Esta prática permite reduzir a carga fiscal sobre o grupo, embora possa enfrentar dificuldades na repatriação do lucro entretanto deslocalizado.

11.3. Relevância do problema

O objetivo das empresas consiste em procurar a tributação desses recursos em Estados com taxas de imposto menos elevadas, desse modo diminuindo a carga fiscal global sobre o grupo[461]. As empresas procuram explorar em seu benefício a concorrência fiscal internacional, celebrando *transações controladas* (i.e. transações entre entidades de um grupo sob o mesmo controlo), estrategicamente planeadas para deslocação fiscalmente mais vantajosa dos meios financeiros. O objetivo desse planeamento fiscal internacional consiste em maximizar os lucros globais "líquidos de imposto".

[459] Thiess Buettner et al., The Impact of Thin-Capitalization Rules on Multinationals' Financing and Investment Decisions (CESifo Working Paper No. 1817, 2006), disponível em http://ssrn.com/abstract=935220.

[460] Ilan Benshalom,"The Quest to Tax Financial Income in a Global Economy: Emerging to an Allocation Phase, 28, Virginia Tax Review, 2008, 165 seguintes, 168 seguintes, salientando que este fenómeno tende a conduzir a uma excessiva alavancagem de endividamento por parte das sociedades em praças de elevada tributação.

[461] David A. Osborne, "Deterring Transfer Pricing Abuse: Changing Incentives as a Practical Alternative to a Global Tax Regime", 10, Washington University Global Studies Law Review, 2011, 813 seguintes Isto mesmo já era detetado, nos Estados Unidos, Relatório 359 ao 67º Congresso norte-americano, onde se alertava para o facto de que "sociedades filiais, especialmente sociedades estrangeiras, são usadas para "ordenhar" a sociedade mãe ou para de outro modo manipular a contabilidade da sociedade mãe".

Trata-se aqui tipicamente de um problema internacional, que, embora possa ser mitigado por normas nacionais, só pode ter uma solução internacional. O combate aos preços de transferência resulta da necessidade de proteger a base tributária dos Estados. Ele assenta no princípio da *paridade fiscal*, ou igualdade de tratamento, entre os sujeitos envolvidos em transações controladas e os sujeitos a transações não controladas.

11.4. Tratamento jurídico do problema

O problema dos preços de transferência cedo foi objeto de enquadramento normativo. Em 1929, o *Internal Revenue Service* norte-americano afirmou o seu poder de ajustar a contabilidade das empresas. Em 1935, o Tratado Fiscal Modelo da Sociedade das Nações introduziu o princípio da negociação pelo valor de mercado e, na impossibilidade da sua determinação, o recurso ao método da tributação unitária do grupo com base em percentagem dos lucros.

O *Finance Act* de 1951, do Reino Unido, disciplinou o "*transfer pricing*". No mesmo sentido caminharam os regulamentos da Secção 482 do *Internal Revenue Code* dos Estados Unidos, em 1968. Entre outras coisas previu-se a agregação do rendimento do grupo e adotou-se o critério do preço não controlado comparável. Desde então, estas propostas inspiraram muitas das iniciativas nacionais e internacionais de disciplina jurídica desta matéria.

Por seu lado, a OCDE produziu importantes relatórios nesta matéria, devendo assinalar-se o *Transfer Pricing Guidelines for Multinational Enterprises* (ME) and *Tax Administration* (TA) (1979), que rejeita métodos de agregação e distribuição proporcional de lucros, o *Transfer Pricing Guidelines for ME and TA* (1994), onde incluiu orientações para a avaliação de intangíveis e partilha de custos, e, mais recentemente, as *Transfer Pricing Guidelines for ME and TA*, de 2010.

A luta contra a manipulação de preços de transferência é levada a cabo no quadro da proibição da tributação extraterritorial, decorrente do direito constitucional e internacional tributário. A mesma implica que o Estado deve ter uma conexão efetiva mínima com os factos (v.g. sujeitos, propriedades, transações) que pretende tributar.

11.5. Grupos de sociedades de preços controlados

Uma abordagem da problemática dos preços de transferência, que permita distinguir entre preços controlados (pelo grupo) e preços não controlados (fixados pelo mercado), supõe a identificação dos critérios que permitam determinar, com precisão, quando é que duas ou mais sociedades podem, ou não, ser consideradas associadas, ou seja, pertencentes ao mesmo grupo.

Para este efeito, o artigo 9º/a) e b) da Convenção Modelo da OCDE propõe dois critérios que são geralmente aceites. Ambos procuram combinar elementos formais e materiais. Na primeira hipótese, considera-se que se está diante de empresas associadas quando a) uma empresa de um Estado contratante participar, direta ou indiretamente, na direção, no controle ou no capital de uma empresa do outro Estado contratante.

Na segunda hipótese, a associação existe quando, b) as mesmas pessoas participarem direta ou indiretamente, na direção, no controle ou no capital de uma empresa de um Estado contratante e de uma empresa do outro Estado contratante, e em ambos os casos, as duas empresas, nas suas relações comerciais ou financeiras, estiverem ligadas por condições aceites ou impostas que difiram das que seriam estabelecidas entre empresas independentes, os lucros que, se não existissem essas condições, teriam sido obtidos por uma das empresas, mas não foram por causa dessas condições, podem ser incluídos nos lucros dessa empresa e, consequentemente, tributados.

11.6. Determinação do preço do mercado

O princípio fundamental do regime dos preços de transferências internacionais assenta na interação não controlada e não próxima entre as empresas – *arms-lengh principle* ou *princípio da plena concorrência*. Significa isto que os preços de transferência entre sujeitos passivos do mesmo grupo devem ser fixados pelo valor de mercado, ou seja, como se resultassem de uma negociação entre sujeitos estranhos e não relacionados.

Subjacente a este entendimento está a ideia de que os desvios às leis do mercado constituem distorções económicas que devem ser neutralizadas. Os preços controlados e as suas implicações fiscais são vistos como anomalias que concedem aos grupos de empresas vantagens competitivas suscetíveis de falsear a concorrência. Daqui resulta, para as administrações tributárias, o poder/dever de revisão dos preços das transações e de realocação dos rendimentos e das deduções entre sociedades dentro do grupo.

A opção pelo *padrão do valor de mercado*, orientada para a preservação da base tributária dos Estados, tem o seu fundamento constitucional no princípio da igualdade tributária, na capacidade económica e na primazia da substância sobre a forma, visando tratar de forma igual as sociedades que realizam transações controladas dentro de um grupo e as que realizam transações com sociedades independentes, determinando para esse efeito o "verdadeiro" rendimento tributável do contribuinte controlado[462]. Paralelamente, ele visa tratar de forma igual as empresas nacionais e as transnacionais[463].

É com base neste fundamento que se atribui à administração tributária o poder de definir a "interpretação autêntica" da realidade económica subjacente à transação em causa.

11.6.1. *Dificuldades de aplicação*

Nem sempre é fácil determinar o preço da transação que resultaria do funcionamento do mercado. Desde logo, a aplicação das normas sobre preços de transferência pressupõe uma valoração exata dos bens, serviços e propriedade intelectual transacionados no seio do grupo, o que não é tarefa fácil.

No caso dos intangíveis, como propriedade intelectual (v.g. patentes, marcas, nomes, direitos de autor), contratos, franchises, licenças, *know-how*, estudos, consultoria, estimativas, dados técnicos ou programas, a dificuldade de avaliação é notória, subsistindo grandes margens de indeterminação e imprecisão. Daqui resulta um forte incentivo ao investimento em intangíveis, justamente para beneficiar da indeterminação dos preços de transferência.

Não raramente, a aplicação princípio do preço de mercado conduz a uma variedade de preços compatíveis com o mercado, criando o *problema do contínuo de preços* e favorecendo com isso o aumento da litigância[464].

Esta realidade inviabiliza a pretensão de estabelecer preços como dados de facto e de os tratar como se tivessem sido produzidos pelas leis

[462] Harlow N. Higinbotham, David W. Asper, Philip A. Stoffregen, Raymond P. Wexler, "Effective Application of the Section 482 Transfer Pricing Regulations", 42, Tax Law Review, 1987, 295 seguintes.

[463] Ilan Benshalom, "Rethinking the Source of the Arm's-Length Transfer Pricing Problem", 32 Virginia Tax Review, 2013, 425 seguintes.

[464] Doernberg, International Taxation..., cit., 283.

do mercado. Acresce que nem sempre existe um mercado que permita determinar o "valor de mercado" das transações. Por outro lado, existe uma especial dificuldade na valorização de bens intangíveis (v.g. consultoria; propriedade intelectual). Também está longe de se verificar a necessária coordenação entre as administrações fiscais na aplicação de normas de *transfer pricing*.

A constituição de grupos de sociedades e a existência de transações no seu seio tem como objetivo a redução dos custos de transação, o que é inteiramente lógico do ponto de vista estritamente económico. Em muitos casos a integração entre várias empresas é tão grande que torna irrealista a exigência da aplicação do princípio da negociação por valores de mercado.

11.6.2. *Critérios de determinação do preço de mercado*

A determinação do preço de mercado está longe de constituir uma tarefa fácil. A mesma obedece a diferentes critérios e métodos. De um modo geral seguem-se neste domínio as propostas da OCDE e da Secção 482 do *Internal Revenue Code*, embora esta não deixe de sugerir uma certa ordem de prioridade nos métodos.

Procura-se comparar o preço atual praticado no seio do grupo (preço controlado) com o preço praticado nas transações entre empresas congéneres independentes operando num mercado concorrencial (preço de mercado).

No entanto, como se costuma dizer, há que ter o cuidado de "não comparar alhos com bugalhos". Por outras palavras, podem existir fatores objetivos que justifiquem a existência de diferenças significativas entre os preços controlado e de mercado. Para a identificação desses fatores recomenda-se o apelo a critérios como funções, termos contratuais, riscos, condições económicas, propriedades ou serviços.

11.6.2.1. *Função*

O *critério da função* consiste numa análise das funções dos membros do grupo. Assim, quanto mais importante for a função desempenhada por uma sociedade do seio do grupo, maior deve ser a porção dos lucros do grupo refletida na sua contabilidade.

Este critério requer uma rigorosa análise económica da atividade do grupo, atenta, nomeadamente, ao tipo e escopo das transações, aos recursos tangíveis e intangíveis mobilizados por cada membro e a dedicação de cada um deles a atividades de Investigação e desenvolvimento (I&D), design e engenharia, produção, extração, montagem, marketing, distribuição, transporte, armazenamento, contabilidade ou finanças. Igualmente importante é ter em conta a diferenciação do bem ou do serviço produzido e a sensibilidade da procura ao preço praticado (elasticidade; elasticidade cruzada)[465].

Também assume o maior relevo o reconhecimento de fatores invisíveis não revelados pela contabilidade (v.g. perspetivas futuras) e ainda a identificação do risco relativo dos vários membros do grupo.

11.6.2.2. *Termos contratuais*

O *critério dos termos contratuais* assenta no postulado de que as transações só são comparáveis se os termos contratuais forem comparáveis.

As diferenças entre o preço do grupo e o preço do mercado pode ter como fundamento as especificidades dos termos contratuais, devendo atender-se aspetos tão diversos como o preço (v.g. comissões, risco cambial, custos administrativos), o volume transacionado, as garantias prestadas (geralmente menores dentro do grupo), a duração de licenças, contratos e outros acordos, os direitos de rescisão e renegociação ou as transações acessórias (v.g. prestação de serviços auxiliares).

11.6.2.3. *Risco*

O *critério do risco* parte do princípio de que quanto maior é o risco, maior será o preço. Ele recomenda a identificação e comparação dos riscos do mercado (v.g. flutuação de custo, preço, procura), de sucesso ou fracasso da I&D (v.g. indústria farmacêutica), do financiamento (v.g. crédito, flutuação cambial, taxas de juro), da cobrança, das regras de responsabilidade civil (v.g. responsabilidade objetiva do produtor, indemnizações punitivas), da natureza da atividade (v.g. instalações, fábricas, equipamento).

[465] Elena R. Tsaneva, "Transfer Pricing In The World Of Services And Intangibles – A New Challenge To Preserving The Corporate Tax Base", 9 UCLA Journal of International Law and Foreign Affairs, 2004, 323 seguintes.

11.6.2.4. *Condições económicas*

Digno do maior relevo é o *critério das condições económicas*. Em bom rigor, trata-se das condições políticas, económicas, sociais e culturais.

É evidente que as margens de lucro variam consoante as condições que se verifiquem nestes domínios, sendo importantes fatores tão variados como a guerra ou a paz, a estabilidade política e social, os sentimentos religiosos, morais e culturais da população, o tratar-se de Estados em desenvolvimento ou desenvolvidos, a dimensão variável dos mercados, a quota de mercado num mercado relevante, a localização e custo dos fatores de produção, o nível do mercado em causa (v.g. produtor, grossista, retalhista), a situação de monopólio, oligopólio, ou concorrência, o grau de concorrência e a medida em que as empresas operam como "price-makers" (fazedores de preços) e "price-takers" (tomadores de preços).

11.6.2.5. *Propriedade e serviços*

Finalmente, o *critério da propriedade e dos serviços* reconhece que o preço de um bem ou serviço pode incorporar custos diversificados em I&D, marketing, desenvolvimento do produto, relação com os fornecedores. Por estes e outros motivos admite-se que possa haver boas razões para o preço no grupo ser aparentemente muito inferior ou muito superior ao que resultaria do mercado.

11.6.3. *Métodos de determinação do preço de mercado*

Os critérios anteriormente apontados pretendem identificar e medir fatores objetivos que podem justificar a diferenciação entre o preço praticado no seio do grupo e os preços não controlados praticados no mercado. Uma vez descontado o seu impacto, deve proceder-se á determinação do preço de mercado.

Para essa operação existem vários métodos alternativos[466]. Alguns centram-se na análise das transações, ao passo que outros se debruçam sobre os lucros. No primeiro caso, analisam-se os preços ou as margens de transações ou grupos de transações praticados entre entidades relacionadas e comparam-se os preços e margens praticados nas transações

[466] Robert Feinschreiber, **"Determining the Pricing for Intercompany Sales", 70,** The Florida Bar Journal, 1996, 73 seguintes.

entre entidades independentes. No segundo caso, comparam-se os lucros declarados por entidades controladas e não controladas desenvolvendo funções idênticas num quadro de riscos semelhantes. Uns e outros pressupõem uma abordagem complexiva e interdisciplinar, assente na análise contabilística, económica e jurídica, não existindo propriamente uma hierarquia ou ordem de prioridade entre eles.

Deve-se optar pelo melhor método, sendo que isso deve ser aferido em função da respetiva adequação para analisar as específicas transações, do ponto de vista da comparabilidade, da qualidade da informação disponível, da fiabilidade das pressuposições em que o mesmo se baseia. De um modo geral entende-se que é melhor avaliar as transações à medida que elas têm lugar, sendo por isso aconselhável guardar a documentação correspondente[467]. Neste contexto iremos dar conta apenas dos seus traços gerais, de forma necessariamente simplificada.

11.6.3.1. *Preço comparável de mercado*

Como o próprio nome indica, o método do preço comparável de mercado (ou *preço não controlado comparável*) consiste na comparação do preço de transferência atual em transações controladas com preços comparáveis de transações entre entidades independentes negociando bens comparáveis em condições de mercado livre e aberto.

O mesmo pressupõe o prévio ajustamento com base nos critérios acima mencionados, podendo daí resultar uma substancial atenuação da disparidade inicial entre os preços atuais e os preços de mercado. Não obstante, o mesmo pode deparar-se com a dificuldade em encontrar termos de comparação adequados.

Especialmente problemática é a tentação da utilização, por parte de alguns Estados, de "comparáveis secretos", diminuindo a capacidade dos contribuintes de defenderem os preços praticados no seio do seu grupo.

As transações não controladas comparáveis podem ocorrer entre duas empresas não relacionadas – não pertencentes ao mesmo grupo – ou entre uma empresa do grupo e uma empresa terceira. Talvez um exemplo ajude a compreender melhor este método.

[467] Barrett, Hadjilogiou, Tevel, The Benefits of Tax Planning as Part of the Acquisition of an International Business..., cit. 20 seguintes.

Pense-se, nomeadamente, no grupo de sociedades constituído por S1, S2, e S3. Trata-se aí de sociedades relacionadas ou controladas. Neste exemplo, S1 está sediada em Portugal, S2 está sediada em Angola e S3 está sediada na Namíbia.

A sociedade angolana S2 vende 1000 dispositivos técnicos à sua congénere namibiana S3, por um preço de 700 $ por unidade. Ao mesmo tempo, a mesma S2 vende idênticos dispositivos técnicos a uma empresa independente, sediada no Botswana, por 1100$ cada um. Neste caso, vai-se comparar a transação controlada entre S2 e S3 com a transação não controlada entre S2 e a empresa do Botswana, que considerada terceira em relação ao grupo.

Como logo se observa, verifica-se uma grande disparidade entre o preço de 700$ (preço controlado) praticado com a S3 da Namíbia que integra o mesmo grupo de S1 e S2, e os 1100$ (preço de mercado) da transação com a empresa independente sediada no Botswana.

Na determinação dos lucros tributáveis de S2, a administração tributária angolana (ATA) irá comparar o preço controlado de 700$ com o preço de mercado de 1100$, no sentido de averiguar se existem fundamentos que possam justificar a disparidade entre eles.

Para esse efeito, a ATA poderá ter em conta o facto de que a sociedade angolana S2 é o primeiro e único fornecedor no novo mercado da Namíbia e que esse monopólio, por si só, lhe permitiria praticar um preço mais elevado.

No entanto, a ATA não pode deixar de ter em conta que S3, sediada na Namíbia, conhece bem a angolana S2 e o seu produto, não exigindo por isso garantias adicionais do mesmo, na medida em que também S3 pertence ao grupo de S2.

Por esse mesmo motivo, S2 conhece bem S3, sabendo que esta dispõe de recursos económicos e financeiros suficientes, não havendo por isso necessidade de exigir garantias de cobrança. Pelo contrário, S2 sabe que S3 lhe pode pagar a pronto e que a mesma lhe irá fazer novas encomendas no futuro.

Ora, todos estes factos permitem a S2 e S3 realizar uma transação por um preço mais baixo do que o praticado com a empresa independente do Botswana. Existem, por isso, fundamentos objetivos suficientes para justificar a disparidade entre 700$ e 1100%.

No entanto, feitas bem as contas, a ATA pode considerar que o estatuto de monopolista que S2 tem no mercado da Namíbia, e a renda que ele lhe pertite, justifica que, na determinação dos seus lucros tributáveis, deve tomar-se como bom o preço de 900$ e não qualquer dos preços mencionados.

Os esquemas que se apresentam de seguida permitem ilustrar duas situações em que é aplicável o método do preço comparável de mercado.

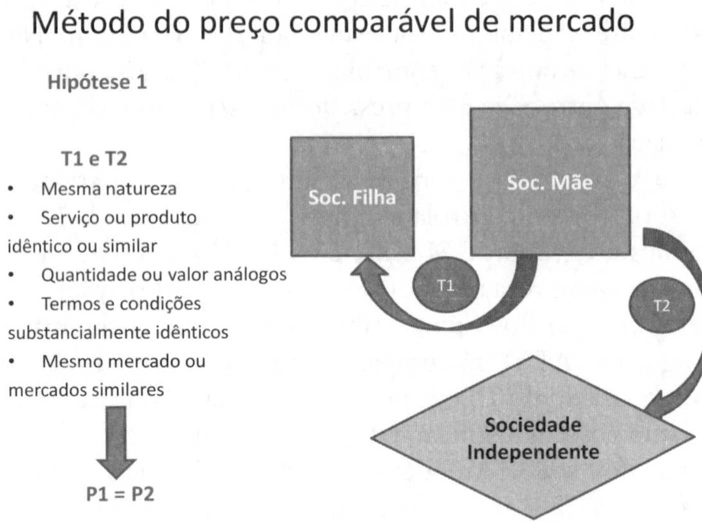

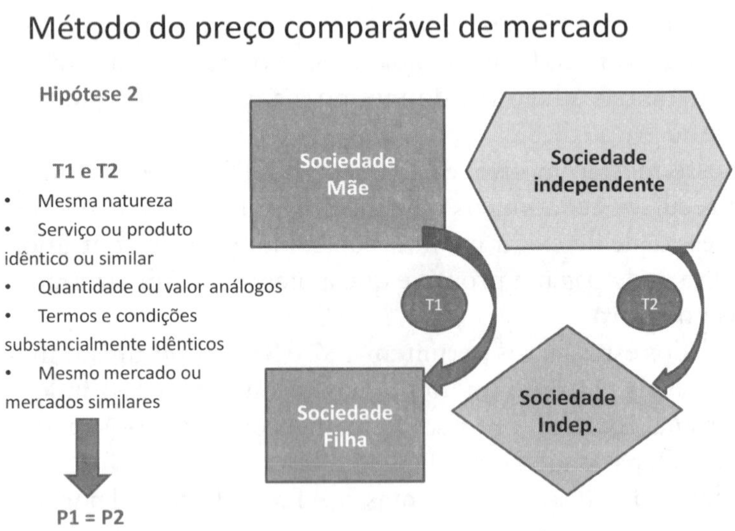

Quando aplicado a intangíveis (v.g. patentes, marcas, direitos de autor, *know-how*, franquias), o método do preço comparável de mercado dá lugar ao *método da transação comparável de mercado*, através do qual se compara o preço praticado numa transação controlada entre entidades relacionadas com o praticado numa transação entre entidades independentes.

Nestes casos, a propriedade intelectual deve ser utilizada em processos ou produtos semelhantes, dentro da mesma indústria ou mercado. Este método deve tomar em conta as diferenças que podem existir no valor acrescentado e potencial gerador de lucro dos bens intangíveis comparados. Entre os fatores a ter em conta na comparação das transações salienta-se os termos da transferência do intangível, o seu maior ou menor valor de mercado, a existência ou não de direitos exclusivos, o seu estado de desenvolvimento, o direito a receber atualizações ou a duração da licença[468].

11.6.3.2. *Preço de revenda minorado*

O *critério do preço de revenda minorado*, ou *critério de revenda minorado* (*resale minus*), assenta na tentativa de determinar um lucro razoável, sendo aplicado especialmente no setor da distribuição. Aqui, compra-se e revende-se o produto sem alterar a sua composição física nem acrescentar um valor substancial. Em vez de tomar como termo de comparação o preço total da transação, ele compara a margem de lucro bruta da revenda controlada com a margem obtida numa revenda comparável não controlada.

Vejamos, como exemplo, a seguinte transação entre as sociedades S1 e S2 do mesmo grupo, situadas em Estados diferentes.

A sociedade S1 vende a S2 um determinado bem por 2000$. Por sua vez, S2 vende esse mesmo bem ao consumidor final por 3000$, obtendo assim um lucro manifestamente inflacionado de 50%.

O método da revenda minorado avalia o preço da transação entre as sociedades S1 e S2, assumindo que S2 deveria ficar para si com um lucro razoável de 25% depois da revenda ao consumidor final.

No entanto, se fizermos as contas, verificamos que, para poder vender por 3000$ ao consumidor final e ficar com um lucro de 25%, a

[468] Desenvolvendo estes pontos, Dornberg, International Taxation...., cit, 287 seguintes.

sociedade S2 deveria ter comprado o bem a S1 por 2400$ (3000 : 1.25 = 2400). Este seria o preço resultante do mercado.

Ora, se S2 comprou o bem a S1 por 2000$, S2 deveria tê-lo vendido ao consumidor final por 2500$ (2000x1.25 = 2500) e não por 3000$.

Com base neste método verifica-se que existe uma discrepância entre o preço de grupo (2000$) e o preço do mercado (2400$).

Assim sendo, a administração fiscal da sociedade S1 vai tomar em conta, para efeitos fiscais, o preço de 2400$, que resultaria do mercado, e não o de 2000$, que é um preço controlado.

Cabe a S1 defender o preço que praticou, eventualmente invocando critérios de ajustamento mencionados acima, nomeadamente relativos às funções dos produtos, aos termos contratuais, ao risco incorrido nas diferentes transações comparadas.

O esquema seguinte ilustra a aplicação do critério do preço de revenda minorado.

Método do preço de revenda minorado

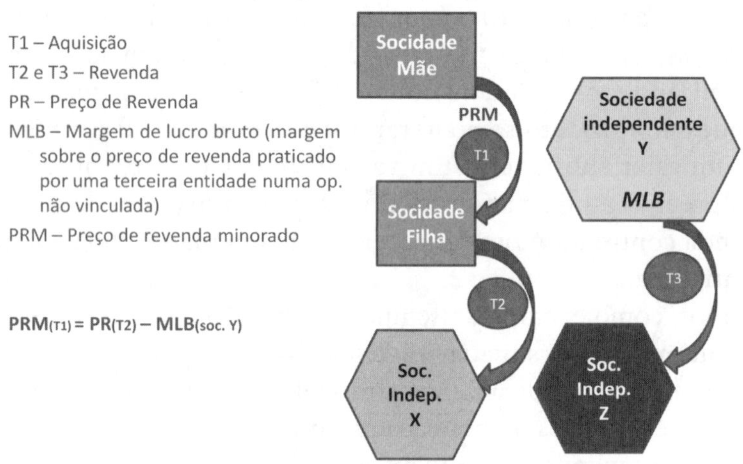

11.6.3.3. *Custo majorado*

O método do *custo majorado* (*cost plus*) afigura-se adequado aos casos em que não há vendas comparáveis do bem em causa a terceiros independentes. Compara-se as margens brutas praticadas na transação controlada com as margens brutas praticadas no mercado numa transação comparável.

Por outras palavras, este método assenta na consideração do custo de produção (CP), acrescido da margem de lucro do mercado (MLM). Ele é especialmente adequado para determinar o preço de mercado em transações de bens entre empresas produtoras e empresas clientes do mesmo grupo. O seu bom funcionamento depende da comparabilidade de aspetos como a propriedade intelectual, a eficiência da gestão, a estrutura de custos, o transporte e a distribuição, as quantidades adquiridas, a consistência contabilista entre transações controladas e não controladas, etc.

A SM compra a SF, por 1800$, um novo produto que desenvolveu e cuja produção atribuiu a SF. Este método vai procurar determinar o custo de produção (CP), acrescentando-lhe em seguida margem de lucro do mercado (MLM).

Se o CP efetivo for 1000$ e a MLM for de 20%, então o preço de mercado deverá ser de 1200 (1000 x 1.20) e não de 1800$ como o realmente praticado na transação entre SM e SF. Ou seja, o preço de transferência praticado entre SM e SF (1800$) deve ser comparado com o preço de mercado (1200$).

É claro que a SM sempre pode defender o preço praticado no grupo (1800$) com base, nomeadamente, na necessidade de cobrir os investimentos feitos por SF em novas fábricas, equipamentos e formação do pessoal, ou em função do risco comercial na colocação do novo produto ou das circunstâncias concretas que rodeiam o mercado e a concorrência no Estado onde a SF está sediada. A SM também pode chamar a atenção para a instabilidade política, social e económica que se vive nesse Estado, recomendando a prática de um preço mais elevado.

Diante destes ou outros argumentos, a administração fiscal da sede da SM pode acabar por considerar como válido um preço distinto de 1800$ e de 1200$. Por exemplo, ela pode aceitar o preço de 1500 alegando, por exemplo, a falta de risco de cliente entre SM e SF, a falta de risco no pagamento ou as boas perspetivas de negócio no futuro.

Neste contexto, afigura-se da maior importância uma rigorosa análise económica da transação, podendo entrar-se em linha de conta com as suas envolventes políticas e sociais.

O esquema apresentado abaixo ilustra a aplicação do critério custo majorado.

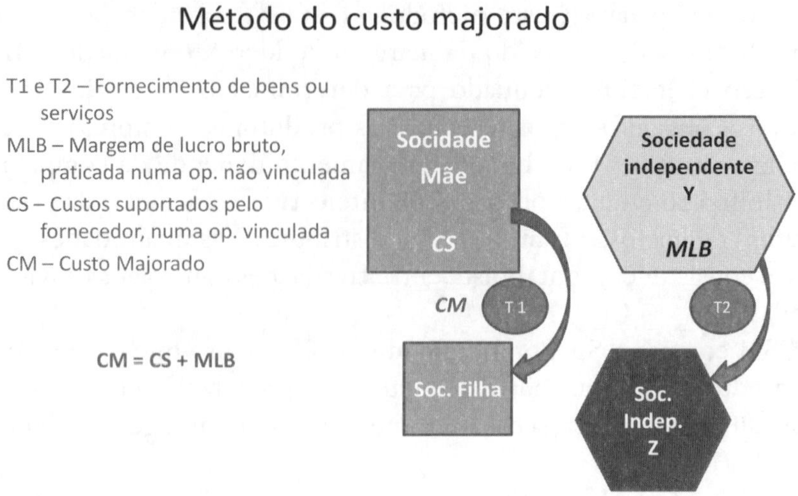

11.6.3.4. *Margens líquidas de transação*

Um outro método de determinação do preço de mercado diz respeito às margens líquidas de transação. Trata-se de um método complexo, do ponto de vista financeiro, utilizando uma análise de rácios, determina indicadores de margem de lucro de empresas independentes (i.e., empresas não controladas) em situação semelhante comparando-os com as margens da sociedade controlada.

A sua utilização é recomendada nos casos em que cada sociedade do grupo dá uma contribuição valiosa e única, sendo que as várias sociedades realizam atividades específicas altamente integradas. Este método pretende tomar em conta o lucro líquido de cada transação e não o lucro global das atividades do grupo.

Para isso compara-se o rendimento antes dos juros e de impostos da sociedade do grupo com o rendimento obtido por empresas independentes. Recorre-se ao rácio de retorno no capital empregue, de retorno nas vendas ou de lucro bruto em relação às despesas operacionais.

A aplicação do método das margens líquidas de transação pode ser ilustrado através do esquema apresentado abaixo.

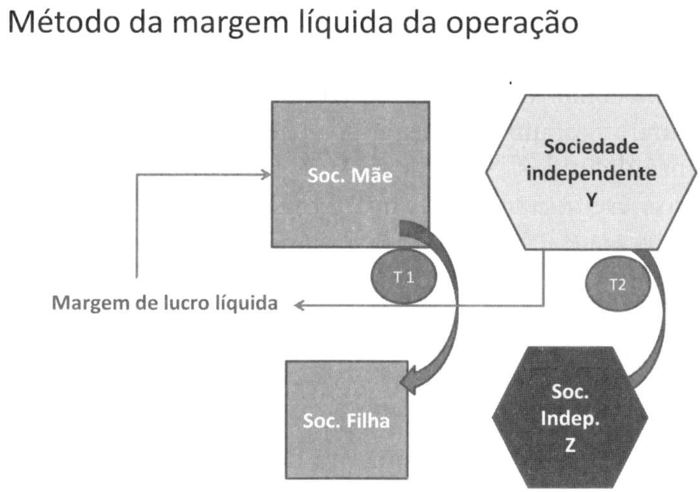

11.6.3.5. *Divisão de lucros*

Existe também o método *da divisão de lucros* (*profit split*), que apela a critérios de razoabilidade a par da tentativa de determinação dos preços de mercado. Este método, de complexidade financeira significativa, procura dividir os lucros do grupo por todas as sociedades de acordo com uma fórmula equitativa (v.g. capital empregue)[469].

Ele pode dividir os lucros e as perdas entre contribuintes controlados com base na divisão de lucros de entidades independentes em situação semelhante (divisão de lucros comparável), o que é raro, dada a dificuldade em encontrar empresas em situação semelhante. Ou pode dividir os lucros tendo como ponto de referência a taxa de retorno do mercado em função da contribuição de cada sociedade para a atividade económica do grupo (divisão de lucros residual).

O mesmo pode assentar numa análise por transações individuais ou por grupos comparáveis. Neste caso, ele supõe a comparação com grupos de empresas análogos e com as contribuições de cada uma delas e os benefícios obtidos, de acordo com indicadores económicos precisos e mensuráveis[470].

[469] James D. Mandolfo, "The IRS's Cost-Sharing Proposals in the Worldwide Tax System: Why Congress Should Avoid Anti-Competitive Transfer Pricing Regulations and Embrace A Territorial Tax" 12 Fordham Journal of Corporate & Financial Law, 2007, 371 seguintes.

[470] Glen Rectenwald, "A Proposed Framework for Resolving the **Transfer Pricing** Problem: Allocating the Tax Base of Multi-National Entities Based on Real Economic Indicators of

Este processo desenrola-se em duas fases. Na primeira fase, opera-se a determinação dos lucros normais ou rotineiros a serem divididos, não contando com o valor acrescentado pelos intangíveis na produção e distribuição do produto. Para esse efeito seguem-se indicadores de nível .de lucro pré-definidos. Na segunda fase, procede-se à divisão dos lucros atendendo à contribuição específica e não rotineira das várias partes envolvidas na transação, de acordo com critérios económicos válidos e aceitáveis do ponto de vista da negociação do mercado.

11.6.3.6. *Acordo de partilha de custos*

Neste contexto, merecem a maior atenção os chamados *acordos de partilha de custos* entre sociedades do mesmo grupo. Eles envolvem a partilha de riscos e custos do desenvolvimento de um intangível, na proporção da sua expectativa de benefício da exploração do mesmo para efeitos comerciais.

Pense-se, por exemplo, num grupo constituído por cinco sociedades, S1, S2, S3, S4 e S5, concentrando a S1 toda a investigação e desenvolvimento (I&D), da qual todo o grupo virá a beneficiar.

Neste primeiro exemplo, o grupo de sociedades acorda a partilha de custos, com benefícios diferenciados para cada sociedade. A S1 assume a I&D de todo o grupo, obtendo as S2, S3, S4 e S4 licenças para usar as patentes registadas por S1, fazendo a S1 os pagamentos correspondentes ao custo das patentes.

Esses pagamentos devem ser proporcionais aos benefícios obtidos por cada uma das sociedades S2, S3, S4 e S5 e ao que estas pagariam se recorressem a uma empresa de I&D independente. A administração fiscal deve controlar a proporcionalidade entre os custos pagos e os benefícios obtidos. Nenhuma das sociedades S2, S3, S4 e S% pode pagar a S1 mais do que o devido, porque isso poderia ser "*profit shifting*" de um Estado de alta tributação para um outro de baixa tributação.

Num segundo exemplo, envolvendo duas sociedades S1 e S2, aquela vende a esta 1000 obrigações por um preço de 100 000$, quando a mesma quantidade é transacionada no mercado por um preço de 500 000$. Neste caso, a administração tributária poderá ajustar o preço acordado em função do preço do mercado.

Benefit and Burden", 22, Duke Journal of Comparative & International Law, 2012, 425 seguintes.

Num terceiro exemplo, envolvendo também as sociedades S1 e S2 do mesmo grupo, S1 empresta dinheiro a S2 a uma taxa de juro de 8% e pagando 2% de imposto sobre o montante dos juros recebidos. No entanto, diante de um aumento da taxa de imposto sobre os juros para 5%, diminui a taxa de juro a S2 sem contrapartidas. Também aqui a administração fiscal de S1 irá certamente querer ajustar a taxa de juro para efeitos fiscais.

11.6.4. *Princípios a observar pela administração fiscal*

Tanto na opção pelos métodos de determinação do preço de mercado como na sua aplicação ao caso concreto, existe um grau significativo de indeterminação e subjetividade que tanto o contribuinte como a administração tributária podem querer explorar indevidamente.

Daqui resulta um emaranhado labiríntico de regras, critérios e indicadores económicos, termos de comparação, padrões de comparabilidade e custos burocráticos de cumprimento das normas, realidade que aumenta significativamente a imprevisibilidade e os custos das transações levadas a cabo pelos grupos de sociedades transnacionais.

Não sendo fácil contornar este problema, sustenta-se que a atividade desenvolvida pela administração tributária na análise e revisão dos preços de transferência controlados deve observar os princípios constitucionais da defesa do interesse público, da precisão, clareza e objetividade, da participação, da racionalidade e proporcionalidade, da proibição do arbítrio, da transparência, da fundamentação, da controlabilidade e da proteção jurídica efetiva.

11.6.5. *Litígios sobre preços de transferência*

Como bem se compreende, a correção dos preços de transferência realizada pela administração fiscal de um Estado pode facilmente gerar dupla tributação internacional e litigância. Por exemplo, se um preço é revisto em alta num Estado, deve haver um ajustamento em baixa no outro, para compensar, sob pena de haver lugar a dupla tributação.

Por conseguinte, é importante encontrar mecanismos que permitam resolver os litígios que surjam e, se possível, prevenir a sua ocorrência. Os Estados tendem a seguir as orientações da OCDE neste domínio, prevendo procedimentos que permitem um acordo amigável, mecanismos de arbitragem vinculativa e acordos antecipados de preços. Vejamos brevemente em que consistem estes instrumentos.

11.6.5.1. *Procedimento de acordo amigável*

Para além do recurso aos meios administrativos e judiciais previstos na legislação nacional, o artigo 25º/1 da CM da OCDE prevê a possibilidade de o contribuinte submeter, no prazo de três anos, os casos de dupla tributação ocasionados pela aplicação dos regimes de preços de transferência à autoridade tributária do Estado da residência ou da nacionalidade. Esta irá procurar encontrar uma solução amigável com a administração tributária do outro Estado, a fim de evitar ou mitigar a dupla tributação.

O acordo alcançado será aplicado independentemente dos prazos estabelecidos no direito interno dos Estados em presença. Este procedimento envolve a comunicação direta entre Estados ou comissão mista. Ele tem as suas limitações, nomeadamente traduzidas no risco de as administrações tributárias serem confrontadas, ou com excesso ou defeito de informação.

Por um lado, pode dar-se o caso de, ao solicitar o procedimento amigável, a sociedade requerente fornecer à administração tributária informação substancial que pode vir a ser usada para justificar ulteriores "ataques" à sua política de preços no seio do grupo. Apesar de ser confidencial, o procedimento recolhe informação que pode ser usada contra as sociedades do grupo em presença.

Por outro lado, se as autoridades tributárias dos Estados em presença não permitirem a ampla participação das sociedades contribuintes, as mesmas podem não dispor de oportunidade para fornecer informações importantes que permitam justificar os preços praticados no seio do grupo (v.g. produtos, mercados, risco, condições de crédito). Deste modo, corre-se o risco de decisões economicamente erradas e factualmente mal fundamentadas. Acresce que o procedimento amigável não garante um acordo amigável, sendo possível a subsistência da dupla tributação.

11.6.5.2. *Arbitragem vinculativa*

O artigo 25º/5 da CM da OCDE prevê, desde 2008, a possibilidade de se inserir nas convenções de dupla tributação o direito do contribuinte a uma arbitragem vinculativa se E1 e E2 não chegarem a acordo no prazo de 2 anos e se não existir decisão judicial ou administrativa sobre o assunto. Para além de desfecho incerto, pode ser um processo bastante moroso[471]. Neste procedimento os interesses de confidencialidade do contribuinte e de discricionariedade da administração devem ser ponderados com os princípios da legalidade tributária, da transparência e do respeito pela publicidade crítica democrática[472].

11.6.5.3. *Acordos antecipados de preços*

Importa salientar a possibilidade de os grupos de sociedades e a administração fiscal, ou os Estados bilateral ou multilateralmente, celebrarem entre si os chamados acordos antecipados de preços.

Os mesmos consistem, do ponto de vista do seu objeto, na aceitação, por parte da administração fiscal de um ou vários Estados, dos preços do grupo como preços de mercado. Deste modo, protege-se o grupo em causa contra futuros ajustamentos (v.g. 5 anos). Como bem se compreende, estes acordos têm a vantagem de antecipar problemas e prevenir os litígios, poupando às empresas custos significativos em tempo, energia e despesas de litigância.

Além disso, eles garantem previsibilidade e proteção da confiança, valores do maior relevo não apenas no plano jurídico mas também no plano económico. Eles removem incertezas futuras, contribuindo para reduzir custos de transação. Os mesmos são especialmente adequados a empresas transnacionais estáveis e de grande dimensão.

Como desvantagens, aponta-se-lhes o facto de obrigarem as empresas a prestar à administração fiscal informação sobre a empresa em quantidade, qualidade e complexidade significativas, a ponto de desse modo aumentar a sua vulnerabilidade fiscal e comercial diante das estruturas estaduais.

Igualmente dignos de ponderação são os custos em tempo e recursos humanos e materiais na sua negociação. A celebração de acordos de antecipados de preços entre grupos de sociedades e a administração fiscal deste ou daquele Estado depende de uma análise, em concreto, dos custos e benefícios envolvidos.

[471] Michael J. McIntyre, "Comments on the OECD Proposal for Secret and Mandatory Arbitration of International Tax Disputes", 7, Florida Tax Review, 2006, 622 seguintes.

[472] Allison Christians, "How Nations Share", 87, Indiana Law Journal, 2012, 1407 seguintes.

11.6.6. *Alternativas aos preços de transferência*

A problemática dos preços de transferência coloca-se no contexto da tributação dos lucros declarados geograficamente por cada sociedade, independentemente do seu valor (com ou sem correção de preços de transferência). A despeito da existência dos critérios e métodos apontados, subsistem críticas e problemas respeitantes à determinação do padrão do preço de mercado. Alguns consideram que ele se tornou obsoleto.

Por um lado, apesar de se fundamentar numa lógica de mercado, este padrão acaba inadvertidamente por resvalar para uma excessiva pretensão de regulação administrativa dos preços, o que não deixa de ser paradoxal e até irónico.

Por outro lado, ele pode acabar por tratar de forma igual transações realizadas por diferentes empresas transnacionais, dotadas de diferentes arranjos organizativos, estruturas de custo e fontes de rendimento, descaindo para a arbitrariedade[473]. Por exemplo, quatro diferentes empresas transnacionais do setor petrolífero podem ter organizado as suas operações globais de forma diferente, consoante a sua estrutura de rendimentos e lucros assente, alternativamente, na celebração de contratos vantajosos de exploração com os Estados em desenvolvimento, na investigação e desenvolvimento de novas tecnologias de perfuração e prospeção, na eficiência da sua rede de oleodutos e petroleiros ou na qualidade e eficiência das suas refinarias. Não obstante, as transações dentro destes quatro grupos distintos correm o risco de ser avaliadas pelo mesmo padrão de preço de mercado.

Para além disso, ele comete a *falácia económica* de tratar a integração do grupo como algo anómalo, incidental e alheio à transação, quando na verdade se trata de uma realidade económica essencial e constitutiva da mesma[474]. Por esse motivo, ele procura impor, a operações económicas estrutural e funcionalmente integradas, colaborantes e controladas, uma *tributação presumida* assente numa lógica totalmente diferente, de independência, rivalidade, distância e concorrência[475].

[473] Benshalom, *Rethinking the Source of the Arm's-Length Transfer Pricing Problem...*, cit., 440 seguintes.

[474] Rectenwald, *A Proposed Framework for Resolving the Transfer Pricing Problem...*, cit., 427 e 436 seguintes.

[475] Benshalom, Rethinking the Source of the Arm's-Length Transfer Pricing Problem..., cit., 426 seguintes.

Ele ignora que, de acordo com o já mencionado Ronald Coase, faz parte da própria natureza das empresas a opção por uma menor ou maior integração orgânica e funcional, na medida em que isso reduza os seus *custos de transação*[476]. Construindo sobre esta ideia, alguns entendem que os grupos de sociedades podem ser descritos como *feixes transferíveis de contratos*, subordinados a imperativos de eficiência económica[477].

Quer dizer, as empresas transnacionais integradoras de diferentes sociedades surgem, precisamente, para se afastarem da lógica e dos preços do mercado praticados em transações não controladas, para poderem com isso aumentar a sua eficiência produtiva e comercial e reduzir os seus custos operacionais.

A isto acresce, como se disse, que existem muitos casos de grupos verticalmente integrados em não se pode falar de um mercado comparável, pelo que também por aqui o *arms-length principle* não tem em conta a especificidade da realidade económica das sinergias criadas pela integração de empresas e abre as portas à manipulação abusiva.

A aplicação obsessiva do padrão do prelo do mercado coloca uma excessiva pressão burocrática transnacional sobre as empresas, num mundo cada vez mais globalizado. Daí que estejam a ser pensadas, propostas e implementadas soluções alternativas que considerem a realidade económica do grupo transnacional como uma única empresa integrada e tenham em conta a matéria coletável comum consolidada. Não sendo este o momento para as descrever desenvolvidamente, há que referir, pelo menos, três propostas.

Em primeiro lugar, a tributação do rendimento passivo através de sociedades estrangeiras controladas por nacionais (*controlled foreign corporations* – CFC's), permitindo a qualificação, como rendimentos domésticos, dos rendimentos gerados em empresas localizadas em Estados de baixa tributação. Por exemplo, uma sociedade do Estado X desenvolve a sua atividade económica através de uma sociedade filial, por ela direta ou indiretamente controlada, situada num paraíso fiscal do Estado y. Neste caso, a legislação CFC permite ao Estado X tratar alguns dos

[476] Veja-se, igualmente, Sanford J. Grossman, Oliver D. Hart, "The Costs and Benefits of Ownership: A Theory of Vertical and Lateral Integration", 94 Journal of Political Econmy, 1986, 691.

[477] Kenneth Ayotte, Henry Hansmann, "Legal Entities as Transferable Bundles of Contracts", 111, Michigan Law Review, 2013, 715 ss.

rendimentos dessa sociedade filial como se tivessem sido obtidos no território nacional pela sociedade mãe, tributando-os imediatamente sem esperar pela sua repatriação. Assim sucederá se esses rendimentos não resultarem da atividade económica da sociedade filial.

Igualmente importante, em segundo lugar, é a tributação de uma *parcela dos lucros do grupo* calculada em função de critérios como a dimensão das vendas no território do Estado, a dimensão do ativo imobilizado da empresa no território do Estado, o valor dos salários pagos pela empresa no território do Estado ou a combinação de todos estes critérios. Parte-se do princípio de que estes e outros critérios permitem presumir o lucro de uma empresa.

Uma terceira proposta consiste na tributação do grupo de acordo com uma *declaração combinada* da totalidade dos lucros de um grupo sob controlo comum envolvido em operações integradas e interdependentes, embora isto funcione melhor em Estados federados e seja pouco viável a nível internacional. De ambos os modos se procura neutralizar o "*transfer princing*" e o "*profit shifting*".

Estas alternativas também têm as suas dificuldades. Nalguns casos, elas supõem um acordo internacional entre os Estados em que o grupo opera envolvendo critérios e métodos de determinação dos lucros tributáveis. Além disso, elas não excluem toda a manipulação por parte dos grupos transnacionais, podendo prejudicar a base tributária de alguns Estados. A utilização de critérios de tributação agregada poderá avançar na UE, existindo em vários Estados federados.

À falta de melhor, a OCDE tem-se mantido fiel ao princípio do preço do mercado. Contudo, enquanto perdurar a contabilidade geográfica e o regime de preços de transferência, desvalorizando a consideração da unidade económica do grupo, afigura-se útil a requalificação de algumas categorias de rendimento (v.g. ações como obrigações de longo prazo, juros como dividendos) e necessária a definição clara dos critérios que permitam a atribuição inequívoca de um rendimento (v.g. intangíveis, ações) a um território da fonte[478].

[478] Benshalom, *Rethinking the Source of the Arm's-Length Transfer Pricing Problem...*, cit., 440 seguintes.

Capítulo V
Interpretação das normas tributárias

1. Introdução

Uma questão de grande interesse prático concerne à interpretação das normas tributárias.

Ao mesmo tempo que todos os contribuintes têm um interesse na interpretação razoável e equitativa das normas tributárias, o planeamento fiscal (*tax planning*) e a evasão fiscal (*tax avoidance*) assentam no uso, interpretação e manipulação dos conceitos de direito tributário (v.g. rendimento, lucro, remuneração, despesas de representação, donativo), ampliando ou reduzindo a sua intenção e extensão de acordo com o efeito fiscal resultante.

O direito tributário pretende abarcar todas as atividades geradoras de rendimento e riqueza empregando, para o efeito, numerosos conceitos técnicos. Estes têm um núcleo e uma penumbra por vezes com amplas margens de indeterminação e sobreposição. Um conceito pode designar diferentes atividades, ao passo que uma atividade pode ser designada, ao menos parcialmente, por vários conceitos. Existe um forte incentivo financeiro para tirar partido da indeterminação na penumbra dos conceitos jurídicos em ordem a evitar ou minimizar a tributação[479]. Por seu lado, a administração tributária pode facilmente resvalar para uma *interpretação agressiva das normas fiscais*.

[479] Pasternak & Rico, *Tax Interpretation, Planning, and Avoidance...*, cit., 33 seguintes.

Por um lado, a administração tributária e a generalidade dos contribuintes têm interesse em prevenir interpretações abusivas das normas fiscais por parte de alguns contribuintes. Por outro lado, os contribuintes não estão obrigados a conduzir a sua vida do modo fiscalmente mais oneroso. Daí que a interpretação das normas fiscais se revista da maior complexidade, importância e delicadeza, cabendo aos tribunais escrutinar e proceder à revisão independente das interpretações avançadas pela administração tributária e propostas pelos contribuintes.

Embora a administração tributária disponha de uma autoridade interpretativa assinalável, a palavra definitiva cabe aos tribunais.

A tensão dialética e semântica, ou *luta pelo sentido*, entre os poderes públicos e os contribuintes pode resultar na alteração dinâmica do significado dos conceitos de direito tributário, pelo que é fundamental uma certa estabilização do sentido dos conceitos[480].

À semelhança do que sucede nos demais ramos do direito, verifica-se, por um lado, a aplicação neste domínio dos elementos clássicos de interpretação, e, por outro lado, algumas especificidades dignas de referência.

As normas tributárias relevam de um domínio em que tradicionalmente a exigência de precisão, clareza e determinabilidade das leis é especialmente relevante, não se detetando aqui a abundância de cláusulas gerais e conceitos plásticos que se detetam noutro domínios, como seja, por exemplo, o dos direitos fundamentais.

Diferentemente, as normas tributárias têm mais semelhanças com as normas penais, embora a exigência de tipicidade não vá tão longe, sendo temperada com uma orientação claramente anti-abuso. Assim é, na medida em que a proteção dos direitos e interesses dos contribuintes individualmente considerados tem que ser devidamente ponderada com o interesse público constitucional, que também é da generalidade dos cidadãos, de assegurar a observância dos princípios da universalidade, da igualdade, da justiça e da necessidade tributárias e das orientações de política pública.

[480] Pasternak & Rico, *Tax Interpretation, Planning, and Avoidance...*, cit., 56 seguintes.

2. A aplicação das regras e princípios gerais de interpretação à lei fiscal

Nos termos do artigo 11º, nº 1, da LGT, tanto na determinação do sentido das normas fiscais como na qualificação dos factos a que as mesmas se aplicam são observadas as regras e princípios gerais de interpretação das leis. Significa isto, desde logo, que se seguem aqui os cânones clássicos de interpretação, como sejam os elementos textual-gramatical, histórico-genético, lógico-sistemático e teleológico-racional. Igualmente relevantes são as orientações tradicionais em matéria de interpretação extensiva.

Alguma doutrina tem enfatizado a importância de uma interpretação dinâmica da lei, ou seja, de uma interpretação contextual, que atenda à evolução social e legal ocorrida entre a data da criação da lei e o momento da sua aplicação. Na interpretação das leis fiscais é particularmente importante a consideração da realidade social e económica do momento, pelo que uma norma muito antiga tem que adaptar-se, por via interpretativa, à realidade económica e social em que esta é aplicada. Numa interpretação dinâmica são considerados os elementos textual, histórico e evolutivo, em busca de um maior realismo jurídico[481].

Do maior relevo se reveste ainda o princípio da interpretação das normas fiscais em conformidade com os direitos fundamentais da CRP e os direitos humanos. Este ponto é especialmente relevante num contexto, como o do direito fiscal, em que frequentemente prevalece a interpretação jurídico-privada das normas que regem os factos tributários. Não obstante a relevância inicial das categorias conceituais de direito privado, o significado fiscal das normas jurídicas não pode ser por elas limitado de forma irrestrita, visto que alguns fatores críticos da tributação dependem do contexto jurídico, fiscal, económico e social das transações em presença, exigindo uma abordagem holística e compreensiva de toda a atuação do contribuinte.

As especificidades hermenêuticas começam quando se atende ao facto de que muitas normas tributárias incorporam conceitos importados de outros ramos do direito (*v.g.* trabalhador dependente; fusão de sociedades). A solução do legislador tributário, constante do artigo 11º, nº 2,

[481] William N. Eskridge, Jr., "Dynamic Statutory Interpretation", *University of Pennsylvania Law Review*, 135, pp. 1479 e seguintes.

da LGT, consiste na determinação de que os conceitos próprios de outros ramos do direito devem ser interpretados de acordo com o mesmo sentido que aí têm, a menos que outra coisa decorra diretamente da lei. Procura-se, deste modo, um terreno neutro que diminua as possibilidades de interpretação abusiva por parte da administração tributária e dos contribuintes.

A interpretação das normas fiscais procura, a um tempo, reduzir a margem de subjetividade, arbítrio, injustiça, indeterminação e oportunismo hermenêutico[482]. Se é certo que os conceitos jurídico-privados trazem ao direito fiscal uma incontornável estabilidade, também o é que a ignorância do contexto dos factos tributários pode conduzir a uma avaliação errada, incompleta e injusta da situação fiscal do contribuinte.

Por esse motivo, uma interpretação sistemática, teleológica e sensível à substância económica das transações pode conduzir à preterição do sentido que resultaria da importação do conceito de outros ramos do direito. Por exemplo, a interpretação do conceito de "compra e venda" com o significado do código civil abrangeria apenas a transmissão da propriedade de uma coisa (ou direito) mediante um preço. No entanto, interpretado com um significado tributário, que confere primazia à substância económica sobre a forma jurídica, o mesmo conceito inclui, nomeadamente, as figuras da procuração irrevogável com poderes de alienação de imóvel, do arrendamento com cláusula de transmissão de propriedade depois de pagas as rendas acordadas ou das entradas dos sócios A e B com imóvel e dinheiro na constituição de sociedade e a posterior a adjudicação do dinheiro e do imóvel a A e B na sua liquidação. Nalguns ordenamentos jurídicos isso é hoje afirmado expressamente pelo legislador[483].

Um outro exemplo que pode ser aduzido discute-se a propósito da dedutibilidade de prémios direta ou indiretamente pagos por uma sociedade (mãe ou filha) a uma sociedade filial de um grupo de sociedades, no quadro da celebração de um contrato de seguro (*captive insurance*). Neste contexto, uma abordagem exclusivamente jurídico-formal pode justificar a dedutibilidade dos prémios de seguro pagos, na medida em que nada há de juridicamente anómalo ou inválido na celebração de um

[482] Tsvasman, *No More Excuses...*, cit., 837 seguintes.

[483] Alejandro C. Altamiro, *Derecho Tributario, Teoria General*, Madrid, 2012, 229 ss.

contrato de seguro entre sociedades do mesmo grupo. No entanto, as coisas podem ser mais complexas, do ponto de vista fiscal.

Se é certo que a seguradora do grupo pode desenvolver efetivamente uma atividade económica, e não ser em si mesma uma *entidade fictícia* (*sham entity*) para efeitos fiscais, também o é que nos contratos de seguro celebrados no seio de um grupo de sociedades relacionadas – que funciona como uma unidade económica – está ausente um elemento fáctico fundamental para a caracterização económica destes contratos, a saber, a transferência do risco do (segurado) para um terceiro (segurador), contra o pagamento de um prémio de seguro.

Quando uma sociedade mãe celebra um contrato de seguro com uma sociedade filial, não existe verdadeiramente uma transferência de risco, no sentido económico, para uma entidade externa. O risco e as respetivas consequências financeiras permanecem dentro do grupo. Neste exemplo, uma hermenêutica formalista, adstrita ao teor literal dos conceitos jurídico-privados, pode revelar-se desadequada, devendo ser complementada por uma análise da substância económica das relações sociais em presença[484].

Importa salientar, além disso, que nem todos os conceitos utilizados na lei fiscal têm uma natureza jurídica. Nesses casos, deve recorrer-se, em princípio, ao sentido usual dos conceitos, ou ao seu sentido técnico, quando se trate de termos técnicos. Não está excluída a adoção de um sentido especificamente "tributário", sempre que isso resulte de uma interpretação teleológico-racional. Alguma doutrina propõe uma interpretação jurídica baseada na metodologia de investigação linguística. Assim, a interpretação jurídica radicaria na investigação das dimensões basilares do sistema linguístico – sintática, semântica e pragmática[485]. Contudo, a autonomia do direito tributário justifica uma especial atenção à teleologia da legislação tributária na procura do sentido jurídico profundo dos termos.

Alguns exemplos tirados da jurisprudência comparada podem ajudar a compreender melhor. Numa taxa sobre a movimentação de "pescado"

[484] Sublinhando estes pontos, William B. Barker, "The Disconnect Between Tax Concepts and the World of Fact: State Law as the Gatekeeper", 57, Washburn Law Journal, 2018, 144 ss.

[485] Paulo de Barros Carvalho, *Curso de Direito Tributário*, São Paulo, Saraiva, 1985, pp. 57 e seguintes.

para financiar portos e lotas, o conceito de "mexilhão" não tem necessariamente que ser interpretado no sentido técnico-científico, na medida em que, sendo o mexilhão um molusco e não um peixe, o mesmo não se reconduziria ao conceito de pescado e não seria tributado. No entanto, como os "mexilhões" são movimentados nos portos e lotas, justifica-se que sejam tributados junto com os peixes, pelo que o conceito de pescado deve ser interpretado num sentido tributário e não técnico-científico, de forma a abranger o mexilhão.

Do mesmo modo, na interpretação do conceito de "bebida alcoólica" para efeitos do imposto sobre bebidas alcoólicas, deve entender-se que o mesmo exclui a tributação de bebidas de extratos de derivados de fruta com teores mínimos de álcool. Por outro lado, estando em causa a consideração do vinagre, ou como "especiaria", a ser tributado como bem de luxo, ou como "condimento vegetal", a tributar como bem de primeira necessidade, deve sustentar-se que o vinagre é um bem de consumo indispensável e generalizado, devendo ser considerado "condimento vegetal" de baixa tributação. Neste caso sublinha-se a homologia funcional entre vinagre e azeite e o significado económico e social do vinagre, tendo como pano de fundo os princípios da razoabilidade, justiça e capacidade económica.

Alguma doutrina propõe, mesmo, uma interpretação jurídica baseada na metodologia de investigação linguística. Assim, a interpretação jurídica radicaria na investigação das dimensões basilares do sistema linguístico – sintática, semântica e pragmática[486].

3. O critério da substância económica

Uma outra especificidade prende-se com a utilização, no artigo 11º, nº 3, da LGT, do critério da substância económica dos factos tributários para resolver as dúvidas que persistam sobre o sentido das normas de incidência a aplicar.

Esta orientação, deduzida da proibição do abuso do direito e da análise comparativa do *telos* das normas e das transações por elas reguladas, manifesta uma natureza claramente anti-abuso, ou antievasão fiscal, na medida em que prefere o critério da substância económica ao da forma

[486] Paulo de Barros Carvalho, *Curso de Direito Tributário*, São Paulo, Saraiva, 1985, pp. 57 e seguintes.

jurídica – prevalência da substância sobre a forma –, como seria de esperar da aplicação de um entendimento estrito do princípio da legalidade tributária[487]. Por outras palavras, o invólucro da qualificação jurídica é preterido em favor do conteúdo económico, o que deve ser entendido como um afloramento dos princípios da necessidade tributária e do realismo fiscal.

Daqui resulta, desde logo, um dever de interpretação e aplicação contextual dos conceitos. Por exemplo, a qualificação de uma determinada despesa não pode ser feita em abstrato, mas sim à luz da atividade da empresa em causa e do respetivo setor económico. Isto significa que um mesmo tipo de despesa pode ter um significado diferenciado consoante o tempo, o local, a atividade e o setor[488]. A aproximação à realidade económica previne a sua instrumentalização formal e artificial.

Nesta mesma linha, uma transação, ou sequência de transações, considerada abusiva é nula para efeitos fiscais, mesmo que seja juridicamente válida. Na aplicação deste critério interpretativo deve atender-se a fatores objetivos e subjetivos como as especificidades da transação (v.g. sujeitos, objeto, locais, montantes envolvidos, risco), setor económico em causa (v.g. industrial, comercial, financeiro), motivos do contribuinte (v.g. económico, artificial), conduta económica do contribuinte (v.g. estudos do mercado, análise de alternativas, instalações, equipamento, colaboradores) ou efeitos da transação (v.g. efeito fiscal, existência de utilidades económicas não tributárias)[489].

O critério da substância económica dos factos tributários é eficaz na proteção da base tributária precisamente porque é vago e indeterminado. Ele pretende combater o aproveitamento abusivo da indeterminação gerada pela tensão semântica que afeta a interpretação dos conceitos de direito tributário. Não obstante, ele permanece controvertido na doutrina, nos planos conceitual, da segurança jurídica e da análise

[487] Sobre o critério da substância económica do negócio, veja-se o caso paradigmático *Gregory v. Helvering*, 293 U.S. 465, 469 (1986).

[488] Pasternak & Rico, *Tax Interpretation, Planning, and Avoidance...*, cit., 68 seguintes.

[489] Neste sentido, Prebble, Prebble, "Does The Use Of General Anti-Avoidance Rules To Combat Tax Avoidance Breach Principles Of The Rule Of Law?..., cit., 25 seguintes; Christopher M. Pietruszkiewicz, "Economic Substance and the Standard of Review", 60, *Alabama Law Review*, 2009, 339 seguintes.

custos/benefícios[490]. Por esse motivo ele deve ser interpretado de forma restritiva, de acordo com o princípio da proporcionalidade, na medida em que a sua natureza vaga e indeterminada colide com o princípio da precisão, clareza e determinabilidade das leis. A sua aplicação deve ser rigorosamente fundamentada, do ponto de vista factual e de análise económica.

No caso de operações transfronteiriças ocorridas no âmbito da UE o critério da substância económica permite desaplicar ou condicionar a aplicação de normas nacionais *antievasão* violadoras das regras do mercado interno e considerar nulas, para efeitos fiscais, apenas as operações que recorreram a *expedientes puramente artificiais,* sem qualquer justificação económica genuína, nos termos mais permissivos definidos pelo TJUE[491].

4. Integração de lacunas e analogia

No artigo 11º, nº 4, da LGT estabelece-se que as lacunas que possam resultar de normas abrangidas pela reserva de lei da Assembleia da República[492] não são suscetíveis de integração analógica. Ou seja, não se admite a integração analógica quando em causa estejam os elementos fundamentais dos impostos, enunciados no artigo 103º, nº 2, da CRP – incidência, taxa, benefícios fiscais e garantias dos contribuintes. Dito de outro modo, a analogia não pode violar os princípios da *reserva de lei* e da *tipicidade* da lei fiscal.

Esta exclusão da analogia nos elementos essenciais dos impostos tem como justificação o caráter ablativo do direito fiscal e os princípios democrático e de separação de poderes ínsitos no princípio da reserva de lei.

Admite-se, contudo, a interpretação extensiva. Por esse motivo há que distinguir esta figura da analogia. Neste caso, pretende-se preencher uma lacuna mediante a aplicação, a um facto não abrangido pelos

[490] Terrance O'Reilly, "Economics & Economic Substance", 9, *Florida Tax Review*, 2010, 755 seguintes.

[491] Veja-se, por exemplo, C-264/96, *Imperial Chemical Industries*, 16-7-1998; Case C-446/03, *Marks & Spencer*, 13-12-2005; Case C-347/04, Rewe, 27-3-2007; Case C-231/05, Oy AA, 18-7-2007; C-105/07, *Lammers*, 17-1-2008. Faulhaber, *Sovereignty, Integration and Tax Avoidance in the European Union...*, cit., 200 seguintes.

[492] Recorde-se quie esta é uma reserva relativa, nos termos do artigo 165º, nº 1, al. i), da CRP.

conceitos do facto tributário, de princípios aplicáveis a este. Como se disse, a mesma é incompatível com a reserva de lei. Na interpretação extensiva procura-se o verdadeiro sentido de um conceito utilizado pelo legislador, sendo compatível com a reserva de lei.

5. A interpretação da lei fiscal pela Administração Tributária

A interpretação de normas tributárias pela Administração Tributária, através de despachos, instruções, circulares ou atos internos equivalentes, não tem eficácia externa, vinculando apenas os funcionários dela hierarquicamente dependentes, e visa assegurar a aplicação uniforme da lei fiscal.

Trata-se aqui de uma decorrência do princípio da legalidade tributária. Procura-se deste modo limitar o poder discricionário da Administração e evitar que, através de atos interpretativos, a mesma se substitua ao legislador.

Ainda assim, alguma doutrina entende que se deve distinguir entre as situações em que está em causa a interpretação de normas de incidência objetiva e subjetiva em sentido estrito e aquelas que se destinam à determinação e quantificação da matéria tributável. Nas primeiras não existiria uma margem de livre apreciação administrativa, cabendo ao tribunal a última palavra sobre a interpretação a adotar. Nas segundas deveria reconhecer-se à administração tributária uma margem de livre apreciação, quando em causa estivessem conceitos jurídicos indeterminados, a qual deveria ser respeitada pelo tribunal desde que a interpretação adotada pela administração fosse "defensável". Neste caso, e de acordo com a mesma doutrina, a administração tributária estaria legitimada para densificar os conceitos legais indeterminados através de "aplicação tipificante" – mediante a emissão de regulamentos e circulares "tipificantes".[493]

Os contribuintes que se conformarem com a interpretação veiculada nos atos interpretativos da Administração Tributária devem ver excluída a sua responsabilidade penal e contraordenacional. Esta solução resulta do princípio da boa-fé e da proteção da confiança nas relações entre o Estado e o particular.

[493] Ana Paula Dourado, *O Princípio da Legalidade Fiscal. Tipicidade, conceitos jurídicos indeterminados e margem de livre apreciação*, Coimbra, Almedina, 2007.

Esses atos são livremente revogáveis pela Administração Tributária, não podendo, contudo, a sua revogação ser invocada retroativamente perante os contribuintes que tenham agido de boa-fé, em nome do princípio constitucional da segurança jurídica e da proteção da confiança dos cidadãos.

Estes aspetos assinalam uma íntima relação entre a interpretação e as garantias processuais dos contribuintes. Deve entender-se que a ignorância da lei fiscal pelo contribuinte pode ser desculpável quando a lei é demasiado complexa, quando a produção legislativa é torrencial e quando mesmo a administração tributária tem dificuldade em interpretá-la de maneira correta e uniforme.

6. A interpretação em conformidade com a Constituição, com o Direito da União Europeia e com o Direito internacional

6.1. A interpretação em conformidade com a Constituição

Um dos princípios gerais da interpretação é o da interpretação da lei em conformidade com a Constituição. No caso de o intérprete, mediante a aplicação dos elementos interpretativos, chegar a mais do que um sentido possível a atribuir a um preceito normativo, deve optar pelo que mais se adeque à Constituição.

Este princípio interpretativo permite, desde logo, evitar que uma norma seja considerada inconstitucional se houver a possibilidade de se chegar a um resultado compatível com a Constituição – *princípio da conservação de normas*.[494]

Para além disso, importa compreender que ele é uma decorrência da superioridade hierárquica da Constituição sobre os demais atos normativos. Perante uma pluralidade de sentidos possíveis a atribuir a um preceito normativo, deve escolher-se o mais conforme com a lei hierarquicamente superior – *princípio da prevalência da Constituição*.[495]

[494] J. J. Gomes Canotilho, *Direito Constitucional e Teoria da Constituição*, 7ª ed., Coimbra, Almedina, 2003, pp. 1226 e seguintes e 1310 e seguintes.
[495] *Idem*.

6.2. A interpretação em conformidade com o direito da União Europeia

Alguma doutrina tem vindo a sustentar o princípio da interpretação do direito interno em conformidade com o direito da União Europeia – *doctrine of consistente interpretation.*[496]

O reconhecimento deste princípio é indissociável da natureza materialmente constitucional do direito da União Europeia, a qual se traduz na primazia deste sobre o direito interno.[497]

No domínio do direito fiscal a primazia do direito da União Europeia sobre o direito interno é evidente em matéria de tributação indireta. Mas também o é cada vez mais ao nível da tributação direta, fruto, essencialmente, da proteção conferida pelo TFUE às liberdades fundamentais do mercado interno (liberdade de circulação de trabalhadores, de mercadorias, de capitais, liberdade de prestação de serviços e direito de estabelecimento).

Assim, a superioridade hierárquica do direito da UE sobre o direito interno justifica o reconhecimento de um princípio de interpretação das normas de direito fiscal interno em conformidade com o direito da UE – *princípio da prevalência do direito da UE.*

6.3. Interpretação em conformidade com o direito internacional

A Constituição da República Portuguesa consagra o princípio da interpretação dos direitos fundamentais em conformidade com a Declaração Universal dos Direitos do Homem (artigo 16º, nº 2, da CRP). Assim, na eventualidade de uma norma comportar mais do que um significado ou sentido deve dar-se preferência ao que mais estiver de acordo com a Declaração Universal dos Direitos do Homem (DUDH)[498].

Importa ainda referir que a CRP acolhe um conceito material de direitos fundamentais, consagrando o nº 1 do artigo 16º o princípio da abertura da Constituição a direitos fundamentais extraconstitucionais. Esses direitos podem estar consagrados designadamente, no Pacto

[496] Gerrit Betlem, "The Doctrine of Consistent Interpretation – managing legal uncertainty", *Oxford Journal of Legal Studies*, 22 (3), pp. 397-418.

[497] Jónatas E. M. Machado, *Direito da União Europeia*, Coimbra, Wolters Kluwer Portugal / Coimbra Editora, 2010, pp. 54 e seguintes.

[498] J. J. Gomes Canotilho / Vital Moreira, *Constituição da República Portuguesa Anotada*, 4ª ed., Coimbra, Coimbra Editora, 2007, pp. 367 e seguintes.

Internacional sobre os Direito Civis e Políticos (PIDCP), no Pacto Internacional sobre os Direitos Económicos, Sociais e Culturais (PIDESC), na Convenção Europeia dos Direitos do Homem (CEDH) e na Carta dos Direitos Fundamentais da União Europeia (CDFUE)[499].

Em grande medida, o princípio da interpretação em conformidade com o direito internacional aponta, pois, para uma interpretação em conformidade com os direitos humanos.

Este princípio é aplicável, naturalmente, quando em casua estejam normas fiscais, as quais podem conflituar com diversos direitos fundamentais, incluindo os direitos sociais.

Assinala-se, finalmente, que o desrespeito pelo direito internacional a que o Estado português está vinculado pode determinar a sua responsabilização, pelo que, também por esta razão, o intérprete e aplicador da lei deve procurar o sentido mais conforme com o direito internacional.

[499] Idem, pp. 364 e seguintes.

Capítulo VI
Relação jurídica tributária

1. Definição

Em sentido técnico, a relação jurídica é a relação da vida social disciplinada pelo Direito, mediante a atribuição de direitos e deveres jurídicos ou sujeições às partes na mesma. Em termos gerais, a relação jurídica compreende os sujeitos, o objeto e um facto jurídico, devendo ainda mencionar-se, como elemento externo à mesma, a garantia da relação jurídica, integrando o acervo de providências coercitivas disponíveis para a sua efetivação[500]. A teoria geral da relação jurídica é especialmente relevante no direito tributário. Este integra o direito das obrigações de direito público, cujo objeto consiste nas relações obrigacionais que se estabelecem entre o cidadão (*lato sensu*) e o Estado[501].

Nos termos do artigo 1º, nº 2, da LGT, consideram-se relações jurídico-tributárias as relações jurídicas estabelecidas entre a administração tributária, agindo como tal, e as pessoas singulares e coletivas e outras entidades legalmente equiparadas a estas. É com base no conceito de relação jurídica que se compreendem os direitos e os deveres da administração tributária e dos particulares. A relação jurídica tributária tem sujeitos e objeto, baseando-se na ocorrência de um facto jurídico relevante.

[500] Carlos Alberto da Mota Pinto, *Teoria Geral da Relação Jurídica*, 4ª ed., (Pinto Monteiro, Mota Pinto), Coimbra, 2005, 177.

[501] Dieter Birk, *Steuerrecht I, Allgemeines Steuerrecht*, München, 1988, 2.

2. Sujeitos da relação jurídica tributária

2.1. Sujeitos ativos

Como sujeito ativo da relação jurídica tributária surge a **administração tributária**, definida como entidade de direito público titular do direito de exigir o cumprimento das obrigações tributárias, quer diretamente quer através de representante (artigo 18º da LGT).

Integram a administração tributária: a Autoridade Tributária e Aduaneira, as demais entidades públicas legalmente incumbidas da liquidação e cobrança dos tributos, o Ministro das Finanças ou outro membro do Governo competente, quando exerçam competências administrativas no domínio tributário, e os órgãos igualmente competentes dos Governos Regionais e autarquias locais.[502]

Para além da administração tributária, podem ser sujeitos ativos das relações jurídicas tributárias outros **sujeitos não estaduais**, desde que devidamente mencionados e denominados nos documentos emitidos pela administração tributária (artigo 18º, nº 2, da LGT).

A determinação do sujeito ativo num caso concreto remete para o conceito de domicílio fiscal, que constitui o pressuposto da identificação da autoridade administrativa competente para o procedimento (61º, nº 4, da LGT).

2.2. Sujeitos passivos

2.2.1. *Considerações gerais*

Nos termos do artigo 18º, nº 3, da LGT, o sujeito passivo da relação jurídica tributária é a pessoa singular ou coletiva, o património, ou a organização de facto ou de direito que, nos termos da lei, está vinculado ao cumprimento da prestação tributária, seja como **contribuinte direto**, **substituto** ou **responsável**.

Os sujeitos passivos da relação jurídica tributária são determinados com base nas normas de **incidência subjetiva** dos impostos. Com efeito, o conjunto dos sujeitos passivos da relação jurídica tributária é delimitado com base nos princípios da **residência** e da **fonte**. O primeiro, tem como fundamento material a ideia de que a residência concede um esta-

[502] Artigo 1º, nº 3, da LGT e artigo 12º do Decreto-Lei nº 118/2011, de 15 de dezembro.

tuto jurídico e uma proteção especial, por parte do Estado a que se refere, suscetível de justificar a tributação. O segundo, apoia-se em considerações de eficiência e eficácia administrativo-tributária, bem como no princípio do benefício. Estes critérios permitem constituir como sujeitos passivos da relação jurídica tributária tanto os residentes como os não residentes, embora estes últimos sejam tributados apenas relativamente aos rendimentos obtidos em território nacional.

Como decorre do anteriormente exposto, o critério da personalidade jurídica é meramente indicativo, que não decisivo, para a determinação dos sujeitos passivos da relação jurídica tributária.

Entre os conceitos fundamentais da relação jurídica contam-se o de **personalidade tributária** (artigo 15º da LGT), que consiste na suscetibilidade de ser sujeito de relações jurídicas tributárias, e o de **capacidade tributária** (artigo 16º da LGT), que inclui não apenas 1) os sujeitos com personalidade tributária, mas também 2) os seus representantes, que o sejam nos termos da lei ou no âmbito do respetivo mandato e o 3) cônjuge, com o conhecimento e consentimento (tácito) do outro.

Importa insistir na ideia de que podem ser sujeitos passivos da relação jurídica tributária pessoas singulares e coletivas, patrimónios ou organizações de facto ou de direito legalmente vinculados ao cumprimento da prestação tributária como contribuintes diretos, substitutos ou responsáveis solidários e subsidiários. Para além disso, a relação jurídica tributária admite ainda a intervenção de representantes e de gestores de negócios. No primeiro caso, estabelece-se que os atos em matéria tributária praticados pelo representante em nome do representado produzem efeitos na esfera jurídica deste, dentro dos limites do respetivo poder de representação (artigo 16º, nº 1, da LGT). No segundo caso, admite-se a prática de atos em matéria tributária que não sejam estritamente pessoais (artigo 17º da LGT). Não basta a suscetibilidade de se ser sujeito da relação jurídica tributária para que exista responsabilidade tributária. É necessário, além do mais, que se verifiquem os pressupostos das normas de incidência subjetiva e objetiva dos impostos, ou seja, que ocorram os factos tributários no período tributário relevante.

Indissociável da determinação dos sujeitos passivos da relação jurídica tributária é a questão do **domicílio fiscal** (artigo 19º da LGT), enquanto critério espacial de determinação da jurisdição tributária do Estado e, a partir daí, do universo de sujeitos passivos da relação jurídica tributária.

O conceito de domicílio fiscal constitui um pressuposto da operacionalização do **princípio da residência**.

O domicílio fiscal é essencial, além dos mais, para que o contribuinte possa beneficiar dos direitos de informação de que goza diante da administração tributária.

No caso das pessoas singulares, o domicílio fiscal corresponde à residência habitual, ao passo que no das pessoas coletivas o mesmo corresponde ao local da sede ou direção efetiva, ou ainda ao local do seu estabelecimento estável em Portugal (artigo 19º, nº 1, da LGT). O domicílio fiscal inclui, ainda, a *caixa postal eletrónica* (artigo 19º, nº 2, da LGT), que visa facilitar a comunicação entre a administração tributária e os sujeitos passivos.

Especial relevo merece, neste contexto, o regime jurídico do domicílio fiscal.

O sujeito passivo está obrigado a comunicar o seu domicílio fiscal à administração tributária (artigo 19º, nº 1, da LGT).

Na hipótese de o sujeito passivo mudar de domicílio sem que tal seja comunicado à administração tributária, a consequência é a respetiva *ineficácia*, enquanto tal comunicação não for feita (artigo 19º, nº 4, da LGT).

A ineficácia a que se refere a lei é uma *ineficácia em sentido estrito*, que não se confunde com a invalidade; ela existe quando a inobservância de certos requisitos legais impede a produção de todos ou parte dos efeitos jurídicos em causa, sem comprometer a validade do ato.[503]

Para além disso, trata-se aqui de uma *ineficácia relativa*. A ineficácia a que se refere o legislador no nº4 do artigo 19º da LGT verifica-se apenas no âmbito da relação entre os sujeitos passivos e a administração tributária e, ainda assim, caso esta tome conhecimento da alteração do domicílio daqueles por outra via que não através da sua comunicação pelos mesmos, cessa a ineficácia. É o que resulta do nº 8 do artigo 19º e, também, duma compreensão substancialista do sistema jurídico-fiscal, a qual tem vindo a ser acolhida pela jurisprudência.[504]

[503] Cfr., neste sentido, José de Oliveira Ascensão, *O Direito – Introdução e Teoria Geral*, 13ª ed., 3ª reimp., Lisboa, 2009, p. 78.

[504] Cfr. Acórdão do TCAS de 19/12/2008, Proc. 02479/08.

Afigura-se-nos que a comunicação da alteração do domicílio fiscal tem mero efeito declarativo; ela não é um elemento constitutivo de direitos em matéria tributária.[505]

A lei determina, ainda, a obrigatoriedade de designação de representante, no caso de sujeitos passivos residentes no estrangeiro ou residentes no território nacional ausentes por período superior a seis meses, bem como no caso de pessoas coletivas e outras entidades legalmente equiparadas que cessem a respetiva atividade (artigo 19º, nº 5, da LGT). Está dependente desta designação a possibilidade de exercício dos direitos do sujeito passivo perante a administração tributária, designadamente os de reclamação, recurso ou impugnação (artigo 19º, nº 6, da LGT).

No âmbito do regime jurídico do domicílio fiscal, refira-se, finalmente, que a lei determina a obrigatoriedade de certos sujeitos passivos possuírem caixa postal eletrónica e a comunicá-la à administração tributária. Estão submetidos a essa obrigação: os sujeitos passivos do IRC com sede ou direção efetiva em território português; os estabelecimentos estáveis de sociedades e outras entidades não residentes; os sujeitos passivos residentes enquadrados no regime normal do IVA (artigo 19º, nº 9, da LGT).

2.2.2. *Substituição tributária*

A relação jurídica tributária recorre, frequentemente, à figura da **substituição tributária**, mediante a qual a prestação tributária é exigida a pessoa diferente do contribuinte – o substituto tributário – efetivada por **retenção na fonte** do imposto devido (artigo 20º, nº 2, da LGT).

A retenção na fonte consiste em entregas pecuniárias efetuadas por dedução nos rendimentos pagos ou postos à disposição do titular do rendimento pelo substituto (artigo 34º da LGT).

A substituição pode ser *total* ou *parcial*. Na primeira, o substituído fica dispensado do cumprimento de qualquer obrigação acessória – é o caso das retenções na fonte a título definitivo, previstas no artigo 71º do CIRS (*taxas liberatórias*) e no artigo 94º, nº 3, do CIRC. Na segunda, o substituído continua a ter que cumprir algumas (ou a totalidade) das

[505] Cfr. Acórdão do TCAS de 17/06/2008, Proc. 02386/08.

obrigações acessórias. No plano económico, a substituição tributária é um importante mecanismo de redução de custos de transação[506].

2.2.3. *Responsabilidade tributária*

Para além da responsabilidade dos sujeitos passivos originários, a responsabilidade tributária pode alargar-se a outras pessoas, a título de **responsabilidade solidária ou subsidiária** (22º, nº 2, da LGT).

Os responsáveis solidários e subsidiários gozam dos mesmos direitos de reclamação e impugnação da dívida tributária de que goza o devedor principal, bem como das necessárias garantias de segurança e proteção jurídica (22º, nº 4, da LGT).

A responsabilidade tributária abrange, para além da totalidade da dívida tributária, os juros e demais encargos legais (artigo 22º, nº 1, da LGT).

a) Responsabilidade solidária

A responsabilidade solidária por dívidas tributárias remete para a noção de obrigação solidária encontrada no artigo 512º do Código Civil, segundo a qual a solidariedade entre devedores ocorre quando cada um deles responde pela prestação integral e esta a todos libera. Ou seja, os responsáveis solidários respondem igual e integralmente pelo cumprimento da dívida tributária. Isso significa que a administração tributária pode demandar apenas um dos devedores solidários, deixando para o demandado o exercício do direito de regresso junto dos demais. Assim acontece quando os pressupostos do facto tributário se verifiquem em relação a mais de uma pessoa (21º, nº 1, da LGT).

Nos termos da lei, respondem solidariamente pelos impostos em dívida, entre si e com as entidades correspondentes, os sócios e membros nos casos de liquidação de sociedades de responsabilidade ilimitada e outras entidades sujeitas ao mesmo regime (21º, nº 2, da LGT).

b) Responsabilidade subsidiária

A responsabilidade subsidiária ocorre quando ao devedor principal se segue, em segunda linha, um outro devedor que só pode ser demandado depois de demandado o primeiro.

[506] Kyle D. Logue, Joel Slemrod, "Of Coase, Calabresi, and Optimal Tax Liability", 73, *Tax Law Review*, 2010, 797 seguintes.

Nos termos do artigo 22º, nº 3, da LGT, a responsabilidade tributária por dívidas de outrem é, em princípio, subsidiária, salvo quando haja disposição em contrário.

A responsabilidade subsidiária efetiva-se mediante a reversão, contra o devedor subsidiário, do processo de execução fiscal movido contra o devedor principal e os devedores solidários que eventualmente existam (artigo 23º, nº 1, da LGT).

Essa reversão só pode ser levada a cabo uma vez demonstrada a insuficiência dos bens penhoráveis do devedor principal ou dos devedores solidários (artigo 23º, nº 2, da LGT). O devedor subsidiário goza do benefício da excussão, ou seja, é-lhe lícito recusar o cumprimento da dívida tributária enquanto a administração tributária não tiver excutido todos os bens dos devedores (principal e solidários) sem obter a satisfação do seu crédito, ou, não obstante a excussão de todos os bens dos mesmos, se o devedor subsidiário provar que o crédito não foi satisfeito por culpa da administração tributária.

A reversão da execução para o responsável subsidiário obedece ainda a outras normas do maior relevo prático (23º, nº 4, da LGT).

Em primeiro lugar, estabelece-se o princípio da audição prévia, mesmo nos casos de presunção de culpa.

Em segundo lugar, determina-se que a mesma deve ser devidamente fundamentada nos seus pressupostos e extensão, aspetos que devem ser incluídos na citação do responsável subsidiário. Trata-se aqui de garantias básicas de *due process*, destinadas a assegurar a audiência e a defesa do responsável subsidiário.

A lei impõe, em terceiro lugar, a aplicação das normas que regem a responsabilidade subsidiária vigente no momento do nascimento da dívida. Assim deve ser, evidentemente, por força do princípio da segurança jurídica e da proteção da confiança dos cidadãos.

Para além destes três aspetos, importa ainda referir que o STA entendeu que os herdeiros do responsável subsidiário, falecido sem que tivesse sido citado para a reversão, contra quem revertera a execução fiscal originariamente instaurada contra o devedor principal, respondem pela dívida exequenda até ao limite das forças da herança[507].

[507] Acórdão do STA de 02/03/2005, proc. nº 921/04.

Por vezes, a responsabilidade solidária e subsidiária aparecem articuladas, como sucede, por exemplo, no caso dos administradores, diretores e gerentes, de direito ou de facto, das pessoas coletivas e entes fiscalmente equiparados, que respondem subsidiariamente em relação a estas e solidariamente entre si (artigo 24º da LGT).

Quanto à responsabilidade nos casos de substituição tributária, a lei determina que o substituto é o responsável pelas importâncias retidas e não entregues nos cofres do Estado, ficando o substituído, neste caso, desonerado de qualquer responsabilidade no respetivo pagamento (artigo 28º, nº1, da LGT). Nos casos em que a lei obriga à retenção do imposto e a mesma não é efetuada, temos que distinguir duas situações: *i)* tratando-se de retenção a título de pagamento por conta do imposto devido a final, o substituído é o responsável originário e o substituto é responsável subsidiário, cabendo a este suportar os juros compensatórios devidos desde o termo do prazo de entrega até ao termo do prazo para apresentação da declaração pelo responsável originário ou até à data da entrega do imposto retido, se anterior (artigo 28º, nº 2, da LGT); *ii)* tratando-se de retenção na fonte a título definitivo, o responsável originário é o substituto, enquanto o substituído é apenas responsável subsidiário pelo pagamento do imposto que deveria ter sido retido e não o foi (artigo 28º, nº 3, da LGT).

2.2.4. *Transmissão dos créditos e obrigações tributárias*

A lei consagra o princípio da intransmissibilidade *inter vivos* dos créditos e das obrigações tributárias, salvo nos casos em que lei disponha noutro sentido (artigo 29º, nºs 1 e 3, da LGT).

Ao mesmo tempo, a lei prevê a transmissibilidade das obrigações tributárias (originais e subsidiárias) em caso de *sucessão legal*, por morte do devedor (artigo 29º, nº 2, da LGT).

Um dos casos em que a lei admite a transmissão de créditos *inter vivos* é o que se encontra previsto no artigo 41º da LGT. Aqui, a lei admite o pagamento de dívidas tributárias por terceiro. Quando esse pagamento tenha sido efetuado após o termo do prazo para o pagamento voluntário, o terceiro fica sub-rogado nos direitos da administração tributária, "desde que tenha previamente requerido a declaração de sub-rogação e obtido autorização do devedor ou prove interesse legítimo" (artigo 41º, nº 2, da LGT)[508]. Ou seja, neste caso o terceiro que procede ao pagamento passa a ocupar a posição de credor que originariamente pertencia à administração tributária. A sub-rogação determina, igualmente, que o terceiro beneficia das garantias e privilégios que eram reconhecidos à administração tributária, relativamente aos créditos em causa, incluindo a possibilidade de requerer a instauração ou o prosseguimento de processo de execução fiscal para cobrança coerciva desses créditos.[509]

3. Objeto da relação jurídica tributária

O objeto da relação jurídica tributária compreende os direitos e os deveres que recaem sobre as partes da mesma.

Nos termos do artigo 30º, nº 1, da LGT, integram a relação jurídica tributária o crédito e a dívida tributários, o direito a prestações acessórias de qualquer natureza e o correspondente dever ou sujeição, o direito à dedução, reembolso ou restituição do imposto, bem como o direito a juros compensatórios e indemnizatórios.

Integram o objeto da relação jurídica tributária as obrigações dos sujeitos passivos. Estas desdobram-se na **obrigação principal** e nas **obrigações acessórias**.

A obrigação principal consiste no dever de efetuar o pagamento da dívida tributária (artigo 31º, nº 1, da LGT).

As obrigações acessórias visam possibilitar o apuramento da obrigação de imposto, consistindo, nomeadamente, na apresentação de declarações, na exibição de documentos fiscalmente relevantes, incluindo a contabilidade e a escrita, e na prestação de informações (artigo 31º, nº 2, da LGT). As mesmas podem variar consoante os diferentes tipos de relações jurídicas e sujeitos passivos. Nalguns casos, a lei pode prever a existência de deveres especiais de informação.

Um outro dever que impende sobre os sujeitos passivos em geral é o de exigir recibo pelo pagamento da prestação de serviços (115º, nº 4, do CIRS).

Os sujeitos passivos estão também obrigados, nos casos previstos na lei, a procederem a entregas pecuniárias antecipadas por conta do imposto devido. Estas entregas são designadas por *pagamentos por conta*

[508] Sobre a sub-rogação, v. artigos 589º e seguintes do Código Civil.

[509] Acórdão do STA de 19/01/2011, proc. 0622/10.

(artigo 33º da LGT). Nos casos de substituição tributária, como já vimos, os substitutos estão obrigados, nos termos da lei, a proceder a *retenções na fonte* (artigo 34º da LGT). Note-se que enquanto os *pagamentos por conta* constituem entregas pecuniárias feitas pelo próprio contribuinte, as retenções na fonte são entregas feitas pelo substituto tributário.

Deve ainda fazer-se referência aos juros compensatórios, justificáveis em virtude do retardamento, imputável ao sujeito passivo, da liquidação total ou parcial do imposto devido, da entrega de imposto antecipadamente devido ou do recebimento de reembolso indevido (artigo 35º da LGT). Os juros compensatórios distinguem-se dos juros de mora e dos juros indemnizatórios, representando um capital suplementar fundado no dano sofrido. Os mesmos, tendo por fundamento legal o retardamento da liquidação do imposto, são devidos sempre que o imposto seja devido e o atraso da respetiva liquidação seja imputável ao contribuinte, por culpa deste.

4. Constituição da relação jurídica tributária: o facto tributário

Para além da referência aos sujeitos e ao objeto da relação jurídica tributária, importa mencionar o facto jurídico que lhe serve de base e que precipita a respetiva constituição.

Com efeito, nos termos da lei, a constituição da relação jurídica tributária resulta da ocorrência do facto tributário (artigo 36º, nº 1, da LGT).

Daqui decorre que sem facto tributário não existe verdadeiramente uma relação jurídica tributária, sem prejuízo da existência de relações jurídicas entre a administração tributária e os contribuintes, em que, não existindo o dever de pagar imposto, subsistem apenas, como deveres principais, outros deveres normalmente considerados acessórios, ou instrumentais, como seja, designadamente, o dever de declarar a não ocorrência de qualquer facto tributário.

À dimensão quantitativa do facto tributário atribui-se a designação de matéria coletável.[510]

[510] Acórdão do Tribunal Constitucional nº 127/04.

5. Permanência e alteração da relação jurídica tributária

5.1. Considerações gerais

Uma vez constituída, a relação jurídica tributária apresenta-se indisponível diante das respetivas partes, por razões de interesse público tributário. O facto tributário e o objeto da relação jurídica tributária submetem-se às superiores finalidades da *res publica*. Assim, a relação jurídica tributária está sujeita a determinados princípios que importa ter presentes.

5.2. Princípio da inalterabilidade

A relação jurídica tributária obedece ao princípio da inalterabilidade (artigo 36º, nº 2, da LGT). O mesmo é um subprincípio do princípio da legalidade tributária e da legalidade da administração tributária, tendo como corolários: *i)* a inalterabilidade dos elementos essenciais da relação jurídica tributária por vontade das partes; *ii)* a preclusão de moratórias no pagamento das obrigações tributárias, salvo nos casos expressamente previstos na lei (artigo 36º, nº 3, da LGT); *iii)* a irrelevância da qualificação jurídica do negócio feita pelas partes (artigo 36º, nº 4, da LGT); *iv)* a indisponibilidade do crédito tributário (artigos 30º, nº 2 e 37º, nº 2, da LGT). Para além dos referidos fundamentos de legalidade, o princípio em presença baseia-se no princípio da igualdade, da necessidade tributária e do realismo tributário.

5.3. Princípio da qualificação legal

Intimamente relacionado com o que acaba de se dizer encontra-se o princípio da qualificação legal. O mesmo é um corolário dos princípios da legalidade e da necessidade tributária. Entre outras coisas, ele manifesta-se na não vinculação da administração tributária pela qualificação do negócio jurídico efetuada pelas partes, mesmo em documento autêntico (artigo 36º, nº 4, da LGT). Do mesmo modo, ele implica a ineficácia de negócios jurídicos artificiosos ou fraudulentos (artigo 38º, nº 2, da LGT), a tributação mesmo no caso de negócios jurídicos ineficazes (artigo 38º, nº 1, da LGT) e, nos casos de simulação de negócios jurídicos, a tributação dos negócios jurídicos reais, e não dos simulados (artigo 39º da LGT).

Nos casos de simulação de negócios jurídicos, e de acordo com jurisprudência do STA, o artigo 39º da LGT deve ser interpretado no sentido de que, perante uma escritura pública da qual conste determinado preço de venda, a administração tributária não fica impedida de, para efeitos de IRS, considerar, por presunção, um preço superior ao declarado. Para tal, a administração não está obrigada a obter declaração judicial de nulidade do negócio jurídico simulado, porque constante de escritura pública, pois a mera simulação do preço não é causa de nulidade do negócio. A simulação do preço não é uma simulação absoluta, mas sim relativa, pelo que, em princípio, vale o negócio dissimulado (artigo 241º do Código Civil). Não existindo dois negócios, um real e outro simulado, a Administração Fiscal pode recorrer a métodos presuntivos, quando a lei lho autorize.[511]

Subjacente ao princípio da qualificação legal está também a ideia de prevalência da substância sobre a forma.

5.4. Condicionamento e contratualização

Os referidos princípios não excluem, em absoluto, a possibilidade de **condicionamento e contratualização** na formação da relação jurídica tributária. No entanto, o legislador tem o cuidado de precisar o respetivo âmbito de aplicação (artigos 36º, nº 5 e 37º, da LGT) aos domínios da atribuição de benefícios fiscais e da aplicação de regimes fiscais de natureza especial de concessão não inteiramente vinculada.

Em todo o caso, o condicionamento e a contratualização tributários encontram-se sujeitos aos princípios da legalidade, da igualdade, da boa fé e da indisponibilidade do crédito tributário (artigo 37º, nº 2, da LGT).

6. Extinção da relação jurídica tributária

6.1. Pagamento

A relação jurídica tributária extingue-se, em princípio, pelo **pagamento** (artigo 40º da LGT).

Este obedece a vários princípios, como sejam o da plurimodalidade, o da integralidade e o da pontualidade.

[511] Acórdão do STA de 19/02/2003, proc. nº 01757/02.

Assim, o mesmo pode ser realizado pelos **meios normais** (artigo 40º, nº 1, da LGT), como sejam: 1) moeda corrente, 2) cheque, 3) débito em conta, 4) transferência conta a conta, 5) vale postal e 6) meios utilizados pelos serviços dos correios ou pelas instituições de crédito que a lei expressamente autorize.

Além disso, ele pode ser feito recorrendo a **meios extraordinários**, como sejam a dação em cumprimento[512] e a compensação de créditos[513], apenas nos casos previstos (artigo 40º, nº 2, da LGT).

O pagamento obedece a dois **requisitos** essenciais, devendo indicar os tributos a pagar, juntamente com os períodos de tributação a que se referem (artigo 40º, nº 3, da LGT).

No caso de ser efetuado um **pagamento de montante inferior ao devido**, o montante entregue é primeiramente imputado ao pagamento de juros moratórios e outros encargos legais. Só depois disso é que se dá a imputação ao pagamento da dívida tributária, incluindo juros compensatórios, e, em último lugar, ao pagamento de coimas (artigo 40º, nº 4, da LGT).

No caso de **pagamento por terceiro** admite-se que este fique sub-rogado nos direitos da administração tributária (artigo 41º da LGT).

O princípio da integralidade do pagamento não impede que, no caso de **impossibilidade de pagamento integral da dívida tributária**, o pagamento possa ser efetuado em **prestações**, a requerimento do devedor. Esta possibilidade está excluída no caso de dívidas de recursos próprios comunitários, de quantias retidas na fonte ou legalmente repercutidas a terceiros ou quando o pagamento do imposto seja condição da entrega ou transmissão dos bens (artigo 42º da LGT). Sobre o pagamento de IRS e IRC dispõe o Decreto-Lei nº 492/88, de 30 de dezembro, o qual prevê os termos em que é admitido o pagamento em prestações (artigos 29º e seguintes). É de 36 o número máximo de prestações admitidas. O requerimento de pagamento em prestações deve ser acompanhado de prova de que o devedor se encontra numa situação económica que não lhe permite proceder ao pagamento dos montantes em dívida nos prazos legalmente previstos. O pedido de pagamento em prestações poderá também ter como fundamento a ocorrência de circunstâncias

[512] Sobre a dação em cumprimento, v. artigos 837º seguintes do Código Civil.

[513] Sobre a compensação, v. artigos 847º ss do Código Civil.

excecionais e razões de interesse público. Em princípio, o requerente deverá, juntamente com o pedido, apresentar garantia idónea, nos termos do artigo 32º do Decreto-Lei nº 492/88. Ainda assim, o artigo 34º-A, aditado pelo Decreto-Lei nº 150/2006, de 2 de agosto, prevê a possibilidade de dispensa de garantia nos casos de dívidas de IRS e de IRC de valor inferior a, respetivamente, €2500 e €5000, desde que o requerente não seja devedor de quaisquer outros tributos administrados pela Autoridade Tributária.

Quando tenha ocorrido o **pagamento indevido da prestação tributária**, em montante superior ao devido, em virtude de erro imputável aos serviços, são devidos juros indemnizatórios, à taxa dos juros compensatórios (artigo 43º da LGT).

O princípio da pontualidade do pagamento significa que a **falta de pagamento dentro do prazo** legal faz impender, sobre o contribuinte, o dever de pagar **juros de mora** até à data do pagamento da dívida (artigo 44º, nºs 1 e 2, da LGT).

A taxa de juros de mora é a que resultar da aplicação da lei geral para as dívidas do Estado e demais entidades públicas – Decreto-Lei nº 73/99, de 16 de março. O valor da taxa será, contudo, elevado para o dobro quando respeitar ao período compreendido entre o termo do prazo de execução espontânea de decisão judicial transitada em julgado e a data do pagamento da dívida em causa (artigo 44º, nº 3, da LGT).

Caso a dívida venha a ser paga nos 30 dias subsequentes à data da citação, os juros de mora são contados até à data da sua emissão (artigo 44º, nº 4, da LGT).

6.2. Caducidade do direito de liquidação

Um tema da maior importância no âmbito da relação jurídica tributária diz respeito à caducidade do direito à liquidação (artigos 45º e seguintes da LGT).

Esta vicissitude da relação jurídica tributária tem como pressuposto a ausência de uma notificação válida da liquidação ao contribuinte.

Quando seja esse o caso, o prazo de caducidade é de quatro anos, salvo nos casos em que a lei venha fixar outro.

O prazo é de três anos em caso de erro evidenciado na declaração do sujeito passivo.

No caso de ter sido feita alguma dedução ou crédito de imposto, o prazo de caducidade é o do exercício desse direito (artigo 45º, nº 3, da LGT).

O prazo de caducidade é de doze anos quando o direito à liquidação seja relativo a factos tributários conexos com paraísos fiscais, que devendo ser declarados à administração tributária o não sejam. O prazo é também de doze anos quando em causa estejam factos tributários relacionados com contas de depósito ou de títulos abertas em instituições financeiras não residentes em Estados membros da UE, cuja existência e identificação sejam omitidas pelos sujeitos passivos de IRS na respetiva declaração de rendimentos do ano em esses factos ocorram (artigo 45º, nº 7, da LGT).

A contagem do prazo varia consoante se trate de impostos periódicos ou de impostos de obrigação única. No caso de **impostos periódicos**, o prazo conta-se a partir do termo do ano em que se verificou o facto tributário. No caso de **impostos de obrigação única**, o prazo conta-se a partir da data em que o facto tributário ocorreu (artigo 45º, nº 4, da LGT). A lei prevê, contudo, exceções. No caso do IVA, e apesar de este ser um imposto de obrigação única, o prazo conta-se a partir do início do ano civil seguinte àquele em que se verificou a exigibilidade do imposto. Já no caso dos impostos sobre o rendimento, quando a tributação seja feita por retenção na fonte a título definitivo o prazo de caducidade conta-se a partir do início do ano civil seguinte àquele em que se verificou o facto tributário (artigo 45º, nº 4, da LGT).

O prazo de caducidade do direito à liquidação suspende-se com a notificação ao contribuinte, nos termos legais, da ordem de serviço ou despacho no início de ação de inspeção externa, sem prejuízo de se atender à eventual duração da inspeção externa por prazo superior a seis meses (artigo 46º/1, LGT).

Nos termos da lei, existem ainda outros casos de suspensão do prazo de caducidade. Esses casos são os seguintes: *i)* litígio judicial de cuja resolução dependa a liquidação do tributo, ficando o prazo suspenso desde o início do litígio judicial até ao trânsito em julgado da decisão; *ii)* benefícios fiscais de natureza contratual, suspendendo-se o prazo desde o início até à resolução do contrato ou durante o decurso do prazo dos benefícios; *iii)* benefícios fiscais de natureza condicionada, verificando-se a suspensão do prazo de caducidade desde a apresentação da declaração até ao termo do prazo legal do cumprimento da condição; *iv)* quando o direito à liquidação resultar de reclamação ou impugnação, ficando o prazo suspenso a partir da respetiva apresentação até à decisão; *v)* com a apresentação do pedido de revisão da matéria coletável, até à notificação da correspondente decisão (artigo 46º, nº 2, da LGT).

6.3. Prescrição da prestação tributária

Nos termos do artigo 48º, nº 2, da LGT, as dívidas tributárias prescrevem com o transcurso de oito anos, cujo início varia consoante se esteja perante impostos periódicos ou impostos de obrigação única. No caso dos primeiros, o prazo conta-se a partir do termo do ano em que se verificou o facto tributário; no caso dos segundos, o prazo conta-se a partir da data em que o facto tributário ocorreu.

Tal como vimos a propósito da caducidade do direito à liquidação, também na contagem do prazo de prescrição a lei prevê que no caso do IVA essa contagem se faça a partir do início do ano civil seguinte àquele em que se verificou a exigibilidade do imposto. Do mesmo modo, a lei prevê que, nos impostos sobre o rendimento, quando a tributação seja efetuada por retenção na fonte a título definitivo o prazo de prescrição começa a ser contado a partir do início do ano civil seguinte àquele em que se verificou o facto tributário (artigo 48º, nº 1, da LGT).

No caso de dívidas tributárias em que o direito à liquidação está abrangido pelo disposto no nº 7 do artigo 45º da LGT (sendo o prazo de caducidade de 12 anos, como vimos), o prazo de prescrição é de 15 anos (artigo 48º, nº 4, da LGT).

A interrupção da prescrição dá-se nos casos de citação, reclamação, recurso hierárquico, impugnação e pedido de revisão oficiosa da liquidação do tributo (artigo 49º, nº 1, da LGT). A interrupção ocorre uma única vez, com o facto que se verificar primeiro (artigo 49º, nº 3, da LGT). A interrupção implica a inutilização do tempo já decorrido, começando a correr novo prazo com a verificação do ato interruptivo (artigo 326º, nº 1, do Código Civil).

A suspensão da prescrição ocorre na hipótese de pagamento de prestações legalmente autorizadas, ou enquanto não houver decisão definitiva ou transitada em julgado, que ponha termo ao processo, nos casos de reclamação, impugnação, recurso ou oposição, quando determinem a suspensão da cobrança da dívida (artigo 49º, nº 4, da LGT).

Nos termos do artigo 48º, nº 2, da LGT, as causas de suspensão e interrupção da prescrição aproveitam, em princípio, a todos os devedores: principal, solidários e subsidiários.

7. Garantia da relação jurídica tributária

7.1. Considerações gerais

Os princípios da legalidade e da necessidade tributária justificam que o legislador tributário dê uma atenção particular à problemática da garantia da relação jurídica tributária. Esta compreende as temáticas (*i*) da garantia dos créditos tributários, (*ii*) das providências cautelares e (*iii*) da garantia da cobrança das prestações tributárias. Esta matéria é expressamente considerada nos artigos 50º e seguintes da LGT, sem prejuízo de outras normas pertinentes.

7.2. Garantia dos créditos tributários

7.2.1. *Património do devedor*

Em matéria de créditos tributários vale a **garantia geral** dos créditos, que consiste no património do devedor (artigo 50º, nº 1, da LGT). Para além disso, a lei determina a existência de algumas garantias especiais, designadamente: privilégios creditórios; direito de constituição de penhor ou hipoteca legal; direito de retenção (artigo 50º, nº 2, da LGT).

7.2.2. *Privilégios creditórios*

De acordo com o artigo 733º do Código Civil, o privilégio creditório consiste na "faculdade que a lei, em atenção à causa do crédito, concede a certos credores, independentemente do registo, de serem pagos com preferência a outros".

Os privilégios creditórios podem ser mobiliários ou imobiliários (artigo 735º do Código Civil).

Começando pelos **privilégios creditórios mobiliários**, os mesmos podem ser gerais ou especiais. São gerais quando abrangem o valor de todos os bens móveis existentes no património do devedor à data da penhora ou de ato equivalente. Diferentemente, os mesmos são especiais quando compreendem apenas o valor de determinados bens móveis. No artigo 736º, nº 1, do Código Civil, estabelece-se um **privilégio mobiliário geral** para garantia dos créditos por impostos indiretos, e também pelos impostos diretos inscritos para cobrança no ano corrente na data da penhora, ou ato equivalente, e nos dois anos anteriores.

Nos termos do nº 2 do mesmo artigo (interpretado à luz do disposto no artigo 28º, nº 2, do Decreto-Lei nº 287/2003, de 12 de novembro, que procedeu à extinção da sisa e do imposto sobre as sucessões e doações), este privilégio não compreende o imposto municipal sobre as transmissões onerosas de imóveis (IMT), o imposto do selo (IS), nem quaisquer outros impostos que gozem de privilégio especial. Do mesmo modo, o artigo 111º do CIRS estabelece, para pagamento do IRS relativo aos três últimos anos, um privilégio mobiliário geral sobre os bens existentes no património do sujeito passivo à data da penhora ou ato equivalente. Para além disso, existe a possibilidade de previsão de **privilégios mobiliários especiais**.

Relativamente aos **privilégios creditórios imobiliários**, a lei civil admite apenas a respetiva generalidade. No entanto, o artigo 744º do Código Civil estabelece um **privilégio imobiliário especial** de **créditos por imposto municipal sobre imóveis (IMI)**, inscritos para cobrança no ano corrente na data da penhora, ou ato equivalente, e nos dois anos anteriores, incidindo sobre os bens cujos rendimentos estão sujeitos àquele imposto. No nº 2 do mesmo artigo estabelece-se um **privilégio imobiliário especial** a favor dos créditos pelo IMT e pelo IS, com incidência sobre os bens transmitidos. Por seu lado, o artigo 111º do CIRS estabelece um **privilégio imobiliário geral** sobre os bens existentes à data da penhora para pagamento do IRS relativo aos três últimos anos.

Uma matéria de inegável relevo prático diz respeito à questão de saber como devem ser ordenados os diferentes créditos privilegiados. O problema resolve-se facilmente quando se trate de créditos igualmente privilegiados, caso em que se opera o rateio entre eles, na proporção dos respetivos montantes (artigo 745º, nº 2, do Código Civil). Porém, nos casos em que existam diferentes privilégios mobiliários e imobiliários os mesmos devem ser devidamente graduados, cabendo ao legislador fornecer a ordem de graduação. Ora, o que se verifica é que o legislador, para além dos privilégios para despesas de justiça (artigo

746º do Código Civil), deu prioridade aos créditos de impostos, solução que se compreende por referência aos princípios da legalidade, do interesse público e da necessidade tributária. Assim, encontramos graduados em primeiro lugar os créditos do Estado e só depois os das autarquias locais (artigos 747º e 748º do Código Civil).

7.2.3. *Penhor ou hipoteca legal*

A lei admite a constituição de penhor ou hipoteca legal, nos casos em que isso se revele necessário à cobrança efetiva da dívida ou em que o imposto incida sobre a propriedade dos bens [artigo 50º, nº 2, al. b), da LGT].

O penhor, regulado nos artigos 666º e seguintes do Código Civil, é uma garantia real especial das obrigações, que incide sobre a generalidade dos bens móveis, com exceção daqueles que a lei equipara a bens imóveis. Além disso, o mesmo pode incidir sobre créditos. Ou seja, admite-se o penhor de coisas e o penhor de direitos.

Por seu lado, a hipoteca é uma garantia real especial das obrigações que, nos termos do artigo 686º, nº 1, do Código Civil confere ao credor o direito de ser pago pelo valor de certas coisas imóveis, ou equiparadas, pertencentes ao devedor ou a terceiro, com preferência sobre os demais credores que não gozem de privilégio especial ou de prioridade de registo. Refira-se que a hipoteca deve ser registada sob pena de não produzir efeitos, mesmo quanto às partes, como se dispõe no artigo 687º do Código Civil. Assim é por força do princípio da segurança jurídica e da proteção da confiança dos cidadãos, que, sendo uma dimensão essencial do Estado de direito, deve conformar as relações jurídicas. Em geral, a hipoteca pode ser legal, judicial e voluntária. Nos termos do artigo 704º do Código Civil, "[a]s hipotecas legais resultam imediatamente da lei, sem dependência da vontade das partes, e podem constituir-se desde que exista a obrigação a que servem de segurança." No âmbito do direito tributário, determina-se, no artigo 705º do Código Civil, que "gozam de hipoteca legal o Estado e as autarquias locais, sobre os bens cujos rendimentos estão sujeitos à contribuição predial [atual Imposto Municipal sobre Imóveis], para garantia do pagamento desta contribuição". Nos termos do artigo 50º, nº 3, da LGT, o registo do penhor e da hipoteca legal é pressuposto da respetiva eficácia jurídica.

7.2.4. *Direito de retenção de mercadorias*

Um outro importante elemento da garantia da relação jurídica tributária consiste no direito de retenção de mercadorias sujeitas à ação fiscal, de que o sujeito passivo seja proprietário [artigo 50º, nº 2, al. c), da LGT].

7.2.5. *Outras garantias*

A lei prevê ainda a existência de outras garantias. Por exemplo, os artigos 42º e seguintes do CIEC admitem garantias por via de numerário, fiança bancária e seguro-caução. As mesmas podem apresentar diferentes modalidades, nos termos do artigo 44º do CIEC. A garantia pode ser global, quando extensiva a várias operações, ou isolada, quando válida apenas para uma operação.

7.3. Providências cautelares

Uma outra forma de garantia da prestação tributária consiste na possibilidade de adoção de providências cautelares administrativas.

Nos termos do artigo 51º da LGT a administração tributária pode recorrer a providências cautelares, com a finalidade de garantir os créditos tributários, quando haja receio fundado de frustração da cobrança ou de extravio de documentos ou elementos necessários à determinação da situação tributária dos obrigados tributários. As mesmas têm uma **finalidade conservatória e antecipatória**, podendo consistir na apreensão de bens, direitos ou documentos, ou na retenção, até à satisfação dos créditos tributários, de prestações tributárias a que o contribuinte tenha direito.

À semelhança do que sucede com a generalidade das providências cautelares, estas providências estão sujeitas ao princípio da proibição do excesso ou da proporcionalidade em sentido amplo, devendo ser adequadas, necessárias e proporcionais à prossecução dos fins que pretendem atingir. Significa isto que as mesmas não podem ser utilizadas quando existam alternativas menos onerosas para o particular ou quando os custos para o particular e para a sua atividade económica se apresentem manifestamente excessivos quando comparados com os benefícios resultantes para a administração.

7.4. Garantia da cobrança da prestação tributária

Um outro importante aspeto da garantia da relação jurídica tributária prende-se com a garantia da cobrança da prestação tributária (artigo 52º da LGT).

A mesma releva nos casos de suspensão da cobrança da prestação tributária **em processos de execução fiscal**, designadamente nos casos de pagamento em prestações ou reclamação, recurso, impugnação e oposição à execução, que tenham por objeto a ilegalidade ou inexigibilidade da dívida exequenda.

A suspensão está dependente da prestação de *garantia idónea*, sujeita a reforço no caso de manifesta insuficiência (artigo 52º, nºs 2 e 3, da LGT).

Do mesmo modo, a mesma é passível de isenção, quando a prestação possa causar prejuízo irreparável ou seja manifesta a falta de meios económicos, revelada pela insuficiência de bens penhoráveis, desde que não seja imputável ao executado (artigo 52º, nº 4, da LGT). Esta isenção tem a duração de um ano, salvo no caso do pagamento em prestações, em que é válida durante o período em que esteja a ser cumprido o regime de pagamentos autorizado, devendo a administração tributária notificar o executado da data da caducidade até 30 dias antes da data da sua ocorrência (artigo 52º, nº 5, da LGT). Na hipótese de o executado não requerer novo período de isenção, bem como na eventualidade de a administração tributária indeferir o pedido apresentado pelo executado para esse efeito, é levantada a suspensão do processo (artigo 52º, nº 6, da LGT).

É igualmente admissível a substituição da garantia, uma vez prestada, em circunstâncias excecionais, quando o executado provar interesse legítimo na substituição e daí não advenha prejuízo para o credor tributário (artigo 52º, nº 7, da LGT).

A lei admite a redução da garantia após a sua prestação, no caso de haver anulação parcial da dívida exequenda ou pagamento parcial, nos termos legalmente estabelecidos, ou verificando-se prejuízo irreparável ou manifesta insuficiência de meios (artigo 52º, nº 8, da LGT).

O devedor será indemnizado pelos prejuízos resultantes da prestação de garantia bancária ou equivalente, para suspensão da execução, quando a tenha mantido por período superior a três anos em proporção do vencimento em recurso administrativo, impugnação ou oposição à execução que tenham como objeto a dívida garantida (artigo 53º, nº 1, da LGT). Este prazo não é aplicável em caso de erro na liquidação do tributo imputável aos serviços (artigo 53º, nº 2, da LGT).

O valor da indemnização tem um limite máximo, calculado com base na taxa de juros indemnizatórios prevista na LGT. A indemnização pode ser requerida no processo de reclamação ou impugnação judicial, ou autonomamente (artigo 53º, nº 3, da LGT).

A indemnização é paga mediante abate à receita do tributo do ano em que o pagamento foi efetuado (artigo 53º, nº 4, da LGT).

Capítulo VII
Impostos em especial

1. Impostos sobre o rendimento

1.1. Enquadramento

1.1.1. *Considerações gerais*

Os impostos sobre o rendimento incidem sobre as pessoas singulares e as pessoas coletivas. No entanto, os objetivos prosseguidos relativamente a uns e a outros são diferentes. Enquanto no caso do imposto sobre o rendimento das pessoas singulares o objetivo da redistribuição do rendimento tende a prevalecer, justificando a imposição de taxas progressivas, no caso da tributação das pessoas coletivas é dominante o objetivo da promoção do investimento e do crescimento económico, justificando taxas tendencialmente proporcionais e moderadas.

Um importante contributo para a teorização do imposto sobre o rendimento foi avançada por Adam Smith, para quem os rendimentos privados são provenientes de **rendas, lucros e salários**, devendo os indivíduos pagar ao Estado um imposto na proporção dos rendimentos que obtêm dentro desse Estado. Considerando a tributação do rendimento global como injusta e arbitrária, porque dependente de oscilações imprevisíveis de fortuna, Adam Smith defendia apenas a tributação das rendas, deixando de fora os lucros e os salários. Dessa forma,

Adam Smith foi um precursor da oposição da tributação direta do rendimento global[514].

A introdução de um imposto geral sobre o rendimento foi tardia na generalidade dos Estados europeus – segunda metade do século XIX – sendo em muitos casos vista como um instrumento de *ultima ratio.* Muitos entendiam dever preferir-se um imposto geral sobre o consumo. Gradualmente, o imposto sobre o rendimento foi sendo introduzido nos diversos Estados e subordinado a finalidades financeiras e distributivas. O desenvolvimento deste imposto conheceu três fases: 1) imposto *per capita*; 2) imposto por classe e 3) imposto personalizado.

1.1.2. *O conceito de rendimento tributável*

1.1.2.1. *Rendimento-produto e rendimento-acréscimo*

Quando se fala em tributação do rendimento há que esclarecer o que se entende por rendimento.

Um primeiro conceito de rendimento corresponde ao chamado *rendimento-produto.* De acordo com esta noção, o rendimento consiste no valor dos acréscimos patrimoniais líquidos, obtidos num determinado período de tempo, em resultado do exercício de determinada atividade produtiva. Ou seja, o rendimento corresponde ao valor da remuneração dos fatores de produção, a qual pode assumir a forma de salários, rendas, juros e lucros.

Este conceito restrito de rendimento evoluiu para uma noção mais lata – a de *rendimento global* ou *rendimento-acréscimo.*

Este conceito amplo de rendimento foi inicialmente proposto por Schantz (1896) e veio a ser refinado por Haig (1921) e Simons (1938).

O conceito de rendimento-acréscimo tem subjacente a ideia de capacidade contributiva (*ability to pay*; *Leistungsfähigkeit*), uma vez que se considera como rendimento qualquer acréscimo patrimonial líquido, independente de ter sido originado através do exercício de uma atividade produtiva ou não.

Pense-se por exemplo nos ganhos provenientes da realização de mais-valias ou de prémios de jogos, lotarias, etc.. Partindo da noção

[514] Karl-Heinz Schmidt "Allocative or Distributive Aims of Income Taxation?", *European Journal of Law and Economics*, 10 (2), September 2000, 179 seguintes.

de rendimento-produto, estes ganhos não estariam sujeitos a tributação; adotando-se o conceito de rendimento-acréscimo, os mesmos estão sujeitos a tributação.

Entre nós, foi adotada esta conceção lata de rendimento, quer em sede de IRS quer de IRC.

1.1.2.2. *Capacidade contributiva*

A tributação do rendimento das pessoas singulares está subordinada ao **princípio da capacidade contributiva**, o qual significa que o *critério unitário de tributação*[515] que resulta da Constituição é o *critério da capacidade económica* (ou *capacidade para pagar*).[516]

Este princípio implica a tributação do rendimento global líquido, a personalização do imposto e a consideração das necessidades do agregado familiar.

Apesar de o princípio da capacidade contributiva nos fornecer um critério legítimo de diferenciação entre contribuintes – a capacidade económica para pagar –, em nome da promoção da igualdade material, assistimos hoje a uma crise deste princípio. Têm vindo a ser tomadas relevantes decisões de política fiscal que revelam essa crise. A título de exemplo podemos observar o tratamento fiscal, em sede de IRS, a que estão sujeitos os rendimentos das diversas categorias. Constatamos que os agravamentos fiscais têm incidido sobretudo nos rendimentos do trabalho e de pensões, existindo um tratamento mais favorável para os rendimentos de capitais e para as mais-valias. Duas pessoas singulares que aufiram, por exemplo, €50.000 de rendimentos, mas em que num caso os mesmos sejam provenientes de aplicações de capitais e no outro caso se trate de rendimentos do trabalho, estarão sujeitos a taxas de IRS diferenciadas, mais penalizadoras para o segundo. O critério para esta diferenciação não é, como se percebe, a capacidade contributiva revelada por cada um dos sujeitos passivos, mas sim a diferente natureza dos rendimentos, relevando especialmente os graus diferenciados de mobilidade dos fatores capital e trabalho.

[515] Na medida em que concretiza o dever de todos pagarem impostos segundo o mesmo critério, que decorre do princípio da igualdade tributária.

[516] Cfr., designadamente, os Acórdãos do Tribunal Constitucional nº 84/03, nº 452/2003 e nº 142/2004.

Uma outra manifestação recente da crise do princípio da capacidade contributiva é a que encontramos no acórdão nº 396/2011, de 21 de setembro, do Tribunal Constitucional, no qual se veio reconhecer como legítimo o tratamento diferenciado de cidadãos, não em função da respetiva capacidade económica para pagar impostos, mas em função de pertencerem a uma certa classe profissional, no caso a dos trabalhadores da administração pública. O Tribunal Constitucional, no mesmo acórdão, considerou compatível com a Constituição uma medida legislativa de efeito equivalente a um agravamento fiscal incidindo apenas sobre os rendimentos dos trabalhadores da administração pública. Ao princípio da igualdade perante os encargos públicos, de acordo com a capacidade contributiva revelada por cada cidadão, o Tribunal Constitucional veio sobrepor o princípio da admissibilidade do tratamento desigual perante os encargos públicos, independentemente da capacidade económica revelada por cada cidadão[517].

A reiterada desconsideração do critério da capacidade contributiva pelo legislador fiscal coloca sérios problemas constitucionais no que diz respeito à concretização dos princípios da igualdade e da justiça fiscal e social.

1.1.2.3. *Rendimento real*

Intimamente relacionado com o princípio da capacidade contributiva está, igualmente, o princípio da **tributação segundo o rendimento real**.

A Constituição determina, no nº 2 do artigo 104º, que as pessoas devem ser tributadas segundo o seu rendimento real. Com efeito, o Tribunal Constitucional tem entendido que o princípio da tributação segundo o rendimento real é uma exigência constitucional que se aplica a toda a tributação do rendimento, não se limitando à tributação do rendimento das empresas. Isto apesar de, no referido preceito constitucional, apenas se fazer referência expressa à tributação segundo o rendimento real das empresas. Ainda assim, o princípio da tributação

[517] António Carlos dos Santos fala mesmo numa "nova parafiscalidade" para qualificar os cortes nas remunerações dos funcionários públicos e nas pensões – "A nova parafiscalidade: a tributação por via de cortes na despesa com remunerações de funcionários e de pensionistas", *Revista do Ministério Público*, Ano 33, nº 129, Jan-Mar 2012, pp. 49-61.

segundo o rendimento real pode assumir diferente intensidade consoante o plano da tributação em que se esteja (das empresas ou das pessoas singulares).[518]

O rendimento real é o rendimento apurado, ou seja, o rendimento que o contribuinte efetivamente auferiu (*rendimento real efetivo*), ou o que se presume que o contribuinte obteve (*rendimento real presumido*)[519],[520].

Do *rendimento real* distingue-se o *rendimento normal*. De acordo com Teixeira Ribeiro, o rendimento normal pode consistir no "rendimento médio de uma série de anos, que um agente económico poderia obter operando em condições normais" ou no "rendimento de determinado ano, que poderia obter-se em condições normais".[521]

O preceito constitucional referido, ao mesmo tempo que se refere à tributação do rendimento real, introduz o advérbio "fundamentalmente", que tem sido interpretado como um moderador de sentido ou um expediente de relativização do princípio em causa[522].

O que resulta do artigo 104º, nº 2, da CRP é que a tributação das empresas deve, em princípio, atender ao rendimento real das mesmas (efetivo ou, em alternativa, presumido). Só excecionalmente se admite a consideração do rendimento normal.[523]

Do princípio da tributação *fundamentalmente* segundo o rendimento real não basta, contudo, deduzir-se o sentido de que a tributação do rendimento normal não deve ser transformada em método principal de determinação da matéria coletável.

Com efeito, os princípios hermenêutico-constitucionais de máxima efetividade, concordância prática e ponderação proporcional dos diferentes direitos e bens constitucionais em confronto apontam para que a tributação do *rendimento normal* seja considerada violadora do princípio da proporcionalidade sempre que seja facticamente possível o recurso à solução alternativa menos onerosa de tributação do *rendimento real*

[518] Acórdão do Tribunal Constitucional nº 142/2004, de 10 de março.

[519] Cfr. J. J. Teixeira Ribeiro, *A Reforma Fiscal*, Coimbra, 1989, p. 130, e *Lições de Finanças Públicas*, 5ª ed., Coimbra, 1995, p. 307.

[520] Acórdão do Tribunal Constitucional nº 84/03, de 12 de fevereiro.

[521] *Lições de Finanças Públicas*, 5ª ed., Coimbra, 1995, p. 307.

[522] Acórdão do Tribunal Constitucional nº 531/99.

[523] Acórdão do Tribunal Constitucional nº 84/03.

presumido[524]. Ou seja, impõe-se uma relativização moderada do princípio da tributação do rendimento real de acordo com o princípio da proporcionalidade em sentido amplo ou da proibição do excesso.

1.1.2.4. *Rendimento líquido*

Corolário dos princípios da capacidade contributiva e da tributação segundo o rendimento real é o princípio da tributação segundo o *rendimento líquido* ou princípio da tributação segundo o *rendimento líquido objetivo*, nos termos do qual apenas o montante líquido constitui (verdadeiro) rendimento para o pagamento dos impostos. Este princípio justifica que ao rendimento total auferido sejam deduzidas despesas específicas com a sua obtenção, uma vez que essas despesas constituem uma expressão negativa da capacidade contributiva, desde que se revelem indispensáveis à produção ou obtenção do rendimento.[525]

Todavia, em nome de outras exigências constitucionais (designadamente o princípio da praticabilidade), pode não ser aceite a dedução de determinadas despesas. É que, como afirma o Tribunal Constitucional, "[u]m sistema inexequível ou um sistema que não permita o controlo dos rendimentos e da evasão fiscal, na medida aproximada à realidade existente, conduz em linha reta à distorção, na prática, do princípio da capacidade contributiva e da tributação segundo o rendimento real".[526]

1.1.3. *Progressividade vs. proporcionalidade fiscal*

A progressividade das taxas do imposto sobre o rendimento tem sido baseada em argumentos igualitários (os ricos devem pagar mais do que os pobres) e utilitários (presume-se que a utilidade marginal dos rendimentos decresce à medida que eles aumentam, numa curva bastante inclinada). Em ambos os casos, a questão é controversa.

A doutrina tem sublinhado que a progressividade das taxas do imposto de rendimento, embora justificada em termos redistributivos, não é, em si mesma, *suficiente* para aferir da distribuição de recursos, opor-

[524] Sobre a "tributação presuntiva do rendimento", cfr. João Sérgio Ribeiro, *Tributação Presuntiva do Rendimento: um contributo para reequacionar os métodos indiretos da determinação da matéria coletável*, Coimbra, Almedina, 2010.

[525] Acórdão do Tribunal Constitucional nº 142/2004, de 10 de março.

[526] Acórdão do Tribunal Constitucional nº 142/2004.

tunidades, rendimento ou bem-estar na sociedade[527]. Além disso, não é certo que seja mesmo *necessária* para a redistribuição do rendimento do ponto de vista de uma avaliação global das receitas e das despesas do Estado[528]. Uma taxa proporcional poderia servir finalidades redistributivas se a receitas cobradas fossem utilizadas para subsidiar os grupos mais carenciados da população, seja diretamente, através de transferências pecuniárias, seja indiretamente, através da provisão de bens públicos.

Da ideia de modelação do imposto sobre o rendimento de modo a torná-lo mais apto a promover o crescimento económico e a criação de emprego, com a relegação da tarefa redistributiva para a realização seletiva de despesa pública, surgem as propostas de adoção de modelos de tributação proporcional do rendimento (*flat tax*).

O modelo de *flat tax* inicialmente proposto (modelo de Hall-Rabushka)[529] postulava a aplicação de uma taxa nominal única a todo o rendimento superior a determinado limite mínimo, abaixo do qual haveria uma isenção. Concomitantemente, este modelo pressupunha a abolição de outras isenções ou benefícios fiscais, o que permitiria promover a eficiência e a simplicidade fiscais.

Este modelo é habitualmente criticado pelo facto de a taxa marginal de tributação diminuir para os detentores de rendimentos mais elevados e aumentar para os rendimentos médios (os rendimentos mais baixos ficariam isentos). Tal implicaria uma sobrecarga fiscal da classe média e colocaria em causa a igualdade vertical.

[527] Linda Sugin, "Theories of Distributive Justice and Limitations on Taxation: What Rawls Demands from Tax Systems", 72, *Fordham Law Review*, 2004, 1993.

[528] Neste sentido, Lane Kenworthy, *Jobs With Equality*, Oxford, 2008, 173 seguintes e 273 seguintes.

[529] À proposta apresentada por estes autores seguiram-se outras, designadamente as do modelo Armey-Shelby e do modelo Steve Forbes – cfr. José João Amaral Tomaz, "A Redescoberta do Imposto Proporcional (*Flat Tax*)", *Homenagem a José Guilherme Xavier de Basto*, Coimbra, 2006, pp. 357 e seguintes, e João Ricardo Catarino, *op. cit.*, pp. 590 e seguintes.

1.2. O Imposto sobre o Rendimento das Pessoas Singulares (IRS)

1.2.1. *Base subjetiva do imposto*

1.2.1.1. *Introdução*

O IRS é um imposto pessoal, uma vez que toma em linha de conta as circunstâncias pessoais e familiares dos contribuintes. E é um imposto periódico, sendo pago anualmente. Ele incide sobre o rendimento global líquido, estando sujeito ao princípio da capacidade contributiva. Trata-se de um imposto multinível, na medida em que é de recorte nacional embora com forte influência europeia (v.g. cidadania europeia, liberdade de circulação de trabalhadores, liberdade de estabelecimento, liberdade de prestação de serviços; liberdade de circulação de capitais; proibição de discriminação). Ele tem uma natureza multifuncional, estando estruturado de maneira a poder servir, a um tempo, finalidades fiscais, sociais, administrativas e regulatórias.

A questão da base subjetiva do imposto é o que a doutrina especializada discute sob a epígrafe da **unidade tributária**. Trata-se de identificar o titular ou titulares do rendimento em questão (artigos 13º e seguintes do CIRS).

Uma abordagem baseada na premissa do individualismo metodológico tem levado alguns autores a sustentarem que o indivíduo é a unidade tributária por excelência. Outros, seguindo uma orientação mais comunitarista, consideram a unidade marital ou, mais amplamente, o agregado familiar. As soluções variam de Estado para Estado. Esta discussão tem múltiplas facetas, na medida em que nela se jogam conceções muito diferentes sobre o indivíduo, o casamento e a família.

A relevância fiscal do agregado familiar deve ser compreendida à luz da proteção constitucional da família. Nos termos da Constituição da República, incumbe ao Estado, neste domínio, entre outras coisas, ter em conta os encargos familiares para efeitos fiscais e de atribuição de benefícios sociais [artigo 67º, nº 2, al. f), da CRP]. No mesmo sentido, o artigo 104º, nº 1, da CRP estabelece que a tributação do rendimento das pessoas singulares deve atender às necessidades e aos rendimentos do *agregado familiar*[530].

[530] Sobre as implicações do Direito da família nas regras do IRS cfr. Manuel Faustino, "As recentes alterações ao direito da família e a sua interferência no elemento subjetivo da

1.2.1.2. *Delimitação da incidência pessoal*

1.2.1.2.1. Princípios da residência e da fonte

A determinação da jurisdição tributária sobre as pessoas singulares assenta no **princípio da residência** (*residence principle*). Este aproxima-se do **princípio da nacionalidade** que geralmente orienta a determinação da jurisdição do Estado, embora com diferenças significativas[531]. É que este último anda intimamente associado ao vínculo jurídico da nacionalidade e ao estatuto de cidadania, ao passo que o **princípio da residência** tem um conteúdo muito mais fluído e precário. Os Estados Unidos são um exemplo de uma exceção a esta regra, já que o vínculo da nacionalidade implica necessariamente a residência para efeitos fiscais. Em muitos Estados, entre os quais o nosso, a residência contenta-se com a mera presença física dentro do território por mais de 183 dias, podendo inclusivamente consistir numa presença por menos tempo.

Na nossa lei tributária o **princípio da residência** determina a sujeição ao IRS das pessoas singulares que residam em território português (artigos 13º, nº 1, do CIRS), abrangendo a totalidade dos rendimentos aí obtidos bem como os que sejam obtidos fora desse território (artigo 15º, nº 1, do CIRS). Assim, o princípio em presença encontra-se intimamente relacionado com o **princípio do rendimento mundial** (*worldwide income principle*).

A determinação da residência é feita com base em diferentes critérios alternativos (artigo 16º do CIRS), que podem ser a permanência por mais de 183 dias (seguidos ou não) em território nacional em qualquer período de 12 meses, com início ou fim no ano em causa, ou a disposição, nesse período, de habitação sugerindo residência. Ou seja, recorre-se a um critério complementar de **domicílio fiscal**. Esta solução pode ser especialmente relevante em situações em que um indivíduo não esteja em nenhum Estado durante mais de 183 dias.

Nos termos da lei, consideram-se ainda residentes em Portugal os tripulantes de navios ou embarcações de entidades residentes, sediadas ou dirigidas em Portugal, os indivíduos desempenhando missões

incidência de IRS", *Estudos em Memória do Prof. Doutor J. L. Saldanha Sanches*, vol. IV, Coimbra, Coimbra Editora, 2011, pp. 919 e seguintes.

[531] Reuven S. Avi-Yonah, "International Tax as International Law", *Public Law and Legal Theory, Research Paper nº41, University of Michigan*, pp. 1 e seguintes.

públicas no estrangeiro (v.g. o exercício de funções de deputado ao parlamento Europeu).

Para que um sujeito possa ser considerado residente numa Região Autónoma deve, nos termos do artigo 17º do CIRS, ter permanecido no respetivo território por mais de 183 dias. Para este efeito, considera-se que permanece numa Região Autónoma quem aí disponha da sua residência habitual e aí esteja registado para efeitos fiscais (artigo 17º, nº 2, do CIRS). Quando não seja possível determinar a permanência, atende-se ao critério do *principal centro de interesses*. Atendendo a este critério, são considerados residentes numa Região Autónoma as pessoas que residam em território português e obtenham no território da Região Autónoma a maior parte da base tributável, de acordo com os critérios estabelecidos no nº 3 do artigo 17º do CIRS (assim, por exemplo, os rendimentos do trabalho consideram-se obtidos no local onde é prestada a atividade).

O **princípio da residência** tem o seu fundamento no **princípio do benefício**, nos termos do qual se presume que quem reside no território de um Estado por mais de 183 colhe com isso benefícios que justificam a tributação. Para além disso, o mesmo é especialmente importante no contexto do combate à evasão fiscal, precludindo a obtenção de nacionalidades de conveniência em paraísos fiscais, com a manutenção da residência no território nacional.

A lei refere-se, ainda, aos residentes não habituais, os quais beneficiam de condições especiais de tributação. São considerados *residentes não habituais* os sujeitos passivos que, tornando-se fiscalmente residentes, em virtude da verificação de qualquer um dos critérios definidos no nº 1 do artigo 16º, não tenham sido tributados como residentes, em sede de IRS, nos cinco anos anteriores ao ano a que o imposto respeita (artigo 16º, nº 8, CIRS)[532]. O sujeito passivo que seja considerado *residente não habitual* tem o direito a ser tributado como tal pelo período de 10 anos consecutivos, a partir do ano da sua inscrição como residente em Portugal (artigo 16º, nºs 9 e 10, do CIRS). Os rendimentos líquidos das categorias A e B auferidos por residentes não habituais no âmbito de atividades de elevado valor acrescentado, com caráter científico, artístico ou

[532] Esta norma foi aditada pelo Decreto-Lei nº 249/2009, de 23 de setembro, que aprovou o *Código Fiscal do Investimento*.

técnico, definidas na Portaria nº 12/2010, de 7 de janeiro, são tributados em IRS à taxa especial de 20% (artigo 72º, nº 6, do CIRS). Aos residentes não habituais são ainda aplicáveis regras específicas tendentes à eliminação da dupla tributação internacional (artigo 81º, nºs 4, 5 e 6, do CIRS).

A Lei nº 64-A/2008, de 31 de dezembro, aditou ao CIRS o atual artigo 17º-A, que veio permitir que os sujeitos passivos residentes noutro Estado membro da UE ou do espaço económico europeu com o qual exista intercâmbio de informações em matéria fiscal optem pela tributação em Portugal como se fossem sujeitos passivos residentes não casados, desde que tenham obtido em território português rendimentos que correspondam a, pelo menos, 90% do total dos seus rendimentos (incluindo os obtidos fora do território português). Desde que sejam observadas as condições definidas no nº 2 do artigo 17º-A, esses sujeitos passivos, quando casados e não separados judicialmente de pessoas e bens ou quando se encontrem em situação idêntica à prevista no artigo 14º do CIRS (uniões de facto), podem optar pela tributação conjunta.

A solução adotada no artigo 17º-A do CIRS visou adequar a legislação nacional às exigências do direito da UE, designadamente a que diz respeito à liberdade de circulação de trabalhadores e à proibição de discriminação, à luz da interpretação adotada pela jurisprudência do TJUE desde o acórdão *Schumacker*. Neste sentido, um cidadão europeu que trabalhe em Portugal mas resida no território de outro Estado membro (por exemplo em Espanha) não deve ser prejudicado na aplicação das regras do imposto sobre o rendimento (em Portugal) face ao que sucederia se residisse em território português.

Um outro princípio de determinação da incidência positiva do imposto é o **princípio da fonte** *(source principle)*, também designado como **princípio da territorialidade** (artigos 13º, nº 1, do CIRS). Este princípio justifica a tributação dos rendimentos obtidos em Portugal, independentemente da natureza, residência e nacionalidade do sujeito passivo. Relativamente aos não residentes, apenas são tributados rendimentos obtidos em território português (artigos 15º, nº 2, e 18º, do CIRS).

Uma das questões que se coloca nesta sede prende-se com saber quais são os critérios com base nos quais se determina a **fonte dos rendimentos** obtidos. Neste domínio, a leitura atenta do artigo 18º do CIRS permite observar que o legislador utiliza diversos critérios para a determinação da fonte dos rendimentos, o que aumenta substancialmente os riscos de dupla tributação jurídica internacional.

1.2.1.2.2. Pessoas singulares, agregados familiares e equiparados

No âmbito da incidência pessoal do IRS, o legislador atende, para além das pessoas singulares individualmente consideradas, à eventual existência de **agregados familiares**, constituídos, para efeitos fiscais, de acordo com o disposto no artigo 13º, nº 4 do CIRS. Apesar de o imposto ser apurado individualmente, em relação a cada sujeito passivo, admite-se que estes optem pela tributação conjunta dos seus rendimentos (artigo 13º, nº 2, do CIRS).

O agregado familiar ocupa um lugar central no espaço/tempo do IRS, como se deduz da leitura dos artigos 13º e 14º do CIRS, devendo salientar-se os seguintes "*topoi*": a) consideração da situação concreta pessoal e familiar; b) dualismo de tributação individual ou conjunta; c) agregado familiar de direito e de facto; d) heterogeneidade e diversidade dos agregados familiares; e) identificação fiscal dos membros do agregado familiar; f) atenção às circunstâncias e vicissitudes do agregado familiar; g) proteção da dependência e vulnerabilidade; h) unicidade do agregado familiar; i) domiciliação do agregado familiar e j) referência temporal do agregado familiar.

A doutrina tem-se dividido quanto à melhor maneira de tributar os rendimentos dos agregados familiares – de forma autónoma ou conjunta.

Por exemplo, nos seus estudos, Oldman e Temple sustentaram que 1) um casal em que só uma pessoa trabalha deve pagar mais imposto do que um casal, com o mesmo rendimento, em que ambos trabalham, na medida em que o primeiro casal beneficia de maior quantidade de serviços domésticos; 2) um casal com duas fontes de rendimentos deve pagar mais imposto do que duas pessoas solteiras com rendimentos correspondentes, em função das economias de escala geradas pela vida em comum; 3) uma pessoa solteira deve pagar o mesmo ou mais imposto do que um casal com o mesmo rendimento, na medida em que as economias de escala da vida a dois não vão ao ponto de a tornar mais barata do que a vida a sós.

Estas conclusões têm sido postas em causa. Gann, Zelenak e Nakazato sustentam que a melhor maneira de garantir a neutralidade fiscal a longo prazo consiste em cada cônjuge preencher uma declaração de rendimento em separado. Kornhauser, com base numa extensa investigação empírica, demonstrou que a realidade das famílias contemporâneas é demasiado dinâmica e diversificada para que se possa concluir que os cônjuges gerem os seus rendimentos em conjunto. Em seu entender, nem todos os cônjuges vivem em economia comum. Por outro lado, existem outras pessoas que vivem em economia comum para além dos cônjuges. Além disso, a estrutura financeira do casal pode alterar-se durante a relação.

McCafferey sustenta que a tributação da família deve ser apta a promover a igualdade entre os agregados familiares com uma ou com duas fontes de rendimento, e desta forma, a igualdade de género, o que passa pela aplicação de taxas mais reduzidas ao elemento do agregado familiar que aufere menos rendimentos.

Particularmente relevante na determinação da composição do agregado familiar é o conceito de dependente, explicitado no nº 5 do artigo 13º do CIRS. A lei não exclui a possibilidade de tributação autónoma dos dependentes, embora se proscreva a inserção em dois agregados familiares ou a tributação autónoma de um indivíduo integrante de um agregado familiar (artigo 13º, nºs 5 e 6, do CIRS).

Refira-se que o facto de os ascendentes que vivam em comunhão de habitação com os sujeitos passivos não integrarem o conceito de dependente não impede que os mesmos sejam considerados para efeitos de deduções à coleta.[533]

No contexto da incidência pessoal, merece ainda atenção a referência aos unidos de facto para efeitos da determinação da composição do agregado familiar (artigo 13º, nº 2, do CIRS). Nos termos do regime jurídico especial aplicável às uniões de facto[534], é considerada relevante a vida em comum, em condições análogas às dos cônjuges, há mais de dois anos[535].

A identidade de domicílio fiscal dos sujeitos passivos durante pelo menos dois anos, ou durante o período de tributação, faz presumir a existência de união de facto quando a mesma seja invocada por aqueles (artigo 14º, nº 2, do CIRS).

[533] Artigos 78º-A, nº 1, al. b), do CIRS.

[534] Lei nº 7/2001, de 11 de maio.

[535] Salvo nos casos excecionados previstos no artigo 2º da Lei nº 7/2001, de 11 de maio.

1.2.1.2.3. A imputação especial

O regime da transparência fiscal, previsto no CIRC, leva a que rendimentos obtidos por determinadas sociedades – designadamente as sociedades civis não constituídas sob forma comercial, sociedades de profissionais e, quando se verifiquem as circunstâncias definidas no CIRC, também as sociedades de simples administração de bens[536] – sejam imputados aos respetivos sócios ou membros (no caso dos agrupamentos complementares de empresas e dos grupos europeus de interesse económico), que sejam pessoas singulares, e sejam assim tributados em sede de IRS, como rendimentos da categoria B, nos termos definidos no artigo 20º do CIRS.

1.2.1.2.4. A substituição tributária no contexto do IRS

Ainda em sede de incidência pessoal deve referir-se a possibilidade, prevista pelo legislador, de substituição tributária (artigo 21º do CIRS), que se traduz na exigência de pagamento total ou parcial do IRS a pessoa diversa daquela em relação à qual se verificam os respetivos pressupostos.

Assim sucede, por exemplo, no caso de retenção na fonte pelo empregador de uma parte do imposto devido pelo trabalhador (retenção na fonte a título de pagamento por conta / substituição parcial). Ou no caso de retenção na fonte pela instituição financeira do imposto devido pelo seu cliente relativamente aos juros de um depósito a prazo (retenção na fonte a título definitivo / substituição total).

A retenção na fonte, recorde-se, consiste nas entregas pecuniárias efetuadas por dedução nos rendimentos pagos ou postos à disposição do titular pelo substituto tributário (artigo 34º da LGT).

As retenções na fonte a efetuar obedecem às regras contidas nos artigos 98º e seguintes do CIRS.

1.2.2. *Incidência real do imposto*

1.2.2.1. *Introdução*

Começando pelos critérios de **delimitação positiva**, a tributação do rendimento incide sobre o valor anual dos rendimentos, mesmo quando

[536] Artigo 6º do CIRC.

provenientes de atos ilícitos, em dinheiro ou em espécie, independentemente do local de obtenção ou da moeda e da forma de pagamento, depois de efetuadas as correspondentes deduções e abatimentos.

A **tributação do rendimento líquido global** supõe a consideração das várias categorias de rendimentos, líquidas dos custos incorridos na respetiva obtenção, e reconduzidas a um único *pool* de rendimentos.

Presentemente, preveem-se as seguintes categorias de rendimentos:

A – Rendimentos do trabalho dependente
B – Rendimentos empresariais e profissionais
E – Rendimentos de capitais
F – Rendimentos prediais
G – Incrementos patrimoniais
H – Pensões

A especificação de cada uma das categorias reflete o princípio do realismo fiscal, de primazia da substância sobre a forma. O objetivo fundamental consiste em evitar os abusos de forma jurídica como estratégia de diminuição da tributação. Os desvios ao modelo básico de tributação do rendimento global líquido têm sido considerados pela doutrina como sendo imposto-despesa, funcionalmente equivalente à concessão de um subsídio (Surrey). Como anteriormente se disse, adotou-se, em boa medida, o princípio da tributação do rendimento líquido global, largamente devedor a Henry Simons, que tem na base os ganhos de alguém durante um determinado período de tempo, sem discriminar entre as diferentes fontes de rendimento.

Este conceito de rendimento, ainda que só tendencialmente seja acolhido, é defendido por muitos por permitir o tratamento equitativo dos contribuintes. Mais amplamente, o mesmo adequa-se razoavelmente aos valores da eficácia contributiva, da eficiência administrativa, da certeza, da simplicidade e da legitimidade.

O princípio da igualdade tributária exige que a consideração de diferentes categorias de rendimento, do rendimento global líquido e das deduções à coleta, se traduza, ao menos tendencialmente, numa mesma proporção entre o montante anual auferido em euros por cada contribuinte e os encargos fiscais correspondentes, sendo constitucionalmente proibidas disparidades acentuadas, especialmente quando isso conduza a uma maior tributação precisamente dos grupos sociais com menos capacidade contributiva[537]. Do ponto de vista da equidade horizontal, contribuintes igualmente situados, do ponto de vista da capacidade contributiva, devem ser igualmente tributados. Qualquer derrogação a este princípio tem que ter um fundamento constitucional suficiente[538].

Importa ainda ter presente a delimitação negativa de incidência do imposto sobre o rendimento das pessoas singulares, em que se prevê a não incidência de IRS sobre diversos factos que, *a priori*, estariam sujeitos a tributação (artigo 12º do CIRS).

O CIRS contém, ainda, outras normas de delimitação negativa de incidência para certas categorias de rendimentos (por exemplo nos casos referidos no artigo 2º-A do CIRS).

1.2.2.2. *Esquema simplificado de determinação do IRS*

1. Rendimento bruto de cada categoria
↓
2. Abatimentos e deduções específicas
↓
3. Rendimento líquido de cada categoria
↓
4. Englobamento (artigo 22º)
↓
5. Rendimento líquido global
↓
6. Dedução de perdas (artigo 55º)
↓
7. Rendimento coletável
↓
8. Quociente familiar (artigo 69º)
↓
9. Taxas gerais (artigo 68º)
↓
10. Coleta
↓
11. Deduções à coleta (artigos 78º seguintes)
↓
12. Imposto a pagar ou a receber

[537] Barker, The Three Faces of Equality..., cit, 22.
[538] Barker, The Three Faces of Equality..., cit, 22.

1.2.2.3. *A determinação do rendimento bruto e do rendimento líquido*

1.2.2.3.1. Rendimentos da Categoria A

a) Determinação do rendimento bruto

i) Regra geral

A categoria A de rendimentos respeita ao trabalho dependente (artigo 2º CIRS).

A regra geral para determinação dos rendimentos (brutos) do trabalho dependente encontra-se definida no artigo 2º, nº 1, do CIRS. Nos termos desta disposição, consideram-se rendimentos do trabalho dependente todas as remunerações *pagas ou postas à disposição*[539] provenientes de: (i) trabalho por conta de outrem prestado ao abrigo de contrato individual de trabalho ou equiparado; (ii) trabalho prestado ao abrigo de contrato de aquisição de serviços ou equiparado, *sob autoridade e direção* da pessoa ou entidade que ocupa a posição de sujeito ativo na relação contratual estabelecida (pretendendo-se, desta forma, abranger os habitualmente designados "falsos recibos verdes", isto é, falsos prestadores de serviços); (iii) exercício de função, serviço ou cargo públicos; (iv) situações de pré-reforma, pré-aposentação ou reserva.

Estas remunerações podem, designadamente, assumir a forma de ordenados, salários, vencimentos, gratificações, percentagens, comissões, participações, subsídios, prémios, senhas de presença, emolumentos e participações em multas (artigo 2º, nº 2, do CIRS).

O nº 3, do artigo 2º, do CIRS, contém regras complementares, nos termos das quais estão, ainda, sujeitas a IRS as remunerações dos membros dos órgãos estatutários das pessoas coletivas ou entidades equiparadas [salvo, naturalmente, dos que neles participem como revisores oficiais de contas – al. a)] e as vantagens acessórias [al. b)], bem como outras remunerações [definidas nas alíneas c) a g)].

ii) As vantagens acessórias

As vantagens acessórias (*fringe benefits*) compreendem "todos os direitos, benefícios ou regalias não incluídos na remuneração principal que

[539] A expressão "remunerações pagas ou postas à disposição" significa que existe obrigação de imposto mesmo que, por mora do credor, este não tenha efetivamente recebido o rendimento.

sejam auferidos devido à prestação de trabalho ou em conexão com esta e constituam para o respetivo beneficiário uma vantagem económica..." [artigo 2º, nº 3, al. b), do CIRS].

A tributação das vantagens acessórias advém da necessidade de se respeitar o princípio da igualdade, sujeitando a tributação às diversas formas de manifestação de capacidade contributiva. Tal como afirma Xavier de Basto, "[r]endimentos do mesmo montante não seriam tratados igualmente, se um deles contivesse uma maior fatia de vantagens acessórias, que escapassem à tributação – teríamos ofensa à igualdade horizontal".[540] Para além disso, e citando o mesmo autor, "... a probabilidade aponta para que a parte das vantagens acessórias no total dos rendimentos do trabalho dependente seja maior nos escalões de rendimentos altos do que nos mais baixos ...", pelo que "... a sua não sujeição a imposto faria ofensa à igualdade vertical, diminuindo a eventual progressividade do sistema de imposição do rendimento".[541]

Acresce que a hipotética não sujeição a tributação das remunerações acessórias alargaria significativamente as possibilidades de adoção de comportamentos evasivos em matéria de tributação do rendimento das pessoas singulares.

O artigo 2º, nº 3, al. b), do CIRS, enumera, *a título exemplificativo*, diversas vantagens económicas que, por serem consideradas remunerações acessórias, estão sujeitas a tributação em IRS.

É o caso dos abonos de família e respetivas prestações complementares suportadas pela entidade patronal, na medida em que excedam os limites legalmente fixados [artigo 2º, nº 3, al. b), 1), do CIRS).

Também estão sujeitos a tributação os subsídios de refeição na parte em que ultrapassem o limite legal estabelecido (no caso de serem pagos em numerário) ou que o exceda em mais de 60% (no caso de serem pagos em vales de refeição) [artigo 2º, nº 3, al. b), 2), do CIRS].[542]

Estão, igualmente, sujeitos a IRS, os montantes despendidos pela entidade empregadora com seguros e operações do ramo "Vida", contribuições para fundos de pensões, fundos de poupança reforma ou

[540] Cfr. *IRS: Incidência Real e Determinação dos Rendimentos Líquidos*, Coimbra, 2007, p. 63.

[541] *Idem*.

[542] O "limite legal estabelecido" em vigor em 2018, conforme previsto na Lei do Orçamento do Estado para 2018 (artigo 21º), tem o valor de € 4,77. Este valor acrescido de 60% perfaz € 7,63.

outros regimes complementares de segurança social, quando constituam *direitos adquiridos e individualizados* dos respetivos beneficiários, bem como nos casos em que tais contribuições sejam feitas em benefício de um *coletivo* de trabalhadores, quando sejam por estes objeto de resgate, adiantamento, remição ou qualquer outra forma de adiantamento da respetiva disponibilidade, ou, em qualquer caso, de recebimento em capital [artigo 2º, nº 3, al. b), 3), do CIRS]. Estão, contudo, isentos de IRS os rendimentos que respeitem a contratos que garantam exclusivamente o benefício de reforma, complemento de reforma, invalidez ou sobrevivência, desde que sejam observadas, cumulativamente as condições previstas no Código do IRC.[543]

São também tributados em IRS os subsídios de residência ou equivalentes, bem como a utilização de casa de habitação fornecida pela entidade patronal [artigo 2º, nº 3, al. b), 4), do CIRS).[544] Neste caso, a determinação do rendimento deve fazer-se de acordo com o estabelecido no artigo 24º, nº 2, do CIRS.[545]

O CIRS prevê também a tributação dos benefícios resultantes de empréstimos sem juros ou a taxa de juro inferior à de referência para o tipo de operação em causa, concedidos ou suportados pela entidade patronal, com exceção dos que se destinem à aquisição de habitação própria permanente de valor não superior a € 180.426,40 e cuja taxa não seja inferior à taxa de referência determinada nos termos do artigo 2º, nº 3, al. b), 5), do CIRS.

As quantias despendidas pela entidade patronal com viagens e estadas de turismo e similares, não conexas com as funções exercidas pelo trabalhador, estão sujeitas a IRS pela totalidade do seu valor [artigo 2º, nº 3, al. b), 6), do CIRS].

Também constituem vantagens acessórias os ganhos resultantes de *planos de opções, de subscrição, de atribuição* ou outros de efeito equivalente[546], sobre valores mobiliários ou direitos equiparados, criados em

[543] Cfr. artigo 18º, EBF e artigo 43º do CIRC.

[544] No caso dos magistrados, o subsídio de compensação para habitação, atribuído nos termos do artigo 29º, nº 2, do Estatuto dos Magistrados Judiciais, é, nos termos deste preceito, equiparado a ajudas de custo, pelo que o regime de tributação em IRS é o que a lei prevê para as ajudas de custo [artigo 2º, nº 3, al. d), do CIRS].

[545] O artigo 24º do CIRS contém regras para a quantificação dos rendimentos em espécie.

[546] É o caso, por exemplo, dos planos de opções de aquisição de ações (*stock options*).

benefício de trabalhadores ou membros de órgãos sociais [artigo 2º, nº 3, al. b), 7), do CIRS]. Estas vantagens são quantificadas mediante a aplicação das regras previstas no nº 4 do artigo 24º do CIRS.

Os rendimentos, em dinheiro ou em espécie, pagos ou colocados à disposição a título de direito a rendimento inerente a valores mobiliários ou direito equiparados, bem como a valorização patrimonial desses valores ou direitos constituem, igualmente, vantagens acessórias [artigo 2º, nº 3, al. b), 8), do CIRS].

Também configura uma vantagem acessória a utilização pessoal pelo trabalhador ou membro de órgão social de viatura automóvel *que gere encargos para a entidade patronal,* mas apenas quando exista acordo escrito em que esta impute àquele a referida viatura (artigo 2º, nº 3, al. b), 9), do CIRS). A quantificação deste benefício é feita no termos do artigo 24º, nº 5, do CIRS: o rendimento anual corresponde ao produto de 0,75% do valor de mercado da viatura, reportado a 1 de janeiro do ano em causa, pelo número de meses de utilização da mesma.

A aquisição pelo trabalhador ou membro do órgão social, por preço inferior ao valor de mercado, de qualquer viatura que tenha originado encargos para a entidade patronal é, igualmente, considerada uma vantagem acessória. A determinação do montante do rendimento obedece, neste caso, às regras constantes dos nºs 6 e 7 do artigo 24º do CIRS.

Tal como já referimos, esta lista de vantagens acessórias não é fechada, o que resulta desde logo da letra da lei, mais concretamente da utilização pelo legislador do advérbio "designadamente". Não está, portanto, excluída a tributação de outras vantagens acessórias que, não estando contempladas na lista da al. b), constituam "remunerações acessórias" à luz da definição legal constante do mesmo preceito normativo.

É este o caso, por exemplo, dos chamados *subsídios de fixação.*[547] Traduzindo-se estes subsídios em manifestações de capacidade contributiva, e estando os mesmos abrangidos pelo conceito de rendimento-acréscimo, não faria sentido a sua exclusão. Assim, atendendo à definição legal de remuneração acessória, e numa leitura em conformidade com a Constituição da norma contida na al. b) do nº 3 do artigo 2º do CIRS (atendendo, designadamente, aos princípios da igualdade, da justiça fiscal

[547] Cfr. Acórdão do TCAN, proc. 00168/01, 2ª Secção, de 16/06/2005.

e da tributação do rendimento real), os *subsídios de fixação* estão sujeitos a IRS.

iii) Outras remunerações

Para além das vantagens acessórias a que se refere a al. b) do nº 3 do artigo 2º, são ainda considerados rendimentos do trabalho dependente:

(i) Os *abonos para falhas*, na parte em que excedam 5% da remuneração fixa mensal [artigo 2º, nº 3, al. c), do CIRS];[548]

(ii) As *ajudas de custo* e as quantias auferidas pela utilização de automóvel próprio em serviço da entidade patronal, na parte em que ultrapassem os limites legais estabelecidos para os servidores do Estado ou quando não sejam observados os pressupostos da respetiva atribuição a estes, bem como as verbas para despesas de deslocação, viagens ou representação de que não tenham sido prestadas contas até ao termo do exercício [artigo 2º, nº 3, al. d), do CIRS];

(iii) As *indemnizações resultantes da constituição, extinção ou modificação da relação jurídica de trabalho*, sem prejuízo do disposto no nº 4 do artigo 2º do CIRS [artigo 2º, nº 3, al. e), do CIRS];

(iv) As *participações em campanhas de pesca* [artigo 2º, nº 3, al. f), do CIRS];

(v) As *gratificações* [artigo 2º, nº 3, al. g), do CIRS]. Com efeito, decorre do artigo 2º do CIRS, que são também considerados como rendimentos do trabalho dependente os proventos que, não consistindo, propriamente, em remuneração de trabalho prestado, estejam com ele relacionados, "por ser a existência de uma prestação de trabalho que proporciona as condições para tais rendimentos serem auferidos".[549] É o que sucede no caso das gratificações, que representam, para quem as aufere, um benefício patrimonial real, decorrente da atividade laboral exercida. Isto é, verifica-se nestes casos um aumento da capacidade contributiva que, por força dos princípios constitucionais da igualdade e da justiça fiscal, não pôde deixar de ser considerado pelo

[548] O limite mensal é obtido através da multiplicação da remuneração fixa mensal (sem diuturnidades) por 14 meses, a dividir pelos 12 meses do ano, a multiplicar por 5%.

[549] Acórdão do STA de 12/10/2005, proc. nº 0725/05.

legislador tributário.[550] Tal como é referido na jurisprudência do STA, "[n]o I.R.S. pretendeu-se obter uma tributação esgotante dos rendimentos de alguma forma oriundos do trabalho, que visou dar satisfação à necessidade de assegurar uma repartição igualitária dos rendimentos e da riqueza".[551] As gratificações são objeto de tributação autónoma à taxa especial de 10% (artigo 72º, nº 3, do CIRS).

iv) Delimitações negativas de incidência

O artigo 2º-A do CIRS prevê a exclusão da incidência de IRS sobre diversas vantagens económicas, conferidas pela entidade empregadora ao trabalhador, na medida em que não são consideradas rendimentos do trabalho dependente. É o caso, designadamente, das prestações feitas pelas entidades patronais para regimes obrigatórios de segurança social, mesmo que tenham natureza privada, que se destinem exclusivamente a garantir benefícios em caso reforma, invalidez ou sobrevivência.

b) Determinação do rendimento líquido

Ao rendimento bruto desta categoria de rendimentos devem ser feitas as deduções específicas, no termos dos artigos 25º e 27º do CIRS, determinando-se, desta forma, o rendimento líquido respetivo.

A ideia subjacente às deduções específicas é a de considerar as despesas suportadas pelo trabalhador que sejam necessárias à obtenção do rendimento. Desta forma, o legislador concretiza a exigência constitucional de tributação do rendimento real, o qual implica a tributação do rendimento líquido.

No caso dos rendimentos da Categoria A, perante a dificuldade de se separarem, com rigor, as despesas que constituem custos específicos da atividade laboral e os custos gerais relacionados com a sustentação do trabalhador e do seu agregado familiar, o legislador optou pela previsão de uma dedução específica fixa, embora com a possibilidade de lhe serem acrescidas certas despesas.[552]

[550] *Idem.*

[551] *Idem.*

[552] Xavier de Basto, *IRS: Incidência Real e Determinação dos rendimentos Líquidos*, Coimbra, 2007, pp. 139 e seguintes.

Assim, o CIRS prevê, na al. a) do nº 1 do artigo 25º, a dedução do montante de € 4.104, podendo a dedução ascender até 75% de doze vezes o valor do *indexante dos apoios sociais* (IAS)[553], quando a diferença resultar de: *(i)* quotizações para ordens profissionais suportadas pelo sujeito passivo e indispensáveis ao exercício da respetiva atividade desenvolvida exclusivamente por conta de outrem; *(ii)* importâncias comprovadamente pagas e não reembolsadas referentes a despesas de formação profissional, desde que a entidade formadora seja organismo de direito público ou entidade cuja competência nos domínios da formação e reabilitação profissionais seja reconhecida pelos ministérios competentes.

No caso de as contribuições obrigatórias para a segurança social excederam o limite definido na al. a) do nº 1 do artigo 25º, o valor a deduzir é o que corresponder à totalidade dessas contribuições (artigo 25º, nº 2, do CIRS).

São também deduzidas as indemnizações pagas pelo trabalhador à sua entidade patronal, nos termos constantes da al. b) do nº 1 do artigo 25º do CIRS, bem como as quotizações sindicais, na parte em que não constituam contrapartida de benefícios de saúde, educação, apoio à terceira idade, habitação, seguros ou segurança social, desde que não ultrapassem, relativamente a cada sujeito passivo, 1% do rendimento bruto desta categoria de rendimentos, sendo acrescidas de 50% [artigo 25º, nº 1, al. c), do CIRS].

São, ainda, deduzidas aos rendimentos brutos da Categoria A de juízes e magistrados do Ministério Público as importâncias despendidas com a sua valorização profissional, desde que devidamente documentadas, com o limite a fixar anualmente na Lei do Orçamento de Estado.[554] Atualmente, esse limite é de € 249,40.[555]

[553] A referência ao IAS foi introduzida no CIRS pela Lei nº 55-A/2010, de 31 de dezembro (Lei do Orçamento para 2011). Sucede que o artigo 98º, nº 1, desta lei contém uma norma transitória, a qual prevê que até que o valor do IAS atinja o valor da retribuição mínima mensal garantida em vigor no ano de 2010 (€ 475), é este o valor a considerar para efeito das indexações ao IAS prevista no artigo 25º do CIRS. O valor do IAS para o ano de 2018 é € 428,90 (Portaria nº 21/2018, de 18 de janeiro).

[554] Artigo 17º, nº 1, al. i), Lei nº 21/85, de 30 de julho, e artigo 4º, nº 1, da Lei nº 143/99, de 31 de agosto.

[555] Este limite foi fixado pelo nº 2 do artigo 30º da Lei nº 109-B/2001, de 27 de dezembro, que aprovou o Orçamento do Estado para 2002.

O CIRS contempla, no artigo 27º, um regime especial para as profissões de desgaste rápido. Nos termos deste preceito, são integralmente dedutíveis ao rendimento dos sujeitos passivos que exerçam profissões de desgaste rápido as quantias despendidas na constituição de seguros de doença, de acidentes pessoais e de seguros de vida que garantam exclusivamente os riscos de morte, invalidez ou reforma por velhice (neste caso desde que o benefício seja garantido após os 55 anos de idade), desde que os mesmos não garantam o pagamento e este não se verifique (nomeadamente por resgate ou adiantamento) durante os primeiros cinco anos, com o limite de cinco vezes o valor do IAS.[556]

Nos termos da lei, são consideradas profissões de desgaste rápido as de praticantes desportivos, definidos como tal em diploma regulamentar, as de mineiros e as de pescadores (artigo 27º, nº 2, do CIRS).

1.2.2.3.2. Rendimentos da Categoria B

a) Determinação do rendimento bruto

Na categoria B incluem-se os rendimentos empresariais e profissionais (artigos 3º e 4º do CIRS).

Entre nós, a jurisprudência tem entendido que a determinação do conceito jurídico de atividade comercial ou industrial, para efeitos de IRS, deve ter por base o conceito económico de atividade comercial ou industrial, que denota atividades de mediação entre a oferta e a procura e de incorporação de novas utilidades na matéria, em ambos os casos com fins lucrativos.

O artigo 3º do CIRS indica quais os rendimentos que se inserem na Categoria B.

São considerados rendimentos empresariais e profissionais, desde logo, "os decorrentes de qualquer atividade comercial, industrial, agrícola, silvícola ou pecuária" [artigo 3º, nº 1, al. a), do CIRS]. O artigo 4º do CIRS indica, a título exemplificativo, quais as atividades consideradas *comerciais e industriais* (nº 1) e quais aquelas que se inserem nas atividades *agrícolas, silvícolas e pecuárias* (nº 4). Relativamente às últimas, são excluídos da tributação os rendimentos cujo valor não exceda, por agregado familiar, quatro vezes e meia o valor anual do IAS (artigo 3º/4, CIRS).

[556] Na eventualidade de ter sido feito o pagamento de algum capital em vida durante os primeiros cinco anos, é aplicável o disposto no nº 2 do artigo 60º, do CIRS, tendo-se em vista a correção da liquidação efetuada.

São, igualmente, considerados rendimentos empresariais e profissionais "os auferidos no exercício, por conta própria, de qualquer atividade de prestação de serviços, incluindo as de caráter científico, artístico ou técnico [...]" [artigo 3º, nº 1, al. b), do CIRS]. É aqui que se integram os rendimentos imputáveis às atividades profissionais elencadas na lista a que se refere o artigo 151º do CIRS.

Inserem-se, também, na Categoria B, os rendimentos provenientes de propriedade intelectual ou industrial ou da prestação de informações respeitantes a uma experiência adquirida no setor industrial, comercial ou científico (cedência de *know-how*), quando auferidos pelo seu titular originário[557] [artigo 3º, nº 1, al. c), do CIRS]. Incluem-se aqui, designadamente, os direitos de autor e direito conexos (artigo 3º, nº 5, do CIRS). De acordo com o disposto no artigo 58º do EBF, os rendimentos provenientes da propriedade literária, artística e científica, incluindo os rendimentos provenientes da alienação de obras de arte de exemplar único e os rendimentos provenientes de obras de divulgação pedagógica e científica, são englobados apenas em 50% do seu valor[558], líquido de outros benefícios, desde que os mesmos sejam auferidos por autores residentes em território português e desde que estes sejam os titulares originários desses direitos. Esta norma do EBF não é, contudo, aplicável aos rendimentos provenientes de obras escritas sem caráter literário, artístico ou científico, obras de arquitetura e obras publicitárias (artigo 58º, nº 2, do EBF).

Finalmente, são tributados de acordo com as regras da Categoria B os diversos rendimentos (prediais, de capitais, mais-valias, etc.) decorrentes do exercício de uma atividade geradora de rendimentos empresariais e profissionais. Fala-se a este propósito, no caráter *preponderante* ou *predominante* da Categoria B.[559]

[557] Quando não sejam auferidos pelo seu titular originário, poderão configurar uma mais-valia (Cat. G), caso se trate de uma cedência definitiva de direitos ou de *know-how* – artigo 10º, nº 1, al. c), do CIRS –, ou poderão consistir em rendimentos de capitais (Cat. E), caso se trate de remuneração pela cedência temporária desses direitos ou *know-how* – artigo 5º, nº 2, al. m), do CIRS.

[558] Ainda assim, a lei fixa um limite de €20.000 para a importância a excluir do englobamento (artigo 58º, nº 3, do EBF).

[559] Cfr. Xavier de Basto, *IRS: Incidência Real e Determinação dos rendimentos Líquidos*, Coimbra, 2007, pp. 169 e seguintes.

O caráter *preponderante* da Categoria B é relevante quando determinado rendimento possa ser qualificado, simultaneamente, como rendimento da Categoria B e de outra Categoria, prevalecendo as regras aplicáveis à Categoria B. Ou seja, a predominância da Categoria B não pode ser invocada para solucionar uma situação de dúvida quanto à natureza dos rendimentos, mas unicamente para solucionar situações em que certo rendimento é enquadrável em mais do que uma Categoria.

b) Determinação do rendimento líquido

i) Aspetos gerais

Os rendimentos da Categoria B podem ser determinados de acordo com as modalidades de **regime simplificado** (avaliação indireta) e de **contabilidade organizada** (avaliação direta) (artigo 28º do CIRS).

A modalidade de contabilidade organizada é obrigatória para os sujeitos passivos que, no exercício da sua atividade, tenham ultrapassado no período de tributação imediatamente anterior um montante anual ilíquido de rendimentos desta categoria de € 200 000. Ela é facultativa para os demais sujeitos passivos.[560]

Na hipótese de os rendimentos da categoria B auferidos pelo sujeito passivo resultarem de serviços prestados a uma única entidade, o mesmo pode optar, em cada ano, pela tributação de acordo com as regras da Cat. A. Esta possibilidade está, contudo, excluída no caso de estarmos perante rendimentos decorrentes da prestação de serviços por um sócio a uma sociedade abrangida pelo regime da transparência fiscal, nos termos da al. b) do nº 1 do artigo 6º do CIRC (artigo 28º, nº 8, do CIRS).

Uma outra possibilidade de opção, conferida ao sujeito passivo, é a que diz respeito aos rendimentos obtidos com a exploração de estabelecimentos de alojamento local na modalidade de moradia ou apartamento podem. Neste caso, permite-se ao sujeito passivo optar, em cada ano, pela tributação de acordo com as regras estabelecidas para a Categoria F (artigo 28º, nº 14, do CIRS).

[560] Cessa a aplicação do regime simplificado quando o limite estabelecido no nº 2 do artigo 28º do CIRS for ultrapassado em dois períodos de tributação consecutivos ou se o for num único exercício em montante superior a 25% desse limite, passando a aplicar-se o regime de contabilidade organizada a partir do período de tributação seguinte ao da verificação de qualquer desses factos (artigo 28º, nº 6, do CIRS).

O critério de imputação de proveitos e custos para efeitos de determinação do rendimento em causa é dado pela integração dos bens ou valores no ativo da empresa ou pela sua afetação às atividades empresariais e profissionais desenvolvidas, considerando-se o valor de mercado no caso da deslocação de bens entre as esferas empresarial e profissional, de um lado, e particular, do outro (artigo 29º do CIRS).

ii) Regime simplificado

Estão abrangidos pelo *regime simplificado* os sujeitos passivos que, não tendo optado pela contabilidade organizada, não tenham obtido, no período de tributação imediatamente anterior, um rendimento anual bruto nesta categoria superior a €200.000 (artigo 28º, nºs 2 e 3, do CIRS).

A possibilidade de os sujeito passivos abrangidos pelo regime simplificado optarem pela tributação com base na contabilidade visa respeitar o princípio constitucional de tributação das pessoas *fundamentalmente* pelo seu rendimento real.

O regime simplificado baseia-se na aplicação de indicadores económicos de base técnico-científica para diferentes setores de atividade (artigo 31º do CIRS).

Mediante a aplicação do coeficiente respetivo aos rendimentos brutos da categoria B obtém-se o rendimento líquido desta categoria.

Os sujeitos passivos que obtenham rendimentos decorrentes de atividades profissionais especificamente previstas na tabela a que se refere o artigo 151º do CIRS, bem como os que obtenham outros rendimentos de prestações de serviços, podem ainda deduzir, após a aplicação dos coeficientes previstos no artigo 31º, nº 1, do CIRS, até à concorrência do rendimento líquido assim obtido, os montantes comprovadamente suportados com contribuições obrigatórias para regimes de proteção social, conexas com as atividades em causa, na parte em que excedam 10% dos rendimentos brutos, quando não tenham sido deduzidas a outro título (artigo 31º, nº 2, do CIRS).

Está, todavia, parcialmente condicionada, desde 2018, a aplicação dos coeficientes previstos nas alíneas b) e c) do nº 1 do artigo 31º do CIRS – coeficientes aplicáveis aos rendimentos decorrentes de atividades profissionais especificamente previstas na tabela a que se refere o artigo 151º do CIRS, bem como os que obtenham outros rendimentos de prestações de serviço. Nos termos do nº 13 do artigo 31º do CIRS, a dedução decorrente da aplicação dos referidos coeficientes está parcialmente condicionada à *verificação de despesas e encargos efetivamente suportados*, acrescendo ao rendimento tributável apurado a diferença positiva entre 15% dos rendimentos brutos das prestações de serviços em causa e o somatório das seguintes importâncias:

i) € 4.104 [montante de dedução específica previsto na alínea a) do nº 1 do artigo 25º do CIRS] ou, quando superior, os montantes comprovadamente suportados com contribuições obrigatórias para regimes de proteção social, conexas com as atividades em causa, que não sejam dedutíveis nos termos do nº 2 do artigo 31º;

ii) Despesas com pessoal e encargos a título de remunerações, ordenados ou salários, comunicados pelo sujeito passivo à Autoridade Tributária e Aduaneira;

iii) Rendas de imóveis afetas à atividade empresarial ou profissional que constem de faturas e outros documentos, comunicados à Autoridade Tributária e Aduaneira;

iv) 1,5% do valor patrimonial tributário dos imóveis afetos à atividade empresarial ou profissional ou, quanto aos imóveis afetos a atividades hoteleiras ou de alojamento local, 4% do respetivo valor patrimonial tributário, de que o sujeito passivo seja o proprietário, usufrutuário ou superficiário;

v) Outras despesas com a aquisição de bens e prestações de serviços relacionadas com a atividade, que constem de faturas comunicadas à Autoridade Tributária e Aduaneira, designadamente despesas com materiais de consumo corrente, eletricidade, água, transportes e comunicações, rendas, contencioso, seguros, rendas de locação financeira, quotizações para ordens e outras organizações representativas de categorias profissionais respeitantes ao sujeito passivo, deslocações, viagens e estadas do sujeito passivo e dos seus empregados;

vi) Importações ou aquisições intracomunitárias de bens e serviços relacionados com a atividade.

Esta alteração insere-se num esforço global de combate à fraude e à evasão fiscais, mas tem como consequência a complexificação de um regime de tributação que se pretende simplificado e com baixos custos de cumprimento e de fiscalização.

iii) Contabilidade

Como anteriormente se referiu, a contabilidade organizada é obrigatória para alguns sujeitos passivos e facultativa para outros. Ela é obrigatória para os sujeitos passivos que tenham ultrapassado, no período de tributação imediatamente anterior, o limite definido no nº 2 do artigo 28º do CIRS; é facultativa para os sujeitos passivos que, estando abrangidos pelo regime simplificado, optem pela determinação do rendimento com base na contabilidade[561].

A determinação do rendimento da categoria B com base na contabilidade segue, com algumas adaptações, as regras estabelecidas no CIRC para a determinação do lucro tributável[562] (artigo 32º do CIRS).

O princípio do realismo fiscal conduz a que o legislador tributário tenha especial cuidado com a determinação dos encargos dedutíveis, a fim de prevenir a erosão da base tributária através da manipulação das despesas. Assim, para além das limitações à dedutibilidade de encargos previstas no CIRC[563], têm ainda que ser observadas as restrições decorrentes de diversas normas do CIRS, designadamente, as contidas no seu artigo 33º.

iv) Atos isolados

Na hipótese de obtenção de rendimentos da categoria B pela prática de *atos isolados*[564] são aplicáveis as regras gerais do artigo 28º, podendo o sujeito passivo ficar abrangido pelo regime simplificado ou pelo regime de contabilidade organizada, consoante o caso (artigo 30º do CIRS).

1.2.2.3.3. Rendimentos da Categoria E

A categoria E diz respeito aos rendimentos de capitais (artigos 5º, 6º e 7º do CIRS).

[561] Essa opção deve ser formalizada pelo sujeito passivo na declaração de início de atividade ou, caso pretendam alterar a forma de determinação do rendimento, até ao final do mês de março do ano em que queiram fazer essa alteração, através da apresentação de declaração de alterações (artigo 28º, nº 4, do CIRS).

[562] Artigos 17º e seguintes do CIRC.

[563] Artigo 45º do CIRC.

[564] Consideram-se *atos isolados*, praticados no âmbito das atividades referidas nas alíneas a) e b) do nº 1 do artigo 3º, "... os que não resultem de uma prática previsível ou reiterada" (artigo 3º, nº 3, do CIRS).

Nos termos da lei, consideram-se rendimentos de capitais os frutos e demais vantagens económicas, independentemente da forma e denominação, direta ou indiretamente derivados de elementos patrimoniais, bens, direitos, ou situações jurídicas, de *natureza mobiliária*, incluindo as vantagens económicas resultantes da respetiva modificação, transmissão ou cessação (artigo 5º, nº 1, do CIRS).

A sujeição às regras da categoria E tem caráter subsidiário face às demais categorias de rendimentos (artigo 5º, nº 1, do CIRS, *in fine*).

São considerados rendimentos de capitais, entre outros, os seguintes: *(i)* juros, nas suas diversas modalidades[565]; *(ii)* lucros distribuídos pelos associados ou sócios de entidades sujeitas a IRC; *(iii)* rendimentos de unidades de participação em fundos de investimento; *(iv)* rendimentos de cessão e utilização temporária de propriedade intelectual ou industrial, ou de *know-how*, quando não sejam auferidos pelo respetivo autor ou titular originário; *(v)* ganhos com operações de *swaps* de taxas de juro (artigo 5º, nº 2, do CIRS).

Nesta categoria de rendimentos, a tributação é feita, em regra, através da técnica de retenção na fonte. Assim, e a menos que o sujeito passivo opte pelo englobamento, estão sujeitos a retenção na fonte a título definitivo, através da aplicação de taxas liberatórias, os rendimentos referidos no artigo 71º do CIRS. Nestes casos, a lei determina que haja uma substituição total do contribuinte direto pela entidade que paga ou coloca os rendimentos de capitais à sua disposição, ficando esta obrigada a reter e a entregar nos cofres do Estado a percentagem do rendimento, pago ou colocado à disposição, fixada no artigo 71º do CIRS.[566]

Apenas é reconhecida a possibilidade de englobamento no caso de titulares de rendimentos de capitais que sejam residentes em território

[565] De acordo com a jurisprudência do Tribunal Constitucional (Acórdãos do TC nº 170/03 e nº 497/04), a norma contida na alínea g) do nº 2 do artigo 5º do Código do IRS deve ser considerada inconstitucional quando interpretada no sentido de abranger os juros atribuídos no âmbito de indemnizações devidas por responsabilidade civil extracontratual, na medida em que se destinem a compensar os danos decorrentes da desvalorização monetária ocorrida entre o surgimento da lesão e o efetivo ressarcimento desta. Em causa estão os princípios da igualdade e da repartição justa dos rendimentos, consagrados nos artigos 13º, 103º, nº 1, e 104º, nº 1, da Constituição.

[566] Cfr. também o artigo 72º, nºs 5 e 11, que determina que certos rendimentos de capitais, devidos por entidades não residentes, ficam sujeitos às taxas especiais aí definidas (de 25% ou 30%, consoante os casos).

português, e desde que estes sejam obtidos fora do âmbito do exercício de atividades empresariais e profissionais (artigo 71º, nº 6, do CIRS). Caso esta opção seja exercida, a retenção na fonte que haja sido feita tem a natureza de pagamento por conta do imposto devido a final (artigo 71º, nº 7, do CIRS), pelo que os montantes retidos serão deduzidos à coleta de IRS, e implica que o sujeito passivo englobe todos os rendimentos da mesma categoria (artigo 22º, nº 5, do CIRS).

O artigo 40º-A, do CIRS, contém uma norma tendente a atenuar os efeitos da dupla tributação dos lucros distribuídos (uma vez que os mesmos são tributados em IRC), segundo a qual os lucros devidos por pessoas coletivas sujeitas e não isentas de IRC, bem como os rendimentos resultantes da partilha em consequência da liquidação dessas entidades, desde que sejam qualificados como rendimentos de capitais e caso o respetivo titular opte pelo seu englobamento, são apenas considerados em 50% do seu valor.

Refira-se que a lei não prevê deduções específicas para os rendimentos da categoria E; os rendimentos de capitais auferidos pelos respetivos titulares são já rendimentos líquidos.

Ainda no que se refere à tributação dos rendimentos de capitais, a lei estabelece, nos artigos 6º (incidência) e 40º (determinação do rendimento coletável) do CIRS, diversas presunções que, como não podia deixar de ser, admitem prova em contrário (são *presunções ilidíveis*).

Os rendimentos de capitais ficam sujeitos a tributação, consoante os casos, a partir do momento em que: *(i)* se vencem; *(ii)* se presume o respetivo vencimento; *(iii)* são colocados à disposição do seu titular; *(iv)* são liquidados; *(v)* é apurado o respetivo quantitativo (artigo 7º do CIRS).

1.2.2.3.4. Rendimentos da Categoria F

a) Determinação do rendimento bruto

A categoria F diz respeito aos rendimentos prediais. Trata-se de rendas de prédios rústicos, urbanos e mistos, pagas ou colocadas à disposição dos respetivos titulares (artigo 8º do CIRS).[567]

[567] No caso de um sujeito passivo ceder a exploração de estabelecimento de que é proprietário, o rendimento obtido com a cessão de exploração enquadra-se nesta categoria de rendimentos (categoria F) e não na categoria B. Foi este o entendimento do STA, ao qualificar como *renda* o rendimento obtido com a cessão, e não como um rendimento de atividade comercial ou industrial – Acórdão do STA de 07/12/2005, proc. nº 01045/05.

Os *prédios rústicos* compreendem as partes delimitadas do solo e as construções nele existentes desprovidas de autonomia económica. Os *prédios urbanos* são os edifícios incorporados no solo, juntamente com os terrenos que lhe sirvam de logradouro. Por sua vez, os *prédios mistos* comportam uma parte rústica e outra parte urbana (artigo 8º, nº 3, do CIRS). Refira-se que um bem móvel assente no mesmo local por um período superior a 12 meses é considerado construção para este efeito (artigo 8º, nº 4, do CIRS).

As rendas podem assumir diferentes modalidades. São consideradas rendas, nos termos do nº 2 do artigo 8º do CIRS, as importâncias relativas:

- *À cedência do uso do prédio ou de parte dele e aos serviços relacionados com essa cedência*;
- *Ao aluguer de maquinismos e mobiliários instalados no imóvel locado*, pelo que o valor da renda a considerar para efeitos fiscais é o valor global, que abrange os montantes que o senhorio receba pela cedência desses equipamentos, bem como a quantia auferida pela cedência do uso do prédio ou de parte dele;
- *À cedência do uso, total ou parcial, de bens imóveis, para quaisquer fins especiais, designadamente publicidade*;
- *À cedência do uso de partes comuns de prédios em regime de propriedade horizontal*;
- À constituição, a título oneroso, de direitos reais de gozo temporários, ainda que vitalícios, sobre prédios (ficam, assim, abrangidos os rendimentos decorrentes da constituição de direitos reais de habitação periódica, através da celebração dos chamados contratos de *time-sharing*[568]).

De acordo com o disposto no artigo 8º, nº 2, é, ainda, considerada *renda* "[a] diferença, auferida pelo sublocador, entre a renda recebida do subarrendatário e a paga ao senhorio" [al. c)]. Ou seja, havendo sublocação do prédio, o rendimento obtido pelo sublocador, que deve ser qualificado como renda para efeitos de IRS, resulta da diferença entre o montante que o sublocador recebe do subarrendatário e a quantia que aquele (o sublocador) paga ao senhorio.

[568] O direito real de habitação periódica é regulado pelo Decreto-Lei nº 275/93, de 5 de agosto.

b) Determinação do rendimento líquido

Nos termos do artigo 41º, nº 1, do CIRS, ao rendimento ilíquido das rendas prediais deduzem-se os gastos efetivamente suportados e pagos pelo sujeito passivo para obter ou garantir os rendimentos em causa (incluindo despesas de manutenção e de conservação no imóvel que gera os rendimentos, bem como dos impostos incidentes sobre o mesmo), com exceção das despesas de natureza financeira, as relativas a depreciações e das respeitantes a mobiliário, eletrodomésticos e artigos de conforto ou decoração, bem como do AIMI.

Caso se trate de um condómino de um prédio em regime de propriedade horizontal, o mesmo pode deduzir, ainda, os encargos que, nos termos da lei, esteja obrigado a suportar e por ele sejam efetivamente suportados (artigo 41º, nº 2, do CIRS).

Refira-se, ainda, que, nos casos de sublocação, o sublocador não beneficia de qualquer dedução específica (artigo 41º, nº 3, do CIRS). Recorde-se que, como vimos, o sublocador só é tributado pelo valor da diferença entre a renda que recebe do subarrendatário e a renda que paga ao senhorio.

1.2.2.3.5. Rendimentos da Categoria G

a) Aspetos gerais

A categoria G refere-se aos incrementos patrimoniais, que, nos termos do artigo 9º, incluem:

- As mais-valias, conforme definidas no artigo 10º do CIRS;
- As indemnizações que visem a reparação de danos não patrimoniais (salvo as fixadas por decisão judicial ou arbitral ou resultantes de acordo homologado judicialmente), de danos emergentes não comprovados e de lucros cessantes;
- Os montantes auferidos em virtude da assunção de obrigações de não concorrência;
- Os acréscimos patrimoniais injustificados, determinados com base na realização de avaliação indireta, nos termos do disposto nos artigos 87º, 88º e 89º-A da LGT;
- As indemnizações devidas por renúncia onerosa a posições contratuais ou outros direitos inerentes a contratos relativos a bens imóveis.

Salvo no caso das mais-valias, relativamente às quais vigoram regras especiais (artigo 43º do CIRS), não são admitidas deduções específicas aos rendimentos qualificados como incrementos patrimoniais (artigo 42º do CIRS), os quais serão, em princípio, englobados.

Os acréscimos patrimoniais injustificados a que se refere o artigo 9º, nº 1, al. d), do CIRS, quando sejam de valor superior a €100.000, são tributados à taxa especial de 60% (artigo 72º, nº 11, do CIRS).

b) O regime das mais-valias

i) Considerações gerais

Em primeiro lugar, importa esclarecer que a lei não prevê a tributação geral das mais-valias; apenas estão sujeitas a tributação as mais-valias tipificadas na lei (artigo 10º do CIRS). A tributação das mais-valias obedece, pois, a um *critério de seletividade*[569].

Em segundo lugar, a tributação das mais-valias tem caráter residual: só são tributados como mais-valias os ganhos que não sejam qualificados como rendimentos empresariais e profissionais, de capitais ou prediais (artigo 10º, nº 1, do CIRS).

Em terceiro lugar, refira-se que a tributação das mais-valias obedece ao princípio da realização, ou seja, a simples valorização de um ativo não dá lugar a tributação; só a alienação onerosa desse ativo, da qual resulte a concretização de um ganho para o sujeito passivo (a *realização* da mais-valia), origina a tributação[570].

ii) Incidência

A lista exaustiva do artigo 10º, nº 1, do CIRS, impõe a tributação, como mais-valias, dos ganhos resultantes de:

- Alienação onerosa de direitos reais sobre bens imóveis e afetação de quaisquer bens do património particular a atividade empresarial e profissional exercida em nome individual pelo seu proprietário;
- Alienação onerosa de partes sociais, e de outros valores mobiliários;
- Alienação onerosa da propriedade intelectual ou industrial ou de experiência adquirida no setor comercial, industrial ou científico, quando o transmitente não seja o seu titular originário;

[569] Xavier de Basto, *IRS: Incidência real e determinação dos rendimentos líquidos*, Coimbra, 2007, pp. 392 e seguintes.

[570] *Idem*, pp. 385 e seguintes.

- Cessão onerosa de posições contratuais ou outros direitos inerentes a contratos relativos a bens imóveis;
- Operações relativas a instrumentos financeiros derivados, com exceção dos ganhos previstos na alínea q) do nº 2 do artigo 5º;
- Operações relativas a *warrants* autónomos;
- Operações relativas a certificados que atribuam ao titular o direito a receber um valor de determinado ativo subjacente, com exceção das remunerações previstas na alínea r) do nº 2 do artigo 5º;
- Cessão onerosa de créditos, prestações acessórias e prestações suplementares.

iii) Exclusões de incidência

O artigo 10º exclui a incidência do IRS, desde que se verifiquem certas condições, nos casos de ganhos provenientes de:

- Mais-valias realizadas na alienação de imóveis destinados a habitação própria e permanente com reinvestimento do valor de realização em imóveis com o mesmo destino (nºs 5 a 7 do artigo 10º)[571];
- Permuta de partes sociais (nºs 8 a 10 do artigo 10º);
- Nos casos de fusão ou cisão de sociedades, quando seja aplicável o regime especial ás fusões, cisões e entradas de ativos, em especial no que se refere ao regime aplicável aos sócios de sociedades fundidas ou cindidas (artigo 76º do CIRC).

iv) Momento da tributação

Em regra, os ganhos consideram-se obtidos no momento da prática dos atos previstos no artigo 10º, nº 1, do CIRS (artigo 10º, nº 3, do CIRS).

Nos casos de celebração de contrato-promessa de compra e venda ou de troca, a lei estabelece a presunção (ilidível) de que o ganho é obtido no momento da tradição ou posse dos bens ou direitos objeto do contrato.

[571] O STA tem manifestado, em diversos Acórdãos, o entendimento de que se o contribuinte, para aquisição de um novo imóvel, recorrer ao crédito bancário, essa aquisição, na parte em que se verificar a utilização do crédito, não terá sido feita com o produto da alienação e, por essa razão, não se pode entender que houve o reinvestimento *total* necessário para excluir a tributação (quando muito, haverá um reinvestimento parcial) – cfr. Acórdãos do STA de 07/12/2004, proc. nº 0938/04; de 16/06/2004, proc. nº 0392/04; de 12/03/2003, proc. nº 1721/03; de 14/01/2004, proc. nº 1357/03; de 28/01/2004, proc. nº 1359/03; e de 24/03/2004, proc. nº 2053/03.

Tratando-se de afetação de bens do património particular a atividade empresarial e profissional exercida pelo seu proprietário, e por força do princípio da realização, o ganho considera-se obtido apenas no momento da ulterior alienação onerosa dos bens em causa ou da ocorrência de outro facto que determine o apuramento de resultados em condições análogas[572].

Nos contratos de permuta de bens presentes por bens futuros, a tributação apenas ocorre no momento da celebração do contrato que formaliza a aquisição do bem futuro, ou no momento da sua tradição, se anterior.

v) Determinação do rendimento líquido

Nos termos do nº 1 do Artigo 43º do CIRS, "[o] valor dos rendimentos qualificados como mais-valias é o correspondente ao saldo apurado entre as mais-valias e as menos-valias realizadas no mesmo ano...".

Note-se que apenas estão sujeitas a tributação as mais-valias efetivamente realizadas – *princípio da realização.*

O princípio da realização é particularmente relevante nos casos de "exit tax". O TJUE, no acórdão de 11/03/2004, no proc. C-9/02 (*Hughes de Lasteyrie du Saillant*), decidiu que a liberdade de estabelecimento impede que um Estado membro institua, para fins de prevenção do risco de evasão fiscal, um mecanismo de tributação das mais-valias ainda não realizadas para o caso de transferência do domicílio fiscal de um contribuinte para fora desse Estado.

No mesmo sentido, o TJUE, no acórdão de 07/09/2006, no proc. C-470/04 (*N*), considerou que o direito de estabelecimento se opõe a que um Estado membro tribute as mais-valias em caso de transferência do domicílio fiscal de um contribuinte para fora do seu território, sujeitando a concessão de um diferimento do prazo de pagamento desse imposto à constituição de garantias e que não permite a dedução, por inteiro, das menos-valias suscetíveis de ocorrer posteriormente à transferência de domicílio do contribuinte em causa que não tenham sido objeto de dedução no Estado-Membro de acolhimento.

De acordo com o disposto no CIRS, algumas mais-valias estão sujeitas a englobamento obrigatório; outras são tributadas por aplicação de taxa especial.

[572] *V.*, igualmente, a al. c) do nº 1 do artigo 44º, do CIRS.

O englobamento dos rendimentos qualificados como mais-valias só é obrigatório relativamente aos ganhos referidos nas alíneas a), c) e d) do nº 1 do artigo 10º. Nestes casos, de englobamento obrigatório, o saldo apurado entre mais-valias e menos-valias é apenas considerado em 50% do seu valor, quando sejam obtidos por residentes (artigo 43º, nº 2, do CIRS).

É também englobado apenas em 50% o saldo respeitante às operações previstas na alínea b) do nº 1 do artigo 10º, relativo a micro e pequenas empresas não cotadas nos mercados regulamentado ou não regulamentado da bolsa de valores, quando positivo.

Os outros ganhos tipificados no artigo 10º do CIRS não estão sujeitos a englobamento obrigatório. Quando sejam auferidos por residentes em território português, esses ganhos estão sujeitos a tributação por aplicação da taxa especial de 28%[573], podendo os respetivos titulares optar pelo englobamento (artigo 72º, nº 8, do CIRS)[574].

O nº 5 do artigo 43º contém uma norma antiabuso específica. De acordo com este preceito, para o apuramento do saldo entre mais-valias e menos-valias, relativo às operações efetuadas por residentes previstas nas alíneas b), e), f) e g) do nº 1 do artigo 10º, não são consideradas as perdas apuradas quando a contraparte da operação estiver sujeita no país, território ou região de domicílio, a um regime fiscal claramente mais favorável, constante da lista aprovada por portaria do Ministro das Finanças.

As mais-valias auferidas por não-residentes em Portugal não imputáveis a estabelecimento estável aqui situado são tributadas à taxa especial de 28%, não havendo a possibilidade de englobamento destes rendimentos (artigo 72º, nº 1, do CIRS).

Recorde-se que as mais-valias que constituam rendimentos empresariais são tributadas de acordo com as regras da categoria B, o que resulta do caráter preponderante desta categoria de rendimentos. É de sublinhar que as mais-valias tributáveis na categoria B não são apenas as elencadas no artigo 10º, relevando antes o conceito de mais-valia, mais amplo, consagrado no artigo 46º do CIRC.[575]

[573] Neste caso, os rendimentos são considerados na sua totalidade.

[574] Em matéria de englobamento, cfr. o disposto no artigo 22º, nº 5, do CIRS.

[575] Artigo 3º, nº 2, al. c), do CIRS.

Os artigos 44º e seguintes do CIRS contêm normas tendentes à determinação dos valores de realização e de aquisição, dos quais depende o cálculo das mais-valias.

No caso específico das **mais-valias prediais**, o valor de realização é, em princípio, o que corresponder ao valor da contraprestação respetiva [artigo 44º, nº 1, al. f), do CIRS], embora a lei preveja normas especiais para os casos de permuta e de expropriação. Todavia, se as importâncias pelas quais os imóveis foram considerados para efeitos de liquidação do IMT forem superiores ao valor da contraprestação, prevalecerão aquelas (artigo 44º, nº 2, do CIRS)[576].

No que diz respeito ao valor de aquisição, **a título oneroso**, de bens imóveis, dispõe o artigo 46º do CIRS que se considera valor de aquisição o valor que tiver servido de liquidação do IMT ou, não havendo lugar à mesma, o valor que lhe serviria de base, caso fosse devida. No caso de imóveis construídos pelos próprios sujeitos passivos, o valor de aquisição corresponde ao respetivo valor patrimonial tributário ou, caso seja superior, ao valor do terreno acrescido dos custos de construção devidamente comprovados (artigo 46º, nº 3, do CIRS).

Sempre que entre a data da aquisição e a data da alienação ou afetação tenham decorrido mais de 24 meses, o valor de aquisição ou equiparado é corrigido por aplicação de coeficientes aprovados por portaria do Ministro das Finanças (artigo 50º, nº 1, do CIRS).

Importa, ainda, referir que para o cálculo das mais-valias prediais, ao valor de aquisição acrescem, nos termos do artigo 51º do CIRS: (*i*) os encargos com a valorização dos imóveis, comprovadamente realizados nos últimos 12 anos, (*ii*) as *despesas necessárias* e efetivamente praticadas, inerentes à aquisição e alienação e (*iii*) a indemnização comprovadamente paga pela renúncia onerosa a posições contratuais ou outros direitos inerentes a contratos relativos a esses bens.

São consideradas despesas necessárias e inerentes à aquisição e alienação, designadamente, o montante pago a título de IMT e os encargos notariais e de registo predial. Com efeito, sem estas despesas a aquisição em causa não poderia ser realizada[577]. Apesar de a lei não o referir

[576] Para Xavier de Basto, esta disposição deve ser entendida como uma mera presunção, que admite prova em contrário, sob pena de poder ser posto em causa o princípio da tributação do rendimento real – *IRS*..., cit., pp. 446 e seguintes.

[577] AT, Informação Vinculativa, proc. 2483/2004.

expressamente, deve entender-se que as importâncias em causa, quando tenham sido praticadas há mais de 24 meses, devem ser objeto da correção monetária prevista no artigo 50º para o valor de aquisição.

A indeterminação da expressão "despesas necessárias" tem suscitado algumas dúvidas. Uma das questões que se vinha colocando era a que se prendia com saber se os encargos com a mediação imobiliária poderiam ser considerados *despesas necessárias*, para efeitos da al. a) do artigo 51º do CIRS. A AT veio, recentemente, através de informação vinculativa relativa ao proc. 12/2008, afirmar que desde que fique demonstrada de forma inequívoca a conexão entre o montante pago ao mediador imobiliário e a transação concreta que originou a mais-valia tributável, e estando devidamente documentada a intervenção do respetivo mediador nos termos da lei, a comissão de intermediação poderá ser considerada como "despesa necessária", para efeitos da al. a) do nº 1 do artigo 51º do CIRS. Esta interpretação é a que melhor se adequa à exigência de tributação do rendimento líquido.

Quando a aquisição de bens imóveis seja feita a **título gratuito**, é aplicável o disposto no artigo 45º do CIRS. Neste caso, considera-se valor de aquisição o que tiver sido considerado para efeitos de liquidação de imposto do selo [artigo 45º, nº 1, al. a) do CIRS]. Não havendo lugar à liquidação de imposto do selo, consideram-se os valores que lhe serviriam de base, caso fosse devido [artigo 45º, nº 1, al. b), do CIRS]. Tratando-se de direitos reais sobre bens imóveis adquiridos por doação isenta de imposto do selo o valor de aquisição corresponde ao valor patrimonial tributário constante da matriz até aos dois anos anteriores à doação (artigo 45º, nº 3, do CIRS).

1.2.2.3.6. Rendimentos da Categoria H

a) Determinação do rendimento bruto

A categoria H de rendimentos diz respeito às pensões pagas ou postas à disposição dos respetivos titulares (artigo 11º do CIRS), compreendendo, em primeira linha, as pensões de aposentação, reforma, velhice, invalidez ou sobrevivência, situações equivalentes à reforma (incluindo os rendimentos a que se refere o artigo 2º, nº 12, do CIRS) e as pensões de alimentos[578] [artigo 11º, nº 1, al. a), do CIRS]. Os rendimentos de pen-

[578] De acordo com o disposto no artigo 2003º, nº 1, do Código Civil, "[p]or alimentos entende-se tudo o que é indispensável ao sustento, habitação e vestuário". Conforme dispõe

sões de alimentos, quando enquadráveis no artigo 83º-A, são tributados autonomamente à taxa de 20% (artigo 72º, nº 5, do CIRS).

Igualmente abrangidas estão as prestações a cargo de companhias de seguros, fundos de pensões ou quaisquer outras entidades, no quadro de regimes complementares da segurança social em razão de contribuições da entidade patronal, desde que não sejam considerados rendimentos da categoria A [artigo 11º, nº 1, al. b), do CIRS].

O princípio da necessidade tributária, com o seu corolário da consideração do relevo económico do facto tributário, leva a que se considerem abrangidas as demais pensões e subvenções, incluindo rendas temporárias e vitalícias [artigo 11º, nº 1, als. c) e d), do CIRS]. Estão ainda sujeitas a tributação no âmbito da categoria H as indemnizações que visem compensar perdas de rendimentos desta categoria.

Estão excluídas da aplicação da al. c) do artigo 11º as chamadas *pensões de preço de sangue*[579]. Com efeito, o Tribunal Constitucional, através do seu Acórdão nº 308/01, de 3 de julho, declarou, com força obrigatória geral, a inconstitucionalidade da norma contida na al. c) do artigo 11º do CIRS quando a mesma seja interpretada no sentido de abranger as pensões de preço de sangue, por violação do princípio da igualdade, consagrado no artigo 13º da CRP, conjugado com o disposto nos artigos 103º, nº 1 e 104º, nº 1 da CRP.

b) Determinação do rendimento líquido

Ao rendimento bruto deve proceder-se às deduções específicas previstas no artigo 53º do CIRS, em ordem a obter-se o rendimento líquido da categoria H.

O artigo 53º do CIRS determina que o montante a deduzir varia em função do valor do rendimento bruto, nos termos apresentados no seguinte quadro:

Rendimento Bruto (catategoria H)	Dedução específica (por titular)
≤ 4.104	Valor do RB categoria H
> 4.104	4.104

o artigo 2003º, nº 2 do Código Civil, "[o]s alimentos compreendem também a instrução e educação do alimentado no caso de este ser menor".

579 O regime legal das pensões de preço de sangue é o que consta do Decreto-Lei nº 466/99, de 6 de novembro.

A dedução a que se refere o nº 1 do artigo 53º não é, contudo, aplicável no caso de rendas temporárias e vitalícias que não se destinem ao pagamento de pensões enquadráveis nas alíneas a), b) ou c) do nº 1 do artigo 11º do CIRS.

São também deduzidas aos rendimentos brutos da categoria H as quotizações sindicais[580], desde que as mesmas não excedam, em relação a cada sujeito passivo, 1% do seu rendimento bruto desta categoria, sendo acrescidas de 50% [artigo 53º, nº 4, al. a), do CIRS].

São ainda deduzidas as contribuições obrigatórias para regimes de proteção social e para subsistemas legais de saúde, na parte em que excedam o valor de €4.104 [artigo 53º, nº 4, al. b), do CIRS].

Igualmente relevante é a dedução ao valor tributável da parte das pensões que consistam em reembolso de capital (artigo 54º do CIRS).

1.2.3. *Dedução de perdas*

Ao conjunto dos rendimentos líquidos sujeitos a tributação pode ser deduzido o resultado líquido negativo apurado nas diversas categorias de rendimentos, mas apenas nas condições e limites definidos no artigo 55º do CIRS.

No caso de ser apurado um resultado líquido negativo na categoria F, este só pode ser reportado aos 6 anos seguintes àquele a que respeitam, deduzindo-se aos rendimentos líquidos positivos da mesma categoria (artigo 55º, nº 2, do CIRS). Isto é, esse resultado líquido negativo só pode ser deduzido ao longo dos 6 anos seguintes àquele a que respeitam e tendo como limite anual o valor do rendimento líquido da mesma categoria. Este direito ao reporte fica sem efeito quando os prédios a que os gastos digam respeito não gerem rendimentos da categoria F em pelo menos 36 meses, seguidos ou interpolados, dos cinco anos subsequentes àquele em que os gastos foram incorridos (artigo 55º, n,º 8, do CIRS).

Relativamente ao resultado líquido negativo apurado na categoria B, o resultado líquido negativo só pode ser reportado, de acordo com a parte aplicável do artigo 52º do CIRC, aos 12 anos seguintes àquele

[580] "[N]a parte em que não constituam contrapartida de benefícios relativos à saúde, educação, apoio à terceira idade, habitação, seguros ou segurança social..." – artigo 53º, nº 4, al. a), do CIRS.

a que respeita, deduzindo-se aos resultados líquidos positivos da mesma categoria.

No âmbito do regime simplificado podem ser deduzidos ao rendimento tributável os prejuízos fiscais apurados em períodos anteriores àquele em que se iniciar a aplicação do regime, nos termos fixados no nº 3 do artigo 54º (artigo 55º, nº 4, do CIRS).

A percentagem de 50% do saldo negativo apurado entre as mais-valias e as menos-valias realizadas num determinado ano, quando estejam em causa as transmissões efetuadas por residentes previstas nas alíneas a), c) e d) do nº 1 do artigo 10º do CIRS, só pode ser reportada aos 5 anos seguintes àquele a que respeita, deduzindo-se aos rendimentos líquidos da mesma categoria [artigos 55º, nº 1, alínea c), e 43º, nºs 1 e 2, do CIRS).

Já no que diz respeito ao saldo negativo apurado entre as mais-valias e as menos-valias realizadas num determinado ano, quando estejam em causa as operações previstas nas demais alíneas do nº 1 do artigo 10º do CIRS, o mesmo pode ser reportado para os 5 anos seguintes, mas apenas quando o sujeito passivo opte pelo respetivo englobamento.

Quando a determinação do rendimento for feita através de avaliação indireta, nos termos dos artigos 87º, 88º e 89º-A da LGT, não há lugar a dedução do resultado negativo apurado, independentemente de qual seja a categoria de rendimento em causa, sem prejuízo da sua dedução nos anos seguintes, dentro do período legalmente previsto (artigo 55º, nº 7, do CIRS).

1.2.4. *Abatimentos*

Nos termos do disposto no artigo 56º-A do CIRS, os rendimentos brutos de cada uma das categorias A, B e H auferidos por sujeitos passivos com deficiência são considerados, para efeitos de IRS, apenas por 85 %, nos casos das categorias A e B, e por 90%, no caso da categoria H. Em qualquer caso, a parte do rendimento excluída da tributação não pode ultrapassar o montante de €2.500, por categoria de rendimentos.

1.2.5. *Englobamento*

Uma vez determinados os rendimentos líquidos das diferentes categorias, o princípio da tributação do rendimento líquido global obriga a que se proceda ao respetivo englobamento.

Um indivíduo ou agregado familiar pode obter os seus rendimentos de várias fontes, no país e no estrangeiro. Assim sendo, importa que a determinação do rendimento coletável seja levada a cabo através do englobamento dos rendimentos das várias categorias (artigos 22º seguintes do CIRS).

Assim é de forma a possibilitar a tributação conjunta do rendimento global apurado, como decorre do princípio da **capacidade contributiva objetiva.** Este princípio requer o apuramento do **rendimento líquido objetivo**, derivado de diferentes fontes, contando com as despesas incorridas para a obtenção e manutenção dessas diferentes fontes de rendimento. Por essa via se concretiza o *princípio da liquidez objetiva* (*objektives Nettoprinzip*), em contraposição com a tributação separada dos rendimentos de diferente natureza e proveniência, própria dos sistemas de impostos cedulares.

Nos termos do artigo 22º, nº 1, do CIRS, o rendimento coletável em IRS é o que resulta do englobamento dos rendimentos das várias categorias auferidos em cada ano, depois de feitas as deduções e os abatimentos previstos.

Em situações de contitularidade, e no que diz respeito aos rendimentos da categoria B, cada contitular engloba a parte do rendimento que lhe couber, na proporção das respetivas quotas [artigo 22º, nº 2, al. a), do CIRS].

Quanto aos rendimentos das restantes categorias, cada contitular engloba *os rendimentos ilíquidos e as deduções legalmente admitidas*, na proporção das respetivas quotas [artigo 22º, nº 2, al. b), do CIRS].

Não são englobados os rendimentos auferidos por sujeitos passivos não residentes em território português, sem prejuízo do disposto nos números 8 e 9 do artigo 72º, bem como os rendimentos referidos nos artigos 71º e 72º do CIRS auferidos por residentes no território português, sem prejuízo da opção pelo englobamento neles prevista[581].

Os rendimentos que beneficiam de isenção, não sendo englobados para efeitos da sua tributação, são tomados em consideração para efeitos de determinação da taxa a aplicar aos demais rendimentos, sempre que a lei imponha o respetivo englobamento.

[581] Caso exerça esta opção, o sujeito passivo fica obrigado a englobar a totalidade dos rendimentos da mesma categoria.

Quando o sujeito passivo tenha direito a crédito de imposto por dupla tributação internacional (artigo 81º do CIRS), os rendimentos que lhe dão origem devem ser considerados pelas respetivas importâncias ilíquidas dos impostos sobre o rendimento pagos no estrangeiro (artigo 22º, nº 6, do CIRS).

1.2.6. *O procedimento de determinação do rendimento coletável*

A determinação do rendimento coletável é feita com base na declaração de rendimentos, cuja entrega constitui um dever acessório dos sujeitos passivos (artigo 57º do CIRS). A mesma deve ser apresentada anualmente de acordo com um modelo oficial.

- O artigo 58º do CIRS prevê os casos em que dispensa de apresentação de declaração de rendimentos, designadamente: rendimentos tributados por taxas liberatórias (artigo 71º do CIRS), quando os sujeitos passivos não optem pelo respetivo englobamento;
- rendimentos do trabalho dependente ou pensões cujo valor total não ultrapasse €8.500, e estes não tenham sido sujeitos a retenção na fonte, salvo quando tenham auferido rendimentos de pensões de alimentos de valor superior a €4.104.

A declaração de rendimentos é entregue no período compreendido entre 1 de abril e 31 de maio do ano seguinte àquele a que os rendimentos dizem respeito.

1.2.7. *Aplicação das taxas*

1.2.7.1. *Taxas gerais*

Cumpre em seguida considerar as taxas do IRS, também designadas alíquotas, designação que tem a vantagem de se diferenciar de outros tributos. Trata-se aqui de uma matéria de elevada sensibilidade constitucional, na medida em que uma alteração na taxa ou alíquota do imposto pode ter reflexos na poupança das famílias, nas expectativas dos contribuintes, no potencial redistributivo do sistema fiscal, etc.

As taxas gerais do IRS, previstas no artigo 68º, obedecem a uma estrutura progressiva, por escalões ou tranches, em que quanto maior for o rendimento coletável mais elevadas são as taxas a aplicar.

Para respeitar a exigência jurídico-constitucional de progressividade da tributação do rendimento das pessoas singulares, o legislador deve atender a considerações de ordem económico-social. A definição dos escalões de rendimento coletável não pode ser arbitrária nem limitar-se a considerar aspetos de natureza estritamente financeira ou contabilística.

A definição dos escalões de rendimentos para efeitos de aplicação das taxas gerais de IRS não pode consistir numa mera operação aritmética tendente à arrecadação do nível desejado de receita. Deve ser tida em conta, igualmente, a finalidade redistributiva do sistema fiscal e, para esse efeito, a progressividade concretizada nos escalões de rendimento deve ter uma base socioeconómica que os justifique. Dito de outro modo, não é qualquer progressividade que serve os objetivos constitucionais. Por exemplo, não seria aceitável uma definição de apenas dois ou três escalões de rendimento. É claro que do ponto de vista meramente formal estaríamos perante uma estrutura progressiva. Contudo, uma definição arbitrária ou insuficientemente desagregada dos escalões em que assenta a progressividade inviabiliza a redistribuição do rendimento e da riqueza e compromete a igualdade vertical.

Atualmente existem 7 escalões, definidos por níveis de rendimento coletável, sendo que as taxas normais a aplicar variam entre os 14,5%, para os rendimentos situados no primeiro escalão, e os 48%, para os que se inserem no último escalão.

Os escalões e as taxas a aplicar ao rendimento coletável de **2018** são os seguintes:

Rendimento Coletável (em euros)	**Taxas** (em percentagens)	
	Normal (A)	Média (B)
Até 7.091	14,50	14,500
De mais de 7.091 até 10.700	23,00	17,367
De mais de 10.700 até 20.261	28,50	22,621
De mais de 20.261 até 25.000	35,00	24,967
De mais de 25.000 até 36.856	37,00	28,838
De mais de 36.856 até 80.640	45,00	37,613
Superior a 80.640	48,00	-

Nos termos do nº 2 do artigo 68º, quando o rendimento coletável for superior a €7.091 (valor para 2018) é dividido em duas partes. A primeira corresponde ao valor do limite superior do maior dos escalões que couber no valor do rendimento coletável, aplicando-se-lhe a taxa média (indicada na coluna B) correspondente a esse escalão; a segunda parte é igual ao excedente (do valor do rendimento coletável relativamente ao valor do limite superior do maior dos escalões que nele couber), aplicando-se-lhe a taxa normal (indicada na coluna A) do escalão imediatamente superior.

Os rendimentos auferidos em 2018, quando o valor do rendimento coletável seja superior a €80.000, estão sujeitos a uma "taxa adicional de solidariedade" com os seguintes valores:

Rendimento Coletável (em euros)	**Taxas** (em percentagens)
De mais de 80.000 até 250.000	2,5
Superior a 250.000	5

1.2.7.2. *Taxas liberatórias*

O artigo 71º do CIRS determina a sujeição a retenção na fonte, a título definitivo, de diversos rendimentos obtidos em território português, os quais são tributados às taxas liberatórias nele previstas.

Estes rendimentos, quando sejam obtidos fora do âmbito do exercício de atividades empresariais e profissionais, por sujeitos residentes em território português, podem ser englobados para efeitos de tributação[582]. Neste caso, a retenção na fonte que tiver sido efetuada tem a natureza de pagamento por conta do imposto devido a final (artigo 71º, nº 7, CIRS).

O sistema que conjuga o englobamento com a possibilidade de taxas liberatórias mais baixas (v.g. alguns tipos de rendimentos de capitais) é um *sistema misto* a meio caminho entre o sistema de *englobamento puro*, em que se soma o rendimento líquido de todas as categorias e se aplicam taxas progressivas, e o *sistema dual*, onde se assume claramente a diferença de tratamento entre trabalho e capital e trata estes rendimentos com taxas mais baixas próximas das do IRC.

As taxas liberatórias realizam diferentes funções, como se depreende do texto legal. As mesmas são particularmente adequadas à tributação

[582] Cfr. também o artigo 22º, nº 5, do CIRS.

de não residentes, à tributação de rendimentos passivos dirigidos ao exterior, à tributação mais favorável do capital e ao combate à evasão fiscal, contra um pano de fundo de maior eficácia administrativa. Elas adequam-se bem a contextos em que a retenção definitiva sem controlo das deduções se afigure mais indicada. As taxas liberatórias também podem favorecer uma maior transparência fiscal e o combate à corrupção e à evasão e fraude fiscais, nomeadamente quando o *beneficiário efetivo* (*beneficial owner*) dos pagamentos efetuados para o exterior não é conhecido.

1.2.7.3. *Taxas especiais*

Alguns rendimentos estão sujeitos a tributação autónoma mediante a aplicação de taxas especiais (artigo 72º do CIRS), como é o caso, por exemplo, da tributação dos rendimentos da Categoria F.

A tributação autónoma por aplicação de taxas especiais traduz-se na aplicação de uma taxa proporcional, na medida em que os rendimentos em causa não vão ser sujeitos às taxas progressivas previstas no artigo 68º. O produto da aplicação da taxa especial é adicionado à coleta, para seguidamente se proceder às deduções à coleta.

À semelhança do que sucede com as taxas liberatórias, também as taxas especiais prosseguem diferentes objetivos, como a tributação de não residentes, a tributação mais favorável de alguns rendimentos (v.g. pensões de alimentos), a tributação de serviços de elevado valor acrescentado, a funcionalidade administrativa (v.g. cidadãos da UE), o combate à corrupção (v.g. acrescimentos patrimoniais não justificados) ou o combate à erosão da base tributária e à deslocalização dos lucros (BEPS).

A sujeição de rendimentos às taxas especiais do artigo 72º deve ter caráter excecional e ter um fundamento claro e racional, uma vez que ela configura um desvio à regra da progressividade da tributação do rendimento das pessoas singulares, determinada pela Constituição (artigo 104º, nº 1, da CRP).

1.2.7.4. *Tributação autónoma de despesas*

Algumas despesas realizadas pelos sujeitos passivos estão, nos termos do artigo 73º do CIRS, sujeitas a tributação autónoma.

É o caso, designadamente, das despesas não documentadas, efetuadas por sujeitos passivos que possuam ou devam possuir contabilidade organizada, no âmbito do exercício de atividades empresariais e profissionais, as quais são tributadas à taxa de 50% (artigo 73º, nº 1, do CIRS).

Por seu lado, são tributadas à taxa de 35% as despesas correspondentes a importâncias pagas ou devidas, a qualquer título, a pessoas singulares ou coletivas residentes fora do território português e aí submetidas a um regime fiscal claramente mais favorável, ou cujo pagamento seja efetuado em contas abertas em instituições financeiras aí residentes ou domiciliadas, salvo se o sujeito passivo provar que esses encargos correspondem a operações efetivamente realizadas e não têm um caráter anormal ou um montante exagerado (artigo 73º, nº 6, do CIRS).

As taxas de tributação autónoma encontram várias linhas de justificação, a partir da regulação da atividade empresarial e das práticas contabilísticas, da formalização da economia, da promoção da transparência económica, financeira e fiscal, da racionalização da estrutura de custos das empresas, do combate à evasão e à fraude fiscais e à resultante erosão da base tributária e à deslocalização dos lucros (BEPS) e ainda da promoção de boas práticas ambientais.

1.2.8. *Quociente familiar*

O artigo 69º do CIRS consagra o, impropriamente designado, método do "quociente familiar". Do que se trata é, na verdade, de um *quociente conjugal*, aplicável nos casos de sujeitos passivos casados e não separados judicialmente de pessoas e bens ou unidos de facto.

Através deste mecanismo pretende-se atenuar o efeito perverso da tributação conjunta dos rendimentos que resultaria da aplicação das taxas progressivas ao somatório dos rendimentos dos sujeitos passivos. Assim, previamente à aplicação das taxas, divide-se o rendimento coletável por 2, ficcionando-se que cada um dos sujeitos passivos contribui em igual proporção para o rendimento global. Após a aplicação das taxas, multiplica-se por 2 o resultado obtido, apurando-se, deste modo, a coleta.

Uma alternativa possível a este método seria o do *quociente familiar*, em sentido próprio, de que é exemplo aquele que vigorou em Portugal durante o ano fiscal de 2015. Este é outro dos métodos possíveis para atenuar o efeito da progressividade fiscal sobre os rendimentos auferidos pelo agregado familiar. Neste caso, o rendimento coletável do agregado familiar, em vez de ser dividido por dois (como acontece no método do quociente conjugal), é dividido por um indicador que reflete a dimensão do agregado familiar. Esse indicador será tanto maior quanto maior for a dimensão do agregado familiar, beneficiando-se, desta forma, as famílias mais numerosas. A determinação da coleta é feita mediante a multiplicação do resultado apurado, após a aplicação das taxas, pelo mesmo indicador.

1.2.9. *Mínimo de existência*

O artigo 70º do CIRS garante o chamado *mínimo de existência*. Também aqui se torna evidente a relação entre direito fiscal e direitos humanos.

O nº 1 do artigo 70º garante um rendimento mínimo, líquido de imposto, para os titulares de rendimentos predominantemente originados em trabalho dependente, em atividades previstas na tabela a que se refere o artigo 151º do CIRS (com exceção da referida no código 15 da tabela) ou em pensões. Assim, da aplicação das taxas do artigo 68º não pode resultar para os referidos titulares de rendimentos a disponibilidade de um rendimento, líquido de imposto, inferior a 1,5 x 14 x (valor do IAS).

No caso de famílias numerosas, é aplicável o disposto no nº 2 do artigo 70º. De acordo com este preceito, nos agregados familiares com três ou quatro dependentes, não são aplicadas ao rendimento coletável as taxas do artigo 68º quando o mesmo não ultrapasse €11.320; tratando-se de agregados familiares com cinco ou mais dependentes, não são aplicadas ao rendimento coletável as taxas do artigo 68º quando o mesmo não ultrapasse o €15.560.

A consagração legal de um mínimo de existência conta com um fundamento sólido na teoria do contrato social e na dignidade da pessoa humana, valor fundante da ordem constitucional, consagrado no artigo 1º da CRP. A relevância fiscal reconhecida às famílias numerosas, no nº 2 do artigo 70º, ainda que ténue, radica, também, nos valores constitucionais e nas regras de proteção da família consagradas na lei fundamental portuguesa.

Este domínio deveria edificar sobre uma análise empírica aprofundada das condições económicas reais e uma *teoria do consumo* adequada às atuais exigências da urbanização e industrialização, da sociedade de consumo e do progresso cultural, científico e técnico e do modo como eles dão origem a novos padrões de consumo. Para cumprir a sua função de acordo com os princípios constitucionais, o IRS requer uma abordagem do tipo da *home economics*, na linha das propostas seminais de Hazel Kyrk (1885-1957), que considere de forma realista as necessidades materiais existenciais dos indivíduos e dos agregados familiares, tendo em conta a sua estrutura diferenciada, as diferentes tarefas que realiza, as novas necessidades de crianças, jovens e adultos, os novos bens e serviços, o nível de vida, o custo de vida, a crise económica, a capacidade contributiva, o orçamento familiar e o planeamento fiscal familiar.

1.2.10. *Deduções à coleta*

As deduções à coleta, previstas nos artigos 78º e seguintes do CIRS, encontram o seu fundamento substantivo, em boa medida, na promoção de determinados bens constitucionalmente protegidos (educação, saúde, habitação, etc.). Elas permitem determinar a **capacidade contributiva subjetiva**, concretizando por essa via o *princípio da liquidez subjetiva* (*subjektives Nettoprinzip*) que estrutura o IRS.

As deduções são feitas pela ordem indicada no artigo 78º.

Apenas os sujeitos passivos residentes em território português podem beneficiar das deduções previstas no nº 1 do artigo 78º, onde incluem as deduções referentes a:

- i) dependentes do agregado familiar e aos ascendentes que vivam em comunhão de habitação com o sujeito passivo;
- ii) despesas gerais familiares;
- iii) despesas de saúde e com seguros de saúde;
- iv) despesas de educação e formação;
- v) encargos com imóveis;
- vi) importâncias respeitantes a pensões de alimentos;
- vii) exigência de fatura;
- viii) encargos com lares;
- ix) pessoas com deficiência;
- x) dupla tributação internacional;
- xi) benefícios fiscais;
- xii) AIMI, nos termos do artigo 135º-I do CIMI.

Os termos em que as referidas deduções são efetuadas, designadamente no que diz respeito à percentagem de despesa dedutível e aos limites de dedutibilidade, encontram-se definidos nos artigos 78º-A e seguintes do CIRS.

São também deduzidos à coleta, nos termos do artigo 78º, nº 2, do CIRS, os pagamentos por conta do imposto e as importâncias retidas na fonte que tenham aquela natureza, respeitantes ao mesmo período de tributação, bem como as retenções efetuadas ao abrigo do artigo 11º da Diretiva nº 2003/48/CE, de 3 de junho, cuja transposição para o ordenamento jurídico português foi feita através do Decreto-Lei nº 62/2005, de 11 de março. No caso de o valor destas deduções (previstas no artigo 78º, nº 2) ultrapassar o quantitativo do imposto devido, o sujeito passivo tem direito ao reembolso da diferença (artigo 78º, nº 3, do CIRS).

1.2.11. *Pagamento*

1.2.11.1. *Pagamento voluntário*

O pagamento voluntário do IRS está sujeito aos princípios da pontualidade, da integralidade, e da plurimodalidade (artigo 106º do CIRS).

De acordo com o princípio da pontualidade, o pagamento é devido no prazo fixado para o efeito, assim se justificando a imposição de juros de mora aos contribuintes que atrasem o pagamento[583].

Os prazos de pagamento, definidos no artigo 97º do CIRS, são os seguintes: *i)* até 31 de agosto do ano seguinte àquele a que respeitam os rendimentos, no caso de os sujeitos passivos terem apresentado a declaração de rendimentos; *ii)* até 31 de dezembro do ano seguinte àquele a que respeitam os rendimentos, na hipótese de o sujeito passivo não ter apresentado a declaração de rendimentos (caso em que a liquidação terá por base os elementos de que a Administração Tributária disponha).

Do mesmo modo, a regra é a da integralidade dos pagamentos, sem prejuízo da existência de exceções por razões ponderosas[584].

1.2.11.2. *Retenção na fonte*

Uma atenção especial merece a retenção na fonte, prevista no artigo 98º do CIRS. Do ponto de vista jurídico está-se aqui perante um mecanismo de substituição tributária. Na ótica da necessidade tributária, a substi-

[583] *V.* artigo 110º do CIRS e artigo 44º da LGT.

[584] Cfr. artigo 42º da LGT e artigo 29º e seguintes, Decreto-Lei nº 492/88, de 30 de dezembro, com as alterações introduzidas pelos Decretos-Leis nºs 172-A/90, de 31 de maio, 160/ /2003, de 19 de julho, 124/2005, de 3 de agosto, e 150/2006, de 2 de agosto.

tuição em presença garante uma maior eficácia e segurança na cobrança do imposto, na medida em que aumenta substancialmente a proximidade entre o facto tributário e o pagamento do imposto.

A substituição tributária insere-se numa relação jurídica tributária, embora o sujeito passivo não seja o titular do rendimento.

A retenção na fonte pode seguir diferentes modalidades, como sejam a retenção na fonte a título de pagamento por conta do imposto devido a final, como acontece no caso da retenção feita pela entidade patronal na remuneração do trabalhador dependente, ou a retenção total definitiva por taxas liberatórias (artigo 71º, CIRS) em alguns rendimentos, com dispensa de declaração pelo particular.

Quando a retenção tiver a natureza de pagamento por conta do imposto devido a final, o substituto tributário é subsidiariamente responsável pelo imposto não retido, suportando, ainda, os juros compensatórios devidos (artigo 103º, nº 2, do CIRS). Nos casos de retenção na fonte a título definitivo, o substituto é responsável originário, e o substituído responsável subsidiário, pelas importâncias não retidas na fonte (artigo 103º, nº 3, do CIRS). Na hipótese de ter sido feita a retenção mas não terem dado entrada nos cofres do Estado as importâncias retidas, o substituto tributário fica como responsável exclusivo pela dívida, ficando o substituído desobrigado de qualquer responsabilidade no respetivo pagamento (artigo 103º, nº 1, do CIRS).

Do ponto de vista jurídico-substantivo, importa chamar a atenção para os princípios que regem a retenção na fonte.

Em primeiro lugar, deve referir-se o dever de cooperação dos particulares com a Administração Tributária, no quadro geral dos princípios de colaboração e boa-fé que devem pautar as relações entre ela e o contribuinte. Daqui resultam deveres de informação (artigo 99º, nº 2, do CIRS)[585] e de prestação.

[585] As entidades devedoras de rendimentos das categorias A e H estão obrigadas a solicitar ao sujeito passivo, no início do exercício de funções ou antes de ser efetuado o primeiro pagamento ou colocação à disposição, os dados indispensáveis relativos à sua situação pessoal e familiar (artigo 99º, nº 2, al. a), do CIRS). Por seu lado, os titulares desses rendimentos estão obrigados a apresentar declaração à entidade devedora dos rendimentos contendo a referida informação, bem como qualquer outra informação fiscalmente relevante ocorrida posteriormente (artigo 99º, nº 2, al. b), do CIRS).

Igualmente importante é a sujeição da retenção da fonte ao princípio da proporcionalidade ou da proibição do excesso, pelo que na definição das taxas de retenção na fonte deve ser tida em consideração a situação pessoal e familiar dos sujeitos passivos.

Do mesmo modo, deve referir-se a centralidade do princípio da legalidade da substituição tributária.

As taxas de retenção da fonte a aplicar sobre os rendimentos das categorias A e H são as previstas nas tabelas aprovadas, para cada ano, por Despacho do Ministro das Finanças (artigo 99º-F, nº 1, do CIRS).

No caso de remunerações do trabalho dependente que compreendam, exclusivamente, montantes variáveis, as retenções na fonte são feitas de acordo com a tabela do artigo 100º do CIRS.

Nas demais categorias de rendimentos, as entidades que tenham ou devam ter contabilidade organizada são obrigadas a fazer retenção na fonte aplicando, aos rendimentos ilíquidos de que sejam devedoras, as taxas previstas no artigo 101º do CIRS, em função da natureza do rendimento em causa.

1.2.11.3. *Pagamentos por conta*

Nos termos do artigo 33º da LGT, consideram-se pagamentos por conta do imposto devido a final, as entregas pecuniárias antecipadas que sejam efetuadas pelos sujeitos passivos no período de formação do facto tributário.

A razão de ser deste instituto prende-se com a aproximação da cobrança ao facto tributário, de forma a melhor garantir a cobrança, desse modo combatendo os riscos de fraude fiscal e de impossibilidade de cumprimento das obrigações fiscais.

Em sede de tributação dos rendimentos das pessoas singulares, trata-se de uma solução especialmente adequada ao trabalho independente, incidindo sobre os rendimentos da categoria B (artigo 102º do CIRS).

Os pagamentos por conta são efetuados até ao dia 20 de cada um dos meses de julho, setembro e dezembro.

O valor total dos pagamentos a efetuar em cada ano corresponde a 76,5% do montante calculado com base na fórmula contida no nº 2 do artigo 102º do CIRS, a qual tem como referência o penúltimo ano fiscal.

O valor de cada pagamento por conta é comunicado aos sujeitos passivos pela Autoridade Tributária e Aduaneira, a qual deve remeter também o respetivo documento de pagamento, no mês anterior ao do termo do prazo.

O facto de os pagamentos por conta serem calculados com base nos valores do penúltimo ano fiscal pode colocar problemas de tesouraria aos sujeitos passivos, na medida em que estes se veem confrontados com a obrigação de proceder a pagamentos que têm por base uma capacidade contributiva revelada há dois anos atrás, e que pode não se manter. Por essa razão, o nº 5 do artigo 102º admite a possibilidade de redução, pelos sujeitos passivos, dos pagamentos por conta, quando o respetivo valor for superior à diferença entre o imposto total que os mesmos julguem ser devido e os pagamentos já efetuados.

1.2.12. *Obrigações acessórias*

Para além da obrigação principal do pagamento de imposto, os sujeitos passivos de IRS estão ainda sujeitos a obrigações acessórias.

Entre as obrigações acessórias contam-se a obrigação de apresentação, de uma declaração anual de rendimentos e de uma declaração de informação contabilística e fiscal (esta, no caso de os sujeitos passivos terem ou deverem ter contabilidade organizada – artigos 113º e 117º do CIRS) e de comunicação de rendimentos e retenções (artigo 119º do CIRS).

A par com as obrigações que genericamente impendem sobre os sujeitos passivos de IRS existem outras que impendem apenas sobre os contribuintes que aufiram rendimentos de categorias específicas.

Assim, os contribuintes que aufiram rendimentos da categoria B estão obrigados a apresentar uma declaração de início de atividade, de acordo com a classificação de atividades, uma declaração de alterações, sempre que a mesma se justifique, bem como uma declaração de cessação da atividade (artigo 112º do CIRS).

Os sujeitos passivos que não residam em território português, bem como os que, nele residindo, se ausentem por um período superior a seis meses, devem, para efeitos tributários, designar uma pessoa (singular ou coletiva) com residência ou sede em Portugal para os representar para efeitos fiscais (artigo 130º, nº 1, do CIRS). Caso não seja designado representante, não há lugar às notificações previstas no CIRS (artigo 130º, nº 4, do CIRS).

A designação de representante tem, todavia, caráter facultativo em relação a não residentes de, ou a residentes que se ausentem para, Estados membros da União Europeia ou do espaço económico europeu, neste caso desde que o Estado membro em causa esteja vinculado a cooperação administrativa no domínio da fiscalidade equivalente à que vigora na União Europeia (artigo 130º, nº 2, do CIRS). Esta particularidade resultou da necessidade de adequação da legislação nacional ao Direito da UE. Com efeito, o Tribunal de Justiça da UE entendeu que a imposição aos contribuintes não residentes da obrigação de designação de um representante fiscal em Portugal não era conforme com o Direito da UE[586].

A designação do representante é feita na declaração de início de atividade, de alterações ou de registo de número de contribuinte, devendo nela constar expressamente a aceitação do representante (artigo 130º, nº 3, do CIRS).

1.3. Imposto sobre o rendimento das pessoas coletivas

1.3.1. *Considerações gerais*

Alguns dos principais desafios com que hoje se confronta a **tributação das pessoas coletivas**, no quadro da **concorrência fiscal internacional** contemporânea, prendem-se, fundamentalmente, com a articulação das finalidades de *i)* justiça tributária, *ii)* eficiência administrativa e económica, *iii)* promoção do investimento e do crescimento económico.

Num mundo globalizado e economicamente integrado existe um risco sério de planeamento fiscal agressivo, deslocalização de empresas e capitais e retração do investimento direto em função de variáveis como a complexidade e instabilidade do sistema fiscal ou a intensidade da carga tributária[587]. Em causa está o reconhecimento do peso que o sistema fiscal pode ter nas decisões de localização e investimento das grandes empresas transnacionais.

Igualmente relevante é a questão da justiça relativa entre grandes empresas, por um lado, e as pequenas e médias empresas, por outro. De um modo geral, os economistas e fiscalistas concordam que estas últimas são especialmente penalizadas pela complexidade do Código do

[586] C-267/09, *Comissão vs. República Portuguesa*, 5/5/2011.

[587] Rachelle Y. Holmes, "Deconstructing The Rules Of Corporate Tax", 25, Akron Tax Journal, 2010, 1 e seguintes.

Imposto sobre o Rendimento das Pessoas Coletivas (CIRC), suportando a maior parte dos custos da observância das respetivas normas.

Não sendo fáceis, dada a complexidade dos atores e transações em presença[588], a simplificação deste imposto e a sua maior adequação ao crescimento económico são as mais importantes tarefas político-legislativas que se impõem neste domínio. Elas reduziriam os custos da sua observância, administração e litigância criando condições favoráveis ao alargamento da base tributável e à subsequente redução das taxas de IRC. Seria então mais fácil a formação de capital e o investimento, o aumento os salários aos trabalhadores e a redução do preço dos bens e serviços junto dos consumidores[589].

1.3.2. *Princípios fundamentais*

Um dos princípios fundamentais que estruturam o CIRC diz respeito à **tributação de toda a atividade económica**, com consequências ao nível da respetiva intencionalidade abrangente e do objetivo de alargamento da base tributária. Igualmente digna de nota é a preocupação com a moderação dos níveis de tributação, recorrendo-se a uma técnica de **previsão normativa aberta**, privilegiando uma abordagem principial (*principles-based*), tendo em vista facilitar o combate à evasão e à fraude fiscais sem comprometer a segurança jurídica[590].

Um segundo princípio estruturante deste imposto consiste na **tributação do rendimento real**, decorrente de um imperativo constitucional explícito.

Um terceiro princípio diz respeito à **preservação da sustentabilidade e competitividade do setor produtivo** numa altura em que as empresas concorrem em mercados cada vez mais abertos. O Estado não pode recorrer a medidas confiscatórias para resolver problemas imediatos, comprometendo a sustentabilidade económica a médio e longo prazo. Também não lhe cabe provocar a *evasão fiscal económica*, que, pelo *efeito de substituição*, leva as empresas a alterar os seus padrões de investimento, produção e consumo de maneira a reduzir a tributação. O am-

[588] Edward J. Mccaffery, "The Holy Grail Of Tax Simplification", Wisconsin Law Review, 1990, 1267 seguintes.

[589] Holmes, Deconstructing The Rules Of Corporate Tax..., cit., 13.

[590] Holmes, Deconstructing The Rules Of Corporate Tax..., cit., 20 seguintes.

biente económico é um ativo que deve ser cultivado[591]. Para evitar que o IRC se torne uma *desvantagem comparativa* ele deve ser periodicamente revisto e calibrado de acordo com os parâmetros seguidos pelos Estados da OCDE e os desenvolvimentos no seio da União Europeia.

Um quarto princípio fundamental prende-se com a busca de **articulação do IRC com o IRS**, de forma a garantir uma maior equidade e coerência sistémica. A mesma é relevante, nomeadamente, em sede da dupla tributação económica de lucros e dividendos e do incentivo ao investimento[592], da transparência fiscal e da determinação do rendimento global das pessoas coletivas e das entidades desprovidas de personalidade jurídica residentes em Portugal que não exerçam, a título principal, uma atividade de natureza comercial, industrial ou agrícola, e das entidades não residentes que aqui obtenham rendimentos não sujeitos a IRS [artigo 3º, nº 1, alíneas b) e c), do CIRC]. Também é importante no problema da tributação de dividendos resultantes de operações económicas realizadas no estrangeiro por pessoas coletivas residentes[593].

Finalmente, deve salientar-se o princípio da **centralidade da qualidade jurídica de sujeito passivo**, significando o mesmo que a personalidade jurídica surge como o principal critério de incidência subjetiva do IRC. Todavia, trata-se aqui de um princípio e não de uma regra, pelo que se admite o alargamento excecional da incidência subjetiva a entidades sem personalidade jurídica (entes de facto) [artigo 2º, nº 1, al. b), do CIRC].

1.3.3. *A incidência subjetiva e objetiva do imposto*

1.3.3.1. *Introdução*

Uma vez analisados os princípios estruturantes do IRC, importa atentar para as normas de delimitação da respetiva incidência objetiva e subjetiva. É com base na verificação dos pressupostos destas normas que há lugar ao surgimento da dívida tributária e da correspondente responsabilidade. Na verdade, o facto tributário supõe a existência de um sujeito

[591] Nestes termos, Laity, The Competence Of Nations And International Tax..., cit., 212.
[592] Richard Winchester, Parity Lost: The Price of a Corporate Tax in a Progressive Tax World, 9, Nevada Law Journal, 2008, 132.
[593] Laity, The Competence Of Nations And International Tax..., cit., 215 seguintes.

tributável e de um objeto tributável, dentro de um determinado período de tributação. A essa tarefa nos dedicamos nas linhas subsequentes.

1.3.3.2. *Incidência subjetiva*

1.3.3.2.1. Aspetos gerais

A **incidência subjetiva** do IRC abrange uma diversidade de sujeitos passivos (artigo 2º do CIRC), sendo conveniente proceder à sua tipologia. Como veremos nos pontos subsequentes, é relevante considerar, neste contexto, a existência de entidades residentes e não residentes, com ou sem personalidade jurídica, bem como o tipo de atividade a que se dedicam.

Embora a personalidade jurídica seja um importante critério de delimitação da incidência subjetiva, a verdade é que o IRC incide também sobre entidades de facto, sem personalidade jurídica [artigo 2º, nº 1, al. b), do CIRC], como sejam as heranças jacentes, as pessoas coletivas declaradas inválidas, as associações e sociedades civis sem personalidade jurídica, as sociedades ainda não registadas ou outras entidades não residentes que obtenham rendimentos em Portugal [artigo 2º, nº 1, al. c), do CIRC). A delimitação da incidência subjetiva do IRC remete necessariamente para a identificação dos **critérios de conexão fiscal relevantes.**

De um modo geral, os Estados procuram tributar não apenas os rendimentos gerados em território nacional, mas também, em todo ou em parte, os rendimentos produzidos no estrangeiro por nacionais e estrangeiros residentes em território nacional, combinando dessa forma o **princípio da fonte** com o **princípio da residência**. A diferença entre estes dois princípios remete, por analogia, para a distinção que nas ciências económicas se opera entre o produto interno bruto (PIB), enquanto riqueza produzida no território nacional por todos os residentes e não residentes, e o produto nacional bruto (PNB), expressão que designa a riqueza produzida no território e no estrangeiro por todos os nacionais de um país. Os problemas suscitados pela aplicação destes critérios podem assumir uma complexidade excruciante. Por exemplo, se uma sociedade tiver sido constituída na Ilha de Jersey, por acionistas belgas, tiver a sede na França, a administração na Holanda, duas fábrica na China e na Índia, e o principal estabelecimento comercial no Reino Unido, onde obtém um maior volume de vendas, pode ser problemática tanto a determinação, não apenas da residência, como também da fonte dos rendimentos.

1.3.3.2.2. Princípio da residência

O **princípio da residência** (*residence principle*), fundamentador de uma **obrigação pessoal** (artigo 4º, nº 1, do CIRC), obedece aos critérios da sede e da direção efetiva (artigo 2º, nº 3, do CIRC). É geralmente com base na utilização alternativa ou cumulativa destes ou de outros critérios (*v.g.* local do contrato de sociedade; local da escrituração da empresa; local do exercício da atividade; local de reunião da assembleia geral de acionistas) que os legisladores tributários de diferentes Estados determinam a "nacionalidade" de uma pessoa coletiva. Em direito fiscal, trata-se de uma "nacionalidade" claramente funcional, pelo que se prefere falar de residência em vez de nacionalidade.

Em matéria de tributação das sociedades, a doutrina tem chamado a atenção para os riscos da erosão do conceito de residência, tendo em conta o facto de que basta preencher alguns documentos e facilmente se altera a residência de uma sociedade. No caso específico das sociedades transnacionais, tem sido observado que as mesmas são cada vez mais uma realidade desnacionalizada na medida em que as suas atividades e os seus administradores, trabalhadores, acionistas, longe de se concentrarem num único local, se apresentam dispersos por vários países do mundo[594].

Refira-se, ainda, que o conceito de direção efetiva pode ser controvertido, podendo facilmente resultar em dupla tributação jurídica internacional, alertando a doutrina para o facto de que o mesmo pode designar o local de direção geral da empresa (*policy making*) ou o local de direção da atividade operacional (*policy execution*)[595]. Em princípio, deve entender-se que a direção efetiva se prende com o centro de tomada das decisões superiores.

A tributação com base no princípio da residência assenta na razão substantiva de que a residência num Estado confere um determinado estatuto, acompanhado de direitos de proteção estadual, cujos custos devem ser suportados por quem dele beneficia.

[594] Graetz, *Foundations of International Income Taxation...*, cit., 16.

[595] Roy Rohatgi, *Basic International Taxation*, London, 2002, 144 seguintes.

No caso português, as **entidades residentes** sujeitas a IRC podem ser de dois tipos, consoante tenham, ou não, personalidade jurídica. Em primeiro lugar, elas compreendem, nos termos do artigo 2º, nº 1, al. a) do CIRC, as sociedades comerciais ou civis sob a forma comercial e as demais pessoas coletivas de direito público ou privado, com sede ou direção efetiva em território português. Em segundo lugar, nos termos do artigo 2º, nº 1, al. b) do CIRC, elas abarcam as entidades sem personalidade jurídica, com sede ou direção efetiva em território português, cujos rendimentos não sejam tributados em IRS ou em IRC diretamente na titularidade de pessoas singulares ou coletivas.

Como se disse anteriormente, não se deve confundir o princípio da residência com o princípio da nacionalidade, na medida em que pode fazer sentido, *de jure constituendo*, considerar tributável uma empresa estrangeira, de acordo com os critérios referidos, desde que controlada por nacionais ou residentes (*controlled foreign corporations*), a fim de evitar a deslocalização fiscal das empresas mediante a manipulação dos critérios relevantes. Neste caso é tributada uma entidade não residente, mesmo por rendimentos obtidos fora do território nacional, por se entender que a mesma é detida por nacionais ou residentes que procederam a deslocalização apenas motivados por objetivos de natureza fiscal.

Assim se vê como o princípio da residência pode justificar uma compressão do princípio da nacionalidade. Refira-se que o princípio da residência permite o alargamento da base tributável aos rendimentos obtidos pelos residentes em qualquer lugar, pelo que também é referido pela doutrina como **princípio do rendimento mundial** (*worldwide income principle*). Ou seja, é incluída na base tributável a totalidade dos rendimentos, independentemente do local onde tenham sido obtidos. Isso mesmo é referido no artigo 4º, nº 1, do CIRC, quando se afirma, relativamente às entidades residentes, que o IRC incide sobre a totalidade dos seus rendimentos, incluindo os obtidos fora desse território.

Esta solução não é seguida em todos os países, verificando-se que alguns se abstêm de tributar os rendimentos obtidos em fonte estrangeira por filiais ou sucursais de entidades residentes. Há mesmo quem entenda que esta deveria ser a orientação universal[596].

[596] Laity, The Competence Of Nations And International Tax..., cit., 215.

Como melhor veremos adiante, os rendimentos tributáveis abrangem os lucros e o rendimento global, consoante os tipos de residentes em presença e a respetiva atividade. Assim, quando se esteja perante sociedades comerciais, civis sob a forma comercial, cooperativas ou empresas públicas, ou de outras entidades residentes sem personalidade jurídica, que se dediquem, a título principal, a atividades comerciais, industriais e agrícolas, são tributados os **lucros** [artigo 3º, nº 1, al. a), do CIRC]. Quando, porém, se trate do exercício, por parte do mesmo tipo de entidades, a título principal, de atividades de outra natureza é tributado o **rendimento global**, apurado através da soma dos rendimentos das diversas categorias consideradas para efeitos de IRS, bem como os incrementos patrimoniais obtidos a título gratuito [artigo 3º, nº 1, al. b), do CIRC].

1.3.3.2.3. Princípio da fonte

Para além da tributação das entidades residentes, existe a questão da **tributação das entidades não residentes**. É neste contexto que adquire relevo prático o **princípio da fonte** (*source principle*), outro dos critérios de definição da jurisdição tributária, fundamentando a existência de uma **obrigação real** baseada na origem do rendimento (artigo 4º, nº 2, do CIRC). Assim é, na medida em que o mesmo considera relevante o território nacional enquanto local de produção dos rendimentos [artigo 2º, nº 1, al. c), do CIRC]. Através deste princípio limita-se a base tributável aos rendimentos obtidos em território nacional (artigo 4º, nº 3, do CIRC), salvo em casos excecionais (artigo 4º, nº 4, do CIRC).

A distinção entre residentes e não residentes pode ter refrações em vários domínios, na medida em que os não residentes, para além de serem tributados apenas com base na fonte do rendimento, podem sê-lo com um regime diferente em matéria de incidência, taxa, retenção na fonte, isenções, benefícios fiscais, presunções, etc., sem prejuízo do princípio geral da não discriminação entre as operações domesticas realizadas por pessoas coletivas residentes e as realizadas por não residentes[597].

Importa salientar que é normal os Estados tributarem os rendimentos produzidos no seu território por entidades não residentes com base

[597] Laity, The Competence Of Nations And International Tax..., cit., 203 e seguintes.

no princípio da fonte. Isso justifica-se, tanto do ponto de vista da administração tributária, como do controlo do cumprimento das obrigações fiscais. Para além de isso decorrer do princípio da soberania territorial do Estado, é sempre mais fácil avaliar e cobrar impostos sobre rendimentos gerados no território da jurisdição fiscal. Além disso, o princípio da fonte justifica-se com base na noção de que devem ser tributados os rendimentos que, para a sua formação, beneficiaram das despesas públicas, de acordo com o **princípio do benefício**. É que as infraestruturas criadas pelo Estado podem gerar importantes benefícios para as empresas, sendo justo que quem beneficia da atividade do Estado deva suportar os respetivos custos.

Como se disse, o princípio da fonte permite efetivar a tributação de entidades não residentes, entendidas estas como as entidades que, independentemente de terem ou não personalidade jurídica, não têm sede nem direção efetiva em território português. Igualmente relevante é saber se as mesmas obtêm, ou não, rendimentos tributáveis em sede de IRS.

Neste âmbito, importa ainda ver se as entidades não residentes têm estabelecimento estável ou não. No caso de não existir estabelecimento estável ou se existirem rendimentos que não lhe sejam imputáveis, as entidades não residentes são tributadas em função dos rendimentos das categorias consideradas para efeitos de IRS e dos incrementos patrimoniais obtidos a título gratuito [artigo 3º, nº 1, al. d), do CIRC]. Se existir um estabelecimento estável combinam-se as lógicas dos princípios da residência e da fonte, considerando-se que o estabelecimento estável, a despeito de pertencer a uma entidade não residente, tem características económicas que o aproximam de uma entidade residente.

1.3.3.2.4. Estabelecimento estável

Através do conceito de **estabelecimento estável** procura-se cobrir aquelas hipóteses, cada vez mais frequentes nas relações económicas internacionais, em que uma empresa, mesmo constituída ou sedeada noutro Estado, desenvolve atividades a partir do nosso, sem constituir para isso uma sociedade filial.

A tributação do estabelecimento estável, articulando a *ratio* dos critérios da residência e da fonte, pretende servir a realização de diferentes princípios substantivos. Desde logo, a mesma justifica-se com base no princípio da **tributação de toda a atividade económica** e recomenda a adoção de um conceito amplo de estabelecimento estável. Igualmente pertinente é, neste contexto, o princípio da **igualdade tributária**, que supõe a tributação de todos os agentes económicos e a relevância de todo o rendimento produzido, remetendo para segundo plano questões de organização jurídica da atividade económica. Neste sentido, ele anda de mãos dadas com o princípio do **realismo fiscal**.

O estabelecimento é considerado sujeito passivo da relação jurídica tributária, impendendo sobre ele o dever principal de pagamento do imposto, juntamente com os deveres acessórios de colaboração, declaração de início da atividade, declaração anual de rendimentos e manutenção de um sistema de contabilidade. A tributação incide, em princípio, sobre o lucro imputável ao estabelecimento estável de acordo com o **princípio da atratividade do estabelecimento estável**, nos termos do artigo 3º, nº 1, al. c) do CIRC. Porém, o CIRC, ao permitir a tributação de não residentes pela globalidade dos rendimentos, mesmo não imputáveis ao estabelecimento estável, e ao considerar como lucros do mesmo os rendimentos de atividades idênticas ou similares que não lhe sejam imputáveis, parece ter vindo mitigar ainda mais o **princípio da atratividade do estabelecimento estável**.

A doutrina decompõe, habitualmente, o conceito de estabelecimento estável em dois elementos cuja verificação cumulativa se exige: um *elemento estático* – que se refere à organização através da qual é exercida certa atividade; e um *elemento dinâmico* – que diz respeito à consideração da atividade em si mesma[598].

No direito nacional, o nº 1 do artigo 5º do CIRC define *estabelecimento estável* como "... qualquer instalação fixa através da qual seja exercida uma atividade de natureza comercial, industrial ou agrícola". Este conceito pode denotar vários tipos de estabelecimentos, como sejam, um local de direção, uma sucursal, um escritório, uma fábrica, uma oficina, uma mina, um poço de petróleo ou gás, pedreira, etc., bem como instalações móveis dotadas de permanência (artigo 5º, nºs 3 e 4, do CIRC). O mesmo abrange ainda subempreitadas dotadas de permanência (artigo 5º, nº 6, do CIRC).

[598] Alberto Xavier, *Direito Internacional Tributário*, 2ª ed., Coimbra, 2007, p. 311.

A tributação do estabelecimento estável coloca relevantes problemas no âmbito do direito internacional tributário, designadamente em matéria de dupla tributação internacional, devendo sublinhar-se a importância dos acordos internacionais neste domínio. Os mesmos devem procurar uma distribuição equitativa (*fair share*) das receitas fiscais pelos diferentes Estados envolvidos, da origem do capital e da origem do rendimento. Pretende-se que a solução seja função de princípios normativos gerais e não do peso negocial de cada um deles.

Importa sublinhar, a este propósito, que a questão da tributação dos rendimentos internacionais ou fatores de produção móveis tem vindo a gerar intenso debate nos últimos tempos. Em causa está a questão de saber qual o peso a dar aos critérios de conexão da fonte do rendimento e da residência do titular do rendimento. Os observadores especializados notam que o primeiro critério tende a promover a eficiência nas decisões sobre a poupança, ao passo que o segundo tende a promover a eficiência nas decisões de investimento, pelo que se deve procurar a chamada tributação ótima, combinando prudentemente estes critérios.

O problema encontra-se intimamente relacionado com as questões da promoção das exportações e da atração de investimento estrangeiro, objetivos muitas vezes realizados através do sistema fiscal, sem prejuízo de se reconhecer a importância de outros fatores como a estabilidade política e económica, o nível educacional e de formação profissional ou o nível de funcionamento do sistema de justiça. Igualmente importante é a componente da despesa orçamental. Se os impostos se traduzirem em estradas, infraestruturas, redes de transporte e comunicações, escolas, hospitais, etc., isso pode influenciar favoravelmente as decisões de investimento direto estrangeiro, na medida em que se traduz em importantes benefícios para as empresas. Igualmente relevante é o quadro regulatório, nomeadamente em domínios como o direito laboral, o regime de falências, o sigilo bancário, etc. Nas suas decisões de investimento, as empresas ponderam, não apenas os custos tributários em que incorrerão, mas também os benefícios que esperam retirar da despesa estadual.

Um outro problema que se coloca ao nível do direito internacional tributário é o que se refere às práticas de evasão ao conceito de estabelecimento estável, designadamente através de esquemas através dos quais os contribuintes substituem as subsidiárias que tradicionalmente atuam como distribuidores por acordo de comissionado (*commissionnaire arrangements*), daí resultando a não tributação dos lucros obtidos no Estado onde são feitas as vendas sem que, do ponto de vista substantivo, se tenham alterado a atividade exercida pelo contribuinte nesse Estado. É para esta realidade que um dos relatórios do pacote BEPS chama a atenção (Ação 7), propondo a OCDE uma revisão do conceito de estabelecimento estável contido no artigo 5º da *Convenção Modelo*.

Para além da importância que assume no âmbito do direito internacional tributário, o conceito de estabelecimento estável assume relevância também no direito tributário nacional.

Assim é, designadamente, no âmbito das relações intermunicipais, nos casos em que uma empresa esteja sedeada numa circunscrição municipal e desenvolva, também, atividade noutra circunscrição municipal. Aqui, estamos em presença de um elemento de conexão territorial, apto a originar uma pluralidade de pretensões de tributação entre municípios. A aplicação do conceito de estabelecimento estável no domínio da repartição da *derrama* entre municípios é mesmo, em certos casos, incontornável, tendo em vista o respeito pelos princípios da justiça, da igualdade e da proporcionalidade, postulados pela CRP[599].

O mesmo sucede quando uma empresa tem sede no Continente e possui numa Região Autónoma instalação que pode ser qualificada, à luz da lei, como estabelecimento estável.

Afigura-se-nos, portanto, ser de afastar uma interpretação restritiva do conceito de estabelecimento estável, que lhe confira operatividade apenas no domínio das relações inter-Estados. Na verdade, não existe qualquer fundamento jurídico para que se possa interpretar o conceito de "estabelecimento estável" como "estabelecimento estável de entidade com sede fora do território nacional".[600]

[599] Cfr. Jónatas E. M. Machado / Paulo Nogueira da Costa, "As derramas municipais e o conceito de estabelecimento estável", *Estudos em Memória do Prof. Doutor J. L. Saldanha Sanches*, vol. IV, Coimbra, Coimbra Editora, 2011, pp. 849 e seguintes.

[600] Cfr. Acórdão do STA de 21 de janeiro de 2009, proc. 668/08; Acórdão do STA de 7 de janeiro de 2009, proc. 669/08; Acórdão do STA de 26 de novembro de 2008, proc. 666/08; Acórdão do STA de 17 de junho de 2009, proc. 292/09.

1.3.3.2.5. Transparência fiscal

A transparência fiscal consiste na imputação aos sócios da parte do lucro que lhes corresponder, independentemente da sua distribuição (artigo 6º do CIRC).

A mesma tem como principal fundamento normativo o princípio da necessidade do imposto, com o seu corolário de combate à fraude fiscal (*tax evasion*), bem como os princípios da tributação do rendimento real e da igualdade material, com os seus corolários da neutralidade fiscal e da eliminação da dupla tributação económica dos lucros distribuídos aos sócios.

Igualmente importante é o princípio do realismo fiscal, orientado para o combate ao uso abusivo de formas jurídicas com o objetivo de minimização dos encargos fiscais (*tax avoidance*).

Como se disse, o mecanismo da transparência fiscal assenta na **imputação aos sócios de matéria coletável** (artigo 6º, nº 1, do CIRC), para efeitos de IRS ou IRC, consoante os mesmos sejam pessoas singulares ou coletivas, mesmo que não tenha havido distribuição de lucros.

Esta figura aplica-se nos casos de sociedades civis sem forma comercial, de sociedades profissionais, ou de sociedades de simples administração de bens (neste caso, quando o respetivo capital social pertença a grupo familiar, durante mais de 183 dias do exercício social, ou pertença, em qualquer dia do exercício social, a um grupo de até 5 sócios, desde que nenhum deles seja pessoa coletiva de direito público). Também são imputadas aos sócios as deduções previstas no artigo 90º, nº 5, do CIRC.

A aplicação deste regime implica, naturalmente, a não tributação em IRC das sociedades e outras entidades sujeitas ao regime da transparência fiscal, salvo no que respeita às tributações autónomas (artigo 12º do CIRC).

Merece ainda referência a transparência fiscal dos agrupamentos complementares de empresas (ACE) e agrupamentos europeus de interesse económico (AEIE). No primeiro caso, trata-se de grupos de empresas que visam melhorar as condições de exercício ou de resultado das mesmas, através da realização de atividades diversas, de natureza auxiliar ou complementar. Daí que as mesmas não possam ter como finalidade principal a distribuição de lucros. Os AEIE são muito semelhantes aos ACE, diferenciando-se por terem a administração ou exercerem a atividade principal em pelo menos dois Estados membros da União

Europeia[601]. Nos termos do artigo 6º, nº 2, do CIRC, quando se esteja perante ACE e AEIE, com sede e direção efetiva em território português, constituídos e funcionando nos termos legais, os lucros ou prejuízos do exercício são imputáveis diretamente aos respetivos membros, integrando-se no seu rendimento tributável.

1.3.3.3. *Incidência objetiva*

O IRC incide objetivamente sobre os **rendimentos das pessoas coletivas**, mesmo quando provenientes de atos ilícitos, com exclusão das atividades sujeitas ao imposto especial de jogo[602] (artigo 7º do CIRC).

Em sede de incidência objetiva, de acordo com o disposto no artigo 3º do CIRC, há que considerar a existência de diferentes tipos de rendimentos.

Em primeiro lugar, o legislador refere a tributação dos **lucros**, no caso de entidades que se dediquem, a título principal, a atividades comerciais, industriais ou agrícolas [artigo 3º, nº 1, al. a), do CIRC], considerando-se como tais todas as operações económicas de caráter empresarial, incluindo as prestações de serviços (artigo 3º, nº 4, do CIRC). Igualmente relevante, para o efeito, é o lucro imputável a estabelecimento estável [artigo 3º, nº 1, al. c) e artigo 3º, nº 3, do CIRC], que compreende os rendimentos de qualquer natureza obtidos por seu intermédio e os rendimentos provenientes de atividades idênticas ou similares, de que sejam titulares as entidades não residentes detentoras do estabelecimento estável (artigo 3º, nº 3, do CIRC).

No artigo 3º, nº 2, do CIRC, deparamo-nos com uma **noção extensiva de lucro**, apontado claramente para o alargamento da base tributária, acolhendo a chamada teoria do acréscimo patrimonial, de acordo com a qual o lucro deve ser determinado tendo em vista a diferença entre os valores do património líquido, no fim e no início do período de tributação (**Schantz**; **Simon**). Assim, um elemento central na determinação do rendimento é a noção de lucro calculado com base no valor do património líquido (artigo 3º, nºs 1 e 2, do CIRC), chamado *business net worth*. Esta noção de lucro funde a base de incidência da antiga contri-

[601] Cfr. Jorge Manuel Coutinho de Abreu, *Curso de Direito Comercial*, II, 2002, pp. 30 e seguintes.

[602] Cfr. Decreto-Lei nº 422/89, de 21 de dezembro, que aprovou o *Imposto Especial de Jogo*.

buição industrial, do imposto sobre a indústria agrícola e do imposto de mais-valias relativo à transmissão a título oneroso de elementos do ativo, incluindo os terrenos para construção e as partes sociais que o integram.

Para além dos lucros, no caso das atividades de natureza empresarial, a tributação das pessoas coletivas abrange **o rendimento global** [artigo 3º, nº 1, al. b), do CIRC]. Este inclui a soma algébrica dos rendimentos das várias categorias consideradas para efeitos de IRS [artigo 3º, nº 1, al. b), do CIRC] e os incrementos patrimoniais obtidos a título gratuito. A tributação do rendimento global efetua-se no caso de entidades residentes, com ou sem personalidade jurídica, que não exerçam, a título principal, uma atividade industrial, comercial ou agrícola, e de entidades não residentes que não possuam estabelecimento estável ou que, possuindo-o, obtenham rendimentos que não lhes são imputáveis [artigo 3º, nº 1, alíneas b) e d), do CIRC].

1.3.3.4. *Período de tributação*

O **período de tributação** (artigo 8º do CIRC) é definido a partir da **regra da anualidade**, tendo como ponto de referência a correspondência entre o período de tributação e o ano civil, sem prejuízo da possibilidade reconhecida aos sujeitos passivos residentes e aos não residentes com estabelecimento estável de adotarem um período anual de imposto diferente, o qual deve coincidir com o período social de prestação de contas, devendo ser mantido durante, pelo menos, os cinco períodos de tributação imediatos[603].

A lei prevê expressamente a existência de **exceções à regra da anualidade**, permitindo que o período de tributação seja inferior a um ano (artigo 8º, nºs 4 e 5, do CIRC) ou superior a um ano (artigo 8º, nº 8, do CIRC).

A propósito da questão do período de tributação, deve sublinhar-se que, nos termos do nº 1 do artigo 18º do CIRC, os rendimentos e os gastos, bem como as outras componentes positivas ou negativas do lucro tributável, devem ser imputados ao período de tributação em que sejam

[603] A exigência de manutenção do período anual de imposto durante os cinco períodos de tributação imediatos não se aplica quando o sujeito passivo passe a integrar um grupo de sociedades obrigado a elaborar demonstrações financeiras consolidadas, em que a empresa mãe adote um período de tributação diferente daquele adotado pelo sujeito passivo (artigo 8º, nº 3, do CIRC).

obtidos ou suportados, independentemente do seu recebimento ou pagamento. Deste modo, tende a considerar-se de forma independente os diferentes períodos de tributação, o que só de forma convencional e artificial pode ser feito, na medida em que tal vai contra a realidade económica da continuidade da atividade empresarial e da sua tendência natural no sentido da planificação plurianual. Daí que se imponha a adoção do *princípio da solidariedade entre períodos de tributação*, que tem como principal corolário o *reporte de prejuízos*, admitido entre nós, como regra, até ao máximo de 5 anos, e podendo, nalguns casos, ascender até ao máximo de 12 períodos de tributação, com as limitações previstas na lei (artigo 52º do CIRC).

1.3.3.5. *Isenções*

1.3.3.5.1. Justificação e alcance das isenções

O CIRC prevê, nos seus artigos 9º e seguintes, diversas isenções fiscais. Estas encontram-se sujeitas aos princípios da excecionalidade, da legalidade, da igualdade e da promoção do interesse público (social e económico). Quanto ao modo de concessão, as mesmas podem ser automáticas ou condicionais, isto é, sujeitas a reconhecimento.

1.3.3.5.2. Entidades isentas

As entidades isentas de IRC tanto podem ser pessoas coletivas de direito público como de direito privado.

No caso das pessoas coletivas de direito público, estão isentas de IRC o Estado, as Regiões Autónomas, as Associações públicas e as federações, instituições e fundos de segurança social (artigo 9º do CIRC).

Quanto às pessoas coletivas de direito privado (artigo 10º do CIRC), as isenções abrangem as pessoas coletivas de utilidade pública administrativa, as instituições particulares de solidariedade social e as pessoas coletivas a elas legalmente equiparadas, as pessoas coletivas de mera utilidade pública[604], as associações culturais, recreativas e desportivas[605], salvo quando exerçam atividades comerciais (artigo 11º do CIRC).

[604] Quando prossigam, exclusiva ou principalmente, fins científicos ou culturais, de caridade, assistência, beneficência, solidariedade social, defesa do meio ambiente ou interprofissionalismo agroalimentar – artigo 10º, nº 1, al. b), do CIRC.

[605] Relativamente aos rendimentos diretamente resultantes do exercício de atividades culturais, recreativas e desportivas – artigo 11º, nº 1, do CIRC.

A este propósito, deve distinguir-se *utilidade pública* de *interesse público*, reservando-se o primeiro conceito para aqueles casos em que uma atividade de interesse social geral é levada a cabo por pessoas coletivas de direito privado mais ou menos benevolentes, sem fins lucrativos[606]. Nestes casos, considera-se que apesar de não se estar diante de atividades estaduais de interesse público, o interesse social das mesmas é suficientemente relevante para justificar a atribuição de uma isenção fiscal.

Igualmente isentas estão as sociedades abrangidas pela transparência fiscal (artigo 12º do CIRC), bem como as entidades não residentes explorando a navegação marítima e aérea, desde que em condições de reciprocidade (artigo 13º do CIRC).

Ainda se preveem outras isenções, como decorre da remissão para convenção internacional (*v.g. Concordata*), operada pelo artigo 14º, nº 1, do CIRC. Igualmente relevantes são as isenções concedidas por referência à NATO e à UE (artigo 14º do CIRC).

No caso das confissões religiosas não católicas, a isenção de IRC, para além de se deduzir do princípio genérico da isenção das associações culturais, decorre expressamente do artigo 31º da *Lei de Liberdade Religiosa* (LLR)[607], na qual se dispõe que as igrejas e demais comunidades religiosas podem: a) receber prestações dos crentes para o exercício do culto e ritos, bem como donativos para a realização dos seus fins religiosos, com caráter regular ou eventual; b) fazer coletas públicas, designadamente dentro ou à porta dos lugares de culto, assim como dos edifícios ou lugares que lhes pertençam e c) distribuir gratuitamente publicações com declarações, avisos ou instruções em matéria religiosa e afixá-las nos lugares de culto, sem estarem sujeitas a qualquer imposto. O nº 2 do mesmo preceito exclui da isenção, porém, o preço de prestações de formação, terapia ou aconselhamento espiritual, quando oferecidas empresarialmente. No caso da Igreja Católica, a Concordata de novembro de 2004 estabelece idêntica isenção no nº 1 do artigo 26º.

606 Blaise Knapp, *Précis de Droit Administratif*, 4ª ed., Bâle, 1991, 115 ss.

607 Aprovada pela Lei nº 16/2001, de 22 de junho.

1.3.3.6. *Determinação da matéria coletável*

1.3.3.6.1. Introdução

No domínio da tributação das pessoas coletivas, o **princípio da tributação do rendimento real** é um imperativo constitucional (artigo 104º, nº 2, da CRP), donde decorre o **princípio da aproximação da fiscalidade à contabilidade**.

A tributação incide sobre o **lucro**, no caso do exercício de atividades empresariais de natureza industrial, comercial ou agrícola, incluindo-se aí as atividades desenvolvidas por não residentes com estabelecimento estável, e sobre o **rendimento global**, nos restantes casos.

O **lucro tributável**, embora tendo como ponto de partida o resultado contabilístico, é corrigido com base em critérios extracontabilísticos legalmente estabelecidos. Ou seja, adota-se o **princípio da dependência parcial** do lucro tributável relativamente ao resultado contabilístico.

Assim, a determinação da matéria coletável é realizada, em regra, através da declaração de rendimentos apresentada pelo sujeito passivo, acompanhada de uma eventual fiscalização *ex post facto*, devendo sublinhar-se a importância que assume a contabilidade organizada (artigos 17º, nº 3, e 123º do CIRC).

O recurso a métodos indiretos está limitado às situações previstas no artigo 57º do CIRC, devendo ser observados os termos e condições fixados neste preceito e nos artigos subsequentes.

1.3.3.6.2. Pessoas coletivas e outras entidades residentes que exerçam, a título principal, atividade comercial, industrial ou agrícola

a) Regras gerais

Nos termos do artigo 3º, nº 1, pessoas coletivas e outras entidades residentes que exerçam, a título principal, uma atividade comercial, industrial ou agrícola, devem pagar impostos sobre os respetivos **lucros**.

O **lucro tributável**, de acordo com o artigo 17º, nº 1, do CIRC, resulta da soma algébrica do resultado líquido do período de tributação e das variações patrimoniais positivas e negativas verificadas no mesmo período e não refletidas naquele resultado, determinados com base nas regras de contabilidade e eventualmente corrigidos nos termos do CIRC.

Este lucro não deve, todavia, ser confundido com a **matéria coletável**. Esta determina-se mediante a dedução àquele, segundo o disposto no artigo 15º, nº 1, do CIRC, dos montantes correspondentes aos **prejuízos fiscais**, nos termos do artigo 52º, e aos **benefícios fiscais** que consistam em deduções àqueles lucros.

b) Determinação do lucro tributável

i) Rendimentos

Para a determinação do lucro tributável, são considerados rendimentos e ganhos os montantes resultantes de operações de qualquer natureza, em consequência de uma ação normal ou ocasional, básica ou meramente acessória, incluindo os que, a título exemplificativo, são referidos no nº 1 do artigo 20º do CIRC.

É ainda considerado como rendimento o valor correspondente aos produtos entregues a título de pagamento do imposto sobre a produção do petróleo que for devido nos termos da legislação aplicável (artigo 20º, nº 2, CIRC), bem como à diferença positiva entre o montante entregue aos sócios em resultado da redução do capital social e o valor de aquisição das respetivas partes de capital (artigo 20º, nº 4, do CIRC).

Nos casos de *associação à quota*[608], não é considerado para efeitos de determinação do lucro tributável do associante o rendimento da sua participação social correspondente ao valor da prestação por si devida ao associado (artigo 20º, nº 3, do CIRC).

ii) Variações patrimoniais positivas

Para a formação do lucro tributável concorrem, igualmente, as variações patrimoniais positivas não refletidas no resultado líquido do período de tributação, salvo nas situações descritas no nº 1 do artigo 21º do CIRC.

O valor de aquisição dos incrementos patrimoniais obtidos a título gratuito é o correspondente ao valor de mercado respetivo. Este valor há de ser igual ou superior ao resultante da aplicação das regras de determinação do valor tributável previstas no Código do Imposto do Selo (artigo 21º, nº 2, do CIRC).

[608] Nas palavras de Xavier de Basto, "[n]a associação à quota, o associado participa nos resultados de uma posição social de outra pessoa, naturalmente em contrapartida de uma prestação que tenha feito ao titular dessa participação" – *IRS: incidência real e determinação dos rendimentos líquidos*, Coimbra, 2007, p. 282.

iii) Subsídios

São também considerados, para efeitos de determinação do lucro tributável, os subsídios relacionados com ativos não correntes, nos termos do disposto no artigo 22º do CIRC.

iv) Gastos e perdas

Na determinação do lucro tributável, são dedutíveis todos os gastos e perdas em que o sujeito passivo, comprovadamente, tenha incorrido ou tenha suportado, em conformidade com o *princípio da indispensabilidade dos gastos*[609].

Como é afirmada pelo TCAS, em acórdão de 02/02/2010, "[é] no conceito de indispensabilidade ínsito no artigo 23°, do CIRC que radica a questão essencial da consideração fiscal dos custos empresariais e que assenta a distinção fundamental entre o custo efetivamente incorrido no interesse coletivo da empresa e o que pode resultar apenas do interesse individual do sócio, de um grupo de sócios ou do seu conjunto e que não pode, por isso, ser considerado custo"[610].

Ainda segundo a jurisprudência do TCAS, "um custo, **para ser relevante fiscalmente**, tem de ser afeto à exploração, no sentido de que deve existir uma relação causal entre tal custo e os proveitos da empresa. Mas isso não quer dizer [...] que essa relação é uma relação de causalidade necessária, uma genuína *conditio sine qua non* ou de resultados concretos obtidos com o ato, mas antes tendo em conta as normais circunstâncias do mercado, considerando o risco normal da atividade económica, em termos de adequação económica do ato à finalidade da obtenção maximizada de resultados"[611].

Deste modo, "[a] indispensabilidade associa-se ao facto de um custo ser <u>necessário,</u> de se apresentar como habitual à obtenção de proveitos ou ganhos ou à manutenção da unidade produtiva. No entanto, tal não pode ser encarado apenas como abrangendo custos que direta e imediatamente conduzam à obtenção de ganhos ou à manutenção da unidade produtiva (nexo causal), abrangendo igualmente custos que media-

[609] Sobre este princípio cf. Fernando Castro Silva / Miguel Cortez Pimentel, "A respeito da indispensabilidade dos gastos. O acórdão do STA de 7-2-2007", *Estudos em Memória do Prof. Doutor J. L. Saldanha Sanches*, vol. IV, Coimbra, Coimbra Editora, 2011, pp. 731 e seguintes.

[610] Acórdão do Tribunal Central Administrativo Sul, de 02/02/2010, proc. 03669/09.

[611] Acórdão do Tribunal Central Administrativo Sul, de 01/06/2011, proc. 04589/11.

tamente visam esse fim. Portanto, mais do que uma análise objetiva do custo, tem de se aferir subjetivamente a sua indispensabilidade"[612].

Ou seja, "[a] formulação de um juízo sobre a indispensabilidade de determinadas custos para a realização dos proveitos envolve apreciação de matéria de facto, pois para o formular é necessário utilizar regras da vida e da experiência comum"[613].

Concomitantemente é "imperioso ligar a insubstituível necessidade de assumir esses encargos com a realização dos proveitos ou ganhos em cada exercício ou com a manutenção da fonte produtora, isto é, com a continuidade da pessoa coletiva, exercendo a atividade a que se propôs"[614].

A jurisprudência fiscal mais recente tem, portanto, vindo a rejeitar juízos de razoabilidade e de oportunidade, adotando uma conceção relativamente ampla de "indispensabilidade dos gastos"[615]. Pensamos que também neste domínio deve prevalecer a *substância sobre a forma*, devendo atender-se às circunstâncias de cada caso concreto.

O nº 1 do artigo 23º do CIRC indica, a título meramente exemplificativo, uma multiplicidade de **gastos e perdas dedutíveis**, aí se incluindo:

- os relativos à produção ou aquisição de quaisquer bens ou serviços;
- os relativos à distribuição e venda;
- os gastos de natureza financeira (como juros de capitais alheios):
- os gatos de natureza (tais como remunerações);
- os gastos relativos a análises, racionalização, investigação, consulta e projetos de desenvolvimento;
- os gastos de natureza fiscal e parafiscal;
- depreciações e amortizações[616];
- perdas por imparidade[617];
- provisões[618];
- perdas por redução do justo valor em instrumentos financeiros;

[612] *Idem.*

[613] Acórdão do Supremo Tribunal Administrativo, de 18/06/2008, proc. 0276/08.

[614] Acórdão do Tribunal Central Administrativo Norte, de 06/04/2006, proc. 00013/04.

[615] Sobre a evolução jurisprudencial da noção de *indispensabilidade*, cfr. António Moura Portugal, *A Dedutibilidade dos Custos na Jurisprudência Fiscal Portuguesa*, Coimbra, 2004, pp. 235 e seguintes.

[616] Artigos 29º e seguintes do CIRC.

[617] Artigos 26º e seguintes do CIRC.

[618] Artigos 39º e 40º do CIRC.

- perdas por redução do justo valor em ativos biológicos consumíveis que não sejam explorações silvícolas plurianuais;
- menos-valias realizadas;
- indemnizações resultantes de eventos cujo risco não seja segurável.

A lei prevê ainda possibilidade de dedução de outros encargos, de acordo com as regras especiais previstas no CIRC, a saber:

- créditos incobráveis (artigo 41º);
- reconstituição de jazidas (artigo 42º);
- realizações de utilidade social (artigo 43º);
- quotizações a favor de associações empresariais (artigo 44º);
- ativos intangíveis, propriedades de investimento e ativos biológicos não consumíveis (artigo 45º-A).

Por outro lado, o legislador, no artigo 23º-A, tipifica os **encargos não dedutíveis** para efeitos fiscais, ainda que os mesmos sejam contabilizados como gastos do período de tributação.

Assim, por exemplo, não são dedutíveis: o IRC e quaisquer outros impostos que direta ou indiretamente incidam sobre os lucros; as despesas não documentadas; as despesas ilícitas; as multas, coimas e demais encargos pela prática de infrações que não tenham origem contratual; as indemnizações pela verificação de eventos cujo risco seja segurável; a contribuição sobre o setor bancário; a contribuição extraordinária sobre o setor energético; a contribuição extraordinária sobre a indústria farmacêutica.

Por vezes suscitam-se dificuldades na aplicação dos artigos 23º e 23º-A, sendo os mesmos responsáveis por não pouca litigância. Tais dificuldades podem ter diferente origem e natureza. Elas justificam algumas breves notas, com o intuito de exemplificar os diferentes problemas que podem suscitar-se quando se trata de saber se e em que medida é que os encargos suportados pelas empresas podem ser deduzidos para a determinação do lucro tributável.

De um modo geral, a Autoridade Tributária e os tribunais devem ter em atenção que um dos problemas mais importantes – embora não o único – que se encontra subjacente a essa aplicação prende-se com a garantia da clareza e transparência da relação entre a sociedade e os respetivos sócios, acionistas, administradores ou figuras próximas e do impacto que isso gera no âmbito fiscal. O contrato de sociedade estabelece a relação entre os sócios/acionistas e a sociedade e resolve problemas como a participação nos lucros e a sua distribuição. Ele distingue-se de outras relações contratuais respeitantes ao trabalho assalariado, prestação de serviços, arrendamento, compra e venda ou mútuo (empréstimo), apenas para dar alguns exemplos.

É neste contexto que se podem colocar problemas como distribuições ocultas de lucros ou remunerações, podendo nesses casos haver lugar à *recaracterização* de certos pagamentos como dividendos (*constructive dividends*). Por outras palavras, pode haver a tentação de utilizar impropriamente determinadas formas contratuais para proceder ao pagamento de salários, honorários, preços, juros, rendas, royalties, especialmente elevados, tendo em vista defraudar o contrato de sociedade ou, mais importante no nosso terreno, operar uma indevida redução da carga fiscal. A dedução dessas despesas contribuirá para a diminuição de lucros no balanço e para a fuga à retenção do imposto devido a que eventualmente haja lugar. A delicadeza da dedução de custos prende-se, em boa medida, com a necessidade de tratamento de certos pagamentos como distribuições ocultas de lucros, totais ou parciais.

Como critérios doutrinais orientadores, pode ser importante mobilizar, nesta sede, o **critério do administrador ordeiro e consciencioso**. Este obriga a que se opere a distinção entre fins da sociedade e interesses do sócio (e próximos), a que se efetue a comparação interna e externa com empresas estranhas em circunstâncias idênticas e que se controle a existência de um fundamento empresarial e económico racional e objetivo para as transações realizadas e os encargos incorridos. Neste mesmo sentido se move a doutrina do **defeito de habitualidade e sinceridade.** Para ela, é particularmente relevante a inexistência de fundamento empresarial objetivo para as despesas efetuadas, a incompatibilidade das mesmas com transações comparáveis num mercado concorrencial e o desvio significativo relativamente ao padrão das transações habituais.

Uma atenção especial merece o possível **favorecimento do(s) acionista(s) dominante(s)**, à margem do contrato de sociedade e contornando as normas tributárias. Impõe-se controlar, designadamente, a) o domínio da sociedade através da participação ou dos direitos de voto; b) a vantagem do sócio e a desvantagem para a sociedade; c) o respeito pela distinção entre interesses da sociedade e dos sócios; d) a comparação interna e externa do sócio com terceiros; e) a realização de prestações e contraprestações pouco habituais e f) a existência de fundamento contratual e económico claro para as transações problemáticas em presença.

Especialmente atendível, na análise dos encargos incorridos é o *critério do mercado* (*arm's lengh principle*), em clara homologia com que sucede no domínio dos preços de transferência. Oferece-se a utilização de uma metodologia de **comparação interna**, examinando negócios comparáveis da mesma sociedade com terceiros, **comparação externa,** atentando para negócios comparáveis efetuados por outras sociedades com terceiros e **comparação hipotética**, considerando negócios hipotéticos comparáveis celebrados por uma sociedade hipotética com terceiros hipotéticos. Trata-se de uma metodologia válida *mutatis mutandis* para sociedades, associações e cooperativas.

Uma outra questão que merece ser referida prende-se com a não dedutibilidade de despesas ilícitas. É hoje um dado pacífico e incontroverso que as empresas não podem deduzir subornos pagos a titulares de cargos públicos estrangeiros para obter contratos ou licenças de investimento. Se o fizessem com a aceitação dos Estados, tanto aquelas como estes estariam direta e indiretamente envolvidos na prática da corrupção. Trata-se de uma conduta há muito proscrita no direito nacional e internacional, para isso muito tendo contribuído os esforços da OCDE na promoção do *princípio anticorrupção* como princípio estruturante do direito internacional fiscal[619].

Um caso exemplar em que é manifesta a dificuldade e controvérsia na aplicação das normas do artigo 23º e 23º-A do CIRC no que diz respeito à dedutibilidade ou não dedutibilidade das indemnizações pela verificação de eventos cujo risco seja segurável.

A Administração Tributária tem vindo a proceder a uma interpretação literal do preceito contido no artigo 23º-A, al. g), do CIRC [anteriormente, artigo 45º, nº 1, al. e)], recusando-se a aceitar a dedutibilidade

[619] Em 1996 a OCDE adotou uma Recomendação sobre a Dedutibilidade Fiscal do Suborno a Agentes Públicos Estrangeiros, tendo em 1997 aberto à subscrição a Convenção Sobre a Luta Contra a Corrupção de Agentes Públicos Estrangeiros nas Transações Comerciais Internacionais. Mais recentemente, a OCDE formulou uma Recomendação sobre o assunto, em 26-11-2009, com aditamentos posteriores.

dos custos com indemnizações pagas por verificação de eventos cujo risco seja segurável.

Relativamente ao critério que se prende com saber se certo risco é ou não segurável, importa esclarecer se esse risco deve segurável em *abstrato* ou se o mesmo deve ser segurável em *concreto.*

Com efeito, um risco pode, em abstrato, ser suscetível de ser segurado e, no entanto, não o ser em concreto. Pensemos, a título meramente exemplificativo, nas seguintes hipóteses:

i) Não existir no mercado segurador qualquer entidade interessada em segurar determinado risco (atendendo a que as seguradoras não são obrigadas a contratar);
ii) As seguradoras, para cobrirem determinado risco, apresentarem condições tão onerosas que, na prática inviabilizem a possibilidade de celebração do contrato de seguro;
iii) Ser celebrado contrato de seguro para cobrir determinado risco, mas em que a seguradora limita a responsabilidade a um valor máximo;
iv) Ser celebrado contrato de seguro para cobrir determinado risco, por um valor considerado adequado, atendendo aos valores médios de anos anteriores e/ou a critérios legalmente estabelecidos, mas vir a ocorrer um evento que cause danos em valor superior ao segurado, revelando-se o mesmo de difícil ou mesmo impossível previsão por parte do segurado (o valor do seguro tem que ser definido no momento da celebração (ou renovação) do contrato, devendo essa definição ser feita na medida do que for exigível por lei ou seja ditado pelas regras da experiência).

Nestes casos, poder-se-ia dizer que os montantes suportados por uma empresa, a título de indemnização por danos resultantes de evento cujo risco era *abstratamente* segurável, deveriam, para efeitos de determinação do lucro tributável em IRC, ser considerados "riscos seguráveis"? A nossa resposta só pode ser negativa.

As hipóteses que, a título exemplificativo, enunciámos *supra*, têm em comum o facto de ilustrarem situações em que, estando em causa certos riscos *abstratamente* seguráveis, estes não seriam, em concreto, total ou parcialmente segurados, ainda que a empresa que pretendesse segurar esse risco tivesse agido diligentemente.

Concordamos, nesta matéria, com Rui Duarte Morais quando afirma que "haverá riscos que a empresa, ao menos teoricamente, poderia segurar mas tal não é exigível ou razoável, segundo um critério de normalidade. Em tais situações, o montante indemnizatório pago deve, em nosso entender, ser aceite como custo fiscal"[620].

Do exposto resulta que o risco segurável a que se refere o legislador no CIRC só pode ser entendido como um risco *segurável em concreto*, e não apenas em abstrato.

Mas o critério do *risco segurável vs. risco não segurável*, suscita ainda problemas sérios no que diz respeito à observância de diversos princípios constitucionais fundamentais, designadamente dos princípios da tributação do rendimento real, da capacidade contributiva, da igualdade, da justiça fiscal e da proporcionalidade.

Na verdade, a interpretação das regras do IRC sobre dedutibilidade ou não dedutibilidade de gastos e perdas, como no caso exposto a título ilustrativo, deverá ser sempre feita em conformidade com a Constituição.

v) Variações patrimoniais negativas

Para efeitos de determinação do lucro tributável, as variações patrimoniais negativas não refletidas no resultado líquido do período de tributação são dedutíveis nos mesmos termos em que o são os gastos e perdas, com as exceções definidas no artigo 24º do CIRC.

vi) O regime de mais-valias e menos-valias realizadas

Para a determinação do lucro tributável é, ainda, fundamental calcular as mais-valias e as menos-valias realizadas.

Nos termos do nº 1 do artigo 46º do CIRC, *"[c]onsideram-se mais-valias ou menos-valias realizadas os ganhos obtidos ou as perdas sofridas mediante transmissão onerosa, qualquer que seja o título por que se opere e, bem assim, os decorrentes de sinistros ou os resultantes da afetação permanente a fins alheios à atividade exercida, respeitantes a: a) Ativos fixos tangíveis, ativos intangíveis, ativos biológicos não consumíveis e propriedades de investimento, ainda que qualquer destes ativos tenha sido reclassificado como ativo não corrente detido para venda; b) Instrumentos financeiros, com exceção dos reconhecidos pelo justo valor nos termos das alíneas a) e b) do nº 9 do artigo 18º"*.

[620] Rui Duarte Morais, *Apontamentos ao IRC*, Coimbra, 2007, p. 94.

As mais-valias e as menos-valias resultam da diferença entre o valor de realização, líquido dos encargos que lhe sejam inerentes, e o valor de aquisição deduzido das depreciações e amortizações aceites fiscalmente, das perdas por imparidade e outras correções de valor previstas nos artigos 28º-A, 31º-B e ainda dos valores reconhecidos como gasto fiscal nos termos do artigo 45º-A, sem prejuízo do disposto na parte final do nº 3 do artigo 31º-A (artigo 46º, nº 2, do CIRC).

Note-se que apenas concorrem para a formação do lucro tributável as mais-valias e as menos-valias realizadas – *princípio da realização* –, o que exclui as mais-valias e as menos-valias potenciais ou latentes, ainda que expressas na contabilidade.

Os nºs 3 e 4 do artigo 46º do CIRC definem as regras para a determinação do valor de realização.

Não são consideradas mais-valias ou menos-valias os resultados obtidos em consequência da entrega pelo locatário ao locador dos bens objeto de locação financeira. Também o não são os resultados obtidos na transmissão onerosa, ou na afetação permanente nos termos referidos no nº 1 do artigo 46º do CIRC, de títulos de dívida cuja remuneração seja constituída, total ou parcialmente, pela diferença entre o valor de reembolso ou de amortização e o preço de emissão, primeira colocação ou endosso (artigo 46º, nº 6, do CIRC).

Quando tenham decorrido pelo menos dois anos entre a data de aquisição e a data de realização, o valor de aquisição, calculado nos termos do nº 2 do artigo 46º, é atualizado mediante aplicação dos coeficientes de desvalorização da moeda aprovados por portaria do Ministro das Finanças (artigo 47º, nº 1, do CIRC)[621].

A lei prevê que a diferença positiva entre mais-valias e menos-valias realizadas mediante a transmissão onerosa de ativos fixos tangíveis, ativos intangíveis e ativos biológicos não consumíveis, detidos por um período não inferior a um ano, ainda que qualquer destes ativos tenha sido reclassificado como ativo não corrente detido para venda, ou em consequência de indemnizações por sinistros ocorridos nestes elementos, é considerada em **metade do seu valor**, em caso de reinvestimento dos valores de realização, desde que verificadas as condições definidas no artigo 48º.

[621] Esta correção monetária não é, contudo, aplicável aos instrumentos financeiros, exceto no que disser respeito às partes de capital (artigo 47º, nº 2, do CIRC).

O CIRC prevê ainda, no artigo 51º-C, um regime de ***participation exemption***, nos termos do qual não concorrem para a determinação do lucro tributável dos sujeitos passivos de IRC com sede ou direção efetiva em território português as mais-valias e menos-valias realizadas mediante transmissão onerosa de partes sociais, qualquer que seja o título por que se opere e independentemente da percentagem da participação transmitida, desde que, cumulativamente, se verifiquem os seguintes requisitos:

i) As partes sociais sejam detidas ininterruptamente por um período não inferior a um ano; e

ii) Na data da sua transmissão:
   - o sujeito passivo detenha, direta ou indiretamente, nos termos do nº 6 do artigo 69º, uma participação não inferior a 10% do capital social ou dos direitos de voto;
   - O sujeito passivo não esteja abrangido pelo regime da transparência fiscal;
   - A entidade que distribui os lucros ou reservas não tenha residência ou domicílio em país, território ou região sujeito a um regime fiscal claramente mais favorável;
   - A entidade que distribui os lucros ou reservas esteja sujeita e não isenta de IRC, do imposto referido no artigo 7º, de um imposto referido no artigo 2º da Diretiva nº 2011/96/UE, do Conselho, de 30 de novembro, ou de um imposto de natureza idêntica ou similar ao IRC e a taxa legal aplicável à entidade não seja inferior a 60% da taxa do IRC prevista no nº 1 do artigo 87º[622].

vii) O regime de patent box

O artigo 50º-A do CIRC consagra um regime de isenção parcial para os rendimentos de patentes e outros direitos de propriedade industrial (regime de *patent box*).

Decorre deste regime que concorrem para a determinação do lucro tributável em apenas 50% do seu valor os rendimentos provenientes de contratos que tenham por objeto a cessão ou a utilização temporária de *patentes* e de *desenhos ou modelos industriais*. Este regime aplica-se, igual-

[622] Este requisito é dispensado quando se verifique o cumprimento cumulativo das condições previstas no nº 6 do artigo 66º do CIRC.

mente, aos rendimentos decorrentes da violação dos referidos direitos de propriedade industrial.

A aplicação deste regime especial está dependente da verificação cumulativa das condições definidas no nº 3 do artigo 50º-A do CIRC, a saber:

- O cessionário utilize os direitos de propriedade industrial na prossecução de uma atividade de natureza comercial, industrial ou agrícola;
- Os resultados da utilização dos direitos de propriedade industrial pelo cessionário não se materializem na entrega de bens ou prestações de serviços que originem gastos fiscalmente dedutíveis na entidade cedente, ou em sociedade que com esta esteja integrada num grupo de sociedades ao qual se aplique o regime especial previsto no artigo 69º do CIRC, sempre que entre uma ou outra e o cessionário existam relações especiais nos termos do nº 4 do artigo 63º do CIRC;
- O cessionário não seja uma entidade residente em país, território ou região onde se encontre sujeita a um regime fiscal claramente mais favorável;
- O sujeito passivo a cujos rendimentos seja aplicável o regime de isenção parcial disponha de registos contabilísticos que permitam identificar os gastos e perdas incorridos ou suportados para a realização das atividades de investigação e desenvolvimento diretamente imputáveis ao direito de propriedade industrial objeto de cessão ou utilização temporária, e se encontrem organizados de modo a que esses rendimentos possam claramente distinguir-se dos restantes.

viii) Eliminação da dupla tributação económica de lucros e reservas distribuídos

Tendo em vista eliminar a dupla tributação económica, e em consonância com a Diretiva nº 2011/96/UE (sociedades-mães e sociedades afiliadas), a lei prevê que os lucros e reservas distribuídos a sujeitos passivos de IRC com sede ou direção efetiva em território português, não concorrem para a determinação do lucro tributável, desde que se verifiquem cumulativamente os requisitos enunciados no artigo 51º do CIRC.

Este regime (tal como o das mais-valias e menos-valias), é válido para os lucros e reservas distribuídos que sejam imputáveis a um estabelecimento estável situado em território português de uma entidade residente num Estado membro da UE, desde que esta preencha os requisitos e condições definidos no artigo 2º da Diretiva nº 2011/96/UE.

ix) Dedução de prejuízos

Os prejuízos fiscais apurados num período de tributação são deduzidos aos lucros tributáveis, caso existam, obtidos em um ou mais dos 5 períodos de tributação posteriores, ou, no caso dos sujeitos passivos que exerçam, diretamente e a título principal, uma atividade económica de natureza agrícola, comercial ou industrial e que estejam abrangidos pelo Decreto-Lei nº 372/2007, de 6 de novembro, em um ou mais dos 12 períodos de tributação posteriores (artigo 52º, nº 1, CIRC).

Este regime não é, contudo, aplicável, quando se verificar, à data do termo do período de tributação em que é efetuada a dedução, que, em relação àquele a que respeitam os prejuízos, se verificou a alteração da titularidade de mais de 50% do capital social ou da maioria dos direitos de voto (artigo 52º, nº 8, do CIRC).

A dedução a efetuar em cada um dos períodos de tributação não pode ultrapassar o montante correspondente a 70% do respetivo lucro tributável, não ficando, todavia, prejudicada a dedução da parte desses prejuízos que não tenham sido deduzidos, nas mesmas condições e até ao final do respetivo período de tributação (artigo 52º, nº 2, do CIRC).

Em caso de apuramento do lucro tributável com base em métodos indiretos, os prejuízos fiscais não são, todavia, dedutíveis. Ainda assim, não fica prejudicada a dedução, dentro do período definido na lei, dos prejuízos que não tenham sido anteriormente deduzidos (artigo 52º, nº 3, CIRC)[623].

Quando forem feitas correções aos prejuízos fiscais declarados pelo sujeito passivo, devem alterar-se, em conformidade, as deduções efetuadas, não se procedendo, porém, a qualquer anulação ou liquidação de IRC, ainda que adicional, se tiverem decorrido mais de 4 anos relativamente àquele a que o lucro tributável respeite (artigo 52º, nº 4, do CIRC).

[623] *V.* Acórdão do STA de 10/01/2007, proc. nº 589/06-30.

1.3.3.6.3. Pessoas coletivas e outras entidades residentes que não exerçam, a título principal, atividade comercial, industrial ou agrícola

As regras para determinação da matéria coletável das pessoas coletivas e outras entidades residentes que não exerçam, a título principal, uma atividade comercial, industrial ou agrícola, constam dos artigos 53º e 54º do CIRC.

Relativamente a estas entidades, o IRC incide sobre o **rendimento global**, resultante da soma algébrica dos rendimentos líquidos das várias categorias de IRS, incluindo os incrementos patrimoniais obtidos a título gratuito.

Para efeitos de determinação do rendimento global, os prejuízos fiscais apurados relativamente ao exercício de atividades comerciais, industriais ou agrícolas só podem ser deduzidos, nos termos e condições definidos no artigo 52º, aos rendimentos da mesma categoria num ou mais dos 5 períodos de tributação posteriores. Do mesmo modo, as menos-valias só podem ser deduzidas aos rendimentos da mesma categoria num ou mais dos 5 períodos de tributação posteriores.

Estes sujeitos passivos de IRC beneficiam de uma dedução correspondente a 50% dos rendimentos incluídos na base tributável correspondentes a lucros distribuídos por entidades residentes em território português, sujeitas e não isentas de IRC, bem como relativamente aos rendimentos que, na qualidade de associado, aufiram da associação em participação, tendo aqueles rendimentos sido efetivamente tributados (artigo 53º, nº 3, do CIRC). Este regime é igualmente aplicável aos lucros distribuídos por entidade residente noutro Estado membro da UE que preencha os requisitos e condições estabelecidos no artigo 2º da Diretiva nº 2011/96/UE (sociedades-mães e sociedades afiliadas).

Ao rendimento global são dedutíveis, até à respetiva concorrência, os gastos comprovadamente relacionados com a realização dos fins de natureza social, cultural, ambiental, desportiva ou educacional prosseguidos por estas pessoas coletivas ou entidades, desde que não exista qualquer interesse direto ou indireto dos membros de órgãos estatutários, por si mesmos ou por interposta pessoa, nos resultados da exploração das atividades económicas por elas prosseguidas (artigo 53º, nº 7, do CIRC).

Para a determinação da **matéria coletável** há que deduzir, total ou parcialmente, ao rendimento global os gastos comprovadamente indispensáveis à obtenção dos rendimentos que não tenham sido considerados na determinação do rendimento global e que não estejam especificamente ligados à obtenção dos rendimentos não sujeitos ou isentos de IRC, nos termos definidos no artigo 54º do CIRC.

1.3.3.6.4. Estabelecimentos estáveis de entidades residentes

Nos termos do disposto no artigo 54º-A, nº 1, do CIRC, o sujeito passivo com sede ou direção efetiva em território português pode optar pela não concorrência para a determinação do seu lucro tributável dos lucros e dos prejuízos imputáveis a estabelecimento estável situado fora do território português, desde que:

i) os lucros imputáveis a esse estabelecimento estável estejam sujeitos e não isentos de um imposto referido no artigo 2º da Diretiva nº 2011/96/UE, do Conselho, de 30 de novembro, ou de um imposto de natureza idêntica ou similar ao IRC cuja taxa legal aplicável a esses lucros não seja inferior a 60% da taxa do IRC prevista no nº 1 do artigo 87º; e
ii) esse estabelecimento estável não esteja localizado em país, território ou região sujeito a um regime fiscal claramente mais favorável.

Neste caso, o lucro tributável do sujeito passivo deve refletir as operações com os respetivos estabelecimentos estáveis situados fora do território português e ser corrigido dos gastos correspondentes aos rendimentos imputáveis aos mesmos ou aos ativos a eles afetos, por forma a corresponder ao que seria obtido caso eles fossem empresas separadas e independentes (artigo 54º-A, nº 3, do CIRC).

A opção a que se refere o nº 1 do artigo 54º-A deve abranger, pelo menos, todos os estabelecimentos estáveis situados na mesma jurisdição e ser mantida por um período mínimo de três anos, a contar da data em que se inicia a sua aplicação (artigo 54º-A, nº 6, do CIRC).

O exercício desta opção implica, ainda, a não aplicabilidade aos lucros e prejuízos imputáveis a estabelecimento estável situado fora do território português o disposto no nº 2 do artigo 74º e no artigo 91º ou outro método de eliminação da dupla tributação internacional ao abrigo de convenção para evitar a dupla tributação celebrada por Portugal.

1.3.3.6.5. Entidades não residentes

Tratando-se de entidades não residentes, sejam elas sociedades ou não, há que determinar se as mesmas têm, ou não, um estabelecimento estável em território português a partir do qual sejam exercidas atividades de natureza primordialmente industrial, comercial ou agrícola.

No caso de resposta afirmativa, o estabelecimento estável é tributado com base nos **lucros imputáveis**.

De acordo com o estipulado no artigo 3º, nº 3, do CIRC, consideram-se componentes do lucro imputável ao estabelecimento estável os rendimentos de qualquer natureza obtidos por seu intermédio, bem como os demais rendimentos obtidos em território português, provenientes de atividades idênticas ou similares às realizadas através desse estabelecimento estável, de que sejam titulares as entidades não residentes em causa. Este aspeto é especialmente digno de nota, na medida em que se adota um entendimento razoavelmente amplo do princípio da fonte.

O lucro tributável imputável a estabelecimento estável de sociedades e outras entidades não residentes é determinado aplicando, com as necessárias adaptações, as regras previstas para as pessoas coletivas e outras entidades residentes que exerçam, a título principal, atividade comercial, industrial ou agrícola (artigo 55º, nº 1, do CIRC)

Nos termos do artigo 55º, nº 2, do CIRC, para a determinação do lucro tributável podem ser deduzidos como gastos os encargos gerais de administração que sejam imputáveis ao estabelecimento estável, nos termos ou condições substancialmente idênticos aos que normalmente seriam contratados, aceites e praticados entre entidades independentes em operações, devendo esses critérios ser uniformemente seguidos nos vários períodos de tributação.

Nos casos em que não seja possível efetuar uma imputação com base na utilização pelo estabelecimento estável dos bens e serviços a que respeitam os encargos gerais, são admissíveis como critérios de repartição, entre outros, os seguintes: volume de negócios; gastos diretos; ativo fixo tangível (artigo 55º, nº 3).

Deve ainda considerar-se os casos de **entidades não residentes sem estabelecimento estável** que obtêm rendimentos em território nacional (artigo 56º do CIRC). Os mesmos são tributados por força da aplicação do princípio da fonte, sendo determinados de acordo com as regras do IRS.

1.3.3.6.6. Possibilidade de recurso a métodos indiretos

Entre nós, admite-se o recurso excecional a métodos indiretos para a determinação do lucro tributável (artigos 15º, nº 2, e 57º e seguintes do CIRC e 87º e seguintes da LGT). Trata-se de um expediente de caráter excecional e circunscrito aos casos expressamente previstos na lei – acompanhado de um reforço das garantias de defesa do contribuinte – preferindo-se por princípio o **método da contabilidade**, tomando como ponto de referência, de boa fé, a declaração de rendimentos do contribuinte.

O recurso a **métodos indiciários**, funcionando com base em **presunções ilidíveis**, desde que respeite o princípio da proporcionalidade em sentido amplo, não colide com o princípio constitucionalmente estabelecido da tributação do rendimento real (artigo 104º, nº 2, da CRP). Tal como vimos, decorre deste princípio constitucional que o lucro tributável deve, preferencialmente, ser determinado com base nas declarações de rendimentos apresentadas pelos contribuintes, devendo as mesmas dar conta dos rendimentos por eles efetivamente auferidos. Isto é, deve atender-se, preferencialmente, ao rendimento real efetivo. Todavia, verificando-se uma tendência recorrente para a evasão fiscal, com os prejuízos daí decorrentes para os princípios da universalidade, da igualdade, da legalidade e da necessidade tributárias, admite-se o recurso a métodos indiretos de avaliação da matéria tributável, culminando desse modo um procedimento administrativo-tributário em que ao contribuinte é dada a possibilidade de justificar o afastamento verificado entre os indicadores legais e o lucro tributado, ilidindo desse modo a presunção.

A Administração só de modo excecional e fundamentado é que pode afastar-se **do rendimento real** (efetivo ou presumido) e tributar o **rendimento normal**[624]. Com efeito, à luz da Constituição tributária afigura-se preferível a procura de um **rendimento real presumido, individual e concreto**, apurado com base em circunstâncias relativas à realidade do contribuinte, do que o recurso ao rendimento normal[625].

A determinação do lucro tributável por métodos indiretos é feita pelo diretor de finanças da área da sede, direção efetiva ou estabelecimento estável do sujeito passivo ou por funcionário em que este dele-

[624] Acórdão do Tribunal Constitucional de nº 84/03.

[625] Cfr. declaração de Voto do Conselheiro Paulo Mota Pinto ao Acórdão do TC nº 84/03.

gue, com base em todos os elementos de que a Administração Tributária disponha, de acordo com o disposto no artigo 90º da LGT e demais normas aplicáveis (artigo 59º do CIRC).

Os sujeitos passivos devem ser notificados, através de carta registada com aviso de receção, do lucro tributável fixado por métodos indiretos, com indicação dos factos que lhe estiveram na origem e dos critérios e cálculos que lhe estão subjacentes (artigo 60º do CIRC).

Em caso de fixação do lucro tributável por métodos indiretos os sujeitos passivos podem requerer a respetiva **revisão**, nos termos previstos nos artigos 91º e seguintes da LGT (artigo 61º do CIRC).

O lucro tributável determinado por métodos indiretos pode, ainda, ser objeto de revisão excecional nos três anos posteriores ao do correspondente ato tributário, quando, em virtude de elementos concretos que venham a ser conhecidos ulteriormente, se conclua ter havido **injustiça grave ou notória** em prejuízo do Estado ou do sujeito passivo e a revisão seja autorizada pelo diretor-geral da Autoridade Tributária e Aduaneira (artigo 62º, nº 1, do CIRC). Esta norma representa uma concretização do princípio constitucional da justiça, a que a Administração está vinculada por força do artigo 266º, nº 2, da CRP.

1.3.3.6.7. Correções para efeitos de determinação da matéria coletável

a) Considerações gerais

Os observadores especializados notam que as pequenas empresas têm uma maior propensão para a **fraude fiscal** (*tax evasion*), ao passo que as grandes empresas recorrem frequentemente à **evasão** e ao **planeamento fiscal** (*tax avoidance* e *tax planning*)[626]. Daí a necessidade de o legislador tributário prever mecanismos de correção na determinação da matéria coletável. Como veremos a seguir, o legislador tributário nacional foi sensível a esta problemática.

b) Preços de transferência

Uma das estratégias de planeamento fiscal é o recurso ao mecanismo dos preços de transferência (*transfer prices*), o qual consiste na utilização,

[626] Massimo Bordignon, Silvia Giannini, Paolo Panteghini, "Reforming Business Taxation: Lessons from Italy?", *International Tax and Public Finance*, 8 (2), March 2001, pp. 191 e seguintes.

pelas empresas, das suas próprias redes integradas de negócios para retirarem vantagens tributárias[627].

Os grupos de empresas transnacionais são muitas vezes tentados a deslocar o seu rendimento tributável de Estados com impostos elevados para Estados com impostos baixos, independentemente do local da produção efetiva desses rendimentos. Um mecanismo frequentemente utilizado para o efeito consiste na manipulação artificial dos preços de transferência de bens intermédios transacionados entre empresas do mesmo grupo (*intracompany prices*) situadas nuns e noutros Estados. Por exemplo, um bem intermédio produzido por uma empresa no Estado de baixa tributação é adquirido a preços artificialmente inflacionados por uma empresa situada no Estado de tributação elevada, para assim deslocar rendimentos deste para aquele. A inversa também é possível, com os preços artificialmente reduzidos de forma a manter os rendimentos no território com mais baixa tributação.

Deve considerar-se que a aquisição de bens e serviços por sociedades do mesmo grupo pode ser um fator relevante na organização da produção de forma mais eficiente. No entanto, como se disse, a mesma também é um mecanismo de evasão fiscal, cuja utilização efetiva depende sempre de uma análise dos custos e benefícios das transações envolvidas. Deve considerar-se que a determinação do preço das transferências entre sociedades do mesmo grupo não é uma tarefa simples, colocando sempre dificuldades contabilísticas e de gestão, dependendo da existência de uma gestão estratégica e financeira centralizada para todo o grupo e da capacidade do mesmo para racionalizar/otimizar a sua política de preços de transferência e resolver problemas suscitados pela competição entre os vários "centros de lucros" no seu seio.

Vejamos um exemplo no âmbito de um grupo transnacional de sociedades S (constituída pela sociedade mãe SM, com sede no Estado A e pelas filiais S1, S2, residentes nos Estados B e C):

a) numa situação em que a sociedade S1 paga 30% de imposto no Estado B e a S2 paga 10% no Estado C, os preços de bens e serviços transacionados entre ambas podem ser manipulados para os lucros de ambas

[627] Peter Muchlinski, *Multinational Enterprises and the Law*, Oxford, (1995), 1999, pp. 282 e seguintes.

serem contabilizados na sociedade S2. Os mecanismos para esse efeito podem ser[628]:

1) subvalorarão do preço de bens e serviços adquiridos por S2 a S1 (reduzindo os lucros de S1 e aumentando os lucros de S2)
2) sobrevaloração dos bens adquiridos por S1 a S2 (reduzindo os lucros de S1 e aumentando os lucros de S2).

Ambos os mecanismos aumentam a eficiência tributária do grupo S. O grupo S procurará manipular os preços dos *serviços* porque aqui a manipulação é geralmente mais difícil de detetar do que no caso dos *bens*. Esta realidade pode criar tensões regulatórias internacionais envolvendo os Estados B e C.

Para além dos preços de transferência, as sociedades do grupo S podem recorrer a outras técnicas (v.g. *thin capitalization, earnings stripping*) para canalizar fundos entre si, de forma a aumentar a sua eficiência tributária e económica:

1) pagamentos de dividendos a S2 pela S1(a tributar no Estado C);
2) empréstimo de S2 a S1 (com pagamento de juros elevados, dedutíveis no Estado B, por S1 a S2);
3) especulação cambial através da deslocação de lucros de Estados B e C com moeda fraca para o Estado A com moeda forte;
4) canalização dos lucros para outras sociedades do grupo a fim de evitar o pagamento de dividendos a acionistas locais, reduzir o risco de expropriação por parte do Estado anfitrião e diminuir a pressão dos sindicatos em matéria salarial.

O objetivo da legislação sobre preços de transferência consiste em impedir a saída dos capitais do território da fonte dos rendimentos para garantir a sua tributação. As soluções de direito interno tendem a seguir orientações internacionais[629].

Entre nós, o artigo 63º do CIRC dispõe que nas operações comerciais entre o sujeito passivo e entidades com quem o mesmo esteja em situação de relações especiais deve adotar-se a contratação de termos

[628] Muchlinski, *Multinational Enterprises and the Law...*, cit., pp. 286 e seguintes.

[629] OECD, *Transfer Pricing Guidelines for Multinational Enterprises and Tax Administrations*, 22-7-2010.

e condições substancialmente idênticos aos normais em operações comparáveis – princípio da plena concorrência (*arm's length principle*). Isso aplica-se, nomeadamente, a operações ou séries de operações sobre bens, direitos ou serviços e operações financeiras, devendo ser adotados métodos suscetíveis de assegurar o mais elevado grau de comparabilidade entre operações idênticas em situações normais de mercado. Esses métodos são os enunciados no nº 3 do artigo 63º do CIRC:

- método do preço comparável de mercado;
- método do preço de revenda minorado;
- método do custo majorado;
- método do fracionamento do lucro;
- método da margem líquida da operação[630].

Para efeitos da aplicação do regime de preços de transferência, considera-se que existem relações especiais entre duas entidades nas situações em que uma tem o poder de exercer, direta ou indiretamente, uma influência significativa nas decisões de gestão da outra, designadamente quando se verifique alguma das seguintes circunstâncias:

i) Uma entidade e os titulares do respetivo capital, ou os cônjuges, ascendentes ou descendentes destes, que detenham, direta ou indiretamente, uma participação não inferior a 20% do capital ou dos direitos de voto;
ii) Entidades em que os mesmos titulares do capital, respetivos cônjuges, ascendentes ou descendentes detenham, direta ou indiretamente, uma participação não inferior a 20% do capital ou dos direitos de voto;
iii) Uma entidade e os membros dos seus órgãos sociais, ou de quaisquer órgãos de administração, direção, gerência ou fiscalização, e respetivos cônjuges, ascendentes e descendentes;
iv) Entidades em que a maioria dos membros dos órgãos sociais, ou dos membros de quaisquer órgãos de administração, direção, gerência ou fiscalização, sejam as mesmas pessoas ou, sendo pes-

[630] Nos termos da al. b) do nº 3 do artigo 63º do CIRC, os métodos do fracionamento do lucro e da margem líquida da operação, ou outro, apenas deverão ser utilizados quando os outros métodos [referidos na alínea a) do mesmo número] não possam ser aplicados ou, podendo sê-lo, não permitam obter a medida mais fiável dos termos e condições que entidades independentes normalmente acordariam, aceitariam ou praticariam.

soas diferentes, estejam ligadas entre si por casamento, união de facto legalmente reconhecida ou parentesco em linha reta;

v) Entidades ligadas por contrato de subordinação, de grupo paritário ou outro de efeito equivalente;

vi) Empresas que se encontrem em relação de domínio, nos termos do artigo 486º do Código das Sociedades Comerciais;

vii) Entidades cujo relacionamento jurídico possibilita, pelos seus termos e condições, que uma condicione as decisões de gestão da outra, em função de factos ou circunstâncias alheios à própria relação comercial ou profissional;

viii) Uma entidade residente ou não residente com estabelecimento estável situado em território português e uma entidade sujeita a um regime fiscal claramente mais favorável residente em país, território ou região constante da lista aprovada por portaria do Ministro das Finanças.

As regras de preços de transferência previstas no CIRC são também aplicáveis nas relações entre:

i) uma entidade não residente e um seu estabelecimento estável situado em território português, ou entre este e outros estabelecimentos estáveis situados fora deste território;

ii) uma entidade residente e os seus estabelecimentos estáveis situados fora do território português ou entre estes (artigo 63º, nº 9, do CIRC).

As regras para a aplicação destes métodos constam da Portaria nº 1446-C/2001, de 21 de dezembro, as quais têm por base o princípio da plena concorrência.

A portaria dos preços de transferência prevê a obrigatoriedade de o sujeito passivo recorrer ao método mais apropriado[631] para cada operação ou série de operações. Assim, o sujeito passivo deve escolher o método que proporcione: *i)* o maior *grau de comparabilidade* entre ope-

[631] Nos termos da portaria dos preços de transferência, é considerado como *método mais apropriado* "... aquele que é suscetível de fornecer a melhor e mais fiável estimativa dos termos e condições que seriam normalmente acordados, aceites ou praticados numa situação de plena concorrência ..." – artigo 4º, nº 2.

rações vinculadas[632] e operações não vinculadas[633] e entre as entidades selecionadas para a comparação; *ii)* a melhor *qualidade* e a maior *quantidade de informação* disponível para a sua adequada justificação e aplicação; *iii)* o menor *número de ajustamentos* para efeitos de eliminar as diferenças existentes entre os factos e as situações comparáveis[634].

A comparação entre uma operação vinculada e uma operação não vinculada requer uma análise detalhada e complexa de múltiplas variáveis (v.g. funções desempenhadas pelas entidades intervenientes, risco, condições de mercado, natureza dos bens e serviços)[635],[636].

A Portaria consagra, ainda, regras especiais para os acordos celebrados entre entidades relacionadas – *acordos de partilha de custos* e *acordos de prestação de serviços intragrupo*[637] –, os quais também estão subordinados ao princípio da plena concorrência.

Uma vez que é sobre o sujeito passivo que recai o dever de escolha do método mais apropriado, compreende-se que caiba a este, igualmente, a obrigação de justificar essa escolha e de fazer prova dos elementos necessários. Daí a consagração, no CIRC (artigo 63º, nº 6, do CIRC) e na portaria dos preços de transferência, de diversas obrigações acessórias, designadamente as que se referem à manutenção e organização de um processo de documentação fiscal contendo elementos relevantes para efeito de garantia do princípio da plena concorrência (artigos 13º e seguintes da Portaria nº 1446-C/2001, de 21 de dezembro).

Para permitir o controlo dos preços de transferência, incumbe, ainda, sobre o sujeito passivo o dever de identificação das operações em causa e dos preços de transferência praticados (artigo 63º, nº 7, do CIRC).

A aplicação das regras sobre preços de transferência pode implicar correções no lucro tributável do sujeito passivo (artigo 3º da Portaria nº 1446-C/2001, de 21 de dezembro). Pode, ainda, suceder que essas

[632] Consideram-se "operações vinculadas" as que são efetuadas entre entidades que têm entre si uma "relação especial", nos termos do nº 4 do artigo 63º do CIRC.

[633] O *grau de comparabilidade* deve ser aferido tendo em conta, designadamente, os fatores elencados no artigo 5º da portaria dos preços de transferência.

[634] Artigo 4º, nº 2, da Portaria nº 1446-C/2001, de 21 de dezembro.

[635] Han, Sung-Soo, "A Study On The Development Of A Global Community From A Legal Perspetive", 7, Brigham Young University International Law & Management Review, 2010, 854 e seguintes.

[636] Artigo 5º da Portaria nº 1446-C/2001, de 21 de dezembro.

[637] Artigos 11º e 12º da Portaria nº 1446-C/2001, de 21 de dezembro.

correções ao lucro tributável de um sujeito passivo motivem a realização de um ajustamento correlativo no lucro tributável de outro sujeito passivo de IRS ou IRC, quando em causa esteja uma relação especial entre estes sujeitos (artigo 63º, nº 11, do CIRC e artigo 17º da Portaria nº 1446-C/2001, de 21 de dezembro).

Resulta do artigo 71º da LGT, que dispõe sobre o ónus da prova, que cabe à Autoridade Tributária provar a verificação dos pressupostos do artigo 63º, que a habilitam a proceder à correção do lucro tributável, a saber:

i) existência de relações especiais entre o contribuinte e outra pessoa;
ii) que entre ambos se tenham estabelecido condições diferentes das normalmente acordadas entre pessoas independentes;
iii) que tais relações especiais sejam causa adequada das ditas condições;
iv) que aquelas tenham conduzido a um lucro apurado diverso do que se apuraria na sua ausência.[638]

Uma vez que cabe à Autoridade Tributária o ónus da prova das condições que seriam normalmente acordadas entre pessoas independentes, em caso de dúvida sobre a divergência entre o valor acordado para a transmissão e o valor que seria normalmente acordado entre pessoas independentes, deve a Autoridade Tributária abster-se de praticar qualquer ato de correção, sob pena de anulabilidade do mesmo[639].

A Autoridade Tributária está vinculada a um dever especial de fundamentação quando procede a correções ao lucro tributável com base no disposto no artigo 63º do CIRC, na medida em que, para além de estar obrigado a respeitar as exigências gerais de fundamentação dos atos tributários, deve ainda observar os requisitos previstos no artigo 77º, nº 3, da LGT e, assim, proceder à:

a) Descrição das relações especiais;
b) Descrição dos termos em que normalmente decorrem operações da mesma natureza entre pessoas independentes e em idênticas circunstâncias;

[638] Acórdão do TCAS, de 09-04-2002, proc. 1573/98 e Acórdão do TCAS de 25-11-2009, proc. 03501/09.
[639] Acórdão STA de 14-03-2001, proc. 025744.

c) Descrição e quantificação do montante efetivo que serviu de base à correção.[640]

Os sujeitos passivos podem, nos termos do artigo 138º do CIRC, solicitar à Autoridade Tributária e Aduaneira a celebração de *acordos prévios sobre preços de transferência* (APPT), que tem por objeto estabelecer, com caráter prévio, o método ou métodos suscetíveis de assegurar a determinação dos termos e condições que seriam normalmente acordados, aceites ou praticados entre entidades independentes nas operações comerciais e financeiras, incluindo as prestações de serviços intragrupo e os acordos de partilha de custos, efetuadas com entidades com as quais estejam em situação de relações especiais ou em operações realizadas entre a sede e os estabelecimentos estáveis. O regime jurídico que enquadra a celebração destes acordos é o constante da Portaria nº 620-A//2008, de 16 de julho.

Refira-se que nem sempre é fácil a determinação do preço de mercado, particularmente no caso de bens intangíveis, pelo que a aplicação rigorosa das regras sobre preços de transferência tem custos administrativos significativos[641]. Além disso, as sociedades de um grupo nem sempre têm liberdade para adquirirem bens e serviços no mercado livre, sendo igualmente certo que nem sempre existe um mercado livre e competitivo para os bens que as sociedades de um mesmo grupo transacionam entre si[642]. Em muitos casos, a organização da produção supõe a aquisição de bens e serviços tecnologicamente especializados, sem paralelo no mercado. Daí que alguns observadores notem que este mecanismo dos **preços de transferência** não tem sido totalmente bem sucedido nos seus objetivos. No entanto, também parece ser verdade que a utilização dos **preços de transferência** para fugir ao fisco não é tão ampla como por vezes se pensa.

[640] Acórdão do TCAS, de 04-10-2004, proc. 0278/04.

[641] Entre as conclusões do primeiro Global Forum on Transfer Pricing, realizado em março de 2012 pela OCDE, onde estiveram representados 90 países, contam-se as que se referem à necessidade de se promover a simplificação das regras sobre preços de transferência e ao reforço das orientações sobre bens intangíveis.

[642] Muchlinski, *Multinational Enterprises and the Law*..., cit., pp. 285 e seguintes.

c) Correções ao valor de transmissão de direitos reais sobre bens imóveis

Os alienantes e adquirentes de direitos reais sobre bens imóveis devem adotar, para efeitos da determinação do lucro tributável, *valores normais de mercado*. Estes não podem ser inferiores aos *valores patrimoniais tributários* definitivos que tenham servido de base à liquidação do IMT, ou que serviriam, no caso de não haver lugar à liquidação deste imposto (artigo 64º, nº 1, do CIRC).

Quando nestas transmissões onerosas o valor constante do contrato for inferior ao valor patrimonial tributário definitivo do imóvel, é este o valor a considerar pelo alienante e adquirente, para efeitos de determinação do lucro tributável (artigo 64º, nº 2, do CIRC), a menos que o sujeito passivo faça prova de que o preço efetivamente praticado na transmissão foi inferior ao valor patrimonial tributário que serviu de base à liquidação do IMT (artigo 139º, nº 1, do CIRC).

d) Imputação de rendimentos de entidades não residentes sujeitas a um regime fiscal privilegiado

i) Regimes fiscais mais favoráveis

Um outro problema que se coloca prende-se com os pagamentos a entidades não residentes sujeitas a um regime fiscal privilegiado, geralmente conhecidos por paraísos fiscais (PF). A fenomenologia é muito variada neste domínio, o que dificulta qualquer "intuição de essências". Normalmente utilizam-se as expressões *tax havens* e *offshores*, embora se deva advertir para o facto de que estas realidades não são necessariamente coincidentes.

Em termos gerais pode dizer-se que se trata aqui de Estados ou territórios que, em maior ou menor medida, se apresentam dotados de uma tributação reduzida ou nula e de autoridades tributárias autónomas, subordinados a padrões estritos de confidencialidade, equipados com infraestruturas de comunicações de elevada qualidade, possuidores de profissionais competentes, especialmente recetivos ao capital internacional, cujas receitas assentam, essencialmente, nos preços cobrados por serviços prestados (*v.g.* serviços jurídicos, comerciais e financeiros) e taxas de natureza administrativa e burocrática (*v.g.* notariado e registos).

Os mesmos constituem plataformas política, jurídica, económica e financeiramente eficazes, estáveis e seguras, por isso criadoras de um ambiente *business friendly*. Entre os muitos outros podem referir-se Andorra, Hong Kong, Ilhas Cayman, Bahamas, Gibraltar, Porto Rico, etc.[643]. Para além disso, há que contar com os Estados em vias de desenvolvimento que oferecem algumas concessões tributárias especiais. A doutrina chama a atenção para o facto de que cerca de metade das transações financeiras a nível mundial se realiza em centros financeiros *offshore*[644].

O mérito destes territórios com regime fiscal mais favorável é muito controvertido. A seu favor, credita-se o facto de, num contexto internacional marcado por transformações económicas rápidas e por vezes muito drásticas, os mesmos proporcionarem regimes regulatórios e fiscais mais flexíveis e menos onerosos, reduzindo os custos de transação, tornando mais fácil a circulação de capitais e a alocação de recursos a nível mundial, permitindo uma mais eficaz gestão e coordenação de um grupo de sociedades e possibilitando um melhor aproveitamento das oportunidades de negócio pelas empresas transnacionais. Ou seja, para além das vantagens óbvias oferecidas em sede de planeamento fiscal multilateral, os paraísos fiscais podem trazer outras importantes vantagens de natureza económica[645]. No entanto, existe um reverso da medalha.

Estes paraísos fiscais facilitam a evasão fiscal, a corrupção e a realização de atividades ilícitas, fomentando a opacidade institucional e procedimental. Esta realidade tem levado as empresas transnacionais a procurarem evitar PF com reputação duvidosa no plano internacional. Sendo os valores da justiça, da transparência e da legalidade adotados pelas novas teorias da *global governance*, os PF veem a sua legitimidade posta em causa.

Em Portugal, a *lista dos países, territórios e regiões com regime de tributação privilegiada claramente mais favorável* (*paraísos fiscais*) foi aprovada pela Portaria nº 150/2014, de 13 de fevereiro.

ii) Regimes fiscais mais favoráveis e grupos de sociedades

É importante compreender o papel que os regimes fiscais mais favoráveis desempenham na organização da atividade dos grupos de socie-

[643] A Portaria nº 150/2004, de 13 de fevereiro, estabelece o elenco dos paraísos fiscais como tal qualificados pelo Estado português.

[644] Rohatgi, *Basic International Taxation...*, cit., p. 224.

[645] Rohatgi, *Basic International Taxation...*, cit. pp. 225 e seguintes.

dades[646]. Graças a eles, os grupos de sociedades podem criar sociedades intermediárias para a circulação de lucros (*profit-flow-through*). Considere-se, por exemplo, a seguinte situação:

1) a S2, do Estado C, pode diferir a repatriação dos seus lucros para o Estado A da SM, onde a taxa é mais elevada, a fim de adiar o pagamento do imposto aí devido, desse modo realizando uma poupança fiscal temporária. Desse modo o Estado C incentiva o reinvestimento dos lucros de S2, num quadro tendencial de **neutralidade na importação de capitais**. Ou seja, não existindo em A um mecanismo de eliminação da dupla tributação por isenção, S2 pode competir em condições de igualdade aproximada com sociedades de outros Estados onde exista esse mecanismo.
2) o grupo S pode constituir uma sociedade gestora de participações sociais (SGPS; "holding") num PF a quem serão pagos dividendos, de modo retirar o máximo benefício do diferimento do repatriamento dos lucros, para serem depois redistribuídos por toda a rede de negócios do grupo. Não havendo qualquer alteração da natureza dos fluxos de rendimento, esta prática designa-se por *primary sheltering*.
3) o grupo S pode dividir uma transação entre S1 e S2 (ou outra sociedade fora do grupo) através da interposição de uma S3 constituída num PF. S1 vende a S3 por baixo valor e S3 vende a S2 (ou outra) pelo valor contratado. Deste modo, o lucro da transação fica na contabilidade de S3.

Para além disso, o grupo S também pode alterar a natureza dos fluxos de capitais, numa prática que se designa por *secondary sheltering*. Eis alguns exemplos:

1) S1 desloca o seu capital para S3, uma sociedade de serviços financeiros localizada num PF, que faz então um empréstimo à SM, em vez de lhe pagar dividendos, dessa forma evitando a correspondente tributação. O capital e os juros do empréstimo serão depois pagos à S3, sem tributação de rendimentos.
2) O grupo S cria uma seguradora S4 num PF que para gerir todos os seguros do grupo. As sociedades do grupo pagam prémios de

[646] Muchlinski, *Multinational Enterprises and the Law*..., cit., pp. 303 e seguintes.

seguro à S4, desse modo transferem os seus lucros para o PF, a título de prémios de seguro dedutíveis para efeitos fiscais. O valor do prémio de seguro é fixado de forma a obter a máxima poupança fiscal.

iii) A norma CFC do artigo 66º do CIRC

Tendo em conta a facilidade com que os **pagamentos a entidades não residentes com regime fiscal privilegiado** são utilizados para finalidades de evasão e fraude fiscal o legislador rodeou a matéria de cuidados especiais.

O artigo 66º do CIRC contém uma norma CFC (*controlled foreign companies*), que prevê a **imputação dos lucros aos sujeitos passivos de IRC residentes** em território português, obtidos por entidades não residentes sujeitas a regime fiscal claramente mais favorável, quando aqueles sujeitos passivos detenham, direta ou indiretamente (mesmo quando seja através de mandatário, fiduciário ou interposta pessoa), pelo menos 25% de participação no capital social, dos direitos de voto ou dos direitos sobre os rendimentos ou os elementos patrimoniais dessas entidades (artigo 66º, nº 1, do CIRC). Quando, pelo menos, 50% das partes de capital, dos direitos de voto ou dos direitos sobre os rendimentos ou os elementos patrimoniais sejam detidos, direta ou indiretamente, por sujeitos passivos de IRC ou IRS residentes em território português, a percentagem de participação no capital social a considerar é de 10% (e não de 25%).

Pretende-se, desta forma, evitar que a deslocalização das empresas detidas por residentes arraste consigo a erosão da base tributária.

Ficam excluídas deste regime as sociedades não residentes em território português quando se verifiquem, cumulativamente, as condições fixadas no nº 6 do artigo 66º do CIRC.

e) Subcapitalização

A subcapitalização (*thin capitalisation*) consiste no recurso excessivo a capitais de terceiros, em comparação com os capitais próprios, como forma de financiamento das sociedades, sendo por vezes este expediente utilizado como uma via de evasão fiscal[647].

[647] Acórdão do STA de 12 /11/2008, proc. nº 281-08-30.

Por esta razão, o artigo 67º do CIRC prevê que os gastos de financiamento líquidos apenas são dedutíveis até ao maior dos seguintes limites:

i) €1.000.000; ou

ii) 30% do resultado antes de depreciações, amortizações, gastos de financiamento líquidos e impostos.

Ainda assim, a lei prevê um mecanismo de reporte para os gastos de financiamento líquidos não dedutíveis, admitindo que os mesmos possam ser deduzidos nos 5 períodos de tributação posteriores, após a dedução dos gastos de financiamento líquidos desse mesmo período, observando-se os limites mencionados *supra* (artigo 67º, nº 2, do CIRC).

Quando os gastos de financiamento deduzidos seja inferior a 30% do resultado antes de depreciações, amortizações, gastos de financiamento líquidos e impostos, a parte não utilizada deste limite acresce ao montante máximo dedutível, até ao 5º período de tributação posterior (artigo 67º, nº 3, do CIRC).

Nos casos dos grupos de sociedades sujeitos ao regime especial previsto no artigo 69º do CIRC, a sociedade dominante pode optar, para efeitos da determinação do lucro tributável do grupo, pela aplicação do disposto no artigo 67º aos gastos de financiamento líquidos do grupo nos termos definidos nos nºs 5 a 7 do artigo 67º

O regime de subcapitalização aplica-se também aos estabelecimentos estáveis de entidades não residentes, com as necessárias adaptações (artigo 67º, nº 9, do CIRC).

Este regime não é aplicável, contudo, às entidades sujeitas à supervisão do Banco de Portugal e do Instituto de Seguros de Portugal, às sucursais em Portugal de instituições de crédito e outras instituições financeiras ou empresas de seguros, e às sociedades de titularização de créditos constituídas nos termos do Decreto-Lei nº 453/99, de 5 de novembro (artigo 67º, nº 11, do CIRC).

Para efeito de aplicação do artigo 67º, «consideram-se gastos de financiamento líquidos as importâncias devidas ou associadas à remuneração de capitais alheios, designadamente juros de descobertos bancários e de empréstimos obtidos a curto e longo prazos, juros de obrigações e outros títulos assimilados, amortizações de descontos ou de prémios relacionados com empréstimos obtidos, amortizações de custos acessórios incorridos em ligação com a obtenção de empréstimos, encargos financeiros relativos a locações financeiras, bem como as diferenças de câmbio provenientes de empréstimos em moeda estrangeira, deduzidos dos rendimentos de idêntica natureza» (artigo 67º, nº 12, do CIRC).

f) Correções no caso de crédito de imposto e retenção na fonte

O artigo 68º, nº 1, do CIRC prevê que «[n]a determinação da matéria coletável sujeita a imposto, quando houver rendimentos obtidos no estrangeiro que deem lugar a crédito de imposto por dupla tributação jurídica internacional, nos termos do artigo 91º, esses rendimentos devem ser considerados, para efeitos de tributação, pelas respetivas importâncias ilíquidas dos impostos sobre o rendimento pagos no estrangeiro

Quando tenha sido feita retenção na fonte de IRC relativamente a rendimentos englobados para efeitos de tributação, o montante a considerar na determinação da matéria coletável é a respetiva importância ilíquida do imposto retido na fonte (artigo 68º, nº 2, do CIRC).

O exercício da opção prevista no artigo 91º-A, implica que sejam acrescidos à matéria coletável do sujeito passivo os impostos sobre os lucros pagos pelas entidades por este detidas direta ou indiretamente, nos Estados em que sejam residentes, correspondentes aos lucros e reservas que lhe tenham sido distribuídos (artigo 68º, nº 3, do CIRC).

1.3.3.6.8. Regime especial de tributação dos grupos de sociedades

a) Pressupostos

No caso de existir um grupo de sociedades, a sociedade dominante pode optar pela aplicação do regime especial de determinação da matéria coletável em relação a todas as sociedades do grupo (artigo 69º, nº 1, do CIRC).

Existe um grupo de sociedades, nos termos da lei, quando uma sociedade (dominante) detém, direta ou indiretamente, pelo menos 75% do capital de outra ou outras sociedades (dominadas), desde que tal participação lhe confira mais de 50% dos direitos de voto (artigo 69º, nº 2, do CIRC).

Para a determinação do nível de participação exigido, consideram-se as participações detidas diretamente ou indiretamente através de:

i) sociedades residentes em território português que reúnam os requisitos legalmente exigidos para fazer parte do grupo;

ii) sociedades residentes noutro Estado membro da União Europeia ou do Espaço Económico Europeu, neste caso desde que exista obrigação de cooperação administrativa no domínio da fiscalidade equivalente à estabelecida no âmbito da União Europeia, que sejam detidas, direta ou indiretamente, em, pelo menos, 75% pela sociedade dominante através de sociedades referidas na alínea anterior ou na primeira parte desta alínea.

Para que possa ser aplicado o regime especial de tributação dos grupos de sociedades, a lei exige a verificação cumulativa dos seguintes requisitos:

i) as sociedades pertencentes ao grupo devem ter todas sede e direção efetiva em território português e a totalidade dos seus rendimentos deve estar sujeita ao regime geral de tributação em IRC, à taxa normal mais elevada;
ii) a sociedade dominante tem que deter a participação na sociedade dominada há mais de um ano, com referência à data em que se inicia a aplicação do regime;
iii) a sociedade dominante não pode ser considerada dominada de nenhuma outra sociedade residente em território português que reúna os requisitos para ser qualificada como dominante;
iv) a sociedade dominante não pode ter renunciado à aplicação do regime nos três anos anteriores, com referência à data em que se inicia a aplicação do regime (artigo 69º, nº 3, do CIRC).

Cabe à sociedade dominante fazer prova da verificação destes requisitos (artigo 69º, nº 12, do CIRC).

De acordo com o disposto no nº 4 do artigo 69º do CIRC, não podem fazer parte do grupo as sociedades que, no início ou durante a aplicação do regime, se encontrem nas seguintes situações:

i) estejam inativas há mais de um ano ou tenham sido dissolvidas;
ii) tenha sido contra elas instaurado processo especial de recuperação ou de falência em que haja sido proferido despacho de prosseguimento da ação;
iii) registem prejuízos fiscais nos três exercícios anteriores ao do início da aplicação do regime, salvo, no caso das sociedades dominadas, se a participação já for detida pela sociedade dominante há mais de dois anos;

iv) estejam sujeitas a uma taxa de IRC inferior à taxa normal mais elevada e não renunciem à sua aplicação;
v) adotem um período de tributação não coincidente com o da sociedade dominante;
vi) não assumam a forma jurídica de sociedade por quotas, sociedade anónima ou sociedade em comandita por ações, salvo o disposto no nº 11 do artigo 69º do CIRC.

Pode igualmente optar pela aplicação do regime especial de tributação dos grupos de sociedades previsto no CIRC a sociedade dominante que, não tendo sede ou direção efetiva em território português, preencha cumulativamente as seguintes condições:
i) seja residente de um Estado membro da União Europeia ou do Espaço Económico Europeu que esteja vinculado a cooperação administrativa no domínio da fiscalidade equivalente à estabelecida no âmbito da União Europeia;
ii) detenha a participação nas sociedades dominadas há mais de um ano, com referência à data em que se inicia a aplicação do regime;
iii) não seja detida, direta ou indiretamente, pelo menos, em 75% do capital, por uma sociedade residente em território português que reúna os requisitos previstos no artigo anterior para ser qualificada como dominante, desde que tal participação lhe confira mais de 50% dos direitos de voto, nos termos do nº 6 do artigo 69º;
iv) não tenha renunciado à aplicação do regime nos três anos anteriores, com referência à data em que se inicia a aplicação do regime;
v) esteja sujeita e não isenta de um imposto referido no artigo 2º da Diretiva nº 2011/96/UE, do Conselho, de 30 de novembro, ou de um imposto de natureza idêntica ou similar ao IRC;
vi) revista a forma de sociedade de responsabilidade limitada;
vii) quando detenha um estabelecimento estável em território português através do qual sejam detidas as participações nas sociedades dominadas e não se verifique relativamente a este qualquer das situações previstas nas alíneas a), c), d) ou e) do nº 4 do artigo 69º, com as necessárias adaptações.

b) Cessação

Cessa a aplicação do regime especial de tributação dos grupos de sociedades quando:

i) deixe de se verificar algum dos requisitos exigidos relativamente à sociedade dominante, sem prejuízo dos casos em que seja exercida a opção prevista no nº 10 do artigo 69º
ii) se verifique alguma das situações previstas nas alíneas a), b), d) ou g) do nº 4 do artigo 69º relativamente à sociedade dominante;
iii) o lucro tributável de qualquer das sociedades do grupo seja determinado com recurso à aplicação de métodos indiretos (artigo 69º, nº 8, do CIRC).

c) Determinação do lucro tributável do grupo

O lucro tributável do grupo, relativo a cada período de tributação abrangido pelo regime especial, é calculado pela sociedade dominante, através da soma algébrica dos lucros tributáveis e dos prejuízos fiscais apurados nas declarações periódicas individuais de cada uma das sociedades pertencentes ao grupo, corrigido, sendo caso disso, do efeito da aplicação da opção prevista no nº 5 do artigo 67º do CIRC (artigo 70º, nº 1, do CIRC).

d) Dedução de prejuízos fiscais

Quando seja aplicável o regime especial de tributação dos grupos de sociedades, na dedução de prejuízos fiscais, prevista no artigo 52º, deve observar-se ainda o disposto no artigo 71º do CIRC.

Assim, os prejuízos das sociedades do grupo verificados em períodos de tributação anteriores ao do início de aplicação do regime especial só podem ser deduzidos ao lucro tributável do grupo, nos termos e condições estabelecidos no nº 2 do artigo 52º do CIRC, até ao limite do lucro tributável da sociedade a que respeitam.

Para além disso, os prejuízos fiscais do grupo apurados em cada período de tributação em que seja aplicado o regime especial só podem ser deduzidos aos lucros tributáveis do grupo, também nos termos e condições do nº 2 do artigo 52º do CIRC.

Caso cesse a aplicação do regime especial relativamente a uma sociedade do grupo, não são dedutíveis aos respetivos lucros tributáveis os prejuízos fiscais verificados durante os períodos de tributação em que o regime especial foi aplicado, podendo, ainda assim, ser deduzidos, nos termos e condições definidos no nº 1 do artigo 52º do CIRC, os prejuízos a que se refere a alínea *a*) do nº 1 do artigo 71º do CIRC que não tenham sido totalmente deduzidos ao lucro tributável do grupo.

Se houver continuidade de aplicação do regime após a saída de uma ou mais sociedades do grupo, extingue-se o direito à dedução da quota-parte dos prejuízos fiscais respeitantes àquelas sociedades [artigo 71º, nº 1, al. d), do CIRC].

Quando, durante a aplicação do regime especial de tributação dos grupos de sociedades, ocorrerem fusões entre sociedades do grupo ou uma sociedade incorpore uma ou mais sociedades não pertencentes ao grupo, os prejuízos das sociedades fundidas verificados em períodos de tributação anteriores ao do início do regime podem ser deduzidos ao lucro tributável do grupo até ao limite do lucro tributável da nova sociedade ou da sociedade incorporante, desde que seja obtida a autorização prevista no artigo 75º do CIRC (artigo 71º, nº 2, do CIRC).

Na dedução dos prejuízos fiscais devem ser deduzidos em primeiro lugar os apurados há mais tempo. (artigo 71º, nº 3, do CIRC).

Quando for aplicado o regime especial de tributação dos grupos de sociedades, as deduções referidas no nº 2 do artigo 90º do CIRC relativas a cada uma das sociedades são efetuadas no montante apurado relativamente ao grupo, nos termos do nº 1 do mesmo artigo (artigo 90º, nº 6, do CIRC).

1.3.3.6.9. Transformações de sociedades

Um dos princípios fundamentais do direito tributário diz respeito à **neutralidade económica dos impostos**. O mesmo significa que o direito tributário deve interferir o menos possível nas decisões dos agentes económicos, permanecendo na penumbra da sua atividade. De acordo com este princípio, as decisões de investimento, produção e consumo das empresas, das famílias e dos indivíduos devem obedecer a imperativos de racionalidade económica, e não a condicionalismos de natureza tributária. De acordo com este entendimento, o direito tributário não deve distorcer o livre funcionamento do mercado.

É por esta razão que, em princípio, a transformação de sociedades, mesmo quando ocorra dissolução da anterior, não implica a alteração do regime fiscal aplicável nem determina, por si só, quaisquer consequências em matéria de IRC (artigo 72º, nº 1, do CIRC).

1.3.3.6.10. Regime especial aplicável às fusões, cisões, entradas de ativos e permutas de partes sociais

Neste domínio, o direito tributário orienta-se pelo objetivo central de atender à evolução das estruturas empresariais. O economista Ronald Coase demonstrou, através do seu célebre teorema, que é da natureza do tecido empresarial procurar uma estrutura mais ou menos concentrada em função dos custos de transação[648]. Assim, os princípios de direito tributário que regem as operações de fusão, cisão, entradas de ativos e permutas são os da neutralidade fiscal e do favorecimento do redimensionamento adequado das unidades económicas. Por outras palavras, pretende-se a redução dos "custos de transação" das operações de reorganização e fortalecimento do tecido empresarial.

A consagração de um regime jurídico-fiscal especial, em sede de IRC, de determinação do lucro tributável aplicável nos casos de fusões, cisões, entradas de ativos e permutas de partes sociais (artigos 73º e seguintes do CIRC), resulta da transposição da Diretiva nº 2009/133/CE, do Conselho, de 19 de outubro.

Este regime especial não é, contudo, aplicável, total ou parcialmente, quando as operações abrangidas pelo mesmo tiveram como principal objetivo ou como um dos principais objetivos a evasão fiscal, o que pode considerar-se verificado, nomeadamente, nos casos em que as sociedades intervenientes não tenham a totalidade dos seus rendimentos sujeitos ao mesmo regime de tributação em IRC ou quando as operações não tenham sido realizadas por razões económicas válidas, tais como a reestruturação ou a racionalização das atividades das sociedades que nelas participam, procedendo-se então, se for caso disso, às correspondentes liquidações adicionais de imposto (artigo 73º, nº 10, do CIRC).

Na determinação do lucro tributável das sociedades fundidas ou cindidas ou da sociedade contribuidora, no caso de entrada de ativos, não é considerado qualquer resultado derivado da transferência dos elementos patrimoniais em consequência da fusão, cisão ou entrada de ativos, nem são considerados como rendimentos, nos termos do nº 3 do artigo 28º e do nº 3 do artigo 35º do CIRC, os ajustamentos em inventários e as perdas por imparidade e outras correções de valor que respeitem a cré-

[648] Ronald Coase, "The Nature of the Firm", *Economica*, 4, 1937, 386 seguintes; "The Problem of Social Cost", *Journal of Law and Economics*, 3, 1960, 1 seguintes.

ditos, inventários e, bem assim, nos termos do nº 4 do artigo 39º, as provisões relativas a obrigações e encargos objeto de transferência, aceites para efeitos fiscais, com exceção dos que respeitem a estabelecimentos estáveis situados fora do território português quando estes são objeto de transferência para entidades não residentes, desde que se trate de:

i) transferência efetuada por sociedade residente em território português e a sociedade beneficiária seja igualmente residente nesse território ou, sendo residente de um Estado membro da União Europeia, esses elementos sejam efetivamente afetos a um estabelecimento estável situado em território português dessa mesma sociedade e concorram para a determinação do lucro tributável imputável a esse estabelecimento estável;

ii) transferência para uma sociedade residente em território português de estabelecimento estável situado neste território de uma sociedade residente noutro Estado membro da União Europeia, verificando-se, em consequência dessa operação, a extinção do estabelecimento estável;

iii) transferência de estabelecimento estável situado em território português de uma sociedade residente noutro Estado membro da União Europeia para sociedade residente do mesmo ou noutro Estado membro, desde que os elementos patrimoniais afetos a esse estabelecimento continuem afetos a estabelecimento estável situado naquele território e concorram para a determinação do lucro que lhe seja imputável;

iv) transferência de estabelecimentos estáveis situados no território de outros Estados membros da União Europeia realizada por sociedades residentes em território português em favor de sociedades residentes neste território (artigo 74º, nº 1, do CIRC).

Os prejuízos fiscais das sociedades fundidas podem ser deduzidos dos lucros tributáveis da nova sociedade ou da sociedade incorporante, nos termos e condições previstos no artigo 52º do CIRC e até ao fim do período referido no nº 1 do mesmo artigo, contado do período de tributação a que os mesmos se reportam (artigo 75º, nº 1, do CIRC).

O regime de transmissibilidade de prejuízos previsto no artigo 75º, nº 1, é igualmente aplicável, com as necessárias adaptações às seguintes operações:

i) Na cisão em que se verifique a extinção da sociedade cindida, sendo os prejuízos fiscais transmitidos para as sociedades beneficiárias na proporção do valor de mercado dos patrimónios destacados para cada uma destas sociedades;
ii) Na fusão, cisão ou entrada de ativos, em que é transferido para uma sociedade residente em território português um estabelecimento estável nele situado de uma sociedade residente num Estado membro da União Europeia, que preencha as condições estabelecidas no artigo 3º da Diretiva nº 2009/133/CE, do Conselho, de 19 de outubro, verificando-se, em consequência dessa operação, a extinção do estabelecimento estável;
iii) Na transferência de estabelecimentos estáveis situados em território português de sociedades residentes em Estados membros da União Europeia que estejam nas condições da Diretiva nº 2009/133/CE, do Conselho, de 19 de outubro, em favor de sociedades também residentes noutros Estados membros e em idênticas condições, no âmbito de operação de fusão, cisão ou entrada de ativos, desde que os elementos patrimoniais transferidos continuem afetos a estabelecimento estável aqui situado e concorram para a determinação do lucro tributável que lhe seja imputável.

A lei reconhece também a transmissibilidade dos benefícios fiscais das sociedades fundidas para a sociedade beneficiária, desde que nesta se verifiquem os respetivos pressupostos e seja aplicado o regime especial previsto no artigo 74º do CIRC (artigo 75º-A, nº 1, do CIRC).

No mesmo sentido, os gastos de financiamento líquidos das sociedades fundidas por estas não deduzidos, bem como a parte não utilizada do limite a que se refere o nº 3 do artigo 67º do CIRC, podem ser considerados na determinação do lucro tributável da sociedade beneficiária numa operação de fusão a que seja aplicado o regime especial, até ao termo do prazo de que dispunham as sociedades fundidas, de acordo com o disposto nos nºs 2 e 3 do referido artigo 67º (artigo 75º-A, nº 2, do CIRC).

Nos casos em que seja aplicado o regime especial estabelecido às operações de fusão previstas nas alíneas *a)* e *b)* do nº 1 do artigo 73º, bem como às operações de fusão em que, nos termos das alíneas *d)* e *e)* do mesmo número, sejam atribuídas partes de capital aos sócios das sociedades fundidas, não são considerados para efeitos de tributação os ganhos ou perdas eventualmente apurados, desde que as partes de capital recebidas pelos sócios das sociedades fundidas sejam valorizadas, para efeitos fiscais, pelo valor que tinham as partes de capital entregues ou extintas, determinado de acordo com o estabelecido no presente Código (artigo 76º, nº 1, do CIRC). Tal não impede, contudo, a tributação dos sócios das sociedades fundidas relativamente às importâncias em dinheiro que eventualmente lhes sejam atribuídas em resultado da fusão (artigo 76º, nº 2, do CIRC).

A atribuição, em resultado de uma permuta de partes sociais, dos títulos representativos do capital social da sociedade adquirente, aos sócios da sociedade adquirida, não dá lugar a qualquer tributação destes últimos se os mesmos continuarem a valorizar, para efeitos fiscais, as novas partes sociais pelo valor atribuído às antigas, determinado de acordo com previsto no CIRC, desde que se verifiquem cumulativamente as seguintes condições:

i) a sociedade adquirente e a sociedade adquirida sejam residentes em território português ou noutro Estado membro da União Europeia e preencham as condições estabelecidas na Diretiva nº 2009/133/CE, do Conselho, de 19 de outubro;
ii) os sócios da sociedade adquirida sejam pessoas ou entidades residentes nos Estados membros da União Europeia ou em terceiros Estados, quando os títulos recebidos sejam representativos do capital social de uma entidade residente em território português.

1.3.3.6.11. Liquidação de sociedades e outras entidades

O lucro tributável das sociedades em liquidação é determinado com referência a todo o período de liquidação (artigo 79º, nº 1, do CIRC), devendo ser observadas as regras constantes do nº 2 do artigo 79º do CIRC.

Os prejuízos anteriores à dissolução que ainda sejam dedutíveis na data desta podem ser deduzidos ao lucro tributável correspondente a todo o período de liquidação, desde que este não ultrapasse dois anos (artigo 79º, nº 4, do CIRC).

Havendo partilha dos bens patrimoniais pelos sócios, na determinação do resultado de liquidação considera-se como valor de realização daqueles o respetivo valor de mercado (artigo 80º do CIRC).

É englobado para efeitos de tributação dos sócios, no período de tributação em que for posto à sua disposição, o valor que for atribuído a cada um deles em resultado da partilha, abatido do valor de aquisição das correspondentes partes sociais e de outros instrumentos de capital próprio (artigo 81º, nº1, do CIRC).

Este regime é extensível, com as necessárias adaptações, à liquidação de pessoas coletivas sem natureza societária (artigo 82º do CIRC).

1.3.3.6.12. Transferência de residência para o estrangeiro e cessação de atividade de entidades não residentes

Ocorrendo a cessação de atividade de entidade com sede ou direção efetiva em território português, incluindo a Sociedade Europeia e a Sociedade Cooperativa Europeia, em virtude da sede e a direção efetiva deixarem de se situar nesse território, constituem componentes positivas ou negativas, para efeitos de determinação do lucro tributável do período de tributação em causa, as diferenças, à data da cessação, entre os valores de mercado e os valores fiscalmente relevantes dos elementos patrimoniais dessa entidade, ainda que não expressos na contabilidade (artigo 83º, nº 1, do CIRC).

O mesmo regime é aplicável, com as necessárias adaptações, na determinação do lucro tributável imputável a um estabelecimento estável de entidade não residente situado em território português, quando ocorra: *i)* a cessação da atividade em território português; *ii)* transferência, por qualquer título material ou jurídico, para fora do território português, dos elementos patrimoniais que se encontrem afetos ao estabelecimento estável (artigo 84º do CIRC).

Ocorrendo a transferência da residência de uma sociedade com sede ou direção efetiva em território português para outro Estado membro da UE ou do Espaço Económico Europeu, neste último caso, desde que exista obrigação de cooperação administrativa no domínio do intercâmbio de informações e da assistência à cobrança equivalente à estabelecida na UE, o imposto, na parte correspondente ao saldo positivo das componentes positivas e negativas referidas no nº 1 do artigo 83º, é pago de acordo com uma das seguintes modalidades:

i) mediatamente, pela totalidade do imposto apurado na declaração de rendimentos apresentada nos termos e prazo estabelecidos no nº 3 do artigo 120º; ou

ii) no ano seguinte àquele em que se verifique, em relação a cada um dos elementos patrimoniais considerados para efeitos do apuramento do imposto, a sua extinção, transmissão, desafetação da atividade da entidade ou transferência, por qualquer título, material ou jurídico, para um território ou país que não seja um Estado membro da UE ou do Espaço Económico Europeu, neste último caso, desde que exista obrigação de cooperação administrativa no domínio do intercâmbio de informações e da assistência à cobrança equivalente à estabelecida na UE, pela parte do imposto que corresponda ao resultado fiscal relativo a cada elemento individualmente identificado; ou

iii) em frações anuais de igual montante, correspondentes a um quinto do montante do imposto apurado com início no período de tributação em que ocorre a transferência da residência (artigo 83º, nº 2, do CIRC).

1.3.3.6.13. Realização de capital por entrada de património

Quando haja entrada de património por parte de uma pessoa singular para realização do capital social, os bens que constituem o ativo e o passivo do património objeto de transmissão devem continuar, para efeitos fiscais, a ser valorizados pela sociedade para a qual se transmitem pelos valores referidos na alínea *c*) do nº 1 do artigo 38º do CIRS. Na determinação do lucro tributável desta sociedade deve atender-se às regras seguintes:

i) o apuramento dos resultados respeitantes aos bens que constituem o património transmitido é calculado como se não tivesse havido essa transmissão;

ii) as depreciações ou amortizações sobre os elementos do ativo depreciáveis ou amortizáveis são efetuadas de acordo com o regime que vinha a ser seguido para efeito de determinação do lucro tributável da pessoa singular;

iii) os ajustamentos em inventários, as perdas por imparidade e as provisões que tiverem sido transferidos têm, para efeitos fiscais, o regime que lhes era aplicável para efeito de determinação do lucro tributável da pessoa singular (artigo 86º, nº 1, do CIRC).

1.3.3.6.14. Regime simplificado de determinação da matéria coletável

A reforma do IRC aprovada pela Lei nº 2/2014, de 16 de janeiro, reintroduziu um regime simplificado de tributação em sede de IRC.

Podem optar pelo regime simplificado de tributação da matéria coletável os sujeitos passivos residentes, não isentos nem sujeitos a um regime especial de tributação, que exerçam a título principal uma atividade de natureza comercial, industrial ou agrícola, desde que se verifiquem relativamente aos mesmos, cumulativamente, as seguintes condições:

i) tenham obtido, no período de tributação imediatamente anterior, um montante anual ilíquido de rendimentos não superior a €200.000;
ii) o total do seu balanço relativo ao período de tributação imediatamente anterior não exceda €500.000;
iii) não estejam legalmente obrigados à revisão legal das contas
iv) o respetivo capital social não seja detido em mais de 20%, direta ou indiretamente, nos termos do nº 6 do artigo 69º do CIRC, por entidades que não preencham alguma das condições previstas nas alíneas anteriores, exceto quando sejam sociedades de capital de risco ou investidores de capital de risco;
v) adotem o regime de normalização contabilística para microentidades aprovado pelo Decreto-Lei nº 36-A/2011, de 9 de março;
vi) não tenham renunciado à aplicação do regime nos três anos anteriores, com referência à data em que se inicia a aplicação do regime (artigo 86º-A, nº 1, do CIRC)

Os sujeitos passivos que decidam optar pelo regime simplificado devem formalizar essa opção na declaração de início de atividade ou na declaração de alterações a que se refere o artigo 118º, a apresentar até ao fim do 2º mês do período de tributação no qual pretendam iniciar a aplicação do regime simplificado de determinação da matéria coletável.

O regime simplificado de determinação da matéria coletável cessa quando deixem de se verificar os respetivos requisitos ou o sujeito passivo renuncie à sua aplicação.

Cessa ainda a aplicação do regime simplificado quando o sujeito passivo não cumpra as obrigações de emissão e comunicação das faturas previstas, respetivamente, no Código do IVA e no nº 1 do artigo 3º do Decreto-Lei nº 198/2012, de 24 de agosto, sem prejuízo das demais sanções aplicáveis.

Os efeitos da cessação ou da renúncia do regime simplificado de determinação da matéria coletável reportam-se ao 1º dia do período de tributação em que: i) deixe de se verificar algum dos requisitos referidos nas alíneas a) a e) do nº 1 do artigo 86º-A ou se verifique a causa de cessação prevista no seu número 5; seja comunicada a renúncia à aplicação do regime simplificado de determinação da matéria coletável, nos termos e prazos previstos na alínea b) do nº 3 do artigo 86º-A.

O regime simplificado de tributação concretiza-se mediante a aplicação dos coeficientes definidos no artigo 86º-B do CIRC. Em qualquer caso, o valor que resultar da sua aplicação não pode ser inferior a 60% do valor anual da retribuição mensal mínima garantida (artigo 86º-B, nº 2, do CIRC).

Os coeficientes previstos nas alíneas a) e c) do nº 1 artigo 86º-B e o limite previsto no nº 2 do mesmo artigo são reduzidos em 50% e 25% no período de tributação do início da atividade e no período de tributação seguinte, respetivamente (artigo 86º-B, nº 5, do CIRC).

1.3.3.7. *Taxas*

1.3.3.7.1. Taxas gerais

A taxa do IRC é de **21%**, salvo no caso:

i) de sujeitos passivos que exerçam, diretamente e a título principal, uma atividade económica de natureza agrícola, comercial ou industrial, que sejam qualificados como **pequena ou média empresa**, nos termos previstos no anexo ao Decreto-Lei nº 372/2007, de 6 de novembro, em que a taxa de IRC aplicável aos primeiros €15.000 de matéria coletável é de **17%**, aplicando-se a taxa de **21%** ao excedente;

ii) de rendimentos de entidades que não tenham sede nem direção efetiva em território português e aí não possuam estabelecimento estável ao qual os mesmos sejam imputáveis, aplicando-se a taxa de **25%**, exceto relativamente aos seguintes rendimentos:

   a. prémios de rifas, totoloto, jogo de loto, bem como importâncias ou prémios atribuídos em quaisquer sorteios ou concursos, em que a taxa é de **35%**;

   b. rendimentos de capitais sempre que sejam pagos ou colocados à disposição em contas abertas em nome de um ou mais titulares mas por conta de terceiros não identificados, em que a taxa é de **35%**, exceto quando seja identificado o beneficiário efetivo, termos em que se aplicam as regras gerais;

c. rendimentos de capitais, tal como definidos no artigo 5º do Código do IRS, obtidos por entidades não residentes em território português, que sejam domiciliadas em país, território ou região sujeitas a um regime fiscal claramente mais favorável, constante de lista aprovada por portaria do Ministro das Finanças, em que a taxa é de **35%**.

1.3.3.7.2. Taxas de tributação autónoma

O CIRC prevê a aplicação de taxas de tributação autónoma a diversos encargos dos sujeitos passivos (artigo 88º do CIRC).

As despesas não documentadas são tributadas autonomamente à taxa de 50%, sem prejuízo da sua não consideração como gastos nos termos da alínea b) do nº 1 do artigo 23º-A do CIRC. Esta taxa é elevada para 70% nos casos em que as despesas em causa sejam efetuadas por sujeitos passivos total ou parcialmente isentos, ou que não exerçam, a título principal, atividades de natureza comercial, industrial ou agrícola e ainda por sujeitos passivos que aufiram rendimentos enquadráveis no artigo 7º do CIRC (artigo 88º, nº 2, do CIRC).[649]

São também tributados autonomamente os encargos efetuados ou suportados por sujeitos passivos que não beneficiem de isenções subjetivas e que exerçam, a título principal, atividade de natureza comercial, industrial ou agrícola, relacionados com viaturas ligeiras de passageiros, viaturas ligeiras de mercadorias referidas na alínea b) do nº 1 do artigo 7º do Código do Imposto sobre Veículos, motos ou motociclos, excluindo os veículos movidos exclusivamente a energia elétrica, às seguintes taxas:

[649] São, contudo, aplicáveis as taxas de 35% ou de 55%, respetivamente, às situações previstas nos números 1 e 2 do artigo 88º, no caso de despesas correspondentes a importâncias pagas ou devidas, a qualquer título, a pessoas singulares ou coletivas residentes fora do território português e aí submetidas a um regime fiscal claramente mais favorável, tal como definido nos termos do CIRC, salvo se o sujeito passivo puder provar que correspondem a operações efetivamente realizadas e não têm um caráter anormal ou um montante exagerado (artigo 88º, nº 8, CIRC).

i) 10% no caso de viaturas com um custo de aquisição inferior a €25.000;
ii) 27,5% no caso de viaturas com um custo de aquisição igual ou superior a €25.000 e inferior a €35.000;
iii) 35% no caso de viaturas com um custo de aquisição igual ou superior a €35.000 (artigo 88º, nº 3, do CIRC).

Não estão, todavia, sujeitos a tributação autónoma os encargos relacionados com: viaturas ligeiras de passageiros, motos e motociclos, afetos à exploração de serviço público de transportes, destinados a serem alugados no exercício da atividade normal do sujeito passivo; e viaturas automóveis relativamente às quais tenha sido celebrado o acordo previsto no nº 9) da alínea b) do nº 3 do artigo 2º do Código do IRS (artigo 88º, nº 6, do CIRC).

São tributados autonomamente à taxa de 10% os encargos efetuados ou suportados relativos a despesas de representação, considerando-se como tal, nomeadamente, as despesas suportadas com receções, refeições, viagens, passeios e espetáculos oferecidos no País ou no estrangeiro a clientes ou fornecedores ou ainda a quaisquer outras pessoas ou entidades (artigo 88º, nº 7, do CIRC).

São também tributados autonomamente, à taxa de 5%, os encargos efetuados ou suportados relativos a ajudas de custo e à compensação pela deslocação em viatura própria do trabalhador, ao serviço da entidade patronal, não faturados a clientes, escriturados a qualquer título, exceto na parte em que haja lugar a tributação em sede de IRS na esfera do respetivo beneficiário, bem como os encargos não dedutíveis nos termos da alínea f) do nº 1 do artigo 45º do CIRC suportados pelos sujeitos passivos que apresentem prejuízo fiscal no período de tributação a que os mesmos respeitam (artigo 88º, nº 9, do CIRC).

São ainda tributados autonomamente, à taxa de 23 %, os lucros distribuídos por entidades sujeitas a IRC a sujeitos passivos que beneficiam de isenção total ou parcial, abrangendo, neste caso, os rendimentos de capitais, quando as partes sociais a que respeitam os lucros não tenham permanecido na titularidade do mesmo sujeito passivo, de modo ininterrupto, durante o ano anterior à data da sua colocação à disposição e não venham a ser mantidas durante o tempo necessário para completar esse período. Neste caso, é deduzido ao montante do imposto apurado o imposto que eventualmente tenha sido retido na fonte, não podendo nesse caso o imposto retido ser deduzido ao abrigo do nº 2 do artigo 90º do CIRC (artigo 88º, nº 11, do CIRC).

Finalmente, são tributados autonomamente, à taxa de 35%:

i) os gastos ou encargos relativos a indemnizações ou quaisquer compensações devidas não relacionadas com a concretização de objetivos de produtividade previamente definidos na relação contratual, quando se verifique a cessação de funções de gestor, administrador ou gerente, bem como os gastos relativos à parte que exceda o valor das remunerações que seriam auferidas pelo exercício daqueles cargos até ao final do contrato, quando se trate de rescisão de um contrato antes do termo, qualquer que seja a modalidade de pagamento, quer este seja efetuado diretamente pelo sujeito passivo quer haja transferência das responsabilidades inerentes para uma outra entidade;

ii) os gastos ou encargos relativos a bónus e outras remunerações variáveis pagas a gestores, administradores ou gerentes quando estas representem uma parcela superior a 25% da remuneração anual e possuam valor superior a €27.500, salvo se o seu pagamento estiver subordinado ao diferimento de uma parte não inferior a 50% por um período mínimo de três anos e condicionado ao desempenho positivo da sociedade ao longo desse período (artigo 88º, nº 13, do CIRC).

As diversas taxas de tributação autónoma são elevadas em 10 pontos percentuais quanto aos sujeitos passivos que apresentem prejuízo fiscal no período a que respeitem quaisquer dos factos tributários referidos nos números anteriores relacionados com o exercício de uma atividade de natureza comercial, industrial ou agrícola não isenta de IRC (artigo 88º, nº 14, do CIRC).

As taxas de tributação autónoma não são, todavia, aplicáveis às despesas ou encargos de estabelecimento estável situado fora do território português e relativos à atividade exercida por seu intermédio (artigo 88º, nº 16, do CIRC).

O artigo 88º do IRC sobre taxas de tributação autónoma é a demonstração clara de que a tributação em IRC tem uma função regulatória, podendo ser usada pelas autoridades para orientar a atividade empresarial para a prossecução de diferentes finalidades consideradas social e economicamente desejáveis[650]. O Estado usa frequentemente o sistema fiscal para regular a atividade do setor privado recompensando atividades que são consideradas desejáveis (v.g. através de isenções, deduções ou créditos) e desencorajando atividades que são consideradas indesejáveis (v.g. por via do aumento da tributação). Uma boa parte das normas constantes dos códigos tributários só pode ser entendida como cumprindo essa função regulatória. A norma do IRS sobre tributações autónomas é mais um exemplo.

A conceção moderna da função regulatória do IRC (*regulatory function of corporate taxation*) sugere que este imposto pode ser usado para condicionar o poder de decisão dos administradores das sociedades e direcioná-lo para o uso eficiente dos ativos da empresa para fins mais desejáveis socialmente. As tributações autónomas inserem-se uma função regulatória, integrando uma estrutura de incentivos que procura aumentar a formalização, transparência e racionalização da atividade económica empresarial. Estes objetivos regulatórios favorecem o crescimento da economia e permitam preservar e ampliar a base tributária, desincentivando despesas informais ou destituídas de justificação estritamente económica e empresarial.

As tributações autónomas pretendem impedir a contaminação da racionalidade económica por outras lógicas paralelas adversas à competitividade, à eficiência e à separação jurídica e formal entre a sociedade e os seus *stakeholders*. As mesmas assumem uma natureza desincentivadora e quase sancionatória relativamente a certas despesas desprovidas de racionalidade económica e potenciadoras da redução dos lucros, pelo que, *prima facie*, a sua imposição só deve incidir sobre a sociedade responsável pela despesa que justifica a sua imposição, de acordo com princípios gerais de imputação, responsabilidade e proporcionalidade.

[650] Reuven S. Avi-Yonah, "The Three Goals of Taxation", *Tax L. Rev.* 60, no. 1 (2006): 1-28, esp. 22 ss.

1.3.3.8. *Liquidação*

1.3.3.8.1. Competência e procedimentos

A liquidação do IRC é feita pelo próprio sujeito passivo, na declaração periódica de rendimentos e na declaração de substituição. Nos demais casos, a liquidação é feita pela Autoridade Tributária e Aduaneira (artigo 89º do CIRC).

Quando a liquidação seja feita pelo próprio sujeito passivo, ela tem por base a matéria coletável constante das declarações apresentadas [artigo 90º, nº 1, al. a), do CIRC].

Em caso de omissão de declaração periódica de rendimentos, a liquidação é efetuada até 30 de novembro do ano seguinte àquele a que respeita ou, no caso de os sujeitos passivos terem adotado um período de tributação não coincidente com o ano civil, até ao fim do 6º mês seguinte ao do termo do prazo para a apresentação da declaração referida no nº 2 do artigo 120º do CIRC e tem por base o maior dos seguintes valores: *i)* a matéria coletável determinada, com base nos elementos de que a administração tributária e aduaneira disponha, de acordo com as regras do regime simplificado, com aplicação do coeficiente de 0,75; *ii)* a totalidade da matéria coletável do período de tributação mais próximo que se encontre determinada; *iii)* o valor anual da retribuição mínima mensal [artigo 90º, nº 1, al. b), do CIRC].

Ao montante apurado são feitas as seguintes deduções, previstas no nº 2 do artigo 90º do CIRC, pela ordem aí indicada: a correspondente a dupla tributação jurídica internacional; a correspondente a dupla tributação económica internacional; a relativa a benefícios fiscais; a relativa ao pagamento especial por conta a que se refere o artigo 106º do CIRC; a relativa a retenções na fonte não suscetíveis de compensação ou reembolso.

No que diz respeito aos sujeitos passivos abrangidos pelo regime simplificado de determinação da matéria coletável, ao montante apurado apenas podem ser efetuadas as deduções relativas à dupla tributação internacional.

1.3.3.8.2. Liquidação adicional

Há lugar a liquidação adicional, por parte da Autoridade Tributária e Aduaneira, quando, depois de liquidado o imposto, em virtude de

correção efetuada nos termos do nº 10 do artigo 90º do CIRC ou de fixação do lucro tributável por métodos indiretos, seja de exigir imposto superior ao liquidado (artigo 99º, nº 1, do CIRC).

A administração tributária pode, ainda, proceder a liquidação adicional em resultado de: revisão do lucro tributável nos termos do artigo 62º do CIRC; exame à contabilidade efetuado posteriormente à liquidação corretiva; erros de facto ou de direito ou omissões verificados em qualquer liquidação (artigo 99º, nº 2, do CIRC).

1.3.3.9. *Pagamento*

1.3.3.9.1. Regras gerais

As entidades que exerçam, a título principal, atividade de natureza comercial, industrial ou agrícola, bem como as não residentes com estabelecimento estável em território português, devem proceder ao pagamento do imposto nos termos seguintes:

i) em três **pagamentos por conta**, com vencimento em julho, setembro e 15 de dezembro do próprio ano a que respeita o lucro tributável ou, nos casos dos nºs 2 e 3 do artigo 8º, no 7º mês, no 9º mês e no dia 15 do 12º mês do respetivo período de tributação[651],[652];

ii) até ao último dia do prazo fixado para o envio da declaração periódica de rendimentos, pela diferença que existir entre o imposto total aí calculado e as importâncias entregues por conta;

iii) até ao dia do envio da declaração de substituição a que se refere o artigo 122º do CIRC, pela diferença que existir entre o imposto total aí calculado e as importâncias já pagas (artigo 104º, nº 1, do CIRC).

[651] Se este pagamento não for feito nos prazos estabelecidos, começam a correr imediatamente juros compensatórios, que são contados até ao termo do prazo para envio da declaração ou até à data do pagamento da autoliquidação, se anterior, ou, em caso de mero atraso, até à data da entrega por conta, devendo, neste caso, ser pagos simultaneamente – artigo 104º, nº 5, do CIRC.

[652] Estão dispensados de efetuar pagamentos por conta os sujeitos passivos cujo imposto do período de tributação de referência para o respetivo cálculo for inferior a € 200 – artigo 104º, nº 4, do CIRC.

Há lugar a reembolso ao sujeito passivo quando:

i) o valor apurado na declaração, líquido das deduções a que se referem os nºs 2 e 4 do artigo 90º do CIRC, for negativo, pela importância resultante da soma do correspondente valor absoluto com o montante dos pagamentos por conta;
ii) o valor apurado na declaração, líquido das deduções a que se referem os nºs 2 e 4 do artigo 90º do CIRC, não sendo negativo, for inferior ao valor dos pagamentos por conta, pela respetiva diferença (artigo 104º, nº 2, do CIRC).

Não há lugar a pagamento final nem a reembolso quando o montante respetivo for inferior a €25 (artigo 104º, nº 7, do CIRC).

1.3.3.9.2. Retenção na fonte

Estão sujeitos a retenção na fonte, em sede de IRC, os seguintes rendimentos obtidos em território português:

- rendimentos provenientes da propriedade intelectual ou industrial, bem como da cedência de *know-how*;
- rendimentos derivados do uso ou da concessão do uso de equipamento agrícola, industrial, comercial ou científico;
- outros rendimentos de aplicação de capitais e rendimentos prediais, tal como são definidos para efeitos de IRS, quando o seu devedor seja sujeito passivo de IRC ou quando os mesmos constituam encargo relativo à atividade empresarial ou profissional de sujeitos passivos de IRS que possuam ou devam possuir contabilidade;
- remunerações auferidas na qualidade de membro de órgão estatutário de pessoa coletiva e outras entidades;
- prémios de jogo, lotarias, rifas e apostas mútuas, bem como importâncias ou prémios atribuídos em quaisquer sorteios ou concursos;
- rendimentos referidos na alínea d) do nº 3 do artigo 4º do CIRC obtidos por entidades não residentes em território português, quando o devedor dos mesmos seja sujeito passivo de IRC ou quando os mesmos constituam encargo relativo à atividade empresarial ou profissional de sujeitos passivos de IRS que possuam ou devam possuir contabilidade;
- rendimentos provenientes da intermediação na celebração de quaisquer contratos e rendimentos de outras prestações de serviços

realizados ou utilizados em território português, com exceção dos relativos a transportes, comunicações e atividades financeiras (artigo 94º, nº 1, do CIRC).

Estas retenções têm, em princípio, a natureza de imposto por conta. Têm, contudo, caráter definitivo as retenções na fonte feitas nos seguintes casos: *(i)* quando, nos termos dos artigos 9º e 10º do CIRC, ou nas situações previstas no Estatuto dos Benefícios Fiscais, se excluam da isenção de IRC todos ou parte dos rendimentos de capitais; *(ii)* quando, não se tratando de rendimentos prediais, o titular dos rendimentos seja entidade não residente que não tenha estabelecimento estável em território português ou que, tendo-o, esses rendimentos não lhe sejam imputáveis; *(iii)* rendimentos de capitais que sejam pagos ou colocados à disposição em contas abertas em nome de um ou mais titulares mas por conta de terceiros não identificados, exceto quando seja identificado o beneficiário efetivo, termos em que se aplicam as regras gerais (artigo 94º, nº 3, do CIRC).

As retenções na fonte, em sede de IRC, são efetuadas à taxa de 25%, salvo no caso remunerações auferidas na qualidade de membro de órgão estatutário de pessoa coletiva e outras entidades, em que a taxa de retenção na fonte é de 21,5% (artigo 94º, nº 4, do CIRC).

Às retenções que tenham caráter definitivo são aplicáveis as taxas correspondentes previstas no artigo 87º do CIRC (artigo 94º, nº 5, do CIRC).

As retenções na fonte relativas a *juros e royalties* dependem da verificação dos requisitos e condições estabelecidos no artigo 96º do CIRC, em conformidade com as imposições decorrentes da Diretiva nº 2003/49/CE, do Conselho, de 3 de junho. Recordamos que nos termos desta Diretiva, em princípio, «os pagamentos de juros ou royalties gerados num Estado-Membro estão isentos de todos os impostos incidentes sobre esses pagamentos no Estado em questão, quer mediante retenção na fonte quer mediante liquidação, desde que o beneficiário efetivo dos juros ou royalties seja uma sociedade de outro Estado-Membro ou um estabelecimento permanente situado noutro Estado-Membro de uma sociedade de um Estado-Membro (artigo 1º, nº 1, da Diretiva *juros e royalties*).

A retenção na fonte de IRC deve ser feita na mesma data estabelecida para obrigação idêntica no CIRS ou, na sua falta, na data da colocação à disposição dos rendimentos. As importâncias retidas devem ser entregues ao Estado até ao dia 20 do mês seguinte àquele em que foram deduzidas (artigo 94º, nº 6, do CIRC).

1.3.3.9.3. Pagamento especial por conta

Para além dos pagamentos por conta já referidos, as entidades que exerçam, a título principal, atividade de natureza comercial, industrial ou agrícola, bem como as não residentes com estabelecimento estável em território português, estão obrigadas a proceder a um **pagamento especial por conta**, a efetuar durante o mês de março ou em duas prestações, durante os meses de março e outubro do ano a que respeita ou, no caso de entidades cujo período de tributação não coincida com o ano civil, no 3º mês e no 10º mês do período de tributação respetivo (artigo 106º, nº 1, do CIRC)[653].

O montante do pagamento especial por conta é igual a 1% do volume de negócios relativo ao período de tributação anterior, com o limite mínimo de €850. Quando superior a este valor, o pagamento especial por conta será igual àquele limite (€850) acrescido de 20% da parte excedente, com o limite máximo de €70.000 (artigo 106º, nº 2, do CIRC). Ao montante apurado são deduzidos os pagamentos por conta efetuados no período de tributação anterior (artigo 106º, nº 3, do CIRC).

Estão dispensados de efetuar o pagamento especial por conta:

i) Os sujeitos passivos totalmente isentos de IRC, ainda que a isenção não inclua rendimentos que sejam sujeitos a tributação por retenção na fonte com caráter definitivo, bem como os sujeitos passivos que apenas aufiram rendimentos não sujeitos ou isentos;
ii) os sujeitos passivos que se encontrem com processos no âmbito do Código da Insolvência e da Recuperação de Empresas, a partir da data de instauração desse processo;
iii) os sujeitos passivos que tenham deixado de efetuar vendas ou prestações de serviços e tenham entregue a correspondente declaração de cessação de atividade a que se refere o artigo 33º do Código do IVA;

[653] Esta regra não é aplicável no período de tributação de início de atividade e no seguinte (artigo 106º, nº 10, do CIRC).

iv) os sujeitos passivos a que seja aplicado o regime simplificado de determinação da matéria coletável (artigo 106º, nº 11, do CIRC).

Quando for aplicável o regime especial de tributação dos grupos de sociedades, é devido um pagamento especial por conta por cada uma das sociedades do grupo, incluindo a sociedade dominante. Cabe a esta a determinação do valor global do pagamento especial por conta e a obrigação de proceder à sua entrega (artigo 106º, nº 12, do CIRC).

1.3.3.10. *Obrigações acessórias*

Os sujeitos passivos de IRC estão adstritos a um conjunto de obrigações acessórias, consagradas nos artigos 117º e seguintes do CIRC.

Entre essas obrigações contam-se as **obrigações declarativas**, que se traduzem no dever de apresentação, por parte dos sujeitos passivos ou dos seus representantes, das seguintes declarações: declaração de inscrição, de alterações ou de cessação, nos termos dos artigos 118º e 119º do CIRC; declaração periódica de rendimentos, nos termos do artigo 120º do CIRC; declaração anual de informação contabilística e fiscal, nos termos do artigo 121º do CIRC; declaração financeira e fiscal por país, nos termos do artigo 121º-A do CIRC.

Também as **obrigações contabilísticas** das empresas constituem obrigações acessórias dos sujeitos passivos de IRC (artigo 123º do CIRC).

Nos termos do nº 1 do artigo 123º do CIRC, as sociedades comerciais ou civis sob forma comercial, as cooperativas, as empresas públicas e as demais entidades que exerçam, a título principal, uma atividade comercial, industrial ou agrícola, com sede ou direção efetiva em território português, bem como as entidades que, embora não tendo sede nem direção efetiva naquele território, aí possuam estabelecimento estável, são obrigadas a dispor de contabilidade organizada nos termos da lei, que possibilite o controlo do lucro tributável.

Face à crescente utilização de meios de processamento eletrónico de dados, designadamente em matéria de faturação, e perante os riscos de adulteração de dados, a eles inerentes, foi aprovada, em 2010, uma portaria que regulamenta a utilização e a certificação prévia (pela AT) de programas informáticos de faturação (artigo 123º, nº 9, do CIRC e Portaria nº 363/2010, de 23 de junho).

As entidades com sede ou direção efetiva em território português que não exerçam, a título principal, uma atividade comercial, industrial ou agrícola não estão obrigadas a ter contabilidade organizada. As mesmas devem, ainda assim, possuir os seguintes registos: *(i)* registo de rendimentos, organizado segundo as várias categorias de rendimentos considerados para efeitos de IRS; *(ii)* registo de encargos, organizado de modo a que se possa distinguir os encargos específicos de cada categoria de rendimentos sujeitos a imposto dos demais encargos a deduzir, no todo ou em parte, ao rendimento global; *(iii)* registo de inventário, em 31 de dezembro, dos bens suscetíveis de gerarem ganhos tributáveis na categoria de mais-valias (artigo 124º, nº 1, do CIRC).

A contabilidade, ou a escrituração, deve ser centralizada em estabelecimento ou instalação situado(a) no território português (artigo 125º, nº 1, do CIRC). No que respeita às pessoas coletivas e outras entidades residente, a centralização deve abranger, igualmente, as operações realizadas no estrangeiro. No que tange às pessoas coletivas e outras entidades não residentes, mas que disponham de estabelecimento estável em território português, a centralização abrange apenas as operações que lhe sejam imputadas nos termos do CIRC, devendo, no caso de existir mais de um estabelecimento estável, abranger as operações imputáveis a todos eles.

As **entidades não residentes que não possuam estabelecimento estável** situado em território português, mas que nele obtenham rendimentos, assim como os sócios ou membros referidos no nº 9 do artigo 5º do CIRC, **são obrigadas a designar uma pessoa** (singular ou coletiva) com residência, sede ou direção efetiva em território português **para as representar perante a administração fiscal** no que diz respeito às suas obrigações relativas a IRC (artigo 126º, nº 1, do CIRC).

1.4. As derramas

1.4.1. *A derrama municipal*

1.4.1.1. *Evolução histórica e natureza jurídica da derrama municipal*

A derrama municipal é, hoje, uma das fontes de receita própria dos municípios[654].

Mas é já longa a história da derrama municipal no Direito financeiro português. A génese desta figura remonta às antigas *fintas*, que consistiam em tributos extraordinários que visavam o financiamento de certas despesas municipais, para as quais as rendas respetivas se revelavam insuficientes.[655]

No âmbito da legislação posterior a 1976 a derrama surge, primeiramente, na Lei nº 1/79, de 2 de janeiro (LFL de 1979), onde o poder de lançamento de derramas, reconhecido aos municípios, vinha consagrado no artigo 12º. À data, as derramas incidiam sobre a coleta da contribuição predial rústica e urbana, da contribuição industrial e do imposto do turismo cobrados na área do respetivo município, com o limite máximo fixado em 10% da coleta liquidada. O produto das derramas destinava-se à "realização de melhoramentos urgentes a efetuar na área da respetiva autarquia" (artigo 12º, nº 2).

No mesmo sentido veio dispor o Decreto-Lei nº 98/84, de 29 de março (LFL de 1984), no artigo 12º, sujeitando também às derramas "as pessoas singulares ou coletivas, designadamente sociedades, cooperativas e empresas públicas, que seriam tributadas em contribuição predial rústica ou urbana, contribuição industrial e imposto de turismo se não beneficiassem de isenção destes impostos" (artigo 12º, nº 2), salvo nos casos de "rendimentos que beneficiem de isenção permanente" (artigo 12º, nº 3).

Já na vigência da Lei nº 1/87, de 6 de janeiro (LFL de 1987), a derrama incidia "sobre as coletas liquidadas na respetiva área em contribuição predial rústica e urbana e em contribuição industrial", com o limite

[654] Artigo 14º da LFL.

[655] Cfr. António L. de Sousa Franco, "Os Poderes Financeiros do Estado e do Município", *Estudos em Homenagem à Dra. Maria de Lourdes Correia e Vale,* Lisboa, 1995, pp. 50-51; cfr, ainda, Acórdão do Tribunal Constitucional nº 57/95, de 16 de fevereiro.

máximo fixado em 10% dessas coletas (artigo 5º, nº 1). A lei referia-se, ainda, ao caráter excecional da derrama, que só podia ser aprovada "para ocorrer ao financiamento de investimentos urgentes e ou no quadro de contratos de reequilíbrio financeiro" (artigo 5º, nº 2).

O regime das derramas foi, posteriormente, revisto pelo Decreto-Lei nº 37/93, de 13 de fevereiro. Este diploma legal determinou que as derramas passassem a ser calculadas com base na coleta do IRC, com o limite máximo de 10% desta, atendendo ao rendimento gerado na área geográfica de cada município, visando "uma mais justa distribuição dos recursos financeiros entre os municípios"[656].

De entre os vários critérios que o legislador tinha à sua disposição para efeitos de determinação da parte da coleta imputável a cada município, no caso de o rendimento ter sido gerado numa pluralidade de circunscrições territoriais, aquele optou pelo critério da "massa salarial", justificando esta opção com a invocação de "imperativos de transparência e de simplificação administrativa".[657]

Com a entrada em vigor da Lei nº 42/98, de 6 de agosto (LFL de 1998), a derrama continuou a incidir sobre a coleta do IRC, com o limite máximo de 10% desta, correspondente, proporcionalmente "ao rendimento gerado na sua área geográfica por sujeitos passivos que exerçam, a título principal, uma atividade de natureza comercial, industrial ou agrícola" (artigo 18º, nº 1). A derrama podia, então, ser lançada para reforçar a capacidade financeira do município ou no âmbito de contratos de reequilíbrio financeiro (artigo 18º, nº 2).

Com a entrada em vigor da Lei nº 2/2007, de 15 de janeiro (LFL de 2007), os municípios passaram a poder lançar derrama sobre o lucro tributável sujeito e não isento de IRC, até ao limite máximo de 1,5%, na proporção do rendimento gerado na sua área geográfica, tanto por sujeitos passivos residentes em território português como por não residentes que nele possuam estabelecimento estável.

Com a entrada em vigor da Lei nº 73/2013, de 03 de setembro, que aprovou o Regime Financeiro das Autarquias Locais e Entidades Intermunicipais (RFALEI), não se alterou a natureza da derrama nem o seu limite máximo.

[656] Cfr. Preâmbulo do diploma.

[657] *Idem.*

De acordo com Freitas Pereira a derrama consiste, atualmente, num *imposto acessório*[658]. Este autor define os impostos acessórios como aqueles que "ou são calculados sobre a coleta do imposto principal – e temos o que se costuma designar por adicionais, ou então calculam-se sobre a matéria coletável – caso em que estamos perante adicionamentos"[659].

No mesmo sentido – da derrama como imposto acessório – se pronuncia Casalta Nabais. Todavia, para este autor, "atendendo à autonomia financeira dos municípios constitucionalmente exigida enquanto componente imprescindível da autonomia local, não devíamos estar aí perante impostos acessórios", pelo que "a derrama devia apresentar-se como um imposto autónomo dos municípios"[660].

A qualificação da derrama como imposto acessório tem, igualmente, sido sufragada pela jurisprudência[661].

Até à entrada em vigor da LFL de 2007, as derramas traduziam-se em *adicionais*; hoje, elas consistem em *adicionamentos*.

Para além disso, a derrama não tem já caráter extraordinário, nem o seu produto é consignado à cobertura de certas despesas ou à prossecução de certas finalidades.

Feito o recorte da natureza jurídica da derrama, são merecedores de destaque os seguintes aspetos: a derrama tem a natureza de *imposto acessório*, não sendo confundível com qualquer taxa municipal (uma vez que não assenta em qualquer relação sinalagmática); incidindo a derrama sobre certa parcela do lucro tributável do IRC, as normas do RFALEI que moldam o seu regime jurídico devem ser interpretadas em conexão com as normas relevantes do CIRC (designadamente as que respeitam ao conceito de *estabelecimento estável* e à determinação do lucro tributável).

O *sujeito ativo da derrama é o município*, embora caiba à administração tributária estadual a sua cobrança (artigo 14º, nºs 9 a 11). A relação que se estabelece entre a administração municipal e a administração

[658] Assim é, segundo o autor, desde a alteração introduzida pelo Decreto-Lei nº 470-B/88, de 10 de dezembro, ao artigo 5º da Lei nº 1/87, de 6 de janeiro – *Fiscalidade*, 2ª ed., Coimbra, 2007, p. 55.

[659] *Idem*.

[660] *Direito Fiscal*, 6ª ed., Coimbra, 2010, pp. 61-62.

[661] Cfr., por todos, Acórdão do STA de 17 de outubro de 2001, in *Diário da República – Apêndice*, de 13 de outubro de 2003, pp. 2298-2304.

estadual é uma *relação jurídica de crédito*, em que a primeira é o sujeito ativo e a segunda o sujeito passivo[662].

1.4.1.2. *Lançamento, definição da taxa e determinação da matéria coletável*

O lançamento de uma derrama, e a definição da respetiva taxa, é da competência de cada município, nos termos definidos na LFL (artigo 14º da LFL).

A derrama incide sobre o lucro tributável sujeito e não isento de IRC, que corresponda à proporção do rendimento gerado na área geográfica de cada município por sujeitos passivos residentes em território português que aí exerçam, a título principal, uma atividade de natureza comercial, industrial ou agrícola, bem como por sujeitos passivos não residentes com estabelecimento estável nesse território. A derrama municipal não pode exceder 1,5% do lucro tributável sujeito a IRC (artigo 14º, nº 1, da LFL).

A assembleia municipal pode, mediante proposta da câmara municipal, deliberar lançar uma taxa reduzida de derrama para os sujeitos passivos com um volume de negócios no ano anterior que não exceda os €150000 (artigo 14º, nº 4, da LFL).

Sempre que os sujeitos passivos possuam estabelecimentos estáveis ou representações locais em mais de um município e matéria coletável superior a €50000, o lucro tributável imputável à circunscrição de cada município é determinado pela proporção entre a massa salarial correspondente aos estabelecimentos que o sujeito passivo nele possua e a correspondente à totalidade dos seus estabelecimentos situados em território nacional (artigo 14º, nº 2, da LFL).

Em matéria de derrama, assume centralidade o conceito de rendimento. Na verdade, sendo a derrama um imposto acessório relativamente a um imposto sobre o rendimento – o IRC –, este conceito não pode deixar de ser fulcral.

Ora, no CIRC é acolhida uma *noção extensiva de rendimento*, à luz *teoria do incremento patrimonial* (artigo 3º, nº 2, do CIRC). É esta noção que releva para efeitos de sujeição a derrama.

[662] Cfr. Alberto Xavier, Manual de Direito Fiscal, I, 1974, p. 346; António L. de Sousa Franco, "Os Poderes Financeiros do Estado e do Município", *Estudos em Homenagem à Dra. Maria de Lourdes Correia e Vale*, Lisboa, 1995, pp. 64-66; José Casalta Nabais, "Autonomia Financeira das Autarquias Locais", *30 Anos de Poder Local na Constituição da República Portuguesa – ciclo de conferências*, pp. 138-139.

Estamos perante um imposto, que assenta, fundamentalmente, na capacidade contributiva revelada pelos sujeitos passivos (artigo 4º, nº 1, da LGT). Sendo a derrama um imposto acessório do IRC, atende-se à capacidade contributiva da pessoa evidenciada pelo rendimento sujeito a este imposto.

Atendendo ao facto de a derrama municipal ser um imposto local, há que determinar que proporção da capacidade contributiva, revelada pelo nível de rendimento, é consequência do exercício de uma atividade localizada em certa circunscrição territorial.

Na hipótese de haver uma pluralidade de pretensões tributárias, e de o volume de negócios do sujeito passivo exceder certo montante, a derrama só pode ser calculada após a aplicação do critério da *massa salarial*[663] (ou, eventualmente, de outro).

Neste caso, a imputação do lucro tributável à circunscrição de cada município (e, consequentemente, a determinação da matéria coletável para efeitos de derrama) é determinado pela "proporção entre a massa salarial correspondente aos estabelecimentos que o sujeito passivo nele possua e a correspondente à totalidade dos seus estabelecimentos situados em território nacional" (artigo 14º, nº 2, da LFL).

Através do critério da *massa salarial* visa-se determinar a proporção do rendimento (enquanto manifestação de capacidade contributiva do sujeito passivo) gerado em cada circunscrição municipal, em ordem a assegurar uma justa repartição dos recursos financeiros entre os municípios.

Assim sendo, o lucro imputável à circunscrição de cada município corresponde à proporção entre a massa salarial afeta a estabelecimentos aí localizados e a massa salarial total, afeta ao conjunto das instalações fixas situadas em território nacional (incluindo sede ou local de direção, se for esse o caso, e demais estabelecimentos estáveis) em que o sujeito passivo do IRC exerce a sua atividade.

Na hipótese de o volume de negócios do sujeito passivo resultar, em mais de 50%, da exploração de recursos naturais que levem a concluir que o critério da massa salarial é desadequado, designadamente por se

[663] Nos termos da lei, considera-se *massa salarial* "...o valor das despesas efetuadas com o pessoal e escrituradas no exercício a título de remunerações, ordenados ou salários" (artigo 14º, nº 6, da LFL).

tratar de uma atividade de *capital-intensivo*, o legislador permite que os municípios interessados, excecionalmente, proponham, fundamentadamente, a fixação de um critério específico de repartição da derrama por despacho conjunto do Ministro das Finanças e do ministro que tutela as autarquias locais, após audição do sujeito passivo e dos demais municípios interessados (artigo 14º, nº 3, da LFL).

Refira-se que é obrigação do contribuinte indicar, na declaração periódica de rendimentos, a massa salarial correspondente a cada município e efetuar o apuramento da derrama devida (artigo 14º, nº 7, da LFL).

Em ordem a determinar a referida "proporção da massa salarial" há, então, que determinar quais os estabelecimentos estáveis situados na circunscrição de cada município. Neste domínio assume particular relevo o conceito de *estabelecimento estável*, tal como se encontra definido no CIRC.

Nos casos não abrangidos pelo nº 2 do artigo 14º da LFL, considera-se que o rendimento é gerado no município em que se situa a sede ou a direção efetiva do sujeito passivo ou, tratando-se de sujeitos passivos não residentes, no município em que se situa o estabelecimento estável onde, nos termos do CIRC, esteja centralizada a contabilidade (artigo 14º, nº 5, do CIRC).

Nos casos em que seja aplicável o regime especial de tributação dos grupos de sociedades a derrama incide sobre o lucro tributável individual de cada uma das sociedades do grupo, sem prejuízo do disposto no artigo 115º do Código do IRC (artigo 14º, nº 8, da LFL).

O produto da derrama paga é transferido pela Autoridade Tributária e Aduaneira para os municípios até ao último dia útil do mês seguinte ao do respetivo apuramento (artigo 14º, nº 11, da LFL).

1.4.2. *A derrama estadual*

Para além da figura da derrama municipal, a lei consagra a *demarra estadual*, a qual configura um *adicionamento* ao IRC (artigo 87º-A do CIRC).

Está sujeito a derrama estadual a parte do lucro tributável sujeito e não isento de IRC superior a €1.500.000, quando seja obtido por sujeitos passivos residentes em território português que exerçam, a título principal, uma atividade de natureza comercial, industrial ou agrícola e por não residentes com estabelecimento estável em território português (artigo 87º-A, nº 1, do CIRC).

As taxas de derrama estadual em 2015 são as seguintes:

Lucro tributável (LT)	Taxas
€1.500.000 < LT ≤ €7.500.000	3%
€7.500.000 < LT ≤ €35.000.000	5%
LT > €35.000.000	9%

Quando o lucro tributável exceda €1.500.000, as taxas são aplicáveis segundo uma das seguintes hipóteses:

i) quando superior a €7.500.000 e até €35.000.000, é dividido em duas partes: uma, igual a €6.000.000, à qual se aplica a taxa de 3 %; outra, igual ao lucro tributável que exceda €7.500.000, à qual se aplica a taxa de 5%;

ii) quando superior a €35.000.000, é dividido em três partes: uma, igual a €6.000.000, à qual se aplica a taxa de 3%; outra, igual a €27.500.000, à qual se aplica a taxa de 5%, e outra igual ao lucro tributável que exceda €35.000.000, à qual se aplica a taxa de 9%.

Em caso de aplicação do regime especial de tributação dos grupos de sociedades, as taxas de derrama estadual incidem sobre o lucro tributável apurado na declaração periódica individual de cada uma das sociedades do grupo, incluindo a da sociedade dominante (artigo 87º-A, nº 3, do CIRC).

Os sujeitos passivos devem proceder à liquidação da derrama estadual na declaração periódica de rendimentos do CIRC (artigo 87º-A, nº 4, do CIRC).

A derrama estadual é paga nos seguintes termos:

i) Em três **pagamentos adicionais por conta**, de acordo com as regras estabelecidas na alínea a) do nº 1 do artigo 104º[664];

ii) Até ao último dia do prazo fixado para o envio da declaração periódica de rendimentos a que se refere o artigo 120º, pela diferença que existir entre o valor total da derrama estadual aí calculado e as importâncias entregues por conta nos termos do artigo 105º-A;

[664] Os pagamentos adicionais por conta são calculados nos termos do artigo 105º-A do CIRC.

iii) Até ao dia do envio da declaração de substituição a que se refere o artigo 122º, pela diferença que existir entre o valor total da derrama estadual aí calculado e as importâncias já pagas (artigo 104º-A do CIRC).

Quando o valor da derrama estadual apurado na declaração for inferior ao valor dos pagamentos adicionais por conta, há lugar a reembolso ao sujeito passivo, pela respetiva diferença [artigo 104º-A, nº 2, do CIRC].

Ao pagamento da derrama estadual são ainda aplicáveis, com as devidas adaptações, as regras de pagamento do IRC ([artigo 104º-A, nº 3, do CIRC].

2. Impostos sobre o consumo

2.1. Introdução

O conceito de tributação sobre o consumo tem uma longa história. No Antigo Regime, a mesma constituía um importante instrumento de financiamento do Estado, tendo uma natureza regressiva, pelo que suscitou amplas reservas pelo movimento revolucionário liberal. No entanto, este tipo de tributação contou com notáveis defensores no iluminismo. Por exemplo, Thomas Hobbes, na sua obra *Leviathan*[665], sustentou que a igualdade tributária devia ser conseguida tributando o que se consome e não a riqueza de cada um. Isto, em seu entender, porque quem, trabalhando muito, tem mais rendimentos e consome pouco, deve ser tributado em igual ou menor medida do que quem, trabalhando pouco, leva uma vida preguiçosa, consumindo tudo o que ganha. Isto, note-se, apesar de Hobbes recorrer também ao *princípio do benefício* para justificar a tributação, considerando como tal a proteção obtida do soberano.

Por seu lado, David Hume defendeu a tributação baseada no consumo, no seu *Essays and Treatises on Several Subjects* (1764)[666], manifestando-se contra taxas de imposto elevadas e contra a multiplicidade de

[665] Thomas Hobbes, Leviathan, London, 1651, XXX, 212.

[666] David Hume, *Essays and Treatises on Several Subjects*, II, Appendix II, London, (1764), 377, 378.

impostos. David Hume entendia, tal como Hobbes, que os impostos devem tributar o que as pessoas retiram à sociedade (consumo) e não o que elas lhe dão (rendimento). Esta mesma linha de pensamento foi retomada por John Stuart Mill, para quem o trabalho e a poupança eram contribuições para a sociedade, e, mais recentemente, por Nicholas Kaldor[667]. Como se vê, a questão de fundo prende-se com a tributação da poupança, entendendo-se que a tributação do consumo estimula a poupança e liberta capitais para o investimento produtivo. Para este entendimento, o imposto sobre o rendimento penaliza os aforradores.

Nos séculos XIX e XX a realidade tributária foi marcada pela subsistência de impostos sobre o consumo, ainda que com a primazia dos impostos sobre o rendimento. Isoladamente considerados, os impostos sobre o consumo têm o mérito político-económico de não tributarem a poupança e o investimento, pelo que, desde que com taxas moderadas, podem constituir um importante instrumento de promoção do crescimento económico. Assim, a doutrina costuma sublinhar que a tributação do consumo é boa para a economia, é mais simples do que a tributação do rendimento, embora seja regressiva, tendendo a favorecer os mais abastados, em detrimento dos mais pobres[668]. Todavia, nas presentes circunstâncias, dificilmente a tributação sobre o consumo poderia substituir a tributação do rendimento, na medida em que aquela é compatível com uma acumulação praticamente ilimitada de rendimento, confiando ao mercado a tarefa de redistribuição e desvalorizando o papel do investimento público.

2.2. Origem do imposto sobre o valor acrescentado (*value added tax*)

A primeira proposta de introdução de um imposto sobre o valor acrescentado (IVA) surgiu da missão americana que, a partir de 1949, dirigiu a reforma fiscal no Japão, no rescaldo da II Guerra Mundial, presidida pelo Professor Carl Summer Shoup, e incluindo os professores William Warren e William Vickrey, a pedido do General MacArthur. Este propôs a introdução do IVA como imposto sobre o consumo para o Japão, dentro de um quadro mais alargado de reforma fiscal. Os seus contributos na reconstrução económica do Japão valeram-lhe, por duas vezes, a

[667] Nicholas Kaldor, *An Expenditure Tax*, 1993, 53.

[668] Feldman, *Consumption Taxes and He Theory of General and Individual Taxation...*, cit., p. 296.

condecoração com a medalha da Ordem do Tesouro Sagrado, pelo Imperador Showa. Após o fim da ocupação americana, assistiu-se ao progressivo desmantelamento da reforma Shoup, por força da pressão dos grupos de interesses sobre o processo político.

No ocidente, o IVA foi primeiramente introduzido em Estados como a Suécia, a Dinamarca (1967) e a França (1968). A adoção do IVA como imposto sobre o consumo é, hoje, obrigatória em todos os Estados da União Europeia.

Presentemente, as organizações internacionais com responsabilidades no âmbito económico-financeiro (FMI; OCDE) consideram o IVA como um elemento fundamental de reforma fiscal em todo o mundo.

2.3. Tributação do consumo em Portugal

A tributação do consumo em Portugal foi, durante muito tempo, efetivada mediante o *Imposto de Transações,* introduzido em 1966. Tratava-se de um imposto monofásico, inserido no processo produtivo, pago apenas nas fases da produção ou grossista. Alguns dos principais problemas deste imposto consistiam na dificuldade na identificação do produtor, na dificuldade de aplicação à prestação de serviços e na distorção do funcionamento do mercado pela fraude fiscal de uns e pela evasão fiscal de outros. Quando o comércio por grosso e o retalho se processavam num único estabelecimento, ocorria uma redução artificial de preços de transferência. Tudo somado, este imposto traduzia-se numa insuficiência das receitas, com uma manifesta incapacidade de crescimento das mesmas. Daí a necessidade de aumentar as taxas, com o consequente aumento da evasão e da fraude fiscais.

2.4. O Imposto sobre o Valor Acrescentado (IVA)

2.4.1. *Considerações gerais*

A compreensão do *Imposto sobre o Valor Acrescentado* (IVA) remete-nos, desde logo, para o conceito económico de valor acrescentado. A noção de valor acrescentado está intimamente ligada ao problema da dupla contagem na determinação do PIB no âmbito da contabilidade nacional. A mesma tem como ponto de referência a distinção entre produto intermédio e produto final. Daqui decorre o caráter **polifásico** do IVA, que está presente ao longo de todo o processo de produção e distribuição, visando a tributação do valor acrescentado em cada uma das suas fases. O mesmo incide sobre as transmissões de bens, as prestações de serviços, as importações e as aquisições intracomunitárias de bens.

O IVA é um imposto **indireto**, pago pelo vendedor ou prestador de serviços e repercutido integralmente no consumidor final. Ou seja, o IVA devido pela empresa é suportado pelo consumidor final quando adquire bens e serviços.

O IVA é um imposto **de obrigação única** (e não um imposto periódico) pois incide sobre factos tributários de caráter instantâneo, reportando-se a cada um dos atos concretos praticados. É irrelevante, para esta qualificação, que o seu apuramento e pagamento assumam certa periodicidade, tal como é irrelevante a circunstância de o sujeito passivo exercer de forma continuada ou meramente ocasional a respetiva atividade[669].

A avaliação do **mérito do IVA** tem sido feita ponderando as respetivas vantagens e desvantagens. Começando pelas **desvantagens**, geralmente aponta-se-lhe a **complexidade da gestão administrativa** (penalizando os sujeitos passivos) e o **esforço de fiscalização** que exige à administração fiscal. Além disso, por ser tendencialmente regressivo[670], alerta-se para o facto de frustrar os objetivos de redistribuição do rendimento prosseguidos pelos impostos progressivos sobre o rendimento.

Quanto às **vantagens** do IVA, a doutrina tem assinalado várias. Em primeiro lugar, refere-se a **neutralidade económica** do sistema polifásico[671]. É que a estrutura do imposto é relativamente simples, assentando pura e simplesmente na tributação do valor acrescentado. Dessa forma, são respeitadas as diversas fases do processo produtivo, estabelecendo-se regras iguais de concorrência, nas fases da produção, da distribuição e do retalho, favorecendo a equidade e a neutralidade fiscais. Com efeito, em todas elas o IVA assenta na distinção entre **IVA repercutido, IVA suportado** e **IVA a pagar**.

[669] *V.* Acórdãos do STA de 07/05/2003, proc. nº 065/02; e de 07/05/2003, proc. nº 026806B.

[670] Sobre a regressividade do IVA, cfr. Afonso Arnaldo, "Justiça Fiscal e o IVA", *Estudos em Memória do Prof. Doutor J. L. Saldanha Sanches*, vol. IV, Coimbra, Coimbra Editora, 2011, pp. 9 e seguintes.

[671] Sobre as características do IVA, cfr. Clotilde Celorico Palma, *As Entidades Públicas e o Imposto sobre o Valor Acrescentado: uma rutura no princípio da neutralidade*, Coimbra, Almedina, 2010, pp. 43 e seguintes.

O **IVA repercutido** (*output VAT*)[672] é adicionado ao preço do bem ou do serviço na fatura emitida ao cliente. Este último pode ser um sujeito passivo de IVA (v.g. empresa), caso em que se está diante de uma transação *business-to-business* (B2B). Alternativamente, o cliente pode ser o consumidor final, que suporta o IVA repercutido, falando-se neste caso de uma transação *business-to-consumer* (B2C). Esta distinção reveste-se de grande importância prática, nomeadamente no regime das transações intracomunitárias e nas regras de localização das operações do artigo 6º do CIRC.

O **IVA suportado** (*input VAT*) corresponde ao IVA que uma empresa suporta quando adquire os bens e serviços de que necessita para o exercício da sua atividade. O mesmo também se aplica ao consumidor final que suporta economicamente o IVA. O **IVA a pagar** pelo sujeito passivo consiste na diferença entre o IVA repercutido e o IVA suportado.

Por outras palavras, **cada empresa paga o IVA relativo ao valor por ela acrescentado ao produto na cadeia produtiva**, ao passo que o consumidor paga um imposto que reflete o valor total do bem. Assim, o funcionamento do IVA é relativamente simples. As empresas que são sujeitos passivos do IVA podem deduzir os impostos pagos nas aquisições de bens e serviços diretamente relacionados com a respetiva atividade.

Uma outra vantagem do IVA diz respeito à sua fácil aplicação à prestação de serviços.

Igualmente importante é o de facto de IVA favorecer a **formalização da economia** e incentivar a **sofisticação contabilística das empresas**, com repercussões positivas noutros impostos (v.g. IRC).

Também se lhe aponta a vantagem de possuir uma **base tributária alargada**, possibilitando diluição do peso do imposto pelos vários agentes económicos (*v.g.* produtores, grossistas, retalhistas, prestadores de serviços), o que possibilita a aplicação de taxas uniformes baixas. Deste modo, o IVA constitui uma resposta adequada à concorrência fiscal internacional. A fácil mobilidade do capital torna mais difícil a sua tributação, ao passo que os consumidores são menos móveis do que os

[672] VAT significa *value added tax*. A referência no texto à terminologia em língua inglesa é importante porque a mesma é geralmente utilizada na doutrina fiscal que estuda o IVA na União Europeia.

produtores e detentores de capital. A base tributária alargada do IVA responde às ameaças de erosão da base tributária.

O mesmo imposto assenta num sistema de crédito de imposto, sendo bastante eficaz na cobrança de receitas fiscais. Por esse motivo, quando as taxas são moderadas, o IVA é por alguns considerado como uma *máquina de fazer dinheiro*, sem deixar de constituir um incentivo à formação de capital, estimulando a poupança e o investimento.

Uma outra virtualidade positiva do IVA diz respeito à sua fácil adequação ao comércio internacional, permitindo a não tributação das exportações e a tributação das importações.

Finalmente, deve sublinhar-se a vantagem da fácil adequação do IVA aos objetivos constitucionais de tributação do consumo, na medida em que o mesmo pode ser utilizado para agravar a tributação dos artigos de luxo e desagravar a tributação sobre os bens essenciais, atendendo desse modo às necessidades dos agregados familiares. O mesmo é, por esse motivo, considerado um imposto moderno sobre a despesa.

Tradicionalmente diz-se que o IVA é estruturalmente regressivo, o que é apontado como uma desvantagem significativa deste imposto, agravada pelo facto de que a tributação moderada dos produtos de primeira necessidade beneficia não apenas os pobres, que visa proteger, mas também os ricos[673]. Todavia, apesar das suas taxas tendencialmente uniformes, os estudos da OCDE revelam que o mesmo é, na prática, proporcional ou até moderadamente progressivo. Se assim for realmente, essa alegada desvantagem é substancialmente mitigada.

No esquema que se segue daremos conta da estrutura básica do IVA.

A – Três fases:

	Preço €	IVA (Tx. 23%)	Crédito	Entrega
Produtor	100	23 (c)	-	€ 23
Grossista	150	34,5(c)	34,5(c) – 23(p)	€ 11,5
Retalhista	200	46(c)	46(c) – 34,5(p)	€ 11,5

[673] Feldman, *Consumption Taxes and He Theory of General and Individual Taxation...*, cit., 342.

B – Duas fases:

	Preço €	IVA (Tx. 23%)	Crédito	Entrega
Produtor	100	23(c)	-	€ 23
Retalhista	200	46(c)	46(c) – 23(p)	€ 23

(c): cobrado
(p): pago

Consumidor: € 200 + € 46 (IVA)

Como resulta dos quadros, em qualquer dos casos o consumidor paga € 200 + (23%) IVA = € 46. O IVA no final do circuito produtivo depende exclusivamente do preço do produto, independentemente da extensão daquele, o que garante a neutralidade fiscal.

2.4.2. ***O IVA e a construção europeia***

O projeto de aprofundamento da integração económica no espaço europeu e de construção de um **mercado único**, entendido hoje no quadro de uma **economia social de mercado**, revelaram a necessidade de se encetar esforços tendentes a promover a **harmonização fiscal** nos impostos sobre o consumo.

Com efeito, as **liberdades de circulação de bens e de prestação de serviços**, bem como a **sã concorrência** entre empresas no mercado interno apontavam para a necessidade de se garantir a **neutralidade fiscal** em matéria de impostos sobre o consumo. Ora, a neutralidade fiscal do IVA traduz-se no facto de ele, em princípio, não distinguir entre a) mercadorias e serviços, b) mercadorias e serviços dos vários Estados-Membros da UE, c) transações locais e transações à distância, d) produtores, distribuidores e retalhistas e e) sujeitos passivos em situação semelhante. As diferenciações que possam ser introduzidas devem ter um fundamento social razoável.

O IVA constitui um exemplo de harmonização fiscal no âmbito da União Europeia, a qual tem vindo a ser aprofundada ao longo do tempo. Neste domínio, são de destacar as diversas diretivas europeias em matéria de IVA, as primeiras das quais datam de 1967, tendo sido aprovadas na sequência das recomendações constantes do relatório Neumark, de 1962.

Especial relevo assumem a *Sexta Diretiva* (77/388/CEE, de 17 de maio de 1977) e a *Diretiva IVA* (Diretiva 2006/112/CE) que instituiu o atual sistema comum deste imposto, tendo revogado a *Sexta Diretiva*.

De destacar são também os diversos regulamentos que têm vindo a ser aprovados neste domínio da tributação, designadamente o Regulamento de Execução (UE) nº 282/2011, do Conselho, de 15 de março de 2011, que procede à clarificação de diversos conceitos fundamentais na correta aplicação da *Diretiva IVA*[674].

Compreende-se, assim, que a jurisprudência do Tribunal de Justiça (TJCE) assuma particular importância em sede de IVA.

Refira-se, desde já, que na linha da jurisprudência *Francovich*[675] e *Brasserie du Pêcheur*[676], que reconheceu o princípio geral da responsabilidade dos Estados membros pela violação do Direito comunitário, o TJCE afirmou no acórdão *Stockholm Lindöpark*[677] que a adoção de legislação que viole as disposições da *Sexta Diretiva* determina a responsabilidade civil do Estado membro que a adote.

Por fim, refira-se que o IVA constitui uma importante fonte de receitas da União Europeia, na medida em que parte das receitas do IVA arrecadadas pelos Estados membros se destinam a financiar as estruturas e políticas comunitárias.

O futuro do IVA permanece em discussão na UE, reconhecendo-se a necessidade de aperfeiçoamento do seu regime jurídico. Foi neste sentido que Comunicação da Comissão, de 6 de dezembro de 2011, veio sublinhar a necessidade de adaptar o IVA ao mercado único e torná-lo mais simples, eficaz e robusto (imune à fraude)[678] e baseado no princípio do destino[679].

[674] Clotilde Celorico Palma / Rui Laires, "O novo Regulamento de aplicação da Directava IVA e a localização das prestações de serviços", *Revista de Finanças Públicas e Direito Fiscal*, Ano IV, nº 4, 2012, pp. 63-88.

[675] Acórdão do TJCE de 19/11/1991, *Andrea Francovich* e *Danila Bonifaci / Itália*, processos apensos C-6/90 e C-9/90.

[676] Acórdão do TJCE de 05/03/1996, *Brasserie du Pêcheur*, processos apensos C-46/93 e C-48/93.

[677] Acórdão do TJCE de 18/01/2001, *Stockholm Lindöpark*, proc. C-150/99.

[678] Sobre o combate à fraude ao IVA cfr., entre nós, António Carlos dos Santos, "O Tribunal de Justiça das Comunidades Europeias e a fraude carrossel em IVA", *TOC*, Ano VI, 71, fevereiro de 2006, pp. 22 e seguintes; Cidália Lança, "Medidas de combate à fraude previstas na legislação do IVA", *Estudos em Memória do Prof. Doutor J. L. Saldanha Sanches*, vol. IV, Coimbra,

2.4.3. *O campo de aplicação do IVA*

2.4.3.1. *Incidência*

2.4.3.1.1. Introdução

À semelhança do que sucede na generalidade dos impostos, a incidência do IVA compreende positivamente duas dimensões, de natureza objetiva e subjetiva. A primeira delimita as operações sujeitas a IVA, ao passo que a segunda circunscreve os operadores, ou sujeitos passivos. Vejamos, de forma necessariamente resumida, a incidência do IVA.

2.4.3.1.2. Incidência objetiva

O artigo 1º, nº 1, do CIVA estabelece a **incidência objetiva** do IVA, dividindo-a em três categorias de operações económicas. O nº 2 do mesmo diploma avança com um elenco de definições dos termos empregues nas disposições relativas ao IVA, ao passo que o nº 3 introduz algumas definições respeitantes às transmissões de bens efetuadas a bordo de navio, aeronave ou comboio, durante o transporte intracomunitário de passageiros.

As três categorias de operações mencionadas são:

- **Transmissões de bens**[680] **e prestações de serviços**[681] operadas no território nacional, tal como definido no artigo 5º da CRP, a título oneroso por um sujeito passivo agindo como tal;
- **Importações de bens**, considerando-se como tais, em regra, as entradas no território nacional de: *i)* bens **procedentes** de países e territórios terceiros e que se encontrem em livre prática e *ii)* bens **originários ou procedentes** de países terceiros e que não se encontrem em livre prática ou que tenham sido colocados em livre prática no âmbito de acordos de união aduaneira[682],[683];

Coimbra Editora, 2011, pp. 149 e seguintes; Vasco Branco Guimarães, "O Combate à Fraude Carrossel em IVA e a Jurisprudência do TJCE", *Estudos em Homenagem ao Professor Doutor Paulo de Pitta e Cunha*, vol. II, Coimbra, Almedina, pp. 979 e seguintes.

679 Clotilde Celorico Palma, "A recente comunicação da Comissão sobre o futuro do IVA", *TOC*, Ano XII, nº 144, março de 2012, pp. 48 e seguintes.

680 Como tal definidos no artigo 3º do CIVA.

681 Como tal definidos no artigo 4º do CIVA.

682 O conceito de bens em livre prática consta do artigo 29º do TFUE.

683 Cfr. artigo 5º do CIVA.

- **Operações intracomunitárias efetuadas no território nacional,** nos termos do disposto *no Regime do IVA nas Transações Intracomunitárias* (RITI).

Refira-se que **o princípio da neutralidade fiscal opõe-se a uma diferenciação generalizada entre operações lícitas e operações ilícitas.** A qualificação de um comportamento como censurável não implica, só por si, uma exceção à tributação. Essa exceção só opera em situações pontuais em que, por força de determinadas características específicas de algumas mercadorias ou de certas prestações, está excluída qualquer concorrência entre um setor económico lícito e um setor ilícito.[684] Tal exceção opera, por exemplo, em relação à transação de produtos como os estupefacientes, que são objeto de uma proibição total de circulação em todos os Estados membros, à exceção dos casos em que os mesmos se destinam a uma utilização para fins médicos e científicos. Nestes casos, a não sujeição ao IVA nunca pode afetar o princípio da neutralidade fiscal.[685]

2.4.3.1.3. Incidência subjetiva

A incidência subjetiva é definida pelo artigo 2º, nº 1, do CIVA, em termos exaustivos.

Entre outras, ela compreende as pessoas coletivas que de forma habitual e independente exerçam atividades de natureza económica (*v.g.* produção, extração, agricultura, prestação de serviços)[686],[687] ou que pra-

[684] *V.*, por exemplo, Acórdão do TJCE de 29/06/1999, *Coffeeshop «Siberië»*, C-158/98, de 29/06/2000, *Salumets e o.*, C-455/98, e de 12/01/2006, *Optigen, Fulcrum Electronics e Bond House Systems*, processos apensos C-354/03, C-355/03 e C-484/03.

[685] *V.* Acórdão do TJCE de 05/07/1988, *Happy Family*, 289/86.

[686] Para além de estarem abrangidas todas as atividades de produção, de comercialização ou de prestação de serviços, estão abrangidos todos os estádios da produção, da distribuição e da prestação de serviços – *v.*, por exemplo, Acórdãos do TJCE de 04/12/1990, *Van Tiem*, C-186/89, e de 26/06/2003, *MGK-Kraftfahrzeuge-Factoring*, C-305/01.

[687] O conceito de atividades económicas tem caráter objetivo, pelo que a atividade é considerada em si mesma, independentemente dos seus objetivos e dos seus resultados – *v.*, designadamente, Acórdão do TJCE de 26/03/1987, *Comissão/Países Baixos*, C-235/85; Acórdão do TJCE de 14/02/1985, *Rompelman*, 268/83; Acórdão do TJCE de 27/11/2003, *Zita Modes*, C-497/01; Acórdão do TJCE de 12/09/2000, *Comissão/Grécia*, C-260/98; Acórdão do TJCE de 12/01/2006, *Optigen, Fulcrum Electronics e Bond House Systems*, processos apensos C-354/03, C-355/03 e C-484/03.

tiquem uma operação tributária relacionada com essas atividades ou, ainda, quando essa operação preencha os pressupostos de incidência objetiva do IRS ou do IRC.

Pretende-se com a enumeração exaustiva constante do artigo 2º, nº 1, do CIVA evitar a utilização de cláusulas gerais e delimitar, de forma tão precisa e determinada quanto possível, a incidência subjetiva.

O nº 2 do artigo 2º do CIVA contém uma norma de **delimitação negativa de incidência**, nos termos da qual o Estado e demais pessoas coletivas de direito público não são considerados sujeitos passivos do IVA quando realizem operações no exercício dos seus poderes de autoridade (*jus imperii*). Contudo, a lei estabelece como condição que a sua não sujeição não seja suscetível de originar distorções na concorrência[688].

Em todo o caso, o Estado e demais pessoas coletivas de direito público são consideradas sujeitos passivos do IVA quando exerçam algumas das atividades enunciadas no nº 3 do artigo 2º do CIVA, e pelas operações tributáveis delas decorrentes, salvo quando as mesmas sejam exercidas de *forma não significativa*[689]. Essas atividades são as seguintes: telecomunicações; distribuição de água, gás e eletricidade; transporte de bens; prestação de serviços portuários e aeroportuários; transporte de pessoas; transmissão de bens novos cuja produção se destina a venda; operações de organismos agrícolas; exploração de feiras e de exposições de caráter comercial; armazenagem; cantinas; radiodifusão e radiotelevisão.

Alguma doutrina chama a atenção para os problemas decorrentes deste regime de sujeição/não sujeição do Estado e demais pessoas coletivas ao IVA. Na verdade, a delimitação negativa de incidência aplicável ao Estado e demais pessoas coletivas de direito público assenta na utilização de conceitos vagos e indeterminados que contribuem para a complexidade e incerteza jurídica, para além de representarem um desvio ao princípio da neutralidade do IVA[690].

[688] Cabe ao Ministro das Finanças definir, em cada caso, quais as atividades suscetíveis de causar distorções na concorrência (artigo 2º, nº 4, do CIVA).

[689] Cabe ao Ministro das Finanças definir, em cada caso, quais as atividades exercidas de forma não significativa (artigo 2º, nº 4, do CIVA).

[690] Clotilde Celorico Palma, *As Entidades Públicas e o Imposto sobre o Valor Acrescentado: uma rutura no princípio da neutralidade*, Coimbra, Almedina, 2010, pp. 629 e seguintes e 703 e seguintes.

2.4.3.1.4. Localização das operações

O artigo 6º do CIVA contém as regras relativas à determinação da **localização das operações** de transmissão de bens e de prestação de serviços. Deste importante artigo decorre que o IVA incide sobre factos tributários ocorridos em **território nacional**.

Quer dizer, as transmissões de bens e as prestações de serviços estão sujeitas a IVA se se considerar que são efetuadas em território nacional. Coloca-se, portanto, a questão fundamental de saber quando é que as transmissões de bens e as prestações de serviços se consideram efetuadas em território nacional. Como se reparte o poder de tributar? Quais os elementos de conexão relevantes?

As respostas a estas questões podem ser encontradas nos nºs 1 a 5 do artigo 6º CIVA, quanto às transmissões de bens, e nos nºs 6 a 15 do mesmo preceito, no que concerne as prestações de serviços. É relevante, neste contexto, saber se se trata de transações B2B ou B2C.

Sobre as **transmissões de bens**, o nº 1 do artigo 6º estabelece que são tributáveis as operações que se situem no território nacional **no momento em que se inicia o transporte ou expedição para o adquirente ou**, no caso de não haver expedição ou transporte, **no momento em que são postos à disposição do adquirente**.

São igualmente tributáveis a transmissão feita pelo importador e as eventuais transmissões subsequentes de bens transportados ou expedidos de um país terceiro, quando as transmissões ocorrerem antes da importação (artigo 6º, nº 2, do CIVA).

No caso de as transmissões de bens serem efetuadas a bordo de navio, de aeronave ou comboio, durante um transporte intracomunitário de passageiros, as mesmas só são tributáveis se o lugar de partida se situar no território nacional e o lugar de chegada no território de outro Estado membro (artigo 6º, nº 3, do CIVA).

Os nºs 4 e 5 do artigo 6º contêm regras especiais aplicáveis às transmissões de gás, através do sistema de distribuição de gás natural, e de eletricidade.

Sintetizando, destas disposições deduz-se, de um modo geral, que o **local de tributação** (regra) das transmissões de bens, é o da *expedição* para o adquirente (B2B), da *disponibilização* ao adquirente (B2C), da *partida* de aeronave ou navio (B2C), ou da *sede, EE ou domicílio nacionais* de revendedor, utilizador ou consumidor de energia de rede (B2B, B2C), devendo atender-se às especificidades e exceções consagradas.

Relativamente às **prestações de serviços**, vale o disposto nos nºs 6 e seguintes do artigo 6º do CIVA. Destas disposições decorre que a **localização da tributação** nas **prestações de serviços** (regra) é, no caso de transações B2B, a do *estabelecimento do sujeito passivo destinatário do serviço.* Ou seja, no caso das prestações de serviços B2B, a tributação ocorre na jurisdição do estabelecimento do adquirente do serviço (incluindo EE).

Assim, se uma empresa portuguesa presta um serviço a uma empresa espanhola esta deve liquidar o IVA em Espanha e aí proceder à sua entrega ao Estado. Se uma empresa francesa presta serviço a uma empresa portuguesa, esta deve liquidar o IVA em Portugal e aí entregar o respetivo montante ao Estado. Neste caso, utiliza-se o sistema de **reverse charge** ou **inversão do sujeito passivo**.

Nas transações B2C é o local da tributação é, em princípio, o do *estabelecimento do prestador do serviço.*

Deve, porém, atender-se às múltiplas exclusões da tributação no caso de serviços prestados fora do território nacional, de lá para cá ou de cá para lá, bem como à tributação de serviços prestados no território nacional ou a partir dele. No caso de serviços prestados em vários Estados adota-se o *critério da preponderância*, devendo a determinação ser feita caso a caso.

2.4.3.1.5. Facto gerador e exigibilidade do imposto

A regra geral, prevista no nº 1 do artigo 7º do CIVA, é a de que o imposto é devido, tornando-se exigível:

- *Nas transmissões de bens*, no momento em que os bens são postos à disposição do adquirente;
- *Nas prestações de serviços*, no momento da sua realização;
- *Nas importações*, no momento determinado pelas disposições aplicáveis aos direitos aduaneiros, sejam ou não devidos estes direitos ou outras imposições comunitárias estabelecidas no âmbito de uma política comum.

Devem, ainda assim, ser tidas em consideração as diversas normas especiais consagradas nos nºs 2 e seguintes do artigo 7º.

Sempre que a transmissão de bens ou prestação de serviços determine a obrigação de emissão de fatura ou documento equivalente, nos termos do artigo 29º do CIVA, o imposto torna-se exigível:

- Se o prazo previsto para a emissão de fatura ou documento equivalente for respeitado, no momento da sua emissão;
- Se o prazo previsto para a emissão não for respeitado, no momento em que termina;
- Se a transmissão de bens ou a prestação de serviços derem lugar ao pagamento, ainda que parcial, anteriormente à emissão da fatura ou documento equivalente, no momento do recebimento desse pagamento, pelo montante recebido, sem prejuízo do disposto no ponto anterior (artigo 8º, nº 1, do CIVA)[691].

2.4.3.2. *Isenções*

2.4.3.2.1. Isenções dirigidas aos sujeitos passivos

As isenções em IVA *dirigidas aos sujeitos passivos* podem assumir duas modalidades: *i)* isenções completas, plenas, totais ou verdadeiras[692]; *ii)* isenções incompletas, simples, parciais ou falsas. As primeiras conferem o direito à dedução do IVA suportado (como acontece nas isenções a que se refere o artigo 14º)[693]; as segundas, não conferem esse direito, traduzindo-se, meramente, na não liquidação (isenção de liquidação) do IVA nas operações ativas realizadas pelo sujeito passivo (é o que sucede nas isenções previstas nos artigos 9º e 53º do CIVA).

O CIVA prevê *isenções nas operações internas* (artigo 9º do CIVA), *isenções nas importações* (artigo 13º do CIVA), *isenções nas exportações, operações assimiladas e transportes internacionais* (artigo 14º do CIVA), *isenções nas operações relacionadas com regimes suspensivos* (artigo 15º do CIVA) e *isenções no âmbito do regime especial de isenção* (artigos 53º e seguintes do CIVA).

Os regimes suspensivos obedecem a diferentes lógicas, podendo abranger produtos intermédios não destinados ao consumo final ou mercadorias colocadas em situações aduaneiras especiais (v.g. zonas francas, alfândega, depósito provisório, entrepostos aduaneiros, abastecimento da prospeção *offshore*, reexportação e *drawback*), porquanto as

[691] Esta norma é, ainda, aplicável aos casos em que se verifique emissão de fatura ou documento equivalente, ou pagamento, precedendo o momento da realização das operações tributáveis (artigo 8º, nº 2, do CIVA).

[692] Falando-se, habitualmente, neste caso, em IVA à "taxa zero".

[693] Cfr. artigo 20º, nº 1, al. b), do CIVA.

empresas podem flexibilizar o processamento aduaneiro das mercadorias de acordo com a variação da procura. Estes regimes também podem abarcar o apoio a pessoas carenciadas.

2.4.3.2.2. Isenções dirigidas aos consumidores finais
De natureza distinta são as *isenções do consumidor*, as quais se traduzem na restituição do IVA pago por determinados adquirentes de bens e serviços. É o que acontece, designadamente, com as aquisições de bens e serviços feitas pelas igrejas e comunidades religiosas radicadas em Portugal, e instituições particulares de solidariedade social e cooperativas de solidariedade social, nos casos e nas condições definidas no Decreto-Lei nº 20/90, de 13 de janeiro[694], bem como as aquisições dos bens e serviços mencionados no Decreto-Lei nº 113/90, de 5 de abril, adquiridos pelas forças armadas, forças e serviços de segurança e corporações de bombeiros, nos termos definidos neste diploma legal.

As isenções têm diferentes fundamentos materiais de relevância constitucional. Numa parte significativa de casos, elas prendem-se com a realização de direito fundamentais ou a prossecução de objetivos de interesse público sem fins lucrativos (*lato senso*), relacionados, nomeadamente, com segurança pública, segurança social, solidariedade social, crianças e jovens, deficientes, idosos, cultura, desporto, educação, formação profissional, liberdade religiosa, associativismo, habitação e cooperativas (salvo se distorcerem a concorrência).

2.4.3.3. *Valor tributável*

2.4.3.3.1. Nas transações internas
No que diz respeito ao valor tributável, no âmbito das operações internas, a **regra geral** é a de que o mesmo corresponde ao valor da contraprestação obtida ou a obter do adquirente, do destinatário ou de um terceiro (artigo 16º, nº 1, do CIVA).

O valor tributável do IVA inclui: os impostos, direitos, taxas e outras imposições, com exceção do próprio imposto sobre o valor acrescentado; as despesas acessórias debitadas, como sejam as respeitantes a comissões, embalagem, transporte, seguros e publicidade efetuadas

[694] Cfr., igualmente, o artigo 65º da LLR.

por conta do cliente; as subvenções diretamente conexas com o preço de cada operação, considerando como tais as que são estabelecidas em função do número de unidades transmitidas ou do volume dos serviços prestados e sejam fixadas anteriormente à realização das operações (artigo 16º, nº 5, do CIVA).

Por outro lado, são excluídos do valor tributável: os juros pelo pagamento diferido da contraprestação e as quantias recebidas a título de indemnização declarada judicialmente, por incumprimento total ou parcial de obrigações; os descontos, abatimentos e bónus concedidos; as quantias pagas em nome e por conta do adquirente dos bens ou do destinatário dos serviços, registadas pelo sujeito passivo em contas de terceiros apropriadas;

as quantias respeitantes a embalagens, desde que as mesmas não tenham sido efetivamente transacionadas e da fatura ou documento equivalente constem os elementos referidos na parte final da alínea b) do nº 5 do artigo 36º (artigo 16º, nº 6, do CIVA).

O nº 2 do artigo 16º contém diversas **regras especiais**. De acordo com o que aí está estipulado, o valor tributável é: para a não devolução, no prazo de um ano a contar da data da entrega ao destinatário, de mercadorias enviadas à consignação, o valor constante da fatura[695]; para as operações referidas nas alíneas f) e g) do nº 3 do artigo 3º, o preço de aquisição dos bens ou de bens similares, ou, na sua falta, o preço de custo, reportados ao momento da realização das operações; para as operações referidas nas alíneas a) e b) do nº 2 do artigo 4º, o *valor normal do serviço*[696]; para as transmissões de bens e prestações de serviços resultantes de atos de autoridades públicas, a indemnização ou qualquer outra forma de compensação; para as transmissões de bens entre o comitente e o

[695] Cfr. artigo 38º, nº 1, al. a), do CIVA.

[696] Nos termos do nº 4 do artigo 16º do CIVA, entende-se por *valor normal de um bem ou serviço*: a) o preço, aumentado dos elementos referidos no nº 5, na medida em que nele não estejam incluídos, que um adquirente ou destinatário, no estádio de comercialização em que é efetuada a operação e em condições normais de concorrência, teria de pagar a um fornecedor ou prestador independente, no tempo e lugar em que é efetuada a operação ou no tempo e lugar mais próximos, para obter o bem ou o serviço ou um bem ou serviço similar; b) na falta de bem similar, o valor normal não pode ser inferior ao preço de aquisição do bem ou, na sua falta, ao preço de custo, reportados ao momento em que a transmissão de bens se realiza; c) na falta de serviço similar, o valor normal não pode ser inferior ao custo suportado pelo sujeito passivo na execução da prestação de serviços.

comissário ou entre o comissário e o comitente, respetivamente, o preço de venda acordado pelo comissário, diminuído da comissão, e o preço de compra acordado pelo comissário, aumentado da comissão; para as transmissões de bens em segunda mão, de objetos de arte, de coleção ou antiguidades, efetuadas de acordo com o disposto em legislação especial, a diferença, devidamente justificada, entre o preço de venda e o preço de compra[697]; para as transmissões de bens resultantes de atos de arrematação ou venda judicial ou administrativa, de conciliação ou de contratos de transação, o valor por que as arrematações ou vendas tiverem sido efetuadas ou, se for caso disso, o valor normal dos bens transmitidos; para as operações resultantes de um contrato de locação financeira, o valor da renda recebida ou a receber do locatário.

Quando a contraprestação não seja definida em dinheiro, o valor tributável é o montante recebido ou a receber, acrescido do valor normal dos bens ou serviços dados em troca (artigo 16º, nº 3, do CIVA).

2.4.3.3.2. Nas importações

No que tange aos **bens importados**, o seu **valor tributável é constituído pelo valor aduaneiro** (artigo 17º, nº 1, do CIVA).

O valor tributável na importação de bens **inclui**, na medida em que não estejam nele compreendidos: os impostos, direitos aduaneiros, taxas e demais encargos devidos antes ou em virtude da própria importação, com exclusão do IVA; as despesas acessórias, tais como despesas de comissões, embalagem, transportes e seguros, verificadas até ao primeiro lugar de destino dos bens em território nacional, ou outro lugar de destino no território da União Europeia se este for conhecido no momento em que ocorre o facto gerador na importação, excluindo-se as despesas de transporte a que se refere a alínea t) do nº 1 do artigo 14º; o valor das operações referidas na alínea p) do nº 1 do artigo 14º e nas alíneas b) a e) do nº 1 do artigo 15º (artigo 17º, nº 2, do CIVA).

Excluem-se do valor tributável dos bens importados as reduções de preço resultantes de desconto por pagamento antecipado e de descontos concedidos ao adquirente ou ao destinatário no momento em que a operação se realize e que figurem separadamente na fatura (artigo 17º, nº 4, do CIVA).

[697] Cfr. o Decreto-Lei nº 199/96, de 18 de outubro, que estabelece o regime especial de tributação em IVA dos bens em segunda mão, objeto de arte, de coleção e antiguidades.

2.4.3.4. *Taxas*

As taxas do IVA são, nos termos do nº 1 do artigo 18º do CIVA, as seguintes:

- ***Taxa normal* de 23%**, aplicável à generalidade das importações, transmissões de bens e prestações de serviços, não incluídos nas listas I e II anexas ao CIVA;
- ***Taxa intermédia* de 13%**, aplicável às importações, transmissões de bens e prestações de serviços constantes da lista II anexa ao CIVA, que abrange, determinados **produtos para alimentação humana** (conservas, gorduras e óleos comestíveis, vinhos comuns, águas de nascente, minerais, medicinais e de mesa, etc.) e **outros bens** (como petróleo, gasóleo e fuelóleo, utensílios e alfaias agrócolas, etc.);
- ***Taxa reduzida* de 6%**, aplicável às importações, transmissões de bens e prestações de serviços constantes da lista I anexa ao CIVA, que abrange **produtos alimentares** (cereais, carne, peixe, leite e lacticínios, ovos de aves, frutas frescas, legumes e produtos hortícolas, etc.), **outros bens** (designadamente, jornais, revistas e medicamentos), **bens de produção da agricultura** (adubos, fertilizantes e corretivos de solos, animais vivos destinados, exclusiva ou principalmente, ao trabalho agrícola, ao abate ou à reprodução, etc.) e **prestações de serviços silvícolas**. A taxa reduzida é também aplicável às importações e transmissões de objetos de arte previstas em legislação especial (artigo 18º, nº 2, do CIVA).

Estas taxas são de 16%, 9% e 4% relativamente às operações que, de acordo com a legislação especial, se considerem efetuadas na Região Autónoma dos Açores [artigo 18º, nº 3, al. a), do CIVA]. Relativamente às operações efetuadas na Região Autónoma da Madeira, as taxas são de 22%, 12% e 5% [artigo 18º, nº 3, al. b), do CIVA]. A diferenciação nas taxas não pode ser arbitrária, devendo ter fundamento jurídico e material suficiente na realização dos direitos económicos, sociais e culturais e em objetivos de coesão social.

Às prestações de serviços por via eletrónica, nomeadamente as descritas no anexo D ao CIVA, aplica-se a taxa normal (artigo 18º, nº 7, do CIVA).

2.4.3.5. *Liquidação*

2.4.3.5.1. Direito à dedução

Para apuramento do imposto devido, ao montante resultante da aplicação das taxas do IVA ao valor tributável das operações de transmissão de bens e de prestação de serviços realizadas pelo sujeito passivo, em determinado período, são deduzidas as importâncias relativas a (artigo 19º, nº 1, do CIVA):

- Imposto devido ou pago pela aquisição de bens e serviços a outros sujeitos passivos;
- Imposto devido pela importação de bens;
- Imposto pago pelas aquisições de bens ou serviços abrangidas pelas alíneas e), h), i), j) e l) do nº 1 do artigo 2º do CIVA;
- Imposto pago como destinatário de operações tributáveis efetuadas por sujeitos passivos estabelecidos no estrangeiro, quando estes não tenham no território nacional um representante legalmente acreditado e não tenham faturado o imposto;
- Imposto pago pelo sujeito passivo à saída dos bens de um regime de entreposto não aduaneiro, de acordo com o nº 6 do artigo 15º.

O direito à dedução só pode ser exercido relativamente ao imposto indicado: em faturas e documentos equivalentes passados em forma legal; no recibo de pagamento de IVA que faz parte das declarações de importação, bem como em documentos emitidos por via eletrónica pela Autoridade Tributária e Aduaneira, nos quais conste o número e data do movimento de caixa. Estes documentos devem estar em nome e na posse do sujeito passivo (artigo 19º, nº 2, do CIVA).

Nos termos do artigo 20º do CIVA, só pode ser deduzido pelo sujeito passivo o imposto que tenha incidido sobre bens ou serviços por si adquiridos, importados ou utilizados para a realização das seguintes operações:

- Transmissões de bens e prestações de serviços sujeitas a imposto e dele não isentas;
- Transmissões de bens e prestações de serviços que consistam em: *i)* exportações e operações isentas nos termos do artigo 14º; *ii)* operações efetuadas no estrangeiro que seriam tributáveis se fossem efetuadas no território nacional; *iii)* prestações de serviços cujo valor

esteja incluído na base tributável de bens importados, nos termos da alínea b) do nº 2 do artigo 17º; *iv)* transmissões de bens e prestações de serviços abrangidas pelas alíneas b), c), d) e e) do nº 1 e pelos nºs 8 e 10 do artigo 15º; *v)* operações isentas nos termos dos nºs 27) e 28) do artigo 9º, quando o destinatário esteja estabelecido ou domiciliado fora da Comunidade Europeia ou que estejam diretamente ligadas a bens, que se destinam a ser exportados para países não pertencentes à mesma Comunidade; *vi)* operações isentas nos termos do artigo 7º do Decreto-Lei nº 394-B/84, de 26 de dezembro[698].

Por outro lado, o CIVA exclui do direito à dedução, nos termos do seu artigo 21º, o imposto contido nas seguintes despesas:

- Despesas relativas à aquisição, fabrico ou importação, à locação, à utilização, à transformação e reparação de viaturas de turismo[699], de barcos de recreio, helicópteros, aviões, motos e motociclos;
- Despesas respeitantes a combustíveis normalmente utilizáveis em viaturas automóveis, com exceção das aquisições de gasóleo, de gases de petróleo liquefeitos (GPL), gás natural e biocombustíveis, cujo imposto é dedutível na proporção de 50%, a menos que se trate dos bens a seguir indicados, caso em que o imposto relativo aos consumos de gasóleo, GPL, gás natural e biocombustíveis é totalmente dedutível: *i)* veículos pesados de passageiros; *ii)* veículos licenciados para transportes públicos, excetuando-se os rent-a-car; *iii)* máquinas consumidoras de gasóleo, GPL, gás natural ou biocombustíveis, que não sejam veículos matriculados; *iv)* tratores com emprego exclusivo ou predominante na realização de operações culturais inerentes à atividade agrícola; *v)* veículos de transporte de mercadorias com peso superior a 3500 kg;

[698] O imposto respeitante a operações que deem lugar aos pagamentos referidos na alínea c) do nº 6 do artigo 16º não confere o direito à dedução (artigo 20º/2, CIVA).

[699] A lei considera *viatura de turismo* qualquer veículo automóvel, com inclusão do reboque, que, pelo seu tipo de construção e equipamento, não seja destinado unicamente ao transporte de mercadorias ou a uma utilização com caráter agrícola, comercial ou industrial ou que, sendo misto ou de transporte de passageiros, não tenha mais de nove lugares, com inclusão do condutor [artigo 21º, nº 1, al. a), do CIVA].

- Despesas de transportes e viagens de negócios do sujeito passivo do imposto e do seu pessoal, incluindo as portagens;
- Despesas respeitantes a alojamento, alimentação, bebidas e tabacos e despesas de receção, incluindo as relativas ao acolhimento de pessoas estranhas à empresa e as despesas relativas a imóveis ou parte de imóveis e seu equipamento, destinados principalmente a tais receções;
- Despesas de divertimento e de luxo[700].

Não se verifica, todavia, a exclusão do direito à dedução nos seguintes casos (artigo 21º, nº 2, do CIVA):

- Despesas mencionadas na alínea a) do nº 1 do artigo 21º, quando respeitem a bens cuja venda ou exploração constitua objeto de atividade do sujeito passivo, sem prejuízo do disposto na alínea b) do mesmo número, relativamente a combustíveis que não sejam adquiridos para revenda;
- Despesas relativas a fornecimento ao pessoal da empresa, pelo próprio sujeito passivo, de alojamento, refeições, alimentação e bebidas, em cantinas, economatos, dormitórios e similares;
- Despesas mencionadas nas alíneas a) a d) do nº 1 do artigo 21º, quando efetuadas por um sujeito passivo do imposto agindo em nome próprio mas por conta de um terceiro, desde que a este sejam debitadas com vista a obter o respetivo reembolso;
- Despesas mencionadas nas alíneas c) e d), com exceção de tabacos, do nº 1 do artigo 21º, efetuadas para as necessidades diretas dos participantes, relativas à organização de congressos, feiras, exposições, seminários, conferências e similares, quando resultem de contratos celebrados diretamente com o prestador de serviços ou através de entidades legalmente habilitadas para o efeito e comprovadamente contribuam para a realização de operações tributáveis, cujo imposto é dedutível na proporção de 50%;
- Despesas mencionadas na alínea c) do nº 1 do artigo 21º e despesas de alojamento, alimentação e bebidas previstas na alínea d) do mesmo número, relativas à participação em congressos, feiras, exposições, seminários, conferências e similares, quando resultem

[700] São legalmente consideradas como tal as despesas que, pela sua natureza ou pelo seu montante, não constituam despesas normais de exploração [artigo 21º, nº 1, al. e), do CIVA].

de contratos celebrados diretamente com as entidades organizadoras dos eventos e comprovadamente contribuam para a realização de operações tributáveis, cujo imposto é dedutível na proporção de 25%;

Também não conferem o direito à dedução as aquisições de bens em segunda mão, objetos de arte, coleção ou antiguidades, efetuadas de acordo com o disposto em legislação especial, quando o valor da sua transmissão posterior, de acordo essa legislação, for a diferença entre o preço de venda e o preço de compra (artigo 21º, nº 3, do CIVA).

Entre os aspetos do regime jurídico da dedução, destacam-se os seguintes pontos: a) **obrigação de documentação** que pode abranger fatura, recibo ou documento eletrónico da AT, consoante os casos, b) **proibição de simulação**, de operações ou preço da fatura. c) **obrigação de verificação** da existência de estrutura empresarial adequada por parte do transmitente ou prestador do serviço, d) **promoção do interesse da empresa**, vedando a dedução de gastos com imóveis na parte que sirvam usos não empresariais.

O **âmbito da dedução** resulta de uma **delimitação positiva** (v.g. imposto suportado pelo sujeito passivo na realização das operações e despesas conexas com a mobilidade, o pessoal e a atividade empresariais, previstas nos artigos 20º e 21º, nº 2, do CIVA) e uma **delimitação negativa** (v.g. imposto contido em despesas de *status* ou de conexão duvidosa ou anormal com a atividade empresarial, previstas no artigo 21º, nº 1, do CIVA).

Refira-se que o direito de um sujeito passivo a deduzir o IVA suportado não pode ser afetado pelo facto de uma outra operação (anterior ou posterior à realizada por esse sujeito passivo, e inserida na mesma cadeia de entregas), estar viciada por fraude ao IVA, sem que o mesmo dela tenha ou possa ter conhecimento[701].

2.4.3.5.2. Momento e modalidades do exercício do direito à dedução

O direito à dedução é originado no momento em que o imposto dedutível se torna exigível, sendo efetuado mediante a subtração ao montante

[701] *V.* Acórdão do TJCE de 12/01/2006, *Optigen, Fulcrum Electronics e Bond House Systems*, processos apensos C-354/03, C-355/03 e C-484/03.

global do imposto devido, durante um período, o montante do imposto dedutível, relativo ao mesmo período (artigo 22º, nº 1, do CIVA) – *método subtrativo indireto*[702].

Quando a dedução do imposto for superior ao montante devido pelas operações tributáveis, no período correspondente, o excesso é deduzido nos períodos de imposto seguintes (artigo 22º, nº 4, do CIVA) – *método do reporte*[703].

Contudo, nos termos do nº 5 do artigo 22º do CIVA, se após terem decorrido 12 meses se mantiver um crédito a favor do sujeito passivo superior a €250, este pode solicitar o seu reembolso (artigo 22º, nº 5, do CIVA) – *método do reembolso*[704]. O sujeito pode, ainda, solicitar o reembolso, mesmo antes de decorridos os referidos 12 meses, quando: *i)* se verifique a cessação de atividade ou esta passe a enquadrar-se no disposto nos nºs 3 e 4 do artigo 29º, nº 1 do artigo 54º ou nº 1 do artigo 61º, desde que o valor do reembolso seja igual ou superior a € 25; *ii)* quando o crédito a favor do sujeito passivo exceda os €3000 (artigo 22º, nº 6, do CIVA).

2.4.3.5.3. Métodos de dedução relativa a bens de utilização mista

Caso o sujeito passivo desenvolva uma **atividade mista**, compreendendo operações que conferem o direito à dedução e operações que a não conferem, é aplicável o disposto no artigo 23º do CIVA, nos termos do qual o direito à dedução pode ser exercido através do **método da dedução *pro rata*** (ou da percentagem de dedução) ou do **método da afetação real**, nos termos aí especificados[705].

De acordo com o método da dedução *pro rata* o imposto é dedutível na percentagem correspondente ao montante anual das operações que deem lugar a dedução. À luz do método da afetação real a dedução é feita segundo a afetação real de todos ou parte dos bens e serviços utilizados, com base em critérios objetivos que permitam determinar o grau de uti-

[702] Cfr. Clotilde Celorico Palma, *Introdução ao Imposto Sobre o Valor Acrescentado*, 2ª ed. Coimbra, 2006, p. 167 e seguintes.

[703] *Idem.*

[704] *Idem.*

[705] Sobre estes métodos v., designadamente, os Acórdãos do STA de 06/10/2004, proc. 0116/04; e de 09/02/2005, proc. 0860/04.

lização desses bens e serviços em operações que conferem direito a dedução e em operações que não conferem esse direito.

Se o sujeito passivo optar pelo método da afetação real, pode a Autoridade Tributária e Aduaneira vir a impor ao sujeito passivo condições especiais ou a fazer cessar a respetiva aplicação, caso verifique que o mesmo provoca, ou é apto a provocar, distorções significativas na tributação (artigo 23º, nº 2, do CIVA).

Nos termos do nº 3 do artigo 23º, a dedução pelo método da afetação real também pode ser ordenado pela Autoridade Tributária e Aduaneira quando se verifique alguma das seguintes circunstâncias: o sujeito passivo exerça *atividades económicas distintas*; da aplicação do método da dedução *pro rata* resultem *distorções significativas na tributação* (artigo 23º, nº 3, do CIVA).

2.4.3.6. *Pagamento*

No regime geral do IVA, os sujeitos passivos são obrigados a pagar o imposto dentro do prazo de entrega das declarações periódicas (artigo 27º, CIVA). Assim, resulta do disposto do artigo 41º que o IVA deve ser pago: no caso de sujeitos passivos com um **volume de negócios igual ou superior a € 650.000** no ano civil anterior, até ao dia 10 do 2º mês seguinte àquele a que respeitam as operações (regime mensal); no caso de sujeitos passivos com um **volume de negócios inferior a € 650.000** no ano civil anterior, até ao dia 15 do 2º mês seguinte ao trimestre do ano civil a que respeitam as operações (regime trimestral).

No caso de o imposto (ou de juros compensatórios) ser liquidado pela administração o sujeito passivo é notificado para efetuar o respetivo pagamento no prazo referido na notificação, o qual não pode ser inferior a 30 dias a contar dessa notificação (artigo 28º, nº 1, do CIVA).

2.4.3.7. *Obrigações em geral*

Para além da obrigação de pagamento do imposto, os sujeitos passivos estão vinculados às seguintes obrigações acessórias de *compliance* fiscal, a cumprir de acordo com princípios de cooperação e boa-fé:

- Entrega das declarações de início, de alteração e de cessação da sua atividade [artigos 29º, nº 1, al. a), e 31º a 35º do CIVA);
- Emissão de fatura ou de documento equivalente por cada transmissão de bens ou prestação de serviços, bem como pelos pagamentos

que lhes sejam efetuados antes da data da transmissão de bens ou da prestação de serviços [artigos 29º, nº 1, al. b), e 36º e seguintes do CIVA];

- Envio da declaração periódica [artigos 29º, nº 1, al. c), e 40º do CIVA][706],[707];
- Entrega de uma declaração de informação contabilística e fiscal e anexos respeitantes à aplicação do Decreto-Lei nº 347/85, de 23 de agosto, e dos regimes especiais previstos em legislação complementar a este diploma, relativos às operações efetuadas no ano anterior, os quais fazem parte integrante da declaração anual a que se referem o CIRC e o CIRS [artigo 29º, nº 1, al. d), do CIVA];
- Entrega de um mapa recapitulativo com identificação dos sujeitos passivos seus clientes, donde conste o montante total das operações internas realizadas com cada um deles no ano anterior, desde que superior a €25.000, o qual é parte integrante da declaração anual a que se referem o CIRC e o CIRS [artigo 29º, nº 1, al. e), do CIVA];
- Entrega de um mapa recapitulativo com a identificação dos sujeitos passivos seus fornecedores, donde conste o montante total das operações internas realizadas com cada um deles no ano anterior, desde que superior a € 25.000, o qual é parte integrante da declaração anual a que se referem os Códigos do IRS e do IRC [artigo 29º, nº 1, al. f), CIVA];
- Organização da contabilidade de forma adequada ao apuramento e fiscalização do imposto [artigos 29º, nº 1, al. g), e 44º e seguintes do CIVA);
- Envio, por transmissão eletrónica de dados, da declaração, anexos e mapas recapitulativos a que se referem as alíneas d), e) e f) do nº 1 do artigo 29º até ao dia 15 de julho ou, em caso de adoção de um período de tributação em sede de IRC não coincidente com o ano civil, até ao 15º dia do 7º mês posterior à data do termo desse período, independentemente de esse dia ser útil ou não útil [artigo 29º, nº 1, al. h), do CIVA];

[706] A declaração periódica deve ser entregue mesmo que, no período correspondente, não haja operações tributáveis (artigo 29º, nº 2, do CIVA).

[707] O modelo de declaração periódica do IVA foi aprovado pela Portaria nº 988/2009, de 7 de setembro.

- Indicação na declaração recapitulativa a que se refere a alínea c) do nº 1 do artigo 23º do RITI, nos prazos e condições previstos no artigo 30º desse Regime, as prestações de serviços efetuadas a sujeitos passivos que tenham noutro Estado membro da EU a sede, um estabelecimento estável ou, na sua falta, o domicílio, para o qual os serviços são prestados, quando tais operações não sejam tributáveis em território nacional em resultado da aplicação do disposto na alínea a) do nº 6 do artigo 6º [artigo 29º, nº 1, al. i), do CIVA)[708].

Estão, todavia, dispensados das obrigações referidas nas alíneas *b), c), d)* e *g)* do nº 1 do artigo 29º os sujeitos passivos que pratiquem exclusivamente operações isentas de imposto, exceto quando essas operações deem direito a dedução nos termos da alínea b) do nº 1 do artigo 20º (artigo 29º, nº 3, do CIVA).

Os sujeitos passivos que não possuam nem devam possuir contabilidade organizada para efeitos de IRS ficam dispensados de apresentar a declaração, os anexos e os mapas recapitulativos a que se referem as alíneas *d), e)* e *f)* do nº 1 do artigo 29º do CIVA (artigo 29º, nº 16, do CIVA).

Estão dispensados da obrigação de entrega da declaração de informação contabilística e fiscal e anexos respeitantes à aplicação do Decreto-Lei nº 347/85, de 23 de agosto, os sujeitos passivos a que seja aplicável o regime de normalização contabilística para microentidades (artigo 29º, nº 18, do CIVA).

Os sujeitos passivos não residentes, que não disponham de estabelecimento estável em território nacional, que aqui pratiquem operações tributáveis e que não disponham de sede, estabelecimento estável ou domicílio noutro Estado membro da UE estão, ainda, obrigados a nomear um representante, sujeito passivo do IVA no território nacional, munido de procuração com poderes bastantes (artigo 30º, nº 2, do CIVA).

2.4.3.8. *Regimes especiais*

O CIVA prevê, ainda, os seguintes regimes especiais de liquidação do imposto:

- *Regime de isenção* (artigos 53º e seguintes);

[708] O modelo de declaração recapitulativa foi aprovado pela Portaria nº 987/2009, de 7 de setembro.

- *Regime dos pequenos retalhistas* (artigos 60º e seguintes);
- *Regime de tributação dos combustíveis líquidos aplicável aos revendedores* (artigos 69º e seguintes).

2.5. O Regime do IVA nas Transações Intracomunitárias (RITI)

2.5.1. *Incidência*

2.5.1.1. *Incidência objetiva*

A criação de um mercado interno destituído de controlos aduaneiros, no quadro da União Europeia, está intimamente relacionada com a tributação das mercadorias e dos serviços. De acordo com o regime do IVA nas transações comunitárias (RITI), aprovado pelo Decreto-Lei nº 290/92, de 28 dezembro, e republicado pelo Decreto-Lei nº 102/2008, de 20 de junho, estão sujeitas a IVA, à luz do **regime geral**, as seguintes operações intracomunitárias:

- As *aquisições intracomunitárias de bens*[709] efetuadas no território nacional, a título oneroso, por um sujeito passivo dos referidos no nº 1 do artigo 2º do RITI, agindo como tal, quando o vendedor for um sujeito passivo, agindo como tal, registado para efeitos do IVA noutro Estado membro que não esteja aí abrangido por um qualquer regime particular de isenção de pequenas empresas, não efetue no território nacional a instalação ou montagem dos bens nos termos do nº 2 do artigo 9º do RITI nem os transmita nas condições previstas nos nºs 1 e 2 do artigo 11º, também do RITI;
- As aquisições intracomunitárias de meios de transporte novos efetuadas no território nacional, a título oneroso, por um sujeito pas-

[709] Nos termos da lei, é considerada *aquisição intracomunitária de bens* a obtenção do poder de dispor, por forma correspondente ao exercício do direito de propriedade, de um bem móvel corpóreo cuja expedição ou transporte para território nacional, pelo vendedor, pelo adquirente ou por conta destes, com destino ao adquirente, se tenha iniciado noutro Estado membro da UE (artigo 3º do RITI). Para além destas situações, a lei equipara à transmissão onerosa de bens a transferência de bens móveis corpóreos expedidos ou transportados pelo sujeito passivo ou por sua conta, com destino a outro Estado-Membro, para as necessidades da sua empresa (artigo 7º, nº 1, do RITI). Não são, todavia, consideradas transmissões de bens as operações enumeradas no nº 2 do artigo 7º do RITI.

sivo, ainda que se encontre abrangido pelo regime derrogatório previsto no nº 1 do artigo 5º do RITI, ou por um particular;

- As aquisições intracomunitárias de bens sujeitos a impostos especiais de consumo, exigíveis em conformidade com o disposto no Código dos Impostos Especiais sobre o Consumo, efetuadas no território nacional, a título oneroso, por um sujeito passivo que se encontre abrangido pelo regime derrogatório previsto no nº 1 do artigo 5º do RITI;
- As operações assimiladas a aquisições intracomunitárias de bens[710];
- As transmissões de meios de transporte novos efetuadas a título oneroso, por qualquer pessoa, expedidos ou transportados pelo vendedor, pelo adquirente ou por conta destes, a partir do território nacional, com destino a um adquirente estabelecido ou domiciliado noutro Estado membro (artigo 1º do RITI).

O artigo 5º do RITI consagra um **regime derrogatório** ao regime geral, nos termos do qual não estão sujeitas a imposto as aquisições intracomunitárias de bens quando se verifiquem, cumulativamente, os seguintes pressupostos: sejam efetuadas por um sujeito passivo dos referidos nas alíneas b) e c) do nº 1 do artigo 2º do RITI; os bens não sejam meios de transporte novos nem bens sujeitos a impostos especiais de consumo; o valor global das aquisições, líquido do IVA, devido ou pago nos Estados membros onde se inicia a expedição ou transporte dos bens, não tenha excedido, no ano civil anterior ou no ano civil em curso, o montante de €10.000 ou, tratando-se de uma única aquisição, não exceda esse montante. Ainda que se verifiquem estes pressupostos, podem os sujeitos passivos optar pela aplicação do regime geral de tributação, devendo nele permanecer por um período de dois anos (artigo 5º, nº 3, do RITI).

[710] A lei considera como assimiladas a aquisições intracomunitárias de bens, efetuadas a título oneroso, as seguintes operações: *a)* a afetação por um sujeito passivo às necessidades da sua empresa, no território nacional, de um bem expedido ou transportado, por si ou por sua conta, a partir de outro Estado- Membro no qual o bem tenha sido produzido, extraído, transformado, adquirido ou importado pelo sujeito passivo, no âmbito da sua atividade; *b)* a aquisição de bens expedidos ou transportados a partir de um país terceiro e importados noutro Estado-Membro, quando ambas as operações forem efetuadas por uma pessoa coletiva das referidas na alínea c) do nº 1 do artigo 2º do RITI (artigo 4º, nº 1, do RITI).

2.5.1.2. *Incidência subjetiva*

De acordo com o disposto no nº 1 do artigo 2º do RITI, são sujeitos passivos do IVA, pela aquisição intracomunitária de bens:

- As pessoas singulares ou coletivas mencionadas na alínea a) do nº 1 do artigo 2º do CIVA que realizem transmissões de bens ou prestações de serviços que conferem direito à dedução total ou parcial do imposto;
- As pessoas singulares ou coletivas mencionadas na alínea a) do nº 1 do artigo 2º do CIVA que realizem exclusivamente transmissões de bens ou prestações de serviços que não conferem qualquer direito à dedução;
- O Estado e as demais pessoas coletivas de direito público abrangidas pelo disposto no nº 2 do artigo 2º do CIVA;
- Qualquer outra pessoa coletiva não compreendida nas demais alíneas do nº 1 do artigo 2º do RITI.

São também considerados sujeitos passivos do imposto: os particulares que efetuem aquisições intracomunitárias de meios de transporte novos; as pessoas singulares ou coletivas que ocasionalmente efetuem transmissões de meios de transporte novos, expedidos ou transportados a partir do território nacional, com destino a um adquirente estabelecido ou domiciliado noutro Estado membro (artigo 2º, nº 2, do RITI).

2.5.1.3. *Localização das aquisições intracomunitárias de bens*

Neste âmbito tem grande relevância a distinção entre transações B2B e B2C. São tributáveis, nos termos do RITI, as aquisições intracomunitárias de bens quando o lugar de chegada da expedição ou transporte com destino ao adquirente se situe no território nacional (artigo 8º, nº 1, do RITI).

Estão também sujeitas a IVA as aquisições intracomunitárias de bens cujo lugar de chegada da expedição ou transporte se situe noutro Estado membro, desde que o adquirente seja um sujeito passivo dos referidos no nº 1 do artigo 2º, agindo como tal, que tenha utilizado o respetivo número de identificação para efetuar a aquisição e não prove que esta foi sujeita a imposto nesse outro Estado membro (artigo 8º, nº 2, do RITI).

São ainda tributáveis em Portugal as aquisições intracomunitárias de meios de transporte novos sujeitos a registo, licença ou matrícula no território nacional (artigo 8º, nº 4, do RITI).

O RITI consagra um **regime especial** para as **vendas à distância** localizadas no território nacional (artigo 11º do RITI) ou fora deste (artigo 10º do RITI).

2.5.1.4. *Facto gerador e exigibilidade do imposto*

O imposto é devido no momento em que os bens são colocados à disposição do adquirente, aplicando-se o disposto no artigo 7º do CIVA para as transmissões de bens (artigo 12º, nº 1, do RITI), e torna-se exigível no 15º dia do mês seguinte àquele em que o imposto é devido ou na data da emissão da fatura ou documento equivalente, se tiverem sido emitidos antes desse prazo (artigo 13º, nº 1, do RITI).

2.5.2. *Isenções*

De acordo com o disposto no artigo 14º do RITI, estão isentas do imposto as seguintes **transmissões**:

- As transmissões de bens, efetuadas por um sujeito passivo dos referidos na alínea a) do nº 1 do artigo 2º do RITI, expedidos ou transportados pelo vendedor, pelo adquirente ou por conta destes, a partir do território nacional para outro Estado membro com destino ao adquirente, quando este seja uma pessoa singular ou coletiva registada para efeitos do imposto sobre o valor acrescentado em outro Estado membro, que tenha utilizado o respetivo número de identificação para efetuar a aquisição e aí se encontre abrangido por um regime de tributação das aquisições intracomunitárias de bens;
- As transmissões de meios de transporte novos previstas na alínea e) do artigo 1º do RITI;
- As transmissões de bens referidas no nº 1 do artigo 7º do RITI que beneficiariam da isenção prevista na alínea a) do artigo 14º se fossem efetuadas para outro sujeito passivo;
- As transmissões de bens sujeitos a impostos especiais de consumo, efetuadas por um sujeito passivo dos referidos na alínea a) do nº 1 do artigo 2º do RITI, expedidos ou transportados pelo vendedor, pelo adquirente ou por conta destes a partir do território nacional para outro Estado membro, com destino ao adquirente, quando este seja um sujeito passivo isento ou uma pessoa coletiva estabelecida ou domiciliada em outro Estado membro que não se encontre

registada para efeitos do IVA, quando a expedição ou transporte dos bens seja efetuado em conformidade com o disposto no *Código dos Impostos Especiais sobre o Consumo.*

Para além das referidas isenções nas transmissões de bens, o RITI isenta também do imposto, conforme o disposto no nº 1 do artigo 15º, as seguintes **aquisições intracomunitárias** de bens:

- As aquisições intracomunitárias de bens cuja transmissão no território nacional seja isenta do imposto;
- As aquisições intracomunitárias de bens cuja importação seja isenta do imposto nos termos do artigo 13º do CIVA;
- As aquisições intracomunitárias de bens efetuadas por um sujeito passivo que se encontre em condições de beneficiar do reembolso de imposto previsto no regime do reembolso do IVA a sujeitos passivos não estabelecidos no Estado membro de reembolso, em aplicação do disposto na alínea b) do nº 1 do artigo 20º do Código do IVA e no nº 2 do artigo 19º[711].

O nº 2 do artigo 15º isenta igualmente do imposto as aquisições intracomunitárias de bens cujo lugar de chegada da expedição ou transporte se situe no território nacional, desde que se verifiquem, cumulativamente, as seguintes condições: *i)* sejam efetuadas por um sujeito passivo não residente, sem estabelecimento estável no território nacional e que não se encontre registado em Portugal para efeitos do IVA; *ii)* os bens tenham sido diretamente expedidos ou transportados a partir de um Estado membro diferente daquele que emitiu o número de identificação fiscal ao abrigo do qual o sujeito passivo efetuou a aquisição intracomunitária; *iii)* os bens tenham sido adquiridos para serem objeto de uma transmissão subsequente a efetuar no território nacional, por esse sujeito passivo; *iv)* a transmissão dos bens seja efetuada para um sujeito passivo

[711] Podem também beneficiar desta isenção os sujeitos passivos não residentes, sem estabelecimento estável em território nacional, que aqui não se encontrem registados para efeitos do IVA mas que disponham de registo para efeitos do mesmo noutro Estado-Membro e utilizem o respetivo número de identificação para efetuar a importação, desde que a importação seja efetuada através de um representante indireto devidamente habilitado para apresentar declarações aduaneiras, nos termos da legislação aplicável, que seja um sujeito passivo dos referidos na alínea a) do nº 1 do artigo 2º do Código do IVA, com sede, estabelecimento principal ou domicílio em território nacional (artigo 16º, nº 3, do RITI).

registado para efeitos do IVA no território nacional; *v)* o sujeito passivo adquirente seja expressamente designado, na fatura emitida pelo vendedor, como devedor do imposto pela transmissão de bens efetuada no território nacional.

Estão, ainda, isentas do imposto as **importações de bens** efetuadas por um sujeito passivo, agindo como tal, quando esses bens tenham como destino um outro Estado membro e a sua transmissão, efetuada pelo importador, seja isenta do imposto nos termos do artigo 14º do RITI (artigo 16º, nº 1, do RITI). Esta isenção só é, contudo, aplicável se estiverem preenchidas as condições estabelecidas no nº 2 do artigo 16º.

2.5.3. *Valor tributável*

O valor tributável das aquisições intracomunitárias de bens é determinado de acordo com o estabelecido no artigo 16º do CIVA para as transmissões de bens (artigo 17º do RITI).

2.5.4. *Taxas*

As taxas aplicáveis às aquisições intracomunitárias de bens são as previstas no artigo 18º do CIVA para as transmissões dos mesmos bens (artigo 18º do RITI).

2.5.5. *Liquidação e pagamento*

Ao imposto incidente sobre as operações tributáveis pode ser deduzido o imposto pago nas aquisições intracomunitárias de bens (artigo 19º, nº 1, do RITI).

Pode, ainda, ser deduzido, para efeitos do disposto na alínea b) do nº 1 do artigo 20º do CIVA, o imposto que tenha incidido sobre os bens ou serviços adquiridos, importados ou utilizados pelo sujeito passivo para a realização de transmissões de bens isentas nos termos do artigo 14º do RITI (artigo 19º, nº 2, do RITI).

O direito à dedução nasce no mesmo momento em que o imposto se torna exigível (artigo 20º, nº 1, do RITI).

O pagamento é feito de acordo com o disposto no artigo 22º do RITI.

2.5.6. *Obrigações gerais*

Constituem obrigações gerais do sujeito passivo (artigo 23º, nº 1, do RITI):

- Proceder à liquidação do imposto que se mostre devido pelas aquisições intracomunitárias de bens;
- Emitir fatura ou documento equivalente por cada transmissão de bens efetuada nas condições previstas no artigo 7º do RITI, bem como pela transmissão ocasional de meio de transporte novo isenta nos termos do artigo 14º do RITI;
- Enviar uma declaração recapitulativa das transmissões de bens isentas nos termos do artigo 14º, bem como das operações a que se refere a alínea a) do nº 3 do artigo 8º[712].

2.6. Impostos especiais de consumo: breve nota

Os impostos especiais de consumo traduzem o exercício de uma função reguladora por parte do poder político-legislativo, que utiliza o sistema tributário não apenas para satisfazer as necessidades financeiras do Estado, mas também para incentivar e desincentivar a adoção de certos comportamentos ou o consumo de certos produtos. Isto, apesar de a função reguladora se manifestar em muitos outros domínios do sistema fiscal. Alguma doutrina utiliza, a este propósito, a expressão de impostos regulatórios (*regulatory taxes*), notando que nalguns casos os montantes envolvidos são negligenciáveis.

Os impostos especiais sobre o consumo encontram-se regulados pelo Decreto-Lei nº 73/2010, de 21 de junho, que aprovou o *Código dos Impostos Especiais de Consumo* (CIEC).

Os impostos especiais de consumo têm subjacente o *princípio da equivalência*, visando onerar os contribuintes na proporção das externalidades negativas provocadas pelos mesmos nos domínios do ambiente e da saúde pública, em concretização do princípio da igualdade tributária (artigo 2º do CIEC). Ou seja, se determinados consumos provocam efeitos sociais nefastos (custos sociais), então, em nome do princípio da igualdade, justifica-se a promoção da internalização desses custos por via da imposição de um custo fiscal aos consumidores em causa. Neste sentido, os impostos especiais sobre o consumo são *impostos corretivos* (*impostos de Pigou*), que alguma doutrina designa mesmo por impostos punitivos.

[712] Cfr. artigo 30º do RITI.

O CEIC estabelece o regime dos impostos especiais de consumo harmonizados pelo direito da UE, a saber: o *imposto sobre o álcool e as bebidas alcoólicas* (IABA); o *imposto sobre os produtos petrolíferos e energéticos* (ISP); o *imposto sobre o tabaco* (IT).

São ainda impostos especiais sobre o consumo, o *Imposto sobre Veículos* e o *Imposto Único de Circulação*, ambos aprovados pela Lei nº 22-A/2007, de 29 de junho, que estabelece o respetivo regime jurídico.

3. Impostos sobre o património

3.1. Considerações gerais

Para além da tributação do rendimento pessoal e das empresas, a CRP determina, no artigo 104º, nº 3, a tributação do património, colocando-a ao serviço da igualdade entre os cidadãos. A tributação do património desde há muito constitui uma importante fonte de receita para os poderes públicos. A sua origem remonta a tempos medievais em que a propriedade imobiliária era vista como a manifestação visível da riqueza pessoal.

Presentemente a tributação do património encontra-se associada ao financiamento do poder local, caracterizando-se pela capacidade de gerar uma quantidade significativa de receitas, pela sua relativamente simples administração, por encorajar a responsabilidade política do poder local e por constituir uma fonte estável de financiamento.

A tributação do património desempenha, assim, uma função constitucional de *garantia institucional da autonomia do poder local*, assegurando os meios de que necessita para realizar as suas funções de forma mais independente e eficaz.

Em Portugal, procedeu-se, em 2003, à reforma da tributação do património. Os objetivos centrais desta reforma foram o de promoção da justiça fiscal e o de combate à fraude e à evasão fiscal, sem comprometer o nível das receitas arrecadadas e reforçando-se o poder tributário dos municípios[713].

[713] Sobre a reforma da tributação do património de 2003, cfr. Vasco Valdez, "A Reforma da Tributação do Património: Antecedentes, Principais Mudanças e Perspetivas Futuras", *Estudos em Homenagem ao Professor Doutor Paulo de Pitta e Cunha*, vol. II, Coimbra, Almedina, 2010, pp. 1005 e seguintes.

Com a reforma de 2003, o *Imposto Municipal sobre Imóveis* (IMI) veio substituir a *Contribuição Autárquica*. Um dos aspetos mais emblemáticos da reforma é o da consagração, no Código do IMI (CIMI), de regras objetivas de avaliação dos prédios urbanos e a previsão, no diploma que procedeu à reforma, de normas transitórias de atualização do valor patrimonial tributário dos prédios urbanos. Com efeito, a desatualização do valor matricial dos prédios urbanos e a inadequação do sistema de avaliações prediais traduzia-se, na vigência da *Contribuição Autárquica*, numa enorme injustiça fiscal, com sobretributação dos prédios novos e subtributação dos prédios antigos.

Por outro lado, o *Imposto Municipal sobre Transmissões Onerosas de Imóveis* (IMT) veio substituir o *Imposto Municipal de Sisa*. Com o novo imposto, foi alargada a base de incidência, abrangendo negócios jurídicos que, não implicando a transmissão de imóveis, têm um resultado económico equivalente. É o caso das *cedências sucessivas da posição contratual* de promitentes adquirentes nos contratos-promessa de compra e venda de imóveis. É o que sucede, também, com as chamadas *procurações irrevogáveis*, em que o representado, ao renunciar ao direito de revogar a procuração, confere ao representante um resultado económico equivalente ao do exercício do direito de propriedade, mediante o pagamento pelo representante ao representado de um valor que, na maioria dos casos, corresponde à totalidade do preço do imóvel. Com o alargamento da base de incidência pretendeu-se combater a evasão fiscal. Concomitantemente, a já referida atualização dos valores patrimoniais tributários dos prédios urbanos possibilitou a descida do valor nominal das taxas aplicáveis às transmissões onerosas de imóveis.

A reforma da tributação do património de 2003 procedeu, ainda, à extinção do *Imposto sobre as Sucessões e Doações*, justificada pela complexidade inerente à sua aplicação a par com o valor reduzido da receita arrecadada pelo Estado. Com a abolição deste imposto, as transmissões gratuitas em benefício de pessoas singulares passaram a ser tributadas em sede de *Imposto do Selo*; as transmissões gratuitas em benefício de pessoas coletivas passaram a ser tributadas em sede de IRC.

3.2. O Imposto Municipal sobre Imóveis (IMI)

3.2.1. *Introdução*

Como vimos, o IMI veio substituir a Contribuição Autárquica, que consistia num imposto de receita municipal, visando a tributação estática do património imobiliário. O respetivo valor tributário correspondia ao valor patrimonial dos prédios e não ao rendimento que estes podem proporcionar, como sucedia com a anterior Contribuição Predial. Subjacente a esta forma de tributação do património encontrava-se a **teoria do benefício**, segundo a qual o pagamento do imposto correspondia à contrapartida dos benefícios recebidos pelos proprietários pelas obras e serviços fornecidos pelos poderes públicos a nível local, como sejam os relativos à urbanização (*v.g.* arruamentos, água e saneamento), e outros (*v.g.* proteção contra incêndios). Esta mesma justificação vale para o IMI, tal como se afirma no preâmbulo do respetivo código, onde se diz permanecerem "plenamente atuais as razões que, aquando da reforma de 1988-1989, levaram à criação de um imposto sobre o valor patrimonial dos imóveis, com a receita a reverter a favor dos municípios, baseado predominantemente no princípio do benefício". O artigo 1º do CIMI determina que o IMI constitui receita dos municípios da localização dos prédios tributados.

O IMI pretende corrigir as injustiças do sistema anterior, resultantes da desatualização das matrizes e da inadequação das avaliações, adequando-o à realidade da urbanização, evitando a sobretributação dos prédios novos e a subtributação dos prédios antigos. A rotura com o passado justifica a introdução de um novo imposto.

Do ponto de vista constitucional os problemas envolvendo este tipo de tributação da propriedade imobiliária apresentam grande delicadeza. Especialmente importante, neste contexto, é ter presente que o mercado da habitação, incluindo o do arrendamento para esse fim, longe de ser uma realidade natural e neutral, é uma criação política e jurídica do Estado que deve subordinar-se aos princípios e regras do direito à habitação constitucionalmente consagrado no artigo 65º da CRP[714].

[714] Danielle Kie, "Contract Law Now – Reality Meets Legal Fictions", 41 Hart University of Baltimore Law Review, 2011, 1 ff. 30 ff.; J.J. Gomes Canotilho, Vital Moreira, Constituição da República Portuguesa Anotada, I, Coimbra, 2007, 832 seguintes; Mayra Gomez & Bret Thiele, "Housing Rights are Human Rights", 32 Human Rights. 2005, 2 seguintes Curtis J.

Com efeito, a tributação do património imobiliário pode ser constitucionalmente problemática, no seu conteúdo e nos seus efeitos, se não tiver em conta a vinculação constitucional da tributação dos imóveis à promoção da igualdade entre os cidadãos (artigo 104º, nº 3, da CRP). Além disso, não obstante a mesma se basear em boa medida no princípio do benefício, ela não pode desconsiderar o princípio da capacidade contributiva, sob pena de violar o núcleo essencial do direito de propriedade e do direito à habitação. Incidindo sobre o património, a tributação não pode ser expropriatória ou confiscatória. Ela deve poder ser satisfeita com o rendimento do sujeito passivo, sem o sacrifício do património objeto de tributação[715].

A relevância constitucional da tributação do património prende-se, desde logo, com o facto de que a propriedade e a habitação são direitos fundamentais. A primeira, embora tenha uma função social, é essencial à autonomia individual e à liberdade. O Estado pode tributar o património em alguma medida, tendo autorização expressa para esse efeito. No entanto, ele deve ter presente que as variações do valor patrimonial tributário dos imóveis escapam frequentemente ao controlo dos contribuintes, não sendo necessariamente acompanhadas por variações positivas no rendimento real. Quando tributa o património, o Estado não pode deixar de ter em conta a autonomia individual e a capacidade contributiva, devendo prestar especial atenção à propriedade habitacional e não geradora de rendimento. Do mesmo modo, está-lhe vedado distorcer o sistema de tributação do rendimento global. Detenhamo-nos um pouco mais sobre este tema.

O artigo 104º da CRP não estabelece limites expressos à tributação do património. No entanto, eles podem ser deduzidos dos princípios fundamentais do direito constitucional fiscal. São eles, desde logo, o **princípio do benefício ou da equivalência,** significando que a tributação do património deve ter como ponto de referência orientador o valor dos serviços recebidos pelo proprietário. Na impossibilidade de os

Berger, "Beyond Homelessness: An Entitlement to Housing", 45, University of Miami Law Review, 1990-91, 315 seguintes.

[715] Preocupação semelhante encontramos em Edward H. Ziegler, Jan G. Laitos, "Property Rights, Housing, and the American Constitution: The Social Benefits of Property Rights Protection, Government Interventions, and the European Court on Human Rights' Hutten--Czapska Decision", 21, *Indiana International & Comparative Law Review*, 2011, 25 seguintes.

avaliar corretamente, a tributação deve basear-se em indicadores objetivos razoáveis, sendo que aquela nem sempre é diretamente proporcional ao valor da propriedade. Importa ter presente que o princípio do benefício ou da equivalência adequa-se melhor às taxas do que aos impostos, pelo que a sua aplicação neste domínio da tributação é meramente tendencial.

Igualmente importante é o **princípio da capacidade contributiva**, que obriga a considerar o rendimento e a liquidez do proprietário e implica a necessidade de ter em conta, para efeitos comparativos, a situação dos proprietários de valores mobiliários equivalentes.

Um outro ponto de referência material na tributação do património é o **direito de propriedade** e a inerente proibição de impostos expropriatórios ou confiscatórios. Dito de outro modo, num tom deliberadamente metafórico e sugestivo, o Estado *não pode fazer extorsão aos contribuintes* através do IMT e do IMI.

Importa ainda ter presente o valor da **autonomia individual**, que pode ser relevante no âmbito da problemática dos impostos são tão elevados que induzem vendas forçadas desprovidas de racionalidade económica. A venda forçada tem importantes custos financeiros e emocionais. Em via de princípio, os proprietários não devem ter que vender os seus imóveis para pagar o imposto sobre o património. Neste âmbito, impõe-se a proteção das famílias face à escalada especulativa de preços, a necessidade de respeitar o princípio da realização e a prevenção da liquidação forçada dos ativos para pagar o imposto.

Não pode ser esquecido, neste contexto, o **principio da proporcionalidade**, que impõe que se tenha em atenção ao efeito cumulativo dos diferentes impostos sobre os contribuintes e se previna a tributação excessiva da classe média. No seu conjunto, estes argumentos apontam para uma tributação moderada e geralmente aceitável do património imobiliário.

A densificação do **princípio da igualdade na tributação do património** consegue-se tratando de forma igual propriedades semelhantes e de forma desigual propriedades dissemelhantes. A discriminação tributária ocorre quando imóveis com as mesmas características e a mesma localização são objeto de um tratamento diferenciado[716]. Em causa está a

[716] Clifford H. Goodall, Seth A. Goodall, "Property Tax: A Primer and Modest Proposal for Maine", 57, *Maine Law Review*, 2005, 585.

subvalorização ou a sobrevalorização de um imóvel relativamente a outro com semelhantes características e localização. Numa situação como estas, o imposto pode ser contestado, do ponto de vista da sua inconstitucionalidade, por quem se sinta lesado com essa discriminação, devendo alegar-se a violação do princípio constitucional da igualdade tributária. Trata-se de um princípio constitucional diretamente aplicável, na medida em que o direito à igualdade tributária é uma dimensão constitutiva do princípio da igualdade, o qual constitui um verdadeiro direito à igualdade, de natureza análoga aos direitos, liberdades e garantias.

Relevante, do ponto de vista constitucional é, do mesmo modo, o respeito pelo **direito à habitação**, acima mencionado. A habitação é um direito fundamental que possibilita o exercício de muitos outros direitos fundamentais (v.g. privacidade; família; saúde; educação). Um cuidado especial deve merecer a proteção da habitação própria e permanente, particularmente no caso de pessoas em situação de maior vulnerabilidade económica. Uma habitação pode ter grande valor emocional, afetivo e sentimental que o direito deve por via de princípio respeitar. O IMI não pode transformar-se numa espécie de renda a pagar ao Estado, como se este assumisse a qualidade de um eminente proprietário e o proprietário do imóvel se transformasse num inquilino do Estado.

Por outras palavras, de um modo geral, ninguém deve perder a sua habitação por não pagar a "renda de casa" (i.e. IMI) ao Estado por não dispor de meios para isso. Em causa está, além do mais, a estabilidade das famílias, comunidades e vizinhanças e o respeito devido a pessoas vulneráveis, como idosos e crianças.

Por outro lado, a proteção constitucional do direito à habitação confere fundamento constitucional para tratar de forma diferenciada a propriedade residencial e a propriedade imobiliária comercial e industrial sem prejuízo da justa valoração do respetivo papel na promoção de bens constitucionais como o crescimento económico, a satisfação das necessidades individuais e a criação de emprego. E dentro da propriedade habitacional pode legitimar-se um tratamento diferenciado da primeira e da segunda habitação.

Uma reavaliação periódica dos imóveis, procurando aproximar o valor matricial do valor de mercado, é apta a originar problemas sérios de liquidez em alguns contribuintes, em especial trabalhadores por conta de outrem e pensionistas. Por esta razão, o regime transitório de atualização do valor patrimonial tributário dos prédios urbanos, assente na aplicação de coeficientes de desvalorização da moeda ajustados pela variação temporal dos preços no mercado imobiliário, continha uma cláusula de salvaguarda, que limitava o aumento anual da coleta do IMI resultante dessa atualização[717].

Não é, aliás, certo que a avaliação periódica seja o melhor meio para captar o valor de mercado de um imóvel. Mais interessante do que a avaliação periódica, do ponto de vista constitucional, é o sistema da avaliação no momento de cada alienação[718].

Particularmente importante é garantir uma distribuição constitucionalmente adequada da carga tributária pela propriedade residencial e comercial. Em nosso entender, relativamente a este tipo de tributação justificar-se-ia uma maior proteção dos direitos de iniciativa e participação política dos cidadãos através do referendo local, designadamente para limitar as taxas *ad valorem*.

3.2.2. *Incidência*

Em matéria de incidência, o legislador optou por manter a estrutura seguida pela Contribuição Autárquica. O IMI incide sobre o valor patrimonial tributário dos prédios situados no território nacional (artigo 1º do CIMI).

Os prédios definem-se, em geral, pelo *elemento físico* – abrangendo as águas, plantações, edifícios e construções de qualquer natureza nela incorporados ou assentes, com carácter de permanência (incluindo bem móveis a fetos a fins não transitórios) – pelo *elemento jurídico* – que faça parte do património de uma pessoa singular ou coletiva – e *elemento económico* – que, em circunstâncias normais, tenha valor económico (artigo 2º, nº 1, do CIMI)[719].

[717] Revogada pela Lei nº 60-A/2011, de 30 de novembro.

[718] Stewart E. Sterk, Mitchell L. Engler, "Property Tax Reassessement: Who needs it?", 81, Notre Dame Law Review, 2005, pp. 1037 e seguintes.

[719] Sobre o conceito de prédio, e os respetivos elementos, cfr., a título de exemplo, o Acórdão do Supremo Tribunal Administrativo de 15/03/2017, proferido no proc. 0140/15, no qual se entendeu que "os elementos constituintes e partes componentes de um parque eólico não podem, de per si, ser considerados como prédios urbanos da espécie 'outros', na medida em que não constituem partes economicamente independentes, isto é, não têm aptidão suficiente para, por si só, desenvolverem a referida atividade económica, caracterizando-se

As frações autónomas de propriedade horizontal são consideradas prédios (artigo 2º, nº 4, do CIMI).

Os prédios podem ser rústicos, urbanos ou mistos.

Os **prédios rústicos** compreendem os terrenos situados fora dos aglomerados urbanos, subtraídos à construção, afetos ou adequados à produção de rendimentos agrícolas, nos termos do disposto no CIRS, incluindo edifícios e construções, ou não construídos ou com construções de baixo valor. Também os prédios em aglomerados urbanos podem ser rústicos, quando impedidos de gerar quaisquer rendimentos ou quando estejam afetos à produção de rendimentos agrícolas (artigo 3º do CIMI). Quando um prédio integre uma parte rústica e outra urbana, o prédio é considerado rústico se esta for a parte principal (artigo 5º, nº 1, do CIMI).

Os **prédios urbanos** são definidos de forma residual, como sendo todos aqueles que não são rústicos nem se reconduzem à categoria dos prédios mistos (artigo 4º do CIMI). Se um prédio integrar partes rústica e urbana, o mesmo é considerado urbano se esta for a parte principal (artigo 5º, nº 1, do CIMI).

A lei classifica os prédios urbanos como: a) *habitacionais*; *comerciais, industriais ou para serviços*; c) *terrenos para construção*; d) *outros* (artigo 6º, nº 1, do CIMI).

Os **prédios mistos** são aqueles que integram duas partes, de natureza rústica e urbana, sem que nenhuma delas possa ser classificada como parte principal (artigo 5º, nº 2, do CIMI).

3.2.3. *Isenções*

O artigo 11º do CIMI estabelece expressamente uma isenção de IMI a favor do Estado, Regiões Autónomas, incluindo os vários tipos de serviços não empresariais, bem como das autarquias locais e respetivas associações e federações de direito público.

Estão também isentos de IMI, nos termos do artigo 11º-A do CIMI, os prédios de reduzido valor patrimonial de sujeitos passivos de baixos rendimentos. Beneficiam desta isenção (de natureza automática) os prédios rústicos e os prédios urbanos destinados a habitação própria e

como elementos ad *integrandum domum*, sem autonomia económica relativamente ao todo de que fazem parte".

permanente do sujeito passivo ou do seu agregado familiar, que sejam efetivamente afetos a tal fim, desde que: *i)* o rendimento bruto total do agregado familiar não seja superior a 2,3 vezes o valor anual do IAS e *ii)* o valor patrimonial tributário global da totalidade dos prédios rústicos e urbanos pertencentes ao agregado familiar não exceda 10 vezes o valor anual do IAS.

A lei prevê, ainda, outras isenções, designadamente as previstas no Estatuto dos Benefícios Fiscais.

Nos termos do disposto nos artigos 44º do EBF, estão isentos do IMI:

- Os Estados estrangeiros, quanto aos prédios destinados às respetivas representações diplomáticas ou consulares, quando haja reciprocidade;
- As instituições de segurança social e de previdência, a que se referem artigos 115º e 126º da Lei nº 32/2002, de 20 de dezembro, quanto aos prédios ou partes de prédios destinados diretamente à realização dos seus fins;
- As associações ou organizações de qualquer religião ou culto às quais seja reconhecida personalidade jurídica, quanto aos templos ou edifícios exclusivamente destinados ao culto ou à realização de fins não económicos com este diretamente relacionados;
- As associações sindicais e as associações de agricultores, de comerciantes, de industriais e de profissionais independentes, quanto aos prédios ou parte de prédios destinados diretamente à realização dos seus fins;
- As pessoas coletivas de utilidade pública administrativa e as de mera utilidade pública, quanto aos prédios ou parte de prédios destinados diretamente à realização dos seus fins;
- As instituições particulares de solidariedade social e as pessoas coletivas a elas legalmente equiparadas, quanto aos prédios ou parte de prédios destinados diretamente à realização dos seus fins, salvo no que respeita às misericórdias, caso em que o benefício abrange quaisquer imóveis de que sejam proprietárias;
- As entidades licenciadas ou que venham a ser licenciadas para operar no âmbito institucional da Zona Franca da Madeira e da Zona Franca da ilha de Santa Maria, quanto aos prédios ou parte de prédios destinados diretamente à realização dos seus fins;

- Os estabelecimentos de ensino particular integrados no sistema educativo, quanto aos prédios ou parte de prédios destinados diretamente à realização dos seus fins;
- As associações desportivas e as associações juvenis legalmente constituídas, quanto aos prédios ou parte de prédios destinados diretamente à realização dos seus fins;
- Os prédios ou parte de prédios cedidos gratuitamente pelos respetivos proprietários, usufrutuários ou superficiários a entidades públicas isentas de imposto municipal sobre imóveis enumeradas no artigo 11º do CIMI, ou a entidades referidas nas alíneas a) a i) do nº 1 do artigo 44º do EBF, para o prosseguimento direto dos respetivos fins;
- As sociedades de capitais exclusivamente públicos, quanto aos prédios cedidos a qualquer título ao Estado ou a outras entidades públicas, no exercício de uma atividade de interesse público;
- As coletividades de cultura e recreio, as organizações não governamentais e outro tipo de associações não lucrativas, a quem tenha sido reconhecida utilidade pública, relativamente aos prédios utilizados como sedes destas entidades, e mediante deliberação da assembleia municipal da autarquia onde os mesmos se situem, nos termos previstos pelo nº 2 do artigo 12º da Lei nº 2/2007, de 15 de janeiro;
- Os prédios classificados como monumentos nacionais e os prédios individualmente classificados como de interesse público ou de interesse municipal, nos termos da legislação aplicável;
- As entidades públicas empresariais responsáveis pela rede pública de escolas, quanto aos prédios ou parte de prédios destinados diretamente ou indiretamente à realização dos seus fins;
- Os prédios exclusivamente afetos à atividade de abastecimento público de água às populações, de saneamento de águas residuais urbanas e de sistemas municipais de gestão de resíduos urbanos;
- Os prédios ou parte de prédios afetos a lojas com história, reconhecidos pelo município como estabelecimentos de interesse histórico e cultural ou social local e que integrem o inventário nacional dos estabelecimentos e entidades de interesse histórico e cultural ou social local, nos termos previstos na Lei nº 42/2017, de 14 de junho.

O artigo 45º do EBF, por seu lado, prevê benefícios fiscais para os prédios urbanos ou frações autónomas concluídos há mais de 30 anos ou localizados em áreas de reabilitação urbana, desde que preencham cumulativamente as condições definidas no seu nº 1.

O artigo 46º do EBF prevê a isenção do IMI dos prédios ou parte de prédios urbanos habitacionais construídos, ampliados, melhorados ou adquiridos a título oneroso, cujo valor patrimonial tributário não exceda os €125.000, destinados à habitação própria e permanente do sujeito passivo ou do seu agregado familiar (bem como nos casos de primeira transmissão de prédio urbano, na parte destinada a arrendamento para habitação), desde que os mesmos sejam efetivamente afetos a tal fim[720], no prazo de seis meses após a aquisição ou a conclusão da construção, da ampliação ou dos melhoramentos, salvo por motivo não imputável ao beneficiário. Só podem beneficiar desta isenção os sujeitos passivos, ou respetivos agregados familiares, cujo rendimento coletável, para efeitos de IRS, no ano anterior, não seja superior a €153.300 (artigo 46º, nºs 1, 3 e 5, do EBF).

Esta isenção não é aplicável aos prédios, ou parte de prédios, construídos de novo, ampliados, melhorados ou adquiridos a título oneroso por entidades que tenham o domicílio em países, territórios ou regiões sujeitos a um regime fiscal claramente mais favorável, constantes de lista aprovada por portaria do Ministro das Finanças (artigo 46º, nº 10, do EBF).

O período de isenção previsto na lei é de 3 anos (artigo 46º, nº 5, do EBF).

O pedido de isenção deve ser apresentado pelos sujeitos passivos nos 60 dias posteriores à aquisição do prédio ou à conclusão da construção, da ampliação ou dos melhoramentos (artigo 46º, nº 1, do EBF).

A isenção é automática nas situações de aquisição onerosa, com base nos elementos de que a Autoridade Tributária e Aduaneira disponha, estando, nos demais casos, sujeita a reconhecimento pelo chefe de finanças da área da situação do prédio, em requerimento devidamente documentado (artigo 46º, nº 6, do EBF).

[720] Considera-se que há afetação a esse fim se aí se fixar o domicílio fiscal do sujeito passivo ou do agregado familiar (artigo 46º, nº 9, do EBF).

Tratando-se de prédio destinado a habitação própria e permanente, esta isenção só pode ser reconhecida duas vezes ao mesmo sujeito passivo ou ao seu agregado familiar (artigo 46º, nº 11, do EBF). Nos casos de primeira transmissão de prédio urbano destinado a arrendamento para habitação, a isenção pode ser reconhecida ao mesmo sujeito passivo por cada prédio ou fração autónoma com esse destino (artigo 46º, nº 12, do EBF).

O EBF prevê, ainda, as seguintes isenções:

- Isenção, por um período de sete anos, dos prédios integrados em empreendimentos a que tenha sido reconhecida utilidade turística (artigo 47º do EBF);
- Isenção, por um período de 25 anos, dos prédios urbanos afetos exclusivamente a parques de estacionamento subterrâneos públicos, declarados de utilidade municipal por deliberação da respetiva assembleia municipal (artigo 50º do EBF).

3.2.4. *Avaliação e valor patrimonial tributário*

3.2.4.1. *Considerações gerais*

O sistema de avaliação foi inteiramente reformulado em 2003, com uma atenção especial à propriedade urbana, podendo dizer-se que aqui reside uma das marcas de maior diferenciação relativamente ao modelo anterior. O objetivo foi introduzir um sistema de *point scoring* tendo em vista tornar o processo de avaliação mais objetivo e controlável, reduzindo aí a margem de discricionariedade e arbítrio. O sistema de avaliação está sujeito aos princípios da **legalidade**, da **objetividade** e da **imparcialidade**.

Em primeiro lugar, prescreve-se um regime jurídico que precisa o *quem*, o *como* e o *quando* da avaliação, com a garantia de mecanismos administrativos e jurisdicionais de reclamação e impugnação (artigos 71º e seguintes do CIMI). Em segundo lugar, a lei estabelece, na medida do possível, critérios objetivos para a avaliação. Em terceiro lugar, impõe-se a imparcialidade e a independência técnica aos membros dos órgãos de coordenação (artigo 55º, nº 1, do CIMI) e prevê-se um regime de impedimentos para todos os peritos avaliadores (artigo 69º do CIMI), de forma a evitar que os mesmos intervenham em processos em que possam ter um interesse pessoal.

Pretendeu-se, do mesmo modo, na reforma de 2003, simplificar e agilizar o sistema de avaliação, tornando-o mais eficaz. Do maior relevo é a existência de **matrizes prediais**, rústica e urbana, de onde resulta uma presunção de propriedade para efeitos tributários. Aí se registam as características dos prédios, a localização e o seu **valor patrimonial tributário**, a identidade dos proprietários, usufrutuários ou superficiários. As mesmas devem ser atualizadas anualmente, por referência a 31 de dezembro (artigo 12º, nº 4, do CIMI). Todas as vicissitudes que se repercutirem no estatuto de um prédio (*v.g.* fracionamento; alteração de classificação, alteração de limites) devem ser levadas à matriz, por iniciativa do sujeito passivo, com indicação expressa do ano a que se referem (artigo 13º do CIMI). O artigo 106º do CIMI estabelece regras precisas para a **alteração das matrizes**, designadamente no caso de prédios omissos, novos, melhorados, modificados, divididos, demolidos e destruídos, de nova classificação do prédio ou de alteração do valor patrimonial tributário. A lei presume que o adquirente de um prédio omisso tomou conhecimento da omissão no momento da aquisição ou do início da posse, presunção naturalmente ilidível. Por cada prédio inscrito na matriz de base cadastral ou urbana é preenchida e entregue ao sujeito passivo uma **caderneta predial** (artigo 93º do CIMI).

Em princípio, é com base na declaração do sujeito passivo que se procede à avaliação para efeitos de determinação do valor patrimonial tributário, eventualmente precedida de vistoria. O Ministério das Finanças pode determinar, por portaria, a avaliação geral de todos os prédios de todos ou qualquer município, devendo os sujeitos passivos, no caso dos prédios urbanos, apresentar a declaração correspondente (artigo 16º do CIMI). Nas linhas que se seguem veremos como é feita a avaliação dos prédios, rústicos e urbanos.

3.2.4.2. *Avaliação dos prédios rústicos*

A avaliação dos prédios rústicos pode ser *de base cadastral, não cadastral* ou *direta*. Pretende-se com ela determinar o respetivo **valor patrimonial tributário**. Este corresponde ao produto do seu rendimento fundiário (rendimento bruto, deduzido dos custos de exploração) pelo fator 20, arredondado para a dezena de euros imediatamente superior (artigos 17º do CIMI). Um conceito essencial, neste contexto, é o de **rendimento fundiário**.

Considera-se a existência de uma conta anual de cultura em que o rendimento fundiário = rendimento bruto – encargos de exploração (artigo 18º do CIMI).

O prédio rústico pode ter diferentes parcelas, às quais corresponde uma determinada qualidade e classe de cultura. O rendimento fundiário apura-se, em princípio, somando o rendimento de todas essas parcelas, mais o das árvores (artigos 18º, nº 2, e 19º do CIMI). Vejamos, sucintamente, o regime da avaliação dos prédios rústicos. A mesma pode ser de *base cadastral, não cadastral* ou *direta*.

A **avaliação de base cadastral** consiste na elaboração de quadros de qualificação e classificação, de quadros de tarifas e na distribuição parcelar, com base no cadastro predial fornecido pelo Instituto Geográfico Português. A mesma é superintendida pela Autoridade Tributária e Aduaneira (artigos 20º e seguintes do CIMI). Nesta avaliação enumeram-se as qualidades culturais com interesse económico, de acordo com critérios de normalidade, e definem-se classes ou graus de produtividade diferenciados, escolhendo-se igualmente parcelas representativas. A qualificação e classificação, atendendo à quantidade e qualidade dos produtos, é, em princípio, feita por freguesia ou grupo de freguesias com características semelhantes, observando-se um princípio de uniformidade da denominação das parcelas idênticas.

A cada qualidade e classe assim apurada, e às respetivas parcelas e árvores tipo, corresponde um rendimento unitário, que irá integrar os quadros de tarifas (artigos 22º e 23º do CIMI). As tarifas, calculadas por meio de contas anuais de cultura, determinam-se deduzindo ao rendimento bruto os encargos de exploração (artigos 24º e 25º do CIMI).

Tanto os encargos de exploração (artigo 25º do CIMI) como os preços (artigo 26º do CIMI) são determinados mediante diversos critérios (*v.g.* usos locais, preços de custo, tabelas correntes; mercados mais próximos, estado normal de cultura, taxa EURIBOR, média de *x* anos), através dos quais se pretende evitar a sobreavaliação dos mesmos com efeitos negativos na determinação base tributária. Esta avaliação não abrange edifícios e construções afetos à produção de rendimentos agrícolas situados em prédios rústicos. Os não afetos são avaliados como prédios urbanos (artigo 27º do CIMI).

Com base nos elementos do cadastro são organizadas as matrizes cadastrais rústicas, as quais, para além da individualização do prédio, devem especificar o respetivo valor patrimonial tributário (artigos 85º e seguintes do CIMI).

A **avaliação de base não cadastral** tem lugar nos municípios onde não vigore o cadastro predial ou geométrico, consistindo na elaboração de quadros de qualificação e classificação e tarifas, na distribuição parcelar e na medição dos prédios (artigo 31º do CIMI). Os prédios são numerados de acordo com uma ordem topográfica, sendo elaborado um registo da avaliação onde constam, para além dos elementos identificativos previstos no artigo 30º do CIMI, as confrontações e a área total do prédio (artigo 32º do CIMI). As inscrições definitivas dos registos de avaliação serão reproduzidas nas matrizes não cadastrais rústicas (artigos 89º e seguintes do CIMI).

A **avaliação direta** consiste na medição da área dos prédios e na determinação do respetivo valor patrimonial tributário, seguindo-se, *mutatis mutandis*, as operações de avaliação de base cadastral previstas nos artigos 21º a 30º do CIMI. A avaliação direta ocorre no caso de prédios omissos, de alteração das culturas ou de erro de área, com impacto no respetivo valor patrimonial tributário (artigo 34º do CIMI). A primeira avaliação direta é realizada por iniciativa do chefe de finanças. A mesma pode ter como base a declaração do sujeito passivo ou qualquer outro elemento disponível (artigo 33º do CIMI). A avaliação direta de prédios rústicos é levada a cabo por peritos avaliadores permanentes, nos termos dos artigos 58º e seguintes do CIMI.

A avaliação da propriedade rústica depende da Autoridade Tributária e Aduaneira, da Comissão Nacional para a Avaliação dos Prédios Rústicos (CNAPR), que funciona junto da primeira, e da Junta de Avaliação Municipal (JAM) (artigos 47º e seguintes do CIMI).

No caso da CNAPR, está-se perante um órgão de composição diversificada e representativa das entidades administrativas e privadas diretamente interessadas no processo de avaliação. A mesma tem competência, nomeadamente, para aprovar os quadros de qualificação, classificação e de tarifas a considerar na avaliação dos prédios de cada município e as respetivas alterações (artigo 49º, nº 1, do CIMI). A JAM também tem uma composição plural e representativa (artigo 50º do CIMI), competindo-lhe elaborar o projeto dos quadros de qualificação e classificação e de tarifas do município, em articulação com a CNAPR.

A avaliação geral é feita por peritos avaliadores, a quem compete realizar as operações de distribuição parcelar e registo de distribuição nas avaliações gerais de base cadastral (artigo 57º do CIMI).

3.2.4.3. *Avaliação dos prédios urbanos*

Diferentemente do que sucede no caso dos prédios rústicos, a avaliação dos prédios urbanos é direta, reportando-se à data de inscrição do prédio na matriz. Ao chefe de finanças cabe a iniciativa da primeira avaliação, com base na declaração dos sujeitos passivos, acompanhada das plantas de arquitetura ou da sua responsabilidade legalmente exigidas, ou de outros elementos de que disponha. Os prédios com data de construção anterior a 7 de agosto de 1951 são obrigatoriamente sujeitos a vistoria (artigo 37º do CIMI). No caso de terrenos de construção, deve apresentar-se fotocópia do alvará de loteamento, que deve ser substituída, caso não exista loteamento, por fotocópia do alvará de licença de construção, projeto aprovado, comunicação prévia, informação prévia favorável ou documento comprovativo de viabilidade construtiva (artigo 37º, nº 3, do CIMI).

Como anteriormente se disse, a determinação do valor patrimonial tributário dos prédios urbanos assenta hoje num sistema de *point scoring*, concretizado por via de uma *fórmula de coeficientes*, através do qual se pretende combater os riscos de subjetivismo, arbitrariedade e desigualdade no procedimento de avaliação.

Conforme resulta do artigo 38º do CIMI, o valor patrimonial tributário (Vt) é o produto resultante da multiplicação dos operandos relativos ao valor de base dos prédios edificados (Vc), à área bruta de construção mais a área excedente à área de implantação (A), ao coeficiente de afetação (Ca), ao coeficiente de localização (Cl), ao coeficiente de qualidade e conforto (Cq) e ao coeficiente de vetustez (Cv). A fórmula adotada é a seguinte:

$$Vt = Vc \times A \times Ca \times Cl \times Cq \times Cv$$

Os diferentes coeficientes estão sujeitos a ulteriores especificações, nos termos dos artigos 39º a 44º do CIMI.

Assim, o *valor base dos prédios edificados* (Vc) corresponde ao valor médio de construção por m^2 adicionado do valor do m^2 do terreno de implantação, fixado em 25% daquele custo[721]. O valor médio de construção compreende os encargos diretos e indiretos suportados na construção do edifício, designadamente os relativos a materiais, mão de obra, equipamentos, administração, energia, comunicações e outros consumíveis. O valor médio de construção por metro quadrado é fixado anualmente por portaria do ministro responsável pela área das finanças. O valor fixado para 2018 é de € 482,40.[722]

Relativamente à *área bruta de construção* do edifício (A), ela corresponde ao resultado da seguinte operação[723]:

$$A = [Aa + (0{,}3\ Ab)] \times Caj + (0{,}025\ Ac) + (0{,}005\ Ad)$$

Onde: **Aa** é a área bruta privativa; **Ab** são as áreas brutas dependentes; **Caj** é o coeficiente de ajustamento de áreas; **Ac** é a área de terreno livre até ao limite de 2 vezes a área de implantação; **Ad** é a área de terreno livre que excede o limite de 2 vezes a área de implantação. O coeficiente de ajustamento de áreas é aplicado de acordo com as tabelas contidas no artigo 40º-A do CIMI.

O *coeficiente de afetação* varia consoante se trate, por exemplo, de um prédio afeto ao comércio (1,20) ou a habitação (1).[724]

Já o *coeficiente de localização* varia, em regra, entre 0,4 e 3,5, podendo o limite mínimo ser reduzido para 0,35, em caso de habitação dispersa do meio rural[725]. Refira-se que esta dependência do valor de mercado pode revelar-se constitucionalmente problemática, na medida em que depende de fatores dinâmicos, incontroláveis do ponto de vista do sujeito passivo.

O *coeficiente de qualidade e conforto* é aplicado ao valor de base do prédio edificado, podendo ser majorado até 1,7 ou minorado até 0,5, obtendo-se mediante a adição à unidade de coeficientes majorativos e subtração de coeficientes minorativos, como, entre outros, no caso de prédios urbanos destinados à habitação, o tratar-se de uma moradia unifamiliar (até 0,20), a localização em condomínio fechado (0,20), a

[721] Assim, para um valor médio de construção por m2 de € 482,40, o Vc será igual a 482,40 x (0,25 x 482,40) = € 603.

[722] Portaria nº 379/2017, de 19 de dezembro.

[723] Artigo 40º, CIMI.

[724] Artigo 41º do CIMI.

[725] Artigo 42º do CIMI.

existência de garagem individual ou coletiva (0,04; 0,03), a existência de piscina individual ou coletiva (0,06; 0,03), a inexistência de cozinha e instalações sanitárias (-0,10; -0,10), a inexistência de rede pública ou privada de água ou eletricidade, (-0,08; -0,10), etc. No caso de prédios urbanos destinados a comércio, indústria ou serviços, são coeficientes majorativos e minorativos, nomeadamente, a localização em centro comercial (0,25) ou a existência de um sistema central de climatização (0,10), a inexistência de instalações sanitárias ou de ruas pavimentadas (-0,10; -0,03).[726]

O *coeficiente de vetustez* pondera a idade do edifício, entre menos de dois anos (1) e mais de sessenta (0,40).[727]

Uma vez obtido o valor patrimonial do prédio urbano, o mesmo deve ser especificado na matriz urbana que procede à sua individualização (artigo 91º do CIMI).

Relativamente à determinação do valor patrimonial tributário dos terrenos para construção, o nº 1 do artigo 45º do CIMI prevê que o mesmo corresponde ao somatório do valor da área de implantação do edifício a construir (que é a situada dentro do perímetro de fixação do edifício ao solo, medida pela parte exterior), adicionado do valor do terreno adjacente à implantação. O nº 2 do mesmo artigo determina que o valor da área de implantação varia entre 15% e 45%[728] do valor das edificações autorizadas ou previstas, o que nos remete para a aplicação dos coeficientes fixados no artigo 38º do CIMI. Suscita-se, todavia, a questão de saber se todos os coeficientes aí previstos são aplicáveis na determinação do valor patrimonial tributário dos terrenos para construção. Sobre esta questão pronunciou-se o Supremo Tribunal Administrativo, em acórdão de uniformização de jurisprudência de 21/09/2016, proferido no âmbito do processo nº 01083/13, afirmando que não pode ser considerado o coeficiente de qualidade e conforto, o qual só pode ser aplicado aos prédios já edificados.

[726] Artigo 43º do CIMI.

[727] Artigo 44º do CIMI.

[728] Na fixação da percentagem do valor do terreno de implantação têm-se em consideração as características referidas no nº 3 do artigo 42º do CIMI, a saber: acessibilidades (qualidade e variedade de vias rodoviárias, ferroviárias, fluviais e marítimas); proximidade de equipamentos sociais (designadamente escolas, serviços públicos e comércio); serviços de transportes públicos; localização em zonas de elevado valor de mercado imobiliário.

Em ordem a prevenir uma desatualização dos valores patrimoniais dos prédios urbanos prevê-se, no artigo 138º do CIMI, uma atualização trienal dos mesmos, com base em fatores correspondentes a 75% do coeficiente de desvalorização monetária fixado anualmente por portaria do Ministro das Finanças para efeitos dos impostos sobre o rendimento, salvo no caso de prédios destinados a comércio, indústria ou serviços, em que essa atualização é feita com base em fatores correspondentes a 100% dos referidos coeficientes de desvalorização da moeda.

As vantagens principais e *principiais* desta fórmula revestem-se de grande significado jurídico-constitucional. São elas:

a) objetividade/racionalidade;
b) clareza, precisão e determinabilidade/legalidade;
c) redução da discricionariedade/proibição do arbítrio;
d) comparabilidade/igualdade e proibição da discriminação;
e) previsibilidade/segurança jurídica e proteção da confiança;
f) controlabilidade/tutela jurisdicional efetiva;
g) aproximação ao valor de mercado/eficiência económica;
h) atualização/sustentabilidade.

A coordenação da avaliação da propriedade urbana fica a cargo da Autoridade Tributária e Aduaneira e da Comissão Nacional para a Avaliação dos Prédios Urbanos (CNAPU), que funciona junto daquela (artigos 60º e seguintes do CIMI). A CNAPU é um órgão de composição diversificada e representativa das entidades administrativas e privadas diretamente interessadas no processo de avaliação. Cabe-lhe, além do mais, propor trienalmente os coeficientes de localização mínimos e máximos a aplicar em cada município, bem como o zonamento e respetivos coeficientes de localização e majorativos aplicáveis às moradias unifamiliares. Do mesmo modo compete-lhes propor anualmente o custo médio de construção por metro quadrado a vigorar no ano seguinte (artigo 62º do CIMI). A avaliação dos prédios urbanos é levada a cabo por peritos locais (artigo 63º do CIMI), cabendo aos peritos regionais intervir nas segundas avaliações e coordenar a atividade dos peritos locais na elaboração da proposta de zonamentos locais (artigos 63º e seguintes do CIMI).

3.2.4.4. *Contestação administrativa da avaliação*

3.2.4.4.1. De prédios rústicos

3.2.4.4.1.1. Reclamação

Da avaliação dos prédios rústicos cabe sempre reclamação administrativa, a qual, se versar sobre a substância da avaliação, abre as portas para uma segunda avaliação.

O resultado da avaliação, de base cadastral ou não cadastral, é posto à reclamação por um período de 30 dias, que pode ser prorrogado, até ao máximo de 60 dias, pelo diretor de finanças, quando as circunstâncias o justifiquem (artigo 71º, nº 1, do CIMI).

Os resultados da distribuição devem ser patentes aos interessados em local e período publicitados com uma antecedência mínima de 10 dias, através dos meios adequados, de acordo com os princípios da publicidade e da proteção da confiança dos contribuintes (artigo 71º, nº 2, do CIMI).

No caso dos municípios não submetidos a cadastro, a reclamação contra as áreas de prédios rústicos só é aceite se a diferença entre a área apurada e a área reclamada for superior a 10%, a não ser que seja comprovada por suporte cartográfico da responsabilidade do proprietário (artigo 71º, nº 3, do CIMI).

A reclamação é dirigida ao chefe de finanças e é feita através de petição, a qual, para além de poder ser instruída com os documentos que o reclamante considere pertinentes, integra obrigatoriamente os seguintes elementos:

- Identificação do reclamante;
- Identificação e designação do prédio ou das parcelas objeto da reclamação;
- Indicação da qualidade e classe que considerem aplicáveis, quanto à distribuição parcelar;
- Indicação de todas as circunstâncias julgadas relevantes, nomeadamente a identificação de parcelas que se entenda deverem servir para confronto;
- Área considerada correta para as parcelas e, nas zonas de cadastro diferido e de base não cadastral, também as confrontações e a área total do prédio quando seja contestada (artigo 72º do CIMI).

A apreciação da reclamação cabe ao chefe de finanças nos casos de erro na designação das pessoas, moradas e descrição dos prédios (artigo 73º, nº 1, do CIMI). As demais reclamações, que tenham por fundamento a substância da própria avaliação (*v.g.* área, qualidade e classe das parcelas, elementos da avaliação) dão lugar a uma segunda avaliação (artigo 74º, nº 1, do CIMI).

Na hipótese de o chefe de finanças verificar a existência de prédios omissos, deve promover a respetiva avaliação, nos termos do CIMI (artigo 73º, nº 2, do CIMI). Também neste caso, a lei prevê um prazo para reclamação de 30 dias (artigo 73º, nº 3, do CIMI).

3.2.4.4.1.2. Segunda avaliação

Quando as reclamações tiverem como fundamento a área, qualidade e classe das parcelas ou os elementos em que se baseou a avaliação dos prédios ou parte de prédios referidos no artigo 28º desencadeia-se uma segunda avaliação (artigo 74º, nº 1, do CIMI).

A **segunda avaliação** de prédios rústicos é levada a cabo por uma comissão composta por dois peritos regionais, designados pelo diretor de finanças, e pelo sujeito passivo ou seu representante, qualquer deles sob compromisso de honra assumido perante o chefe de finanças. A comissão de avaliação é presidida por um dos peritos regionais, que dispõe apenas de voto de desempate, devendo tomar posição favorável a um dos laudos (artigo 74º, nº 3, do CIMI).

O sujeito passivo deve indicar o seu representante, mediante comunicação escrita dirigida ao chefe de finanças, até 10 dias antes da data marcada para a avaliação (artigo 74º, nº 4, do CIMI). Deve sublinhar-se que a falta de comparência do sujeito passivo ou do seu representante na segunda avaliação torna definitivo o resultado da primeira. Isto, sem prejuízo da possibilidade de justificação da falta e de um adiamento (artigo 74º, nº 6, do CIMI).

3.2.4.4.1.3. Segunda avaliação direta

Tratando-se de uma avaliação direta de prédios rústicos, e havendo discordância entre o sujeito passivo e o chefe de finanças relativamente ao seu resultado, pode ser requerida ou promovida uma **segunda avaliação direta**, no prazo de 30 dias contados da data em que o sujeito passivo tenha sido notificado (artigo 75º, nº 1, do CIMI).

A segunda avaliação é realizada por uma comissão, com a mesma composição e nos mesmos termos previstos, no artigo 74º, para a segunda avaliação (artigo 75º, nº 2, do CIMI).

Se a segunda avaliação for requerida pelo sujeito passivo, a sua não comparência ou a não comparência do seu representante torna definitivo o resultado da primeira avaliação, salvo se a falta for justificada no prazo de oito dias, caso em que se permite um adiamento (artigo 75º, nº 3 do CIMI).

No caso de a segunda avaliação ser promovida pelo chefe de finanças, prevê-se um dever de notificação do sujeito passivo num prazo de 20 dias, a fim de que este integre a comissão de avaliação ou nomeie representante, sob pena de nomeação de mais um perito regional pelo chefe de finanças (artigo 75º, nºs 4 e 5, do CIMI).

Se, na sequência da realização de segunda avaliação direta requerida pelo sujeito passivo, o valor patrimonial tributário se mantiver ou aumentar, as despesas com a avaliação serão por si suportadas (artigo 75º, nº 11, do CIMI).

3.2.4.4.2. De prédios urbanos

No caso de discordância sobre o resultado da avaliação direta de prédios urbanos, há lugar a uma **segunda avaliação**, a requerimento do sujeito passivo ou da câmara municipal, ou por iniciativa do chefe de finanças, no prazo de 30 dias contados da notificação do primeiro (artigo 76º, nº 1, do CIMI).

A segunda avaliação de prédios urbanos é realizada por uma comissão composta por dois peritos regionais, um dos quais preside, e pelo sujeito passivo ou seu representante, aplicando-se, com as devidas adaptações o regime da segunda avaliação dos prédios rústicos (artigo 76º, nºs 1 e 2, do CIMI).

O requerente da segunda avaliação fica obrigado ao pagamento de uma taxa inicial, que será fixada entre 7,5 e 30 unidades de conta[729], em função da complexidade da matéria (artigo 76º, nº 3, do CIMI).

Além do mais, o legislador protege os interesses tributários do alienante a uma segunda avaliação, no caso de transmissão onerosa de imóveis, a qual deve ser requerida nos prazos e nos termos anteriormente

[729] A unidade de conta é, atualmente, de €102.

referidos, podendo o alienante integrar a comissão de avaliação (artigos 76º, nºs 4 e 5, do CIMI).

Nas comissões em que intervenham dois peritos, adquirente e alienante, o presidente dispõe de voto de qualidade (artigo 76º, nº 9, do CIMI).

Enquanto não se tornar definitivo o resultado da segunda a avaliação, fica suspensa a liquidação do imposto (artigo 118º do CIMI).

3.2.4.5. *Impugnação da avaliação*

Do resultado das segundas avaliações cabe **impugnação judicial**, que é, a um tempo, um instrumento de tutela jurisdicional efetiva dos contribuintes e um meio de defesa dos princípios da legalidade e necessidade tributária. A impugnação pode ter como fundamento qualquer ilegalidade (artigo 77º do CIMI), sem prejuízo, naturalmente, do direito de ver discutida judicialmente a matéria de facto. A apresentação da impugnação judicial não suspende a liquidação de imposto (artigo 118º, nº 1, do CIMI).

3.2.4.6. *Regime transitório*

3.2.4.6.1. Considerações gerais

Apesar de se impor a atualização dos valores matriciais da generalidade dos prédios urbanos, teria sido impraticável proceder à aplicação no novo regime de avaliação, de uma só vez, a todos os prédios urbanos existentes no país.

Foi por esta razão que o legislador optou, em 2003, por aplicar o novo regime de avaliação, constante do CIMI, apenas aos prédios urbanos "novos" (aqueles cujo pedido de inscrição na matriz é posterior à data da entrada em vigor do CIMI) e aos prédios urbanos "antigos" (prédios inscritos na matriz em data anterior à entrada em vigor do novo regime de avaliação) no momento da primeira transmissão, após a entrada em vigor do CIMI (1 de dezembro de 2003)[730].

Até se proceder à avaliação geral dos prédios, e não ocorrendo a transmissão dos prédios urbanos "antigos", o valor patrimonial tributário destes é atualizado mediante a aplicação aos valores inscritos nas matrizes de coeficientes de desvalorização monetária ajustados pela va-

[730] Artigo 15º, nº 1, do Decreto-Lei nº 287/2003, de 12 de novembro, entretanto revogado.

riação temporal dos preços no mercado imobiliário[731]. Estes coeficientes de desvalorização constam da Portaria nº 1337/2003, de 5 de dezembro. A aplicação destes coeficientes pode, no limite, determinar um aumento de 44,21% do valor patrimonial tributário, no caso de prédios de 1970 ou ano anterior.

Para evitar que a aplicação deste regime conduza a aumentos abruptos do imposto periódico sobre o património e a efeitos sociais perversos, e também para evitar possíveis problemas de ordem jurídico-constitucional, o legislador consagrou uma **cláusula de salvaguarda**, nos termos da qual os aumentos anuais estão limitados. Assim, o aumento anual da coleta de IMI, resultante da aplicação dos referidos coeficientes, não pode exceder, em cada ano, os valores fixados no artigo 25º, nº 1, do Decreto-Lei nº 287/2003, de 12 de novembro.

3.2.4.6.2. A avaliação geral de prédios urbanos

O legislador, em 2003, determinou que seria promovida uma avaliação geral dos prédios urbanos no prazo máximo de 10 anos após a entrada em vigor do CIMI (artigo 15º, nº 4, do Decreto-Lei nº 287/2003).

Estão sujeitos à avaliação geral os prédios urbanos que, até 1 de dezembro de 2011, não tenham sido avaliados, nem tenha, relativamente aos mesmos, sido iniciado procedimento de avaliação, nos termos do CIMI (artigo 15º, nº 10, do Decreto-Lei nº 287/2003).

A avaliação geral obedece aos princípios gerais do procedimento tributário, designadamente os princípios da legalidade, da simplicidade, da celeridade, da economia, da eficiência e da eficácia, em respeito pelas garantias dos contribuintes (artigo 15º-A, nºs 1 e 2, do Decreto-Lei nº 287/2003).

O procedimento de avaliação geral está também sujeito aos princípios técnicos da avaliação imobiliária, devendo ser asseguradas a independência técnica, a imparcialidade e a responsabilidade dos *peritos locais*[732] e dos *peritos avaliadores*[733] *independentes*, e garantida uma relação de proximidade entre os mesmos e as populações onde se situam os prédios (artigo 15º-A, nºs 1 e 3, do Decreto-Lei nº 287/2003).

[731] Artigo 16º, nº 1, do Decreto-Lei nº 287/2003, de 12 de novembro.

[732] Artigo 15º-I do Decreto-Lei nº 287/2003.

[733] Artigo 15º-J do Decreto-Lei nº 287/2003.

As partes interessadas no procedimento de avaliação geral devem agir de boa-fé e estão sujeitas a um dever de cooperação especial, traduzido este na prestação da assistência adequada e tempestiva e das informações necessárias à determinação do valor patrimonial tributário do prédio urbano em causa (artigo 15º-A, nº 4, do Decreto-Lei nº 287/2003).

A iniciativa do procedimento de avaliação geral dos prédios urbanos é da competência dos serviços centrais da Autoridade Tributária e Aduaneira (artigo 15º-C, nº 1, do Decreto-Lei nº 287/2003).

O valor patrimonial tributário é calculado, no âmbito do procedimento de avaliação geral, através de avaliação direta por aplicação dos critérios objetivos previstos nos artigos 38º e seguintes do CIMI. Para este efeito, o valor base dos prédios edificados (Vc), o coeficiente de localização (Cl) e o coeficiente de vetustez (Cv), previstos no CIMI, são os vigentes e determináveis em 30 de novembro de 2011 (artigo 15º-D, nºs 1 e 2, do Decreto-Lei nº 287/2003).

No procedimento de avaliação geral, não é obrigatória a vistoria do prédio a avaliar (artigo 15º-D, nº 3, do Decreto-Lei nº 287/2003).

Os novos valores patrimoniais tributários, resultantes da avaliação geral, entram em vigor em 31 de dezembro de 2012, para efeitos do IMI, e no momento da ocorrência dos respetivos factos tributários, para efeitos dos demais impostos (artigo 15º-D, nº 4, do Decreto-Lei nº 287/2003). O novo valor patrimonial tributário é notificado ao sujeito passivo por transmissão eletrónica de dados ou, se tal não for possível, por via postal registada (artigo 15º-E, nº 1, do Decreto-Lei nº 287/2003).

Admite-se, no âmbito do procedimento de avaliação geral o requerimento ou promoção de uma segunda avaliação, aplicando-se as mesmas regras, quanto a fundamento, legitimidade e prazo, previstas no CIMI para a segunda avaliação de prédios urbanos (artigo 15º-F, nº 1, do Decreto-Lei nº 287/2003). Todavia, a segunda avaliação no âmbito de um procedimento de avaliação geral é realizada por um perito avaliador independente designado pela CNAPU, devendo a mesma ser concluída no prazo de 60 dias após a data da entrada do pedido (artigo 15º-F, nº 2, do Decreto-Lei nº 287/2003).

O pedido de segunda avaliação é dirigido ao chefe do serviço de finanças da área da situação do prédio, o qual é instruído nesse serviço periférico local (artigo 15º-F, nº 3, do Decreto-Lei nº 287/2003).

A decisão da segunda avaliação pode ser impugnada judicialmente (artigo 15º-G do Decreto-Lei nº 287/2003).

A lei consagra regras especiais para os prédios urbanos arrendados (artigo 15º-N do Decreto-Lei nº 287/2003).

Para evitar aumentos abruptos da coleta do IMI dos prédios urbanos objeto de avaliação geral, o legislador consagrou um regime de salvaguarda, o qual limita os agravamentos do IMI respeitantes aos anos 2012 e 2013 (liquidados nos anos 2013 e 2014). Assim, para cada um desses anos, o aumento da coleta do IMI, face ao ano imediatamente anterior, não pode ser superior ao maior dos seguintes valores: €75; um terço da diferença entre o IMI resultante do VPT fixado na avaliação geral e o IMI, relativo a 2011, devido ou que o devesse ser, no caso de prédios isentos (artigo 15º-O, nº 1, do Decreto-Lei nº 287/2003).

Tratando-se de prédio destinado a habitação própria e permanente de sujeito passivo ou do seu agregado familiar, cujo rendimento coletável, para efeitos de IRS, no ano anterior, não seja ultrapasse os €4898, o aumento anual da respetiva coleta do IMI, face ao ano imediatamente anterior, não pode exceder os €75 (artigo 15º-O, nº 2, do Decreto-Lei nº 287/2003).

O regime de salvaguarda não é, contudo, aplicável: aos prédios devolutos e aos prédios em ruínas referidos no nº 3 do artigo 112º do Código do IMI; aos prédios que sejam propriedade das entidades referidas no nº 4 do artigo 112º do Código do IMI; aos prédios em que se verifique uma alteração do sujeito passivo do IMI após 31 de dezembro de 2011, salvo nas transmissões por morte de que forem beneficiários o cônjuge, descendentes e ascendentes quando estes não manifestem vontade expressa em contrário (artigo 15º-O, nº 4, do Decreto-Lei nº 287/2003).

3.2.5. *Taxas*

Para efeitos de taxas do IMI o legislador toma em consideração o tipo de prédio e o tipo de avaliação (artigo 112º, CIMI):

- Prédios rústicos: 0,8%;
- Prédios urbanos: 0,3% a 0,45%.

Aos municípios compete definir, em deliberação da assembleia municipal, a taxa a aplicar em cada ano, dentro dos limites estabelecidos, podendo majorar ou minorar até 30% a taxa em vigor em casos especiais, como é o caso das áreas objeto de operações de reabilitação urbana ou combate à desertificação (artigo 112º, nºs 5 e 6, do CIMI).

Admite-se, igualmente, uma redução de até 20% na taxa aplicável aos prédios arrendados, atendendo ao problema das rendas reduzidas (artigo 112º, nº 7, CIMI), podendo esta redução ser cumulada com a que se encontra prevista no nº 6 do artigo 112º.

Tratando-se de prédios urbanos, as taxas aplicáveis são elevadas, anualmente, ao triplo nos casos de prédios devolutos há mais de um ano e de prédios em ruínas (artigo 112º, nº 3, CIMI).

Para os prédios urbanos que sejam propriedade de entidades que tenham domicílio fiscal em país, território ou região sujeitos a um regime fiscal claramente mais favorável, constantes de lista aprovada por portaria do Ministro das Finanças, a taxa do imposto é de 7,5% (artigo 112º, nº 4, do CIMI).

O artigo 112º do CIMI prevê, ainda, outras situações em que é possível a majoração ou a redução da taxa do IMI.

Uma das possibilidades de redução da taxa, mediante deliberação da assembleia municipal, é a que se encontra prevista no artigo 112º-A, aditado pela Lei nº 7-A/2016, de 30 de março, no caso de prédios urbanos destinados a habitação própria e permanente do sujeito passivo ou do seu agregado familiar, atendendo ao número de dependentes deste agregado. Esta redução de taxa concretiza-se mediante uma dedução fixa, expressa em euros, determinada em função do número de dependentes: 1 dependente, €20; 2 dependentes, €40; 3 ou mais dependentes, €70.

3.2.6. *Liquidação e pagamento*

3.2.6.1. *Competência, prazo e caducidade*

Em regra, a liquidação do IMI ocorre anualmente, entre fevereiro e março do ano seguinte àquele a que o imposto respeita, pelos serviços centrais da Autoridade Tributária e Aduaneira (artigo 113º, nºs 1 e 2, do CIMI). A mesma tem como pontos de referência o valor patrimonial tributário e o sujeito passivo constantes da matriz em 31 de dezembro do ano a que o imposto respeita. A data da liquidação varia apenas nos casos de avaliação de prédio omisso, melhorado, modificado ou ampliado, em que é feita logo que a mesma se torna definitiva (artigo 113º, nº 3, do CIMI), e no caso de liquidações adicionais ou oficiosamente revistas, casos em que são efetuadas a todo o tempo (artigo 113º, nº 4, do CIMI).

Só há liquidação de imposto se o montante a cobrar for superior a 10 € (artigo 113º, nº 6, do CIMI).

O direito de liquidação caduca, por via de regra, dentro dos prazos previstos nos artigos 45º e 46º da LGT, salvo nos casos em que o sujeito passivo omite a caducidade dos pressupostos da isenção (artigo 116º do CIMI).

O retardamento da liquidação imputável ao sujeito passivo dá lugar ao pagamento de juros compensatórios, nos termos da LGT, contados dia a dia desde o momento em que foi retardada a liquidação até à data em que vier a ser corrigida ou suprida a falta (artigo 117º do CIMI).

3.2.6.2. *Revisão oficiosa da liquidação*

A liquidação pode ser sujeita a revisão oficiosa, desde que se verifiquem certos pressupostos, por iniciativa dos serviços de finanças das áreas da situação dos prédios. Assim sucede nos casos de liquidação do imposto por valor diverso do devido ou em nome de outrem que não o sujeito passivo (neste caso, desde que ainda não tenha sido pago o imposto), em virtude da desatualização das matrizes, no caso de nova avaliação, quando tenha havido erro conducente a um excesso de coleta, ou quando não tenha sido reconhecida uma isenção legalmente devida (artigo 115º do CIMI).

Refira-se que não existirá lugar a anulação de o montante a restituir for inferior a € 10 (artigo 115º, nº 3, do CIMI).

3.2.6.3. *Pagamento*

O pagamento do IMI é feito com base no documento de cobrança, enviado ao sujeito passivo até ao fim do mês anterior ao do pagamento. Nesse documento são discriminados os prédios, as suas partes de utilização independente, bem como o valor patrimonial tributário e a coleta imputada a cada município da localização dos prédios, informação essa que é igualmente disponibilizada aos municípios (artigo 119º do CIMI).

Quando o montante a pagar for igual ou inferior a € 250, o pagamento é feito de uma só vez, em abril; quando o montante a pagar ultrapassar os € 250, o IMI é pago em duas prestações, em abril e setembro (artigo 120º, nº 1, do CIMI).

A violação do princípio da pontualidade do pagamento tem como consequência a liquidação de juros de mora, nos termos do artigo 44º da LGT (artigo 121º do CIMI).

3.3. O *Adicional ao Imposto Municipal sobre Imóveis*

3.3.1. *Introdução*

Através da Lei nº 42/2016, de 28 de dezembro (que aprovou o Orçamento do Estado para 2017), o legislador criou o *Adicional ao Imposto Municipal sobre Imóveis* (AIMI), através do aditamento ao CIMI de um nº 2 ao seu artigo 1º, bem como do capítulo XV (artigos 135º-A a 135º-K).

Como veremos nas linhas subsequentes, apesar da designação adotada pelo legislador, o AIMI não é um imposto acessório do IMI. O AIMI não é determinado com base na coleta do IMI, pelo que não estamos em presença de um *adicional* ao IMI. E o AIMI também não é calculado sobre a matéria coletável do IMI, pelo que não tem natureza de adicionamento a este imposto.

Para além disso, o AIMI não é um imposto municipal.

São notórias várias diferenças entre o IMI e o AIMI, designadamente em matéria de incidência objetiva, determinação do valor tributável, taxas, momentos de liquidação e pagamento, finalidade e destino das receitas.

Assinala-se, desde já, que, enquanto o IMI, sem prejuízo da indispensável consideração do critério da capacidade contributiva, tem por base legitimadora predominante o critério do benefício (conforme é expressamente afirmado no seu preâmbulo), o AIMI assenta numa capacidade contributiva acrescida, que o legislador entende ser revelada pela detenção de patrimónios imobiliários de elevado valor.

3.3.2. *Incidência subjetiva*

Estão sujeitos ao AIMI as pessoas singulares ou coletivas que sejam proprietários, usufrutuários ou superficiários de prédios urbanos situados no território português (artigo 135º-A, nº 1, do CIMI).

Para efeito de incidência subjetiva do IMI, incluem-se no conceito de pessoa coletiva as estruturas ou centros de interesses coletivos sem personalidade jurídica que figurem nas matrizes como sujeitos passivos do IMI, bem como a herança indivisa representada pelo cabeça de casal (artigo 135º-A, nº 2, do CIMI).

A determinação da qualidade de sujeito passivo de AIMI é feita à luz do disposto no artigo 8º do IMI, com as devidas adaptações, tendo por referência a data de 1 de janeiro do ano a que o AIMI respeita (artigo 135º-A, nº 3, do CIMI).

Encontra-se expressamente excluída a sujeição a AIMI das empresas municipais (artigo 135º-A, nº 4, do CIMI). Esta é uma solução difícil de compreender, à luz de critérios estritamente jurídicos, considerando que as receitas do AIMI não revertem a favor dos municípios e atendendo a que o critério que preside ao AIMI é o da capacidade contributiva.

3.3.3. *Incidência objetiva*

O AIMI incide, objetivamente, sobre o somatório dos valores patrimoniais tributários dos prédios urbanos situados em território português de que o sujeito passivo seja titular (artigo 135º-B, nº 1, do CIMI), com exclusão dos prédios urbanos classificados como "comerciais, industriais ou para serviços" e "outros" nos termos das alíneas b) e d) do nº 1 do artigo 6º do CIMI (artigo 135º-B, nº 2, do CIMI).

A redação do artigo 135º-B, do CIMI, é apta a suscitar dúvidas quanto a saber se os terrenos para construção destinados a *comércio, indústria* ou *serviços* estão, ou não, sujeitos a AIMI. Uma interpretação meramente literal levar-nos-ia a uma resposta afirmativa. Contudo, uma interpretação que atenda à unidade do sistema jurídico e que seja conforme com a Constituição (neste caso, com o princípio da igualdade), conduz-nos à conclusão contrária.

Não se compreenderia, do ponto de vista da coerência sistémica, que o legislador excluísse expressamente a incidência no caso de edifícios destinados a comércio, indústria ou serviços, e sujeitasse a tributação os terrenos para construção destinados a alguma dessas utilizações.

E tal não seria aceitável à luz do princípio constitucional da igualdade, previsto no artigo 13º da CRP, na medida em que se traduziria num tratamento fiscal diferenciado, sem justificação material, de prédios com idêntica afetação (seja ela potencial ou atual).

Significa isto que o preceito contido no nº 2 do artigo 135º-B, do CIMI, deve ser objeto de uma interpretação extensiva, de modo a excluir também os terrenos para construção cujas futuras edificações se destinem a comércio, indústria ou serviços[734].

3.3.4. *Valor tributável*

O valor tributável do AIMI corresponde ao somatório dos valores patrimoniais tributários, reportados a 1 de janeiro do ano a que respeita o imposto, dos prédios que constam nas matrizes prediais na titularidade do sujeito passivo (artigo 135º-C, nº 1, do CIMI).

Não são, todavia, contabilizados, para efeito de determinação do valor tributável:

a) O valor dos prédios que no ano anterior tenham estado isentos ou não sujeitos a tributação em IMI;
b) O valor dos prédios que se destinem exclusivamente à construção de habitação social ou a custos controlados cujos titulares sejam cooperativas de habitação e construção ou associações de moradores;
c) O valor dos prédios ou partes de prédios urbanos cujos titulares sejam condomínios, quando o valor patrimonial tributário de cada prédio ou parte de prédio não exceda 20 vezes o valor anual do indexante de apoios sociais (IAS);
d) O valor dos prédios ou partes de prédios urbanos cujos titulares sejam cooperativas de habitação e construção e associações de moradores (artigo 135º-C, nº 3, do CIMI).

Ao valor tributável é deduzido o montante de €600.000, quando o sujeito passivo seja pessoa singular ou herança indivisa (artigo 135º-C, nº 2, do CIMI).

Os sujeitos passivos casados ou em união de facto podem optar pela tributação conjunta em sede de AIMI, somando-se, neste caso, para efeito de determinação do valor tributável, os valores patrimoniais tributários dos prédios na sua titularidade e multiplicando-se por dois o valor da dedução prevista na alínea a) do nº 2 do artigo 135º-C, ou seja, €1.200.000 (artigo 135º-D, nº 1, do CIMI). A referida opção é feita mediante a apresentação de declaração, em modelo oficial, a apresentar

[734] Neste sentido, cfr o acórdão proferido no âmbito do processo arbitral nº 686/2017-T, do CAAD.

entre 1 de abril e 31 de maio, a qual permanece válida até à sua renúncia (artigo 135º-D, nºs 4 e 6, do CIMI). Na ausência desta declaração, o AIMI incide, relativamente a cada um dos cônjuges, sobre a soma dos valores dos prédios que já constavam da matriz na respetiva titularidade (artigo 135º-D, nº 3, do CIMI).

Relativamente aos sujeitos passivos casados sob os regimes de comunhão de bens que não exerçam a opção pela tributação conjunta, podem os mesmos identificar, através de declaração conjunta, a titularidade dos prédios, indicando aqueles que são bens próprios de cada um deles e os que são bens comuns do casal, deste modo se atualizando, também, a matriz quanto à titularidade dos prédios (artigo 135º-D, nºs 2 e 5, do CIMI).

O artigo 135º-E do CIMI permite que seja afastada a equiparação da herança a pessoa coletiva, nos termos do nº 2 do artigo 135º-A, desde que a herança, através do cabeça de casal, apresente uma declaração que identifique todos os herdeiros e respetivas quotas (*declaração do cabeça de casal*), devendo essa informação ser posteriormente confirmada por cada um dos herdeiros, mediante a entrega de uma declaração, por cada um deles (*declarações dos herdeiros*). Sendo afastada a equiparação da herança indivisa a pessoa coletiva, a quota-parte de cada herdeiro sobre o valor do prédio ou dos prédios que integram a herança indivisa acresce à soma dos valores patrimoniais tributários dos prédios que constam da matriz na titularidade desse herdeiro, para efeito de determinação do valor tributável do AIMI.

Através da Lei nº 114/2017, de 29 de dezembro, o legislador aditou ao CIMI o artigo 135º-M, o qual permite aos sujeitos passivos, no prazo de 120 dias contados a partir do termo do prazo para pagamento voluntário do imposto, manifestar ou alterar as opções referidas nos artigos 135º-D e 135º-E.

3.3.5. *Taxa*

A taxa de AIMI é de 0,4% para as pessoas coletivas e de 0,7% para as pessoas singulares e heranças indivisas (artigo 135º-F, nº 1, do CIMI).

Ao valor tributável que exceda 1 milhão de euros, ou o dobro deste valor quando seja exercida a opção de tributação conjunta, é aplicada a taxa marginal de 1%, quando o sujeito passivo seja uma pessoa singular (artigo 135º-F, nº 2, do CIMI).

As taxas previstas para o caso de o sujeito passivo ser pessoa singular, referidas supra, são também aplicáveis são também aplicáveis no caso de prédios detidos por pessoas coletivas afetos a uso pessoal dos titulares do respetivo capital, dos membros dos órgãos sociais ou de quaisquer órgãos de administração, direção, gerência ou fiscalização ou dos respetivos cônjuges, ascendentes e descendentes (artigo 135º-F, nº 3, do CIMI).

Quando estejam em causa prédios que sejam propriedade de entidades sujeitas a um regime fiscal mais favorável (exceto pessoas singulares), a taxa aplicável é de 7,5% (artigo 135º-F, nº 4, do CIMI).

3.3.6. *Liquidação e pagamento*

O AIMI é liquidado anualmente, no mês de junho, pela Autoridade Tributária e Aduaneira, tomando esta como base, no que respeita aos valores patrimoniais e à titularidade dos prédios, os elementos constantes das matrizes em 1 de janeiro do ano a que o imposto respeita. Quando os sujeitos passivos optem pela tributação conjunta, é feita uma única liquidação.

O pagamento do AIMI é efetuado no mês de setembro do ano a que o mesmo respeita.

3.3.7. *Consignação da receita*

A receita do AIMI, líquida dos encargos de cobrança e do valor previsto das deduções à coleta de IRS e IRC (previstas nos artigos 135º-I e 135º-J, do CIMI), é consignada ao *Fundo de Estabilização Financeira da Segurança Social*, de acordo com o disposto no artigo 1º, nº 2, do CIMI.

Trata-se de uma exceção ao princípio da não consignação de receitas fiscais, previsto no artigo 16º, nº 1, da *Lei de Enquadramento Orçamental* (LEO), aprovada pela Lei nº 151/2015, de 11 de setembro. Esta exceção enquadra-se na situação prevista no artigo 16º, nº 2, alínea *c)*, da LEO, que admite a afetação de determinadas receitas ao financiamento da segurança social e dos seus diferentes sistemas e subsistemas, e espelha uma opção político-legislativa de alargamento da base de financiamento da Segurança Social.

3.4. O Imposto Municipal sobre as Transmissões Onerosas de Imóveis (IMT)

3.4.1. *Introdução*

O Imposto Municipal sobre as Transmissões onerosas de imóveis (IMT) reconduz-se à categoria dos impostos que incidem sobre a transferência de direitos (de propriedade ou outros). No caso concreto do IMT, o mesmo pretende tributar a transferência do direito de propriedade de imóveis bem como de outras figuras parcelares desse direito. O mesmo foi introduzido em substituição do imposto de *sisa*.

No preâmbulo do diploma esclarece-se que a intenção do legislador não se limitou a um ajuste cosmético. Com efeito, salienta-se que se pretendeu alargar a base de incidência dos negócios jurídicos, ainda que anteriores ou paralelos à transferência de imóveis, desde que tal se justifique pela respetiva substância económica (*v.g.* cedência sucessiva de posição contratual nos contratos promessa; procurações irrevogáveis).

3.4.2. *Incidência*

3.4.2.1. *Considerações gerais*

O IMT é um imposto de obrigação única que incide sobre as transmissões onerosas de imóveis tipificadas nos artigos 2º e seguintes do CIMT, qualquer que seja o título por que se operem. Esta solução assenta numa compreensão material do princípio da legalidade tributária, avesso à manipulação das formas jurídicas como forma de contornar as normas de incidência. Também aqui se está perante o princípio do realismo fiscal, de acordo com o qual a substância económica dos negócios jurídicos tem prioridade sobre as formas utilizadas. Em todo o caso, o legislador revela uma clara preocupação com o elenco dos vários tipos de títulos de transmissão de direito, procurando minimizar os riscos de incerteza e insegurança jurídica.

Do ponto de vista da aplicação das leis no tempo, a incidência é regulada pela lei em vigor ao tempo da transmissão, isto é, em que se constituiu a obrigação tributária (artigo 5º, nºs 1 e 2, do CIMT), salvo se fizerem permutas sobre bens futuros, caso em que em princípio se aplica a legislação em vigor na data da respetiva presencialização (artigo 5º, nº 3, do CIMT).

3.4.2.2. *Incidência objetiva e territorial*

Do ponto de vista objetivo, a incidência do IMT abarca as transmissões onerosas do direito de propriedade sobre imóveis, bem como de figuras parcelares do mesmo (artigo 2º, nº 1).

O conceito de transmissão onerosa de imóvel, para efeitos de IMT, não coincide com o conceito de transmissão vigente no direito civil. É que, para além da compra e venda e de outras operações que concretizam **verdadeiras transmissões** onerosas de imóveis (como as permutas, por exemplo), a lei prevê a tributação de factos que originam **transmissões ficcionadas**, como sejam:

- Promessas de aquisição e alienação com tradição do imóvel, caso se verifiquem os pressupostos legais [artigo 2º, nº 2, al. a), do CIMT];
- Arrendamentos com cláusulas de transferência de propriedade [artigo 2º, nº 2, al. b), do CIMT];
- Arrendamentos ou subarrendamentos de longo prazo [artigo 2º, nº 2, al. c), do CIMT];
- Aquisição de partes sociais ou de quotas nas sociedades em nome coletivo, em comandita simples ou por quotas, quando tais sociedades possuam bens imóveis, e quando por aquela aquisição, por amortização ou quaisquer outros factos, algum dos sócios fique a dispor de, pelo menos, 75% do capital social, ou o número de sócios se reduza a dois casados ou unidos de facto [artigo 2º, nº 2, al. d), CIMT];
- Aquisição de unidades de participação em fundos de investimento imobiliário fechados de subscrição particular, independentemente da localização da sociedade gestora, bem como operações de resgate, aumento ou redução do capital ou outras, das quais resulte que um dos titulares ou dois titulares casados ou unidos de facto fiquem a dispor de, pelo menos, 75% das unidades de participação representativas do património do fundo [artigo 2º, nº 2, al. e), CIMT];
- Contratos promessa com cláusula de cedência de posição contratual e posteriores cessões [artigo 2º, nº 3, als. a) e b), do CIMT);
- Procurações irrevogáveis relativas a imóveis e respetivo substabelecimento [artigo 2º, nº 3, als. c) e d), do CIMT];
- Cedência de posição contratual, sem ser ao abrigo de cláusula de cedência de posição contratual, com celebração de contrato defini-

tivo entre o primitivo promitente alienante e o terceiro [artigo 2º, nº 3, al. e), do CIMT].

Nestes casos, o legislador ficciona, portanto, a existência de transmissões onerosas sujeitas a imposto, atendendo mais à substância económica do negócio do que à respetiva forma.

Refira-se que, em matéria de IMT, a jurisdição tributária se encontra territorialmente limitada, abrangendo apenas os imóveis situados no território nacional (artigo 2º, nº 1).

3.4.2.3. *Incidência subjetiva*

Do ponto de vista subjetivo, o IMT incide quer sobre pessoas singulares, quer sobre pessoas coletivas, independentemente da nacionalidade ou da residência (artigo 4º do CIMT). O critério da tributação assume uma natureza real, decorrendo unicamente da localização dos bens a que respeitam os direitos transmitidos.

As diversas alíneas do artigo 4º do CIMT contêm diversas regras especiais, aplicáveis às situações aí previstas. Refira-se, a título de exemplo, as seguintes:

- Nos contratos de permuta, o imposto é devido pelo permutante que receber os bens de maior valor [artigo 4º, al. c), do CIMT];
- Nos contratos promessa com cláusula de cedência de posição contratual e posteriores cessões, o imposto é devido pelo primitivo promitente adquirente e por cada um dos sucessivos promitentes adquirentes [artigo 4º, al. e), do CIMT];
- Nas procurações irrevogáveis e respetivo substabelecimento, o imposto é devido pelo procurador ou por quem tiver sido substabelecido [artigo 4º, al. f), do CIMT];
- Na cedência de posição contratual, sem ser ao abrigo de cláusula de cedência de posição contratual, com celebração do contrato definitivo entre o primitivo promitente alienante e o terceiro, o imposto é devido pelo contraente originário, não lhe sendo aplicável qualquer isenção, excluindo-se, todavia, a incidência se o mesmo declarar, no prazo de 30 dias a contar da cessão da posição contratual ou do ajuste de revenda, que não houve lugar ao pagamento ou recebimento de qualquer quantia, para além da que constava como sinal ou princípio de pagamento no contrato-promessa,

demonstrando-o através de documentos idóneos ou concedendo autorização à administração fiscal para aceder à sua informação bancária[735],[736][artigo 4º, al. f), do CIMT].

3.4.3. *Isenções*

3.4.3.1. *Considerações gerais*

O IMT vê a sua incidência limitada pela existência de isenções fiscais, consagradas nos artigos 6º a 9º do CIMT, no EBF e em diplomas avulsos.

Nalguns casos, o legislador remete para as isenções resultantes de acordos celebrados entre o Estado e entidades públicas e privadas, nos termos da respetiva lei [artigo 6º, al. c), do CIMT], naturalmente sujeitas aos princípios da legalidade, do interesse público e da igualdade.

As isenções expressamente mencionadas abrangem entidades públicas e privadas, obedecendo a diferentes justificações, modalidades e regimes.

3.4.3.2. *Isenções subjetivas*

3.4.3.2.1. De entidades públicas

No que diz respeito às isenções de entidades públicas, encontram-se abrangidos o Estado, as Regiões Autónomas e as autarquias locais, bem como associações e federações de municípios, juntamente com os res-

[735] Ou seja, se o montante que o contraente originário recebe do terceiro, a título de preço da cedência da posição contratual, for suficiente, apenas, para cobrir a perda do sinal (pela desistência da celebração do contrato prometido), não resultando para si qualquer ganho, e desde que o demonstre ou permita a respetiva confirmação pela administração tributária, o contraente originário não tem que pagar IMT. Caso contrário, ele estará obrigado a pagar IMT pela totalidade do valor constante do contrato ou o valor patrimonial tributário do imóvel, consoante o que for maior (artigo 12º, nº 1, do CIMT). Para além disso, estará sujeito a tributação em sede de imposto sobre o rendimento pela mais-valia obtida.

[736] Note-se que, neste caso, pata além do IMT a pagar pelo contraente originário, há lugar ao pagamento de IMT pelo terceiro que celebra o contrato definitivo com o promitente alienante. Aliás, o facto gerador da obrigação do imposto, relativamente ao contraente originário, só se verifica com a celebração do contrato definitivo entre o terceiro e o promitente alienante, conforme resulta da norma de incidência objetiva respetiva [artigo 2º, nº 3, al. e), do CIMT].

petivos serviços, estabelecimentos e serviços, desde que de caráter não empresarial [artigo 6º, al. a), do CIMT].

Esta solução é uma decorrência sistémica. Servindo os impostos para financiar as instituições públicas, não seria lógico sujeitar essas mesmas instituições a impostos.

Deve igualmente salientar-se as isenções concedidas a favor de Estados estrangeiros por altura da aquisição ou construção de edifícios para efeitos de representação diplomática e consular [artigo 6º, al. b), do CIMT], ao abrigo da imunidade tributária dos Estados, um princípio geral de direito internacional indissociável dos princípios da igualdade soberana dos Estados e da reciprocidade.

3.4.3.2.2. De entidades privadas

A lei consagra ainda isenções a favor de pessoas coletivas de utilidade pública administrativa e de mera utilidade pública [artigo 6º, al. d), do CIMT], de instituições particulares de solidariedade social e equiparadas [artigo 6º, al. e), do CIMT], bem como associações religiosas, como tal inscritas [artigo 6º, al. f), do CIMT], em todos os casos de acordo com o princípio da especialidade. Para além disso, consagram-se isenções a favor de associações de cultura física, quando não organizem espetáculos desportivos pagos [artigo 6º, al. j), do CIMT], e de outras entidades ligadas à realização de finalidades de natureza cultural (*v.g.* museus; escolas) e social (*v.g.* associações de caridade e beneficência) [artigo 6º, al. l), do CIMT]. Trata-se de instituições subtraídas ao comércio jurídico, que realizam finalidades ideais. No caso das instituições de solidariedade social, de associações de caridade ou das confissões religiosas, a isenção apoia-se na sua maior dependência de contribuições voluntárias.

3.4.3.3. *Isenções objetivas*

De entre as isenções objetivas, merecem destaque as seguintes:

- Aquisição de prédios classificados como de interesse nacional, de interesse público ou de interesse municipal [artigo 6º, al. g), do CIMT];
- Aquisição de prédio urbano ou de fração autónoma de prédio urbano destinado exclusivamente a habitação própria e permanente cujo valor que serviria de base à liquidação não ultrapasse €92.407 (artigo 9º do CIMT);

- Aquisição de prédios para revenda, quando ela se enquadra no exercício normal e habitual, por parte do adquirente, da atividade de compra de prédios para revenda (devendo esta concretizar-se no prazo de 3 anos) (artigo 7º e 11º, nº 5, do CIMT);
- Aquisição de imóveis por instituições de crédito ou por sociedades comerciais cujo capital seja por aquelas maioritariamente detido, em processo de execução movido por essas instituições ou por outro credor, bem como as efetuadas em processo de falência ou de insolvência, desde que se destinem à realização de créditos resultantes de empréstimos feitos ou de fianças prestadas e desde que os prédios sejam alienados no prazo de cinco anos a contar da data da aquisição (artigos 8º e 11º, nº 6, do CIMT);
- Prédios urbanos destinados a reabilitação urbanística, desde que o adquirente inicie as obras respetivas no prazo de dois anos contados a partir da data da aquisição (artigo 45º, nº 2, do EBF).

3.4.3.4. *Regime das isenções*

3.4.3.4.1. Reconhecimento

As isenções podem estar **dependentes de reconhecimento** ou ser de **reconhecimento automático**.

São de *reconhecimento automático* as isenções referidas no nº 8 do artigo 10º do CIMT (é o caso, designadamente, da isenção das aquisições de prédio urbano ou de fração autónoma de prédio urbano destinado exclusivamente a habitação própria e permanente cujo valor que serviria de base à liquidação não ultrapasse €92.407). Nestes casos, compete ao serviço de finanças onde tiver sido apresentada a declaração prevista no nº 1 do artigo 19º do CIMT a verificação dos pressupostos legais e a declaração da isenção.

As restantes isenções estão dependentes de reconhecimento pelo Ministro das Finanças ou pelo Diretor-Geral da Autoridade Tributária e Aduaneira, consoante a isenção cujo reconhecimento se solicita, nos termos definidos no artigo 10º do CIMT.

A lei exige a emissão de diferentes documentos para a demonstração dos respetivos pressupostos (*v.g.* observância do princípio da reciprocidade; observância do princípio da especialidade) [artigo 10º, nº 2, do CIMT]. Por exemplo, ao Ministério dos Negócios Estrangeiros compete comprovar os pressupostos das aquisições de natureza diplomática e consular, ao passo que as aquisições de prédios classificados requer um documento a emitir pelo Ministério da Cultura.

Por vezes, a lei exige um **parecer municipal vinculativo**, para assegurar a verificação de pressupostos (*v.g.* associações de cultura física; museus; bibliotecas) (artigo 10º, nº 4, do CIMT). Tecnicamente parece tratar-se aqui de um parecer obrigatório e vinculativo[737], na medida em que deve ser pedido e seguido pela Autoridade Tributária e Aduaneira na decisão sobre o reconhecimento. O prévio reconhecimento das isenções pelas câmaras municipais pretende ser uma concretização do respetivo poder tributário.

3.4.3.4.2. Caducidade

A isenção, sendo um regime excecional, deve limitar-se ao necessário para a realização das finalidades que lhe servem de fundamento, sob pena de extinção na esfera jurídica do beneficiário da mesma. Nisso se consubstancia a **caducidade da isenção**, cujo regime se encontra contido no artigo 11º do CIMT.

Nalguns casos, a caducidade verifica-se quando o imóvel adquirido seja alienado ou afeto a finalidade diferente daquela que justificou a isenção, sem autorização prévia do Ministério das Finanças [artigos 11º, nº 1 e 6º, als. d), e), f) h) e i), do CIMT]. Aí, a manutenção da isenção só será autorizada se a nova situação dos imóveis o justificar (artigo 11º, nº 2, do CIMT).

A generalidade dos casos de caducidade da isenção prende-se com a insubsistência dos pressupostos que justificaram o respetivo reconhecimento, como sejam a diferente afetação do imóvel, a desclassificação do imóvel ou a não alienação do imóvel dentro do prazo.

Os factos que ponham em causa a subsistência da isenção devem ser levados ao conhecimento da Autoridade Tributária e Aduaneira pelas autoridades competentes para emitir parecer ou documento no processo de reconhecimento da isenção (11º, nº 8, do CIMT).

A caducidade da isenção tem consequências no domínio da aplicação temporal das taxas, devendo considerar-se a taxa e o valor vigentes no momento da liquidação (artigo 18º, nº 2, do CIMT).

[737] José Eduardo Figueiredo Dias / Fernanda Paula Oliveira, *Noções Fundamentais de Direito Administrativo*, Coimbra, 2005, p. 187.

3.4.4. *Valor tributável*

A regra geral, consagrada no nº 1 do artigo 12º do CIMT é a de que o IMT incide sobre o maior de dois valores: o valor do ato ou do contrato de transmissão do imóvel ou o valor patrimonial tributário do mesmo.

Para além desta regra geral, o nº 4 do artigo 12º contém um conjunto de regras especiais aplicáveis aos factos aí referidos. Assim, só se aplica a regra geral do nº 1 quando não se verifique alguma das situações contempladas pelo nº 4. A regra especial afasta a aplicação da regra geral.

A título de exemplo, mencionam-se as seguintes regras especiais:

- Nas permutas, toma-se para base da liquidação a diferença declarada de valores, quando superior à diferença entre os valores patrimoniais tributários (artigo 12º, nº 4, 4ª, do CIMT);
- Nas transmissões por meio de dação de bens em pagamento, o imposto é calculado sobre o seu valor patrimonial tributário, ou sobre a importância da dívida que for paga com os bens transmitidos, se for superior (artigo 12º, nº 4, 5ª, do CIMT);
- O valor dos bens expropriados por utilidade pública é o montante da indemnização, salvo se esta for estabelecida por acordo ou transação (artigo 12º, nº 4, 17ª, do CIMT);
- Nos contratos promessa com cláusula de cedência de posição contratual e posteriores cessões, o imposto incide apenas sobre a parte do preço paga pelo promitente adquirente ao promitente alienante ou pelo cessionário ao cedente (artigo 12º, nº 4, 18ª, do CIMT).

O valor patrimonial tributário relevante, para efeitos de aplicação do artigo 12º, é o inscrito na matriz na data da liquidação (artigo 16º do CIMT). No caso de omissão do imóvel na matriz ou do respetivo valor, segue-se o procedimento de determinação do valor patrimonial tributário do CIMI (artigo12º, nº 2, do CIMT). Ao valor patrimonial tributário pode ter que ser acrescentado o valor declarado das partes integrantes (artigo 12º, nº 3, do CIMT).

O valor do ato ou do contrato é precisamente definido pelo legislador, atendendo ao objetivo de evitar a diminuição do âmbito de incidência objetiva do imposto através de subterfúgios jurídicos ou contabilísticos. Esse valor considera, isolada ou cumulativamente, a importância em dinheiro paga a título de preço pelo adquirente, o valor dos imóveis dados em troca, o valor atual das pensões temporárias ou rendas vitalícias, o valor das prestações ou rendas perpétuas, o valor da prestação temporária no caso do direito de superfície, a importância de rendas que o adquirente tiver pago adiantadamente, enquanto arrendatário, e que não sejam abatidas ao preço, a importância das rendas acordadas no caso de arrendamento com transferência de propriedade a final, em geral quaisquer encargos a que o comprador fique legal ou contratualmente obrigado (artigo 12º, nº 5, CIMT).

Este regime tem que ser adaptado no caso de alienações por comproprietários ou quinhoeiros, de alienação da propriedade do solo, constituição ou transmissão de direito de superfície – antes ou depois da construção ou plantação –, casos em que o imposto liquidado é reduzido em função do valor patrimonial ou do valor do ato ou contrato correspondente ao direito efetivamente alienado. Também no caso de permuta, dação em cumprimento, renúncia ou cedência, transmissão separada da propriedade, usufruto, uso ou habitação, se adota o maior de entre o valor patrimonial tributário ou o valor declarado do negócio jurídico.

Nalguns casos, ao valor patrimonial tributário é necessário abater pensões que onerem o imóvel, ou aplicar outros critérios, como sucede com os arrendamentos ou sublocações a longo prazo, partilhas judiciais ou extrajudiciais, entradas de sócios com bens imóveis, fusão de sociedades comerciais, civis sob a forma comercial ou civis com personalidade jurídica, etc.[738]

Nalguns casos, e e em nome do princípio da proibição do excesso ou do defeito do imposto liquidado relativamente ao facto tributário procede-se à correção do valor tributável. É o que sucede, designadamente, nas situações de propriedade plena no caso de alienação da propriedade separada do usufruto, uso ou habitação vitalícia. É que estes direitos desvalorizam essa propriedade plena tanto mais quanto maior for a esperança de vida do respetivo beneficiário. Assim, há que deduzir à mesma várias percentagens, consoante a idade da pessoa de cuja vida dependa a duração daqueles direitos, ainda que sejam várias. Quanto mais velha for a pessoa, menor é a percentagem que se deduz [artigo 13º, al. a), do CIMT].

Uma lógica semelhante, aplica-se à dedução ao valor da propriedade plena no caso de direitos temporários de usufruto, uso e habitação.

[738] Artigo 12º, nº 4, 4ª e seguintes do CIMT.

A partir do valor da propriedade plena e da correção efetuada com base no sistema de deduções, pode obter-se também o valor do usufruto, do uso e da habitação [artigo 13º, al. b), do CIMT].

Também se aplica o mesmo sistema de deduções em função da idade daquele de cuja vida dependem, no caso da determinação do valor das pensões ou rendas vitalícias, tomando-se como linha de base o produto do valor da pensão anual por 20. Já no caso de rendas ou pensões temporárias, o respetivo valor é 6/10 do valor anual multiplicado pelo número de anos que devam durar [artigo 13º, al. c), do CIMT].

Regras especiais existem ainda, para as pensões a pagar pelo superficiário, para o valor tributário da propriedade do solo no caso de direito de superfície, perpétuo ou temporário, e deste direito real, perpétuo ou temporário. Especialmente importante é salientar que o valor de qualquer prestação, pensão ou renda perpétua será o produto do seu montante anual por 20 [artigo 13º, al. e), do CIMT].

Em sede de IMT, o recurso aos mecanismos e critérios de avaliação de imóveis previsto no CIMI justifica-se quando seja necessário avaliar os imóveis ou destrinçar os valores patrimoniais tributários já inscritos na matriz (artigo 14º, nº 1, do CIMT). O mesmo sucede quando seja necessário avaliar bens futuros, os quais adquirem a natureza de prédio com a aprovação do respetivo projeto de construção (artigo 14º, nºs 2 e 3, do CIMT). Recorre-se ao valor de mercado sempre que se esteja perante bens ou valores insuscetíveis de avaliação pelo CIMI (artigo14º, nº 4, do CIMT).

3.4.5. *Taxas*

As taxas do IMT variam consoante a natureza dos imóveis ou frações parcelares dos direitos de propriedade que venham a ser adquiridos. Há, pois, necessidade de considerar diferentes situações:

a) Aquisição de prédio urbano ou de fração autónoma de prédio urbano destinado exclusivamente a habitação própria e permanente;
b) Aquisição de prédio urbano ou de fração autónoma de prédio urbano destinado exclusivamente a habitação, sem que esta seja própria ou permanente;
c) Aquisição de prédios rústicos;
d) Aquisição de outros prédios urbanos e outras aquisições onerosas.

Em caso de aquisição de prédio urbano ou de fração autónoma de prédio urbano destinado exclusivamente a **habitação própria e permanente**, aplicam-se as taxas progressivas constantes da tabela da al. a) do nº 1 do artigo 17º do CIMT. Note-se que os valores constantes da tabela refletem a isenção prevista no artigo 9º do CIMT.

Tratando-se de aquisição de prédio urbano ou de fração autónoma de prédio urbano destinado exclusivamente a habitação, que não seja qualificável como própria e permanente, aplicam-se as taxas progressivas constantes da tabela da al. b) do nº 1 do artigo 17º do CIMT.

Em ambos os casos, quando o valor sobre que incide o imposto for superior a €92.407, é dividido em duas partes, sendo uma igual ao limite do maior dos escalões que nela couber, à qual se aplica a taxa média correspondente a este escalão, e outra, igual ao excedente, a que se aplica a taxa marginal respeitante ao escalão imediatamente superior (artigo 17º, nº 3, do CIMT).

As transmissões de prédios destinados exclusivamente a habitação são as únicas a que se aplicam taxas progressivas, nos restantes casos aplicam-se as seguintes taxas proporcionais:

- 5% – aquisição de prédios rústicos;
- 6,5% – aquisição de outros prédios urbanos e outras aquisições onerosas;
- 10% (não se aplicando qualquer isenção ou redução) – sempre que o adquirente tenha a residência ou sede em país, território ou região sujeito a um regime fiscal mais favorável, constante da lista aprovada por portaria do Ministro das Finanças, sem prejuízo da isenção prevista no artigo 7º do Decreto-Lei nº 540/76, de 9 de julho.

Refira-se que nos contratos promessa com cláusula de cedência de posição contratual e posteriores cessões, a taxa aplicável é a que corresponder à totalidade do preço acordado no contrato, não lhes sendo aplicável a taxa referida na alínea a) do nº 1 (artigo 17º, nº 5, do CIMT).

Já no caso das procurações irrevogáveis relativas a imóveis a taxa a aplicar é de 5% ou de 6,5%, consoante se trate, respetivamente, de procuração relativa a prédio rústico ou a prédio urbano[739].

[739] Cfr., no mesmo sentido, José Maria Fernandes Pires, *Lições de Impostos sobre o Património e do Selo*, Coimbra, Almedina, 2010, pp. 245 e seguintes.

Em matéria de taxas, o *tempus regit ato*. Isto é, aplicam-se as taxas em vigor ao tempo da ocorrência do facto tributário (artigo 18º, nº 1, do CIMT). Como anteriormente se disse, no caso de caducidade da isenção a lei obriga à consideração da taxa e do valor vigentes no momento da limitação, sem prejuízo da eventual ocorrência de factos, após a aquisição dos bens, que alterem a sua natureza, caso em que se consideram taxas e valores vigentes à data da transmissão (artigo 18º, nºs 2 e 3, do CIMT).

3.4.6. *Liquidação*

3.4.6.1. *Liquidação* ***moto proprio*** *e oficiosa*

A liquidação do IMT é, em princípio, da iniciativa dos interessados, cabendo aos serviços de finanças agir quando essa iniciativa não se verifique ou quando haja lugar a liquidação adicional (artigo 19º do CIMT).

Os particulares interessados devem apresentar a declaração de modelo oficial, devidamente preenchida (artigo 19º, nº 1, do CIMT), devendo igualmente fornecer os elementos constantes do artigo 20º do CIMT, respeitantes à identificação do imóvel, à sua situação matricial, ao valor constante do ato de transmissão, ao valor atribuído aos bens, à transmissão por meio de contrato promessa, cessão de posição contratual, procuração irrevogável ou outra situação do artigo 2º, nº 3, do CIMT, juntamente com quaisquer esclarecimentos necessários à liquidação do imposto.

Existem ainda exigências adicionais no caso de permutas de bens presentes por bens futuros, da alienação de heranças ou quinhões hereditários ou de transmissão parcial de prédios inscritos em matrizes cadastrais (artigo 20º, nºs 2, 3 e 4, do CIMT).

Em causa está, neste domínio, o dever de informação e de colaboração que impende sobre o contribuinte nas suas relações com a administração tributária. Este dever subsiste, com as devidas adaptações, no caso de liquidação oficiosa. Os instrumentos legais utilizados para formalizar a transmissão servem de base à liquidação (artigo 23º do CIMT).

3.4.6.2. *Momento da liquidação*

A liquidação do IMT precede o ato translativo de propriedade (artigo 22º do CIMT), excetuados alguns casos em que o pagamento pode ser feito posteriormente, como sucede no caso de ato ou contrato celebrado no estrangeiro, em que o pagamento do imposto é feito no mês seguinte (artigo 36º do CIMT). Não se realizando no prazo de 2 anos a transmissão porque se pagou o imposto, a liquidação fica sem efeito (artigo 22º, nº 4, do CIMT).

Quando o contrato definitivo seja celebrado com um dos contraentes previstos nas alíneas a), b), c) e d) do nº 3 do artigo 2º, ou o facto tributário ocorra antes da celebração do contrato definitivo que opere a transmissão jurídica do bem, e o contraente já tenha pago o imposto devido por esse facto, só há lugar a liquidação adicional quando o valor que competir à transmissão definitiva for superior ao que serviu de base à liquidação anterior. Contudo, a lei só permite a anulação parcial ou total do imposto se o adquirente beneficiar de redução de taxa ou de isenção (artigo 22º, nº 3, do CIMT).

3.4.6.3. *Especificidades da liquidação*

A liquidação pode apresentar algumas especificidades consoante o tipo de situação que se considere. Por exemplo, no caso do exercício judicial do direito de preferência, só é liquidado imposto ao preferente se existir qualquer diferença relativamente ao imposto liquidado ao preferido (artigo 24º do CIMT).

3.4.6.4. *Correção da liquidação*

A lei prevê duas modalidades de correção da liquidação de imposto efetuada.

Por um lado, admite-se que os sujeitos passivos possam requerer a avaliação de imóveis, nos termos do CIMI, quando considerem excessivo o valor patrimonial tributário inscrito na matriz (artigo 30º do CIMT).

Por outro lado, admite-se que a administração tributária proceda a uma liquidação adicional, quando haja indícios fundados de práticas tendentes a diminuir a dívida do imposto ou a obter vantagens indevidas, erro de facto ou de direito, com prejuízo para o Estado, ou quando haja lugar a avaliação (artigo 31º do CIMT).

A correção só pode ser feita, em princípio, no prazo máximo de 4 anos, podendo no entanto, no caso de omissão de bens ou valores, protelar-se até um prazo máximo de 8 anos (artigos 31º, nº 4 e 35º do CIMT). Esta limitação temporal decorre do princípio da segurança jurídica e da proteção da confiança dos cidadãos.

3.4.7. *Pagamento*

O IMT é pago nas tesourarias das finanças ou em qualquer local autorizado (artigo 37º, nº 1, do CIMT). O mesmo é, em princípio, cobrado no próprio dia da liquidação ou no 1º dia útil seguinte (artigo 36º, nº 1, do CIMT).

Existem, porém, algumas exceções a esta solução, em que normalmente se determina o mês seguinte ou um prazo de 30 dias, como prazo de pagamento. Neste momento salientamos apenas os casos mais relevantes. Assim, por exemplo, no caso de **ato ou contrato celebrado no estrangeiro** o imposto será pago durante o mês seguinte à liquidação (artigo 36º, nº 2, do CIMT). No caso de **arrematação, venda judicial ou administrativa, adjudicação, transação e conciliação**, o prazo de 30 dias conta-se desde a assinatura do respetivo auto ou da sentença que homologar a transação (artigo 36º, nº 3, do CIMT). Quando se trate de **liquidação adicional, exercício judicial do direito de preferência ou contratos promessa com usufruto imediato ou tradição**, o prazo de 30 dias conta-se, conforme os casos, a partir da notificação, do trânsito em julgado da sentença ou da data da celebração do contrato (artigo 36º, nº 5, do CIMT). Já nas partilhas judiciais e extrajudicias, os 30 dias para o pagamento do imposto contam-se a partir da data da verificação do ato (artigo 36º, nº 7, do CIMT).

O incumprimento dos prazos previstos dá lugar à liquidação oficiosa, que dará lugar a um prazo de pagamento de mais 30 dias, sem prejuízo do pagamento de juros compensatórios ou outra sanção (artigo 38º, nº 1, do CIMT). O cumprimento da obrigação tributária é garantido mediante os **privilégios creditórios** previstos nos artigos 738º e 744º do Código Civil (artigo 39º do CIMT).

No caso de cedência de posição contratual a que se refere a al. e) do nº 3 do artigo 2º do CIMT, o imposto deve ser pago nos termos definidos no nº 9 do artigo 36º, a saber: no prazo de 30 dias a contar da data da celebração do contrato definitivo ou no prazo de 30 dias a contar da data da decisão que não reconheceu o direito à exclusão, quando o interessado tiver requerido a prova prevista na alínea g) do artigo 4º do CIMT.

3.4.8. *Garantias dos contribuintes*

Em matéria de garantias dos contribuintes, remete-se para as constantes da LGT e CPPT (artigo 41º do CIMT). As mesmas devem ser interpretadas em conformidade com a Constituição, de acordo com os princípios hermenêuticos geralmente aplicáveis à interpretação das leis. Salientam-se, a este propósito, a revisão oficiosa do ato de liquidação, nos termos do artigo 78º da LGT. Do mesmo modo, deve mencionar-se a **reclamação** e a **impugnação** tendo como objeto a **liquidação de imposto**. Trata-se, respetivamente, de meios administrativos e judiciais de contestação da legalidade da própria liquidação, suscetíveis de ser utilizados pelos sujeitos passivos de imposto e as pessoas solidária ou subsidiariamente responsáveis. Igualmente relevante é a **anulação da liquidação** em virtude da não realização do ato ou facto translativo (artigo 44º do CIMT). Pretende-se, neste contexto, fazer valer o princípio segundo o qual, **sem facto tributário não há tributação**.

4. O Imposto do Selo

4.1. Considerações gerais

Desde 1660 que existe, em Portugal, imposto do selo. Este é, assim, o mais antigo imposto do sistema fiscal português.

O imposto do selo foi objeto de profundas remodelações em 2000 e em 2003.

Atualmente, o imposto do selo é um imposto sobre operações reveladoras de capacidade contributiva não abrangidas pela incidência de outros impostos. Por essa razão, há quem sublinhe o caráter residual do imposto do selo[740].

Para além disso, importa recordar que com a reforma da tributação do património, operada em 2003, da qual resultou a abolição do imposto sobre as sucessões e doações, as transmissões gratuitas de bens feitas em benefício de pessoas singulares passaram a ser tributadas em Imposto do Selo. Podemos, assim, afirmar que o Imposto do Selo sobre as *transmissões gratuitas* integra-se nos impostos sobre o património.

Das normas de incidência do IS e da Tabela Geral do IS resulta, contudo, o **caráter multifacetado do imposto do selo**, que impede que o mesmo possa ser identificado com apenas uma das categorias consti-

[740] Silvério Mateus e Corvelo de Freitas, *Os Impostos sobre o Património Imobiliário. O Imposto do Selo*, Lisboa, 2005, p. 534.

tucionais de impostos. Carlos Batista Lobo, em sentido oposto à doutrina que sustenta "a inexistência de uma filosofia própria de tributação subjacente ao imposto do selo", defende que o mesmo se alicerça numa "multiplicidade de filosofias próprias, unidas num corpo comum de regras de liquidação e cobrança"[741].

Casalta Nabais fala, mesmo, em "dois impostos do selo": o *imposto do selo propriamente dito* e o *imposto do selo sobre as transmissões gratuitas*[742].

4.2. Incidência objetiva

O Imposto do Selo (IS), aprovado pela Lei nº 150/99, de 11 de setembro, e republicado pelo Decreto-Lei nº 287/2003, 12 de novembro, incide sobre:

- Todos os atos, contratos, documentos, títulos, papéis e demais factos constantes da Tabela Geral do Imposto do Selo;
- Transmissões gratuitas de bens (artigo 1º do CIS).

Não estão, porém, sujeitas a IS as operações sujeitas a IVA e dele não isentas.

Como se disse, na sequência da reforma da tributação do património, e com a eliminação do *Imposto sobre Sucessões e Doações*, em 2003, as transmissões gratuitas de bens em favor de pessoas singulares passaram a ser tributadas em imposto do selo. Quando os beneficiários das transmissões gratuitas sejam pessoas coletivas, e para efeitos da verba 1.2 da *Tabela Geral do IS*, as mesmas são objeto de tributação em IRC, e não em IS (artigo 1º, nº 5, al. e), do CIS).

São consideradas transmissões gratuitas, entre outras, as que tenham por objeto (artigo 1º, nº 3, do CIS):

- O direito de propriedade ou figuras parcelares desse direito sobre bens imóveis, incluindo por usucapião;
- Bens móveis sujeitos a registo, matrícula ou inscrição;
- Participações sociais, valores mobiliários e créditos associados, títulos e certificados da dívida pública e valores monetários (incluindo os que sejam objeto de depósito em contas bancárias);

[741] "As operações financeiras no Imposto do Selo: enquadramento constitucional e fiscal", *Revista de Finanças Públicas e Direito Fiscal*, Ano 1, nº 1, primavera, p. 78.

[742] *Direito Fiscal*, 5ª ed., Coimbra, pp. 644 e seguintes.

- Estabelecimentos comerciais, industriais ou agrícolas;
- Direitos de propriedade industrial, direitos de autor e direito conexos;
- Direitos de crédito dos sócios sobre prestações pecuniárias não comerciais associadas à participação social, independentemente da designação, natureza ou forma do ato constitutivo ou modificativo (incluindo, designadamente, suprimentos, empréstimos, prestações suplementares de capital e prestações acessórias pecuniárias, bem como quaisquer outros adiantamentos ou abonos à sociedade);
- A aquisição derivada de invalidade, distrate, renúncia ou desistência, bem como revogação da doação entre vivos, salvo nos casos previstos nos artigos 970º e 1765º do Código Civil, que tenham por objeto os bens e direitos enunciados nas alíneas a) a f) do nº 3 do artigo 1º do CIS;
- Os valores distribuídos em resultado da liquidação, revogação ou extinção de estruturas fiduciárias a sujeitos passivos que não as constituíram.

Não estão, no entanto, sujeitas a IS, para efeitos da *verba 1.2* da *Tabela Geral do Imposto do Selo*, as seguintes transmissões gratuitas (artigo 1º, nº 5, do CIS):

- O abono de família em dívida à morte do titular, os créditos provenientes de seguros de vida e as pensões e subsídios atribuídos, ainda que a título de subsídio por morte, por sistemas de segurança social;
- Valores aplicados em fundos de poupança-reforma, fundos de poupança-educação, fundos de poupança-reforma-educação, fundos de poupança-ações, fundos de pensões, fundos de investimento mobiliário e imobiliário ou sociedades de investimento mobiliário e imobiliário;
- Donativos efetuados nos termos da Lei do Mecenato;
- Donativos, conforme os usos sociais, de bens ou valores não incluídos nas alíneas *a)* a *c)* do nº 5 ao artigo 1º do CIS, até ao montante de € 500;
- Transmissões a favor de sujeitos passivos de IRC, mesmo que dele isentas;
- Bens de uso pessoal ou doméstico.

São consideradas simultaneamente como aquisições a título oneroso e gratuito as transmissões de bens imóveis operadas por um dos seguintes meios: *i)* doações com entradas ou pensões a favor do doador, ou com o encargo de pagamento de dívidas ao donatário ou a terceiro, nos termos do artigo 964º do Código Civil; *ii)* sucessão testamentária com o encargo expresso do pagamento de dívidas ou de pensões devidas ao próprio herdeiro ou legatário, ou a terceiro, tenham-se ou não determinado os bens sobre que recai o encargo e desde que, quanto ao herdeiro, o seu valor exceda a respetiva quota nas dívidas (artigo 1º, nº 4, do CIS e artigo 3º do CIMT).

Refira-se, ainda, que o IS incide sobre os factos referidos *supra* quando os mesmos ocorram em território nacional ou, no caso das transmissões gratuitas, quando os bens se situem em território nacional – *princípio da territorialidade* (artigo 4º do CIS).

4.3. Incidência subjetiva

São sujeitos passivos do imposto do selo as entidades mencionadas no artigo 2º do CIS.

A regra geral, **nas transmissões gratuitas de bens**, é a de que são sujeitos passivos do IS as pessoas singulares para quem os bens sejam transmitidos. Nas sucessões por morte, o imposto é devido pela herança, representada pelo cabeça de casal, e pelos legatários. Nas demais transmissões gratuitas, incluindo as aquisições por usucapião, o imposto é devido pelos respetivos beneficiários[743].

Nos atos ou contratos da verba 1.1 da *Tabela Geral*, são sujeitos passivos do IS as pessoas singulares ou coletivas para quem se transmitam os bens (artigo 2º, nº 3, do CIS).

4.4. Isenções

Nos termos do artigo 6º do CIS, estão isentos do imposto do selo:

- O Estado, as Regiões Autónomas, as autarquias locais e as suas associações e federações de direito público e quaisquer dos seus serviços, estabelecimentos e organismos, ainda que personalizados, compreendidos os institutos públicos, que não tenham caráter empresarial;

[743] Artigo 2º, nº 2, do CIS.

- As instituições de segurança social;
- As pessoas coletivas de utilidade pública administrativa e de mera utilidade pública;
- As instituições particulares de solidariedade social e entidades a estas legalmente equiparadas.

Em matéria de **transmissões gratuitas, estão isentos o cônjuge ou unido de facto, descendentes e ascendentes**, nas transmissões sujeitas à verba 1.2 da tabela geral de que sejam beneficiários.

Para além das referidas isenções subjetivas, o CIS isenta de imposto os factos enumerados no seu artigo 7º.

4.5. Valor tributável

A **regra geral**, em matéria de determinação do valor tributável do imposto do selo, é de que o mesmo é o que resulta da *Tabela Geral do Imposto do Selo* (artigo 9º, nº 1). Os demais números do artigo 9º do CIS contêm regras especiais para determinação do valor tributável, designadamente nos casos de aplicação de métodos indiretos, contratos de valor indeterminado e tributação de negócios jurídicos sobre bens imóveis.

Relativamente às transmissões gratuitas, vale o disposto nos artigos 13º e seguintes do CIS.

4.6. Taxas

As taxas do imposto, que podem ser **específicas ou *ad valorem***, são as constantes da *Tabela Geral do Imposto do Selo* (artigo 22º, nº 1, do CIS).

O nº 2 do artigo 22º do CIS consagra o *princípio da não acumulação de taxas* relativamente ao mesmo ato ou documento. Quando determinado ato ou documento estiver abrangido por mais de uma norma de incidência e, consequentemente, estiver prevista mais de uma taxa, aplica-se a maior destas (artigo 22º, nº 3, do CIS).

Não está, contudo, impedida a acumulação de taxas nas situações previstas nas verbas nºs 1.1, 1.2, 11.2, 11.3 e 11.4 da *Tabela Geral do Imposto do Selo*. Isto é, o princípio da não acumulação de taxas não se opõe à acumulação, quando for caso disso, da taxa de 10%, aplicável às aquisições gratuitas de bens, com a taxa de 0,8%, aplicável às aquisições onerosas ou por doação do direito de propriedade ou de figuras parcelares desse direito sobre bens imóveis, bem como a resolução, invalidade ou extinção, por mútuo consenso, dos respetivos contratos. É o que sucederá, *v. g.*, em caso de doação de um direito real sobre um bem imóvel. A verba 11.2, relativamente à qual também se admite a acumulação de taxas, refere-se aos prémios do bingo, de rifas e do jogo do loto, bem como de quaisquer sorteios ou concursos, enquanto as verbas 11.3 e 11.4 dizem respeito aos jogos sociais do Estado.

4.7. Liquidação

A liquidação do imposto do selo compete aos sujeitos passivos referidos nos nºs 1 e 3 do artigo 2º do CIS.

Nas transmissões gratuitas, a liquidação do imposto devido compete aos serviços centrais da Autoridade Tributária e Aduaneira, sendo promovida pelo serviço de finanças da residência do autor da transmissão ou do usucapiente, sempre que os mesmos residam em território nacional (artigo 25º, nº 1, do CIS).

O cabeça de casal e o beneficiário de qualquer transmissão gratuita sujeita a imposto são obrigados a participar ao serviço de finanças competente a doação, o falecimento do autor da sucessão, a declaração de morte presumida ou a justificação judicial do óbito, a justificação judicial, notarial ou efetuada nos termos previstos no Código do Registo Predial da aquisição por usucapião ou qualquer outro ato ou contrato que envolva transmissão de bens (artigo 26º, nº 1, do CIS). Esta participação deve ser feita em qualquer serviço de finanças, ou noutro local previsto em lei especial, até ao final do 3º mês seguinte ao do nascimento da obrigação tributária (artigo 26º, nº 3, do CIS).

Quando, por facto imputável ao sujeito passivo, for retardada a liquidação ou a entrega de parte ou da totalidade do imposto devido, acrescem ao montante do imposto juros compensatórios, de acordo com o disposto no artigo 35º da LGT (artigo 40º, nº 1, do CIS).

4.8. Pagamento

O pagamento do imposto é feito pelas pessoas ou entidades referidas no artigo 23º do CIS, com exceção do imposto referente à verba 2 da TGIS, que é pago pelo locador ou sublocador (artigo 41º do CIS), mediante documento de cobrança de modelo oficial (artigo 43º do CIS). O imposto é pago nas tesourarias de finanças, ou em qualquer outro local legalmente autorizado, até ao dia 20 do mês seguinte àquele em que a obrigação tributária se tenha constituído (artigo 44º, nº 1, do CIS).

Havendo lugar a liquidação do imposto pelos serviços da administração fiscal, ela só é feita se o respetivo montante for igual ou superior a €10 (artigo 44º, nº 2, do CIS), devendo o sujeito passivo ser notificado para efetuar o pagamento no prazo de 30 dias (artigo 44º, nº 3, do CIS).

Caso haja lugar a liquidação do imposto pelos sujeitos passivos referidos no nº 3 do artigo 2º do CIS, exceto tratando-se de situações em que há lugar à sujeição simultânea das verbas 1.1 e 1.2 da *Tabela Geral*, o imposto é pago nos prazos, termos e condições definidos no artigo 36º do CIMT (artigo 44º, nº 4, do CIS).

Nas transmissões gratuitas o imposto é pago na totalidade até ao fim do segundo mês seguinte ao da notificação ou durante o mês em que se vence cada uma das prestações (artigo 45º, nº 1, do CIS).

Quando o imposto ultrapasse os €1000, é dividido em prestações iguais (no máximo de 10 prestações, com o valor mínimo de €200 cada uma), acrescendo à primeira prestação as frações resultantes do arredondamento de todas elas, assim como os juros compensatórios e o IMT que for de liquidar no processo, vencendo-se a primeira no segundo mês seguinte ao da notificação e cada uma das restantes seis meses após o vencimento da anterior (artigo 45º, nº 3, do CIS). Neste caso, se o imposto for pago pela totalidade até ao fim do segundo mês seguinte ao da notificação, há lugar a um desconto de 0,5% ao mês calculado sobre a importância de cada uma das prestações em que o imposto tivesse de ser dividido, com exclusão da primeira (artigo 45º, nº 2, do CIS).

Capítulo VIII
A minimização dos encargos fiscais

1. Considerações gerais

O comportamento racional dos indivíduos está na base da procura de minimização dos encargos fiscais por parte do contribuinte.

A escola da análise económica do Direito tradicional (*law and economics*) – que consiste, fundamentalmente, na aplicação ao Direito dos princípios e técnicas típicos da ciência económica – parte do pressuposto de que os indivíduos atuam racionalmente, ou seja, que estes têm capacidade para ordenar as suas preferências e tomar as decisões que apresentem a relação *benefício esperado / custo esperado* mais favorável[744].

Mesmo tomando em consideração as críticas que têm vindo nos últimos tempos a ser feitas a esta conceção do homem –*homo oeconomicus* – com base nos desenvolvimentos recentes em áreas como a psicologia cognitiva ou as neurociências, e que estão na origem de uma nova corrente de análise económica do Direito (*behavioral law and economics*)[745], a verdade é que o ser humano, nas decisões que toma, procura maximizar

[744] Cfr., entre outros, Gary Becker, "The Economic Approach to Human Behavior", *The Essence of Becker*, Stanford, 1995, pp. 3 e seguintes; Richard Posner, *Economic Analysis of Law*, 5ª ed., New York, 1998; Santos Pastor, *Sistema Jurídico y Economía: Una Introducción al Análisis Económico del Derecho*, Madrid, 1989.

[745] Cfr., designadamente, Christine Jolls, Cass R. Sunstein e Richard H. Thaler, "A Behavioral Approach to Law and Economics", *Behavioral Law and Economics* (ed. Cass R. Sunstein), Cambridge, 2000, pp. 13-58.

o seu prazer (ou, em linguagem económica, a sua utilidade) e minimizar os seus custos. António Damásio afirma mesmo que o ser humano dispõe de um "sistema interno de preferências" que o faz procurar o prazer e evitar a dor, estando "provavelmente sintonizado à partida para alcançar esses objetivos em situações sociais".[746],[747]

Decorre daqui que o contribuinte, atendendo aos benefícios e aos custos esperados (que podem ser de ordem patrimonial, moral e social), tende a optar pela solução que se lhe apresente como a melhor. Naturalmente, um contribuinte que possa optar, face ao desenho legal, entre um caminho fiscalmente mais oneroso e outro menos oneroso tenderá a seguir o segundo. Pode, assim, falar-se numa *predisposição inata* do ser humano para minimizar os encargos fiscais[748].

2. Fraude fiscal, evasão fiscal e planeamento fiscal

Certos comportamentos do contribuinte, em ordem a minimizar os respetivos encargos fiscais, não são permitidos pelo ordenamento jurídico.

Por vezes, o contribuinte infringe diretamente a lei fiscal. Falamos, nestes casos, em fraude fiscal em sentido amplo (*tax evasion*). A atuação do indivíduo é *contra legem*. Num sentido mais estrito, o ordenamento jurídico português define fraude fiscal como as condutas ilegítimas, tipificadas no artigo 103º do *Regime Geral das Infrações Tributárias* (RGIT), "que visem a não liquidação, entrega ou pagamento da prestação tributária ou a obtenção indevida de benefícios fiscais, reembolsos ou outras vantagens patrimoniais suscetíveis de causarem diminuição das receitas tributárias". Nos termos do mesmo preceito, a fraude fiscal pode ocorrer em virtude da verificação de algum dos seguintes factos:

- *Ocultação ou alteração de factos ou valores que devam constar dos livros de contabilidade ou escrituração, ou das declarações apresentadas ou prestadas*

[746] Cfr. António R. Damásio, *O Erro de Descartes – emoção, razão e cérebro humano*, 23ª ed. (trad. Dora Vicente e Georgina Segurado), Mem Martins, 2003, p. 191.

[747] Sobre as diversas conceções de racionalidade e a sua evolução, cfr., por exemplo, Russell Korobkin e Thomas Ulen, "Law and Behavioral Science: Removing the Rationality Assumption from Law and Economics", *California Law Review*, vol. 88, 2000, disponível em http://ssrn.com/abstract=229937, e Jeanne L. Schroder, "Economic Rationality in Law and Economics Scholarship", *Cardozo Law School – Jacob Burns Institute for Advanced Legal Studies: Working Paper 021*, setembro 2000, disponível em http://papers.ssrn.com/paper.taf?abstract_id=245488.

[748] Cfr. J. Albano Santos, *Teoria Fiscal*, Lisboa, 2003, p. 345.

a fim de que a administração fiscal especificamente fiscalize, determine, avalie ou controle a matéria coletável;

- *Ocultação de factos ou valores não declarados e que devam ser revelados à administração tributária;*
- *Celebração de negócio simulado, quer quanto ao valor, quer quanto à natureza, quer por interposição, omissão ou substituição de pessoas* (artigo 103º, nº 1 do RGIT).

A fraude fiscal (em sentido estrito) é punível com pena de prisão até 3 anos ou multa até 360 dias. Todavia, não há lugar a punição se a vantagem patrimonial ilegitimamente obtida for inferior a €15000 (artigo 103º, nºs 1 e 2, do RGIT).

Outras vezes, o contribuinte aproveita de forma abusiva a lei para chegar a um resultado fiscal mais favorável. Neste caso, estamos perante uma prática de evasão fiscal (*tax avoidance*). A atuação do indivíduo é *extra legem*. Nestas situações, apesar de não haver uma violação direta da lei, verifica-se o exercício abusivo de um direito por parte do sujeito passivo ou a adoção por este de um comportamento em fraude à lei (*fraus legis*), isto é, um comportamento que tem como finalidade exclusiva ou principal contornar uma ou várias normas jurídico-fiscais, de modo a conseguir a redução ou a supressão do encargo fiscal. Os sujeitos passivos, por vezes, recorrem abusivamente aos chamados abrigos fiscais (*tax shelters*) para minimizarem os seus encargos fiscais.

Assim, só é legítima a minimização dos encargos fiscais operada através de práticas não abusivas, nem fraudulentas, de planeamento fiscal (*tax planning*)[749]. Só é, então, legítima a atuação *intra legem*. O contribuinte pode, por exemplo, aproveitar os *benefícios fiscais* ou as *exclusões tributárias* previstas na lei, bem como explorar as *alternativas fiscais* que o ordenamento jurídico coloca à sua disposição. Estas alternativas dizem respeito, designadamente, à forma de realização das operações ou atividades, à sua localização, ao momento da tributação e, nos casos em que a lei o permita, ao tipo de rendimentos[750],[751].

[749] Cfr., sobre esta temática, J. L. Saldanha Sanches, *Os Limites do Planeamento Fiscal: substância e forma no direito fiscal português, comunitário e internacional*, Coimbra, 2006.

[750] Cfr., a título de exemplo, o artigo 28º, nº 8, do CIRS.

[751] Cfr. M. H. de Freitas Pereira, *Fiscalidade*, 3ª ed., Coimbra, 2009, pp. 417 e seguintes.

Pela complexidade e importância prática que assume, centrar-nos-emos, seguidamente, na problemática da evasão fiscal.

3. A evasão fiscal

3.1. O conceito de evasão fiscal na doutrina nacional

Para delimitarmos e compreendermos o conceito de evasão fiscal *stricto sensu* importa situá-lo no âmbito das diversas modalidades de "fuga ao fisco".

Nesta matéria, somos confrontados com diversas classificações e com uma abundante paleta terminológica, resultante do contributo da doutrina, que tem vindo a utilizar designações diversas para aludir aos mesmos fenómenos.

Vejamos algumas dessas posições doutrinárias.

Saldanha Sanches distingue entre *fraude fiscal*, para designar os comportamentos que violem deveres de cooperação por parte do contribuinte, e *fraude à lei fiscal* para referir os comportamentos que contornam a lei fiscal, sem contudo a infringirem expressamente. Face à proximidade das expressões *fraude fiscal* e *fraude à lei fiscal*, o autor prefere falar em *evitação abusiva de encargos fiscais* para aludir à última[752].

Nuno Sá Gomes subdivide a *evasão fiscal em sentido amplo* em *evasão fiscal lícita* e *ilícita*. No âmbito da evasão fiscal lícita, pode haver "evasão fiscal *intra legem*" (que corresponde, na terminologia anglo-saxónica, à *tax planning*), "evasão fiscal *extra legem*" (*tax avoidance*) e aquilo a que o autor chama de "economia fiscal antijurídica", isto é, «negócios dirigidos à poupança fiscal previstos nas leis fiscais portuguesas "anti-abuso", como negócios antijurídicos mas lícitos». Já a evasão fiscal ilícita é uma "evasão fiscal *contra legem*" (*tax evasion*), traduzindo-se em verdadeiras "infrações à lei fiscal"[753].

Já Diogo Leite de Campos contrapõe a *infração fiscal – ilícita* por haver violação da lei fiscal –, à *prevenção fiscal – lícita*, quer se trate de uma escolha fiscal *intra legem*, quer de uma escolha fiscal *extra legem*, uma vez que aqui o contribuinte não viola a lei, antes atuando ao abrigo do *prin-*

[752] J. L. Saldanha Sanches, *Os Limites do Planeamento Fiscal: substância e forma no direito fiscal português, comunitário e internacional*, Coimbra, 2006, pp. 21 e seguintes.
[753] "A criminalização das infrações tributárias", *Ciência e Técnica Fiscal*, pp. 54 e seguintes.

cípio da liberdade de gestão fiscal.[754] Para este autor, a evasão fiscal «consiste numa ação voluntária, extra legal, de um contribuinte que, através da utilização da técnica jurídica, se coloca numa certa situação fiscal, obtendo um resultado economicamente equivalente àquele que procura, mas fiscalmente mais favorável».[755]

Pela nossa parte, e tal como resulta do exposto *supra*, optamos pela expressão *evasão fiscal* para designar os comportamentos *extra legem*, pela expressão fraude fiscal para aludir aos comportamentos *contra legem* e pelo termo *gestão fiscal* para fazer referência às práticas de minimização fiscal *intra legem*.

3.2. Causas da evasão fiscal

3.2.1. *O comportamento racional dos indivíduos*

Já tivemos oportunidade de identificar o comportamento racional dos indivíduos como a causa fundamental de busca da minimização dos encargos fiscais, quer pela via lícita quer por vias ilícitas. Contudo, de modo a clarificar as causas da evasão (e da fraude) fiscal, importa explorar um pouco mais o significado e as implicações da atuação racional dos indivíduos.

Há que esclarecer, desde já, que o cumprimento ou incumprimento das obrigações fiscais por parte dos sujeitos passivos não é apenas determinado com base em fatores de ordem pecuniária. Os sentimentos de justiça, de solidariedade, de pertença a uma comunidade, entre outros são, igualmente relevantes. Isto é, os indivíduos não são sensíveis apenas aos incentivos de ordem pecuniária. Vejamos.

O comportamento racional dos indivíduos leva-os, designadamente, a avaliar o mérito da gestão pública (variando o resultado dessa avaliação com a formação de cada indivíduo bem como com a informação disponível e o seu posicionamento no espectro socioeconómico), havendo um incentivo à fuga ao imposto sempre que haja a perceção de que há uma má gestão dos dinheiros públicos.[756] Se existe o sentimento, na

[754] "Evasão Fiscal, Fraude Fiscal e Prevenção Fiscal", *Problemas Fundamentais do Direito Tributário*, Lisboa, 1999, pp. 191 e seguintes.

[755] *Idem*, p. 198.

[756] Cfr. M. H. de Freitas Pereira, "Evasão e Fraude Fiscais: causas, modalidades, consequências", *Boletim da Inspeção-Geral de Finanças*, Lisboa, Ano 4, nº 13, fevereiro de 1986, p. 18.

sociedade, de que os dinheiros públicos são mal geridos ou de que os níveis de corrupção são elevados, a propensão para a fuga fiscal é maior. Neste contexto, revela-se de importância crucial o papel do Tribunal de Contas (e instituições congéneres), que tem a missão de exercer o controlo financeiro externo do Estado, controlo esse que, nos termos da lei, pode (diríamos, mesmo, deve) abranger a avaliação do mérito da gestão financeira pública.

Da mesma forma, a perceção de que o sistema fiscal é injusto leva os cidadãos a resistir ao imposto, já que o sentimento de injustiça faz reduzir os custos de ordem intrasubjetiva da fuga ao fisco, elevando, consequentemente, os níveis de evasão e de fraude fiscal.

Uma carga fiscal elevada traduz-se, também, num incentivo à fuga ao fisco, na medida em que faz aumentar o benefício obtido pelo contribuinte que adota a conduta evasiva ou que infringe diretamente a lei fiscal.

Importa, ainda, destacar a formação cívica dos sujeitos passivos e o ambiente cultural em que estão inseridos como fatores influenciadores do nível de evasão e de fraude fiscal existentes numa sociedade. Com efeito, a ponderação *benefício esperado/custo esperado* realizada pelos cidadãos engloba considerações de ordem ética e social. Ora, se a fuga ao imposto não "pesar na consciência" de cada cidadão e se também não houver uma reprovação social das condutas evasivas, então serão reduzidos os custos éticos e sociais das mesmas, elevando o nível de evasão e de fraude fiscais.

3.2.2. *A complexidade do sistema fiscal*

Cada vez mais, os Estados veem-se confrontados com a necessidade de, por um lado, adotarem *sistemas fiscais competitivos*, isto é, atrativos para investidores estrangeiros e impulsionadores do investimento interno, adequados para promover o crescimento económico e a criação de emprego, e, por outro lado, com a *necessidade de promoção da justiça social*, quer através do próprio sistema fiscal, quer mediante a realização de despesa pública com potencial redistributivo, por ele financiada.

A tentativa de conciliação destes objetivos está na génese da complexização dos sistemas fiscais, que se apresentam ao contribuinte, muitas das vezes, como verdadeiros emaranhados legislativos e regulamentares.

Um sistema fiscal complexo apresenta-se como o espaço ideal para os contribuintes mais informados, ou com a possibilidade de contratarem os serviços de técnicos especializados em matéria fiscal, aproveitarem as deficiências existentes no quadro jurídico-fiscal para, sem o transgredirem diretamente, minimizarem os seus encargos fiscais.[757]

A complexidade do sistema fiscal contribui, assim, para situações de desigualdade material, geradoras de injustiça fiscal, que são agravadas pela dificuldade que a Administração fiscal tem em assegurar um controlo fiscal eficaz[758].

À complexidade do sistema fiscal associam-se a instabilidade e a insegurança – as quais se apresentam, concomitantemente, como fontes e como decorrências da complexidade – bem como a incapacidade de os serviços da administração fiscal fazerem cumprir a lei fiscal[759].

A complexidade, instabilidade e insegurança do sistema fiscal colocam o contribuinte numa situação de incerteza no que à sua situação fiscal diz respeito; a incapacidade dos serviços da administração fiscal gera um sentimento de impunidade. Estes fatores constituem motivações (incentivos) para comportamentos de evasão e de fraude fiscal.[760]

Num contexto marcado pela complexidade fiscal, o *princípio da precisão, clareza e determinabilidade das leis,* que decorre do princípio da segurança jurídica e da proteção da confiança dos cidadãos, em articulação com o princípio da legalidade da administração, é fundamental nas relações entre a administração tributária e os contribuintes. Este princípio assenta no reconhecimento de que um sistema fiscal composto por normas demasiado imprecisas, vagas ou complexas torna o sistema fiscal dificilmente administrável e facilmente manipulável, abrindo as portas para a desigualdade, o arbítrio, a irracionalidade e a ineficiência, dando azo à fraude e à evasão fiscal, gerando instabilidade e imprevisibilidade.[761] No entanto, um sistema fiscal constituído por normas demasiado precisas, nítidas e determinadas (*bright line rules*) também pode gerar uma previsibilidade excessiva, facilitando a alteração da natureza dos rendi-

[757] Cfr. J. Albano Santos, *op. cit.*, pp. 353-354.

[758] Cfr. P. M. Gaudemet / J. Moliner, *Finances Publiques*, Tome 2, Paris, 1988, p. 294.

[759] Cfr. M. H. de Freitas Pereira, *op. cit.*, pp. 21-22.

[760] *Ibidem.*

[761] Gary Wolfram, "Taxpayers Rights and the Fiscal Constitution", *Politics, Taxation and the Rule of Law*, (eds. Donald P. Rachter, Richard Wagner), Boston, pp. 49 e seguintes.

mentos, através da sua requalificação e recategorização, abrindo as portas, também por aí, para a evasão e a fraude fiscais.[762]

3.2.3. *O caráter tipológico do direito fiscal*

Na base da evasão fiscal está, também, o "caráter tipológico do direito fiscal".[763] Com efeito, a evasão fiscal assenta num "jogo de tipos legais"[764] onde os particulares, de entre os diversos meios jurídicos que têm à disposição para alcançar licitamente determinado resultado económico, optam por aquele que escapa ao elenco legal de impostos ou ao qual corresponde o tipo legal fiscalmente menos oneroso.[765]

3.3. Consequências da evasão fiscal

A evasão fiscal é, evidentemente, indesejável na ótica do Estado, que necessita de obter receitas para poder executar as tarefas que constitucionalmente lhe estão confiadas, designadamente as exigíveis para a realização do Estado social. Esta questão adquiriu uma acuidade acrescida, por um lado, com a integração de Portugal na "zona euro" e com a sua vinculação às exigências do *Pacto de Estabilidade e Crescimento* e, por outro lado, com a concorrência fiscal internacional e com a necessidade de adoção de um sistema fiscal competitivo, apto a atrair e fixar investimento estrangeiro e a estimular o investimento nacional.

O impacto negativo da evasão fiscal verifica-se, igualmente, ao nível do *funcionamento da economia*. Na verdade, a fuga ao imposto (sob a forma de evasão ou de fraude) falseia a concorrência, distorcendo o funcionamento dos mercados: em vez de prosperarem as empresas mais eficientes, prosperam as que em maior medida se eximem ao cumprimento das obrigações fiscais. Este falseamento desincentiva as empresas a melhorarem os seus desempenhos, uma vez que as mesmas conseguem

[762] Michael J. Graetz, *Foundations of International Income Taxation*, New York, 2003, 40 seguintes.

[763] Cfr. Alberto Xavier, *O Negócio Indireto em Direito Fiscal*, Lisboa, 1971, p. 11.

[764] *Idem.*

[765] Como refere, ainda, Alberto Xavier, "[o]s tipos legais de impostos representam, na verdade, um «catálogo» fechado, um quadro no qual se move a conduta do particular, de tal modo que este não só pode voluntariamente colocar-se fora do âmbito do elenco legal de tributos, como pode utilizar as práticas da vida negocial, descritas nos tipos, que mais se ajustam aos seus interesses" – *O Negócio Indireto ..., cit.*, pp. 22-23.

aumentar a sua capacidade competitiva através da redução de custos obtida com a fuga aos impostos. Por vezes, como consequência da evasão e da fraude fiscais, existe a necessidade por parte do Estado em proceder ao aumento das taxas para compensar a receita não arrecadada pelos cofres públicos, o que, para além de penalizar duplamente os contribuintes cumpridores, torna o sistema fiscal menos competitivo, menos apto a atrair e a gerar investimento, provocando um efeito negativo no funcionamento da economia do país.

A evasão fiscal coloca também problemas em sede de concretização do *princípio da igualdade*. Com efeito, são os contribuintes com maior capacidade financeira que, mediante a contratação dos serviços de técnicos altamente qualificados, mais aptos estão a contornar a lei fiscal, beneficiando em maior medida das deficiências desta, pelo que a evasão fiscal constitui um entrave à repartição dos encargos fiscais de acordo com a capacidade contributiva de cada cidadão. Para além, disso, e na medida em que fique comprometida a realização do Estado social, é afetada a promoção da igualdade de oportunidades e a redistribuição da riqueza e do rendimento por via da despesa pública.

Um elevado índice de evasão fiscal contribui, ainda, para a "degradação do sentido cívico e da moralidade pública" levando, por vezes, os cidadãos cumpridores a "aderirem" ao movimento de fuga aos impostos, por sentirem que o sistema fiscal é injusto[766].

3.4. O combate à evasão fiscal

3.4.1. *Considerações gerais*

Os objetivos da tributação expandem-se para além de aumentar a receita e incluem a promoção da equidade no aumento dessas receitas e a promoção indireta de certos objetivos fiscais e sociais de natureza constitucional.

Em muitos casos os contribuintes procuram contornar os objetivos materiais do sistema fiscal através de um entendimento meramente formalista das normas fiscais, contrário ao espírito da lei. Eles procuram explorar as disparidades que podem surgir entre a descrição conceitual

[766] Cfr. J. Albano Santos, *op. cit.*, p. 359 e pp. 361-363.

jurídico-privada dos factos tributários e significado material e económico dos mesmos[767].

Quando assim é, torna-se patente a insuficiência de uma interpretação meramente literal sendo importante a interpretação teleológica das normas legais. Ao longo das décadas, em diferentes quadrantes, o direito fiscal tem desenvolvido várias técnicas e doutrinas com objetivo de salvaguardar os objetivos do sistema fiscal e de proteger a equidade entre os cidadãos e salvaguardar a base tributária.

Nesse âmbito, destacam-se as técnicas do abuso do direito, da fraude à lei ou da simulação, ou as doutrinas anti-abuso como a *primazia da substância sobre a forma*, a *substância económica do negócio*, o teste do principal propósito (PPT), a transação fictícia (*sham transaction*)[768], a *entidade fictícia* (*sham entity*)[769] ou a *transação por passos* (*step transaction*). Igualmente importantes são as *cláusulas especiais anti-abuso* (CEAA) e as *cláusulas gerais-anti-abuso* (CGAA). A diversidade e flexibilidade destas doutrinas e técnicas jurídicas permite ao sistema fiscal acompanhar a criatividade e a dinâmica acelerada da milionária indústria do planeamento fiscal.

O combate à fraude e à evasão fiscal configura um dos eixos da *good governance* fiscal, tendo em vista o aumento da receita tributária, a promoção da eficiência fiscal e a proteção de diversos princípios constitucionais, designadamente os da universalidade, igualdade e justiça fiscal e social.

O Governo está, desde 2006, obrigado a apresentar ao Parlamento um relatório anual detalhado sobre a evolução do combate à fraude e à evasão fiscal, contendo, designadamente: toda a informação estatística relevante sobre as inspeções tributárias efetuadas; os resultados obtidos com a utilização dos diversos instrumentos jurídicos de combate à fraude e à evasão fiscais, em especial a avaliação indireta da matéria coletável e a derrogação administrativa do dever de segredo bancário; uma avaliação da adequação desses mesmos instrumentos, tendo em

[767] William B. Barker, "The Disconnect Between Tax Concepts and the World of Fact: State Law as the Gatekeeper", 57, *Washburn Law Journal*, 2018, 129 ss.

[768] Será considerada fictícia uma transação cujas consequências jurídicas não tenham sido queridas pelo sujeito passivo.

[769] Uma entidade pode ser considerada fictícia, e consequentemente desconsiderada juridicamente para efeitos fiscais, se não desenvolve nenhuma atividade económica ou se o respetivo detentor a ignora quando desenvolve a sua atividade.

conta critérios de eficiência da ação de inspeção[770]. Os resultados apresentados são, inclusivamente, analisados pelo Tribunal de Contas no *Parecer sobre a Conta Geral do Estado* (PCGE), elaborado anualmente[771].

A importância do combate à fraude e à evasão fiscal é ainda mais evidente num quadro de grave crise financeira que diversos Estados enfrentam. O *memorando de entendimento sobre as condicionalidades de política económica*, de maio de 2011, a que Portugal se vinculou no quadro da ajuda financeira externa concedida, prevê o reforço do "combate à fraude e à evasão fiscais e à informalidade de modo a aumentar receitas em, pelo menos, 175 milhões de euros em 2012".

No que diz respeito, especificamente, ao combate à evasão fiscal, merecem destaque, como instrumentos jurídicos destinados a esse fim, as chamadas normas anti-abuso, específicas e geral, a que dedicaremos os pontos subsequentes.

3.4.2. *As normas anti-abuso específicas*

O ordenamento jurídico-tributário português consagra diversas *normas anti-abuso específicas*. Através da consagração destas normas visa-se combater certos comportamentos específicos, em áreas em que o risco de adoção de práticas abusivas por parte dos sujeitos passivos é elevado[772]. Tais normas podem, designadamente, conter presunções, ou podem simplesmente prever a desconsideração de certos custos para efeitos fiscais[773].

Refira-se, a título de exemplo, as normas anti-abuso específicas que, no âmbito do IRS, estão consagradas nos artigos 16º, nº 5, 43º, nº 5, 73º, nº 6 e 85º, nºs 4 e 5 do CIRS.

Ainda a título ilustrativo, podemos destacar, no âmbito do IRC, as normas do regime específico dos preços de transferência (artigo 63º do CIRC), bem como as normas referentes a pagamentos a entidades não residentes sujeitas a um regime fiscal privilegiado (artigo 65º do CIRC), a imputação de rendimentos de entidades não residentes sujeitas a um

[770] Para 2012, cfr. o artigo 72º do Decreto-Lei nº 32/2012, de 13 de fevereiro (Decreto-Lei de execução orçamental para 2012).

[771] Tribunal de Contas, *Parecer sobre a Conta Geral do Estado de 2010*, Lisboa, pp. 79 e seguintes.

[772] Saldanha Sanches, *Os Limites do Planeamento Fiscal. Substância e forma no direito fiscal português, comunitário e internacional*, Coimbra, 2006, p. 199.

[773] *Idem*, pp. 202 e seguintes.

regime fiscal privilegiado (artigo 66º do CIRC) e a subcapitalização (artigo 67º do CIRC).

Através deste tipo de normas, o legislador aposta deliberadamente na criação de alguma ambiguidade, atenuando a rigidez do princípio da precisão, clareza e tipicidade das leis, ínsito no princípio da segurança jurídica e da proteção da confiança. Mas fá-lo no contexto da ponderação razoável e proporcional com os objetivos constitucionais de proteção da base tributária e da equidade fiscal, habilitando a Autoridade Tributária e os tribunais tributários, os tribunais arbitrais, a adotar uma metódica contextual e não formalista, orientada para a proteção da vontade material do legislador, ainda que acompanhada de cautelas processuais adicionais. A incerteza gerada nos contribuintes impede-os de se aproximarem muito da linha vermelha do abuso e evasão, permitindo a aplicação teleológica e propositiva das normas fiscais a situações imprevistas.

3.4.3. *A cláusula geral antiabuso*

3.4.3.1. *Regime jurídico*

O ordenamento jurídico-tributário nacional consagra, no artigo 38º, nº 2, da LGT, aquilo a que a doutrina designa habitualmente por *cláusula geral antiabuso* (CGAA). Esta pretende combater o planeamento fiscal, particularmente dos contribuintes que se especializam em evitar ou minimizar os impostos sem infringir a letra lei, embora atentando contra o seu espírito. Através da CGAA, o imposto acaba por incidir, não sobre as transações que os contribuintes formalmente realizaram, as transações de evasão, mas sobre as transações que eles hipoteticamente celebrariam para a obtenção do efeito económico pretendido.

Relativamente às CEAA, a CGAA tem a vantagem de poder ser aplicada em situações específicas e gerais e a todos os tipos de impostos e transações. Reconhece-se, deste modo, que em muitos casos os contribuintes procuram contornar os objetivos materiais do sistema fiscal através de um entendimento meramente formalista das normas fiscais, contrário ao espírito da lei. Quando assim é, torna-se patente a insuficiência de uma interpretação meramente literal sendo importante a interpretação teleológica das normas legais.

O nº 2 do artigo 38º da LGT dispõe o seguinte:

"São ineficazes no âmbito tributário os atos ou negócios jurídicos essencial ou principalmente dirigidos, por meios artificiosos ou fraudulentos e com abuso das formas jurídicas, à redução, eliminação ou diferimento temporal de impostos que seriam devidos em resultado de factos, atos ou negócios jurídicos de idêntico fim económico, ou à obtenção de vantagens fiscais que não seriam alcançadas, total ou parcialmente, sem utilização desses meios, efetuando-se então a tributação de acordo com as normas aplicáveis na sua ausência e não se produzindo as vantagens fiscais referidas."[774]

Esta norma permite que a Autoridade Tributária proceda à *recaracterização* ou *requalificação* de uma determinada transação abusiva – sem por em causa a respetiva validade no âmbito jurídico-privado – fazendo-lhe corresponder as consequências fiscais que a mesma deveria ter produzido se tivesse sido observada a intenção do legislador tributário. Será considerada abusiva a uma transação cujo único ou principal propósito tenha sido a obtenção de uma vantagem fiscal não querida pelo legislador, independentemente de saber quem foi respetivo beneficiário.

A decisão de aplicação da CGAA terá que ser fundamentada de acordo com o disposto no nº 3 do artigo 63º do CPPT, devendo conter obrigatoriamente: *a descrição do negócio jurídico celebrado ou do ato jurídico realizado e dos negócios ou atos de idêntico fim económico, bem como a indicação das normas de incidência que se lhes aplicam; a demonstração de que a celebração do negócio jurídico ou prática do ato jurídico foi essencial ou principalmente dirigida à redução, eliminação ou diferimento temporal de impostos que seriam devidos em caso de negócio ou ato com idêntico fim económico, ou à obtenção de vantagens fiscais.*

Esta obrigação limita a margem de discricionariedade e abuso por parte da Autoridade Tributária, compensando a redução da segurança jurídica que a necessariamente CGAA representa. A aplicação das disposições antiabuso é uma operação de elevada intensidade factual, exigindo uma abordagem económica para além do quadro legal e con-

[774] Esta redação foi introduzida pela Lei nº 30-G/2000 de 29 de dezembro. A anterior redação deste preceito era a seguinte: "*São ineficazes os atos ou negócios jurídicos quando se demonstre que foram realizados com o único ou principal objetivo de redução ou eliminação dos impostos que seriam devidos em virtude de atos ou negócios jurídicos de resultado económico equivalente, caso em que a tributação recai sobre estes últimos*".

tratual relevante. Porque assim é, ela depende da audição prévia do contribuinte, o qual poderá apresentar as provas que entender pertinentes, e da prévia autorização do dirigente máximo do serviço ou do funcionário em quem ele tiver delegado essa competência.[775]

Conforme dispõe o nº 8 do mesmo artigo, não são aplicáveis as normas antiabuso se o contribuinte tiver solicitado à administração tributária informação vinculativa sobre os factos que a tiverem fundamentado e a administração não responder no prazo de 150 dias.

3.4.3.2. *Algumas posições doutrinárias*

Diogo Leite de Campos tem sido um dos nomes mais críticos da habitualmente designada (em seu entender de forma imprópria) *cláusula geral antiabuso*. Para este autor, num Estado de Direito Democrático *"[a] única via que parece admissível para contrariar os chamados 'atos anormais de gestão', é o adequado recorte jurídico das normas de Direito tributário"*, não fazendo sentido que o Estado se arme contra normas pelas quais é responsável.[776]

Já no entender de Saldanha Sanches, *"[a] lei fiscal não pode criar qualquer impedimento à busca pelas partes contratuais, dentro do largo quadro decisório que lhe é dado pelo normal exercício da autonomia privada, das soluções que lhes pareçam mais adequadas"*, mas é necessário, simultaneamente, *"impedir a escolha de formas contratuais por razões de pura economia fiscal"*.[777] Assim, e de acordo com o mesmo autor, o que se procura evitar com as normas antiabuso *"é a vantagem fiscal de um comportamento em que se põe em causa a totalidade do ordenamento jurídico-tributário como sistema de partilha de encargos tributários, exigindo por isso que o aplicador da lei considere os princípios estruturantes do sistema de onde deve ser extraída uma intenção inequívoca de tributação daquela particular situação ainda que tal intenção não encontre uma formulação correspondente na letra da lei"*.[778]

Será, então, necessário, determinar se um dado contrato se insere nos objetivos normais de uma empresa ou se tem como objetivo exclusivo a redução da carga fiscal, isto é, há que distinguir entre a gestão

[775] Cfr. nºs 4 a 7.

[776] Cfr. "Evasão Fiscal, Fraude Fiscal e Prevenção Fiscal", *Problemas Fundamentais do Direito Tributário*, Lisboa, 1999, pp. 207-208.

[777] Cfr. «Abuso de direito em matéria fiscal: natureza, alcance e limites", *Ciência e Técnica Fiscal*, nº 398, Abril-Junho de 2000, p. 25.

[778] *Idem*, pp. 28-29.

normal e a gestão anormal da empresa, mediante o chamado *business purpose test*[779],[780].

Ainda assim, e em nome da segurança jurídica, a aplicação de uma norma antiabuso só será admissível nos casos em que se verifique uma *manipulação demasiado acentuada* da forma jurídica ou da circunstância económica[781].

Para sustentar a sua posição favorável à consagração de normas antiabuso, Saldanha Sanches faz ainda alusão à jurisprudência comunitária, que admite a adoção de normas antiabuso por parte dos Estados membros, ainda que afetando o exercício das liberdades fundamentais garantidas pelo TCE, desde que: i) sejam aplicadas de forma não discriminatória; ii) sejam justificadas por razões imperativas de interesse geral; iii) sejam adequadas e proporcionais atendendo ao fim visado.[782]

Pela nossa parte, entendemos, como João Calvão da Silva, que existem outros princípios de grande importância em matéria fiscal, "*que não permitem a absolutização de uma legalidade fiscal estrita*"[783].

[779] O *business purpose test* foi desenvolvido pela jurisprudência do Supremo Tribunal dos Estados Unidos. No caso *Helvering v. Gregory* (1935), o Supremo Tribunal Norte-Americano reconheceu pela primeira vez a *doutrina da substância sobre a forma*, da qual decorrem as doutrinas do *business purpose* (da intenção negocial), das *sham transactions* (com a consagração de normas contra transações simuladas aparentes ou artigiciais) e da *step transaction rule* (que assenta na análise de cada etapa de cada transação), que vieram a ser aplicadas em diversos outros casos pelo *Supreme Court*. No Reino-Unido, só na década de 80, nos Acórdãos *Ramsay v. Inland Revenue Comissoners* e *Furniss v. Dawson* é que veio a ser acolhida a doutrina anti-abuso, tendo prevalecido, até então, a linha jurisprudencial que se tinha iniciado com o *Acórdão Duke of Westminster v. Inland Revenue Comissoners* – cfr. Diogo Leite de Campos / Benjamim Silva Rodrigues / Jorge Lopes de Sousa, *Lei Geral Tributária: comentada e anotada*, Lisboa, 2003, pp. 176 e seguintes; Gustavo Lopes Courinha, *A Cláusula Geral Anti-Abuso no Direito Tributário: contributos para a sua compreensão*, Coimbra, 2004, pp. 27 e seguintes; Assaf Likhovski, «The Duke and The Lady: Helvering v. Gregory and the History of Tax Avoidance Adjudication», *Cardozo Law Review*, vol. 25, Spring 2004, disponível em http://ssrn.com/abstract=430080.

[780] Cfr. J. L. Saldanha Sanches, "Abuso de direito em matéria fiscal: natureza, alcance e limites", *Ciência e Técnica Fiscal*, nº 398, Abril-Junho de 2000, p. 35.

[781] Cfr., neste sentido, *idem*, p. 31.

[782] Cfr. "Normas anti-abuso, jurisprudência comunitária e direito português: as provisões do balanço fiscal", *Planeamento e Concorrência Fiscal Internacional*, Lisboa, 2003, p. 325.

[783] "Elisão Fiscal e Cláusula Geral Anti-Abuso", *Revista da Ordem dos Advogados*, Ano 66, nº 2, setembro 2006, pp. 791-832.

Se por um lado, temos que considerar os princípios da legalidade em matéria fiscal, da segurança jurídica e da proteção da confiança dos cidadãos e da liberdade contratual, temos também que atender aos princípios da igualdade e da justiça que radicam no valor central da *igual* dignidade da pessoa humana e no projeto constitucional de construção de uma sociedade livre, justa e solidária.[784]

A adoção de uma CGAA constitui uma resposta ao problema da "manufatura" da indeterminação factual como instrumento de evasão fiscal[785].

Ela permite um combate mais eficaz à evasão fiscal do que o conseguido através de outros instrumentos, sem impor um sacrifício intolerável aos princípios da legalidade, da segurança jurídica e da liberdade contratual.

Aliás, é o próprio Tribunal Constitucional que, na linha da jurisprudência do tribunal constitucional alemão, admite o recurso a conceitos jurídicos indeterminados, incluindo "certas cláusulas gerais", desde que os mesmos se revelem indispensáveis para assegurar a praticabilidade e a operacionalidade do sistema e a dar efetivo cumprimento ao princípio da igualdade tributária[786].

A consagração de uma cláusula geral antiabuso é, em nosso entender, uma medida *necessária*, *adequada* e *proporcional* para salvaguardar, entre outros, os princípios da igualdade e da justiça fiscal.

3.4.4. *Planeamento fiscal e deveres de comunicação, informação e esclarecimento*

O legislador, tendo em vista o combate à evasão fiscal, estabeleceu, através do Decreto-Lei nº 29/2008, de 25 de fevereiro, "deveres de comunicação, informação e esclarecimento à administração tributária sobre esquemas propostos ou atuações adotadas que tenham como finalidade, exclusiva ou predominante, a obtenção de vantagens fiscais, em ordem ao combate ao planeamento fiscal abusivo" (artigo 1º)[787],[788].

[784] Cfr. artigos 1º, 103º e 104º, CRP.

[785] Bret N. Bogenschneider, "Professional Ethics For The Tax Lawyer To The Holmesian "Bad Man"", 49 Creighton Law Review, 2016, 775 ss.

[786] Cfr. Acórdão do Tribunal Constitucional nº 127/04.

[787] A lei define como *esquema* "qualquer plano, projeto, proposta, conselho, instrução ou recomendação, exteriorizada expressa ou tacitamente, objeto ou não de concretização em

O regime consagrado no Decreto-Lei nº 29/2008 abrange os impostos sobre o rendimento, sobre a despesa e sobre o património (artigo 2º).

Estão vinculados aos referidos deveres de comunicação informação e esclarecimento os chamados "intermediários fiscais" ou "promotores". O legislador define como promotor, para efeitos de aplicação do regime constante do DL nº 29/2008, "*qualquer entidade com ou sem personalidade jurídica, residente ou estabelecida em qualquer circunscrição do território nacional, que, no exercício da sua atividade económica, preste, a qualquer título, com ou sem remuneração, serviços de apoio, assessoria, aconselhamento, consultoria ou análogos no domínio tributário, relativos à determinação da situação tributária ou ao cumprimento de obrigações tributárias de clientes ou de terceiros*" (artigo 5º, nº 1), abrangendo, designadamente, *i)* instituições de crédito e demais instituições financeiras, *ii)* revisores oficiais de contas e sociedades de revisores oficiais de contas, *iii)* advogados, sociedades de advogados, solicitadores e sociedades de solicitadores e *iv)* técnicos oficiais de contas e outras entidades que prestem serviços de contabilidade (artigo 5º, nº 2).[789]

Os promotores ficam obrigados a comunicar ao Diretor-Geral da Autoridade Tributária e Aduaneira os esquemas ou atuações de planeamento fiscal propostos a clientes ou outros interessados (artigo 7º, nº 1). A comunicação deve ter lugar nos 20 dias subsequentes ao termo do mês em que o esquema ou atuação de planeamento fiscal tenha sido proposto pela primeira vez (artigo 7º, nº 2) e deve incluir os seguintes elementos: descrição pormenorizada do esquema ou da atuação de planeamento fiscal, incluindo designadamente a indicação e caracterização dos tipos negociais, das estruturas societárias e das operações ou transações propostas ou utilizadas, bem como da espécie e configuração da

acordo ou transação" [artigo 3º, al. b), do DL 29/2008]. No mesmo diploma legal, o *planeamento fiscal* vem definido como "qualquer esquema ou atuação que determine, ou se espere que determine, de modo exclusivo ou predominante, a obtenção de uma vantagem fiscal por sujeito passivo de imposto" [artigo 3º, al. a), do DL 29/2008].

788 Cfr. também o Despacho nº 14592/2008, do Secretário de Estado dos Assuntos Fiscais, publicado em 27 de maio, que contem as orientações interpretativas em matéria de revelação de esquemas de planeamento fiscal para prevenção e combate a atuações abusivas e evasivas.

789 Exclui-se, contudo, a sujeição ao regime consagrado no Decreto-Lei nº 29/2008, de 25 de fevereiro, das entidades referidas no artigo 6º deste diploma legal nas condições aí enunciadas.

vantagem fiscal pretendida; indicação da base legal relativamente à qual se afere, se repercute ou respeita a vantagem fiscal pretendida; nome ou denominação, endereço e número de identificação fiscal do promotor (artigo 8º, nº 1).

No que diz respeito à informação a que se refere a al. a) do nº 1 do artigo 8º, o Diretor-Geral da Autoridade Tributária e Aduaneira pode solicitar aos promotores "*os esclarecimentos sobre quaisquer aspetos ou elementos da descrição efetuada do esquema ou da atuação de planeamento fiscal, bem como a indicação do número de vezes em que foi proposto ou adotado e do número de clientes abrangidos*" (artigo 9º, nº 1).

Quando não haja intervenção de um promotor, ou este não seja residente ou não esteja estabelecido em território português, compete ao próprio sujeito passivo proceder à comunicação do esquema ou atuação de planeamento fiscal ao Diretor-Geral da Autoridade Tributária e Aduaneira, o que deve ser realizado até ao fim do mês seguinte ao da respetiva adoção (artigo 10º, nº 1). Ainda assim, só estão abrangidos por esta obrigação: *i)* as pessoas coletivas ou entidades sem personalidade jurídica e *ii)* as pessoas singulares quando esteja em causa um dos esquemas abrangidos pelas normas constantes das alíneas a) ou b) do nº 1 do artigo 4º do Decreto-Lei nº 29/2008, de 25 de fevereiro.

A violação dos deveres fixados no DL nº 29/2008 constitui *ilícito de mera ordenação social*, punível com coima, nos termos do disposto no artigo 17º deste diploma legal (artigo 17º) e do *Regime Geral das Infrações Tributárias.*

4. Os benefícios fiscais

4.1. Caracterização e natureza jurídica

A matéria dos benefícios fiscais é uma das mais delicadas e, em grande medida, responsáveis pela complexidade tributária. Alguns observadores atentos notam uma tendência geral, neste domínio, que passa pela introdução, pelo legislador, de um determinado incentivo fiscal, seguido da tentativa, por parte dos contribuintes, de ajustarem e manipularem os seus comportamentos de forma a usar e abusar desse incentivo, seguindo-se a adoção, pelo legislador, de normas ainda mais complexas e extensas para definir os benefícios fiscais criados com maior precisão.

E assim sucessivamente. O resultado final é uma maior complexidade do sistema tributário, acompanhada de uma maior criatividade e sofisticação das técnicas desenvolvidas para contornar as suas disposições e maximizar os benefícios que as mesmas podem proporcionar.

Nos termos do artigo 103º, nº 2, da CRP, a matéria respeitante aos benefícios fiscais insere-se no âmbito da reserva de lei (relativa) da Assembleia da República. Daí a existência, entre nós de um *Estatuto dos Benefícios Fiscais* (EBF).

Nos termos do artigo 2º, nº 1, do EBF, os benefícios fiscais constituem medidas de **caráter excecional** instituídas para a **tutela de interesses públicos extrafiscais relevantes** que sejam **superiores aos da própria tributação** que impedem.

De acordo com o disposto no artigo 2º, nº 2, do mesmo diploma, os benefícios fiscais podem consistir em isenções, reduções de taxas, deduções à matéria coletável e à coleta, amortizações e reintegrações aceleradas e outras medidas fiscais.

Diferentes dos benefícios fiscais são as *não sujeições tributárias*, as quais são definidas como "as medidas fiscais estruturais de caráter normativo que estabeleçam delimitações negativas expressas de incidência" (artigo 4º, nº 2, do EBF).

Assim, enquanto nos benefícios fiscais são prosseguidos objetivos de ordem extrafiscal, no caso das não sujeições tributárias estamos no âmbito das opções relacionadas com a obtenção de receitas, pelo que os objetivos prosseguidos são de ordem fiscal. Na distinção entre benefícios fiscais e não sujeições tributárias sobressai, também, o caráter conjuntural (temporário) dos primeiros e a natureza estrutural (duradoura) das segundas.

Os benefícios fiscais correspondem a desvios ao princípio da tributação do rendimento global líquido, que é a linha de base a partir da qual se mede a intervenção legislativa no sistema fiscal, sendo por isso consideradas despesas fiscais (artigo 2º, nº 3, do EBF).

4.2. Regime jurídico

4.2.1. *Princípios gerais*

Os benefícios fiscais estão sujeitos ao princípio da legalidade, integrando a reserva relativa de competência legislativa da Assembleia da

República [artigo 103º, nº 2, e 165º, nº 1, al. i), da CRP]. Além disso, os mesmos subordinam-se ao princípio da excecionalidade. Daqui resulta a exclusão da integração analógica das normas que consagrem benefícios fiscais, embora se admita a interpretação extensiva (artigo 10º do EBF).

Um outro princípio é o da generalidade, nos termos do qual a definição dos pressupostos objetivos e subjetivos dos benefícios devem ser feita de forma genérica, só excecionalmente se admitindo a atribuição de benefícios de natureza individual, a qual carece sempre de justificação. É o que sucede com a celebração de *contratos fiscais* (artigo 37º da LGT). Em qualquer caso, deve ser respeitado o princípio da igualdade, em ordem a salvaguardar a concorrência (artigo 6º do EBF).

Finalmente, deve referir-se o princípio do controlo, previsto no artigo 7º do EBF, nos termos do qual todas as pessoas a quem tenham sido atribuídos benefícios fiscais ficam sujeitas à fiscalização da Autoridade Tributária e Aduaneira e das demais entidades competentes, para controlo da verificação dos pressupostos em que se alicerçou a atribuição dos benefícios e do cumprimento das obrigações impostas aos respetivos beneficiários.

4.2.2. *Limitação temporal dos benefícios fiscais*

Os benefícios fiscais previstos nas partes II e III do EBF caducam ao fim de um período de cinco anos de vigência, salvo quando as normas que os consagram disponham em contrário (artigo 3º). Esta norma implica a necessidade de revisão periódica dos benefícios fiscais em vigor.

Ficam, contudo, excecionados deste regime os benefícios previstos nos artigos 16º a 18º, 21º a 24º, 32º, 44º, 60º e 66º-A, bem como os constantes do capítulo V da parte II do EBF.

4.2.3. *Benefícios fiscais automáticos e dependentes de reconhecimento*

Conforme dispõe o nº 1 do artigo 5º do EBF, os benefícios fiscais podem ser automáticos ou estarem dependentes de reconhecimento. Os benefícios automáticos resultam direta e imediatamente da lei, bastando que se verifiquem os pressupostos nesta fixados. Os benefícios dependentes de reconhecimento pressupõem, para além da verificação dos pressupostos objetivos e subjetivos definidos na lei, a prática, pela administração tributária, de um ou mais atos posteriores de reconhecimento.

Decorre do nº 2 do artigo 5º do EBF que o reconhecimento pode ser unilateral (por ato administrativo) ou bilateral (por acordo entre a administração e os interessados). A atribuição de benefícios através da celebração de contratos fiscais está prevista nos artigos 36º, nº 5, e 37º da LGT. Nestes contratos, a administração tributária subordina a concessão de benefícios fiscais ao cumprimento de certas condições por parte dos sujeitos passivos (as quais podem consistir na criação de certo número de postos de trabalho ou na realização de determinado volume de investimentos, etc.)[790].

4.2.4. *O procedimento de reconhecimento*

O procedimento de reconhecimento dos benefícios fiscais é regulado pelo artigo 65º CPPT.

O reconhecimento depende da iniciativa dos interessados, mediante a apresentação de requerimento especificamente dirigido a esse fim. Cabe também aos interessados o cálculo (quando obrigatório) do benefício requerido e a prova dos pressupostos do reconhecimento definidos na lei (artigo 65º, nº 1, do CPPT).

Os pedidos de reconhecimento devem ser apresentados nos serviços competentes para a liquidação do tributo a que se refere o benefício (artigo 65º, nº 2, do CPPT).

Tratando-se de factos tributários sujeitos a retenção na fonte a título definitivo, os pedidos devem ser apresentados até ao limite do prazo para entrega do respetivo imposto nos cofres do Estado. Nos demais casos, até ao limite do prazo para a entrega da declaração de rendimentos relativa ao período em que se verifiquem os pressupostos da atribuição do benefício fiscal (artigo 65º, nº 3, do CPPT).

As datas de início e termo do benefício fiscal são fixadas no despacho de deferimento (artigo 65º, nº 4, do CPPT).

Os beneficiários estão obrigados a facultar à administração fiscal todos os elementos necessários ao controlo dos pressupostos de atribuição dos benefícios (artigos 65º, nº 5, do CPPT e 14º da LGT).

[790] Sobre este tema, cfr., na doutrina nacional, Casalta Nabais, *Contratos Fiscais (reflexões acerca da sua admissibilidade)*, Coimbra, 1994. Entre a legislação nacional relevante, nesta matéria, cfr. o artigo 41º do EBF e o *Código Fiscal do Investimento*, aprovado pelo Decreto-Lei nº 249/2009, de 23 de setembro.

Não podem ser concedidos benefícios fiscais dependentes de reconhecimento quando o sujeito passivo tenha dívidas fiscais ou relativas à segurança social, salvo quando as dívidas em causa não tenham sido objeto de objeto de reclamação, impugnação ou oposição e tenha sido prestada garantia idónea, quando devida (artigo 13º do EBF).

4.2.5. *Constituição, transmissão e extinção dos benefícios fiscais*

O direito aos benefícios fiscais reporta-se à data da verificação dos respetivos pressupostos, a menos que a lei disponha em contrário (artigo 12º do EBF).

O direito aos benefícios fiscais é, em princípio, intransmissível *inter vivos* (artigo 15º, nº 1, do EBF). A transmissão *inter vivos* é, contudo, legalmente admitida no caso de se tratar de direito a benefícios fiscais objetivos que sejam indissociáveis do regime jurídico aplicável a certos bens, como por exemplo os que beneficiem os rendimentos de obrigações, de títulos de dívida e os prédios sujeitos ao regime de renda limitada (artigo 15º, nº 2, EBF). É, ainda, admitida a transmissão *inter vivos*, mediante autorização do Ministro das Finanças, do direito aos benefícios fiscais concedidos, por ato ou contrato fiscal, a pessoas singulares ou coletivas, desde que no transmissário se verifiquem os pressupostos do benefício e que fique assegurada a tutela dos interesses públicos com ele prosseguidos (artigo 15º, nº 3, EBF).

A lei consagra, por outro lado, o princípio da transmissibilidade *mortis causa* do direito a um benefício fiscal, embora exija a verificação no transmissário dos pressupostos do benefício, salvo se este for de natureza estritamente pessoal (artigo 15º, nº 1, EBF).

Nos termos do nº 1 do artigo 14º do EBF, a extinção dos benefícios fiscais tem como consequência a reposição automática da tributação-regra.

Os benefícios fiscais podem extinguir-se por: *i)* caducidade[791], *ii)* alienação ou afetação de um bem a fins diversos daqueles que constituíram

[791] No caso dos benefícios temporários ou dos benefícios condicionados (artigo 14º, nº 2, do EBF).

o pressuposto da atribuição do benefício[792], *iii)* revogação[793], *iv)* cessação de efeitos[794] e *v)* renúncia[795].

[792] Cfr. artigo 14º, nº 3, do EBF.

[793] Sendo esta uma exceção ao princípio da irrevogabilidade do ato administrativo que concede o benefício fiscal, consagrado no nº 4 do artigo 14º do EBF. A revogação só é admitida com um dos seguintes fundamentos: inobservância imputável ao beneficiário das obrigações impostas; concessão indevida do benefício.

[794] *Nos benefícios fiscais dependentes de reconhecimento*, o ato administrativo que os concedeu cessa os seus efeitos quando: o sujeito passivo tenha deixado de efetuar o pagamento de qualquer imposto ou das contribuições para a segurança social, mantendo-se a situação de incumprimento, e a dívida não tenha sido objeto de reclamação, impugnação ou oposição com prestação de garantia idónea, quando exigível (artigo 14º, nº 5, do EBF). No caso dos benefícios fiscais automáticos, verificando-se as condições que acabámos de referir aqueles não produzem os seus efeitos no ano ou período de tributação em que ocorram os seus pressupostos (artigo 14º, nº 6, do EBF).

[795] A lei proíbe a renúncia nos benefícios fiscais automáticos e nos benefícios fiscais dependentes de reconhecimento oficioso. A renúncia só é admitida: i) nos benefícios fiscais dependentes de requerimento do interessado e ii) nos benefícios fiscais constantes de acordo, desde que aceite pela administração fiscal (artigo 14º, nº 8, do EBF).

Capítulo IX
Administração tributária e procedimento tributário

1. Organização da administração tributária

1.1. Composição da administração tributária

De acordo com o nº 3 do artigo 1º da LGT integram a administração tributária:

- A Autoridade Tributária e Aduaneira[796];
- As demais entidades públicas legalmente incumbidas da liquidação e cobrança dos tributos;
- O Ministro das Finanças ou outro membro do Governo competente, quando exerçam competências administrativas no domínio tributário; e
- Os órgãos igualmente competentes dos Governos Regionais e autarquias locais.

Vejamos quais as missões, atribuições, organização e estrutura da Autoridade Tributária e Aduaneira (AT).

[796] Cfr. artigo 12º do Decreto-Lei nº 118/2011, de 15 de dezembro.

1.2. A Autoridade Tributária e Aduaneira

1.2.1. *Natureza e missão*

A *Autoridade Tributária e Aduaneira* é um serviço da administração direta do Estado, dotado de autonomia administrativa, que tem por missão "administrar os impostos, direitos aduaneiros e demais tributos que lhe sejam atribuídos, bem como exercer o controlo da fronteira externa da União Europeia e do território aduaneiro nacional, para fins fiscais, económicos e de proteção da sociedade, de acordo com as políticas definidas pelo Governo e o Direito da União Europeia"[797].

1.2.2. *Atribuições*

A Autoridade Tributária e Aduaneira prossegue as seguintes atribuições:

- Liquidar e cobrar os impostos sobre o rendimento, sobre o património e sobre o consumo, os direitos aduaneiros e os demais tributos que lhe incumbe administrar, bem como arrecadar e cobrar outras receitas do Estado ou de pessoas coletivas de direito público;
- Exercer a ação inspetiva tributária e aduaneira, garantir a aplicação das normas a que se encontram sujeitas as mercadorias introduzidas no território da União Europeia e realizar os controlos da entrada, saída e circulação das mercadorias no território nacional, prevenindo, investigando e combatendo a fraude e evasão fiscais e aduaneiras e os tráficos ilícitos, no âmbito das suas atribuições;
- Exercer a ação de justiça tributária e assegurar a representação da Fazenda Pública junto dos órgãos judiciais;
- Assegurar a negociação técnica e executar os acordos e convenções internacionais em matéria tributária e aduaneira, cooperar com organismos europeus e internacionais e outras administrações tributárias e aduaneiras, e participar nos trabalhos de organismos europeus e internacionais especializados no seu domínio de atividade;
- Promover a correta aplicação da legislação e das decisões administrativas relacionadas com as suas atribuições e propor as medidas de carácter normativo, técnico e organizacional que se revelem adequadas;

[797] Artigos 1º, nº 1, e 2º, nº 1, do Decreto-Lei nº 118/2011, de 15 de dezembro.

- Desenvolver e gerir as infraestruturas, equipamentos e tecnologias de informação necessários à prossecução das suas atribuições e à prestação de apoio, esclarecimento e serviços de qualidade aos contribuintes;
- Realizar e promover a investigação técnica e científica no domínio tributário e aduaneiro, tendo em vista o aperfeiçoamento das medidas legais e administrativas, a qualificação permanente dos recursos humanos, bem como o necessário apoio ao Governo na definição da política fiscal e aduaneira;
- Informar os contribuintes e os operadores económicos sobre as respetivas obrigações fiscais e aduaneiras e apoiá-los no cumprimento das mesmas;
- Assegurar o licenciamento do comércio externo dos produtos tipificados em legislação especial e gerir os regimes restritivos do respetivo comércio externo;
- Colaborar com as autoridades competentes na definição e na execução das políticas de prevenção e combate ao branqueamento de capitais e ao financiamento do terrorismo, bem como assegurar a disponibilização de informação sobre a identificação das pessoas singulares que detêm a propriedade e o controlo de pessoas coletivas e de centros de interesses coletivos sem personalidade jurídica, nos termos previstos na lei[798].

1.2.3. *Organização*

A Autoridade Tributária e Aduaneira é dirigida por um diretor-geral, coadjuvado por doze subdiretores-gerais[799]. As direções de finanças e as alfândegas são dirigidas, respetivamente, por diretores de finanças e diretores de alfândegas[800]. Um outro órgão da AT o Conselho de Administração da Autoridade Tributária e Aduaneira (CAAT)[801].

Compete ao diretor-geral da AT:

- Promover a execução das leis tributárias e aduaneiras e da política do Governo nesses domínios;

[798] Artigo 2º, nº 2, do Decreto-Lei nº 118/2011, de 15 de dezembro.
[799] Artigo 3º, nº 1, do Decreto-Lei nº 118/2011, de 15 de dezembro.
[800] Artigo 3º, nº 2, do Decreto-Lei nº 118/2011, de 15 de dezembro.
[801] Artigo 3º, nº 3, do Decreto-Lei nº 118/2011, de 15 de dezembro.

- Propor a criação e a alteração das leis e regulamentos necessários à eficácia e eficiência do sistema fiscal;
- Colaborar na elaboração de políticas públicas em matéria fiscal e aduaneira;
- Zelar pelos interesses da Fazenda Pública, no respeito pelos direitos e garantias dos contribuintes e dos operadores económicos;
- Exercer a função de representação da AT junto das organizações nacionais e internacionais no domínio tributário e aduaneiro;
- Dirigir e controlar os serviços da AT e superintender na gestão dos respetivos recursos[802].

Os subdiretores-gerais exercem as competências que lhes forem delegadas ou subdelegadas pelo diretor-geral[803].

O CAAT é constituído pelo diretor-geral, que preside, pelos subdiretores-gerais, pelo diretor do Centro de Estudos Fiscais e Aduaneiros, pelo diretor da Unidade dos Grandes Contribuintes e pelos diretores de finanças de Lisboa e do Porto. Este órgão da AT dispõe das competências decisórias e consultivas indelegáveis previstas nos nºs 3 a 5 do artigo 5º do Decreto-Lei nº 118/2011, de 15 de dezembro.

A atividade da AT obedece aos seguintes princípios:

- **Princípio da legalidade**, nos termos do qual a prossecução das suas atribuições deve respeitar a lei a as garantias dos contribuintes;
- **Princípio da flexibilidade organizativa**, que visa otimizar a adequação das unidades de trabalho aos objetivos a prosseguir em cada momento;
- **Princípio da desburocratização**, que postula a racionalização dos procedimentos administrativos relativos ao cumprimento das obrigações tributárias, através, designadamente, da redução e simplificação dos suportes da informação a fornecer pelos contribuintes e da maior comodidade destes nos contactos com os serviços;
- **Princípio da desconcentração administrativa**, que visa cometer, tendencialmente, aos serviços periféricos as tarefas operativas e aos serviços centrais as tarefas de conceção, planeamento, regulamen-

[802] Artigo 4º, nº 1, do Decreto-Lei nº 118/2011, de 15 de dezembro.

[803] Artigo 4º, nº 2, do Decreto-Lei nº 118/2011, de 15 de dezembro.

tação, avaliação e controlo, bem como as tarefas operativas que não possam ser desenvolvidas a outro nível sem diminuição de qualidade ou não o devam ser em razão de ganhos de eficiência significativos alcançados através de meios tecnológicos;

- **Princípio da valorização dos recursos humanos**, tendente a aumentar a motivação e a participação ativa dos trabalhadores, através, designadamente, da sua formação e qualificação permanente, de formas de organização do trabalho que lhes permitam testar a sua capacidade e criatividade, de mobilidade profissional e de planos de carreira baseados no mérito;
- **Princípio da coordenação interadministrativa**, que visa a coordenação institucional da AT com outras entidades e com as administrações tributárias e aduaneiras de outros Estados[804].

1.2.4. *Unidades orgânicas nucleares da AT*

Nos termos do artigo 1º da Portaria nº 320-A/2011, de 30 de dezembro, são unidades orgânicas nucleares dos serviços centrais da AT: as *Direções de serviços*[805], o *Centro de Estudos Fiscais e Aduaneiros* (CEF)[806] e a *Unidade dos Grandes Contribuintes* (UGC)[807].

São também unidades orgânicas nucleares da AT as *Direções de finanças e alfândegas*, que constituem serviços desconcentrados daquela entidade. Estes serviços desconcentrados integram, a nível regional, as *direções de finanças*[808] e as *alfândegas*[809], e, a nível local, os *serviços de finanças*, as *delegações* e os *postos aduaneiros*.

[804] Artigo 7º, nº 1, do Decreto-Lei nº 118/2011, de 15 de dezembro.

[805] Elencadas no nº 1 do artigo 2º da Portaria nº 320-A/2011, de 15 de dezembro.

[806] O CEF "assegura a investigação nos domínios do direito fiscal e aduaneiro e ainda nos domínios científicos e técnicos conexos com a fiscalidade, bem como elabora estudos e pareceres superiormente solicitados" (artigo 29º, nº 1, da Portaria nº 320-A/2011, de 15 de dezembro).

[807] A UGC "assegura no domínio da gestão tributária as relações com os contribuintes que lhe sejam atribuídos e exerce em relação a estes a ação de inspeção tributária e de justiça tributária" (artigo 34º, nº 1, da Portaria nº 320-A/2011, de 15 de dezembro).

[808] As *Direções de finanças* dispõem das competências previstas no artigo 36º da Portaria nº 320-A/2011, de 15 de dezembro.

[809] As *alfândegas* dispõem das competências previstas no artigo 37º da Portaria nº 320-A/ /2011, de 15 de dezembro.

2. O procedimento administrativo tributário

2.1. Introdução

O procedimento administrativo tributário constitui um ramo do procedimento administrativo, tendo como principal objetivo estruturar e formalizar a interação entre os particulares e a administração tributária de acordo com os princípios conformadores de um Estado de Direito democrático de direitos fundamentais. Assim sendo, as normas do procedimento administrativo tributário devem ser interpretadas e aplicadas tendo como pano de fundo o procedimento administrativo, juntamente com o próprio direito constitucional que lhe serve de fundamento e limite.

Alguma doutrina vem chamando a atenção para a tendência no sentido da diluição do procedimento tributário, com os seus elementos tradicionais do *lançamento, liquidação* e *cobrança* de impostos, graças, em boa medida, à importância crescente da declaração de rendimentos, à generalização da liquidação administrativa automática (informatizada) e da autoliquidação (pelo contribuinte). Igualmente relevante é a liquidação em substituição (por terceiro), no caso da retenção da fonte. Com estas tendências, a intervenção administrativa é, em grande parte, *a posteriori*. Ainda assim, restam muitas áreas em que o procedimento administrativo tributário e os respetivos princípios mantêm todo o interesse prático.

2.2. Âmbito do procedimento tributário

O procedimento tributário compreende toda a **sucessão de atos dirigida à declaração de direitos tributários**[810].

Nos termos do artigo 44º do Código do Procedimento e Processo Tributário (CPPT), o procedimento tributário abrange:

- As ações preparatórias ou complementares da liquidação dos tributos, incluindo parafiscais, ou de confirmação dos factos tributários declarados pelos sujeitos passivos ou outros obrigados tributários;
- A liquidação dos tributos, quando efetuada pela administração tributária;
- A revisão, oficiosa ou por iniciativa dos interessados, dos atos tributários;

[810] Artigo 54º, nº 1, da LGT.

- A emissão, retificação, revogação, ratificação, reforma ou conversão de quaisquer outros atos administrativos em matéria tributária, incluindo sobre benefícios fiscais;
- As reclamações e os recursos hierárquicos;
- A avaliação direta ou indireta dos rendimentos ou valores patrimoniais;
- A cobrança das obrigações tributárias, na parte que não tiver natureza judicial;
- Todos os demais atos dirigidos à declaração dos direitos tributários[811].

2.3. Competência para o procedimento tributário

No que diz respeito à competência para o procedimento tributário, o legislador estabelece a regra da competência dos serviços periféricos locais (artigo 10º do CPPT).

A incompetência no procedimento deve ser conhecida oficiosamente ou por solicitação dos interessados (artigo 61º, nº 1, da LGT).

Ao órgão administrativo tributário competente para a decisão cabe, em princípio, a competência para a direção da instrução (artigo 71º da LGT).

2.4. Princípios do procedimento administrativo tributário

2.4.1. *Princípio da prossecução do interesse público*

A administração tributária encontra-se exclusivamente ao serviço do interesse público, tal como definido pelo legislador democrático, e não ao serviço de interesses particulares[812]. Esta remissão para o legislador democrático justifica-se tendo em conta a dificuldade de avançar com uma definição essencialista do interesse público. Em todo o caso, o interesse público não se confunde com o princípio da legalidade, na medida em que neste prevalecem considerações de natureza institucional e formal, relativas aos órgãos competentes e à forma da atuação dos poderes públicos, ao passo que o interesse público tem uma relevância teleológica, concernente aos fins e propósitos da atividade estadual. Daí que a legi-

[811] *V.*, também, o artigo 54º da LGT.

[812] Artigo 266º, nº 1, da CRP, artigo 4º do CPA, e artigo 55º da LGT.

timidade destes fins deva ser aferida, em última instância, pela sua conformidade constitucional.

Deve ainda acentuar-se que a prossecução do interesse público de forma alguma prejudica a devida consideração aos direitos e interesses dos particulares que sejam objeto de tutela constitucional e legal. Com efeito, uma justa consideração destes direitos e interesses e um adequado equilíbrio entre eles e o interesse público é, em si mesmo, um objetivo de relevo público constitucional.

A subordinação da administração tributária ao interesse público manifesta-se, nomeadamente, no exercício do impulso procedimental pela administração tributária (artigo 69º da LGT), na admissibilidade de denúncias identificadas (artigo 70º da LGT) e na possibilidade de recurso a avaliações diretas e indiretas da matéria tributável (artigos 81º e 82º da LGT).

2.4.2. *Princípio da decisão*

Nos termos do artigo 13º do CPA, os órgãos administrativos têm o dever de se pronunciar sobre todos os assuntos da sua competência, que lhes sejam apresentados pelos particulares. Sendo o procedimento tributário uma espécie de procedimento administrativo, compreende-se que o mesmo princípio também aí seja relevante, com as devidas adaptações. No âmbito do procedimento tributário, o princípio da decisão traduz-se numa obrigação de pronúncia da administração sobre assuntos da sua competência, que lhe sejam apresentados (reclamações, recursos, representações, exposições, queixas, etc.) pelo contribuinte ou titular de interesse legítimo.

Assim não será, desde logo, se tiver existido uma pronúncia há menos de dois anos [artigo 56º, nº 2, al. a), da LGT]. Esta solução encontra-se igualmente acolhida no artigo 13º do CPA, onde o prazo de dois anos releva no caso da prática de um ato administrativo, pelo órgão administrativo competente, sobre o mesmo pedido, formulado pelo mesmo particular com os mesmos fundamentos. Também não se aplica o princípio da decisão se já tiver sido ultrapassado o prazo para a revisão do ato tributário (artigo 56º da LGT).

Refira-se, ainda, que indissociável do princípio da decisão é o dever de fundamentação da decisão (artigo 77º do LGT).

2.4.3. *Princípio da legitimidade procedimental ampla*

O procedimento administrativo tributário pretende estruturar a interação da administração tributária com os contribuintes, de forma constitucionalmente adequada a tutelar um leque vasto de interesses.

Assim, um outro princípio que conforma positivamente este procedimento é o da legitimidade procedimental ampla[813]. O mesmo tem o seu fundamento na existência de um interesse constitucional numa justa ponderação dos interesses públicos e privados em presença. Ele significa que, para além da administração tributária, o impulso procedimental cabe aos sujeitos passivos da relação jurídica tributária (artigo 9º do CPPT), os quais podem ser contribuintes, substitutos, responsáveis (solidários e subsidiários), ou outros, como sejam os titulares de interesse legalmente protegido (artigo 65º da LGT), o Ministério Público (artigos 9º, nº 4, e 14º do CPPT) e a Fazenda Pública (artigos 9º, nº 4, e 15º do CPPT).

Igualmente amplos são os conceitos de personalidade e capacidade tributária, abrangendo os incapazes (artigos 3º, nº 3, 7º e 14º, nº 1, do CPPT), as sucursais (artigo 4º do CPPT) e admitindo o mandato tributário (artigo 5º do CPPT).

2.4.4. *Princípio da igualdade*

O procedimento tributário também se encontra subordinado ao princípio da igualdade, em termos idênticos ao que sucede com o procedimento administrativo (artigo 5º do CPA).

Recorde-se que o princípio da igualdade é um pilar essencial de uma ordem constitucional democrática, de Estado de direito e direitos fundamentais. Daí que o respetivo conteúdo se deduza, acima de tudo, do direito constitucional.

De um modo geral, o princípio da igualdade implica o dever de tratar de forma igual o que é igual, e de forma desigual o que é desigual. No entanto, ele significa que os critérios utilizados para aferir da semelhança e da diferença entre realidades fácticas sejam materialmente adequados à letra e ao espírito da Constituição. Ou seja, os mesmos têm que ser substancialmente adequados, razoáveis e sustentáveis do ponto de vista constitucional, estando vedada a utilização de critérios

[813] Artigos 65ºe 69º da LGT, e artigos3º e seguintes e 9º do CPPT.

de diferenciação expressamente precludidos pela Constituição (v.g. raça, sexo, religião).

Acresce que se exige que as diferenciações normativas que se deduzem das diferenciações fácticas em presença tenham um fim constitucionalmente legítimo e sejam em si mesmas um meio *adequado*, *necessário* e *proporcional* para a prossecução desse fim. Assim, a administração tributária não pode privilegiar, beneficiar, prejudicar, privar de qualquer direito ou isentar de qualquer dever nenhum sujeito passivo em razão de quaisquer dos critérios tipificados na Constituição e na lei, ou de quaisquer outros critérios discriminatórios não tipificados. Isto vale, em primeira linha, para cada órgão da administração.

No entanto, o princípio da igualdade estende a sua vinculação jurídica à administração tributária globalmente considerada, fazendo impender sobre ela um dever de harmonização da interpretação e aplicação do direito tributário a contribuintes colocados em situação idêntica. Particularmente relevantes, neste contexto, são as orientações interpretativas genéricas, bem como a sistematização e compilação das práticas administrativas de modo a assegurar a respetiva constância e uniformidade. À administração tributária cumpre assegurar a igualdade perante os encargos públicos, perante a lei e perante a própria administração tributária.

O relevo central do princípio da igualdade enquanto pressuposto da justiça fiscal fundamenta uma especial preocupação do legislador com a garantia de possibilidades concretas de controlo do princípio da igualdade, como seja a garantia do direito de acesso à informação fiscal de terceiros em situação comparável (artigo 64º, nº 4, da LGT).

2.4.5. *Princípio da proporcionalidade*

Nos termos do artigo 7º, nº 2, do CPA, as decisões da administração que colidam com direitos subjetivos ou interesses legalmente protegidos dos particulares só podem afetar essas posições em termos adequados e proporcionais aos objetivos a realizar. Trata-se aqui do princípio da proporcionalidade em sentido amplo, ou proibição do excesso, com as suas exigências de legalidade do fim e legalidade, adequação, necessidade e proporcionalidade em sentido estrito dos meios empregues para a prossecução do fim visado. Isso mesmo é afirmado no artigo 46º do CPPT, onde se determina que os atos a adotar no procedimento devem ser os adequados aos objetivos a atingir, de acordo com o princípio da proporcionalidade. Assim, este princípio vincula a administração tributária e estrutura o procedimento tributário.

Na LGT o princípio da proporcionalidade pode ver-se, entre outros casos, na exigência de proporcionalidade das medidas cautelares de garantia de créditos fiscais (artigo 51º, nº 2, da LGT), na dispensa de prestação de caução no caso de prejuízo irreparável (artigo 52º, nº 4, da LGT) e na subordinação do procedimento tributário a este mesmo princípio (artigo 55º da LGT). Do mesmo resulta ainda que os custos da cobrança dos impostos devem ser compensados pelos respetivos benefícios. Entre outros afloramentos, pode referir-se a exigência de proporcionalidade do procedimento de inspeção e dos deveres de colaboração (artigo 63º, nº 4, da LGT), bem como a proporcionalidade dos atos de procedimento (artigo 46º do CPPT).

2.4.6. *Princípios da justiça e da imparcialidade*

Nos termos dos artigos 8º e 9º do CPA, a administração deve tratar de forma justa, razoável e imparcial todos os que com ela entrem em relação. Estes mesmos princípios subordinam a administração tributária, conformando o procedimento administrativo. Os mesmos manifestam-se, nomeadamente, na exigência de independência dos peritos na revisão de matéria coletável (artigos 91º, nºs 3 e 4, e 93º da LGT), os quais devem ser sorteados de lista estabelecida pela Comissão Nacional de Revisão (artigo 94º da LGT) e fornecer as necessárias garantias de independência.

2.4.7. *Princípio da celeridade e da economia processual*

O procedimento tributário rege-se pelo princípio da celeridade e da economia processual. Nos termos do artigo 57º da LGT, o procedimento administrativo tributário deve ser concluído no prazo de 4 meses, contado a partir da entrada do pedido do contribuinte no serviço competente, sob pena de presunção de indeferimento tácito.

O princípio em presença exige a abstenção de atos desnecessários e dilatórios, apontando ainda para a continuidade dos prazos e para a simplificação dos procedimentos.

O artigo 46º do CPPT estabelece uma relação de conexão substantiva entre os valores da eficiência, praticabilidade e simplicidade dos atos do procedimento tributário com o princípio da proporcionalidade que também conforma este procedimento.

Uma das manifestações do princípio da celeridade e da economia processual é a previsão do aproveitamento das peças úteis ao apuramento dos factos, mediante convolação do procedimento na forma adequada, no caso de erro na forma do procedimento (artigo 52º do CPPT).

2.4.8. *Princípio do respeito pelas garantias dos contribuintes*

O princípio do respeito pelas garantias dos contribuintes constitui um importante princípio estruturante do procedimento tributário. O mesmo decorre dos princípios da justiça e da legalidade tributária.

Assim, consagra-se o direito de reclamação no procedimento, em razão de atos ou omissões da administração tributária, embora sem efeito suspensivo (artigo 66º da LGT). Do mesmo modo, consagra-se o direito de recurso e impugnação da decisão final, mediante a garantia de meio processual adequado, incluindo a correção oficiosa do meio processual (artigo 97º da LGT).

O respeito pelas garantias dos contribuintes manifesta-se ainda no caráter excecional das avaliações indiretas (artigo 81º da LGT), na admissibilidade de todos os meios de prova (artigo 72º da LGT) no procedimento tributário e no caráter *iuris tantum* de todas as presunções de incidência tributária (artigo 73º da LGT).

Do mesmo modo, este princípio obriga a uma distribuição equitativa do ónus da prova (artigo 74º da LGT) e à tutela, em todas as circunstâncias, dos direitos de participação e contraditório do sujeito passivo.

2.4.9. *Princípio do inquisitório*

Um outro princípio positivamente conformador do procedimento tributário é o princípio do inquisitório (artigos 58º, 63º e 63º-B da LGT). O seu fundamento substantivo reside na subordinação da administração tributária aos princípios jurídicos da prossecução do interesse público e da promoção da igualdade tributária e da obtenção da verdade material. De acordo com estes princípios, a realização das finalidades tributárias não pode estar dependente de um sistema de confissão voluntária por parte do contribuinte, antes tendo como corolários concretizadores, o reconhecimento, à administração tributária, dos direitos de informação, investigação e inspeção.

O princípio do inquisitório manifesta-se, com especial acuidade, no apuramento da situação tributária dos contribuintes, na medida em que a administração tributária não tem que se bastar com as respetivas declarações. A mesma pode determinar a realização de avaliações diretas, orientadas à aferição do valor real de rendimentos ou bens com base em critérios e fatores objetivos e fundamentados, e avaliações indiretas (artigo 81º e seguintes da LGT). Estas podem ter como critérios materiais certos indícios, como margens médias de lucro líquido de terceiros, coeficientes técnicos (*v.g.*, consumos) e custos diretos, a localização e dimensão da atividade exercida, o valor de mercado dos bens e serviços ou a congruência entre factos apurados e situação real. Do mesmo modo, as mesmas podem apoiar-se em presunções (*v.g.*, custos presumidos relativamente à atividade) ou outros elementos à disposição da administração (*v.g.*, declarações relativamente a outros impostos ou declarações sobre empresas relacionadas).

2.4.10. *Princípio da participação e do contraditório*

O procedimento tributário rege-se pelos princípios da participação e do contraditório (artigos 60º e 69º, nº 2, da LGT), segundo as exigências estruturais e substantivas clássicas de equidade e *due process of law*.

Estes princípios manifestam-se no dever de comunicar o início do procedimento administrativo tributário ao particular, com salvaguarda da respetiva utilidade, a fim de possibilitar a sua participação na formação da decisão (artigo 45º do CPPT). Do mesmo modo, ele desdobra-se nos direitos de participação e audição do contribuinte, nomeadamente no procedimento de avaliação indireta (artigo 82º, nº 3, da LGT), de revisão da avaliação indireta e no debate contraditório em sede de revisão da matéria coletável (artigo 92º da LGT).

O princípio da participação e do contraditório conhece ainda afloramentos no dever de comunicação por parte da administração para fixação do prazo da audição e comunicação do projeto de decisão. O princípio do contraditório traduz-se ainda no dever de considerar os elementos novos da audição na fundamentação da decisão final. Este aspeto é especialmente importante, na medida em que, por vezes, a audição do particular não tem qualquer reflexo prático na argumentação da administração, a qual deixa sem resposta os argumentos aduzidos pelo particular.

2.4.11. *Princípio da boa-fé e da colaboração*

Um ulterior princípio estruturante do procedimento administrativo tributário diz respeito ao princípio da colaboração (artigo 59º da LGT). O mesmo deve se entendido, desde logo, num contexto de reciprocidade, impendendo tanto sobre a administração como sobre o contribuinte no quadro da boa-fé que deve existir nas relações entre ambos. Com efeito, o princípio da colaboração surge no contexto mais alargado da conformação do procedimento administrativo tributário por referência aos valores da segurança jurídica, da estabilidade, da previsibilidade, da proteção da confiança e da boa-fé, tendo como ponto de partida a presunção de boa-fé, tanto do lado da administração tributária como do lado do contribuinte.

De acordo com este princípio, a administração tributária não deve poder retirar vantagens das omissões ou erros manifestos dos contribuintes. Este último aspeto deve ser salientado, na medida em que ele preclude, por exemplo, que da ignorância, incompetência ou inépcia do contribuinte se possa presumir, sem mais, uma conduta fraudulenta[814].

A administração tributária deve aplicar a lei oficiosamente, devendo considerar-se que viola o princípio da boa-fé e da colaboração a omissão da administração em detrimento de um contribuinte ignorante, distraído ou incompetente. É também neste contexto que se compreendem soluções legais como a procedência de interpretações plausíveis e de boa-fé perante atos tributários derivados de orientações interpretativas genéricas (artigo 68º-A da LGT), bem como a presunção de verdade e boa-fé das declarações do contribuinte (artigo 75º da LGT). Refira-se que as orientações interpretativas genéricas não podem dar lugar à criação de direitos e deveres na esfera jurídica dos contribuintes que prevaleçam sobre a própria lei.

O princípio da colaboração traduz-se, ainda, no plano dos deveres da administração de informação, publicidade e notificação, no dever de assistência, e no dever de simplificação dos procedimentos. Este aspeto é especialmente relevante no domínio do direito tributário, particularmente complexo e difícil de entender por parte do contribuinte individualmente considerado. Do mesmo modo, ele concretiza-se através da

[814] Declaração de voto do Conselheiro Paulo da Mota Pinto, Acórdão do Tribunal Constitucional nº 84/03.

garantia, aos contribuintes, do direito de acesso aos processos e do direito à informação sobre *(i)* a fase em que se encontra o procedimento e a data provável da conclusão, *(ii)* a existência e teor das denúncias dolosas não confirmadas e a identificação do seu autor, e *(iii)* a sua concreta situação tributária (artigo 67º da LGT).

Considera-se que a administração viola objetivamente o dever de boa-fé e colaboração quando presta informações inexatas ou incompletas, bem como quando adota condutas contraditórias com as informações prestadas. O mesmo sucede com a adoção de um comportamento que conduz o particular a agir de uma forma contrária aos seus direitos e interesses constitucional e legalmente protegidos.

O princípio da colaboração pressupõe ainda o direito de conhecimento da identidade dos funcionários com quem são tratadas as questões tributárias [artigo 59º, nº 3, al. j), da LGT], o dever de cumprimento das obrigações acessórias e o dever de esclarecimento. Não está excluído o alargamento do dever de colaboração a outras entidades públicas.

Refira-se, todavia, que existem limites ao princípio da colaboração. Assim, por exemplo, o contribuinte tem o direito de recusar a colaboração com a administração tributária no contexto da inspeção dirigida ao apuramento da sua situação tributária quando a mesma pretenda o acesso à habitação do contribuinte, a consulta de elementos abrangidos pelo direito ao sigilo, o acesso a factos da vida íntima dos cidadãos, ou a violação de direitos de personalidade ou outros direitos, liberdades e garantias dos contribuintes. Nestas matérias, e em caso de oposição do contribuinte, a diligência em causa só se poderá realizar mediante autorização judicial (artigo 63º, nºs 5 e 6, LGT).

Por sua vez, a administração tributária deve interpretar as declarações prestadas pelo contribuinte de acordo com o seu significado normal e razoável, do ponto de vista do direito administrativo e tributário.

2.4.12. *Princípio do sigilo e da confidencialidade*

O procedimento administrativo subordina-se ao princípio do sigilo e da confidencialidade (artigos 63º, nº 2, e 64º da LGT). Este princípio tem vários corolários.

O primeiro prende-se com a proteção do sigilo profissional perante a administração.

O segundo prende-se com a proteção do sigilo bancário e do sigilo previsto no Regime Jurídico do Contrato de Seguro por uma *reserva relativa de juiz* (artigo 63º, nº 2, da LGT), admitindo-se, contudo, a derrogação legal dessa reserva de juiz nos casos e nos termos previstos nos artigos 63º-A, 63º-B e 63º-C da LGT, admitindo-se assim, nalguns casos, o acesso da administração tributária a informações protegidas pelos referidos sigilos.

Um terceiro corolário é o dever de sigilo por parte da administração fiscal, compreendendo o sigilo da administração perante o público, vinculando dirigentes, funcionários e agentes. Refira-se que não se trata aqui de um dever de sigilo do funcionário perante a administração. O dever de sigilo apresenta uma intensidade reforçada em matérias específicas, como sejam as relativas à situação financeira e tributária dos contribuintes, ao sigilo profissional dos contribuintes e à informação pessoal.

O dever de sigilo e confidencialidade não preclude, todavia, o exercício do direito de acesso dos contribuintes à informação fiscal de terceiros (em situação comparável) a fim de controlar o respeito pelo princípio da igualdade tributária.

2.4.13. *Princípio da estabilidade da instância*

Nos termos do disposto no nº 5 do artigo 10º do CPPT, em princípio a competência dos serviços da administração tributária é determinada no início do procedimento, sendo irrelevantes as alterações supervenientes.

2.4.14. *Princípio do duplo grau de decisão*

O legislador reconhece o duplo grau de decisão como princípio estruturante do procedimento administrativo tributário (artigo 47º do CPPT).

Pretende-se, com este princípio, assegurar a possibilidade de reapreciação da mesma pretensão do particular por diferentes órgãos da administração tributária, devendo o pedido de reapreciação ser dirigido ao dirigente máximo do serviço, ou ao respetivo delegado. Ao mesmo tempo, limita-se a apreciação de uma mesma pretensão, como tal identificada pelo autor e pelos fundamentos de direito e de facto, sucessivamente por mais de dois órgãos integrando a mesma administração tributária.

2.5. Dos procedimentos tributários em especial

2.5.1. *Orientações genéricas, informações vinculativas e avaliação prévia*

2.5.1.1. *Orientações genéricas*

A administração tributária pode emitir orientações genéricas em ordem a uniformizar a interpretação e aplicação das normas tributárias pelos respetivos serviços (artigo 55º, nº 1, do CPPT).

São competentes para a emissão de orientações genéricas os dirigentes máximos dos serviços ou os funcionários em quem estes tenham delegado essa competência (artigo 55º, nº 1, do CPPT).

Estas orientações devem constar de circulares, regulamentos ou outros instrumentos de idêntica natureza e vinculam a administração tributária que procedeu à sua emissão (artigos 55º, nºs 2 e 3, do CPPT e 68º-A, nº 1, da LGT).

A lei prevê a revisão das orientações genéricas emitidas quando tal se revele necessário, designadamente para as adequar à

à jurisprudência dos tribunais superiores (artigo 68º-A, nº 4, da LGT).

2.5.1.2. *Informações vinculativas*

Os sujeitos passivos e outros interessados, ou os seus representantes legais, podem requerer à administração tributária informações vinculativas sobre a respetiva situação tributária e sobre os pressupostos dos benefícios fiscais (artigo 68º, nº 1, da LGT).

As informações vinculativas não podem respeitar a factos abrangidos por procedimento de inspeção tributária cujo início tenha sido notificado ao contribuinte antes do pedido (artigo 68º, nº 3, da LGT).

Os pedidos de informação vinculativa são apresentados pelos sujeitos passivos, por outros interessados ou seus representantes legais, por via eletrónica, seguindo o modelo oficial aprovado, e a resposta é notificada pela mesma via no prazo máximo de 150 dias (artigo 68º, nº 4, da LGT).

As informações vinculativas são requeridas ao dirigente máximo do serviço, devendo o pedido ser acompanhado da identificação dos factos cuja qualificação jurídico-tributária se pretenda (artigo 68º, nº 1, da LGT).

A notificação aos interessados da resposta ao pedido de informação vinculativa inclui obrigatoriamente a informação ou parecer em que a administração tributária se baseou para a sua prestação (artigo 57º, nº 1, do CPPT).

A lei admite a prestação de informação vinculativa com caráter de urgência, no prazo de 75 dias, desde que tal haja sido solicitado, justificadamente, pelo requerente, e desde que o pedido seja acompanhado de uma proposta de enquadramento tributário dos factos em causa (artigo 68º, nº 2, da LGT). Neste caso, a administração tributária dispõe, no máximo, de 30 dias para notificar o contribuinte do reconhecimento ou não da urgência e, caso esta seja aceite, do valor da taxa devida (que será fixada entre as 25 e as 250 unidades de conta, em função da complexidade da matéria), a qual deve ser paga no prazo de cinco dias (artigo 68º, nºs 6 e 7, da LGT). Se a administração tributária não responder ao requerente no prazo de 75 dias, a proposta de enquadramento jurídico-tributário dos factos em causa, apresentada por aquele, considera-se tacitamente sancionada pela administração como informação vinculativa (artigo 68º, nºs 8 e 9, da LGT).

O pedido de prestação de informação vinculativa urgente será indeferido, seguindo-se, então, o regime regra, nos casos de: inexistência dos pressupostos para a prestação de informação vinculativa urgente; existência de especial complexidade técnica que impossibilite a prestação da informação vinculativa no prazo de 60 dias; falta de pagamento da taxa devida (artigo 68º, nº 10, da LGT).

Se os elementos apresentados pelo requerente se mostrarem insuficientes, a administração tributária notifica-o para suprir essa insuficiência no prazo de 10 dias, sob pena de arquivamento do procedimento, suspendendo-se os prazos previstos nos nºs 2 e 4 do artigo 68º da LGT (artigo 68º, nº 11, da LGT). O procedimento de informação vinculativa também será arquivado se estiver pendente, ou vier a ser apresentada, reclamação, recurso ou impugnação judicial relativos aos mesmos factos (artigo 68º, nº 12, da LGT).

A administração tributária pode, caso o entenda conveniente, proceder à audição do requerente, previamente à prestação da informação, caso em que se suspendem os prazos previstos nos nºs 2 e 4 do artigo 68º da LGT.

A administração tributária fica vinculada, no caso concreto, ao sentido da informação prestada, salvo em cumprimento de decisão judicial que assim o determine (artigo 68º, nº 14, da LGT).

As informações vinculativas caducam no caso de se alterarem, supervenientemente, os pressupostos de facto ou de direito em que se fundou (artigo 68º, nº 15, da LGT).

As informações vinculativas apenas poderão ser revogadas após o decurso de um ano a contar da data da sua prestação, precedendo audição do requerente, e produzindo unicamente efeitos prospetivos, salvaguardando-se os direitos e interesses legítimos já constituídos (artigo 68º, nº 16, da LGT).

As informações vinculativas prestadas pela administração tributária são sempre publicadas no prazo de 30 dias, através de meios eletrónicos, devendo ficar salvaguardados os dados pessoais do contribuinte (artigo 68º, nº 17, da LGT).

A lei prevê a possibilidade de as informações vinculativas serem convertidas em circulares administrativas, quando seja colocada questão de direito considerada relevante e esta tenha sido apreciada no mesmo sentido pela administração tributária em três pedidos de informação vinculativa (ou quando seja previsível que o venha a ser) (artigo 68º-A, nº 3, da LGT).

2.5.1.3. *Avaliação prévia*

Os contribuintes podem, mediante o pagamento de uma taxa, solicitar a avaliação de bens ou direitos que constituam a base de incidência de quaisquer tributos, a que a administração tributária ainda não tenha procedido (artigo 58º, nº 1, do CPPT). Esta avaliação prévia tem efeitos vinculativos para a administração tributária por um período de três anos após se ter tornado definitiva (artigo 58º, nº 2, do CPPT). O efeito vinculativo não se produz, contudo, em caso de reclamação ou impugnação da avaliação, até à decisão (artigo 58º, nº 3, do CPPT).

2.5.2. *Avaliação direta*

A matéria tributável é, em princípio, avaliada ou calculada diretamente, de acordo com os critérios aplicáveis relativamente a cada tributo (artigo 81º, nº 1, da LGT).

São competentes para realizar a avaliação direta a administração tributária e, nos casos de autoliquidação, o sujeito passivo (artigo 82º, nº 1, da LGT).

O procedimento de avaliação direta destina-se à determinação do valor real dos rendimentos ou bens sujeitos a tributação (artigo 83º, nº 1, da LGT).

A avaliação dos rendimentos ou valores sujeitos a tributação tem por base critérios objetivos (artigo 84º, nº 1, da LGT). Em caso de autoliquidação, o sujeito passivo está obrigado a esclarecer os critérios por si utilizados e a respetiva aplicação na determinação dos valores que declarou, sempre que tal seja solicitado pela administração tributária (artigo 84º, nº 2, da LGT). A fundamentação da avaliação deve conter a indicação dos critérios utilizados e a ponderação dos fatores que influenciaram a determinação do seu resultado (artigo 84º, nº 3, da LGT).

A avaliação direta é suscetível de impugnação contenciosa autónoma, embora a mesma esteja dependente do esgotamento dos meios administrativos previstos para a sua revisão (artigo 86º, nºs 1 e 2, da LGT).

2.5.3. *Avaliação indireta*

A avaliação indireta tem caráter excecional e é subsidiária relativamente à avaliação direta. A administração tributária só pode proceder a avaliação indireta nos casos e condições expressamente previstos na lei (artigos 81º e 85º, nº 1, da LGT).

Nos termos do artigo 87º da LGT, a administração tributária pode proceder a avaliação indireta nos casos de:

- Regime simplificado de tributação[815];
- Impossibilidade de comprovação e quantificação direta e exata dos elementos indispensáveis à correta determinação da matéria tributável de qualquer imposto[816];

[815] O sujeito passivo pode, neste caso, optar pela avaliação direta, nas condições legalmente estabelecidas (artigo 81º, nº 2, da LGT).

[816] Esta impossibilidade pode advir das seguintes anomalias e incorreções, quando as mesmas inviabilizem o apuramento da matéria tributável (artigo 88º da LGT): inexistência ou insuficiência de elementos de contabilidade ou declaração, falta ou atraso de escrituração dos livros e registos ou irregularidades na sua organização ou execução quando não supridas no prazo legal, mesmo quando a ausência desses elementos se deva a razões acidentais; recusa de exibição da contabilidade e demais documentos legalmente exigidos, bem como a sua ocultação, destruição, inutilização, falsificação ou viciação; existência de diversas conta-

- A matéria tributável do sujeito passivo se afastar, sem razão justificada, mais de 30% para menos ou, durante três anos seguidos, mais de 15% para menos, da que resultaria da aplicação dos indicadores objetivos da atividade de base técnico-científica referidos na LGT[817];
- Os rendimentos declarados em sede de IRS se afastarem significativamente para menos, sem razão justificada, dos padrões de rendimento que razoavelmente possam permitir as *manifestações de fortuna*[818] evidenciadas pelo sujeito passivo nos termos do artigo 89º-A da LGT[819],[820];
- Os sujeitos passivos apresentarem, sem razão justificada, resultados tributáveis nulos ou prejuízos fiscais durante três anos consecutivos, salvo nos casos de início de atividade, em que a contagem deste prazo se faz do termo do terceiro ano, ou em três anos durante um período de cinco;

bilidades ou grupos de livros com o propósito de simulação da realidade perante a administração tributária e erros e inexatidões na contabilidade das operações não supridos no prazo legal; existência de manifesta discrepância entre o valor declarado e o valor de mercado de bens ou serviços, bem como de factos concretamente identificados através dos quais seja patenteada uma capacidade contributiva significativamente maior do que a declarada.

[817] A administração tributária só pode proceder a avaliação indireta com este fundamento quando o sujeito passivo não apresentar, na declaração em que a liquidação se baseia, razões justificativas do referido afastamento, desde que tenham decorrido mais de três anos sobre o início da sua atividade (artigo 89º, nº 1, da LGT).

[818] Sobre as manifestações de fortuna, cfr. João Sérgio Ribeiro, *Tributação Presuntiva do Rendimento: um contributo para reequacionar os métodos indiretos da determinação da matéria coletável*, Coimbra, Almedina, 2010, pp. 272 e seguintes.

[819] Conforme o disposto no artigo 89º-A da LGT há lugar a avaliação indireta da matéria coletável quando falte a declaração de rendimentos e:

- O contribuinte evidencie as manifestações de fortuna constantes da tabela constante do nº 4 do artigo 89º-A da LGT; ou
- Quando o rendimento líquido declarado mostre uma desproporção superior a 50%, para menos, em relação ao rendimento padrão resultante da referida tabela.

[820] De acordo com jurisprudência do STA, o valor de aquisição de imóveis, constante da referida tabela, não inclui os montantes pagos de IMT (à data do acórdão, os montantes pagos de *sisa*) e encargos com a escritura. De acordo com este tribunal, um entendimento contrário não tem um mínimo de correspondência na letra da lei, sendo que o próprio CIRS, no artigo 46º, nº 1, considera valor de aquisição o que tiver servido para efeitos de liquidação do IMT (da antiga *sisa*) – cfr. Acórdão do STA de 07/12/2004, proc. nº 01248/04.

- Acréscimo de património ou despesa efetuada, incluindo liberalidades, de valor superior a € 100.000, verificados simultaneamente com a falta de declaração de rendimentos ou com a existência, no mesmo período de tributação, de uma divergência não justificada com os rendimentos declarados[821],[822].

Embora a competência para a avaliação indireta seja da administração tributária, o sujeito passivo participa nela, nos termos definidos na LGT (artigo 82º, nºs 2 e 3, da LGT). O sujeito passivo pode, igualmente, participar, nos termos da lei, na revisão da avaliação indireta efetuada pela administração tributária (artigo 82º, nº 4, da LGT).

Através da avaliação indireta visa-se determinar o valor dos rendimentos ou bens tributáveis a partir de indícios, presunções ou outros elementos de que a administração tributária disponha (artigo 83º, nº 2, da LGT)[823].

Na determinação da matéria tributável por métodos indiretos, a administração tributária pode tomar em consideração os seguintes elementos (artigo 90º, nº 1, da LGT): as margens médias do lucro líquido sobre as vendas e prestações de serviços ou compras e fornecimentos de serviços de terceiros; as taxas médias de rentabilidade de capital investido; o coeficiente técnico de consumos ou utilização de matérias-

[821] Cabe ao sujeito passivo a comprovação de que os rendimentos declarados correspondem à realidade e de que é outra a fonte das manifestações de fortuna ou do acréscimo de património ou da despesa efetuada (artigo 89º-A, nº 3, da LGT). A diferença entre o acréscimo de património ou a despesa efetuada, e os rendimentos declarados pelo sujeito passivo no mesmo período de tributação é considerada rendimento tributável, para efeito de IRS, enquadrável da categoria G, a menos que existam indícios fundados, de acordo com os critérios previstos no artigo 90º da LGT, que permitam à administração tributária fixar rendimento superior a essa diferença [artigo 89º-A, nº 5, al. a), da LGT].

[822] A avaliação indireta deve, neste caso, ser feita no âmbito de um procedimento que inclua a **investigação das contas bancárias**, podendo no seu decurso o contribuinte regularizar a situação tributária, identificando e justificando a natureza dos rendimentos omitidos e corrigindo as declarações dos respetivos períodos (Artigo 89º-A, nº 11, da LGT).

[823] Tal não significa, na tese de João Sérgio Ribeiro, que a avaliação indireta tenha uma natureza exclusivamente procedimental. Segundo este autor, a presunção, através da qual se realiza a avaliação indireta, deve ser entendida na sua dimensão substantiva, uma vez que a determinação quantitativa do facto tributário resulta da presunção – *Tributação Presuntiva do Rendimento: um contributo para reequacionar os métodos indiretos da determinação da matéria coletável*, Coimbra, Almedina, 2010, pp. 174 e ss e 501.

-primas e outros custos diretos; os elementos e informações declaradas à administração tributária, incluindo os relativos a outros impostos e, bem assim, os relativos a empresas ou entidades que tenham relações económicas com o contribuinte; a localização e dimensão da atividade exercida; os custos presumidos em função das condições concretas do exercício da atividade; a matéria tributável do ano ou anos mais próximos que se encontre determinada pela administração tributária; o valor de mercado dos bens ou serviços tributados; uma relação congruente e justificada entre os factos apurados e a situação concreta do contribuinte.

Contrariamente ao que a lei prevê para a avaliação direta, a avaliação indireta não é suscetível de impugnação contenciosa autónoma, salvo quando não dê origem a qualquer liquidação. Contudo, pode ser invocada na impugnação do ato tributário de liquidação qualquer ilegalidade da avaliação indireta, a menos que a liquidação haja tido por base acordo obtido no procedimento de revisão da matéria tributável (artigo 86º, nº 4, da LGT).

Em caso de erro na quantificação ou nos pressupostos da determinação indireta da matéria tributável, a impugnação judicial da liquidação ou da avaliação indireta depende de prévia reclamação (artigo 86º, nº 5, da LGT).

2.5.4. *O procedimento de liquidação*

De acordo com Casalta Nabais, o procedimento de liquidação compreende as seguintes operações: *i) lançamento subjetivo*, que visa a determinação ou identificação do contribuinte ou do sujeito passivo; *ii) lançamento objetivo*, que se traduz na determinação da matéria tributável ou coletável e da taxa aplicável; *iii) liquidação em sentido estrito*, que consiste na determinação da coleta, mediante a aplicação da taxa à matéria tributável ou coletável; *iv) deduções à coleta*, caso existam[824].

O procedimento de liquidação inicia-se, em princípio, com as declarações dos contribuintes, com base nas quais será feito o apuramento da matéria tributável (artigo 59º, nºs 1 e 2, do CPPT). Havendo omissão de apresentação da declaração por parte do sujeito passivo ou se esta, tendo sido apresentada, contiver vícios, a liquidação é instaurada com base nos elementos de que a administração tributária disponha ou venha a obter

[824] Cfr. *Direito Fiscal*, 6ª ed. Coimbra, 2010, p. 317.

(artigo 59º, nº 1, do CPPT). Neste caso, a matéria tributável será apurada com base em tais elementos (artigo 59º, nº 2, do CPPT).

A lei admite a apresentação de *declaração de substituição* em caso de erro de facto ou de direito na declaração inicial, quando: *i)* ainda decorra o prazo legal para apresentação da declaração a substituir ou *ii)* tendo já decorrido esse prazo, e sem prejuízo da responsabilidade contraordenacional a que haja lugar, caso se verifiquem as condições definidas na al. b) do nº 3 do artigo 59º do CPPT.

Caso a administração tributária tome conhecimento de factos tributários não declarados pelo sujeito passivo e do suporte probatório necessário, o procedimento de liquidação é instaurado oficiosamente pelos serviços competentes (artigo 59º, nº 7, do CPPT).

2.5.5. *O procedimento de aplicação de normas antiabuso (Remissão)*

O procedimento de aplicação de normas antiabuso foi por nós abordado, ainda que de forma sucinta, no capítulo dedicado à problemática da minimização dos encargos fiscais, a propósito dos instrumentos de combate à evasão fiscal, pelo que nos limitamos aqui a fazer a remissão para esse capítulo.

2.5.6. *O procedimento de ilisão de presunções*

O procedimento de ilisão de presunções encontra-se previsto no artigo 64º do CPPT. De acordo com o disposto neste preceito, o interessado que pretender ilidir uma presunção consagrada nas normas de incidência tributária deve solicitar a abertura de procedimento contraditório próprio. O interessado pode sempre, em alternativa, utilizar as vias da reclamação graciosa ou da impugnação judicial de ato tributário que se basear na presunção que o mesmo pretende ilidir (artigo 64º, nº 1, do CPPT).

O procedimento contraditório tendente à ilisão de presunção deve ser instaurado no órgão periférico local da área do domicílio ou sede do contribuinte, da situação dos bens ou da liquidação, através de petição dirigida a esse órgão, a qual deve ser acompanhada dos meios de prova admitidos por lei (artigo 64º, nº 2, do CPPT).

Caso o contribuinte não obtenha resposta da administração tributária no prazo de seis meses, a petição considera-se tacitamente deferida, a menos que a ausência de resposta seja imputável ao contribuinte.

Na hipótese de já terem terminado os prazos gerais de reclamação ou de impugnação judicial do ato tributário, a decisão do procedimento de ilisão de presunção apenas produz efeitos para o futuro (artigo 64º, nº 4, do CPPT).

2.5.7. *O procedimento de reconhecimento de benefícios fiscais (Remissão)*
O procedimento de reconhecimento de benefícios fiscais foi já tratado no capítulo especificamente dedicado à temática dos benefícios fiscais, pelo que fazemos aqui a remissão para o mesmo.

2.5.8. *O procedimento de cobrança*
A cobrança da dívida tributária pode assumir a modalidade de *pagamento voluntário* ou de *cobrança coerciva* (artigo 78º do CPPT).

Relativamente ao pagamento voluntário são aplicáveis os artigos 40º e seguintes da LGT, já por nós estudados a propósito da extinção da relação jurídica tributária e os artigos 84º e seguintes do CPPT.

A cobrança coerciva é feita através da instauração de um processo de execução fiscal, ao qual se aplicam as disposições constantes dos artigos 148º e seguintes do CPPT.

2.5.9. *O procedimento de correção de erros da administração tributária*
O procedimento de correção de erros da administração tributária tem em vista a reparação, *por meios simplificados*[825], de *erros materiais ou manifestos* cometidos por aquela na concretização do procedimento tributário ou na tramitação do processo de execução fiscal (artigo 95º-A, nº 1, do CPPT).

São considerados erros materiais ou manifestos, nomeadamente, os que resultarem do funcionamento anómalo dos sistemas informáticos da administração tributária, bem como as situações inequívocas de erro de cálculo, de escrita, de inexatidão ou lapso (artigo 95º-A, n. º 2, do CPPT).

A instauração deste procedimento não prejudica a utilização, no prazo legal, de qualquer meio procedimental ou processual que tenha por objeto a ilegalidade da liquidação ou a exigibilidade da dívida (artigo 95º-A, nº 4, do CPPT).

[825] Este procedimento caracteriza-se pela dispensa de formalidades essenciais e pela simplicidade de termos (artigo 95º-A, nº 3, do CPPT).

O pedido de correção dos referidos erros da administração tributária pode ser deduzido, pelos sujeitos passivos de quaisquer relações tributárias ou pelos titulares de qualquer interesse legítimo, no prazo de 10 dias posteriores ao do conhecimento efetivo do ato lesivo em causa (artigo 95º-B do CPPT).

O pedido de correção de erros pode ser apresentado verbalmente ou por escrito em qualquer serviço da administração tributária (artigo 95º-B do CPPT), cabendo a decisão, no prazo máximo de 15 dias, ao dirigente máximo do serviço ou por qualquer outro funcionário qualificado em quem seja delegada essa competência. (artigo 95º-C do CPPT).

Na eventualidade de o fundamento do pedido ser a ilegalidade da liquidação, a inexigibilidade da dívida ou outro fundamento para o qual a lei preveja meio processual próprio, o contribuinte deve ser convidado a substituir o procedimento pelo meio adequado (artigo 95º-C, nº 5, do CPPT).

2.5.10. *O procedimento de inspeção tributária*

O procedimento de inspeção tributária obedece ao *Regime Complementar do Procedimento de Inspeção Tributária* (RCPIT), aprovado pelo Decreto-Lei nº 413/98, de 31 de dezembro, republicado pela Lei nº 50/2005, de 30 de agosto, sendo supletivamente aplicáveis as disposições da LGT (nomeadamente a contida no seu artigo 63º), do CPPT, dos demais códigos e leis tributárias e do CPA.

O procedimento de inspeção tributária tem por finalidade a observação das realidades tributárias, a verificação do cumprimento das obrigações tributárias e a prevenção das infrações tributárias (artigo 2º, nº 1, do RCPIT).

A inspeção tributária abrange (artigo 2º, nº 2, RCPIT): a confirmação dos elementos declarados pelos sujeitos passivos e demais obrigados tributários; a indagação de factos tributários não declarados pelos sujeitos passivos e demais obrigados tributários; a inventariação e avaliação de bens para fins de controlo do cumprimento das obrigações tributárias; a prestação de informações oficiais, em matéria de facto, nos processos de reclamação e impugnação judicial dos atos tributários ou de recurso contencioso de atos administrativos em questões tributárias; o esclarecimento e a orientação dos sujeitos passivos e demais obrigados tributários sobre o cumprimento dos seus deveres perante a administração tributária; a realização de estudos sobre o comportamento dos sujeitos passivos e demais obrigados tributários e a evolução dos setores económicos em que se insere a sua atividade; a realização de perícias ou exames técnicos; a informação sobre os pressupostos de facto dos benefícios fiscais dependentes de concessão ou reconhecimento; a promoção do sancionamento das infrações tributárias; a cooperação, nos termos das convenções internacionais ou regulamentos da UE, no âmbito da prevenção e repressão da evasão e fraude; quaisquer outras ações de averiguação ou investigação de que a administração tributária seja legalmente incumbida.

O procedimento de inspeção tributária obedece aos princípios da *verdade material*, da *proporcionalidade*, do *contraditório* e da *cooperação*, nos termos definidos nos artigos 5º e seguintes do RCPIT.

O procedimento de inspeção tributária classifica-se, em razão dos seus fins, em: ***procedimento de comprovação e verificação***, tendo em vista a confirmação do cumprimento das obrigações dos sujeitos passivos e demais obrigados tributários; ***procedimento de informação***, que tem por finalidade o cumprimento dos deveres legais de informação ou de parecer dos quais a inspeção tributária seja legalmente incumbida.

No que diz respeito ao local de realização da inspeção, o procedimento pode ser ***interno*** ou ***externo***. É interno quando os atos de inspeção são realizados exclusivamente nos serviços da administração tributária, através da análise formal e de coerência dos documentos; é externo quando os atos de inspeção são realizados, total ou parcialmente, em instalações ou dependências dos sujeitos passivos ou demais obrigados tributários, de terceiros com quem mantenham relações económicas ou em qualquer outro local a que a administração tenha acesso (artigo 13º do RCPIT).

O procedimento de inspeção pode, ainda ser classificado, quanto ao seu âmbito, como: ***geral ou polivalente; parcial ou univalente***. O procedimento é geral ou polivalente quando tem por objeto a situação tributária global ou conjunto dos deveres tributários dos sujeitos passivos ou dos demais obrigados tributários; o procedimento é designado por *parcial ou univalente*, quando abrange apenas algum ou alguns tributos ou algum ou alguns deveres dos sujeitos passivos ou dos demais obrigados tributários (artigo 14º, nº 1, do RCPIT) ou, ainda, quando se limite à consulta, recolha de documentos ou elementos determinados e à verificação de sistemas informáticos dos sujeitos passivos e demais obrigados tributários, ou ao controlo de bens em circulação (artigo 14º, nº 2, do RCPIT).

Relativamente à extensão, o procedimento de inspeção tributária pode abranger um ou mais períodos de tributação (artigo 14º, nº 3, do RCPIT).

Têm competência para praticar atos de inspeção tributária: a Unidade dos Grandes Contribuintes, relativamente aos sujeitos passivos que, de acordo com os critérios definidos, sejam considerados como grandes contribuintes; as direções de serviços de inspeção tributária que, nos termos da orgânica da Autoridade Tributária e Aduaneira, integram a área operativa da inspeção tributária, relativamente aos sujeitos passivos e demais obrigados tributários que sejam selecionados no âmbito das suas competências ou designados pelo diretor-geral da Autoridade Tributária e Aduaneira (artigo 16º do RCPIT).

As ações de inspeção tributária a realizar obedecem, em princípio, ao *Plano Nacional de Atividades da Inspeção Tributária* e Aduaneira (PNAITA), a elaborar anualmente pela *Direção de Serviços de Planeamento e Coordenação da Inspeção Tributária*, e a aprovar pelo Ministro das Finanças, sob proposta do diretor-geral da Autoridade Tributária e Aduaneira, conforme previsto no artigo 23º do RCPIT.

O RCPIT consagra diversas garantias de imparcialidade. Os funcionários da inspeção tributária, para além de estarem sujeitos às incompatibilidades aplicáveis, em geral, aos funcionários da AT, estão ainda sujeitos às incompatibilidades específicas previstas no artigo 20º do RCPIT. Os funcionários envolvidos no procedimento de inspeção estão, ainda, vinculados ao dever de *sigilo* (artigo 22º do RCPIT) e aos deveres especiais de *prudência*, *cortesia*, *serenidade* e *discrição* (artigo 21º do RCPIT).

O procedimento externo de inspeção deve ser notificado ao sujeito passivo ou obrigado tributário com uma antecedência mínima de cinco dias relativamente ao seu início (artigo 49º, nº 1, do RCPIT). A notificação deve ser feita por carta-aviso elaborada de acordo com o modelo aprovado pelo diretor-geral da Autoridade Tributária e Aduaneira, e deve conter os seguintes elementos: a identificação do sujeito passivo ou obrigado tributário objeto da inspeção; o âmbito e extensão da inspeção a realizar; um anexo onde sejam mencionados os direitos, deveres e garantias dos sujeitos passivos e demais obrigados tributários no procedimento de inspeção (artigo 49º, nºs 2 e 3, do RCPIT).

Há, contudo, dispensa de notificação prévia quando:

- O procedimento vise apenas a consulta, recolha ou cruzamento de documentos destinados à confirmação da situação tributária do sujeito passivo ou obrigado tributário;
- O procedimento tiver por fundamento participação ou denúncia feita nos termos legais e estas contiverem indícios de fraude fiscal;
- O objeto do procedimento for a inventariação de bens ou valores em caixa, a recolha de amostras para perícia, o controlo de bens em regime aduaneiro económico ou suspensivo, a realização de testes por amostragem ou quaisquer atos necessários e urgentes para aquisição e conservação da prova;
- O procedimento consistir no controlo dos bens em circulação e da posse dos respetivos documentos de transporte;
- O procedimento se destine a averiguar o exercício de atividade por sujeitos passivos não registados;
- A notificação antecipada do início do procedimento de inspeção for, por qualquer outro motivo excecional devidamente fundamentado pela administração tributária, suscetível de comprometer o seu êxito;
- O procedimento vise a avaliação do cumprimento de pressupostos de isenção que dependam do fim ou da utilização dada às mercadorias[826].

Mesmo quando haja dispensa de notificação prévia, deve ser entregue ao sujeito passivo ou obrigado tributário o anexo com a indicação dos seus direitos, deveres e garantias no âmbito do procedimento de inspeção. Nestes casos, o referido anexo é entregue conjuntamente com a cópia da ordem de serviço ou do despacho que determinou o procedimento de inspeção, no momento da prática dos atos de inspeção (artigo 50º, nº 2, do RCPIT).

O procedimento de inspeção obedece ao princípio da continuidade, nos termos do qual a prática dos atos de inspeção é contínua, só se podendo suspender em caso de prioridades excecionais e inadiáveis da

[826] Artigo 50º, nº 1, do RCPIT.

administração tributária reconhecidas em despacho fundamentado do dirigente do serviço (artigo 53º, nº 1, do RCPIT). Em caso de suspensão, o sujeito passivo ou obrigado tributário deve ser notificado do reinício do procedimento (artigo 53º, nº 3, do RCPIT).

O sujeito passivo ou obrigado tributário, os seus representantes legais e técnicos e revisores oficiais de contas devem estar presentes no momento da prática dos atos de inspeção externa quando esta se efetue nas instalações ou dependências do contribuinte, sempre que a sua presença for considerada indispensável à descoberta da verdade material (artigo 54º, nº 1, do RCPIT).

O sujeito passivo ou obrigado tributário tem, também, a faculdade de assistir, sempre que o pretenda, às diligências da inspeção externa quando os atos de inspeção sejam realizados nas suas instalações ou dependências (artigo 54º, nº 2, do RCPIT).

Uma vez que estejam concluídos os atos de inspeção[827], e na eventualidade de os mesmos originarem atos tributários ou em matéria tributária desfavoráveis à entidade inspecionada, esta deve ser notificada do projeto de conclusões do relatório, com a identificação desses atos e a sua fundamentação, para audição prévia (artigo 60º, nº 1, do RCPIT). A notificação deve fixar um prazo entre 15 e 25 dias para a entidade inspecionada se pronunciar, oralmente ou por escrito, sobre o projeto de conclusões (artigo 60º, nºs 2 e 3, do RCPIT). Esse prazo eleva-se para 30 dias quando esteja em causa a aplicação da cláusula geral antiabuso.

O relatório definitivo é elaborado no prazo de 10 dias após a prestação das declarações da entidade inspecionada (artigo 60º, nº 4, do RCPIT).

Por razões de certeza e segurança, pode o sujeito passivo ou obrigado tributário solicitar ao diretor-geral da Autoridade Tributária e Aduaneira que sancione as conclusões do relatório da inspeção relativas aos factos relatados, bem como a qualificação jurídico-tributária das operações realizadas com contingência fiscal a que se refere o nº 3 do artigo 12º do RCPIT, constante do correspondente relatório (artigo 64º, nº 1, do RCPIT). Caso o pedido seja deferido, de forma expressa ou tácita[828],

[827] Os mesmos consideram-se concluídos na data de notificação da nota de diligência emitida pelo funcionário incumbido do procedimento (artigo 61º, nº 1, do RCPIT).

[828] Considera-se que há deferimento tácito quando a administração não se pronuncie, mediante notificação ao interessado, no prazo de seis meses contados a partir data de entrada do pedido (artigo 64º, nº 3, do RCPIT).

a administração tributária não pode proceder relativamente à entidade inspecionada em sentido diverso do teor das conclusões do relatório ou da qualificação jurídico-tributária das operações nos três anos seguintes ao da data da respetiva notificação, a menos que se venha a apurar que houve simulação, falsificação, violação, ocultação ou destruição de quaisquer elementos fiscalmente relevantes relativos ao objeto da inspeção.

2.5.11. *O procedimento de acesso a informações bancárias*

Tal como já tivemos oportunidade de referir a propósito do princípio do sigilo e da confidencialidade, o sigilo bancário encontra-se protegido por uma *reserva relativa de juiz* (artigo 63º, nº 2, da LGT), embora a lei admitia a derrogação legal dessa reserva (artigos 63º, nº 2, e 63º-A, 63º-B e 63º-C da LGT).

Nos termos do disposto no nº 1 do artigo 63º-B da LGT, a administração tributária pode aceder a todas as informações ou documentos bancários, bem como a informações ou documentos de outras entidades financeiras como tal previstas na *Lei do Combate ao Branqueamento de Capitais e do Financiamento do Terrorismo* (aprovada pela Lei nº 25/2008, de 05 de junho) sem necessitar, para tal, do consentimento do titular desses elementos, quando:

- Existam indícios da prática de crime em matéria tributária;
- Se verifiquem indícios da falta de veracidade das declarações ou esteja em falta declaração legalmente exigível;
- Se verifiquem indícios da existência de acréscimos patrimoniais não justificados, nos termos da alínea f) do nº 1 do artigo 87º da LGT;
- Se trate da verificação de conformidade de documentos de suporte de registos contabilísticos dos sujeitos passivos de IRS e IRC que se encontrem sujeitos a contabilidade organizada ou dos sujeitos passivos de IVA que tenham optado pelo regime de IVA de caixa;
- Exista a necessidade de controlar os pressupostos de regimes fiscais privilegiados de que o contribuinte usufrua;
- Se verifique a impossibilidade de comprovação e quantificação direta e exata da matéria tributável, nos termos do artigo 88º da LGT, e, em geral, quando estejam verificados os pressupostos para o recurso a avaliação indireta;
- Se verifique a existência comprovada de dívidas à administração fiscal ou à segurança social;

- Se trate de informações solicitadas nos termos de acordos ou convenções internacionais em matéria fiscal a que o Estado português esteja vinculado;
- Quando tenha ocorrido a comunicação de operações suspeitas, remetidas à Autoridade Tributária e Aduaneira pelo Departamento Central de Investigação e Ação Penal da Procuradoria-Geral da República (DCIAP) e pela Unidade de Informação Financeira (UIF), no âmbito da legislação relativa à prevenção e repressão do branqueamento de capitais e financiamento do terrorismo.[829]

A administração tributária pode, também, aceder diretamente aos documentos bancários nas situações de recusa da sua exibição ou de recusa de autorização para a sua consulta, quando se trate de familiares ou terceiros que se encontrem numa relação especial com o contribuinte (artigo 63º-B, nº 2, da LGT)[830].

As decisões administrativas de acesso a informações ou documentos bancários devem ser fundamentadas com indicação expressa dos motivos concretos que as justificam e, salvo o disposto nos números 5 e 13 do artigo 63º-B da LGT, notificadas aos interessados no prazo de 30 dias após a sua emissão. Estas decisões são da competência do diretor-geral da AT, ou seu substituto legal, sem possibilidade de delegação (artigo 63º-B, nº 4, da LGT).

Refira-se, ainda, que os sujeitos passivos de IRC, bem como os sujeitos passivos de IRS que disponham ou devam dispor de contabilidade organizada, estão obrigados a possuir, pelo menos, uma conta bancária através da qual devem ser exclusivamente movimentados os pagamentos e recebimentos respeitantes à atividade empresarial que desenvolvam (artigo 63º-C, nº 1, da LGT). Devem também ser efetuados através desta(s) conta(s) os movimentos relativos a suprimentos, outras formas de empréstimos e adiantamentos de sócios, bem como quaisquer outros movimentos de ou a favor dos sujeitos passivos (artigo 63º-C, nº 2, da LGT).

[829] Os atos administrativos praticados no exercício desta competência são suscetíveis de recurso judicial com efeito meramente devolutivo (artigo 63º-B, nº 5, da LGT).

[830] Estes atos dependem da audição prévia do familiar ou terceiro e são suscetíveis de recurso judicial com efeito suspensivo, por parte dos mesmos (artigo 63º-B, nº 5, da LGT).

As instituições de crédito e sociedades financeiras estão, nos termos do artigo 63º-A da LGT, sujeitos a deveres de informação relativamente a operações financeiras dos seus clientes, encontrando-se, designadamente, vinculadas aos mecanismos de informação automática quanto à abertura ou manutenção de contas por contribuintes cuja situação tributária não se encontre regularizada ou inseridos em sectores de risco, bem como quanto às transferências transfronteiras que não sejam relativas a pagamentos de rendimentos sujeitos a algum dos regimes de comunicação para efeitos fiscais já previstos na lei, a transações comerciais ou efetuadas por entidades públicas.

As mesmas entidades, bem como outras que prestem serviços de pagamento, estão também obrigadas a comunicar à Autoridade Tributária e Aduaneira, até ao final do mês de março de cada ano, as transferências e envio de fundos que tenham como destinatário entidade localizada em país, território ou região com regime de tributação privilegiada mais favorável que não sejam relativas a pagamentos de rendimentos sujeitos a algum dos regimes de comunicação para efeitos fiscais já previstos na lei ou operações efetuadas por pessoas coletivas de direito público.

Elas estão, igualmente, obrigadas a comunicar à Autoridade Tributária e Aduaneira, até ao final do mês de julho de cada ano, o valor dos fluxos de pagamentos com cartões de crédito e de débito ou por outros meios de pagamento eletrónico, efetuados por seu intermédio, a sujeitos passivos que aufiram rendimentos da categoria B de IRS e de IRC, sem por qualquer forma identificar os mandantes das ordens de pagamento.

2.6. Garantias do procedimento tributário

2.6.1. *Revisão da matéria coletável*

Quando a matéria coletável seja fixada através de métodos indiretos, e salvo nos casos de aplicação do regime simplificado de tributação em que não sejam efetuadas correções com base noutro método indireto, pode o sujeito passivo solicitar a revisão da matéria tributável, mediante a apresentação de requerimento fundamentado, dirigido ao órgão da administração tributária da área do seu domicílio fiscal, no prazo de 30 dias contados a partir da data da notificação da decisão e contendo a indicação do perito que o representa (artigo 91º, nº 1, da LGT). Este pedido tem efeito suspensivo, isto é, ele suspende a liquidação do tributo (artigo 91º, nº 2, da LGT).

O sujeito passivo que apresente pedido de revisão da matéria tributável não está sujeito a qualquer encargo, mesmo em caso de indeferimento (artigo 91º, nº 8, da LGT). Todavia, o sujeito passivo poderá vir a ser penalizado com um agravamento até 5% da coleta reclamada, caso se verifiquem, cumulativamente, as seguintes circunstâncias: provar-se que lhe é imputável a aplicação de métodos indiretos; a reclamação seja destituída de qualquer fundamento; tendo sido deduzida impugnação judicial, esta seja considerada improcedente (artigo 91º, nº 9, da LGT).

O procedimento de revisão da matéria tributável traduz-se num debate contraditório entre o perito indicado pelo contribuinte e o perito da administração tributária, com a eventual participação do perito independente, visando o estabelecimento de um acordo quanto ao valor da matéria tributável a considerar para efeitos de liquidação (artigo 92º, nº 1, da LGT). O procedimento deve ficar concluído no prazo máximo de 30 dias a contar do seu início (artigo 92º, nº 2, da LGT).

Na hipótese de os peritos chegarem a acordo, o tributo será liquidado com base na matéria tributável acordada (artigo 92º, nº 3, da LGT). Na ausência de acordo, o órgão competente para a fixação da matéria tributável decidirá, de acordo com o seu "prudente juízo", e tendo em conta as posições de ambos os peritos (artigo 92º, nº 6, da LGT). Caso tenha havido intervenção de perito independente, a decisão deve obrigatoriamente fundamentar a adesão ou rejeição, total ou parcial, do seu parecer (artigo 92º, nº 7, da LGT). Na eventualidade de o parecer do perito independente estar em sintonia com o do perito do contribuinte e a administração tributária decidir em sentido diferente, a reclamação graciosa ou impugnação judicial têm efeito suspensivo, independentemente da prestação de garantia quanto à parte da liquidação controvertida em que aqueles peritos tenham estado de acordo (artigo 92º, nº 8, da LGT).

2.6.2. *Revisão de atos tributários*

Os atos tributários podem ser objeto de revisão pela entidade que os praticou, por sua própria iniciativa ou por iniciativa do contribuinte. Quando a iniciativa seja do contribuinte, o pedido de revisão deve ser feito dentro do prazo de reclamação graciosa, podendo ter como fundamento qualquer ilegalidade. Caso a iniciativa provenha da administração tributária, a revisão do ato pode ser feita, com fundamento em erro (de facto ou de direito) imputável aos serviços[831], no prazo de quatro anos após a liquidação ou a todo o tempo se o tributo ainda não tiver sido pago (artigo 78º, nº 1, da LGT).

Excecionalmente, pode o dirigente máximo do serviço autorizar a revisão da matéria tributável, nos três anos posteriores ao do ato tributário, com fundamento em *injustiça grave ou notória*[832], desde que o erro cometido não tenha resultado de comportamento negligente do contribuinte (artigo 78º, nº 4, da LGT).

A revisão de ato tributário por motivo de duplicação de coleta pode ser feita, independentemente de qual seja o fundamento, no prazo de quatro anos (artigo 78º, nº 6, da LGT).

O prazo da revisão oficiosa do ato tributário ou da matéria tributável é interrompido com o pedido do contribuinte, dirigido ao órgão competente da administração tributária, para a sua realização (artigo 78º, nº 7, da LGT).

2.6.3. *Reclamação graciosa*

O procedimento de reclamação graciosa (administrativa) visa a anulação total ou parcial dos atos tributários por iniciativa do contribuinte, substitutos e responsáveis (artigo 68º, nº 1, do CPPT). Este fica, contudo, impedido de deduzir reclamação graciosa no caso de, com o mesmo fundamento, ter apresentado impugnação judicial. Isto é, se o

[831] O nº 2 do artigo 78º da LGT considera imputável aos serviços o erro na autoliquidação. De acordo com jurisprudência do STA, o legislador pretendeu, com este preceito, reforçar as garantias dos contribuintes, relativamente ao que sucedia na vigência do CPT, alargando as possibilidades de revisão dos atos tributários nestas situações de autoliquidação. Este entendimento está, no entender do STA, em sintonia com o sentido da autorização legislativa conferida ao Governo para aprovar a LGT. Assim o STA considerou que seria organicamente inconstitucional, por incompatibilidade com aquele sentido da autorização legislativa, se aquele preceito fosse interpretado de modo a que a revisão oficiosa, em casos de autoliquidação, só fosse possível quando o contribuinte tivesse previamente apresentado reclamação graciosa e impugnação judicial da autoliquidação – Acórdão do STA de 28/11/2007, proc. nº 532/07-30.

[832] A lei apenas reconhece como "notória" a injustiça ostensiva e inequívoca, e considera "grave" apenas a injustiça resultante de tributação manifestamente exagerada e desproporcionada face à realidade ou de que tenha resultado elevado prejuízo para a Fazenda Nacional (artigo 78º, nº 5, da LGT).

contribuinte já tiver optado pela via contenciosa então não faz sentido correr, ao mesmo tempo, e com o mesmo fundamento, procedimento gracioso (artigo 68º, nº 2, do CPPT)[833].

O procedimento de reclamação graciosa caracteriza-se pela: simplicidade de termos e brevidade das resoluções; dispensa de formalidades essenciais; inexistência do caso decidido ou resolvido; isenção de custas; limitação dos meios probatórios à forma documental e aos elementos oficiais de que os serviços disponham, sem prejuízo do direito de o órgão instrutor ordenar outras diligências complementares manifestamente indispensáveis à descoberta da verdade material; inexistência de efeito suspensivo, salvo quando for prestada garantia adequada nos termos do CPPT, a requerimento do contribuinte a apresentar com a petição, no prazo de 10 dias após a notificação para o efeito pelo órgão periférico local competente[834].

A reclamação graciosa pode ser deduzida com **fundamento em qualquer ilegalidade**, designadamente: errónea qualificação e quantificação dos rendimentos, lucros, valores patrimoniais e outros factos tributários; incompetência; ausência ou vício da fundamentação legalmente exigida; preterição de outras formalidades legais (artigos 70º, nº 1, e 99º do CPPT).

A reclamação graciosa deve ser apresentada por escrito no serviço periférico local da área do domicílio ou sede do contribuinte, da situação dos bens ou da liquidação[835], no **prazo de 120 dias** contados a partir da ocorrência dos factos descritos no nº 1 do artigo 102º do CPPT (artigo 70º, nº 1, do CPPT). A reclamação graciosa pode, em caso de manifesta simplicidade, ser apresentada oralmente e reduzida a termo (artigo 70º, nº 6, do CPPT). Ela pode, ainda, ser enviada por transmissão eletrónica de dados (artigo 70º, nº 7, do CPPT).

A lei admite, na reclamação graciosa, quer a **cumulação de pedidos** quer a **coligação de reclamantes**, desde que se verifiquem, cumulativamente, em qualquer dos casos, os seguintes pressupostos: não haja prejuízo para a celeridade da decisão; haja identidade do tributo; o

[833] É que os fundamentos para a dedução de reclamação graciosa e de impugnação judicial são os mesmos (artigo 70º, nº 1, do CPPT).

[834] Artigo 69º do CPPT.

[835] Artigo 70º, nº 6, do CPPT.

órgão competente para a decisão seja o mesmo; haja identidade dos fundamentos de facto e de direito invocados[836].

Em princípio, a reclamação graciosa é dirigida ao órgão regional da administração tributária, sendo instruída, quando necessário, pelo serviço local da área do domicílio ou sede do contribuinte, da situação dos bens ou da liquidação. O serviço local competente instaura o processo, procede à sua instrução com os elementos ao seu dispor em prazo não superior a 90 dias e elabora proposta fundamentada de decisão. Não há, contudo, lugar a instrução quando o serviço local competente disponha de todos os elementos necessários para a decisão (artigo 73º, nº 3, do CPPT).

A entidade competente para a decisão da reclamação graciosa é, em princípio, o dirigente do órgão periférico regional da área do domicílio ou sede do contribuinte, da situação dos bens ou da liquidação ou, não havendo órgão periférico regional, o dirigente máximo do serviço (artigo 75º, nº 1, do CPPT).

Do indeferimento, total ou parcial, da reclamação graciosa cabe recurso hierárquico (artigos 66º, nº 1, e 76º, nº 1, do CPPT, e 80º da LGT).

2.6.4. *Recurso hierárquico*

Tal como resulta do disposto nos artigos 80º da LGT e 66º, nºs 1 e 2, do CPPT, as decisões dos órgãos da administração tributária são suscetíveis de recurso hierárquico. Estes são **dirigidos ao mais elevado superior hierárquico do autor do ato** e são **interpostos perante o autor do ato recorrido**, devendo ser observado o **prazo de 30 dias** a contar da notificação do ato em causa.

O autor do ato recorrido pode revogá-lo, total ou parcialmente, no prazo de 15 dias (artigo 66º, nº 4, do CPPT). Dentro deste prazo, e caso não haja revogação total do ato por parte do seu autor, o recurso hierárquico deve subir, acompanhado do processo a que respeite o ato recorrido, ou, quando o recurso tiver efeito meramente devolutivo, com um seu extrato (artigo 66º, nº 3, do CPPT).

Os recursos hierárquicos são decididos no prazo máximo de 60 dias (artigo 66º, nº 5, do CPPT).

[836] Artigos 71º e 72º do CPPT.

Os recursos hierárquicos têm, em princípio, **natureza facultativa e efeito meramente devolutivo** (artigos 80º da LGT e 67º, nº 1, do CPPT). No caso de a lei lhe atribuir efeito suspensivo, este cinge-se à parte da decisão contestada (artigo 67º, nº 2, do CPPT).

A decisão sobre o recurso hierárquico é passível de recurso contencioso, salvo se de tal decisão já tiver sido deduzida impugnação judicial com o mesmo objeto (artigo 76º, nº 2, do CPPT).

A impugnação judicial da decisão de indeferimento do recurso hierárquico deve ser feita no **prazo de três meses**, contados nos termos do artigo 102º do CPPT.

Capítulo X
Jurisdição tributária e processo tributário

1. Introdução

A Constituição consagra o direito fundamental a uma tutela jurisdicional efetiva, compreendido como um corolário incontornável do princípio do Estado de direito. Nos termos do artigo 20º, nº 1, da CRP, "[a] todos é assegurado o acesso ao direito e aos tribunais para a defesa dos seus direitos e interesses legalmente protegidos".

Nesta mesma linha, o artigo 9º da LGT garante o acesso à justiça tributária para a tutela de todos os direitos ou interesses legalmente protegidos. Isso significa, de acordo com o mesmo preceito, que todos os atos em matéria tributária que lesem direitos ou interesses legalmente protegidos são impugnáveis ou recorríveis nos termos da lei.

2. Organização da jurisdição tributária

2.1. Enquadramento

A organização judicial tributária encontra-se disciplinada no *Estatuto dos Tribunais Administrativos e Fiscais* (ETAF). Nos termos do artigo 1º do ETAF "[o]s tribunais da jurisdição administrativa e fiscal são os órgãos de soberania com competência para administrar a justiça em nome do povo, nos litígios compreendidos pelo âmbito de jurisdição previsto no artigo 4º deste Estatuto".

A partir desta norma podemos cingir-nos ao estudo dos tribunais da jurisdição fiscal aos quais compete administrar a justiça nos litígios emergentes das relações jurídicas fiscais. Sobre estas relações jurídicas já nos debruçámos anteriormente.

Dos tribunais da jurisdição fiscal espera-se que recusem a aplicação de normas que infrinjam o disposto na Constituição e os princípios nela consignados[837], à semelhança do que se requer de todos os tribunais[838]. Do mesmo modo, determina-se que os mesmos exercem a sua função de forma independente e em total subordinação à lei[839].

Nos termos da lei, os tribunais da jurisdição fiscal compreendem o Supremo Tribunal Administrativo (STA), os Tribunais Centrais Administrativos (TCA) e os Tribunais Tributários (TT). Vejamos cada um deles em especial.

2.2. Supremo Tribunal Administrativo

2.2.1. *Organização e competência*

O Supremo Tribunal Administrativo, com sede em Lisboa, é o órgão superior da hierarquia dos tribunais da jurisdição administrativa e fiscal[840]. O mesmo funciona em secção e em plenário, compreendendo duas secções, sendo uma de contencioso administrativo e outra de contencioso tributário. A nossa atenção deter-se-á exclusivamente sobre esta segunda secção. Composta pelo Presidente do Tribunal, por um vice-presidente e pelos restantes juízes para ela nomeados (artigo 14º, nº 1, do ETAF), a mesma funciona em formação de três juízes ou em pleno, podendo subdividir-se por subsecções. O plenário e o pleno da secção conhecem apenas em matéria de direito. A secção de contencioso tributário conhece apenas de matéria de direito nos recursos diretamente interpostos de decisões proferidas pelos tribunais tributários (artigo 12º, nº 5, do ETAF).

Nos termos do artigo 26º do ETAF, compete à Secção de Contencioso Tributário do STA, **em formação de três juízes**, conhecer:

[837] Artigo 1º, nº 2, do ETAF.
[838] Artigo 204º da CRP.
[839] Artigo 2º do ETAF.
[840] Artigo 11º do ETAF.

- Dos recursos dos acórdãos da Secção de Contencioso Tributário dos tribunais centrais administrativos, proferidos em 1º grau de jurisdição;
- Dos recursos interpostos de decisões dos tribunais tributários com exclusivo fundamento em matéria de direito;
- Dos recursos de atos administrativos do Conselho de Ministros respeitantes a questões fiscais;
- Dos requerimentos de adoção de providências cautelares respeitantes a processos da sua competência;
- Dos pedidos relativos à execução das suas decisões;
- Dos pedidos de produção antecipada de prova, formulados em processo nela pendente;
- Dos conflitos de competência entre tribunais tributários;
- De outras matérias que lhe sejam deferidas por lei.

Compete ao pleno da Secção de Contencioso Tributário do STA conhecer (artigo 27º do ETAF): dos recursos de acórdãos proferidos pela Secção em 1º grau de jurisdição; dos recursos para uniformização de jurisprudência; pronunciar-se relativamente ao sentido em que deve ser resolvida, por um tribunal tributário, questão de direito nova que suscite dificuldades sérias e se possa vir a colocar noutros litígios.

Em matéria de contencioso tributário, o STA tem, assim, competências de apelação, de revista, de primeira instância, de tutela cautelar, de execução, de resolução de conflitos de competência e de uniformização de jurisprudência, bem como de apreciação dos pedidos de produção antecipada de prova, para além da competência em outras matérias que lhe sejam deferidas por lei.

2.2.2. *Das competências, em especial*

2.2.2.1. *Competência de apelação*

A competência de apelação do STA abrange o conhecimento dos recursos dos acórdãos da secção de contencioso tributário dos TCA proferidos em primeiro grau de jurisdição. Aqui o STA funciona em segunda instância (artigo 26º do ETAF). Além disso, o pleno da secção tem competência de apelação em matéria de recursos de acórdãos proferidos pela secção em 1º grau de jurisdição [artigo 27º, nº 1, al. a), do ETAF].

2.2.2.2. *Competência de revista*

A competência de revista do STA compreende o conhecimento dos recursos interpostos de decisões dos tribunais tributários com exclusivo fundamento em matéria de direito. O STA intervém em terceira e última instância, sem se debruçar sobre as questões de facto.

2.2.2.3. *Competência de primeira instância*

O STA tem competência para conhecer dos impropriamente designados recursos dos atos administrativos do Conselho de Ministros respeitantes a questões fiscais. Na realidade trata-se de ações de impugnação de atos administrativos.

2.2.2.4. *Competência cautelar*

O STA tem competência para apreciar os requerimentos sobre a adoção de providências cautelares respeitantes a processos da competência do STA, sejam conservatórias sejam antecipatórias. Trata-se de um poder inerente à própria função jurisdicional, cujo objetivo consiste em assegurar o conteúdo útil das sentenças.

2.2.2.5. *Competência executiva*

Esta competência abrange o conhecimento dos pedidos relativos à execução das decisões do STA.

2.2.2.6. *Resolução de conflitos de competência*

Esta competência compreende a resolução de conflitos de competências entre tribunais tributários.

2.2.2.7. *Uniformização de jurisprudência*

A uniformização de jurisprudência é uma tarefa do pleno da secção de contencioso tributário que pode ser levada a cabo *ex ante* ou *ex post*. No primeiro caso pretende-se prevenir a contradição de julgados. Ao passo que nos segundos reage-se a uma contradição de julgados já ocorrida. O mecanismo preventivo de uniformização da jurisprudência consiste na possibilidade de o STA se pronunciar relativamente ao sentido em que deve ser resolvida uma questão nova que suscite dificuldades sérias e se possa vir a colocar noutros litígios (artigo 27º, nº 2, do ETAF). O mecanismo reativo de uniformização de jurisprudência consiste no recurso para esse efeito previsto no artigo 27º, nº 1, al. b), do ETAF.

2.3. Tribunais Centrais Administrativos

2.3.1. *Organização e competência*

À semelhança do STA, os TCA, com sede em Lisboa (TCA Sul) e no Porto (TCA Norte), encontram-se divididos em duas secções, sendo a primeira de contencioso administrativo e a segunda de contencioso tributário. Por razões óbvias iremos centrar a nossa atenção sobre esta última. A mesma conhece de direito e de facto, podendo dividir-se em subsecções (artigos 31º e 32º do ETAF). A secção de contencioso tributário é composta pelo presidente do tribunal, pelo vice-presidente e pelos restantes juízes. As disposições respeitantes ao preenchimento das secções e ao regime das sessões de julgamento do STA são aplicáveis, com as devidas adaptações, aos TCA (artigo 34º do ETAF). O julgamento em secção é feito em formação de três juízes, sendo as decisões tomadas em conferência (artigo 35º, nºs 1 e 2, do ETAF).

À semelhança do que sucede com o STA, a secção de contencioso tributário dos TCA, para além do mais que a lei estabelecer, exerce diferentes tipos de competências, de apelação, de primeira instância, de tutela cautelar e de execução, para além dos pedidos de produção antecipada da prova.

2.3.2. *Das competências, em especial*

2.3.2.1. *Competência de apelação*

Os TCA conhecem dos recursos dos tribunais tributários, salvo quando os mesmos envolvam apenas questões de direito e sejam por isso da competência do STA [artigo 38º, al. a), do ETAF].

2.3.2.2. *Competência de primeira instância*

Nos termos do artigo 38º, al. b) do ETAF, os TCA conhecem dos recursos dos atos administrativos respeitantes a questões fiscais praticados por membros do Governo. Não se trata aqui de recursos em sentido técnico, mas de verdadeiras ações de impugnação de atos administrativos tributários. A competência de primeira instância abrange ainda o conhecimento dos pedidos de declaração de ilegalidade de normas administrativas de âmbito nacional emitidas em matéria fiscal [artigo 38º, al. c), do ETAF].

2.3.2.3. *Competência cautelar*

À semelhança do que sucede no caso do STA, também os TCA têm competência para conhecer dos pedidos de adoção de providências cautelares relativos a processos da sua competência [artigo 38º, al. d), do ETAF].

2.3.2.4. *Competência executiva*

Nos termos do artigo 38º, al. e), do ETAF, os TCA têm competência para conhecer dos pedidos de execução das suas decisões.

2.4. Tribunais tributários

2.4.1. *Organização e competência*

Na base da pirâmide da jurisdição tributária encontram-se os Tribunais Tributários (TT), que podem estar agregados, nos termos do artigo 9º do ETAF, com os tribunais administrativos de círculo, sob a designação de tribunais administrativos e fiscais.

O Decreto-Lei nº 166/2009, de 31 de julho, veio permitir a criação de juízos de competência especializada fiscal desdobrados em **três níveis de especialização** assentes em critérios relacionados com a natureza das ações, a sua complexidade ou o seu valor.

Assim, nos termos do artigo 9º-A do ETAF, aditado pelo referido diploma legal, permite o desdobramento dos tribunais tributários, por decreto-lei, em juízos especializados, que podem funcionar em local diferente da sede, dentro da respetiva área de jurisdição.

A lei permite a criação dos seguintes juízos de competência tributária especializada:

o Juízo de pequena instância tributária;
o Juízo de média instância tributária;
o Juízo de grande instância tributária.

A competência das instâncias especializadas encontra-se definida no artigo 49º-A do ETAF.

O 56º-A do ETAF, também aditado pelo Decreto-Lei nº 166/2009, prevê, ainda, a criação, na dependência orgânica do Conselho Superior dos Tribunais Administrativos e Fiscais, de um gabinete de apoio aos magistrados da jurisdição administrativa e fiscal. Este gabinete garante a assessoria e consultadoria técnica aos magistrados e ao presidente do respetivo tribunal, nos termos definidos para os gabinetes de apoio dos tribunais das comarcas judiciais. A criação do gabinete de apoio é feita por portaria conjunta dos membros do Governo responsáveis pelas áreas das finanças, da Administração Pública e da justiça, que fixa igualmente o número de especialistas com formação científica e experiência profissional adequada que constitui o gabinete.

Vejamos, de seguida, quais as competências dos Tribunais Tributários.

2.4.2. *Das competências, em especial*

2.4.2.1. *Ações de impugnação*

Os tribunais tributários conhecem de ações de impugnação em matéria fiscal. As mesmas podem incidir sobre atos administrativos tributários ou normas de âmbito regional ou local.

Nos termos do artigo 49º, nº 1, als. a) e b) do ETAF, os tribunais tributários têm competência para conhecer de ações de **impugnação dos seguintes atos**:

- Atos de liquidação das receitas fiscais estaduais, regionais ou locais;
- Atos de liquidação parafiscais;
- Atos de indeferimento total ou parcial de reclamações desses atos;
- Atos de fixação de valores patrimoniais;
- Atos de determinação da matéria tributável;
- Atos praticados pela entidade competente nos processos de execução fiscal;
- Atos administrativos respeitantes a questões fiscais subtraídos à competência de outros tribunais;
- Decisões de aplicação de coimas e sanções acessórias em matéria fiscal.

Dentro das ações de impugnação, importa salientar que, nos termos do artigo 49º, nº 1, al. e), *i)* do ETAF, compete aos tribunais tributários conhecer dos **pedidos de declaração de ilegalidade de normas administrativas de âmbito regional ou local**, emitidas em matéria fiscal.

2.4.2.2. *Ações de reconhecimento de direitos ou interesses*
Segundo o disposto no artigo 49º, nº 1, al. c), do ETAF, os tribunais tributários têm ainda competência para conhecer das ações destinadas a obter o reconhecimento de direitos ou interesses legalmente protegidos em matéria fiscal. Trata-se de ações de simples apreciação.

2.4.2.3. *Providências cautelares*
Os tribunais tributários têm competência para decretar providências cautelares. Nos termos do artigo 49º, nº 1, al. e), *iii)* e *iv)*, do ETAF, os tribunais tributários têm competência para apreciar pedidos sobre providências cautelares para garantia dos créditos fiscais e providências cautelares relativas aos atos administrativos impugnados ou impugnáveis e às normas administrativas de âmbito regional ou local, emitidas em matéria fiscal.

2.4.2.4. *Processo executivo*
Os tribunais administrativos dispõem também, nos termos do artigo 49º, nº 1, al. e), *v)* do ETAF, de competência para proceder à execução das suas decisões. Para além da competência referida, os tribunais administrativos podem ainda conhecer, nos termos do artigo 49º, nº 1, al. d), do ETAF, dos incidentes, embargos de terceiro, anulação da venda, oposições e impugnação de atos lesivos bem como todas as questões relativas à legitimidade dos responsáveis subsidiários, levantadas no processo de execução fiscal.

2.4.2.5. *Intimações*
Nos termos do artigo 49º, nº 1, al. e), *vi)*, do ETAF, os tribunais tributários têm competência para proferir intimações para facultar a consulta de documentos ou processos, passar certidões ou prestar informações.

2.4.2.6. *Outras competências*
A competência dos tribunais tributários abrange, ainda, a competência para os pedidos de produção antecipada da prova, formulados em processo neles pendente ou a instaurar em qualquer tribunal tributário, nos termos do artigo 49º, nº 1, al. e), *ii)*, do ETAF. A lei pode atribuir aos tribunais tributários outras competências, nos termos do artigo 49º, nº 1, al. f), do ETAF.

2.5. Fazenda Pública

No processo tributário, a Fazenda Pública intervém, junto dos TT, na defesa dos seus interesses, através de representantes seus (artigos 53º e seguintes do ETAF).

Nas secções de contencioso tributário do STA e dos TCA, a Fazenda Pública é representada pelo diretor-geral da AT, o qual, por sua vez, pode ser representado pelos respetivos sub-diretores gerais ou por funcionários superiores da AT que sejam licenciados em Direito [artigo 54º, nº 1, al. a), do ETAF].

Junto dos TT, a representação da Fazenda Pública compete também ao diretor-geral da AT, mas este pode fazer-se representar pelos diretores de finanças e diretores de alfândega da respetiva área de jurisdição ou por funcionários daquela Autoridade que sejam licenciados em Direito.

A Fazenda Pública é representada por um licenciado em Direito ou advogado designado pela autarquia local relevante quando estejam em causa receitas fiscais autárquicas (artigo 54º, nº 3, do ETAF).

A intervenção da Fazenda Pública não prejudica a intervenção do Ministério Público no processo tributário em defesa da legalidade democrática e do interesse público (artigos 51º e 52º do ETAF).

3. Princípios do processo tributário

3.1. Princípio da tutela jurisdicional efetiva

Expressão do princípio constitucional da tutela jurisdicional efetiva e do direito ao processo equitativo é a consagração, na LGT, do direito de impugnação ou recurso. Nos termos do artigo 95º, nº 1, da LGT, o interessado tem o direito de impugnar ou recorrer de todos os atos lesivos dos seus direitos ou interesses legalmente protegidos. Isso significa que o particular tem o direito de contestar judicialmente não apenas os atos administrativos tributários, mas também todos os atos jurídicos ou operações materiais que lhes deem execução.

Podem ser lesivos dos direitos ou interesses legalmente protegidos do interessado, nomeadamente, os seguintes: a liquidação de tributos, incluindo a autoliquidação, a retenção na fonte e o pagamento por conta;

a fixação de valores patrimoniais, contrapartidas ou compensações; a determinação da matéria coletável por métodos indiretos quando não dê lugar a um tributo; o indeferimento total ou parcial de reclamações, pedidos de isenção ou benefícios fiscais bem como o agravamento resultante do indeferimento de reclamação; atos administrativos em matéria tributária; aplicação de coimas ou sanções acessórias; atos praticados na execução fiscal; apreensão de bens ou outras providências cautelares da competência da administração tributária (artigo 95º, nº 2, da LGT).

3.2. Princípio do pedido

O princípio do pedido é um subprincípio do princípio da imparcialidade da jurisdição, que por sua vez é uma dimensão do princípio do acesso ao direito e aos tribunais, e do princípio da igualdade dos cidadãos perante a lei.

Decorre do princípio do pedido que, salvo nas questões de conhecimento oficioso previstas na lei, o juiz está impedido de conhecer de questões que não tenham sido suscitadas pelas partes, nem condenar em objeto diverso ou em quantidade superior à que tiver sido pedida. Este princípio está consagrado nos artigos 608º, nº 2, 609º, nº 1 e 615º, n. º 1, al. d), do Código de Processo Civil e tem expressão, em sede de contencioso tributário, no artigo 125º, nº 1, do CPPT que determina a nulidade da sentença quando haja *excesso de pronúncia*, isto é, quando o juiz se pronunciar sobre questões que não deva conhecer.

3.3. Princípio do contraditório

O princípio do contraditório é um corolário do princípio da igualdade de armas no processo, inerente à ideia de processo equitativo (*due process of law*). O mesmo articula-se com o princípio da separação de poderes e a independência dos tribunais em relação ao poder político-administrativo. Nos termos do artigo 98º da LGT, as partes no processo tributário dispõem de iguais faculdades e meios de defesa.

Da contestação no processo de impugnação judicial ocupam-se os artigos 110º e seguintes do CPPT. A lei prevê também, no mesmo processo, as alegações escritas, após a produção de prova e antes da vista ao Ministério Público e da sentença (artigo 120º do CPPT).

3.4. Princípio do inquisitório

Os tribunais têm a obrigação de decidir (proibição do "non liquet")[841]. Nos termos do nº 1, do artigo 8º do Código Civil, "*o tribunal não pode abster-se de julgar, invocando a falta ou obscuridade da lei ou alegando dúvida insanável acerca dos factos em litígio*".[842]

A obrigação de decidir resulta também do princípio constitucional da tutela jurisdicional efetiva (artigo 20º da CRP), igualmente acolhido no artigo 9º da LGT.

Os tribunais tributários têm o poder-dever de realizar ou ordenar oficiosamente as diligências probatórias que considerarem adequadas e necessárias à descoberta da **verdade material tributária** relativamente aos factos alegados (artigo 99º da LGT e 13º, nº 1, do CPPT). É este o sentido do **princípio do inquisitório** (ou princípio da investigação) consagrado na legislação tributária nacional.

Decorre do princípio do inquisitório que os tribunais tributários não se encontram limitados aos factos alegados pelas partes no processo tributário. Razões de legalidade, igualdade e necessidade tributária impõem que os mesmos tenham o poder-dever de realizar ou ordenar oficiosamente as diligências probatórias que considerem úteis, isto é, adequadas e necessárias, ao conhecimento da verdade material tributária relativamente aos factos alegados ou de que pode oficiosamente conhecer.

O processo tributário não pode, assim, ser compreendido como um processo de partes, dominado pelo princípio do dispositivo – este prevalece no processo civil, mas não no processo tributário.

Consequentemente o ónus da prova, no direito tributário, não pode operar nos mesmos termos em que opera no direito civil.[843] Na verdade, uma vez adquiridos para o processo certos factos, mediante a realização das diligências de investigação que sejam consideradas úteis para o apuramento da verdade, carece de relevo a tarefa de averiguação acerca de sobre quem recai o ónus da prova.[844]

[841] Cfr. João Batista Machado, *Introdução ao Direito e ao Discurso Legitimador*, 17ª reimp., Coimbra, Almedina, 2008, pp. 193-194.

[842] Cfr., no mesmo sentido, artigo 3º, nº 2, do *Estatuto dos Magistrados Judiciais*, aprovado pela Lei nº 21/85, de 30 de julho.

[843] Cfr. Acórdão do STA de 18/6/2003, recurso nº 785/03.

[844] Cfr. Acórdão do STA de 8/7/92, recurso nº 12147.

Importa sublinhar que o processo tributário não se destina apenas à tutela de direitos e interesses legalmente protegidos. Ele visa, também, tutelar os princípios fundamentais do direito tributário (universalidade, legalidade, igualdade, proporcionalidade, entre outros) e contribuir para a realização das finalidades do sistema fiscal, designadamente a justa repartição do rendimento e da riqueza. A tutela objetiva destes princípios e dos valores que lhes estão subjacentes não pode, em abstrato, estar dependente da prova feita pelas partes.

A prevalência do princípio do inquisitório no processo (e no procedimento) tributário é defendida por uma parte significativa da doutrina alemã, que sustenta que os tribunais devem averiguar o que efetivamente ocorreu, considerando todas as circunstâncias relevantes para a decisão dos casos individuais[845].

Um dos meios que os tribunais tributários têm à sua disposição para o conhecimento da verdade material tributária é o recurso à **prova pericial**[846].

Com efeito, a contínua complexização da vida social, que tem associado o acelerado desenvolvimento científico e tecnológico, tem-se constituído como um desafio ao direito. Cada vez mais a realização da justiça está dependente de conhecimentos técnico-científicos especializados de que os juízes não dispõem. É neste contexto que o recurso à prova pericial tem vindo a assumir importância crescente. Assim é, também, no domínio fiscal. O recurso à prova pericial pelos tribunais tributários é frequente[847].

[845] Esta doutrina opõe-se à "tipificação judicial", que se traduziria numa simplificação artificial de situações da vida fiscalmente relevantes, implicando a diminuição da medida da prova e prejudicando alguns dos princípios fundamentais da tributação, como os princípios da legalidade e da igualdade – cfr. KRUSE/DRÜEN, Tipke/Kruse, AO/FGO Kommentar, § 4, 2001, pp. 133 e seguintes.

[846] Cfr. artigo 116º do CPPT. Sobre a admissibilidade da prova pericial no processo tributário, enquanto meio apto a contribuir para a descoberta da verdade material, cfr. Acórdão do STA de 10/4/2002, recurso nº 26348.

[847] Sobre o recurso à prova pericial pelos tribunais tributários norte-americanos, cfr. Joni Larson, "Tax Evidence II: A Primer on the Federal Rules of Evidence as Applied by the Tax Court," 57 *Tax Law*. 371, 453-68 (2004); Burgess J.W. Raby & William L. Raby, "Reasonable Compensation, Expert Witnesses, and the Tax Practitioner," *Tax Notes*, Sept. 15, 2003, p. 1415; Burgess J.W. Raby & William L. Raby, "Tax Practitioners as Expert Witnesses," *Tax Notes*, Apr. 29, 2002, p. 731.

A possibilidade de ser o juiz e não as partes a designar o(s) perito(s) tem merecido alguma atenção por parte da doutrina dos países da *common law*[848].

A designação do(s) perito(s) pelo juiz permite, desde logo, evitar as chamadas "battles of the experts"[849]. Estas batalhas, próprias dos processos de partes, advêm da indicação de peritos por cada uma partes, donde resultam, frequentemente, posições diametralmente opostas sobre os factos em causa. As "battles of the experts" podem levar a que o Tribunal fique sem o esclarecimento necessário acerca da verdade dos factos, podendo mesmo acontecer que o Tribunal fique ainda em pior posição para julgar do que antes do testemunho dos peritos[850]. Em 1905, o juiz Learned Hand afirmava que "[o juiz] não decidirá melhor com o chamado testemunho dos peritos do que decidiria sem eles, exceto quando aquele é unânime".[851] Destas "batalhas" pode, na realidade, resultar a não produção de prova, em prejuízo da descoberta da verdade material.[852] Estes são apenas alguns dos problemas associados a um processo tributário de partes, baseado no princípio do dispositivo.

Têm sido diversas as alternativas apresentadas pela doutrina ao processo de partes. Em qualquer caso, a solução adotada deve ser apta a assegurar a eficiência e a justiça do processo[853]. A possibilidade de ser o tribunal a designar os peritos é uma das soluções possíveis e aquela que evidencia maior aptidão para garantir as finalidades do processo tributário.[854]Alguns autores sugerem que os países da *common law* teriam a ganhar com a transição para um sistema assente no princípio do inquisitório, típico em muitos dos países da Europa Continental, na

[848] Por exemplo, no acórdão *Baxter v. United States*, de 2009, o *Supreme Court* norte-americano considerou que o facto de os defensores da arguida não terem recorrido a peritos fiscais se traduziu numa violação dos seus direitos de defesa, à luz da exigência da Sexta Emenda constitucional – cfr. Steve R. Johnson, "Expert Witnesses and the Sixth Amendment", disponível em <http://ssrn.com/abstract=1474059>, acedido em 20/4/2010.

[849] Andrew MacGregor Smith, "Using impartial experts in valuations: a forum-specific approach", *William and Mary Law Review*, 35, spring 1994, p. 1244.

[850] *Idem*.

[851] Learned Hand, *Historical and Practical Considerations Regarding Expert Testimony, Harvard Law Review*, 15, 1901, p. 55.

[852] Andrew MacGregor Smith, *op. cit.*, p. 1245.

[853] *Idem*, p. 1251.

[854] Neste sentido, cfr., *idem*, p. 1297.

medida em que este permitiria reduzir a distorção da prova, bem como os custos do processo e a sua complexidade.[855]

Em Portugal, a possibilidade de designação de um perito ou de um colégio de peritos pelo tribunal, eventualmente com a participação das partes, é uma solução que se nos afigura equilibrada. Sem que se abandone completamente o princípio do dispositivo, este cede, no processo tributário, perante a necessidade de o juiz apurar a verdade material dos factos.

Vale, relativamente à prova pericial, o princípio da livre apreciação de prova pelo Tribunal (artigo 389º do Código Civil). Este princípio não significa que a prova seja apreciada arbitrariamente, mas sim que o juiz aprecia a prova segundo a sua *experiência*, a sua *prudência* e o seu *bom senso*, sem estar adstrito a específicos critérios legais.[856]

É com base nos diversos elementos de prova que o Tribunal terá que decidir, cabendo-lhe valorar os factos pericialmente apreciados, conjuntamente com as demais provas.[857]

3.5. Princípio da economia processual

Intimamente relacionado com o princípio da tutela jurisdicional efetiva encontra-se o princípio da economia processual. Ambos militam no sentido da ampliação das possibilidades de articulação dos meios processuais, permitindo a otimização das suas virtualidades, tendo em vista ir plenamente ao encontro das pretensões dos particulares. Procura-se aumentar a eficácia e a eficiência do processo administrativo, possibilitando a realização das suas finalidades substantivas da maneira menos onerosa possível, reduzindo dessa forma a complexidade processual.

O princípio da economia processual tem expressão no contencioso tributário, designadamente, no artigo 104º do CPPT, que permite a cumulação de pedidos e a coligação de autores.

Expressão do princípio da economia processual é, igualmente, a admissão legal de correção de erro na forma do processo quando o meio

[855] John H. Langbein, *The German Advantage in Civil Procedure, University of Chicago Law Review*, 52, 1985, p. 835.

[856] Cfr. Pires de Lima / Antunes Varela, *Código Civil Anotado*, Vol. I, 4ª ed., Coimbra, Coimbra Editora, 1987, p. 340.

[857] Cfr. Jorge Augusto Pais de Amaral, *Direito Processual Civil*, 9ª ed. Coimbra, Almedina, 2010, pp. 329-330.

utilizado não seja o adequado[858], convolando-se, assim, a peça processual imprópria no meio processual adequado. Todavia, a convolação só deverá ser decidida caso se revele necessária à obtenção do efeito útil pretendido pelo interessado, não sendo admissível leve à prática de atos inúteis[859].

3.6. Princípio *pro actione*

Intimamente ligado ao princípio da tutela jurisdicional efetiva, bem como ao princípio da economia processual, está o princípio *pro actione* (também designado por antiformalista ou *pro favoritate instantiae*). Este princípio tem manifestação no nº 3 do artigo 97º da LGT, já por nós referido a propósito do princípio da economia processual. Com efeito, o dever de o juiz ordenar a correção do processo quando o meio usado não for legalmente adequado constitui também expressão do princípio *pro actione*, na medida em que o acesso ao direito e a tutela jurisdicional efetiva devem prevalecer sobre o formalismo processual[860].

3.7. Princípio da celeridade processual

O artigo 97º da LGT consagra o princípio da celeridade da justiça tributária, consagrando o direito a obter num prazo razoável uma decisão que aprecie, com força de caso julgado, a pretensão regularmente deduzida em juízo e a possibilidade da sua execução. A celeridade processual decorre do princípio da tutela jurisdicional efetiva. Em matéria fiscal ela assume um especial relevo, tendo em vista as exigências de segurança jurídica, proteção da confiança e calculabilidade necessárias à fluidez do tráfico jurídico e ao regular funcionamento do sistema económico.

De acordo com o estabelecido no nº 2 do artigo 96º do CPPT, o processo judicial tributário não deve ter duração acumulada superior a dois anos contados entre a data da respetiva instauração e a da decisão proferida em 1ª instância que lhe ponha termo. Nos processos com natureza urgente, como é o caso da tutela cautelar, esse prazo deverá ser de 90 dias (artigo 96º, nº 3, do CPPT). O artigo 177º do CPPT prevê, também, um prazo para a extinção da execução fiscal, que se verificará, em princípio, no prazo de um ano contado desde a sua instauração.

[858] Artigos 97º, nº 3, da LGT e 98º, nº 4, do CPPT.
[859] Acórdão do STA de 17/06/2009, proc. 0322/09.
[860] Acórdãos do STA de 21/01/2009, proc. 0688/08; e de 24/06/2004, proc. 01631/03.

4. Meios processuais

4.1. Elenco dos meios processuais

São meios processuais tributários, enunciados no artigo 101º da LGT, os seguintes:

- A impugnação judicial;
- A ação para reconhecimento de direito ou interesse legítimo em matéria tributária;
- O recurso de atos de aplicação de coimas e sanções acessórias;
- O recurso de atos praticados na execução fiscal, no próprio processo ou, nos casos de subida imediata, por apenso;
- Os procedimentos cautelares de arrolamento e de arresto;
- Os meios acessórios de intimação para consulta de processos ou documentos administrativos e passagem de certidões;
- A produção antecipada de prova;
- A intimação para um comportamento, em caso de omissões da administração tributária lesivas de quaisquer direitos ou interesses legítimos;
- A impugnação das providências cautelares adotadas pela administração tributária;
- A ação administrativa, quando em causa estejam atos que neguem a concessão de isenções ou de benefícios fiscais ou outros atos relativos a questões tributárias que não impliquem a apreciação do ato de liquidação[861],[862].

4.2. A impugnação judicial

4.2.1. *Aspetos gerais*

A impugnação judicial pode ter por fundamento qualquer ilegalidade, designadamente: errónea qualificação e quantificação dos rendimentos, lucros, valores patrimoniais e outros factos tributários; incompetência; ausência ou vício da fundamentação legalmente exigida; preterição de outras formalidades legais (artigo 99º do CPPT).

[861] Cfr. artigo 191º do CPTA.

[862] Cfr. também o artigo 97º, nº 1, alínea *p)*, do CPPT.

Decorre do artigo 86º, nº 5, da LGT e do artigo 117º, nº 1, do CPPT que, em princípio, **a impugnação dos atos tributários com base em erro na quantificação da matéria tributável ou nos pressupostos de aplicação de métodos indiretos depende de prévia apresentação do pedido de revisão da matéria tributável**. Só assim não será em caso de aplicação de regime simplificado de tributação ou quando da decisão seja interposto recurso hierárquico com efeitos suspensivos da liquidação.

Em caso de **erro na autoliquidação**, a impugnação tem, obrigatoriamente, de ser precedida de reclamação graciosa dirigida ao dirigente do órgão periférico regional da administração tributária, no prazo de 2 anos após a apresentação da declaração (artigo 131º, nº 1, do CPPT)[863]. Quando o fundamento da impugnação for, exclusivamente, matéria de direito e a autoliquidação tiver sido feita com base em orientações genéricas da administração tributária, a impugnação não depende de reclamação graciosa prévia (artigo 131º, nº 3, do CPPT).

A **retenção na fonte** também pode ser objeto de impugnação por parte do substituto em caso de erro na entrega de imposto superior ao retido, nos termos do disposto no artigo 132º do CPPT.

É, ainda, suscetível de impugnação judicial o **pagamento por conta**, com fundamento em erro sobre os pressupostos da sua existência ou do seu quantitativo quando determinado pela administração tributária (artigo 133º, nº 1, do CPPT). A impugnação do pagamento por conta está dependente de prévia reclamação graciosa para o órgão periférico local da administração tributária competente, no prazo de 30 dias após o pagamento indevido. Em caso de indeferimento, pode o contribuinte impugnar, no prazo de 30 dias, o ato nos mesmos termos que do ato de liquidação. Após decorridos 90 dias desde a apresentação da reclamação sem que tenha havido indeferimento, considera-se a mesma tacitamente deferida.

Podem, ainda, ser impugnados os **atos de fixação dos valores patrimoniais**, com fundamento em qualquer ilegalidade, no prazo de 90 dias contados a partir da sua notificação ao contribuinte, (artigo 134º do CPPT).

[863] O STA, em acórdão de 21/05/2008, proc. nº 863/07-30, entendeu que o artigo 131º não viola os princípios constitucionais da tutela jurisdicional efetiva e da impugnabilidade contenciosa de atos administrativos.

4.2.2. *Petição inicial*

A impugnação judicial inicia-se com a apresentação da **petição inicial** no prazo de três meses[864] contados a partir da verificação dos seguintes factos: termo do prazo para pagamento voluntário das prestações tributárias legalmente notificadas ao contribuinte; notificação dos restantes atos tributários, mesmo quando não deem origem a qualquer liquidação; citação dos responsáveis subsidiários em processo de execução fiscal; formação da presunção de indeferimento tácito; notificação dos restantes atos que possam ser objeto de impugnação autónoma nos termos do CPPT; conhecimento dos atos lesivos de outros interesses legalmente protegidos (artigo 102º, nº 1, do CPPT).

Se o fundamento for a nulidade, a impugnação pode ser deduzida a todo o tempo (artigo 102º, nº 3, do CPPT).

A petição inicial **pode ser apresentada no tribunal tributário competente ou no serviço periférico local onde o ato tenha sido praticado**[865] ou se deva, nos termos da lei, considerar praticado[866] (artigo 103º, nº 1, do CPPT).

A impugnação tem **efeito suspensivo** quando, a requerimento do contribuinte, for **prestada garantia adequada**, no prazo de 10 dias após a notificação para o efeito pelo tribunal, com observância dos critérios e termos definidos nos nºs 1 a 6 e 10 do artigo 199º do CPPT (artigo 103º, nº 4, do CPPT). Quando já tenha sido prestada garantia no âmbito de procedimento de reclamação graciosa, a mesma mantém-se, sem prejuízo do seu eventual reforço (artigo 103º, nº 5, do CPPT).

A lei admite, na impugnação judicial, **a cumulação de pedidos e a coligação de autores** desde que, *cumulativamente*, se verifique identidade: da *natureza dos tributos*; dos *fundamentos de facto e de direito invocados*; do *tribunal competente para a decisão* (artigo 104º do CPPT). Para se aferir a identidade da natureza dos tributos deve atender-se à classificação que resulta do artigo 104º da Constituição, que distingue entre impostos sobre o património, sobre o rendimento e sobre o consumo. Assim, não será possível, por exemplo, questionar-se numa mesma petição a lega-

[864] Salvo quando resulte da lei a aplicação de prazo especial.

[865] Neste caso, o serviço local envia a petição ao tribunal tributário competente no prazo de cinco dias após o pagamento da taxa de justiça inicial (artigo 103º, nº 3, do CPPT).

[866] Os atos tributários consideram-se praticados na área do domicílio ou sede do contribuinte, da situação dos bens ou da liquidação (artigo 103º, nº 2, do CPPT).

lidade de um ato tributário de liquidação de IVA e de um ato tributário de liquidação de IRC[867].

A elaboração da petição inicial obedece a diversos requisitos. No termos do artigo 108º do CPPT, a petição deve: ser articulada; ser dirigida ao juiz do tribunal competente; identificar o ato impugnado; identificar a entidade que praticou o ato; explanar os factos; expor as razões de direito que fundamentam o pedido; indicar o valor do processo ou a forma como se pretende que seja feita a sua determinação, pelos serviços competentes da administração tributária.

Juntamente com a petição, apresentada em triplicado, o impugnante deve oferecer os documentos de que dispuser, arrolar testemunhas e requerer as demais provas que não dependam de ocorrências supervenientes (artigo 108º, nº 3, do CPPT).

4.2.3. *Contestação*

Recebida a petição, o juiz ordena a notificação do representante da Fazenda Pública para, no prazo de 90 dias, contestar e solicitar a produção de prova adicional (artigo 110º, nº 1, do CPPT).

O representante da Fazenda Pública deve solicitar, no prazo de três dias, o processo administrativo ao órgão local da situação dos bens ou da liquidação, o qual deve ser remetido ao tribunal juntamente com a contestação[868] (artigo 110º, nºs 3 e 4, do CPPT).

A falta de contestação não significa a confissão dos factos alegados pelo impugnante (artigo 110º, nº 6, do CPPT). O juiz dispõe de liberdade de apreciação da falta de contestação especificada dos factos (artigo 110º, nº 7, do CPPT).

No caso de o valor do processo não exceder o valor da alçada do tribunal tributário de 1ª instância[869] e a questão a resolver for manifestamente simples, pode o dirigente do órgão periférico local da administração tributário, revogar, total ou parcialmente, o ato impugnado, desde que disponha dos elementos necessários para o efeito. Para tal dispõe do

[867] Acórdãos do STA de 02/02/2005, proc. nº 0974/04; de 27/04/2005, proc. nº 01891/03; de 10/03/2005, proc. nº 01390/04; e de 25/05/2005, proc. nº 0400/05.

[868] O juiz pode, a todo o tempo, ordenar ao serviço periférico local a remessa do processo administrativo, inclusivamente em caso de ausência de contestação (artigo 110º, nº 5, do CPPT).

[869] Cfr. o artigo 6º do ETAF.

prazo de 30 dias contados a partir da data do pedido de remessa do processo administrativo ao representante da Fazenda Pública (artigo 112º, nº 1, do CPPT).

O juiz, recebida a contestação ou decorrido o prazo para a apresentação da mesma, pode conhecer imediatamente do pedido, após vista ao MP, se a questão for apenas de direito ou, sendo também de facto, o processo fornecer os elementos necessários (artigo 113º do CPPT).

4.2.4. *Instrução*

Se não conhecer imediatamente do pedido, nos termos do artigo 113º do CPPT, o juiz ordena as diligências de produção de prova necessárias, as quais são produzidas no respetivo tribunal (artigo 114º do CPPT).

A lei admite os meios gerais de prova (prova por confissão, prova documental, prova pericial, prova por inspeção e prova testemunhal)[870].

Se da prova produzida resultar fundada dúvida sobre a existência e quantificação do facto tributário, o ato impugnado deverá ser anulado (artigo 100º, nº 1, do CPPT)[871].

Finda a produção de prova, é ordenada a notificação dos interessados para apresentarem, por escrito, as alegações, dentro do prazo fixado pelo juiz, o qual não será superior a 30 dias (artigo 120º do CPPT).

Após a apresentação das alegações, ou decorrido o prazo para a sua apresentação, e antes de proferir a sentença, o juiz dá vista do processo ao MP para, caso este o entenda, se pronunciar sobre as questões de legalidade suscitas no processo ou suscitar outras, de acordo com as suas competências legais (artigo 121º, nº 1, CPPT).

4.2.5. *Sentença*

Na sentença, o juiz deve: identificar os interessados; identificar os factos objeto de litígio; sintetizar a pretensão do impugnante e respetivos fundamentos; sintetizar a posição do representante da Fazenda Pública; sintetizar a posição do MP; fixar as questões que ao tribunal cumpre

[870] Artigo 115º do CPPT.

[871] Em caso de recurso a métodos indiretos, não se considera haver *dúvida fundada* quando o fundamento da sua aplicação for a inexistência ou desconhecimento, por recusa de exibição, da contabilidade ou escrita e de mais documentos legalmente exigidos ou a sua falsificação, ocultação ou destruição, ainda que os contribuintes invoquem razões acidentais (artigo 100º, nº 2, do CPPT).

solucionar; discriminar a matéria provada e não provada, fundamentando as suas decisões (artigo 123º do CPPT).

Constituem causas de nulidade da sentença (artigo 125º do CPPT): a falta de assinatura do juiz[872]; a não especificação dos fundamentos de facto e de direito da decisão; a oposição dos fundamentos com a decisão; a falta de pronúncia sobre questões que o juiz deva apreciar ou a pronúncia sobre questões que não deva conhecer.

A sentença deve ser notificada, no prazo de 10 dias, ao MP, ao impugnante e ao representante da Fazenda Pública (artigo 126º do CPPT).

4.2.6. *Incidentes*

A lei admite, em processo de impugnação os seguintes incidentes (artigo 127º, nº 1, do CPPT): assistência[873]; habilitação[874]; apoio judiciário.

O prazo de resposta ao incidente é de 15 dias, devendo o MP pronunciar-se, obrigatoriamente, acerca da matéria nele discutida antes da respetiva decisão.

4.3. A ação administrativa

Quando estiver em causa a prática pela administração tributária de atos que neguem a concessão de isenções ou de benefícios fiscais ou de outros atos relativos a questões tributárias que não impliquem a apreciação do ato de liquidação, o meio adequado de reação contra os mesmos é a ação administrativa [artigo 101º, al. j), da LGT, artigo 97º, nº 1, al. p), do CPPT, e artigo 191º do CPTA].

A ação administrativa tem como um dos seus principais fundamentos o direito constitucional à tutela jurisdicional efetiva (artigo 20º da CRP), o qual, não estando inserido no catálogo dos direitos, liberdades e garantias é considerado como tendo natureza análoga a estes direitos e estando subordinado ao respetivo regime jurídico específico.

[872] A falta da assinatura do juiz pode ser suprida oficiosamente ou a requerimento dos interessados, enquanto for possível obtê-la, devendo o juiz declarar a data em que assina (artigo 125º, nº 2, do CPPT).

[873] O incidente de assistência é admitido nos casos de: intervenção do substituto nas impugnações deduzidas pelo substituído e vice-versa; intervenção do responsável subsidiário nas impugnações deduzidas pelo contribuinte (artigo 129º, nº 1, do CPPT).

[874] O incidente de habilitação é admitido quando, no decurso do processo judicial, falecer o impugnante e o sucessor pretenda impor a sua posição processual (artigo 130º do CPPT).

A ação administrativa denota uma justiça administrativa não apenas centrada na invalidação de atos administrativos, mas orientada para a prevenção e repressão de lesões aos direitos e interesses constitucional e legalmente protegidos dos particulares, independentemente da forma e do modo como essas lesões possam ser produzidas.

A ação administrativa segue as regras dos artigos 37º e seguintes do CPTA.

5. A arbitragem tributária

5.1. Considerações gerais

A arbitragem tributária constitui uma forma alternativa de resolução jurisdicional de litígios em matéria tributária – instituída em Portugal através do Decreto-Lei nº 10/2011, de 20 de janeiro, que aprovou o *Regime Jurídico da Arbitragem em Matéria Tributária* (RJAT) – na qual intervêm um terceiro, neutro e imparcial (o árbitro), cuja decisão tem valor jurídico idêntico ao das sentenças judiciais.

Os tribunais arbitrais em matéria tributária funcionam no CAAD – *Centro de Arbitragem Administrativa*, que já desde 2009 vem resolvendo, por mediação e arbitragem, litígios em matéria administrativa.

O CAAD foi criado pelo Despacho nº 5097/2009, do Secretário de Estado da Justiça, e reveste natureza associativa. Trata-se de uma pessoa coletiva de direito privado, sem fins lucrativos, constituída por tempo indeterminado[875].

São órgãos sociais do CAAD a Assembleia Geral, a Direção, o Conselho Fiscal, o Conselho de Representantes e o Conselho Deontológico[876].

5.2. Competência dos tribunais arbitrais

Os tribunais arbitrais dispõem de competência para apreciar as pretensões de: *(i)* declaração de ilegalidade de atos de liquidação de tributos, de autoliquidação, de retenção na fonte e de pagamento por conta; *(ii)* declaração de ilegalidade de atos de fixação da matéria tributável

[875] Artigos 1º e 2º dos Estatutos do CAAD; cfr. Nuno de Villa-Lobos, Tânia Carvalhais Pereira, (coord.), Guia da Arbitragem Tributária, 2ª ed., Almedina, 2017, 73 ss.

[876] Artigo 5º, nº 1, dos Estatutos do CAAD.

quando não dê origem à liquidação de qualquer tributo, de atos de determinação da matéria coletável e de atos de fixação de valores patrimoniais (artigo 2º, nº 1, do RJAT).

Estas regras de competência devem ser articuladas com a norma contida no artigo 2º da Portaria nº 112-A/2011, de 22 de março, por força do disposto no artigo 4º, nº 1, do RJAT, que remete para portaria os termos da vinculação da administração tributária à jurisdição arbitral em matéria tributária. Veremos, mais adiante, esta questão.

Apesar de a letra do artigo 2º do RJAT não contemplar qualquer competência condenatória, tem sido entendimento uniforme da jurisprudência que os tribunais arbitrais dispõem de competência para condenar a Autoridade Tributária e Aduaneira no reembolso dos montantes de imposto indevidamente pagos pelo sujeito passivo e no pagamento de juros indemnizatórios, neste caso quando se verifiquem os pressupostos definidos no artigo 43º, nº 1, da LGT.

Este entendimento resulta da conjugação das normas contidas no artigo 2º com as normas contidas nos artigos 24º, nº 1, al. b), e 24º, nº 5, do RJAT. Assim, e em coerência com o disposto no artigo 100º da LGT, em caso de decisão arbitral sobre o mérito da pretensão de que não caiba recurso ou impugnação, as referidas normas determinam, respetivamente, o restabelecimento da situação que existiria se o ato tributário objeto da decisão arbitral não tivesse sido praticado (o que implica a prática dos atos e a realização das operações necessários para o efeito), e o pagamento de juros, independentemente da sua natureza, nos termos previstos na LGT e no CPPT,

Deste modo, o artigo 2º, nº 1, do RJAT deve ser interpretado no sentido de abranger os poderes que em processo de impugnação judicial são atribuídos aos tribunais tributários.

A lei admite a *cumulação de pedidos*, mesmo que digam respeitam a diferentes atos, bem como a *coligação de autores* quando a procedência dos pedidos dependa essencialmente da apreciação das mesmas circunstâncias de facto e da interpretação e aplicação das mesmas regras e princípios jurídicos. A lei também permite que, relativamente a um mesmo ato tributário, seja deduzido pedido de impugnação judicial e pedido de pronúncia arbitral, desde que os respetivos factos e fundamentos sejam diversos (artigo 3º, nº 1, do RJAT).

5.3. Composição dos tribunais arbitrais

Os tribunais arbitrais podem ser singulares ou coletivos.

O tribunal é singular (constituído por um único árbitro) se o valor do pedido de pronúncia arbitral não ultrapassar os €60.000 (que corresponde a duas vezes o valor da alçada do TCA) e o sujeito passivo optar por não designar árbitro.

O tribunal é coletivo (constituído por três árbitros) se o valor do pedido de pronúncia arbitral exceder os €60.000 ou se, independentemente do valor, o sujeito passivo optar por designar árbitro (artigos 4º e 5º do RJAT).

Tratando-se de árbitro singular, este é designado pelo conselho deontológico do CAAD, de entre a lista de árbitros do Centro. Quando o tribunal funcione em coletivo, os árbitros são designados nos mesmos termos em que o é o árbitro singular, salvo se forem designados pelas partes, caso em que a designação do terceiro árbitro, que exerce as funções de árbitro-presidente, compete aos árbitros designados ou, na falta de acordo, ao conselho deontológico do CAAD, mediante requerimento de um ou de ambos os árbitros (artigo 6º do RJAT). Os árbitros designados pelas partes não têm que constar da lista de árbitros do CAAD.

A designação dos árbitros obedece aos requisitos estabelecidos no artigo 7º do RJAT. Aqueles devem possuir capacidade técnica comprovada, idoneidade moral e sentido de interesse público. Considera-se que têm a capacidade técnica exigida os juristas com pelo menos 10 anos de comprovada experiência profissional na área do direito tributário, designadamente através do exercício de funções públicas, da magistratura, da advocacia, da consultoria e jurisconsultoria, da docência no ensino superior ou da investigação, de serviço na administração tributária, ou de trabalhos científicos relevantes nesse domínio. Ainda assim, nas matérias em que se exija um conhecimento especializado de outras áreas, pode ser designado como árbitro não presidente um licenciado em Economia ou Gestão.

Os magistrados jubilados podem exercer funções como árbitro em matéria tributária, devendo, para o efeito, fazer uma declaração de renúncia à condição de jubilados ou solicitar a suspensão temporária dessa condição, por um período mínimo de um ano, renovável, aplicando-se em tais casos o regime geral da aposentação pública.

Os árbitros estão sujeitos aos princípios da independência, imparcialidade, isenção e objetividade, e a diversos deveres, designadamente o dever de sigilo fiscal, conforme previstos no RJAT e no Código Deontológico do CAAD. O fundamento legal do CAAD juntamente com os princípios que presidem à sua atividade judicativa conduziram à sua qualificação, pelo TJUE, como **órgão jurisdicional de reenvio** para efeitos do artigo 267º TFUE. Assim sendo, os árbitros tributários estão sujeitos ao princípio da primazia de aplicação do direito da União Europeia[877].

A designação dos árbitros pelo Conselho Deontológico do CAAD é notificada às partes, podendo estas opor-se a essa designação, no prazo de 10 dias, quando se verifiquem circunstâncias que suscitem "sérias dúvidas" relativamente à independência, imparcialidade, isenção ou competência do(s) árbitro(s) designado(s) (artigo 11º, alínea c), do RJAT e artigo 6º do Código Deontológico do CAAD), designadamente quando ocorra alguma das situações de impedimento previstas no artigo 8º do RJAT.

5.4. Vinculatividade das decisões arbitrais

A Autoridade Tributária e Aduaneira fica vinculada à decisão arbitral de que não caiba recurso ou impugnação (artigo 24º do RJAT). Todavia, essa vinculação depende, nos termos da lei (artigo 4º, nº 1, do RJAT), de portaria dos membros do Governo responsáveis pelas áreas das finanças e da justiça.

Assim, em concretização do nº 1 do artigo 4º do RJAT, foi aprovada a Portaria nº 112-A/2011, de 22 de março, que define os termos dessa vinculação.

A vinculação da Autoridade Tributária e Aduaneira à jurisdição dos tribunais arbitrais que funcionam no CAAD ocorre somente nos casos que tenham por objeto a apreciação das pretensões relativas a impostos cuja administração lhe esteja cometida, estando expressamente excecionadas, pelo artigo 2º da referida Portaria, as seguintes:

a) Pretensões relativas à declaração de ilegalidade de atos de autoliquidação, de retenção na fonte e de pagamento por conta que não tenham sido precedidos de recurso à via administrativa nos termos dos artigos 131º a 133º do Código de Procedimento e de Processo Tributário;

[877] Processo C- 377/13 T, de 2-6-2014.

b) Pretensões relativas a atos de determinação da matéria coletável e atos de determinação da matéria tributável, ambos por métodos indiretos, incluindo a decisão do procedimento de revisão;
c) Pretensões relativas a direitos aduaneiros sobre a importação e demais impostos indiretos que incidam sobre mercadorias sujeitas a direitos de importação; e
d) Pretensões relativas à classificação pautal, origem e valor aduaneiro das mercadorias e a contingentes pautais, ou cuja resolução dependa de análise laboratorial ou de diligências a efetuar por outro Estado membro no âmbito da cooperação administrativa em matéria aduaneira.

A vinculação da administração tributária à jurisdição dos tribunais arbitrais fica limitada a litígios de valor não superior a €10.000.000, devendo ainda, no que diz respeito ao exercício de funções como presidente de tribunal arbitral, verificar-se as seguintes condições:

- nos litígios de valor igual ou superior a €500.000, o árbitro presidente deve ter exercido funções públicas de magistratura nos tribunais tributários ou possuir o grau de mestre em Direito Fiscal;
- nos litígios de valor igual ou superior a €1.000.000, o árbitro presidente deve ter exercido funções públicas de magistratura nos tribunais tributários ou possuir o grau de doutor em Direito Fiscal.

5.5. Procedimento arbitral

O requerimento com o pedido de constituição de tribunal arbitral deve ser apresentado, por via eletrónica, ao presidente do Centro de Arbitragem Administrativa, no prazo de 90 dias, contado a partir dos factos previstos nos nºs 1 e 2 do artigo 102º do CPPT, quanto aos atos suscetíveis de impugnação autónoma e, bem assim, da notificação da decisão ou do termo do prazo legal de decisão do recurso hierárquico. Nos restantes casos, o prazo é de 30 dias, contado a partir da notificação dos atos previstos nas alíneas b) e c) do artigo 2º.

Do requerimento deve obrigatoriamente constar:

- a identificação do sujeito passivo, incluindo o número de identificação fiscal, e do serviço local do seu domicílio ou sede ou, no caso de coligação de sujeitos passivos, do serviço local do domicílio ou sede do sujeito identificado em primeiro lugar no pedido;

- a identificação do ato ou atos tributários objeto do pedido de pronúncia arbitral;
- a identificação do pedido de pronúncia arbitral, constituindo fundamentos deste pedido os previstos no artigo 99º do CPPT, bem como a exposição das questões de facto e de direito objeto do referido pedido de pronúncia arbitral;
- os elementos de prova dos factos indicados e a indicação dos meios de prova a produzir;
- a indicação do valor da utilidade económica do pedido;
- o comprovativo do pagamento da taxa de arbitragem inicial, nos casos em que o sujeito passivo não tenha optado por designar árbitro, ou o comprovativo do pagamento da taxa de arbitragem, caso o sujeito passivo manifeste a intenção de designar o árbitro[878];
- a intenção de designar árbitro nos termos da alínea b) do nº 2 do artigo 6º (artigo 10º do RJAT).

O presidente do CAAD deve dar conhecimento à administração tributária, por via eletrónica, do pedido de constituição de tribunal arbitral, no prazo de dois dias a contar da receção da respetiva receção (artigo 10º, nº 3, do RJAT).

Quando os pedidos de constituição de tribunal arbitral tiverem por objeto a apreciação da legalidade dos atos tributários previstos no artigo 2º, o dirigente máximo do serviço da administração tributária pode, no prazo de 30 dias a contar do conhecimento do pedido de constituição do tribunal arbitral, proceder à revogação, ratificação, reforma ou conversão do ato tributário em causa, praticando, quando necessário, ato tributário substitutivo, devendo notificar o presidente do CAAD da sua decisão (artigo 13º do RJAT).

No caso de o ato tributário objeto do pedido de pronúncia arbitral ser, total ou parcialmente, alterado ou substituído por outro, o dirigente máximo do serviço da administração tributária procede à notificação do sujeito passivo para, no prazo de 10 dias, se pronunciar, prosseguindo o procedimento relativamente a esse último ato se o sujeito passivo nada disser ou declarar que mantém o seu interesse (artigo 13º, nº 2, do RJAT).

[878] Cfr. O artigo 12º do DL nº 10/2011 e o *Regulamento de Custas nos processos de Arbitragem Tributária*, aprovado pelo CAAD.

Uma vez decorrido o prazo de 30 dias, a que se refere o nº 1 do artigo 13º, a administração tributária fica impedida de praticar novo ato tributário relativamente ao mesmo sujeito passivo ou obrigado tributário, imposto e período de tributação, a não ser com fundamento em factos novos (artigo 13º, nº 3, do RJAT).

A apresentação pelo sujeito passivo de requerimento para a constituição de tribunal arbitral preclude o seu direito de, com os mesmos fundamentos, reclamar, impugnar, requerer a revisão ou a promoção da revisão oficiosa, ou suscitar pronúncia arbitral sobre os atos objeto desses pedidos ou sobre os consequentes atos de liquidação, salvo quando o procedimento arbitral termine antes da data da constituição do tribunal arbitral ou o processo arbitral termine sem uma pronúncia sobre o mérito da causa (artigo 13º, nº 4, do RJAT).

Em princípio, e salvo quando a lei disponha noutro sentido, são atribuídos à apresentação do pedido de constituição de tribunal arbitral os efeitos da apresentação de impugnação judicial, nomeadamente no que se refere à suspensão do processo de execução fiscal e à suspensão e interrupção dos prazos de caducidade e de prescrição da prestação tributária (artigo 13º, nº 5, do RJAT).

5.6. Processo arbitral

O processo arbitral inicia-se na data da constituição do tribunal arbitral, nos termos do nº 8 do artigo 11º do RJAT.

O processo arbitral obedece aos seguintes princípios fundamentais, consagrados no artigo 16º do RJAT: princípio do contraditório, princípio da igualdade das partes, princípio da autonomia do tribunal arbitral na condução do processo[879], princípios da oralidade e da imediação, princípio da livre apreciação dos factos, princípio da livre determinação das diligências de produção de prova, princípios da cooperação e da boa fé processual e princípio da publicidade.

A tramitação processual inicia-se com a notificação, feita pelo tribunal arbitral ao dirigente máximo do serviço da administração tributária, para que este, no prazo de 15 dias, apresente resposta e, caso queira, solicite a produção de prova adicional. Dentro do mesmo prazo, a admi-

[879] Cfr. o disposto no artigo 19º do DL nº 10/2011.

nistração tributária deve remeter ao tribunal arbitral cópia do processo administrativo em causa (artigo 17º do RJAT).

Após a receção da resposta da administração tributária, o tribunal arbitral promove uma primeira reunião com as partes, tendo em vista: definir a tramitação processual a adotar, tendo em conta as circunstâncias do caso e a complexidade do processo; ouvir as partes quanto a eventuais exceções que seja necessário apreciar e decidir antes de conhecer do pedido; convidar as partes a corrigir as suas peças processuais, quando necessário. Na mesma reunião, deve ser comunicada às partes a data para as alegações orais, caso estas sejam necessárias, bem como a data para a decisão arbitral (artigo 18º do RJAT).

A decisão deve, em princípio, ser emitida e notificada às partes num prazo máximo de seis meses a contar da data do início do processo arbitral. O tribunal pode, todavia, prorrogar esse prazo por sucessivos períodos de dois meses, com o limite de seis meses, comunicando às partes essa prorrogação e os motivos que a fundamentam (artigo 21º do RJAT).

A decisão do tribunal arbitral é tomada por deliberação da maioria dos seus membros, aplicando-se-lhe o disposto no artigo 123º, primeira parte, do CPPT, relativamente à sentença judicial (artigo 22º, nº 1, do RJAT).

Após a notificação às partes da decisão arbitral, o CAAD notifica-as do arquivamento do processo, considerando-se o tribunal arbitral dissolvido na mesma data (artigo 23º do RJAT).

A Autoridade Tributária e Aduaneira fica vinculada à decisão arbitral de que não caiba recurso ou impugnação, nos termos definidos na Portaria nº 112-A/2011, de 22 de março, referidos *supra*.

É admitido recurso para o Tribunal Constitucional da decisão arbitral final que recuse a aplicação de qualquer norma com fundamento na sua inconstitucionalidade ou que aplique norma cuja inconstitucionalidade tenha sido suscitada, com fundamento no poder-dever previsto no artigo 204º da CRP, também aplicável aos tribunais arbitrais.

É também admitido recurso para o STA de decisão arbitral que esteja em oposição, na mesma questão fundamental de direito, com acórdão proferido por algum dos TCA ou pelo STA (artigo 25º do RJAT).

O recurso suspende, total ou parcialmente, a decisão arbitral recorrida, dependendo do objeto do recurso (artigo 26º do RJAT).

A lei admite, ainda, a *impugnação* da decisão arbitral junto do TCA competente, tendo em vista a respetiva anulação. O pedido de impugnação, acompanhado de cópia do processo arbitral, deve ser deduzido no prazo máximo de 15 dias, contado a partir da notificação da decisão arbitral ou da notificação do arquivamento do processo, no caso de decisão arbitral emitida por tribunal coletivo cuja intervenção tenha sido requerida nos termos da alínea b) do nº 2 do artigo 6º do RJAT. Ao pedido de impugnação da decisão arbitral é aplicável, com as devidas adaptações, o regime do recurso de apelação previsto no CPPT (artigo 27º do RJAT).

A lei admite como fundamentos da impugnação da decisão arbitral: a não especificação dos fundamentos de facto e de direito que justificam a decisão; a oposição entre os fundamentos e a decisão; pronúncia indevida ou omissão de pronúncia; a violação dos princípios do contraditório e da igualdade das partes, nos termos estabelecidos no artigo 16º do RJAT (artigo 28º, nº 1, do RJAT).

6. O processo de execução fiscal

6.1. Considerações gerais

A coercibilidade que caracteriza os tributos aponta para a necessidade de consagração de um regime jurídico apto a garantir a cobrança coerciva dos mesmos. É neste quadro que se insere o regime jurídico da execução fiscal.

Em ordem a garantir a arrecadação da receita tributária e a assegurar o correto funcionamento do sistema fiscal, a modelação do processo de execução fiscal deve atender a critérios de eficácia e de celeridade. Por outro lado, o processo de execução fiscal deve colocar ao dispor do executado os meios de defesa que se revelem aptos a tutelar os seus direitos e a garantir a justiça e a razoabilidade na cobrança coerciva dos tributos.

A execução fiscal é concretizada através da penhora de bens e direitos do executado. No caso da penhora de bens, é posteriormente feita a respetiva venda, em ordem à obtenção da importância em dinheiro suficiente para o pagamento da dívida exequenda.

A penhora deve limitar-se ao necessário para garantir o pagamento das importâncias em dívida, em obediência ao princípio da proporcionalidade.

A lei indica quais os bens que são penhoráveis e, destes, quais é que devem ser penhorados prioritariamente. O princípio estabelecido é o de prioridade de penhora dos ativos com maior liquidez. Assim, devem ser prioritariamente penhorados os bens cujo valor pecuniário seja de mais fácil realização e se mostre adequado ao montante do crédito do exequente (artigo 219º do CPPT), designadamente contas bancárias, abonos ou vencimentos e rendimentos inerentes a bens imóveis.

A atribuição aos tribunais tributários da competência para a decidir acerca dos incidentes, embargos e oposição à execução visa assegurar a ponderação efetiva de bens jurídicos conflituantes no quadro de um processo justo. Com efeito, o direito do exequente à satisfação dos seus créditos não pode ser visto como um direito absoluto. Ele colide com direitos do executado, alguns deles com expressa consagração constitucional, como sucede com o direito à habitação.

Nalguns casos o tribunal deve proceder a uma tentativa de harmonização entre os direitos ou bens jurídicos em confronto. E mesmo quando a harmonização não seja possível, e se admita a prevalência de um direito sobre outro, esta deve ser precedida de uma ponderação das circunstâncias do caso concreto. A situação concreta do executado, incluindo nas suas dimensões pessoal e familiar, deve ser considerada nessa ponderação. Do mesmo modo, possíveis situações de fragilidade em que se encontre o executado ou os elementos do seu agregado familiar devem ser tidas em linha de conta. Basta que se pense nas situações de especial vulnerabilidade em que se encontram as pessoas idosas, as crianças e as pessoas com deficiência, todas elas especialmente protegidas pela Constituição, para se perceber a dimensão social dos processos de execução fiscal e a necessidade de se proceder a ponderações de circunstâncias no caso concreto.

A garantia de um processo justo visa, em última instância, impedir que os executados sejam colocados em situação incompatível com o valor central da dignidade da pessoa humana.

6.2. Âmbito

O processo de execução fiscal visa a **cobrança coerciva** das seguintes dívidas (artigo 148º, nº 1, do CPPT): **tributos**, incluindo impostos aduaneiros, especiais e extrafiscais, taxas, demais contribuições financeiras a favor do Estado, adicionais cumulativamente cobrados, juros e outros encargos legais; **coimas e outras sanções pecuniárias** fixadas em decisões, sentenças ou acórdãos relativos a contraordenações tributárias, salvo quando aplicadas pelos tribunais comuns; **coimas e outras sanções pecuniárias** resultantes de responsabilidade civil determinada nos termos do RGIT. Nos casos expressamente previstos na lei, e nos termos nela definidos, podem, ainda, ser cobradas mediante processo de execução fiscal (artigo 148º, nº 2, do CPPT): outras dívidas ao Estado e a outras pessoas coletivas de direito público, que devam ser pagas por força de ato administrativo; reembolsos ou reposições.

6.3. Competência

É competente para a execução fiscal a administração tributária, sendo a instauração e os atos de execução praticados no órgão da administração tributária que for designado por despacho do dirigente máximo do serviço onde a mesma deva legalmente correr (artigo 150º, nºs 1 e 2, do CPPT). Na falta dessa designação a instauração e os atos da execução são praticados no órgão periférico regional da área do domicílio ou sede do devedor.

É da competência do tribunal tributário de 1ª instância da área do domicílio ou sede do devedor, após audição do MP, decidir: os incidentes, os embargos, a oposição e a reclamação dos atos praticados pelos órgãos da execução fiscal (artigo 151º, nº 1, do CPPT). Contudo, se a execução fiscal correr nos tribunais comuns, cabe a estes o integral conhecimento destas questões (artigo 151º, nº 2, do CPPT).

6.4. Legitimidade processual

Tem legitimidade para promover a execução o órgão da execução fiscal. Quando a execução fiscal correr nos tribunais comuns, a legitimidade para a promoção da execução é do MP (artigo 152º do CPPT).

No processo de execução fiscal, podem ser executados os devedores originários e seus sucessores, bem como os garantes que se tenham obrigado como principais pagadores, até ao limite da garantia prestada (artigo 153º, nº 1, do CPPT). Os responsáveis subsidiários só podem ser chamados à execução num dos seguintes casos: inexistência de bens penhoráveis do devedor e seus sucessores; fundada insuficiência, de acordo com os elementos constantes do auto de penhora e outros de que o órgão da execução fiscal disponha, do património do devedor para a satisfação da dívida exequenda e acrescido (artigo 153º, nº 2, do CPPT).

Se, no decurso do processo, ocorrer o falecimento do executado, são válidos todos os atos praticados pelo cabeça de casal, independentemente da habilitação de herdeiros (artigo 154º do CPPT). Tendo-se verificado a partilha entre os sucessores do devedor, o órgão da execução fiscal ordena, para efeito de citação dos herdeiros, a destrinça da parte que cada um deles deve pagar (artigo 155º, nº 1, do CPPT).

Em caso de substituição tributária, e na ausência ou insuficiência de bens do devedor, há lugar a reversão da execução contra os responsáveis subsidiários (artigo 159º do CPPT).

6.5. Títulos executivos

Os títulos executivos que, nos termos da lei, podem servir de base à execução fiscal, são os seguintes (artigo 162º do CPPT): certidão extraída do título de cobrança relativa a tributos e outras receitas do Estado; certidão de decisão exequível proferida em processo de aplicação das coimas; certidão do ato administrativo que determina a dívida a ser paga; qualquer outro título a que, por lei especial, seja atribuída força executiva.

São requisitos essenciais dos títulos executivos: a menção da entidade emissora ou promotora da execução, a assinatura desta entidade, a data de emissão, o nome e domicílio do devedor ou devedores, e a indicação da natureza e proveniência da dívida e indicação do seu montante (artigo 163º do CPPT).

6.6. Nulidades processuais

No processo de execução fiscal, constituem nulidades insanáveis: a falta de citação, quando possa prejudicar a defesa do interessado; a falta de requisitos essenciais do título executivo, quando não puder ser suprida por prova documental (artigo 165º, nº 1, do CPPT).

Estas nulidades são de conhecimento oficioso e podem ser arguidas até ao trânsito em julgado da decisão final (artigo 165º, nº 4, do CPPT).

6.7. Oposição à execução

O executado pode deduzir oposição à execução, mas apenas se tiver por base algum dos seguintes fundamentos:

- inexistência do imposto, ou de outro tributo nas leis em vigor à data dos factos a que respeita a obrigação ou, se for o caso, não estar autorizada a sua cobrança à data em que tiver ocorrido a respetiva liquidação;

- ilegitimidade da pessoa citada por esta não ser o próprio devedor que figura no título ou seu sucessor ou, sendo o que nele figura, não ter sido, durante o período a que respeita a dívida exequenda, o possuidor dos bens que a originaram, ou por não figurar no título e não ser responsável pelo pagamento da dívida;
- falsidade do título executivo, quando possa influir nos termos da execução;
- prescrição da dívida exequenda;
- falta da notificação da liquidação do tributo no prazo de caducidade;
- pagamento ou anulação da dívida exequenda;
- duplicação de coleta[880];
- ilegalidade da liquidação da dívida exequenda, sempre que a lei não assegure meio judicial de impugnação ou recurso contra o ato de liquidação;
- quaisquer outros fundamentos, a provar documentalmente, desde que não envolvam apreciação da legalidade da liquidação da dívida exequenda, nem representem interferência em matéria de exclusiva competência da entidade que houver extraído o título (artigo 204º, nº 1, do CPPT).

A oposição à execução deverá ser deduzida no prazo de 30 dias a contar: *(i)* da citação pessoal ou, não a tendo havido, da primeira penhora, ou *(ii)* da data em que tiver ocorrido o facto superveniente ou do seu conhecimento pelo executado. Se forem vários os executados, os prazos correrão independentemente para cada um deles (artigo 203º do CPPT).

A oposição é deduzida mediante apresentação de petição, em triplicado, junto do órgão da execução fiscal onde pender a execução, devendo o executado, juntamente com a petição, oferecer todos os documentos, arrolar testemunhas e requerer as demais provas (artigo 206º do CPPT).

[880] Cfr. artigo 205º do CPPT.

6.8. Incidentes

A lei admite, no processo de execução fiscal, os seguintes incidentes (artigo 166º do CPPT): *embargos de terceiro, habilitação de herdeiros* e *apoio judiciário.*

A dedução de embargos de terceiro é o meio processual adequado de reação contra um arresto, penhora ou qualquer outro ato judicialmente ordenado de apreensão ou entrega de bens que ofenda a posse ou qualquer outro direito incompatível com a realização ou o âmbito da diligência, de que seja titular um terceiro (artigo 237º, nº 1, do CPPT).

Imagine-se que a administração tributária (A) pretende executar o património de B. Pode acontecer que A, julgando erradamente que determinado bem integra o património de B, proceda à sua penhora. Neste caso, C, que é na realidade o proprietário do bem penhorado, tem legitimidade para reagir num processo de execução fiscal relativamente ao qual é *terceiro*, uma vez que foi praticado um ato que atenta contra um direito seu. O meio adequado que C tem à sua disposição para defesa desse direito, no âmbito de um processo de execução fiscal que não corre contra si, é a dedução de *embargo de terceiro.*

Os embargos de terceiro são deduzidos junto do órgão da execução fiscal no prazo de 30 dias contados desde o dia em que foi praticado o ato ofensivo da posse ou direito ou daquele em que o embargante teve conhecimento da ofensa, mas sempre antes da venda dos bens em causa (artigo 237º, nºs 2 e 3, do CPPT).

6.9. Suspensão e extinção do processo

A execução fica suspensa até à decisão do pleito no caso de ter sido constituída garantia, nos casos e termos definidos no artigo 169º do CPPT, ou na eventualidade de a penhora garantir a totalidade da quantia exequenda e do acrescido. A execução fica também suspensa desde que, após o termo do prazo de pagamento voluntário, seja prestada garantia antes da apresentação do meio gracioso ou judicial correspondente, juntamente com requerimento em que conste a natureza da dívida, o período a que respeita e a entidade que praticou o ato, bem como a indicação da intenção de apresentar meio gracioso ou judicial para discussão da legalidade ou da exigibilidade da dívida exequenda (artigo 169º, nº 2, do CPPT). Há, igualmente, lugar a suspensão da execução fiscal até à decisão que venha a ser proferida no âmbito dos procedimentos a que se referem os artigos 90º e 90º-A do CPPT (compensação com créditos tributários ou não tributários por iniciativa do contribuinte).

Pode haver lugar ao pagamento de indemnização em caso de garantia bancária ou equivalente indevidamente prestada (artigo 171º do CPPT).

O processo de execução fiscal pode extinguir-se por uma das seguintes vias: por pagamento da quantia exequenda e do acrescido; por anulação da dívida ou do processo; por qualquer outra forma prevista na lei (artigo 176º, nº 1, do CPPT). Nas execuções por coimas ou outras sanções pecuniárias o processo executivo pode igualmente extinguir-se por: morte do infrator; amnistia da contraordenação; prescrição das coimas e sanções acessórias; anulação da decisão condenatória em processo de revisão (artigo 176º, nº 2, do CPPT).

A execução extingue-se, em princípio, no prazo de um ano a contar da instauração do respetivo processo (artigo 177º do CPPT).

6.10. Tramitação processual

A tramitação do processo de execução fiscal encontra-se definida nos artigos 178º a 278º do CPPT, compreendendo diversas disposições gerais (relativas a coligação de exequentes, apensação de execuções, local de prestação de garantia, etc.), bem como regras relativas a:

- instauração do processo e citação (artigos 188º e seguintes do CPPT);
- garantias especiais (artigo 195º do CPPT);
- pagamento em prestações (artigos 196º e seguintes do CPPT);
- dação em pagamento (artigos 201º e 202º do CPPT);
- oposição à execução (artigos 203º e seguintes do CPPT);
- apreensão de bens (artigos 214º e seguintes do CPPT);
- convocação de credores e verificação dos créditos (artigos 239º e seguintes do CPPT);
- venda de bens penhorados (artigos 248º e seguintes do CPPT);
- extinção da execução (pagamento voluntário, pagamento coercivo, declaração em falhas – artigos 259º e seguintes do CPPT);
- reclamações e recursos das decisões do órgão da execução fiscal (artigos 276º a 278º do CPPT).

ÍNDICE